长春第一汽车制造厂生产的 CA141 型解放牌载重车

延边龙井果树农场苹果梨园

吉林化學工業公司

公司总经理 刘树林

吉林化学工业公司是国家"一五"期间兴建的化工基地，现已发展成为一个跨省、跨行业的大型石油化工企业集团，1991年列国家首批55个企业集团试点单位。该公司共有核心层成员单位28个，紧密层成员单位5个。集团共拥有固定资产原值58.8亿元；职工13.5万人，其中专业技术人员2.1万人。拥有343套生产装置，670多种产品，分为石油化工、精细化工、无机化工、化肥、染料及中间体、农药、医药、机械仪表制造、化工建材等多个系列。1980年以来，先后荣获企业管理优秀奖、"五一"劳动奖状、企业改革创新奖等30多项国家级荣誉称号；1991年获得特大型企业国家质量管理奖，并晋升为国家一级企业。

该公司主要装置生产能力在国内化工行业占有主导地位，有193种产品被评为国家、化工部和吉林省优质产品，优质产品产值率达79%。该公司有外贸自主权，已有60多种产品行销世界30多个国家和地区。该公司将进一步加强与国际工商界的交往，愿意通过合资、外方独资、技术协作等多种方式进行广泛而密切的合作。

厂址：吉林市遵义东路31号
电话：338671
电报：0361 吉林
电传：84018JHG CN
传真：337738
邮编：132021

生产装置一瞥

吉化公司鸟瞰

吉林化學工業公司

厂长: 孙庆福

有機合成廠

吉化有机合成厂是国家"六五"期间投资兴建的大型石油化工企业，厂区占地面积105万平方米，固定资产净值4.9亿元，现有职工5000人，其中各类专业技术人员1000余名，注册资金5.88亿元。

工厂现有10套生产装置，主要生产装置由国外引进。投产以来，工厂在消化、吸收、引进技术的基础上，强化管理，积极推进技术进步。可生产23个品种、42个牌号的石油化工产品。生产过程实施完善的质量保证措施，优质品产值率达83%以上，主导产品合成乙醇、丁苯橡胶1500获国家优质产品金牌。每年可实现利润1亿多元。产品供应国内除西藏以外的30个省、市、自治区，并远销日本、美国等国家和地区。工厂于1991年与公司一并创成特大型企业国家质量管理奖，进入国家一级企业。

工厂愿为国内外用户提供最佳服务。

厂址：吉林市龙潭区遵义东路7号
电话：338521
电传：339164

金牌、奖杯

厂长 陈凯

吉林省雙遼玻璃廠

双辽玻璃厂始建于一九四八年，现已发展成为吉林省最大的玻璃生产基地，国家建材行业大型企业。厂址位于吉林省西部边陲古城郑家屯镇，有平齐、大郑铁路、长郑、沈明、集锡公路在此交汇通过。储量丰富的优质硅砂七棵树矽砂矿距厂区仅2公里，国家重点能源建设项目装机总容量240万千瓦的双辽电厂距厂区仅1.5公里。厂内设有四条地方铁路专用线，厂区占地面积22.7万平方米，建筑面积5.35万平方米，固定资产原值4700万元，净值3486万元，共有职工3000多人，其中各类专业技术人员211人。

双辽玻璃厂坚持深化改革，加强企业管理，推进技术进步，面向市场，不断发展。目前，已形成三大系列产品：

一是平板玻璃及玻璃深加工。主要生产各种规格的平板玻璃、茶色玻璃、钢化玻璃、中空玻璃、磨砂玻璃。平板玻璃年生产能力140万重量箱，钢化玻璃年生产能力10万平方米，中空玻璃年生产能力5万平方米。辽河牌普通平板玻璃自一九八八年以来，连续蝉联省优质产品，一九九二年被四平市审定为质量免检产品。

二是墙体建筑装饰材料。主要生产各种规格、色彩的玻璃玛赛克、玻瓷玛赛克、玻璃花岗石，玻璃玛赛克年生产能力35万平方米，玻瓷玛赛克年生产能力5万平方米。

三是玻璃纤维制品。主要生产无碱玻璃纤维，年生产能力800吨。中美合资项目双辽双原玻璃纤维有限公司于九三年六月份投产。

九三年一至四月份，实现工业总产值1604.9万元，产品销售收入2292.8万元，利润257.5万元，税金197.8万元。

采板工段车间一角。工厂每年140万重量箱普通平板优质玻璃就是从这里开始变为成品的。

厂址：吉林省双辽县郑家屯镇北兴路119号
电话：3370、3770、3554
电挂：3788　电传：2831
邮编：136400
法人代表：陈凯

中國第一汽車集團公司
長春輕型車廠

厂长：张胜才

长春轻型车厂是中国第一汽车集团公司核心企业，国内四大轻型车基地之一的整车专业厂。现有职工 3100 人，生产设备 937 台，53 条生产线，自有资产总额 2.1 亿元，厂区占地面积近 17 万平方米，是国内汽车行业知名的国营中型企业。

该厂自首创国内双排座轻型载重汽车以来，已有 25 年生产轻型车辆与底盘的历史。其前期产品 CD130 系列轻型车曾连续三年获国家行检一等品殊荣。1992 年底该厂又向社会隆重推出国内轻型车换代产品：CA1040 系列解放轻型载重汽车和适于各种轻型改装车辆的 CA1040，CA1020 系列底盘。新产品采用日本同类车辆驾驶室设计，安装由引进美国克莱斯勒发动机生产线制造的 CA488 型发动机。产品结构与性能指标达到国际八十年代末水平，国内同类车居先水平。最近又开发出 YN85 皮卡底盘和 CA1040 型柴油车，深受广大用户欢迎。

长春轻型车厂地处吉林省会，铁路专线横贯厂区，交通方便，投资环境良好，愿与对轻型车生产、经营有兴趣的各界朋友精诚合作。

厂址：长春市宽城区柳影路 7 号

邮编：130052　电话：237652　电挂：3339

遼源市重型機器廠

筒型外滤式真空过滤机

矿用搅拌槽

主要用於对有金属，煤和其它非金属、精矿的脱水，也可用於对不易沉淀的悬浮液的固液分离。其工作条件为

（1）矿浆中固体颗粒粒度＜0.5毫米；

（2）矿浆应为无腐蚀性；

（3）矿浆温度不超过70℃；

（4）最佳给矿浓度在60%左右；
　　浮选尾（中）煤＞500克/升。

· 矿用搅拌槽适用於各种金属矿，主要用於浮选前的搅拌，使药剂与矿浆充份混合。也可用於其它非金属矿物的搅拌。

· 矿用搅拌槽的适用范围，浓度不大於30%（按重量计算）固体成份的粒度小於1mm。

· 它的型式是平底桶形，辐射循环螺旋桨叶轮机械搅拌式。

· 本产品荣获吉林省1984年优质产品光荣称号。

遼源市人造革總廠

厂长：王春泽

该厂是轻工部最早定点生产聚氯乙烯人造革的中型专业厂家之一。厂内现有四条人造革生产线，一条 PVC 片材生产线。有雄厚的技术力量和由外国引进的先进工艺设备，产品规格齐全，质量稳定可靠，年生产能力万吨以上。“万里牌”人造革，分为 WZA、WZB、WZC、WZD 四大系列 120 多个花色品种。“银晶牌”PVC 片材，有透明、半透明、彩色软片、半硬片和硬片。该厂在近三十年的生产经营中，始终坚持科技领先，质量至上，重合同守信誉的宗旨，受到铁道部、中汽公司、邮电公司、造船业及国内外诸多用户的赞誉。

“万里牌”人造革和“银晶牌”片材，将伴随时代的发展增添诱人的魅力。全厂职工将为之发挥自己的聪明才智，向科学进军，采用先进技术，开发新产品，向更高层次迈进！他们将衷心地为国内外各界同仁服务。

四平市第一面粉廠

厂长：郑殿生

四平市第一面粉厂是工商合一的大型小麦加工企业，占地面积14万平方米，厂内有4条铁路专用线，拥有1700名职工，13个经济实体，20个职能科室。日产面粉300吨，主要产品有特制一等粉、精制二等粉、标准粉、特精粉、饺子粉、面包粉、高筋粉等。其中特制一等粉在1990年被商业部评为优质产品。企业于1987年晋升为省先进级企业。1992年，为了适应市场经济的需要，投资500万元，进行了大型技术改造，引进国内九十年代先进制粉设备，吸收国外先进制粉工艺，使产品质量得到了可靠保证。

厂址：四平市铁东区幸福路74号
电话：386356转304

通化面粉廠

厂长：鞠树标

该厂建于1964年。几经技术改造，特别是1991年由商业部粮食设计院设计安装，采用九十年代初世界上比较先进的英国西蒙公司、瑞士布勒公司的技术，引进消化吸收的国产成套设备，135吨/日等级粉生产线，于1992年投入使用。现年加工小麦能力8万吨。

1991年经国家粮油检测中心抽查，所有产品质量均符合或好于国家标准。主导产品有：特一粉、特二粉、各种专用粉和小包装饺子粉、馒头粉、颗粒粉等。厂区内设有两条铁路专用线，仓储能力较大，是一个有发展前途的综合性粮食加工企业。该厂竭诚欢迎国内外客商前来洽谈业务，联合办厂、易货贸易。

打夫机、清粉机

气压磨粉机

厂址：通化市建设大街90-18号
电话：0435-613005
邮编：134000

延吉市啤酒廠

从罗马尼亚引进的啤酒包装线

厂长：高级经济师、全国优秀经营管理者、全国“五一”劳动 奖章获得者、吉林省质量管理“十佳”厂长田增录

延吉市啤酒厂创建于1958年，现有职工1000人，固定资产6000万元，拥有3大系列6个品种的啤酒产品，年生产能力5万吨。主导产品“冰川”牌11°啤酒为部优产品；“海兰江”牌12°特制啤酒、“冰川”牌10.5°清爽型啤酒为省优产品。该厂啤酒清亮透明，泡沫洁白细腻，持久挂杯，口味纯正，稳定性好，含有人体所需的多种营养成份。产品畅销延边，远销内地，批量向俄罗斯和朝鲜出口。

1990年延吉市啤酒厂晋升为国家二级企业。

厂址：延吉市公园路92号
电话：514408
电挂：0761（延吉）
传真：511236
邮编：133002

主导产品

厂区一角

局长：谢英道

哈爾濱樞紐馬家溝2號特大橋，是黑龍江省目前同類結構中最高的一座鐵路橋。

鐵道部第十三工程局

吉林大学逸夫图书馆获教育部优质工程奖

大秦线李家咀隧道荣获国家优质工程金奖

铁道部第十三工程局是集施工、设计、科研为一体的国家铁路工程施工（大型）一级企业。

该局现有职工1万余人，其中工程技术人员900余人。局辖5个工程处，1个电务处和8个直属单位。注册资金2亿元，拥有大型机械车辆1800余台（套），机械化施工程度达85%，年施工能力（完成产值）在3亿以上。

该局先后参加了京汉、贵昆、鹰厦、湘黔、京通、大秦、图珲、宁中等几十条铁路干、支线建设，以及公路、水利、电力、通讯信号、工业与民用建筑、地下设施等上百项工程项目的施工、咨询和劳务服务。

该局始终坚持“面向社会、广泛联合、文明施工、优质服务”的方针和“质量第一、用户至上、效力四化、造福社会”的宗旨，热忱希望同社会各界进行各种形式的合作。

海南高速汽车试验跑道

经理 谷金安

中國第一汽車集團公司

建築維修工程公司

第一汽车集团公司合资厂微机室

第一汽车集团公司合资厂模具中心

省优质工程奖：汽车厂 43 街区实验小区

中国第一汽车集团公司建筑维修工程公司，始建于一九七五年。现有固定职工 2300 人，拥有固定资产 2120 万元，各种机械运输设备 388 台。主要承担工业、民用、公用设施、非标设备、予制构件、道路的建筑与安装等。企业资质为一级施工企业。

十几年来，该公司先后承建了一汽许多重点工业项目，如：英国设计的阴极电泳油漆线；德国提出的奥迪轿车油漆线、焊装线、装配线；全国最大的模具中心；海南高速汽车试验跑道，以及多项荣获省优、市优的职工住宅、公用设备等。九十年代初期开始参与国际建筑市场的竞争，先后承建了俄罗斯莫斯科洲、匈牙利等国家的土建施工。

该公司以优质高效的施工质量竭诚为广大用户服务。

经理：谷金安
邮编：130011
电话：611872

延邊龍井果樹農場

农场的万亩果园

农场领导班子

农场酒厂生产的各种人参酒、葡萄酒等

延边龙井果树农场建于1951年，地处吉林省长白山东麓海兰江畔的龙井市河西。占地面积4000公顷，职工4500名，其中朝鲜族占92.6%，果树有76个品种，48万株，年均产果1500万公斤，是国内最大的苹果梨基地。

经过40多年的建设，农场已经形成了明显的五大业，即农业、工业、商业、畜牧业和服务行业。目前，延边果树农场经营水果和工业产品共100余种，具有雄厚的果树和工业技术力量。

农场生产的苹果梨获全国优质农产品和农业部颁发的“绿色食品”称号。新开发的“苹果梨稳产高产技术”获国家星火计划开发二等奖。SP和RD化工产品双双获得省优产品奖。精制葡萄酒、人参葡萄酒、高丽参酒被评为省、部优产品。工业产品金属硅被评上省优产品远销日本、西德、韩国等国，年创外汇100多万美元。1993年秋农场召开国际龙井苹果梨节。

场长：刘芳贵

地址：吉林省龙井市河西街

电话：04438-222211　222455

邮编：133400

传真：04438-22-0241

农场领导接待外宾

苹果梨丰收的金秋

中國吉林省皇封參集團公司

中国吉林省皇封参集团公司（前身是吉林省国营靖宇一参场），始建于1956年。现有职工1738人，全部资产1亿2仟万元。人参产业的经营面积堪称世界第一，生产规模居中国之首。皇封参及皇封参速溶茶在同行业夺魁。该产品屡获省优、部优、39届世界尤里卡金奖、国际人参学术研讨会第一名等18项殊荣及大奖。

企业拥有国内外同行业领先的生产设备和技术力量。皇封参系列产品--现代高新技术产物，超级纯天然补品。因清康熙皇帝对皇封参的产地现靖宇县境内诏令封禁，指定所产人参为皇室贡品，皇封参由此得名。该品在国内各大城市医药公司、名家药店、星级宾馆均有销售。近年来行销国际市场，风靡香港、台湾、新加坡、马来西亚等国家和地区。

该公司热诚欢迎国内外各行业同仁惠顾合作。

总经理：穆乃翰
地址：靖宇县皇封参集团公司
电话：25571
传真：04457-24750
电挂：0001
邮编：135200

上图：优质皇封参产品

下图：皇封参系列产品

皇封参茶、人参皂甙

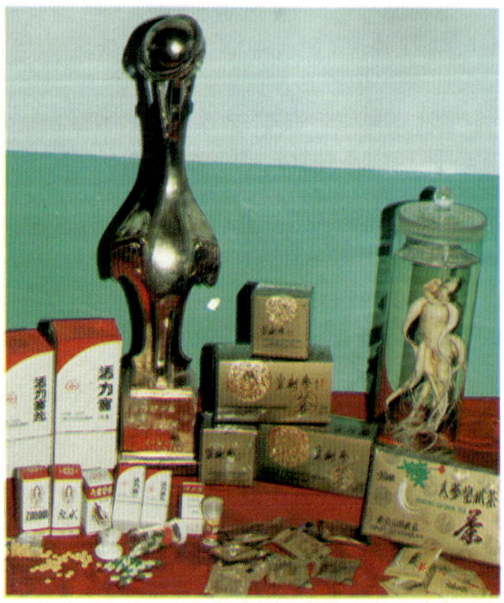

摄影：高福来

公司总裁：关长玉

中國吉林國際經濟技術合作公司

中国吉林国际经济技术合作公司（英文简称JIC）是经国务院批准成立，由国家工商行政管理部门登记注册，受吉林省政府直接领导的综合性、大型国营外经企业。

本公司以承包工程、劳务合作、举办海外企业、开展国际贸易和技术进出口为主业，遵循“守约、保质、薄利、重义”的经营思想，按照平等互利、计求效益、形式多样、共同发展的原则，克服重重困难，奋力开拓国内外市场，与世界五大洲30多个国家和地区的300多家公司和企业进行了广泛的经济技术和贸易合作，创造了显著的经济效益和社会效益。1991年和1992年连续两年实现效益翻番。1992年创利润2329万元。劳务出口1万多人，占全国外派劳务总数的1/3，在全国同行业中名列前矛。对外承包的营业额达7192万美元，在全国211家同行业中排名第7位。

1992年，JIC发起组建了有140个企业和单位参加的融外经、外贸、科技、工业、金融于一体的股份制企业--中国吉林国际合作（集团）股份有限公司，为实现创办集团化、国际化、实业化的跨国公司的目标迈出了新的步伐。

苏丹总统巴希尔为青尼罗河辛加大桥落成通车题词

由该公司承建的苏丹青尼罗河辛加大桥（中国经援工程项目）

摄影：孙喜民　徐钧

延邊國際貿易大廈有限公司

大厦主楼

延边国际贸易大厦是与台湾合资的大型批零兼营的商业企业。注册资金5400万元。总面积1.35万平方米，职工840余人。下设8个商品经营部、下属两个商业网点和三个厂家。以百货、食品、文化用品、钟表、五金、建材、家用电器、鞋帽、针织、纺织、服装、家俱为主，经营品种达3.5万余种，自1992年8月开业以来，日销售额达35万元。

该公司广泛使用国内外先进技术，以电子计算机控制整个企业财务、购、销、存等经济技术指标和其他经营管理，具有雄厚的实力，可称延边“商业之王”。

董事长：廖国富　总经理：崔贞今

地址：吉林省延吉市人民路51号　电挂：1194

电话：0433-513721　515105　传真：0433-513721

营业大厅喷泉

自选商场

敦化市百貨大樓

敦化市百货大楼是市内最大的国营零售商店，省级先进企业。营业面积 4800 平方米，经营百货、食品、服装、鞋帽、针纺织品、金银首饰、五金交电、家用电器、钟表眼镜、文体用品、家俱用具等各类共 15000 多个品种。商品品种齐全，价格合理，恪守信誉，服务热情，是消费者信得过的购物场所。

大楼 1992 年销售收入 2300 万元，，利税达 172 万元，创建店以来历史最好水平。1984 年被评为省“文明单位”，1989 年被省商业厅树为“文明经营示范单位”，同年被评为“省消费者满意商店”，1990 年进入省级先进企业。1991 年被延边州委评为先进党支部。

经理:孙玉顺
地址：敦化市工农路 4 号
电话：04435-223668

五金商场一角

总经理：韩占奎

金银首饰专柜

四平商業大厦

四平商业大厦位于东北交通大动脉，中长铁路及四梅平齐公铁路交会点——四平市商业中心区。为直接隶属于商业局领导的全民所有制综合性零售兼批发企业。营业面积12000平方米，下设交电、家电、家俱、百货、服装鞋帽、针织、纺织、文体用品、钟表照材、精品商场十一个经营部及五个联营、附属零售网点。经营品种规格近2万种。九二年末，根据四平市商业局文件原四平五交化站的家电站划归四平商业大厦，为四平商业大厦的第二名称四平家电站。经营门类齐全，商品花色繁多，服务设施完备，维修力量雄厚，被市政府命名为"顾客信得过"商店。现有职工640人。固定资产1200万元。是四平市最大的一家零售窗口，是全国各地工商企业和广大顾客理想的贸易伙伴和购物场所。

开业三年多来，承蒙各界朋友的鼎力支持与合作，三年销售利润环比增长均20%左右，九二年实现销售额6000万元，利润110万元，居四平大型零售商店之首。

今后，四平商业大厦将继续奉行"信誉第一、顾客至上"的宗旨，诚迎国内外工商贸易伙伴及友好同仁惠顾光临。

法人代表：韩占奎
地址：四平市铁西区南仁兴街3号
开户行：四平工商行天桥办
帐号：61104-23
联系电话：226787　224646
电挂：8912　　邮编：136000

家电商

吉林市鋼絲廠

厂长 刘进

吉林市钢丝厂，是全国金属行业中具有30多年丰富历史的重点骨干、省级先进企业。检测设备精密优良，生产设备先进齐全，包装发运方便安全，销售服务信誉一流。

主要生产：一般用途热镀锌低碳钢丝；预应力混凝土用冷拉钢丝；预应力混凝土用矫直回火钢丝；热浸镀铝钢丝；回火轮胎钢丝；一般用途低碳钢丝；轴承钢丝；各种规格钢丝绳等十几个系列产品。产生产能力25000多吨。除大量行销国内冶金、矿山、林区、铁路及重点大型建筑外，还远销东南亚的新加坡、泰国、斯里兰卡、香港等国家和地区。

厂长：刘进
厂址：吉林市天津街75号
电话：（0432）452254
邮编：132001

热镀锌低碳钢丝

预应力混凝土用冷拉钢丝

通化
白山製藥廠

厂区一角

通化白山制药厂是吉林省生产中西药的重点企业，也是全国生产抗癌药物的重点药厂。该厂的产值、利税一年上一个新台阶，6 年创利税近 6 千万元。经济效益步入全省同行业前列。

该厂建于 1967 年，现有职工千余人，技术力量雄厚，工艺设计、检测手段齐全。该厂在厂领导班子的带领下，勇于开拓，不断开发生产出独、特、新产品。生产滋补、抗癌、抗衰老、心血管等 4 大系列、13 个剂型、137 个品种的药品。其中复方天仙胶囊获尤里卡世界发明最高研究奖，参茸王浆获国家医药局优质产品奖，仙茸壮阳精获省优质产品奖，癌得安注射液获省优秀新产品奖。产品畅销全国 28 个省市自治区，抗癌新药复方天仙胶囊远销美国、日本、西德、马来西亚、新加坡等 30 余个国家，深受国内外用户欢迎。1987 年该厂被命名为省级先进企业。

该厂注重产品质量，讲究信誉，欢迎国内外广大用户来人、来函洽谈业务。

厂址：通化市胜利路 38 号

电话：617055　电挂：0455　邮编：134000

1991 年 1 月 10 日，江泽民总书记视察该厂

复方天仙胶囊主治食管癌、胃癌、肠癌等各种恶性瘤，效果显著

癌得安注射液对肿瘤有明显抗癌作用，并能解除化疗、放疗毒副作用；同时能使肝功、红、白细胞、贫血等明显地恢复正常。

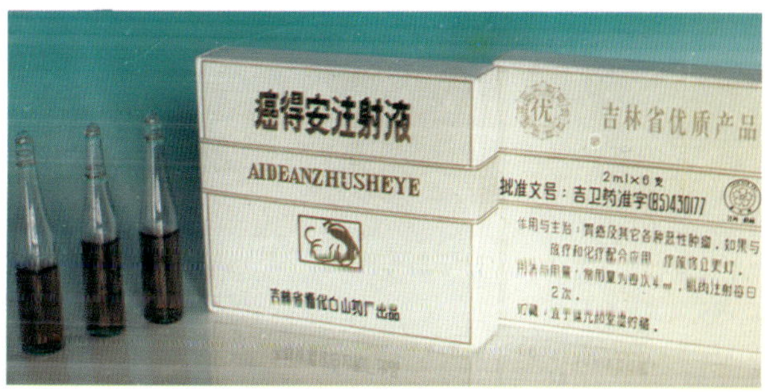

该药主要用于各种疾病引起的虚损，配合手术、放射和化学治疗，促进正常功能的恢复，并有抗衰老和预防感冒的作用。

蜂毒注射液的抗炎作用强度约为强地松的 25 倍。治疗风湿和类风湿性关节炎、高血压、周围神经炎及各种神经痛。

敦化市
生物化學製藥廠

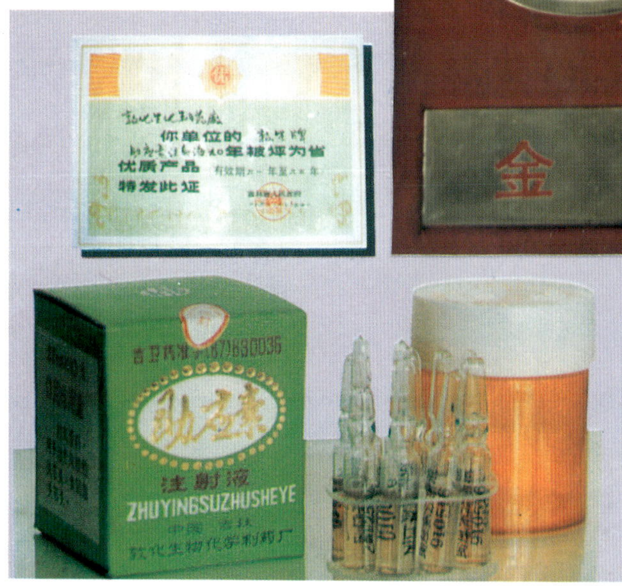

该厂生产的助应素及部分其它药品

助应素注射液

助应素注射液对风湿及类风湿关节炎疗效显著，明显优于国内外通用的阿斯匹林等非留体抗炎药物。具有抗炎、止痛、解热、恢复关节的功能、以及改善全身机能等功能。无毒性、无副作用。本品89、90、91年连续评为吉林省优质新产品，91年获首届全国老年用品博览会金奖，92年印尼中国科技成果及实用技术展览会银奖。

厂计算机机房

敦化市生物化学制药厂是一个技术力量雄厚、设备精良、工艺先进、生产药品经验丰富、经济实力较强的药品生产经营企业。产品有6种剂型40多个品种。片剂主要有复方新诺明、复方茶碱片等；胶囊剂主要有：磷霉素钙胶囊、胃膜素胶囊、骨折挫伤散胶囊等；口服液主要有人参蜂王浆、赖氨酸王浆；针剂主要有助应素注射液、细胞色素C注射液等。胃膜素胶囊是一种保护药，治疗胃、十二指肠溃疡及胃酸过多等症。85、88年评为省优质新产品。骨折挫伤散为舒筋活血、接骨止痛之良药，88年获延边州优秀新产品。该厂86、87年连续被市委、市政府命名为"小型巨人企业"；被州委、州政府命名为"全州商办工业先进企业"；89年被市委、市政府命名为"明星企业"；89、91年连续被中央商业部命名为"生化制药优秀企业"。

厂长：刘德宝
厂址：敦化市翰章南大街35号
电话：04435-223457
邮编：133700 电挂：0553

松原市華孚製藥廠

厂长 张景荣

华孚制药厂隆重推出延年益寿新药“人参生命源”口服液。它是依据中医理论，以大豆生物工程剂为溶媒，采用人参及人参抗癌有效成份的转化物等多味中药精制而成。它含有18种氨基酸、以及锌、镁等20多种对人体有益的微量元素。经临床观察证明它对动脉硬化、糖尿病、心血管系统疾病及某些癌症均有明显治疗作用。同时可以健体强身，延缓衰老过程，且无任何毒副作用。

“人参生命源”荣获1990年第39届尤里卡世界发明博览会金奖，第五届美国发明展览会专业大奖第一名及最佳产品称号等六项国际大奖。发明人张树臣教授获世界发明个人最高奖——军官勋章，“全国五一劳动奖章”。厂长张景荣被授予全国优秀经营管理者称号及“五一”劳动奖章。

该项成果的发明诞生，将引起全世界的银色革命，同我国的四大发明一样，在全世界人类健康史上成为光耀炎黄子孙聪明才智的又一块丰碑。

厂长：张景荣

厂址：松原市扶余区新城东路107号

电话：（04463）324988、323186

电挂：0617

邮编：131200

生产车间一角

通化白山製藥二廠

工厂大门和生产车间

厂长：任铁林

该厂创建於一九六八年，占地4万多平方米，现有职工一千余人，工程技术人员近百人，拥有固定资产1000万元，拥有各种制药设备500余台。主要生产长白山参茸系列，药用真菌系列等口服液、片剂、针剂、冲剂、胶囊及抗生素原料药粉等各种剂型50余个品种。有八个生产车间、一个动力车间和厂科研所，主要产品有参茸王浆、强力脑心康、天麻蜂王浆、利降糖等，还有治疗神经系统、消化道系统、心血管系统及抗癌作用的药物，现已形成综合型制药企业。

主要产品出口比利时、丹麦、东南亚等国家和地区，在国内覆盖29个省、市、自治区，深得用户赞誉。

工厂被省政府命名为“六五”期间先进企业、“六好企业”、“文明企业”、“质量管理奖”、“省级先进企业”，被国家医药管理局命名为“医药系统先进集体”。

厂址：通化市新华大街新明路
电话：（0435）212739　212764

中國人民銀行
延邊分行

长：藏仁信

中国人民银行延边朝鲜族自治州分行内设3个处室，1个金融市场，2个直属公司，下属个市县支行，全辖共有职工535名。

在建设发达的边疆近海州，支持少数民族经发展上新台阶的各项工作中，中国人民银行延朝鲜族自治州分行充分行使中央银行的职能，力融通资金，支持了经济的持续稳定发展。到992年末，共向专业银行发放贷款313165万；向企业发放老少边穷发展经济贷款3051万；地方经济开发贷款2045万元；全银专项贷4000万元。发展银行金融机构169个，非银金融机构952个。由于自治州综合经济实力的大，全州八个市县中，珲春市被国务院批准为家对外开放城市，图们、延吉、敦化、安图四市县被批准为省级开放城市。

地址：延吉市海兰路46号
电话：(0433)518018　514506
邮编：133000

清算中心

中国工商银行延边中心支行是延边朝鲜族自治州规模最大的专业银行，下设八个县（市）支行，25个办事处，4个分理处，63个储蓄所，全行职工2100人。1992年末各项存款余额21.3亿元，各项贷款余额38.3亿元。传统的会计、出纳、储蓄业务采用计算机处理，新业务不断拓展，1992年新开办了国际金融、房地产信贷、信用卡、平安保险等业务，使其进一步朝着综合性、多功能方向发展。1992年延边工商银行全面完成了上级行下达的各项任务，在全省行长任期目标责任制考核中，获得第一名。

地址：延吉市河南街长白路56号
电话：0433-521245　邮编：133001

行长：崔海山

计算机机房一角

中國工商銀行延邊中心支行

行长：金子鹤

中国农业银行延边朝鲜族自治州中心支行，自1979年恢复以来，在改革开放中开拓前进，日益兴旺发达，已经发展成为以办理农村金融业务为主，城市与农村业务相结合，为国民经济和社会发展提供多功能综合性金融服务的国家专业银行。

目前，该行所辖8个县（市）支行和其信用联社，在基层设有78个营业部、办事处（营业所）、113个信用合作社和369个储蓄所，农村金融从业人员4500多人，服务机构健全、营业网点遍布延边城乡各地。农业银行办理各项存款和贷款、转帐结算、现金结算、商业汇票承兑贴现、信托、国际金融组织的信贷等业务，代理其他专业银行的业务。经批准发行金融债券、代理股票、债券发行及其转让业务，办理国家委托或经国家批准的其他业务。信用社在农业银行的领导下，主要经营农村存款、贷款、结算等业务。

地址：延吉市参花街2号

电话：0433-513551、513465　邮编：133000

中國農業銀行延邊中心支行

◄街头储蓄宣传

▲储蓄电脑化

行长　刘士恒

存储业务实现微机管理

中國工商銀行四平市支行

中国工商银行四平市支行于*1984*年
立，是主要办理工商企业存、贷、汇业务
城镇居民储蓄业务的城市专业银行。资金
力雄厚、职工素质高、服务手段先进、机
覆盖面广、业务范围大、客户众多、信息
通、结算方便、信誉良好，业务量在全市
专业银行中居于首位。现有职工*1797*
下辖*4*个县（市）支行、*6*个市区办事
下设*10*个直属单位（劳动服务公司、信
投资公司、职工干部学校、房地产信贷部
国际业务部、牡丹卡部、信息咨询公司、
险信贷公司、高新技术经济开发公司、中
典当商行）*14*个集镇办事（分理）处，
个自营储蓄所，*140*个联（代）办储蓄所
电脑网点*31*个。到九二年末，各项存款
*147924*万元，是八四年的*4.9*倍，各项贷
余额达*356061*万元，是八四年的*3.2*倍
办理结算业务的企业达*8131*户，办理储
业务的客户达*140*万户。随着社会主义市
经济新体制的建立，该行将逐步向综合性
多功能、企业化国有商业银行方向发展。

办公大楼

行长　彭玉勤

建設銀行四平中心支行

建行四平市中心支行成立于1959年。34年来，四平建行忠实地履行财政和银行的双重职能，一直担负着管理固定资产投资的重任，累计经办固定资产投资达22亿元。支持建成了具有地方特色的以食品、机械、纺织、化工、冶金为主的工业体系建设和改造了一大批工业企业，同时重点支持了双辽发电厂、四平热电厂这两个国家大中型重点建设项目，并成立了电厂专业支行。双辽发电厂一号机组93年底并网发电，四平热电厂94年底并网发电，将为四平市的经济建设提供充足的热电能源。四平是交通要道和全国铁路枢纽，京哈、平齐、四梅铁路在这里交汇。为支持铁路建设，这个行于92年成立了铁路专业支行。为解决四平市区用水紧张状况，该行投资3408万元支持二龙湖引水工程建设，极大地改善了四平市投资环境。目前，该行共有各种营业机构103个，遍布全区各县（市）及主要集镇，职工794人；全行拥有各种存款9122万元；11个贷种共发放贷款余额91747万元。其中九二年实现各项存款50759万元，各项贷款3185万元，利润153.6万元。几年来，该行在狠抓优质服务的同时，不断加强办公现代化建设，先后配备计算机主机60台，其中CPU为80386的主机达40台，终端40台，传真机7台。

地址：四平市迎宾路15号
邮编：136000
电话：0434-226251
传真：0434-223172

支行营业大厅一角

中國農業銀行白城地區中心支行

行长：张孝刚

农行大楼

白城地區農業銀行內設21個科室，轄1個營業部、1個直屬金穗工貿總公司，52個農行營業所，57個儲蓄所，99個農村信用社，15個信用分社和54個儲蓄所；現有職工2467人，專業技術人員1509人，其中高級經濟（會計）師7人，中級經濟（會計）師316人，初級職務1272人。擔負着全區5個縣（市）農口機關、企事業單位及農户、個體工商户的信貸、現金、結算和儲蓄業務。

白城地區農業銀行自1979年恢復以來，始終堅持兩個文明一起抓的辦行方向，熱心爲農民服務、爲企業服務、爲振興白城服務，促進了全區農村經濟的全面發展。樹立了良好的社會形象和企業信譽，贏得了各級政府和社會的高度評價。1987年被白城地委、行署榮記集體三等功，1989年被吉林省政府命名爲省預備級企業，1990年被吉林省農行評爲先進集體，連續6年保持地級文明單位稱號。

單位地址：吉林省白城市中興東大路16號
郵政編碼：137000
聯系電話：(0436)224487
電報掛號：2055

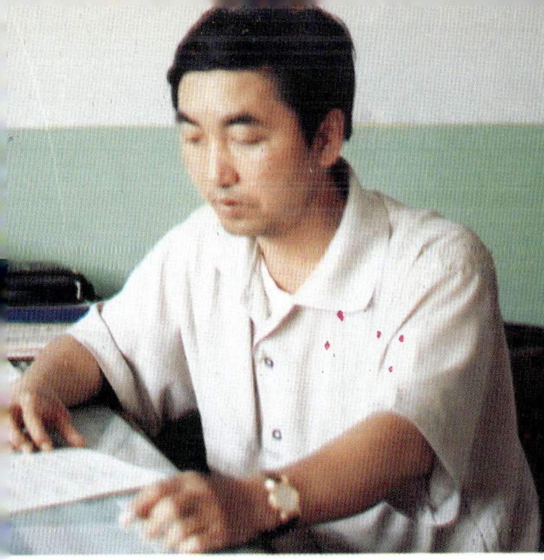

证券交易所营业厅

经理：崔万锡

中國工商銀行延邊中心支行信托投資股份有限公司

中国工商银行延边中心行信托投资股份有限公司，在改革大潮中，抓住机遇，不断开拓新业务，取得了较好的自身效益和社会效益，成为全省金融系统信托投资行业的佼佼者。

该公司是以经营资财委托、金融租赁和证券交易为主的金融机构。93 年各项存款余额已达 1.03 亿元，全部资产近 2 亿元。该公司在信托租赁中，瞄准了汽车营运市场，92 年仅此一项融资 2890 万元，在全省 61 家企业单位租赁汽车 175 辆。延边客车厂由于资金不足，汽车底盘不能及时购进，该公司以租赁方式为该厂提供汽车底盘 50 台，还以租赁方式推销汽车 62 辆，一举两得。在证券发行承销方面，他们与国内各大城市交易机构均有联系，92 年交易额 6 千万元。几年来延边工商银行信托投资股份有限公司为延边经济发展做出了积极贡献。

地址：延吉市河南街长白路 56 号
电话：515168

证券交易所营业室

信托公司投资生产并租赁的各种公路客车

经营范围:

信托业务: 承办各种信托存、贷款, 信托投资, 遗嘱信托等

委托业务: 承办各种委托存、贷款, 委托投资

融资租赁业务: 承办各种建筑机械、汽车、现代化办公设备等租赁业务

证券业务: 承办各种有价证券兑付、买卖、代保管, 代理发行企业债券、股票, 证券咨询

投资业务: 直接投资、联营投资、房地产开发投资。

经理: 王祺禄

中國人民建設銀行吉林省信托投資公司延邊辦事處

中国人民建设银行吉林省信托投资公司延边办事处是以信托投资业务为主, 同时办理融资租赁、委托业务、证券交易、契约式投资等业务的综合性、多功能的金融机构。该办事处成立五年来, 围绕延边经济建设, 积极开辟融资渠道筹措资金累计投资2亿多元, 并为延边三大工程筹措资金2600万元。累计经营证券4500万元。其中1992年一年就承办了延边州财政局发行的振兴延边企业债券和延吉市百货大楼股份有限公司、延吉市啤酒厂等企业债券, 短期内为企业筹集了2800多万元, 解决了企业资金, 有力地支援了地方经济建设。该办事处计划在93年与省建行证券机构开通计算机联网, 以便承办深圳、上海两地的股票业务。

营业大厅

地址: 延吉市爱丹路5-1号
电话: 0433-514446
517383
传真: 0433-517386
电挂: 1270
邮编: 133000

常务副总经理：谭克岩

中国太平洋保险公司长春分公司，是*1991*年开业的吉林省第一家股份制保险机构。现下设*6*个部室，*100*多个业务代办网点，职工*50*人，注册资金*1000*万元。现任常务副总经理：谭克岩（经济师）；副总经理：何恩波；总经理助理：王丽生（女，经济师）。

*3*年来，保费收入逐年增长，*1991*年即开业当年收入保费*338*万元，承保社会财产总额*9.2*亿元；*1992*年收入保费*2000*万元，其中外币*37*万美元，承保社会财产总额达*40*多亿元。保险业务已能承保人民币、外币的各种财产保险、责任保险、信用保险、农业保险、人身保险等*50*多个险种，每年还将以*10%*的速度递增；能办理各种国内、国际再保险业务和法定保险业务；与国内外保险机构建立代理关系和业务往来关系，代理外国保险机构办理损失的鉴定和理赔等业务以及处理有关事宜；办理有价证券投资及经人民银行批准经营的其他资金运用业务；参加国际保险活动和中国人民银行批准的其他业务。*1992*年以来，共处理各种赔案*1200*多件，支付赔款*230*多万元，上缴税金*120*多万元。

几年来长春分公司坚持改革，以一流的服务质量、一流的工作效率、一流的公司信誉为宗旨，调动了职工展业的积极性。为客户提供保险服务，*1991*年保费收入完成了年计划的*220%*。*1992*年公司被吉林省体改委定为金融系统第一家放开经营、转换机制的试点单位。

地址：吉林省长春市重庆路 44 号（北国之春大酒店四、五楼）
邮政编码：130042
电话：847651
传真号：810204

国外业务部一角

敦化市
華康製藥廠

厂长：关武

敦化市华康制药厂位于吉林省东部，立足于长白山丰富的药用自然资源优势，引进高新技术，先进工艺，精良设备、五药并举，是1989年建厂的新型制药企业。该厂下设动物药制药厂，消毒剂厂、化工厂、补品饮料厂等四个分厂。占地面积25400平方米，职工250人，科技人员38名，生产胶囊、片剂、消毒剂、口服液等多种剂型近百个品种。

华康的拳头产品"血栓心脉宁胶囊"是省优秀新产品，并获"印尼技术展览会银奖"，是省医药局和技术监督局推荐的医药新产品，投放市场后，受到广大用户的高度评价，畅销全国许多省、市、自治区。"胃康灵"中成药获印尼技术展览会银奖。

华康制药厂建厂以来，一贯奉行"质量第一、用户至上"的办厂宗旨，严格执行《药品管理法》竭诚为广大用户服务，多次被上级主管部门评为重合同、守信用企业，1992年市政府授予"年利税超百万元明星企业"光荣称号。

厂长：关武　地址：敦化市丹江街10号
电话：04435—226633、224057　邮编：133714

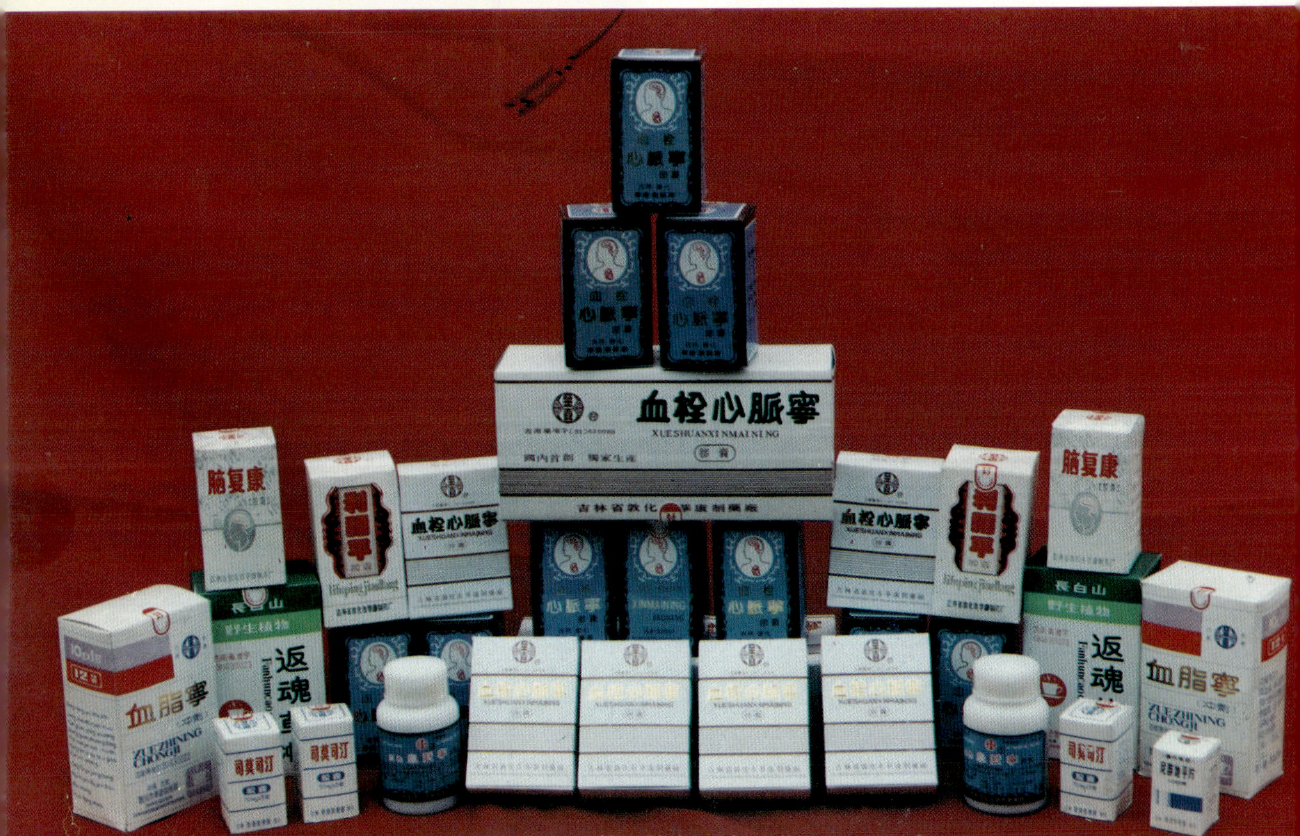

该厂生产的"血栓心脉宁"及部分药品

厂长:

中國吉林通化林海製藥廠

胃病的克星——甘羟铝片
国际公认，新药特药，治疗胃病，最见疗效

国际医学界推崇的十分钟后即见疗效的最新胃药。

吉林省通化林海制药厂创建于一九八八年，本厂以科学的工艺，精湛的技术，一流的质量，完善的服务而闻名全国，多次被评为县、市、省优秀集体企业。

甘羟铝片是中华人民共和国卫生部批准的新药，其生产技术引进于美国，经北京、上海、长春等数家医院近千例患者临床验证，对胃酸过多、胃溃疡、十二指肠溃疡、幽门管溃疡等各种胃病总有效率达97%以上，对促进溃疡表面愈合和慢性浅表性胃炎的恢复，确有奇效，该药一问世，即引起海内外胃病患者的瞩目，被各国胃病患者称之为"胃药之王"。

甘羟铝片92年被评为"中华边贸博览会精品"和吉林省优秀新产品一等奖。

厂长：杨子清
经营厂长：孙运福、马守信
电话：213687　电挂：0146
邮政编码：134001
地址：通化市新华大街新明路27号

该厂生产的部分获奖产品及奖状证书

吉林省遼源市裝幀材料廠

厂长：刘绪环

吉林省辽源市装帧材料厂是国内主要生产装帧材料的专业厂家。现有固定资产300万元，年产值2000万元，占地面积28100平方米，职工700余人，其中工程技术人员占职工总人数的16%。

工厂遵循“用户至上、质量第一”的宗旨，主要产品漆布、漆纸、衬布、毛毡销往全国28个省、市、自治区，产品适用于印刷、出版、服装、制鞋等行业。

近年来，工厂以市场为导向、以改革为动力，走内部挖潜、改造、扩大再生产的道路，使企业得到了发展和振兴。全厂职工树立“团结、苦干、实效、创新”的企业精神，大力推行全面质量管理和现代化管理，以优质产品、优质服务赢得了用户的广泛赞誉。

该厂生产的主要产品

厂长：王仁棠

扶余市老醋厰

该厂创建于1937年，至今已拥有固定资产130万元，设备齐全，技术力量雄厚的中型调味品生产企业。职工200余人，高、中级技术人员十余人。

生产的主要产品有"松江牌"老醋，风味保健系列醋即：香醋、甜醋、米醋、辣醋。还有酱油、盘酱等产品。年产量为6千吨，产值5百万元。自1980年以来，连续十年来获省优质产品，1988年以来又荣获国家商业部优质产品奖。同时在中国首届食品博览会和中国首届优质保健产品评比中分别获银质奖、金鹤杯奖。产品长销不衰，永放不霉，运销国内各大城市，供不应求，深受消费者欢迎。

"松江牌"老醋，以东北特产红高粱为主料，采用传统工艺和现代科学技术相结合的方法酿制而成。再经灭菌、沉淀等工序取得了老醋特有的色、香、味、佳，其理化与卫生指标均优于商业部标准。

风味保健系列醋是以高粱，麸皮、药食同源食物为原料，采用传统工艺和现代科学技术相结合的方法酿制而成，具有益气健脾、保肝散瘀、降低血压、降低高血脂等多种功能。

厂长：王仁棠　电话：**323481**
厂址：松原市扶余区临江街

风味系列醋

松江牌老醋

厂长：李柏春

龍井生物化學製藥廠

龙井生物化学制药厂是全民所有制中型企业。建于1990年，拥有固定资产1540万元，占地8.6万平方米，一期工程建筑面积1万平方米，中级以上技术人员34人。年产各类酵母2300吨，玉米蛋白粉1600吨。一期工程采用中国科学院上海有机化学研究所"七五"国家重点攻关科研成果，国际首创。二期工程将开拓核糖核酸及其精加工制品的生产。为食品工业、发酵工业、医药工业和饲料工业提供优质产品。

目前，该厂生产的药用酵母粉，经吉林省药检所检验，各项技术指标均符合中国药典1990年版标准，曾获1992年黑龙江全国科技成果展览交易会优秀奖。饲料酵母符合轻工业部QB596-82年优级饲料酵母标准，且蛋白质含量超过标准达到50%以上。质量上乘，属酵母行业中的精品。经上海饲料科研所用以代替鱼粉配制的饲料饲养肉猪、肉鸡，证实效果与使用进口鱼粉相当。该厂生产的玉米蛋白粉含蛋白质达25-30%，是良好的高蛋白饲料。

该厂经营方针是质量第一，用户至上。多购者及长年用户，价格优惠。欢迎广大用户来人来函洽谈业务。

厂长：李柏春　厂址：龙井市铁北路1号

电话：223537　邮编：133400

撫松縣
長白山天然
植物製品廠

厂长：秦玉丹

该厂位于吉林省长白山腹地驰名中外的人参之乡抚松县境内享有人参乡中之乡的美誉。全厂建筑面积1.2万多平方米，是吉林人参生产加工和销售的重点企业，1990年被命名为市一级企业，拥有现代化的加工设备和先进的企业管理水平，加工的人参规格齐全，有红参、白参、礼品参等系列产品，每年加工的人参80%出口。

1992年该厂专门生产以高山红景天、人参等为主要原料的滋补保健冲剂。“高山红景天智力宝”冲剂能有效地防治各种辐射给人体的损害，并能减轻癌症患者化疗引起的副作用，具有明显的抗辐射，速解疲劳、醒脑益智、抗缺氧、抗高温之功效，对神经系统和内分泌系统具有双向调节作用。“吉林阳春人参茶”以滋补人体的正气为主，对阳萎早泄、神经衰弱有明显的疗效，明显改善和增强性功能，总有效率为89.7%。各产品无任何毒副作用。

地址：吉林省抚松县东岗镇
电话：(04459)313762　313618
邮编：134511　电挂：7255

工厂大门

吉林省文化活動中心

总经理：秦文彬

吉林省文化活动中心是一座集专业性和综合性为一体，汇文化、旅游、商贸为一身的大型文化活动场所。地处市中心，建筑面积26000平方米。

中心以吉林省的特级剧院——东方大剧院为主体，相配套附设各种场所主要有：配有音乐喷泉的北国大舞厅，可容纳300人。

艺苑宾馆是具有文化色彩的二星级旅游宾馆。客房内均设有彩色闭路电视、电话、卫生间和中央空调系统。酒吧、咖啡厅、美容室、干、湿洗衣房给宾客的旅行生活带来了极大的方便。另外，宾馆的大小餐厅，可以同时容纳250名宾客进餐。每个餐厅的装修各具特色，以鲁菜、地方菜为主的中餐和融法式、俄式为一体的西餐，可以使美食家一饱口福。

宾馆内还分别设有容纳100人、50人和20人各种规模不同的会议室，可接待各种会议。

另外中心还附设卡拉OK厅、夜总会、歌厅、电脑弹子房、台球厅、健身馆、书社、商场、摄影图片社等。

中心全体员工愿以一流的服务、欢迎各位嘉宾光临、惠顾。

吉林省文化活动中心正面一角

音响、灯光设备从国外引进，配有音乐喷泉的北国大舞厅

国家二星级旅游宾馆——艺苑宾馆一角

国内生产总值(亿元)

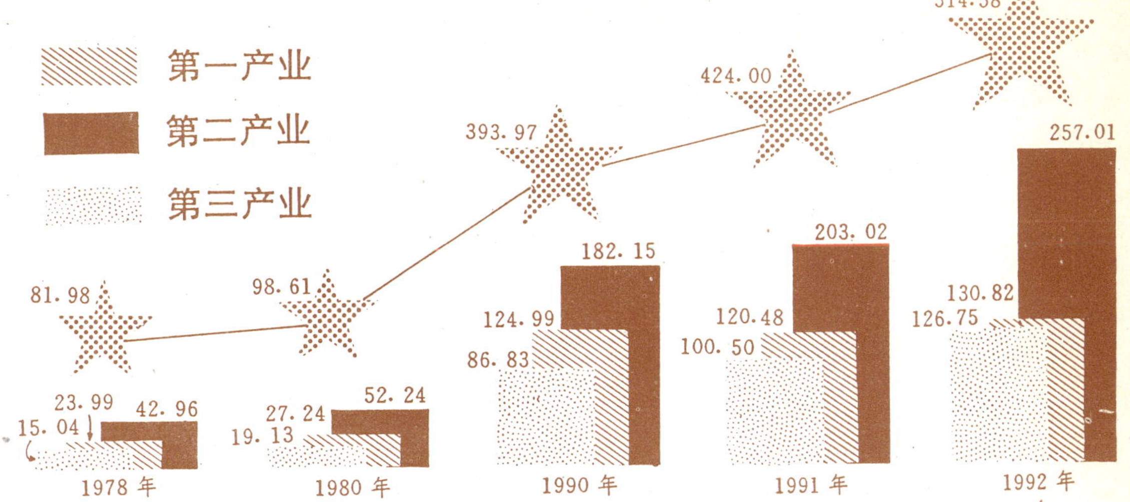

三次产业构成%

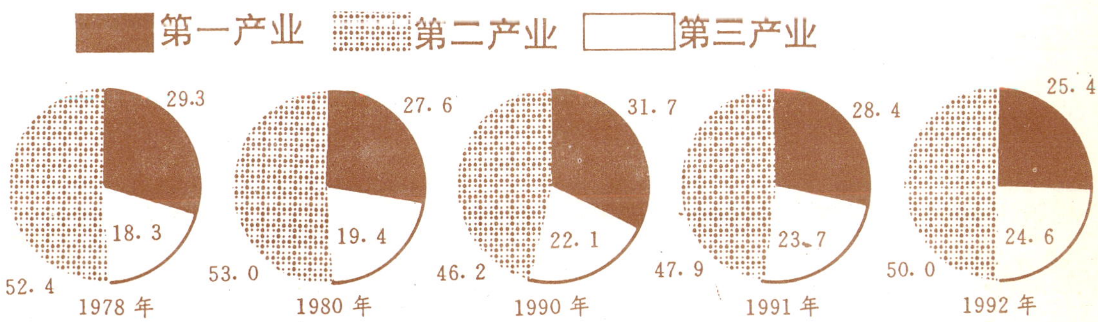

国内生产总值发展速度

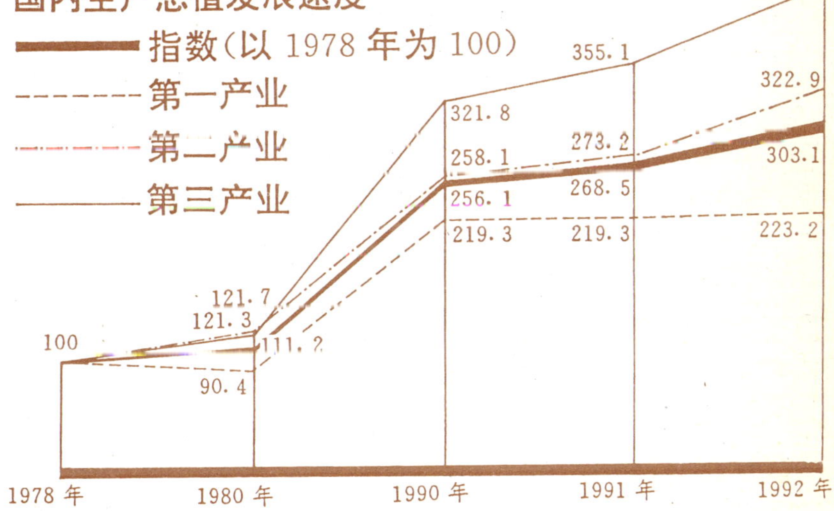

地方财政收入(亿元)

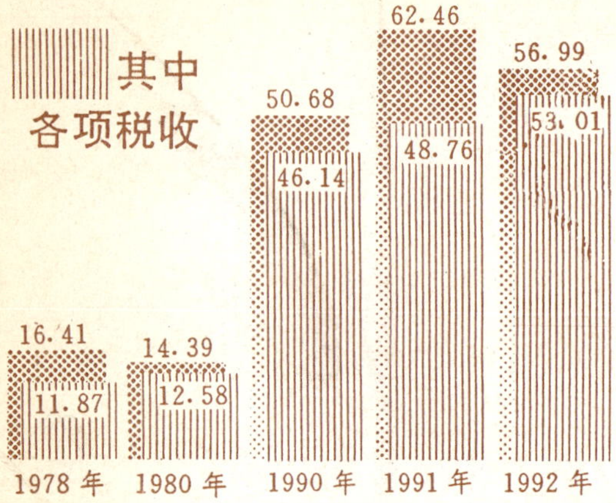

地方财政支出(亿元)

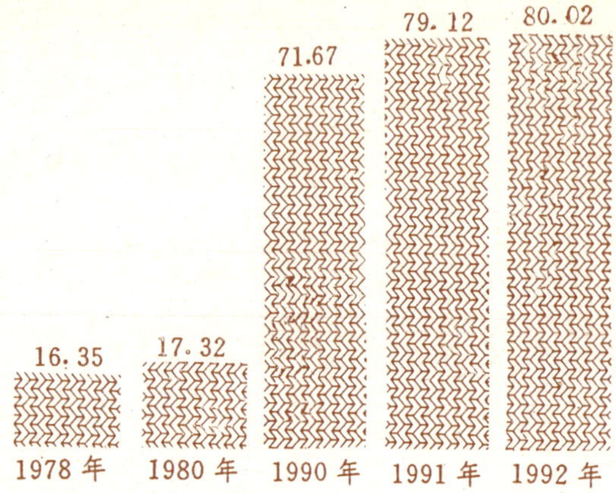

财政支出构成(%)

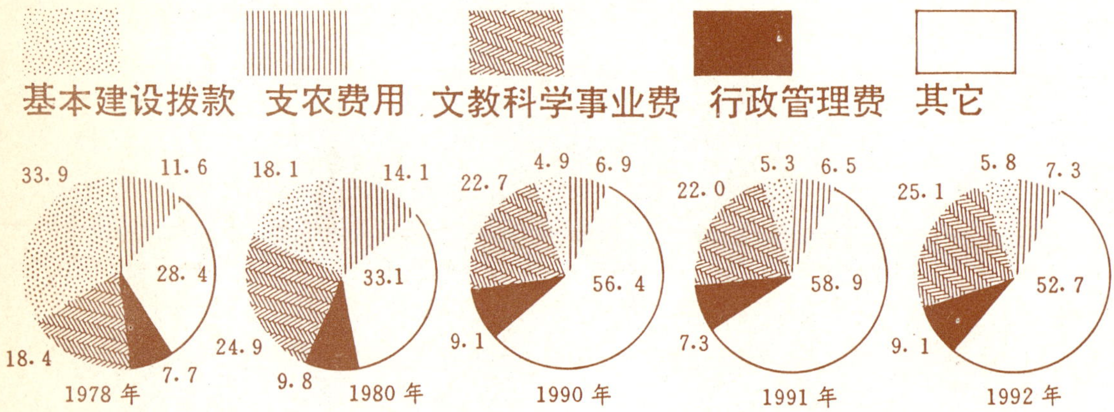

银行存款余额(亿元)

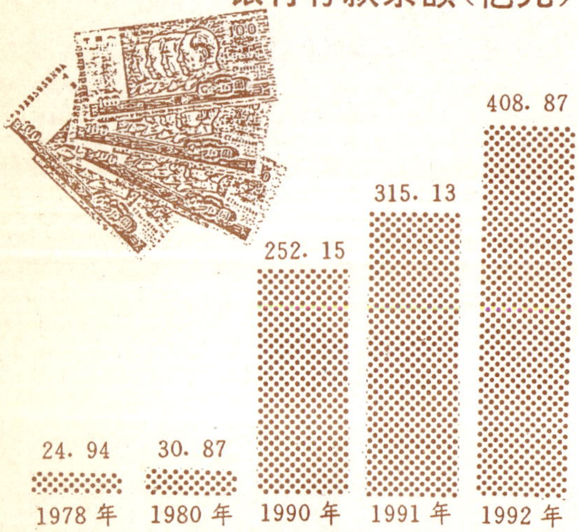

银行贷款余额(亿元)

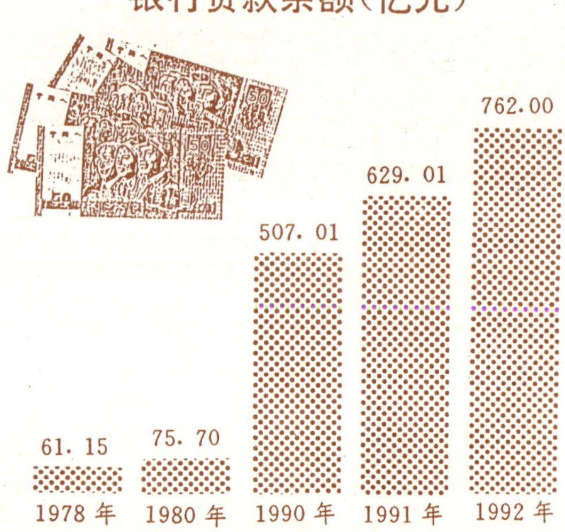

工业总产值指数(以 1978 年为100)

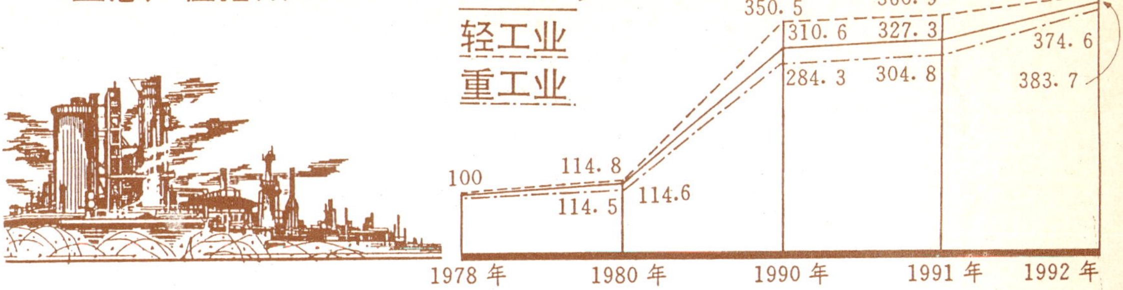

工业总产值构成(%)

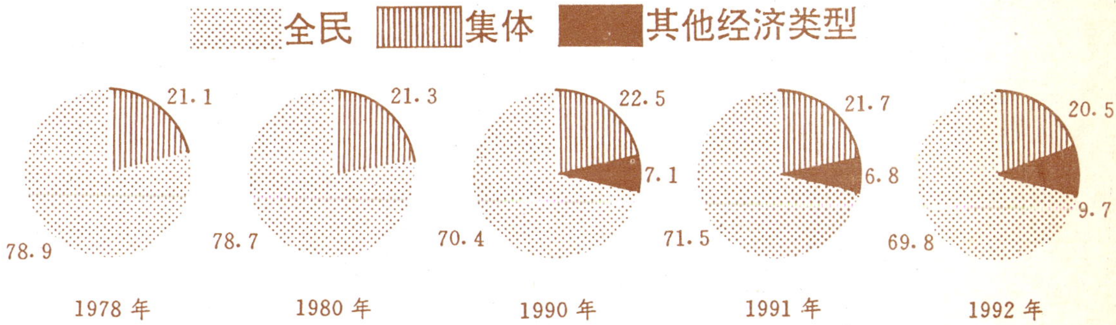

主要工业产品产量

原煤(万吨)

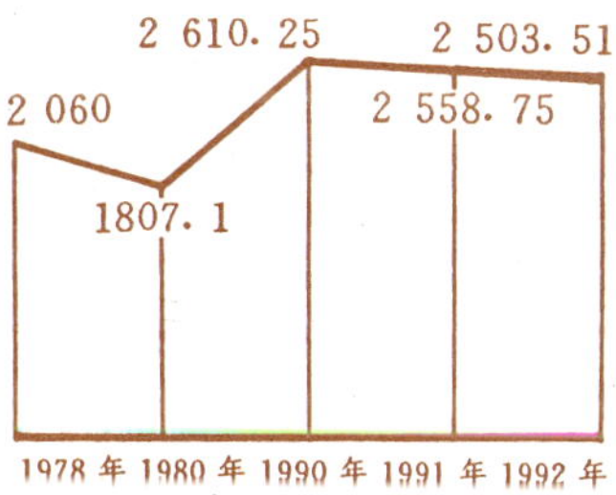

原油(万吨)

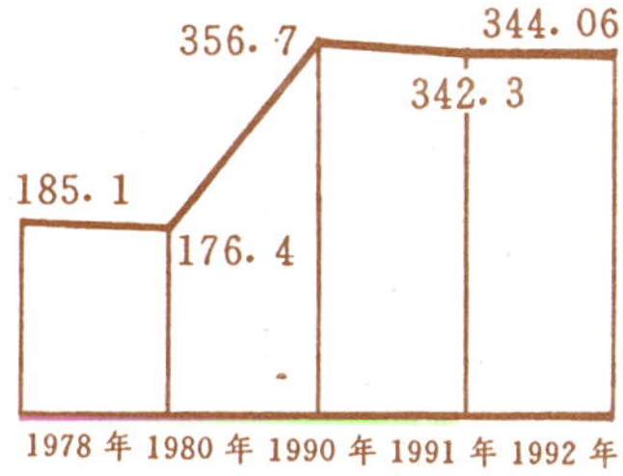

发电量(亿千瓦时)

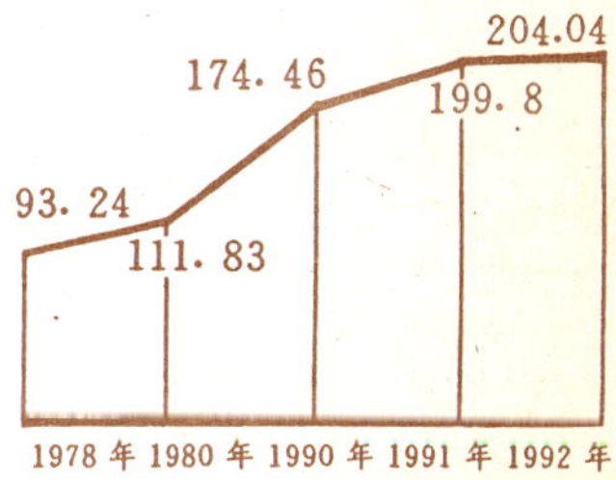

钢(万吨)

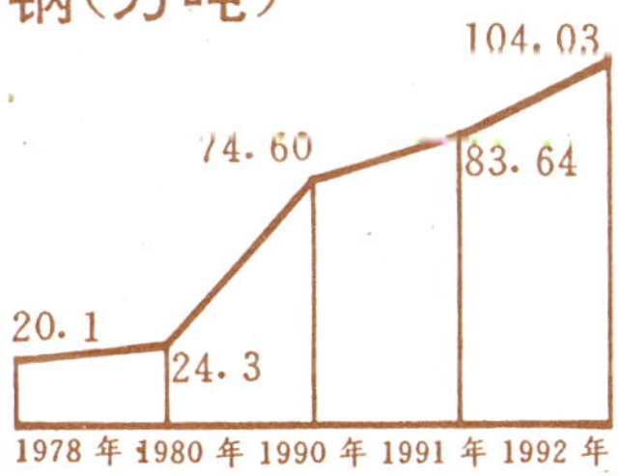

木材(万立方米)

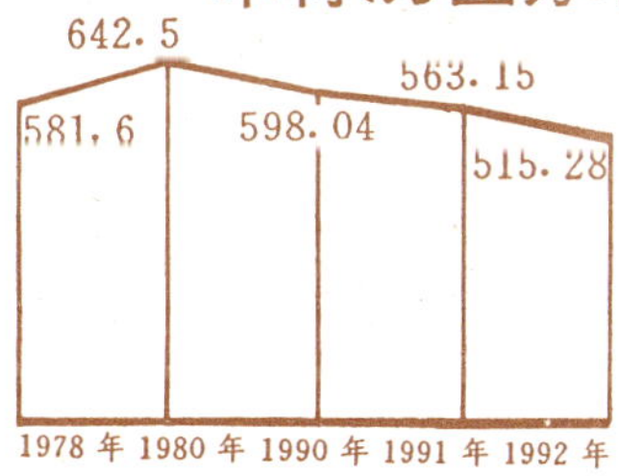

汽车(万辆)

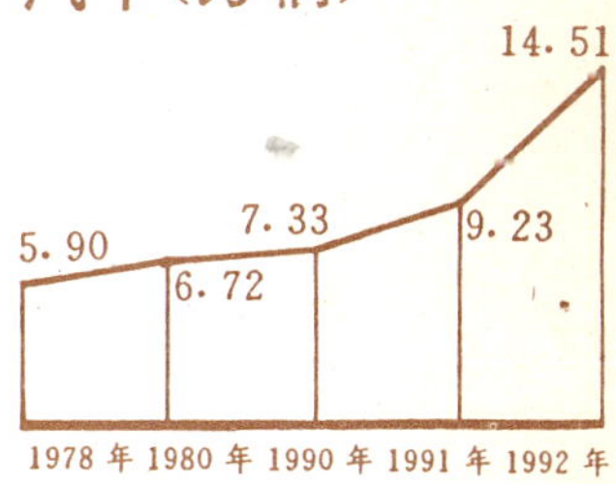

农业总产值（亿元，当年价格）

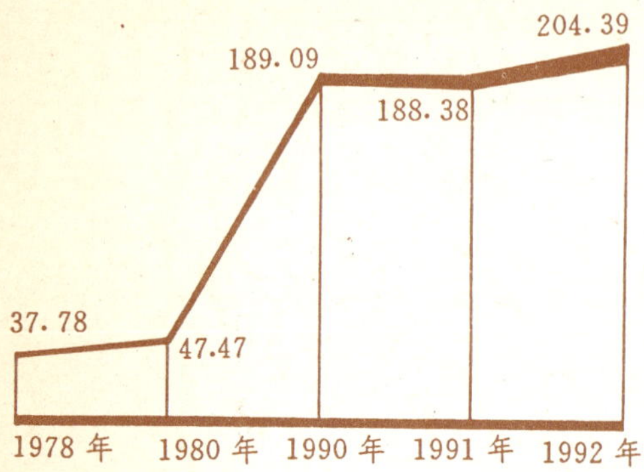

农业总产值指数（以 1978 年为 100）

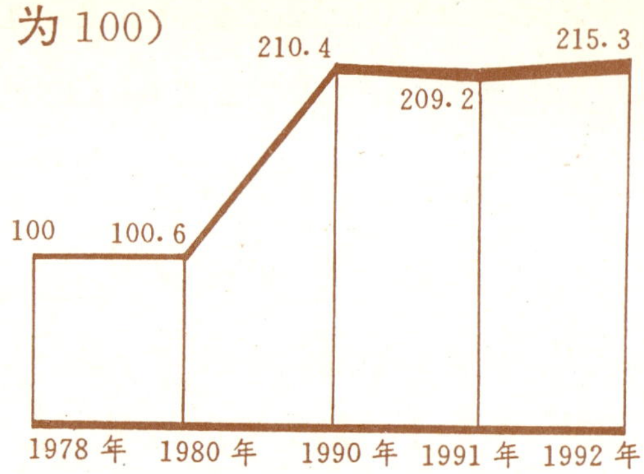

农业总产值构成（%）

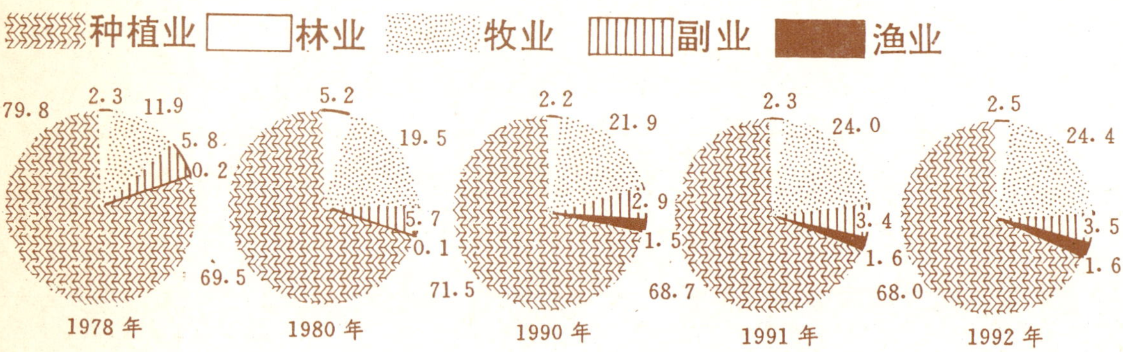

主要农业产品产量

粮食（万吨）

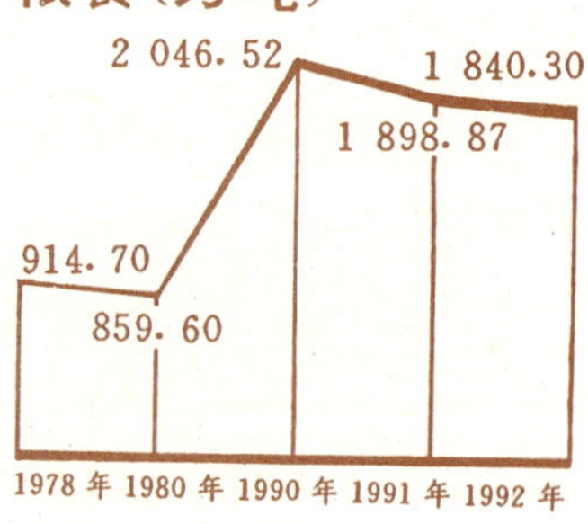

油料（万吨）

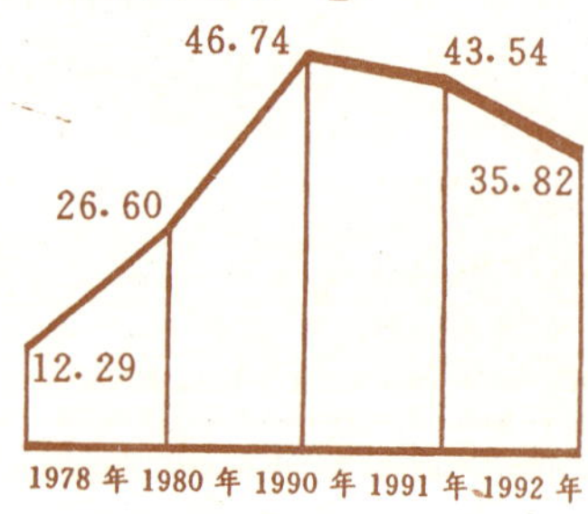

肉类（万吨）

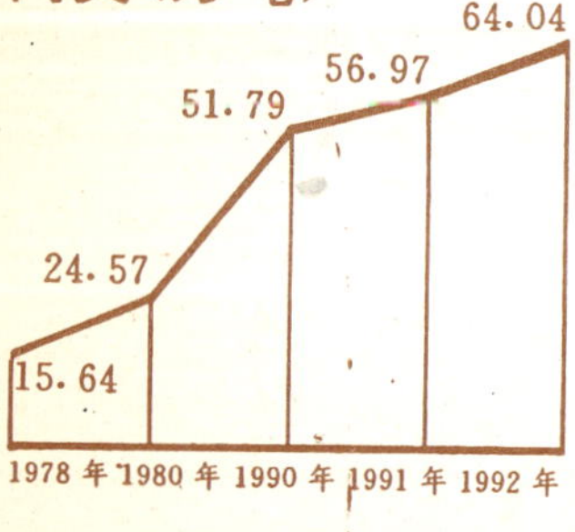

甜菜（万吨）

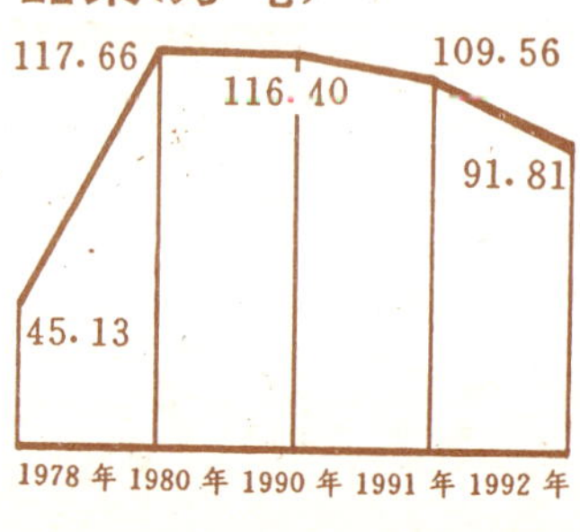

玉米（万吨）

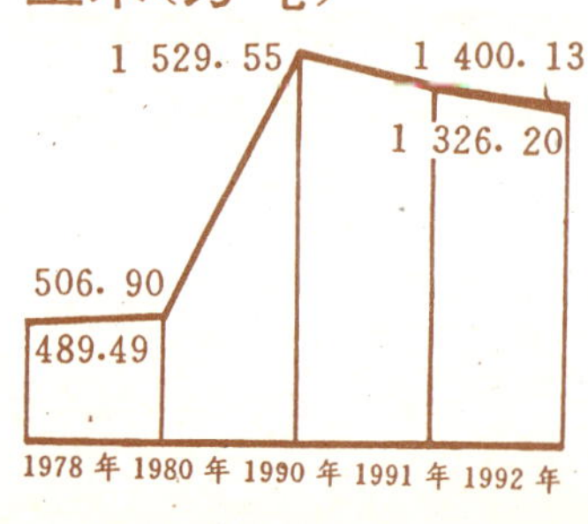

社会商品零售总额（亿元）

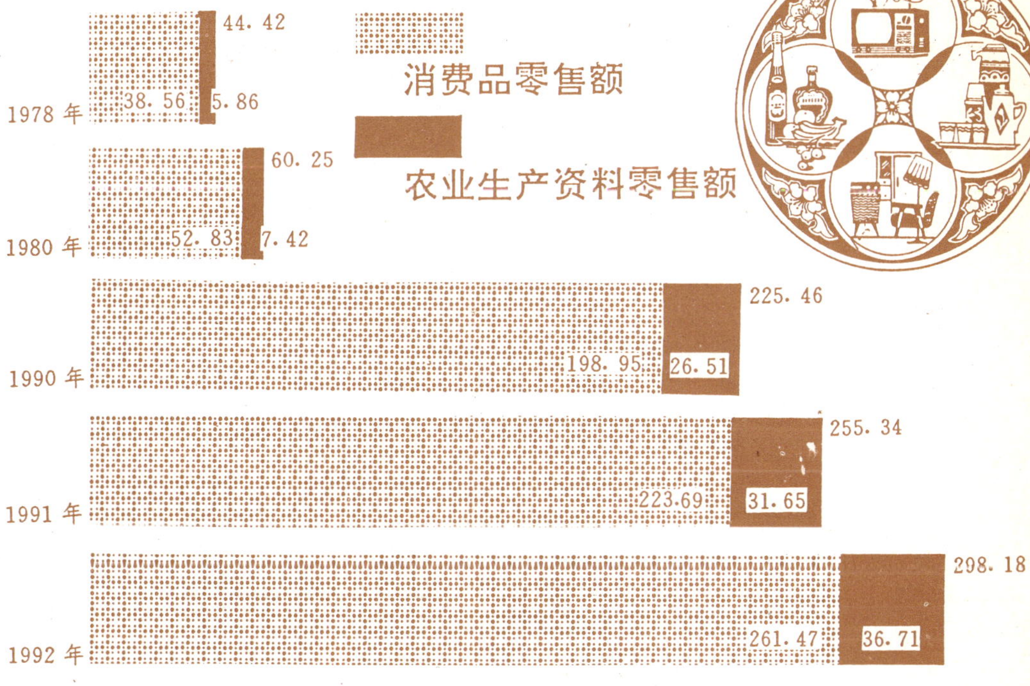

外贸部门进出口总额（万美元）

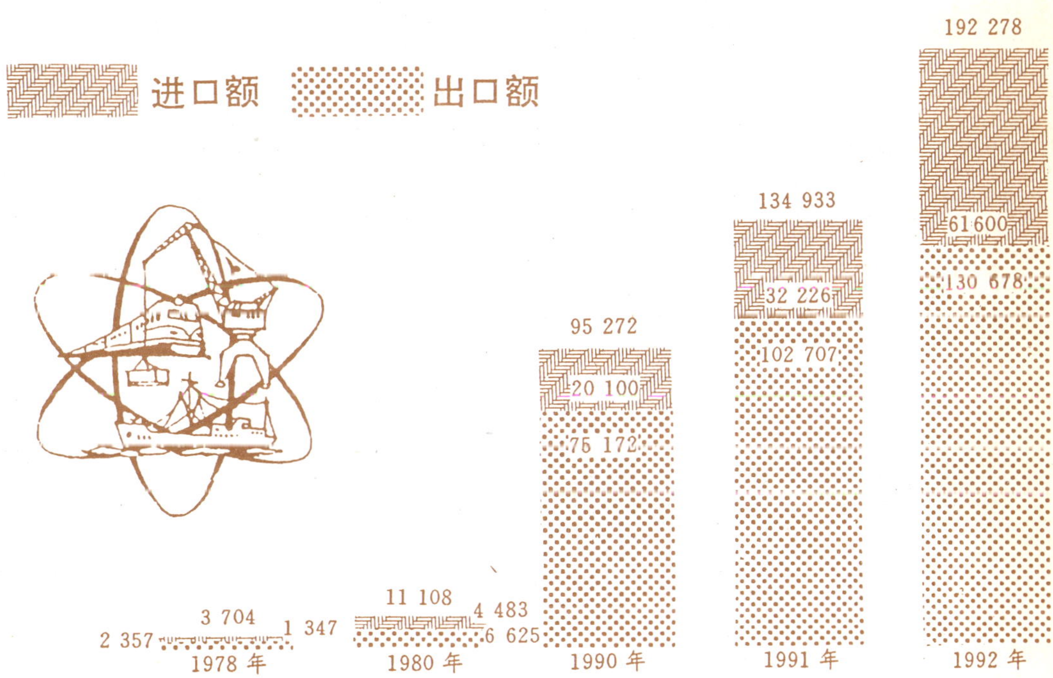

城镇居民人均生活费收入(元)

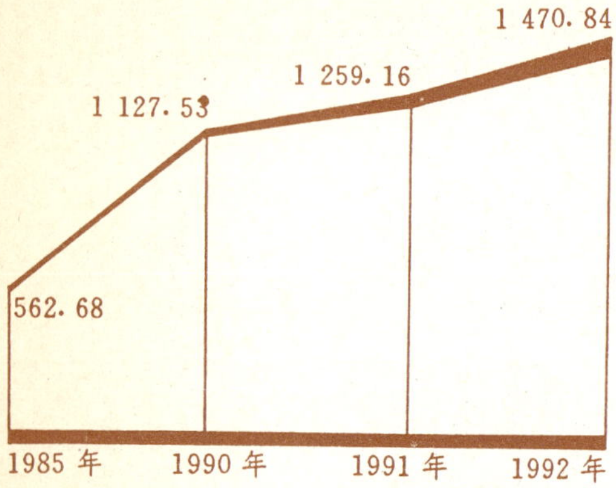

农民人均纯收入(元)

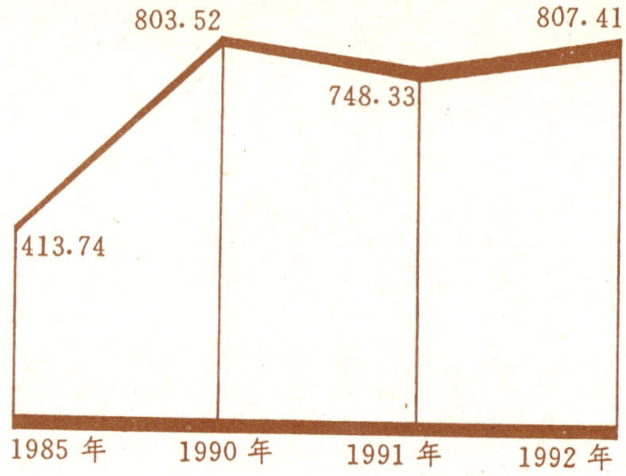

城乡居民储蓄存款余额(亿元)

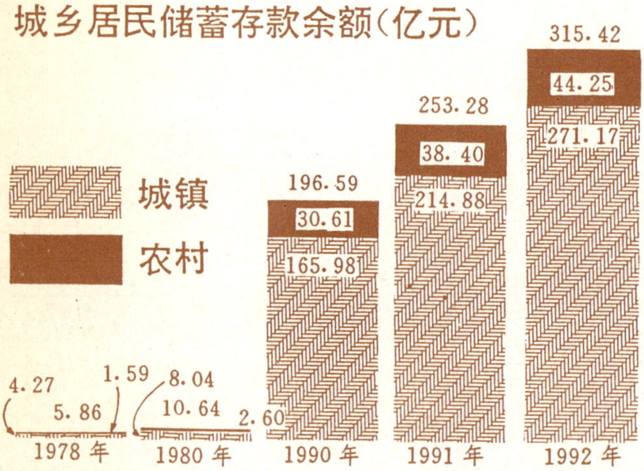

物价总指数(以 1978 年为 100)

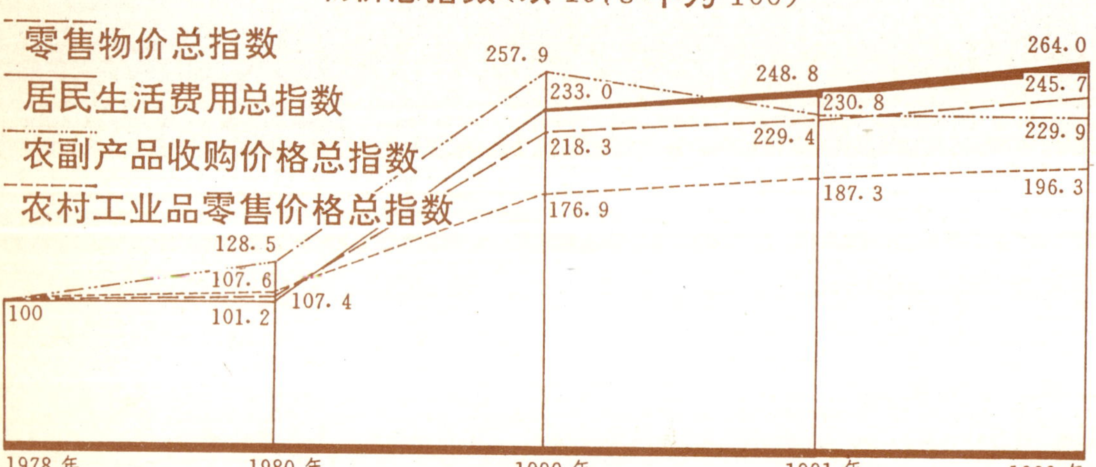

全社会固定资产投资(亿元)

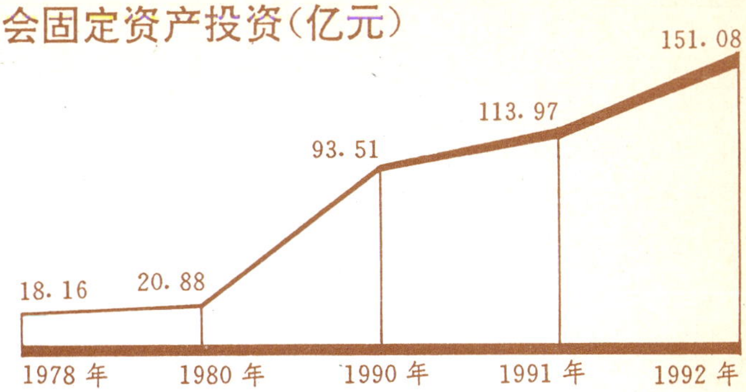

旅客运输量(万人)

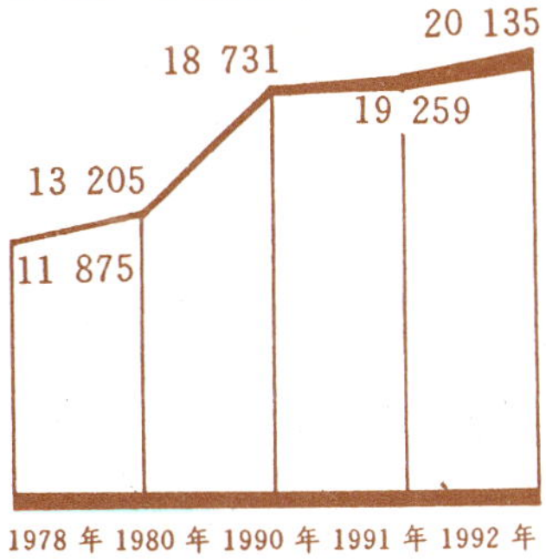

旅客周转量(亿人公里)

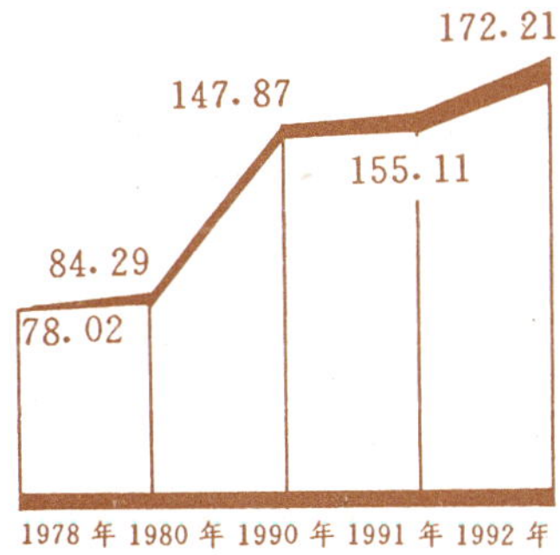

货物运输量(万吨)

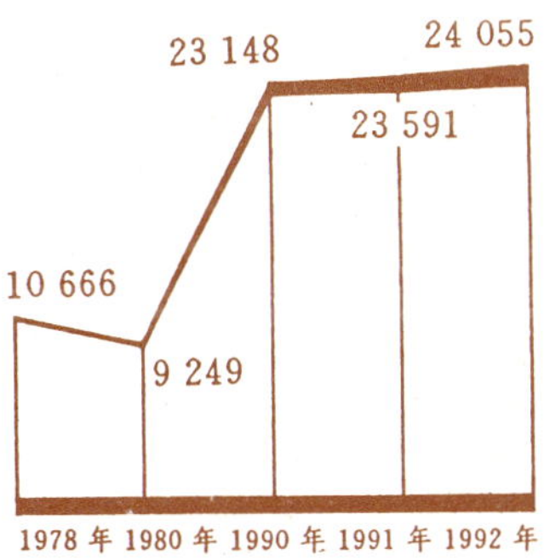

货物周转量(亿吨公里)

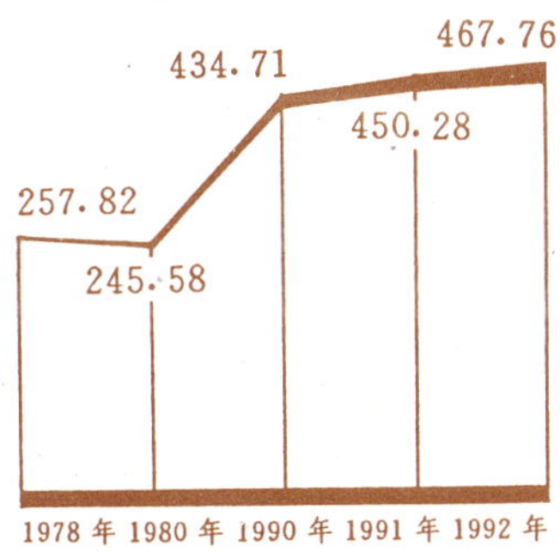

邮电业务总量(万元)

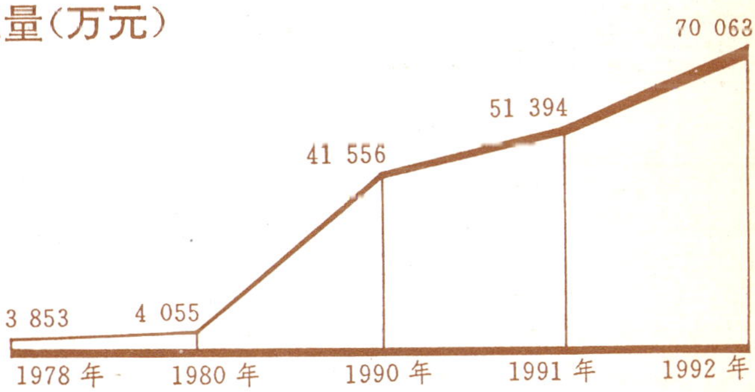

在校学生数(万人)

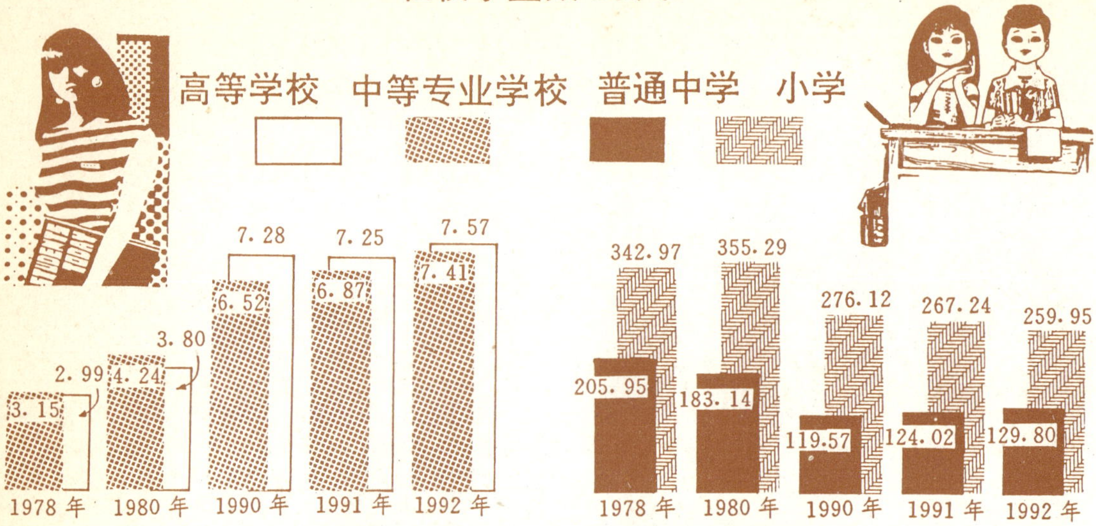

卫生机构数(个)

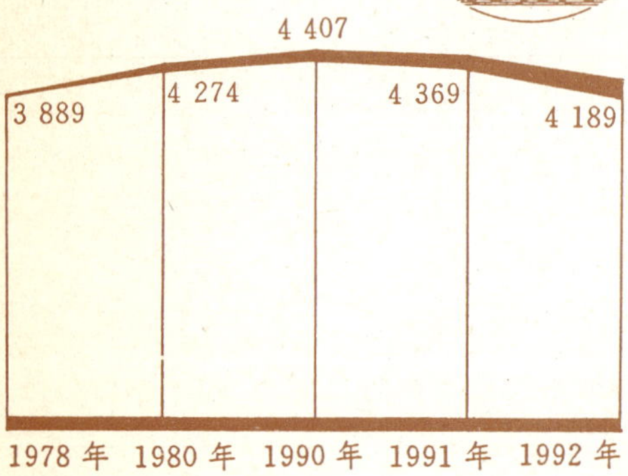

全民所有制单位自然科学技术人员(万人)

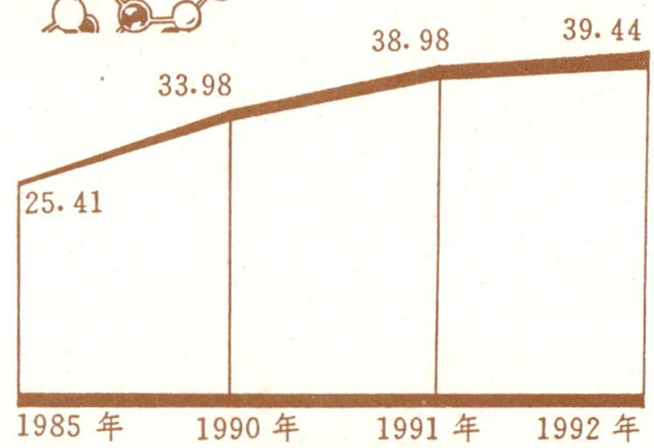

出版总印数

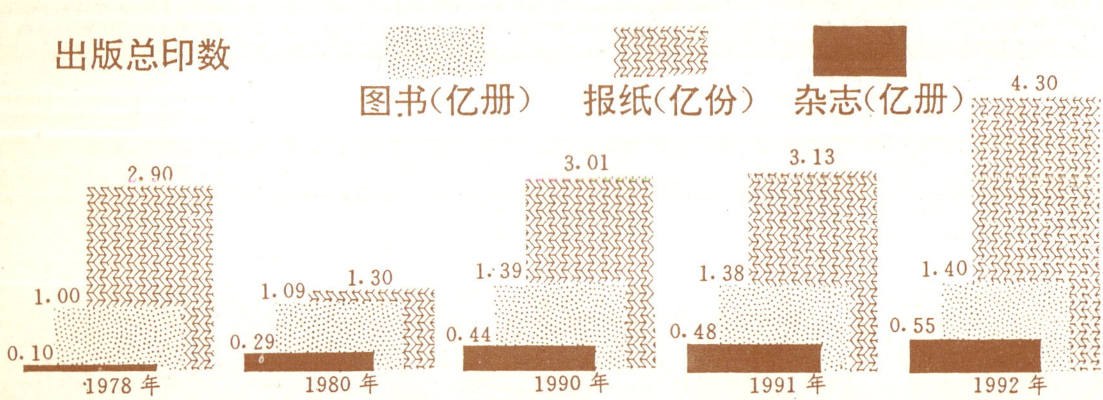

吉林统计年鉴

STATISTICAL YEARBOOK OF JILIN

1 9 9 3

吉林省统计局 编

中国统计出版社

(京)新登字 041 号

吉林统计年鉴

JILIN TONGJI NIANJIAN

1 9 9 3

吉林省统计局 编

*

中国统计出版社出版

(北京复外三里河月坛南街 38 号 100826)

吉林省统计局印刷厂印刷

*

787×1092 毫米 16 开本 印张 100 万字

1993 年 7 月第 1 版 1993 年 7 月吉林第 1 次印刷

印数:1—2000

ISBN 7—5037—1170—1/C·714

国内定价:50 元

编　者　说　明

一、《吉林统计年鉴》是吉林省统计年刊，全面、系统、翔实记载吉林省社会、经济、科技等各项事业发展状况，是社会各界了解吉林，认识吉林，研究吉林社会、经济、科技等基本情况的一部工具书。

二、1993 年统计年鉴在保持历年统计年鉴的连贯性和可比性的基础上作了进一步改进，总的结构是，在彩照之后有 8 个版面的统计图，直观形象的显示了经济与社会发展规模、水平、结构变化趋势。在首篇吉林省统计公报之后，分为四个部分：第一部分社会经济概况，反映全省经济与社会发展辞条 120 条；第二部分统计资料共 19 个部分，400 张统计表；第三部分企事业之窗，是新增加的内容，本着统计年鉴为社会主义市场经济服务，为商品生产者和经营者服务的指导思想，增加了微观信息；第四部分吉林省大事记，辑录了 1992 年吉林省社会、经济生活中有重大影响的事件。

为了提高《年鉴》装祯、印刷质量，由过去铅字印刷改为激光照排。

三、根据全国统计年鉴系列化、规范化的要求，本《年鉴》的内容和编排，均以《中国统计年鉴》为蓝本。

四、本《年鉴》表中符号使用说明：

“…”表示数据不足本表最小单位数；

“空格”表示该项统计指标数据不详或无该项数据；

“#”表示其中的主要项。

五、本《年鉴》中所使用的价值量指标及构成，除已注明的外，都是按现价口径计算的，发展速度是按可比价格计算的。所列年度除历年外，大部分是以 1978、1980、1985、1990、1991、1992 年度为主，因 1978、1980 年度资料不全，部分改为 1986、1987、1989、1990、1991、1992 年度。

六、本《年鉴》出版发行以来，受到各级领导、有关部门和社会各界的大力支持，谨致谢意。由于我们编辑水平不高，难免还存在一些缺点和差错，请各位读者批评指正。

《吉林统计年鉴》编辑部

1993 年 7 月

《吉林统计年鉴》编辑委员会

主　　编：　李哲禹

副 主 编：　郝洪国　李杰生　潘振声

编辑委员（以姓氏笔划为序）：

王夫尘　刘庆华　刘宏书
刘爱祥　李杰生　李哲禹
杨墨林　杨毓雯　张洪雨
张建华　张灵枫　金中云
郝洪国　黄英玉　潘振声
焦淑云

《吉林统计年鉴》编辑部

目 录

统 计 资 料

人　　口

劳动力、职工工资

固定资产投资

财 政

物 价

人民生活

农　业

体育、卫生、社会福利和其他

企事业之窗

吉林省大事记

CONTENTS

1992年国民经济和社会发展统计公报

1993年3月2日

全省经济和社会发展创十项历史最好水平

- ●国内生产总值首次突破500亿元大关，人均国内生产总值达到2070元
- ●工业增加值跃上200亿元台阶
- ●乡镇企业发展迅猛，增长速度为31.2%
- ●第三产业增加值增长18.2%，居全国前列
- ●固定资产投资总规模达150多亿元
- ●兴办“三资”企业是1992年前总和的2.4倍
- ●科研成就显著，成果达到651项
- ●人口自然增长率比全国平均水平低2.43个千分点
- ●国有建筑企业全员劳动生产率达19029元
- ●进出口贸易总额达20多亿美元

1992年，全省各族人民在省委、省政府的领导下，认真贯彻邓小平同志南巡重要谈话和党的十四大精神，进一步解放思想，加快改革开放步伐，发展社会主义市场经济，生产、建设、流通各领域发展速度明显加快，经济效益有所好转，人民生活继续改善，科技、教育、文化、卫生、体育等各项事业也取得了新的进展，整个国民经济运行进入较快发展时期，为实现全省经济三年跃上新台阶的总体规划创造了一个良好的开端。初步统计，全年全省国内生产总值达514.5亿元，比上年增长12.9%，其中第三产业增加值126.7亿元，增长18.2%，占国内生产总值的24.6%。经济运行中存在的主要问题是：经济结构调整缓慢，财政困难仍较大，提高经济效益的任务比较艰巨，发展社会主义市场经济的外部环境尚需改善。

一、农　　业

农业生产稳定发展。1992年，全省农村进一步完善家庭联产承包责任制，积极推进农业社会化服务体系建设和调整农业生产结构，并向高产、优质、高效方向发展。全省农业增加值130.8亿元，比上年增长1.8%，占国内生产总值的25.4%。

粮食生产虽然遇到低温、伏旱等不利气候的影响，但由于农业投入增加，大力开展“科技效益年”活动，全年仍获得好收成，是吉林省历史上第三个高产年。

主要农产品产量如下：

	1992年	比上年增长%
粮食	1840.3万吨	-3.1
#其中：玉米	1326.6万吨	5.2
水稻	303.0万吨	-1.1
大豆	75.4万吨	5.3
油料	35.8万吨	-17.7
#其中：葵花籽	27.9万吨	-22.1
甜菜	91.8万吨	-16.2

烤烟	5.5万吨	26.5
麻类	0.4万吨	-38.9
园参	2.0万吨	-0.6
蔬菜	447.4万吨	4.0
瓜类(果用瓜)	53.9万吨	86.0

农业多种经营发展加快。畜牧业生产有较大的发展,全年主要畜产品及生猪、大牲畜存栏在上年较高增长的基数上全面增长。

主要畜产品产量和牲畜存栏数如下:

	1992年	比上年增长%
猪牛羊肉	50.1万吨	7.1
#其中:猪肉	42.9万吨	5.0
牛肉	6.2万吨	24.9
牛奶	10.9万吨	-10.8
禽蛋	30.5万吨	11.1
绵羊毛	9042吨	-0.9
肉猪出栏数	464.5万头	4.7
猪年末数	544.8万头	4.2
大牲畜年末数	341.1万头	7.1
#其中:牛年末数	222.9万头	11.9
羊年末数	227.6万只	-0.5

林业、渔业生产稳步发展。全年造林面积11.1万公顷,全省森林覆盖率已达37.9%。森林防火工作取得了连续12年无重大森林火灾的好成绩。全省水产品产量达8.5万吨,比上年增长7.9%。

乡镇企业呈现超常规、跳跃式发展,上规模、上水平为历史之首,速度和效益均快速增长。全年全省乡镇企业实现产值211.1亿元,比上年增长31.2%;实现纯利润18.5亿元,增长24.6%。乡镇企业的腾飞带动了农村产业结构的进一步优化。全年农村工业、建筑业、运输业和商业、饮食业等非农产业产值占农村社会总产值的比重由上年的42.9%提高到49.7%。

农村商品经济发展步伐加快。全年农业商品产值达131.1亿元,比上年增长8.7%。农产品综合商品率达64.1%。

农业生产的外部条件进一步得到改善。农业投入增加,全年财政用于支农的资金7.5亿元,比上年增长11.4%;银行和信用社农业贷款净增加10亿元,增长20.9%。科技兴农效果明显,玉米模式化栽培、水稻旱育稀植、米麦间作、赤眼蜂及高压汞灯防治玉米螟等34项农业科技成果进一步得到推广和应用。全年全省机耕地面积190.5万公顷,比上年增长2.4%;化肥施用量(折纯)91.1万吨;农村用电量19.0亿千瓦小时,增长4.3%。

农业发展中存在的主要问题是:农业结构还不适应市场经济的需要,多种经营和非农产业比重偏低,粮食储、运压力大,农民收入增长缓慢。

二、工业和建筑业

全省工业、建筑业生产以较快速度发展。1992年第二产业增加值为257.0亿元,比上年增长18.2%,占国内生产总值的50.0%。

1992年,全省工业企业认真贯彻《条例》,进一步深化改革,积极进行经营机制的转换和组织结构的调整,根据市场需求调整产品结构,开发新产品,积极开拓国内外市场,工业生产呈现了生产、销售同步增长的好势头。全年完成工业增加值227.2亿元,比上年增长17.4%,是改革开放以来增长幅度最高的一年。

重工业生产受旺盛投资需求的拉动高速增长。全年乡及乡以上重工业增加值为137.8亿元,比上年增长17.0%。机械、化工、建材、冶金等一些基础产业的产品产量有较大增长。轻工业生产保持稳定增长,全年轻工业增加值57.6亿元,增长13.0%。适销对路、质量又好的日用工业品及耐用消费品产量保持增长,一部分产品因质量不佳,竞争力差,产量下降。

主要工业产品产量如下:

	1992年	比上年增长%
布	1.8亿米	-4.9
化学纤维	3.4万吨	8.8
呢绒	587.8万米	-7.6
机制纸及纸板	61.4万吨	2.6

啤酒	49.5万吨	19.7
卷烟	66.0万箱	5.4
糖	9.9万吨	7.3
合成洗涤剂	1.7万吨	－16.9
自行车	20.2万辆	－23.7
手表	113.9万只	－5.6
电视机	18.9万部	－11.9
＃其中:彩色电视机	13.1万部	16.7
家用洗衣机	28.8万台	0.3
塑料制品	9.6万吨	33.7
一次能源生产总量(折标准煤)	2355.2万吨	－6.7
原煤	2376.1万吨	－3.5
原油	345.1万吨	0.8
原油加工量	424.9万吨	4.5
发电量	200.6亿千瓦小时	0.6
＃其中:水电	35.5亿千瓦小时	－44.9
成品钢材	91.1万吨	30.4
十种有色金属	3.4万吨	16.9
铁合金	25.1万吨	11.9
木材	438.5万立方米	－12.5
平板玻璃	209.2万重量箱	8.5
水泥	572.7万吨	22.0
硫酸	11.3万吨	3.6
纯碱	0.5万吨	－49.1
烧碱	9.1万吨	5.8
合成氨	49.1万吨	3.5
化肥(折纯量)	29.9万吨	2.8
电石	9.0万吨	－5.0
塑料	5.9万吨	4.0
轮胎外胎	117.7万条	8.6
金属切削机床	2097台	85.7
汽车	14.5万辆	56.6
拖拉机	2700台	－14.7
小型拖拉机	5.5万台	－13.7
铁路客车	825辆	1.7

工业产销衔接趋向好转,经济效益逐步提高。全年工业实现销售收入623.2亿元,比上年增长23.1%。产品销售的扩大,促进工业企业主要经济效益指标比上年有所提高。

全部工业主要经济效益指标变化情况如下:

	1992年(%)	比上年提高(百分点)
工业经济效益综合指数(按国家标准值计算)	70.3	7.8
工业资金利税率	6.5	0.6
工业成本利润率	3.3	2.0
工业净产值率	28.1	0.1
工业产品销售率	95.2	持平
工业全员劳动生产率(元/人)	7342	22.2(增长%)
流动资金周转次数(次)	1.2	0.02(增加次)

工业企业深化改革迈出较大步伐。在1991年国有大中型企业实行放开经营、转换机制试点取得明显成效的基础上,1992年试点企业达59户。工业企业组织机构调整全面规划,分步实施,取得了很大进展。全省已组建各种较大的企业群体161个,企业集团62个;全省有112户企业兼并了153户企业,4户企业租赁了4户企业,拍卖21户企业,破产17户企业;批准建立了70家股份制企业。

工业生产存在的主要问题是:产成品资金占用较多,整体经济效益水平较低。

建筑业生产迅速发展。全年建筑业增加值为29.8亿元,比上年增长24.5%。国有建筑施工企业施工房屋建筑面积974.6万平方米,比上年增长30.0%;竣工房屋建筑面积460.6万平方米,增长25.8%。亏损企业亏损额减少,经济效益明显提高。国有建筑企业全员劳动生产率达19029元,比上年增长34.8%。

地质普查勘探工作取得新进展。全年地质勘查完成机械岩心钻探工作量8.5万米,比上年增长6.3%。新发现矿产地10处,有2个矿种新增探明储量。

三、固定资产投资

固定资产投资增势强劲，为促进全省国民经济加快发展发挥了重要作用。全年全社会完成固定资产投资151.2亿元，比上年增长32.7%，其中地方全社会完成固定资产投资107.6亿元，增长29.3%。在全部完成投资中，国有单位完成投资117.1亿元，比上年增长36.8%；集体所有制单位投资8.7亿元，比上年增长47.5%；个人投资25.4亿元，增长13.4%。在国有单位投资中，基本建设投资59.0亿元，比上年增长45.7%；更新改造投资33.3亿元，增长31.2%；商品房建设投资13.5亿元，增长75.3%；其他投资11.2亿元，下降6.7%。投资规模增长幅度大，主要是新上项目多，在建项目规模扩大所致。全年国有单位基本建设和更新改造新开工项目1600个，比上年增加114个；全部施工项目已达2923个，比上年增加694个，新开工项目占施工项目的54.7%。

投资结构有所调整。在国有单位更新改造投资中用于增加品种、提高产品质量、节约能源等内涵扩大再生产的投资比重由上年的56.6%上升到61.6%。而增加产量等外延扩大再生产的投资比重则由43.3%下降到38.4%。从产业结构上看，第三产业投资比重上升，第一、二产业投资比重下降。在国有单位投资中，第三产业投资比重由29.4%上升到32.0%，其中交通运输邮电投资增长44.2%；第一产业投资比重则由2.0%下降到1.5%；第二产业投资比重由68.5%下降到66.4%，其中能源、原材料工业投资比上年增长了24%。

重点建设继续加强。直接关系到全省经济发展后劲的重点技改项目和“八五”期间确定的十大重点工程已陆续开工建设。列入国家计划的19个基本建设大中型项目全年完成投资23.1亿元，完成年计划的95.5%。其中白山水电站二期工程、新源玉米综合加工厂、长山热电厂、黄龙公司公主岭玉米综合加工厂四个项目全部建成投产；吉林油田勘探开发的新民油田和吉林送变电工程两个单项投产。全年15个限额以上更新改造项目完成投资6.1亿元，完成年计划的82.1%。其中吉林半导体厂的彩电大功率管、吉化公司电石厂的丙烯酸装置和石岘造纸厂的胶印新闻纸三个地方项目建成投产。

全省国有单位基本建设和更新改造投资全年建成投产1449个项目，新增固定资产54亿元，全年固定资产交付率为58.5%。全年新增加的主要生产能力有：石油开采7万吨，发电装机容量38.5万千瓦，22万伏输电线路68.5公里，木材采运1.5万立方米，机制纸及纸板2万吨，大功率彩电晶体管5万只等。

投资领域存在的主要问题是：投资结构不尽合理，能源等基础产业及基础设施投资增长缓慢。

四、交通邮电

交通运输邮电生产保持稳定增长。全年增加值为30.6亿元，比上年增长14.8%。交通运输企业积极挖掘运输潜力，合理安排生产，保证了粮食等重要物资运输任务的完成。

各种运输工具完成的运输量如下：

	1992年	比上年增长%
货物周转量	467.8亿吨公里	3.9
铁路	406.0亿吨公里	4.7
公路	60.9亿吨公里	−1.0
水运	0.9亿吨公里	−24.9
旅客周转量	172.2亿人公里	11.0
铁路	117.2亿人公里	10.3
公路	54.9亿人公里	12.6
水运	0.1亿人公里	2.9

民航事业发展迅速。1992年新开通6条航线，到年末已开通国内、国际航线25条。全年完成旅客运输量24.6万人，比上年增长16.0%。

邮电通信事业蓬勃发展。全年完成邮电业务总量7.0亿元，比上年增长36.4%。其中特快专递、无线寻呼、移动电话等业务增长幅度在52%以上。长途电话、市内电话发展迅猛。到年末，全省电话装机容量达到56.3万门，比上年末增长21.1%。全省进入长途自动电讯网的市、县已达

45个，比上年增长25.0%。程控市内电话比上年末净增近8.6万门，已达到30万门。全省市内话机总数已达到49.6万门，比上年增长24.3%。

交通邮电事业发展中的主要问题是：作为国民经济发展先行行业的交通邮电业发展滞后，交通运输已成为经济发展的“瓶颈”。

五、国内商业和市场物价

全省消费市场稳中见旺。随着经济的加快发展，有效供给和居民收入增加，由于商业企业“四放开”等深化改革措施的实施，为商业企业的发展增添了活力，市场销售已恢复到正常增长水平。全年社会商品零售总额298.2亿元，比上年增长16.8%，扣除价格因素实际增长9.0%。按用途分，消费品零售额261.5亿元，比上年增长16.9%；农业生产资料36.7亿元，增长16.0%。从城乡看，城镇消费品零售额220.0亿元，增长19.5%；农村78.2亿元，增长9.8%。

各种经济类型的商品零售额全面增长。国有单位零售额123.5亿元，比上年增长16.2%；集体所有制单位零售额71.9亿元，增长1.3%；其他所有制单位零售额102.8亿元，增长31.6%。农民对非农业居民零售额30.2亿元，增长15.9%。从各类消费品销售数量看，吃的商品稳定增长，与上年相比，食用植物油、鲜蛋、酒等增长5.9%以上；穿用商品中洗衣粉、彩色电视机、录像机、电风扇、电冰箱等有所增长，其它商品有不同程度的下降。

商业部门经济效益稍有好转。1992年省商业厅系统实现利润比上年减亏8285万元；亏损企业亏损额比上年下降24.9%，亏损企业减少8个。

生产资料市场购销两旺。全年全省物资系统购进生产资料57.3亿元，比上年增长34.8%；销售各种生产资料63.3亿元，增长34.4%。主要生产资料如钢材、汽车等销售量比上年增长20%以上。随着市场调节比重的扩大，生产资料市场建设加快，到年末贸易中心已达33个，销售额比上年增长30.4%。

价格改革迈出较大步伐，市场物价总水平稳中有升。1992年国家和省里进一步加快了价格改革的步伐，提高了基础产业的产品及部分服务项目的价格，进一步扩大了市场调节比重，价格形成机制有了较明显的改善。在社会商品零售总额中，市场调节部分已上升到80%以上。在生产资料销售总额中，市场调节部分已上升到80%左右。由于社会供求平衡状况较好，全年市场物价涨幅尚处于能够承受的范围内。但城市物价涨幅较大，居民生活费用价格涨幅偏高。

各类价格比上年变动情况如下：

	1992年比上年上涨幅度(%)	涨幅比上年增减(百分点)
1、居民生活费用价格	8.0	1.2
#其中：城镇	8.3	1.2
农村	3.9	−1.3
2、零售物价	7.1	2.0
#其中：消费品	7.2	2.1
食品类	8.2	3.5
粮食	28.9	23.3
食用植物油	17.3	−8.4
衣着类	2.4	−2.6
日用品类	3.0	持平
文化娱乐用品	−2.5	0.7
书报杂志类	4.8	4.3
药及医疗用品	6.3	3.3
建筑装璜材料	5.3	3.8
燃料类	27.5	−21.9
农业生产资料	4.5	−1.4
3、服务价格	12.2	−11.2
#其中：城镇	12.6	−11.3
农村	11.7	−10.7
4、能源、原材料购进价格	27.1	14.8
5、工业品出厂价格	11.4	4.6
6、农副产品收购价格	−0.4	10.1

六、对外经济

1992年，全省对外开放的范围、领域明显扩大，投资环境进一步改善，合作伙伴显著增加，对外经济空前活跃。

进出口大幅度增长。据海关统计，全年全省进出口贸易总额20.1亿美元，比上年增长46.7%。其中出口总额11.5亿美元，增长14.6%，扣除不收付外汇的进出口货物，出大于进3.6亿美元。

利用外资形式多样，全面发展。1992年，全省协议利用外资金额为5.5亿美元，实际利用外资2.2亿美元。对外加工装配首次突破年合同金额千万美元大关。“三资”企业大量增加。到年末，全省“三资”企业已达860户，其中1992年新批650户。

对外承包工程和劳务合作成绩明显，国际化经营迈出新的步伐。1992年，对外承包工程和劳务合作新签合同金额1.4亿美元，比上年增长27.3%；完成营业额0.7亿美元，增长84.2%。继1991年劳务输出突破万人次大关之后，1992年又继续增长，达到1.3万人次。

技术引进和出口稳定增长，结构改善。1992年，技术引进和设备进口共成交28项，成交额2.2亿美元。引进结构改善，引进软件费用占总金额的42.4%。全省技术出口成交18项，合同金额1382万美元，是上年的1.3倍。

旅游业持续发展。1992年，到吉林省游览、访问、探亲以及从事各项活动的海外旅游者达8.4万人次，比上年增长34.9%；全年旅游外汇收入1109万美元，比上年增长29.1%。

七、科学、教育、文化和卫生、体育

科技事业取得显著成就。全省科技战线坚持科学技术是第一生产力的思想，调动广大科技人员的积极性，加快科研步伐，捷报频传，硕果累累。1992年，全省共取得科技成果651项，有17项获国家奖励，其中有9项获国家科技进步奖，有6项获国家发明奖，有2项获国家星火奖；有154项成果获省级奖励。全年向国家专利局递交专利申请1539项，被授权专利761项，分别比上年增长18.0%和39.4%。科技体制改革的深化，推动了科技和经济的日益密切结合。全年有461项科技成果得到推广应用，创造社会效益7.3亿元。

科技经费增多，科技队伍扩大。1992年，全省科技机构、高等院校和大中型工业企业等单位用于科技的经费支出为56.7亿元，比上年增长14.3%，其中研究与发展经费支出为3.5亿元，比上年增长12.9%。地方国有单位共有各类专业技术人员72.8万人，比上年末增加2.2万人。全省县以上国有独立研究开发机构217个，高等院校办科研机构171个，大中型工业企业办科研机构296个。从事科技活动人员6.6万人，其中工程师以上职称科技人员3.7万人。到1992年末，全省共有国家级高新技术产业开发区2个，星火计划项目新增75项，培训管理人员和技术人员4万人次。

技术市场初步繁荣。全年全省共签订技术合同7812份，成交金额4.3亿元，分别比上年增长48.3%和90.3%。活跃在技术市场上的各类技术贸易机构1889家，比上年增长43.2%，从事技术贸易活动人员3.4万人，比上年增长48.6%。

教育事业进一步发展。随着教育体制改革的不断深化，普通高等教育加快发展，为全省经济建设培养了大量专业人才。1992年，全省共招收研究生1409人，比上年增加67人，其中博士研究生161人，硕士研究生1248人；年末在学研究生4086人，比上年末增加93人，其中博士研究生512人，硕士研究生3574人。本年全省普通高等院校招收本、专科学生2.5万人，在校学生7.6万人，均比上年增加0.3万人。

中等职业教育稳步发展。1992年，中等专业学校、职业学校高中段在校学生18.8万人，比上年末增加0.6万人，占高中阶段在校学生总数的51.9%，比上年提高1.4个百分点。

义务教育普及程度有所提高。1992年末，全省普通中学初中在校学生112.4万人，比上年末增加6.2万人。小学在校学生260.0万人，比上年末减少7.3万人。小学学龄儿童入学率达98.5%，小学毕业生升学率达91.3%，比上年提高1.3个百分点。全省幼儿园2059所,在园儿童达47.5万人。

成人学历教育取得新成效,各种形式的技术培训蓬勃展开。1992年,成人高等教育招收本、专科学生1.9万人,比上年增加0.2万人。成人中等专业学校期末在校学生4.2万人,比上年末增加0.4万人。成人技术培训学校在校学生192.7万人,比上年末增加78.6万人。成人中小学在校学生12.8万人。

文化艺术事业进一步繁荣。1992年,首次成功地举办了"'92中国长春电影节"和"延边民俗节"。长春电影制片厂全年共生产故事片24部,合拍片2部,美术片3部,译制片11部。各电影发行单位全年发行各种新片(长片)185部。全省共拍摄电视剧22部300集,制作广播剧37部97集。在文化部举办的第二届"文华奖"评奖活动中,吉林省有3个剧目、11位文艺工作者获7项奖励,其中吉林省京剧团演出的《高高的炼塔》获文华新剧目大奖。在全国"天下第一团"优秀剧目展演(北方片)活动中,扶余市满族新城戏剧团演出的《铁血女贞》获优秀剧目奖,长春电影制片厂和天津电影制片厂联合摄制的故事片《香魂女》获第四十三届柏林国际电影节"金熊"奖。故事片《高朋满座》获蒙古国际喜剧电影节一等奖。

1992年末,全省共有艺术表演团体72个,演出1.2万场,观众达1219.3万人次。全省共有剧场62个,文化、艺术馆(站)1065个,公共图书馆49个,博物馆16个,档案馆88个,广播电台22座,中短波发射台和转播台36座,电视台34座,一千瓦以上的电视发射台和转播台60座。全省广播覆盖率已达85.0%,电视覆盖率达81.0%。各类电影放映单位4232个,全年放映35.6万场,观众达1.1亿人次。全年共出地方性报纸48种,总印数4.3亿份,出版各类杂志5528万册,出版图书1.5亿册(张)。

卫生事业又有进展,医疗条件进一步改善。1992年末,全省共有各种卫生机构4189个,拥有专业卫生技术人员12.8万人,比上年末增加0.3万人,其中医生5.2万人,护师、护士3.8万人。医疗床位达9.5万张,比上年末增长2.3%。由于新技术、新设备不断临床运用,使医疗水平和质量不断提高。1992年全省医疗科研成果有2项获卫生部科技进步奖,有20项获省科技进步奖。

体育事业取得显著成就。1992年,吉林省运动员在世界级大赛中共获金牌6枚、银牌2枚、铜牌4枚;在亚洲大赛中获金牌2枚;在全国比赛中获金牌36枚、银牌35枚、铜牌45枚。全年共有2人12次破6项世界纪录,有5人10次破10项全国纪录。

群众性体育事业蓬勃开展。全省经常参加体育锻炼的人数达930万人,有97.2%的学校推行《国家体育锻炼标准》,有271.8万名学生达到合格标准,有9个县(市)被国家评为体育先进县。

八、人口与人民生活

人口增长速度有所控制。根据人口变动情况抽样调查,1992年全省人口出生率15.74‰,死亡率6.57‰,人口自然增长率9.17‰,比上年降低1.08个千分点。据推算,1992年末全省总人口为2531.7万人,比上年末增加23.1万人。

城乡居民收入进一步增加。1992年,全省职工工资总额121.1亿元,比上年增长13.9%;职工平均货币工资2292元,比上年增长12.1%,扣除物价上涨因素,实际增长3.5%。据抽样调查,1992年,城镇居民人均生活费收入1470.84元,比上年增长16.8%,扣除物价上涨因素,实际增长7.9%;农民人均纯收入807.41元,比上年增长7.9%,扣除物价上涨因素,实际增长5.7%。

城镇就业人数增加。1992年,全省各级职业介绍所发展到557个,共安置待业人员13.2万人。年末待业率为1.5%,比上年下降0.3个百分点。1992年末全省职工人数541.1万人,比上年末增加7.6万人,其中国有单位实行劳动合同制的职工达50万人,增加5万人。年末城镇个体劳动者37.4万人,比上年增加7.8万人。养老保险社会统筹继续扩大,全省国有单位已有222.8万职工和44.1万离退休人员参加统筹。

城乡储蓄大幅度增加。1992年末,城乡居民储蓄存款余额达315.4亿元,比上年末增加58.8亿元,增长22.9%。

城乡居民居住条件得到改善。1992年,全省城市新建住宅554万平方米,农村新建住宅606

万平方米。城市居民人均居住面积6.0平方米,比上年增加0.3平方米;农村人均居住面积14.2平方米,比上年增加0.3平方米。住房质量也明显提高。

保险事业发展较快。1992年,全省各类财产险承保总额达1476.8亿元,比上年增长54.1%。全省共有2.4万户企业参加了企业财产保险,有247万户居民参加了家庭财产保险,有505万人参加了人身保险。1992年,保险部门新增加56个险种,保险公司共处理财产险赔案9.2万件,支付已决赔款2.3亿元,为24.8万人支付人身保险赔款2.2亿元。

社会福利事业继续发展。1992年,全省各类社会福利院930所,床位达4.2万张,收养3.2万人。城乡各种社会救济对象得到国家救济达55.8万人次,全省已有83.1%的乡镇建立了农村社会保险网络,城镇建立起各种社区服务设施7654个。

环境保护事业有新的变化。1992年末,全省环保机构205个,其中各级环境监测站62个;国家级自然保护区2个,省级自然保护区9个;全省环保系统职工2885人。全年完成环境污染限期治理项目159个,总投资4265.8万元。1992年末,在全省22个城市中建立了140个烟尘控制区,面积达313.1平方公里;在6个城市中建立了7个环境噪声达标区,面积达21.1平方公里。

注:

(1)公报中国内生产总值和各产业增加值指标按现价计算,增长速度按可比价格计算。

(2)增加值为新创造的价值,主要包括劳动者报酬、利润、税收和折旧等,不包括能源、原材料等各种中间消耗价值。

(3)本公报中部分指标数据为快报或预计数字。实际数字以后面的统计资料为准。

社会经济概况

综　合

【经济上新台阶】 1992年,省委、省政府为了加快全省经济建设步伐,确定了"拼搏三年,背水一战,使全省经济更快更好地跃上一个新台阶"的宏伟规划。全省各族人民为了实现这个奋斗目标,认真贯彻邓小平同志南巡重要谈话和党的十四大精神,进一步解放思想,加快改革,奋力拼搏,积极进取,发展社会主义市场经济,生产、建设、流通各领域发展速度明显加快。经济效益有所好转,整个国民经济步入了快速发展时期,较好地完成了第一年经济上新台阶的任务,为实现全省经济三年跃上新台阶的总体规划创造了一个良好的开端。从全省看,考核的两项指标,均超额完成了计划。1992年国内生产总值完成计划100.8%,比上年增长12.9%。全部独立核算工业企业资金利税率比计划高0.1个百分点,比上年高0.6个百分点。考查的四项指标中工业总产值和乡镇企业总产值两项完成了计划,农业总产值和第三产业增加值两项未完成计划。1992年全省工业总产值完成计划102.4%,比上年增长17.2%。乡镇企业产值,完成计划104.2%,比上年增长31.2%。农业总产值完成计划98.1%,比上年增长2.9%。第三产业增加值仅完成计划83.5%,比上年增长18.2%。

分地区看,考核的两项指标全部完成计划的有四平、通化、松原三个市。考查的四项指标,全部完成计划的仅有浑江市,完成三项的有长春和辽源市,完成两项的有吉林、四平、白城、延边、松原五个地区,通化市仅完成一项。

分部门看,1992年多数部门完成了预定指标,比上年有不同程度的增长。

全省和各地区、各部门第一年经济上新台阶目标完成情况,呈现出如下特点:

一、各地区六项指标与上年相比均呈增长趋势。1992年,全省国民经济增长是治理整顿以来最快的一年,反映综合经济实力的主要指标国内生产总值增长速度比1991年高8.1个百分点,略高于全国平均水平。各地区六项指标虽有个别没完成计划,但与上年相比都有不同程度的增长。

二、第二产业增长速度加快,工业扭亏增盈工作取得明显进展。1992年全省第二产业增加值比上年增长18.2%,占第二产业绝大比重的工业以较高的速度增长。由于各地区、各部门狠抓扭亏工作,1992年全省独立核算工业企业亏损减少321户,亏损额下降13.2%,亏损面由上年的19.9%下降到17.4%。与此同时,实现利税增长23%,比同口径的工业总产值增长速度高9个百分点。

三、乡镇企业出现了五年来最高的发展速度。1992年全省乡镇企业有了长足的发展,乡镇企业总产值的增长速度比上年高20.1个百分点。

四、第三产业快速增长。1992年第三产业增加值虽没完成计划,但增长速度超过一、二产业,比全国平均增长速度高9个百分点,位居30个省市前列。

(丛红霞)

【国内生产总值】 1992年全省国内生产总值达514.5亿元,比上年增加90.5亿元,增长12.9%,人均国内生产总值为2070元,比上年增加352元,增长20.5%。1992年农业遭受了较严重的自然灾害,但由于牧、副、渔业发展较快,带动了第一产业的发展,增加值为130.8亿元,比上年增加10.3亿元,增长1.8%。第一产业增加值占国内生产总值比重为25.4%,比上年下降3.0个百分点。

第二产业增长势头强劲,增加值达257.0亿元,比上年增加54.0亿元,增长18.2%,增幅比上年高12.4个百分点,是改革开放以来第二个高年份(1987年增长21.9%)。第二产业增加值占国内生产总值比重为50%,比上年上升2.1个百分点。第二产业的快速发展拉动国内生产总值增长7.3个百分点,在新增国内生产总值中,来自第二产业的占59.7%。第二产业增加值高速增长,主要是工业生产发展较快,经济效益有所好转。工业增加值为227.2亿元,比上年增加45.5亿元,增长17.4%,增幅比上年高11.9个百分点。随着固定资产投资规模扩大,建筑业增长较快,增加值为29.8亿元,比上年增加8.5亿元,增长24.5%,增幅比上年高15.6个百分点。

第三产业迅速崛起,1992年第三产业增加值达126.7亿元,比上年增加26.2亿元,增长18.2%,比上年增幅高7.8个百分点。增幅是改革开放以来第二个高年份。第三产业增加值占国内生产总值比重为24.6%,比上年上升了0.9个百分点。第三产业的发展拉动了国内生产总值增长3.6个百分点,在新增国内生产总值中来自第三产业的占29.0%。从第三产业的各行业看,除金融业增幅较慢外,其他行业均增长较快。其中增长最快的是商业、饮食业、房地产业、邮电业、保险业等,其增加值增长速度分别为142.3%、27.7%、33.2%和50.5%。在新增的第三产业增加值中,来自商业的占33.2%。商业饮食业增长较快的主要原因:一是国有商业增加值大幅度增长。粮食价格放开后,粮食商业企业减亏4.5亿元;烟草商业、物资供销企业销售增长,经济效益提高。二是个体商业饮食业发展较快,其增加值占商业饮食业增加值比重已达61.6%。第三产业中除金融业增速减缓外,其他服务业呈稳步均衡发展,增长速度在10%左右。

（邱小红）

【人口变动情况】 据人口变动情况抽样调查资料推算，1992年末全省常住人口为2531.7万人。全年出生人口为39.66万人，比上年减少2.99万人，人口出生率为15.74‰，比上年下降1.35个千分点。全年死亡人口为16.56万人，比上年减少0.51万人，人口死亡率为6.57‰，比上年下降0.27个千分点，全年自然增加人口为23.10万人，人口自然增长率为9.17‰，比上年下降1.08个千分点。1992年人口出生率、自然增长率均为近年来最低水平，人口自然增长率首次降到千分之十以下，这是全省人口控制工作取得的可喜成果，缓解了生育高峰期人口大幅度增长的矛盾，为实现“八五”人口计划和本世纪末人口控制目标奠定了基础。

1992年全省人口增长得到有效控制，一是计划生育工作的不断深入，措施日益完善；二是人们的生育观念开始发生变化，少生优生已成为人们的自觉行动。

（邹亚文）

【国民收入生产与使用】 1992年，全省国民收入生产额达434.52亿元，按可比价格计算，比上年增长12.7%，增幅比上年高9.1个百分点，是1987年以来增长最快的一年。具体呈如下特点：

一、五大物质生产部门净产值普遍增长。农业生产在遭受严重自然灾害情况下，仍获得较好收成。全年农业净产值达132.31亿元，比上年增长1.4%。工业生产发展较快，效益有所好转，全年工业净产值完成224.70亿元，比上年增长18.4%，增幅是1978年以来的第二个最高年，增加46.68亿元，占新增国民收入的60.5%。随着固定资产投资额的大幅度增加，建筑业发展也很迅速，净产值为27.68亿元，比上年增长13.3%，增加5.81亿元，占新增国民收入的7.5%。商业、饮食业发展迅猛，净产值达32.25亿元，增幅高达43.2%，是“七·五”时期以来增长最快的一年，比上年增加11.10亿元，占新增国民收入的14.4%。

二、部门结构发生变化。由于各物质生产部门净产值增长速度不同，部门结构发生了新的变化。工业、建筑业、商业饮食业净产值占国民收入比重上升，分别由1991年的49.8%、6.1%、和5.9%上升到1992年的51.7%、6.4%和7.4%。其中，工业净产值比重上升了1.9个百分点，提高幅度较大，农业净产值比重由上年的34.1%下降到30.5%，降低了3.6个百分点。运输、邮电业净产值比重由上年的4.1%下降到4.0%。

三、消费和积累同时增长，积累率基本稳定。1992年，全省国民收入使用额为443.02亿元，按可比价格计算比上年增长5.4%。其中，积累总额142.47亿元，比上年增长3.6%，积累率为32.2%，仅比上年下降0.4个百分点。积累率下降的主要原因是农民手存粮食减少，影响了流动资产积累。1992年，全省流动资产积累为60.53亿元，比上年减少15.09亿元，下降22.6%。受全社会固定资产投资大幅度增加的影响，固定资产积累高速增长，全年固定资产积累总额为81.93亿元，比上年增加29.35亿元，增长42.6%。在积累总额中，固定资产积累所占比重由上年的41.0%上升到57.5%；流动资产积累率则由上年的59.0%降到42.5%。1992年，消费基金也持续增长。全年消费总额为300.55亿元，比上年增长6.4%。其中居民消费额为266.90亿元，比上年增长6.7%；社会消费额为33.66亿元，增长3.5%。在居民消费中，文化生活服务性消费所占比重为4.6%，比上年上升了0.6个百分点；住房水电消费所占比重为3.7%，比上年上升了0.3个百分点。这表明，吉林省居民的文化生活日益丰富，生活水平逐步提高。

（谭 英）

【劳动力资源】 1992年末，全省劳动力资源为1604.8万人，比上年增加16.8万人，占全省总人口的64.9%。其中乡村劳动力资源为912.4万人，占总数的56.9%，比上年下降0.9个百分点。

在劳动力资源中，劳动年龄人口是劳动力资源的主要部分，它的发展变化情况决定着劳动力资源的状况。1992年劳动年龄内人口为1558.6万人，其中具有劳动能力的为1543.7万人，占劳动力资源总数的96.2%。当年新成长的劳动力达37.7万人，是当年退出劳动年龄劳动力的2.2倍，这意味着劳动力资源结构呈现年轻型。

从劳动资源的分配情况看，社会劳动者为1226.7万人，占资源总数的76.4%；家务劳动者为238.2万人，占14.8%；16岁以上在校学生为78.0万人，占4.9%；城镇待业人员为9.1万人，占0.6%；其他劳动力为52.8万人，占3.3%。

从劳动力资源的利用情况看，随着社会劳动者的大量增加，全省劳动力资源利用率也在不断提高。1992年，全省劳动力资源利用率为76.4%，比上年提高1.7个百分点。城镇明显高于乡村，但差距呈缩小趋势。1992年城镇劳动力资源利用率为83.8%，乡村为70.9%，城乡差距由上年的16.8个百分点缩小到12.9个百分点。

（施世伟）

【劳动就业】 1992年，全省共有城镇待业人员22.84万人，比上年减少0.94万人。待业率由上年的1.8%下降到1.5%。新增待业人员12.54万人，其中由就业转待业0.25万人。

全年共安置城镇待业人员13.24万人，占年计划的110.36%，占待业人员总数的57.97%，比上年增长4.77%。安置去向：按经济类型划分，国有单位安置4.96万人，占安置总数的37.43%；集体单位安置6.51万人，占安置总数的49.14%；个体、私营企业、乡镇企业分别安置0.96万人、0.26万人和0.27万人，分别占安置总数的7.22%、1.98%和2.01%。按产业结构划分，第一产业安置0.87万人，占安置总数的6.57%；第二产业安置5.71万人，占安置总数的43.12%；第三产业安置6.66万人，占安置总数的50.31%。年末尚有待业人员9.08万人，比上年下降10%。

（刘爱祥）

【职工人数】 1992年末，全省职工人数已达541.53万人，比上年末增加8.09万人，增长1.5%。职工人数占社会劳动者人数比重为43.8%，比上年下降0.9个百分点。

从经济类型看，国有单位职工人数为379.2万人，比上年末增加7.47万人；城镇集体单位为157.84万人，减少2.20万人；其他各种所有制单位为4.43万人，增加2.82万人。

从国民经济各行业看，农、林、牧、渔、水利业职工人数比上年末减少0.8%，地质普查和勘探业减少5.1%，其他各行业职工人数均有所增加，增长幅度较大的有：房地产管理、公用事业、居民服务和咨询服务业增长6.3%，建筑业增长5.4%，金融、保险业增长4.8%。

从用工形式看，1992年末国有单位固定职工人数为260.75万人，比上年末减少8.77万人；合同制职工人数为60.02万人，增加14.31万人；临时职工人数为23.95万人，增加1.13万人；计划外用工为34.55万人，增加0.80万人。固定职工减少，合同制职工突增的原因是，全省190户企业实行全员合同制后，有16.48万人由固定工变为合同工。

（李　钢）

【职工工资】 1992年，全省发放职工工资122.05亿元，比上年增加15.72亿元，增长14.8%，增幅比上年提高3.1个百分点。其中国有单位职工工资为94.54亿元，增长15.8%；城镇集体单位为26.49亿元，增长8.6%，增幅低于国有单位7.2个百分点；其他所有制单位职工工资总额跳跃很大，由上年的0.28亿元猛增至今年的0.76亿元，增长1.7倍。奖金、津贴增长速度仍然较快。

1992年，全部职工各种奖金为15.94亿元，比上年增加3.59亿元，增长29.1%，增幅比上年高15.1个百分点。其中国有单位职工奖金13.98亿元，增长30.9%；城镇集体单位职工奖金1.75亿元，增长7.3%。全部职工人均奖金301元，比上年增长26.5%。其中国有单位374元，增长28.1%；城镇集体单位116元，增长8.4%。全部职工各种津贴和补贴为27.75亿元，比上年增长20.7%，增幅略低于上年。其中，国有单位职工津贴和补贴22.66亿元，增长21.8%；城镇集体单位4.93亿元，增长13.5%。全部职工人均津贴和补贴为525元，比上年增长18.8%，其中国有单位606元，增长19.1%；城镇集体单位327元，增长15.1%。

1992年，全省职工平均货币工资为2308元，比上年增加263元，增长12.9%。扣除价格上涨因素，实际增长4.3%。其中，国有单位为2526元，增长13.1%；城镇集体单位为1759元，增长10.2%。

（高晓梅）

【经济体制改革】 1992年是吉林省经济体制改革十四年来最好时期。

一、以转换经营机制为中心的企业改革取得较大突破。一是承包制进一步得到完善和发展。全省从转换企业经营机制入手，强化企业资产的增值和保值，增强企业的自我积累，自我发展的能力，真正使企业向自主经营、自负盈亏、自我改造、自我发展和相对独立的经济实体迈进。二是全省首先在141户企业中进行了以劳动人事、工资分配、社会保险、培训考核为内容的综合配套改革试点；又在59户国营工业企业中进行了放开经营转换机制试点。三是股份制试点和推行得到健康发展。全省新批股份有限公司和有限责任公司72户，股本金总额达8.78亿元。经批准承担股权证转让业务的证券机构3处。

二、企业组织结构调整有实质性进展。企业集团有了新的发展。1992年，全省107户企业兼并了148户企业，有54户企业承包了58户企业，有4户企业租赁了4户企业。全省共拍卖企业21户，破产15户，使企业组织结构调整进入了全面展开的新阶段。

三、市场体系建设迈出了较大的步伐，市场机制作用得到加强。1992年，全省进一步放宽政策，加快市场体系建立，全年共兴建各类市场225处，总面积130多万平方米，总投资4.4亿元，相当于1991年以前全省市场建设累计投资的总和。其中吉林省玉米批发市场、梅河口大米批发市场，东北木材批发市场1000万元以上的大型市场14处。这些市场在全国同类市场中具有一定影响。

四、改革分配体制，加快物价制度、住房制度、社会保障体系和土地制度改革的步伐。一是物价制度改革继续向市场经济迈进。在1991年下放和放开480种价格管理权限的基础上，1992年又根据市场情况和企业经营机制转换的要求，继续放开93种价格，仅保留23种价格权限。二是住房制度改革的社会覆盖面逐步扩大。全省住房制度改革方案已经国务院住房改革领导小组批准，并已颁布实施。四平、浑江、延吉等地的方案也已经正式出台。三是社会保障制度改革迈出了新的步子，全省组建了省社会保险公司，构造出覆盖全社会劳动者，包括养老、待业、医疗、工伤、生育等多层次、多方位、一体化的社会保险机构。四是土地制度改革也取得了新进展。相继制定了《吉林省城镇国有土地使用权出让和转让暂行办法》和《吉林省关于外商投资企业用地管理暂行办法》，并开展了土地批租试点，使房地产开发已在长春、吉林、珲春等地形成一定规模。

五、改革宏观管理体制，进一步转变政府职能。1992年，在投资管理体制改革上，投资主体正由国家为主向企业为主过渡。省从基本建设计划、技术改造和技术引进计划、利用外资计划，产品产量和商品购销计划上共下放了28条管理权限。在税收上，突出了搞活企业、发展多种所有制经济，制定了26条优惠政策。在金融体制改革上，通过发行股票扩大了直接融资。总额达5亿多元。在政府管理经济上，对企业的考核办法，突出了对经济的投入产出效益的考核。

六、加快对外开放，形成全方位对外开放的格局。1992年3月9日，国务院批准珲春市为沿海开放城市之后，又把长春市列为开放城市，享受沿海开放城市的有关政策。从而使全省对外开放步入高速发展阶段。从1992年9月开始，省政府又先后确立了图们、延吉、安图、敦化、公主岭、德惠、大安、临江、长白和长春经济技术开发区、吉林市江南高新技术产业区为省级经济开发区，从而使全省已初步形成了以珲春—集安为开放带，以"两春"为开放重点，以开发区、开放区为突破口，以中心城市为依托，以铁路、公路沿线为框架的多层次、全方位的对外开放格局。

七、加快县、区综合改革试点，促进城乡经济一体化。一是进一步扩大试点县范围，全省在10个试点县的基础上，又将汪清、珲春和延吉市做为综合改革试点县。同时，这三个市、县也列入了国家级试点。二是进行了县级政府职能转变的试点。全省总结推广了辉南、桦甸、通榆职能转变的模式，使县级政府职能转变在全省迅速推开。三是城区综合改革向深度和广度发展。1992年，全省在5个试点区的基础上，又增加了吉林市船营区、通化市二道江区两个试点区。试点内容由过去的市向区简单地放权，转为重新构造区级政府职能，搞好区街经济。四是试办了农村集体钱庄，全省已批准试点10户集体钱庄，股本金达500多万元。

（姚洪举）

固定资产投资

【投资规模】 1992年全省固定资产投资呈高速增长的态势，为经济加快发展起到了巨大的拉动作用。全社会完成固定资产投资151.1亿元，比上年增加37.1亿元，增长32.6%，是八十年代以来增长速度最高的一年。按投资主体分，国有单位投资121.7亿元，增加36.0亿元，增长42.1%；城乡集体所有制单位投资12.2亿元，增加6.2亿元，增长103.3%；城乡个人投资17.2亿元，比上年减少5.1亿元，下降22.9%。

在国有单位投资中，基本建设投资62.1亿元，比上年增长53.4%；更新改造投资34.0亿元，增长33.9%；其他投资11.3亿元，下降6.5%；商品房投资14.3亿元，增长85.4%。1992年，全省固定资产投资价格指数为116.4%，全社会固定资产投资实际工作量比上年增长13.9%。

1992年固定资产投资的主要特点是：

一、各季度投资均呈高速增长态势。新年伊始，固定资产投资即出现强劲的增长势头。国有单位一季度完成投资比上年同期增长27.1%。以后各季度的增幅逐渐上升，二季度为32.7%，三季度为33.1%，四季度为42.1%。

二、投资的资金来源继续向多渠道方向发展，自筹资金比重进一步加大。全年拨入资金中，国家预算内资金6.6亿元，比上年减少3.3亿元，下降33.7%；预算外资金114.1亿元，增加37.1亿元，增长48.2%。在预算外资金中，国内贷款36.7亿元，增长31.8%，自筹资金61.2亿元，增长57.3%；其他资金8.4亿元，增长92.9%。在全年增加的资金中，贷款和自筹资金增加31.1亿元，占全部增加资金的92%。

三、在建总规模呈扩张之势。1992年国有单位施工项目2989个，比上年增加266个，增长9.8%，其中新开工项目2064个，增加154个，增长8.1%。施工项目计划总投资398.3亿元，比上年增长21.4%。全部建成实际需要投资442.8亿元，按当前年度所能承担的投资规模计算，建设周期为3.6年，与1988年相同。

1992年固定资产投资高速增长态势形成的主要原因，除了加快改革开放和经济发展新形势的推动外，经济和社会环境也发生了变化：一是经过前三年治理整顿，主要经济关系基本理顺，供需矛盾缓解，为投资增长提供了前提条件；二是投资审批权限逐级下放，地方企业自主权扩大；三是金融市场逐步发展，投资意识增强，形成资金多元化新格局。

（房卫）

【投资结构】 1992年，吉林省固定资产投资结构呈现如下变化。

一、从产业结构看，第三产业发展加快，投资比重上升；第二产业中基础工业投资比重下降，加工工业投资比重上升。1992年，在国有单位投资中，第三产业增长61.8%，远高于投资总额增长42.1%的速度，所占比重由上年的29.5%上升为33.6%。第二产业增长34.9%，所占比重由68.5%下降为65.1%，其中，能源工业增长23.0%，所占比重由30.0%下降到26.0%，加工工业增长62.5%，比重由13.7%上升到15.7%。第一产业下降4.6%，所占比重由2.0%下降为1.3%。

二、生产性建设投资比重继续保持在适度的水平。1992年国有单位生产性建设投资82.7亿元，比上年增加19.4亿元,增长30.6%,所占比重由上年的74.0%下降为68.0%,水平适度。非生产性建设完成投资38.9亿元,比上年增加16.7亿元,增长74.8%,投资比重为32.0%。其中住宅投资完成22亿元,增长61.0%,所占比重由上年的16.0%上升为18.1%。

三、从内涵与外延投资结构看,现有企业内涵扩大再生产投资比重上升,外延扩大再生产投资比重下降。一是改建项目投资显著增加。在国有单位投资中,改建项目投资增长102.2%,大大高于全部投资增长42.1%的幅度,所占比重由21.9%上升为31.1%。二是企业技术改造步伐加快。1992年完成更新改造投资34.0亿元,增长速度比上年高21.3个百分点。三是用于节约能源、提高产品质量、增加品种的投资比重上升,由上年的32.19%上升到37.9%,用于增加产品产量的投资由40.7%下降为34.0%。

(房卫)

【施工项目】 1992年,全省固定资产投资施工项目有所增加。全省全年国有单位施工项目达2989个,比上年增加266个。基本建设和更新改造投资项目2629个,其中地方项目2011个,分别比上年增加400个和217个。国有单位新开工项目明显增加,全年新开工基建项目1036个,比上年增加129个,其中地方项目909个,比上年增加127个;新开工更新改造项目776个,比上年增加197个,其中地方项目449个,与上年基本持平。1992年,国有单位基建和更改在建项目建设总规模达363.9亿元,比上年增加了63.3亿元。

在基本建设规模扩大的情况下,注重优先安排能源、原材料、交通运输等关系到国民经济全局的骨干项目建设。全年施工基本建设项目1472个,比上年增加142个,其中能源、原材料、交通运输邮电业的项目238个,占基建项目的16.2%。在施工的基本建设项目中,大中型项目24个,年内累计建成投产项目6个;建成各类小型项目915个,全部项目投产率为62.6%。

更新改造坚持以内涵扩大再生产为主,切实加强大中型骨干企业的技术改造。1992年,全省累计施工更新改造项目1157个,比上年增加258个,其中施工限额以上技改项目24个。在施工的更改项目中,以改建为特征的内涵扩大再生产型建设项目794个,占全部更改项目的68.6%。全年建成投产更改项目771个,其中限额以上项目6个,全部项目建成投产率为66.6%,高于上年54.4%的水平。

(王宏)

【工业建设】 1992年,吉林省工业固定资产投资大幅度增长,投资额达81.4亿元,创历史最高水平,比上年增长35%。其中国有单位投资78.3亿元,比上年增长34.5%;城镇集体所有制单位投资3.1亿元,增长48.9%。工业固定资产投资额占全社会固定资产投资总额的53.9%。

工业投资结构得到调整,原材料工业建设进一步加强。全年原材料工业完成投资31.4亿元,比上年增加10.6亿元,占全部工业投资的比重为38.6%,比上年提高了5个百分点。全年用于煤炭、石油、电力等三个能源工业部门的投资31.7亿元,比上年增加5.9亿元,增长22.7%。完成生产性工业固定资产投资71.6亿元,比上年增长30.5%,非生产性工业固定资产投资9.8亿元,增长81.1%。

全省国有单位施工工业基建项目242个,其中大中型工业项目23个。全年共建成大中型工业项目6个,小型工业项目106个,项目建成投产率为46.3%。全省有801家国有工业企业进行了技术改造,其中3000万元以上更改限额项目23个。全年建成更改工业项目465个,建成投产率为58%。

(王宏)

【教育、科研、文化卫生事业建设】 1992年吉林省教育、科研、文化卫生事业共完成固定资产投资4.54亿元,比上年增加0.5亿元,增长12.9%。其中国有单位完成4.5亿元,增长13.9%;城镇集体所在制单位完成359万元,下降47.4%。

教育事业完成投资3.4亿元,比上年增长20.1%,建成交付使用了各类大、中、小学校建设项目154个,竣工教育用房45.2万平方米,新增各类学生席位84566个,其中大专院校学生席位3710个,中等学校和小学学生席位73726个。

科研部门完成投资2670万元,比上年下降5.1%。建成投产了8个项目,新增固定资产2301万元,竣工科学研究用房2.0万平方米。

文化事业完成投资2496万元,比上年下降29.4%,其中用于其他文化事业的投资达1320万元,比上年增长0.9倍。在建的13个文化设施项目已有6个建成交付使用。全年新增文化场馆用房面积601平方米。

卫生事业完成投资6617万元,比上年增长11.2%。在建的85个医疗卫生施工项目,已有52个建成交付使用,竣工医疗用房9.7万平方米,新增医院病床床位2787张,疗养院(所)病床床位190张。对改善医疗环境,缓解病床紧张起到了一定作用。

(刘燕江)

【住宅建设】 1992年,吉林省在安排固定资产投资中,注重住宅建设。城乡用于住宅建设方面的投资呈现上升势头,全省全年共完成住宅投资36.9亿元,比上年增长33.7%,占全部固定资产投资的比重为24.4%。全年竣工住宅面积1064.1万平方米,与上年基本持平。

国有单位住宅投资增幅大。全年完成住宅投资22亿元,比上年增长60.6%,竣工住宅面积428.9万平方米，比上年增加138.7万平方米，增长47.8%；集体所有制单位完成住宅投资0.6亿元，比上年增长12%，竣工住宅面积6.9万平方米，比上年下降0.9万平方米。城镇约5万户居民乔迁新居。改革开放以来，商品住宅建设有了很大发展。1992年商品住宅完成投10.3亿元，建成商品住宅247.1万平方米，分别比上年增长61.5%和91.7%。全年销售商品住宅10.1万平方米。商品住宅建设的迅速发展，使昔日脏乱的棚户区改造成了城建设施配套齐全，环境优美的住宅群，大大改善了城镇居民的居住条件。个人住宅投资有所下降，全省城乡个人住宅完成投资12.1亿元，比上年下降9.7%，其中农村个人住宅投资为9.1亿元，比上年下降8.1%。农村居住条件有所改善，农村人均住房面积已由上年的13.87平方米增加到14.02平方米；城镇和工矿区私人住宅投资为2.53亿元，比上年下降28.6%。城乡私人住宅的质量也有较大提高。一部分高收入的居民已开始热衷于建楼房和对居室内外进行美化装修。

（刘燕江）

【投资效益】 1992年，全省固定资产投资综合效益比上年有所提高。全年国有单位建成投产和交付使用1950个建设项目，建设项目投产率为65.2%，比上年上升了2.0个百分点。新增固定资产88.7亿元，固定资产交付使用率为72.9%，比上年下降了8.2个百分点；竣工各类房屋面积484.6万平方米，房屋面积竣工率为55.0%，比上年上升了3.6个百分点，其中竣工住宅面积221.9万平方米，比上年增长72.7%，是历史上国有单位竣工住宅面积最多的一年（不包括商品房建设）。

从基本建设投资效益看，1992年全省国有单位通过基本建设投资建成投产和交付使用了921个项目，比上年增加120个，建设项目投产率为62.6%，比上年提高了2.4个百分点。新增固定资产39.9亿元，固定资产交付使用率为64.3%，比上年下降了17个百分点。新增的主要生产能力有：原油开采7万吨，天然气240亿立方米，发电机组容量45.7万千瓦，输电线路长度（11万伏及以上）68.5公里，变电设备能力（11万伏及以上）21.0万千伏安，木材采运11万立方米，化学肥料3.3万吨，新（扩）建客、货运站10349平方米，市内电话自动交换机1.08万门，造林面积10万亩，粮食仓库6956万公斤/38276平方米，商业饮食服务网点12.7万平方米/41处，高等院校学生席位3710个/3.2万平方米，中小学生席位66536个/21.8万平方米，医院病床2567张，城市自来水供水能力3.51万吨/日，城市煤气生产能力5万立方米/日。

更新改造投资效益好于基本建设投资效益。1992年国有单位通过更新改造投资建成投产和交付使用了771个项目，建设项目投产率66.6%，比上年上升了12.2个百分点；新增固定资产27.3亿元，固定资产交付使用率80.2%，比上年上升了1.9个百分点。新增的主要生产能力有：电解铝1224吨，水泥29.6万吨，纤维板0.53万立方米，刨花板5万立方米，浓硝酸1.7万吨，化学肥料1.84万吨，乙烯2.0万吨，大中型拖拉机1000台，化学纤维600吨，啤酒1.17万吨，机制纸及纸板2.79万吨，服装66.6万件，市内电话自动交换机3.0万门。

国有单位其他固定资产投资新增固定资产10.4亿元，固定资产交付使用率92.2%，比上年上升了12.2个百分点。新增生产能力有：原油开采47.45万吨，改建公路304.1公里，粮食仓库6162万公斤/27161平方米。

（孙臻）

【重点建设项目】 1992年，全省国有单位施工的基本建设大中型和限额以上更新改造重点建设项目48个，完成投资33.9亿元，占基本建设和更新改造投资总额的35.3%。列入国家重点建设计划的项目38个，完成投资31.1亿元，占基本建设和更新改造投资总额的32.3%。其中中央项目26个，完成投资27.6亿元，占28.7%；地方项目12个，完成投资3.4亿元，占3.6%。

全省重点建设明显向基础产业倾斜。能源工业项目16个，为省重点建设项目总数的33.3%，完成投资15.5亿元，占重点项目投资完成额的45.7%，其中电力工业项目11个，完成投资11.2亿元，为重点建设项目投资完成额的32.9%；煤炭工业项目4个，完成投资1.5亿元，为重点建设项目投资完成额的4.5%。到年底已有12个基本建设大中型项目和限额以上更新改造项目全部和部分建成投产。主要项目是：新增发电机组容量30万千瓦和8.5万千瓦的白山发电厂和丰满发电厂，新增年产10万吨淀粉的吉林新源玉米开发有限公司，新增刨花板5万立方米的白河刨花板厂，新增丙烯酸及酯类3万吨的吉化公司电石厂，新增大功率晶体管500万支的吉林市半导体厂，新增氮肥18400吨的通化县化肥厂，新增2万吨机制纸及纸板的石砚造纸厂，还有延吉市药用玻璃厂、黄龙食品工业有限公司和长山热电厂等，这些项目的建成，为吉林省经济登上新台阶，奠定了有利基础。

（孙臻）

财政和税收

【财政收入】 1992年，全省财政收入完成57.0亿元，按可比口径计算（下同）比上年增长5.9%，超额完成了预算任务。几项主要收入的完成情况是：

一、工商税收超额完成任务。全

年工商税收入50.0亿元，完成预算的102.7%，比上年增长7.8%。工商税收增长的主要原因：一是随着经济的发展，生产增长，销售增加，使来自工业环节的产品税、增值税保持了一定的增长，比上年增加0.8亿元，增长3%；二是市场流通扩大，银行贷款规模增加，使来自商业环节和金融保险系统的营业税比上年增加2.1亿元，增长16.8%。

二、加强了农业税和耕地占用税的征收管理工作，使其收入高于上年。全年农业税、耕地占用税收入3.0亿元，完成预算的118.2%，比上年增长25.6%。其中：农业税收入2.1亿元，完成预算的101.7%，比上年增长25.2%，主要是国家提高了粮食收购价格及灾欠减免比上年减少；农村特产税收入0.4亿元，完成预算的138.6%，比上年增长11.0%，主要是各地清理以前年度的欠缴增加的收入；耕地占用税收入为0.3亿元，完成预算的271.5%，比上年增长47.5%；契税收入0.1亿元，完成预算的244.0%，比上年增长41.0%。

三、企业收入比上年有所下降。主要是工业企业收入减少，完成4.0亿元，为预算的95.9%，比上年下降3.7%。原因是由于年初落实国家和省搞活国有大中型企业的各项政策，调减企业承包上缴任务0.5亿元。其次商业企业收入完成0.4亿元，为预算的63.3%，比上年下降13.2%。主要是部分商业批发企业和食品公司销售额下降，费用上升，减盈增亏，没有完成承包上缴任务，再次粮食企业亏损退库6.1亿元，为预算的103.3%，比上年增加退库0.8亿元。

四、能源交通重点建设基金和国家预算调节基金均少于上年。1992年能源交通重点建设基金地方分成收入0.5亿元，完成预算的113.8%，比上年下降15.8%；国家预算调节基金地方分成收入0.8亿元，完成预算的95.2%，比上年下降20.0%。这两项收入减少，主要是国家对部分国有大中型企业提取折旧实行了免征"两金"的政策，相应减少了收入。

（李　多）

【财政支出】 1992年，全省财政部门积极采取措施，严格控制不合理支出，使财政支出基本保证了改革开放、经济建设和改善人民生活的需要。全年财政支出80.0亿元，完成预算的92.3%，比上年增加8.3亿元，按可比口经计算(下同)增长8.4%。

一、生产建设性支出增加。1992年全省各地为支持工农业生产发展，加快经济建设步伐，适当集中财力，增加了生产建设性投入。全年生产建设支出17.8亿元，完成预算的85.7%，比上年增长8.8%。其中：基本建设投资拨款4.5亿元，完成预算的88.0%，比上年增长7.4%，重点支持的白山水电站二期工程、浑江发电厂、新源玉米综合加工厂等建设项目全部建成投产；企业挖潜改造资金3.3亿元，完成预算的81.6%，比上年增长9.6%；科技三项费用0.9亿元，完成预算的88.5%，比上年增长21.9%；为落实中央关于加强农业的决定，发展高产优质高效农业，支持农业生产条件的改善及多种经营的发展和社会化服务体系的建设，增加了对农业的投入。全年支援农业生产支出2.6亿元，完成预算的87.6%，比上年增长14.7%。

二、各项行政事业费支出持续增长。1992年，全省各项行政事业费支出43.4亿元，完成预算的97.2%，比上年增长10.6%。主要是提高工龄工资和奖励工资标准，提高职务工资、增发离退休人员生活费用补贴，以及提高差旅费开支标准等增加的支出。其中，用于文教卫生事业费支出19.2亿元，比上年增长15.4%。在文教卫生事业费中，教育费用支出11.7亿元，增长14.6%，主要是落实中央关于优先发展教育的方针，保证对教育经费的投入，用于支持改善办学条件和提高教学质量。全年共新建校舍55.3万平方米，新建教师住宅14.3万平方米，新建图书馆、试验室3275个，使教育事业费的增长大大高于全省财政收支和国民收入的增长幅度，达到了中央提出的"两个增长"的要求。科学事业费支出0.9亿元，完成预算的97.6%，比上年增长12.8%，重点支持了基础科学研究、科技攻关、发展高新技术和科技成果的转化。

三、清理和压缩了价格补贴支出。1992年，吉林省采取措施，大幅度压缩价格补贴支出，全年各项价格补贴支出17.2亿元，完成预算的89.9%。省内安排的价格补贴支出3.1亿元，比上年减少3.4亿元，下降52.8%。减轻了财政负担，一定程度上缓解了全省财政紧张的状况。在各项价格补贴支出中，居民肉食价格补贴1.3亿元，比上年下降32.8%；民用煤价差补贴1.1亿元，比上年下降30.9%；蔬菜价格补贴0.2亿元，比上年下降31.2%。

（李　多）

【税收】 1992年全省各级税务部门不断加强税收管理，超额完成了地方级工商税收任务。全年征收各项税收68.1亿元，比上年增长14.3%。其中，工商税收55.9亿元，国营企业所得税7.2亿元，能源交通重点建设基金和预算调节基金4.4亿元。在工商税收中列入地方级财政预算的工商税收入为50.0亿元，超额完成了省政府最后确定的超收1亿元，确保全年完成49.9亿元的奋斗目标，比上年实征46.4亿元增加3.6亿元，增长7.8%。1992年全省工商税收有如下几个特点：1.营业税增幅较大。共征收14.8亿元，比上年增长16.7%。其中来自金融保险企业的营业税2.8亿元，比上年增长19.2%；来自商品流通环节的营业税7.5亿元，比上年增长11.%。2.一些特别目的税和"三资"企业的税收增长较多。全年特别消费税和固定资产投资方向调节税共征收3.3亿元，比上年增加1.9亿元；来自“三资”企业的工商统一税1.0亿元，比上年增长5.5倍。3. 主要地区间超收短收相差悬殊。长春地区由于一汽集团公司增收较多，全年共完成地方级工商税收15.8亿元，比省确定的奋斗目标超收1.3亿元；吉林地区由于吉林化学工业公司部分化工产品降低税率，原油价格转轨及其他原因，全年仅完成地方级工商税收12.8亿元，比省里确定的奋斗目标短收1.1亿元，比上年下降2.8%。4. 个体税收增加，全年完成4.7亿元，比上年增长12%，也超额完成了国家下达的收入计划。此外，各级税收部门认真落实各项防欠和清欠措施，截止1992年底，全省工商企业欠税仅为0.6亿元，把全年欠税压缩到最低限度，确保了税收任务的完成。

（邱小红）

物　　价

【零售物价】 1992年，全省市场供求基本平衡，物价走势稳中缓升。全年各月零售物价水平除4月份提高粮食统销价格涨幅达13.0%外，其他各月价格涨幅均在6%至8%之间，全年平均零售物价总水平比上年上升7.1%（其中城镇7.7%，农村3.7%），涨幅比上年高2.0个百分点。零售市场物价变动的主要特点：

一、食品类价格水平继续上浮。全年食品类价格水平较上年上升8.2%，升幅比上年高3.5个百分点。食品价格较高主要是受粮食调价的影响，全年粮食市场零售价格较上年提高28.9%，若扣除调价的因素，仅上浮1.5%左右。其中销量最大的大米价格则略有下浮。由于饲料供应宽裕和经营的改善，猪、牛、羊的出栏数和上市量稳步增长，猪肉全年平均每公斤售价仅比上年微升3.0%左右，牛、羊肉上升6.0%左右，蛋禽价格下降了5.0%左右，致使全年肉禽蛋类价格水平较上年微降0.2%。海水鱼和淡水鱼的零售价格也较上年下降了1.0%。

二、1992年由于工业消费品市场供应相对宽松，使多数工业消费品价格稳中略降。彩电、黑白电视机、收录机、纯毛线、纯毛毯、各式毛料、高档家电、衣着商品，价格降幅在1.0%至5.0%；价格放开的日用小商品价格涨幅趋缓；受文娱用机电消费品价格下浮5.2%的影响，全年文化娱乐用品价格较上年下降2.5%。

三、1992年全省农业生产资料市场货源组织甚好，改变了多年货源紧缺、黑市价格猛涨的局面。全年农资价格较上年仅上升4.5%，其中化肥价格上升6.0%，低于年初省政府政策性价格上调的幅度。

1992年全省物价形势值得注意的是，大中城市物价涨幅过高，全年涨幅比农村高4.0个百分点，比全省平均水平高0.6个百分点，潜在的通货膨胀压力依然存在。

（谭晓梅）

【居民生活费用价格】 1992年全省城乡居民生活费用价格总水平比上年上升8.0%，升幅比上年提高1.2个百分点，比零售物价总水平高0.9个百分点，其中城镇职工生活费用比上年上升8.3%，农村生活费用上升3.9%。全省城乡居民生活费用价格升幅高于消费品零售价格，主要是受服务收费价格涨势过猛的影响。

受近几年国家、省及地方多次政策性调价的影响，全省服务收费价格水平在1991年较高的基础上又有所上浮，上升幅度为12.2%。其中房租收费提高14.6%；水电费上升8.4%，其中，民用自来水上升21.9%；管道煤气上升28.1%；交通费中的长途旅行汽车票上升13.2%；学杂费和修理服务业分别上升10.3%和10.2%。

医疗保健和文娱费上涨幅度较大。医疗保健费上升43.7%，其中挂号费上升104.8%，透视费上升41.1%；文娱费用价格不断上升，比上年上升26.2%，其中电影票和公园门票分别比上年上升33.0%和39.2%。

占居民生活费用支出比重最大的消费品价格比上年提高7.2%，升幅较上年提高2.1个百分点，在吃穿用烧几大类中，燃料类价格由于受国家调价的影响，上升幅度高达27.5%，食品类虽改革步子迈得较大，但价格总水平仅比上年提高8.2%；衣着类、日用品类的商品价格略有上涨，零售价格仅比上年提高2.4%和3.0%。

受生活费用价格波动的影响，1992年全省城镇居民和农民在购得与上年同数量的商品情况下，人均分别多支出105.36元和14.78元。

（高　明）

【农副产品收购价格】 1992年全省农副产品收购价格总水平比上年下降0.4%，其变动的主要特点是：

一、禽畜产品类收购价格增幅较大。近两年城镇居民肉食消费渐趋低脂肪、高蛋白的牛羊肉，加上1992年牛肉出口量比上年猛增了6.8倍，使得牛肉收购价格在1991年上涨2.0%的基础上，又上涨了19.2%，牛肉平均收购价格每公斤达到8.60元。在禽畜产品类中，收购价格上涨幅度最大的是皮张类。1992年皮张类收购价格水平比上年上升39.5%。

二、粮食总体价格上升，从玉米收购价格来看，若按混合平均价计算，为降势；若按标准品价格计算，则为涨势。水稻的平均收购价格略有上升，但大米价格却下降9.5%。其原因为：一是1991年市场大米价格下降幅度大，农民惜售，手中握有大量陈米；二是流通渠道不畅。

由于杂粮受城镇居民喜欢，谷子每百公斤收购价格由上年的34.98元增至62.42元，上涨78.4%；绿豆上涨88.8%;高粱上涨8.7%。

三、土副产品类收购价格涨落不一。1992年蜂蜜平均收购价格比上年下降2.8%;松籽价格由于生产量骤增而下降39.5%。近年来,食用菌类产品较受城镇居民的偏爱。1992年黑木耳平均收购价格每公斤54.18元,比上年上涨86.5%;蘑菇每公斤12.44元,上涨37.3%。

四、鲜菜价格下落、鲜鱼价格坚挺。1992年鲜菜平均收购价格比上年下降13.5%;渔业生产量由于和社会需求量同步增长,鲤鱼、鲫鱼、胖头鱼等鲜鱼收购价格平均比上年上涨20.1%。

五、药材类一落多涨。在药材类中,除人参外,其它调查品种几乎均为涨势。其中,甘草价格上涨169.8%,黄芪上涨75.4%。但由于人参(包括鲜参、生晒参、红参)所占比重大、价格落势猛,牵动了药材类收购价格下降12.3%。

(任丽莉)

【农村工业品零售价格】 1992年全省农村工业品零售价格总水平比上年上升4.8%,升幅比上年低1.1个百分点,涨势趋缓。

全省近几年农业生产连获丰收,粮食、农副产品货源充足,抑制了食品价格上涨势头。1992年加工食品价格比上年上升7.4%,升幅较上年回落0.7个百分点。食用植物油价格比上年上升12.6%,干菜上涨8.9%,奶及奶制品上涨3.5%,涨幅均低于上年水平。此外,食糖、罐头价格分别比上年下降3.3%和2.6%。

1992年全省工业生产增长较快,消费资料库存增加,工业消费品市场供应相对宽松,致使多数工业消费品价格趋稳。衣着类比上年上升1.1%,日用品类上升2.8%,药及医疗用品类上升4.6%,燃料类上升3.6%,升幅均低于上年。文化娱乐用品价格在上两年下降的基础上继续呈下降趋势,降幅为3.2%,其中,彩色电视机、黑白电视机的销售价格比上年下降10.0%左右。近年农村建房升温,受需求拉动,建筑装潢材料价格上升4.6%,升幅比上年高3.4个百分点。

1992年全省农业生产资料市场供应较好,虽对部分农资价格作了上调,但价格仍趋平稳。与上年相比,农业生产资料价格上升4.5%,升幅回落1.4个百分点。其中,半机械化农具上升1.6%,机械化农具上升1.7%,化学肥料上升6.0%,升幅分别比上年低2.9个、5.3个和1.4个百分点。

1992年全省农副产品收购价格比上年下降0.4%,以农村工业品零售价格为基数的工农产品综合比价指数为95.0%,即农民用与上年等量的农副产品所交换到的工业品数量比上年减少5.0%,工农剪刀差有所扩大。

(郑　东)

【集市贸易价格】 1992年全省城乡集市贸易价格总水平比上年上升0.9%,其中农村集贸市场价格与上年持平。

集市粮食供应丰富,粮食价格比上年下降1.0%,其中销量最大的大米价格稳中略降,但玉米、黄豆和绿豆价格分别比上年上升37.0%、20.9%和56.4%。食用植物油价格比上年下降3.8%,其中豆油价格下降4.3%。集市鲜菜价格波动较大,总水平比上年上升2.2%,其中菠菜、油菜和大蒜价格分别比上年上升27.1%、28.7%和31.8%。芹菜、青椒价格分别比上年下降10.7%和17.1%。干菜价格升幅较高,总水平比上年上升14.9%。其中干辣椒、黑木耳和蘑菇价格比上年上升82.6%、53.6%和17.3%。肉禽蛋、水产品价格均呈下降趋势,其中白条鸡、鸡蛋价格分别比上年下降10.9%和12.3%,鲜黄花鱼、鲜带鱼和鲢鱼价格分别比上年下降10.7%、4.7%、5.6%。

集市农业生产资料价格总水平比上年下降6.1%。其中饲料价格下降1.1%,小农具价格下降19.2%,幼禽家畜价格下降6.3%,大牲畜价格下降4.9%。

1992年全省城乡居民集市食品购买量日益增大,多数商品价格低于国营商业。如鲜菜、水产品、鲜果和干果集市价格分别比国营价格低21.5%、3.4%、10.4%和8.2%。

(王伟)

人民生活

【城镇居民收入】 1992年,全省城镇居民人均生活费收入1470.84元,比上年增加211.67元,增长16.8%,扣除物价上涨因素,实际增长7.9%。

城镇居民收入增长的主要因素:一是全民、集体职工工资增加。近两年,企业实行工效挂钩,生产形势好的企业增加了浮动工资,因此城镇居民收入中的工资性收入增长速度比较快。1992年,全民、集体职工人均工资收入为2253.72元和1549.92元,分别比上年增长10.9%和15.4%。在职工工资收入中,标准工资为708.6元,增长8.3%,津帖308.52元,增长24.7%,奖金149.04元,增长31.6%。二是其他就业者劳动收入增加。1992年,其他就业者人均收入为984.42元,比上年增长13.0%。三是全民、集体职工从工作单位得到的其它收入不断增加。1992年全民、集体职工人均从工作单位得到其它收入为101.64元,比上年增长27.2%。四是非劳动性收入增加。1992年,人均财产性收入为20.52元,比上年增长57.8%;转移性收入增加,人均收入为251.04元,比上年增长62.4%;提取储蓄存款收入增加,人均提取241.68元,比上年增长46.3%。

随着城镇居民货币收入的增加,

困难户和一般收入水平的户不断减少，富裕户增速很快。1992年城镇居民家庭人均月收入50元以下户比上年下降41%；50至70元户下降44%；70至90元户下降32.7%；90至110元户下降11.2%；而110元以上户比上年增长40.2%。

（柳耀荣）

【城镇居民消费】 1992年，城镇居民人均生活费支出达1374.72元，比上年增长15.2%，扣除物价上涨因素，实际增长6.3%。由于食品、衣着、非商品等支出增长较多，导致居民消费结构变动。食品支出比重为50.24%，比上年下降3.21个百分点；衣着支出比重为16.66%，与上年基本持平；非商品中的学杂费上升0.28个百分点，文娱费上升0.05个百分点。1992年消费支出有以下特点：

一、食品支出低于全部生活费增幅。城镇居民人均食品支出690.72元，比上年增加52.56元，增长8.2%，比全部生活费增幅低7个百分点。食品消费中，粮食增长50.3%，副食品、烟酒茶、其他食品也较上年有不同程度的增长。增长幅度较大的有鲜蛋，人均7.2公斤，增长25.0%；啤酒人均7.2公斤，增长11.1%。

二、衣着消费水平大幅提高。随着居民收入水平的不断提高，衣着消费在居民全部生活消费中支出连年增长。1992年人均衣着支出228.96元，比上年增长17.2%。

三、用品消费支出增长明显。城镇居民人均家庭设备支出32.04元，人均文娱用耐用消费品支出48.96元，彩电、冰箱的平均支出也都大于往年。除机电消费品外，家具等一般日用品也有较大增长，尤其最近几年兴起的装修热，使室内装饰品消费大幅增长，1992年人均支出5.88元，比上年增长9.3%。人均金银饰品支出13.19元，增长99.2%。

四、1992年各种非商品支出与上年相比也有较大幅度增长。其中，学杂费人均支出34.68元，增长29.7%；文娱费增长43.5%。

（梅定胜）

【城镇居民家庭耐用消费品拥有量】 吉林省城镇居民家庭耐用消费品经历了从低档向高档、由少到多的转变过程。截止1992年末百户拥有情况如下：

自行车200.4台，比1991年增长5.8%。整体观察，自行车已基本饱和，并向半自动化方向发展。

缝纫机53.4台，与上年基本持平。

电风扇43.2台，比上年增长10.8%。

洗衣机87.3台，比上年增长3.7%。价格便宜、实用的洗衣机，仍受广大居民青睐。

黑白电视机42.9台，比上年下降11.7%；彩色电视机68.0台，比上年增长18.5%

电冰箱29.8台，比上年增长12.7%。双门双温大容积电冰箱在城市仍然走俏。

普通录音机30.5台，立体声录音机为39.0台。从发展趋势看，普通型录音机呈下滑趋势，立体声录音机稳中有升，组合音响被城镇居民普遍看好。

录相机5.0台，比上年增长48.5%，已成为城镇消费的热点。

（张　敏）

【农民纯收入】 1992年全省农民纯收入继续增长。据全省20个调查县（市）1600个农户的抽样调查资料统计，全年农民人均纯收入为807.41元，比上年增加59.08元，增长7.9%，扣除物价上涨因素，实际增长5.7%。农民收入增加的主要特点是：

一、农民家庭经营收入仍是主体。据调查资料统计，1992年农民家庭经营纯收入人均747.94元，占当年纯收入的92.6%，从集体统一经营中得到的收入和从经济联合体中得到的收入仅占3.6%。

二、农民收入渠道进一步拓宽。广大农民已从单一经营粮食生产逐步向从事乡镇企业、联合体、生产劳务等方面发展。

三、市场经济大发展，农民现金收入明显增加。

四、农民负担进一步减轻。全省各级政府认真贯彻国务院关于减轻农民负担的决定，采取以"五清三整顿"为主要内容的有效措施，使几年来农民负担持续增加的势头基本得到控制。1992全省农民人均负担64.96元，比上年减少8.57元，下降了11.7%。

（崔　胤）

【农民生活消费】 随着收入的提高，农民的生活水平继续得到改善，新的消费特征也开始显现出来。

一、总体消费水平不增，内部结构发生新的变化。1992年，全省农民家庭人均生活消费支出643.13元，基本与上年持平。其中：食品消费支出381.52元，比上年增长4.0%；衣着消费支出57.85元，下降7.9%；住房消费支出56.96元，下降20.4%；燃料消费支出21.95元，增长25.1%；用品及其他消费支出69.66元，下降12.2%。

二、消费质量提高，商品性消费比重扩大。1992年全省农民人均主要消费品增减情况是：在吃的方面，细粮118.3公斤，比上年增长1.4%，其中从集市上购入量增长51.9%，食品加工费增长4.4%；蔬菜消费量有所下降，但购买部分不减；植物油4.45公斤，增长2.5%；牛羊肉0.45公斤，增长21.6%；猪肉8.56公斤，减少7.9%，但购买额却比上年增长3.0%；家禽0.88公斤，增长44.3%；水果6.11公斤，增长20.7%，其中购买量增长21.1%。在穿的方面，也一改以前穿衣以棉布为主的局面。1992年全省农民人均消费棉布0.45米，比上年下降35.7%，而化纤布、呢绒等中、高档面料消费量比上年明显提高。特别是成衣消费比上年增长14.5%。另外一些价格昂贵的皮货服装也悄然进入农户。农民的衣着消费正向着穿着漂亮、款式新颖的城市化方向发展。在住房方面,农民追求的仍是宽敞、美观、坚固。1992年农民人均生活用房面积14.19平方米,比上年增长2.3%。年末使用房屋价值人均1509.80元,比上年增长7.0%。在用的方面,农民在前几年大量添置用品的情况下,今年有所回落,但其中书报杂志支出却比上年增长41.2%。在烧的方面,由于有的农户家庭安装了土暖气,高值燃料消费支出较多。

三、消费观念在更新。目前大多数农民在致富的路上,越来越深刻地认识到科学知识的重要性。在温饱有余之后,越来越重视文化教育和文化生活投资。1992年全省农民整体生活消费支出不增的情况下,文化服务支出却较上年增长25.1%。农民生活消费结构的变化,观念的更新,都表明农民的生活消费正向着理智型、合理的方向发展。

(曹文献)

【农民家庭耐用消费品拥有量】 1992年,全省农民拥有的家庭耐用消费品数量呈增长势头。

在老"四大件"中,除钟与上年持平外,其余几件继续呈增长势头。1992年平均每百户拥有自行车122辆,比上年增长4.3%;缝纫机65架,增长1.6%;手表(包括电子表)158只,增长1.3%。

在新"四大件"中,除电风扇与上年持平外,洗衣机、电视机、收录机都有增加。1992年平均每百户拥有洗衣机29台,比上年增长7.4%;黑白电视机73台,增长4.3%;彩色电视机6台,增长20%;收录机26台,增长8.3%。这些都反映出农民在提高消费档次的同时,也不断改善和丰富自己的业余文化娱乐生活。

此外,电冰箱、摩托车、照相机做为新的消费热点,也开始越来越多地走进农民家庭。

(陈连胜)

【城乡居民储蓄存款】 1992年,全省金融部门抓住经济进入快速发展,城乡居民收入增加的有利时机,积极组织存款,大力加强吸储宣传工作,促进全年城乡居民储蓄存款继续保持较旺的增长势头。但与上年比较,增势有所减缓。其主要特点是:

一、增长幅度较大。1992年底,全省储蓄存款余额为315.4亿元,较年初增加58.8亿元,增长22.9%,平均月增4.9亿元。其中,城镇居民储蓄存款余额为271.2亿元,较年初增加5.3亿元;农村储蓄存款余额为44.2亿元,较年初增加5.8亿元。人均储蓄存款增加,1992年城乡居民人均储蓄额为1275元,较年初增加245.3元,其中,城镇居民人均储蓄额为1316元,较年初增加190元;农村居民人均储蓄额为1069元,较年初增加372.5元。

二、增势较上年下滑。城乡居民储蓄存款总额增幅由1991年的28.8%下滑到1992年的22.9%,回落5.9个百分点。其中,城镇居民储蓄存款增幅回落5.2个百分点;农村居民储蓄存款增幅回落10.3个百分点。储蓄存款增幅回落的原因,除利率水平较低、居民储蓄意识淡化、消费意识抬头外,主要是企业内部集资和股票、债券热的升温,分流了大量储源。

三、储蓄存款的相对稳定性有所降低。从储蓄结构上看,1992年末,活期储蓄存款余额为62亿元,比年初增长22.5%,增幅较上年回落4个百分点。而定期储蓄存款年底余额为253.4亿元,比年初增加47.2亿元,增长23%。增幅比上年回落6.7个百分点。活期、定期储蓄存款增长幅度的不同变化,使活期储蓄占储蓄总额的比重由1991年的18.1%上升到1992年的19.6%,定期储蓄则由81.9%回落到80.4%。这说明储蓄存款的相对稳定性有所降低,将会给全省经济的稳定发展带来一定的影响。

(谭　英)

农　业

【农业生产条件】 1992年全省农业生产现代化水平又有新发展。到年末,全省农业机械总动力达59.1亿瓦特,比上年增长0.7%;小型及手扶拖拉机20.0万台,比上年增长4.0%。机械耕地面积2857.6亩,增长2.4%,占全省耕地面积的比重,由上年的47.3%上升到48.5%;机械播种面积2707.7万亩,增长7.8%,机械中耕面积2081.1亩。

1992年化肥用量与上年基本持平。1992年,全省化肥施用量(折纯)91.1万吨,比上年减少0.6%,其中,复合肥26.5万吨,增长2.9%,氮肥57.4万吨,磷肥3.5万吨,分别比上年减少2.2%和3.0%,钾肥3.7万吨,增长3.2%。全省农村用电量达19.0亿千瓦小时,比上年增长4.2%。

(徐世良)

【水利建设】 1992年全省水利建设投资2.47亿元,共安排东西辽河、嫩江、松花江堤防加固、洮儿河灌区、龙岗、满台城、红石电站等14项重点工程,建成了22个达标井队和100个"四有"乡镇水管站,截止1992年底,全省共拥有大中型水库97座,小型水库1236座,总库容量306.01亿立方米,固定机电排灌站5414处,总装机279万千瓦;小型水电站116处,总装机309台、15.4万千瓦;配套机电井49742眼,总装机46.7万千瓦。水利设施建设的扩大与完善,进一步稳定了全省的有效灌溉面积,1992年达1372万亩。

1992年,全省继续开展了水利"天池杯"竞赛活动,不少地方把农田水利建设和小流域治理与农村经济开发、农民致富紧密结合,充分调动了各方面的积极性,做到了规模不减,干劲更大,效益更好。全年共完成综合工程量2.4亿立方米,超计划33%。全省共新增和改善治涝面积218万亩,治理水土流失面积235万亩,均超过了原计划指标。解决农村30.8万人、13.3万头牲畜的饮水问题,超计划25%。小水电年发电量达4.5亿千瓦时。另外全省农村水利服务体系得到了进一步加强,科技兴水效果明显,全年共完成水利科研项目近30项。省、地、县三级水利推行网络进一步健全,推广了水田节水灌溉等10项科研成果和新技术,创造经济效益近1000万元。

(金　军)

【农业商品生产】 随着改革开放的深入,农村商品经济不断发展。1992年全省农业商品产值达131.1亿元,比上年增长8.7%,农产品综合商品率64.1%。其中,种植业商品产值85.4亿元,占种植业产值的61.5%;牧业商品产值36.9亿元,占牧业产值的73.8%;渔业商品产值3.0亿元,占渔业产值的91.4%。

农副产品的商品数量有所增加。全省粮食商品量1240.4万吨,粮食商品率为61.3%;生猪商品量317.6万头,比上年增加12.2万头;猪牛羊肉商品量36.2万吨,增加2.5万吨;水产品商品量7.7万吨,增加0.5万吨。由于农产品商品量的增加,农民广泛参与商品产销活动。全省已有几十万农民经商。农村集市贸易市场发展到1045个,农副产品专业市场114个,批发市场18个。全省农副产品收购额达133.4亿元,农村集市贸易成交额达21.9亿元,比上年增长8.4%。

(孟令德)

【粮食生产】 1992年,全省粮食生产虽然遇到低温、伏旱等不利气候的影响,但由于农业投入增加,大力开展"科技效益年"活动,仍获得好收成,是历史上第三个高产年。粮食总产量达到1840.3万吨,比计划增产4.9%。获得丰收的主要因素是:

科技兴农增产显著。全省各级政府全面落实省委、省政府确定的农村经济工作"科技效益年"活动。据农业部门测算,全省推广了15项粮食增产技术,其中,推广玉米模式化栽培技术2351万亩;水稻旱育稀植400万亩;赤眼蜂防治玉米螟636万亩;米麦间作512.3万亩。由于大面积推广增产技术,全省直接增产粮食77.8万吨。

增加农业投入。1992年全省用于农业资金达113.6亿元,比上年增长2.4%。化肥、农药、农膜及用电量等投入均有所增长。

强化服务功能,为粮食生产创造良好的外部环境。各有关部门紧紧围绕农业生产需要,通力合作,全力支农,优化服务,使与农业生产密切相关的各条社会服务体系进一步完善,保证了资金、良种、生产资料、农用物资及时供应。

(孟令德)

【经济作物】 1992年,全省经济作物受市场疲软的影响,在去年下降的基础上继续下降。经济作物种植面积为439.1万亩,比上年下降7.5%,占农作物总播种面积的7.2%,比上年下降0.6个百分点。

大宗经济作物播种面积增减幅度较大。油料作物播种面积为231.2万亩,比上年下降17.8%,其中葵花籽163.4万亩,下降17.4%;甜菜63.0万亩,下降26.8%;烟叶82.8万亩,增长28.8%,其中烤烟58.6万亩,增长34.7%。

主产区播种面积下降,牵动全省。占全省经济作物播种面积54.6%的白城地区和松原市,1992年播种面积分别为126.3万亩和113.4万亩,比上年下降21.5%和18.0%。尽管长春市、辽源市、通化市、浑江市、延边州等地区的播种面积分别以10.5%、33.3%、83.7%、5.8%和16.7%的不同幅度增长,但因其播种面积小,对全省影响不大。

主要经济作物产量,除烟叶外,均下降。油料作物产量35.8万吨,比上年下降17.7%,其中葵花籽27.9万吨,下降22.1%;麻类0.4万吨,下降38.9%;甜菜91.8万吨,下降16.2%;烟叶8.5万吨,增长23.7%,其中烤烟5.5万吨,增长26.5%;园参2.0万吨,下降0.6%。

经济作物产品大量积压,以及经济效益低等问题,严重挫伤了农民种植经济作物的积极性,种植面积连年下降,致使全省种植业结构不合理的现象更加突出。

(宁　波)

【林业】 1992年,全省林业各项生产任务均达到或超过了计划指标,全年创产值5.1亿元,比上年增长0.2%。

营林建设持续发展。1992年,"十年绿化吉林大地"造林规划取得了突破性进展,各项造林绿化任务超额完成了阶段性目标。全省植树造林10.37万公顷,完成计划的108%;更新造林中,速生丰产林8645公顷,比上年增长4%;育苗5106公顷,完成计划的131%,比上年增长16%;四旁植树5563.7万株,完成计划的203%,比上年增长20%;迹地更新4.02万公顷,完成计划的109%,比上年下降16%,其中人工更新2.25万公顷,完成计划的119%,比上年下降21%;幼林抚育作业面积124.9万公顷,完成计划的101%,比上年下降3.1%,其中中幼令林抚育16.9公顷,完成年计划的97%,比上年下降3.2%。全省累计已有285个乡镇达到绿化吉林大地的乡镇标准,15个县达到部颁平原绿化县标准。森林资源严格实施了经营方案的采代限额,使资源消耗得到有效控制。

以森林防火为重点的"三防"工作也取得了较好成绩,实现了连续12年无重大火灾,病虫鼠害发生率比上年减少32%，乱砍滥伐、乱捕滥猎、乱采滥挖得到有效扼制。

（徐世良）

【畜牧业】 1992年，在加快改革开放，全省经济上新台阶的大环境中，畜牧业发展速度继续稳步增长。全省畜牧业产值为50.0亿元，比上年增长8.3%，畜牧业产值占农业总产值的比重由上年的24.0%上升到24.5%。年末，大牲畜总头数达341.1万头，比上年增长7.1%，其中牛饲养量为278.9万头，增长14.7%。羊饲养量为311.4万只，增长0.9%。牛肉产量达6.1万吨，羊肉产量1.1万吨，分别比上年增长24.9%和8.1%。牛羊肉占肉类总产量的比重持续上升，猪肉的比重继续下降。全省生猪饲养量达到1009.2万头，比上年增长4.5%，生猪饲养量达到历史最高点，首次突破千万头大关。全省生猪出栏为464.4万头，增长4.7%；猪肉总产量42.9万吨，增长5.0%。猪源保持稳定，年末能繁殖母猪存栏49.3万头，比上年增长8.4%；当年生仔猪459.5万头，增长5.6%。1992年是家禽饲养大发展的一年，全年家禽出栏7126.0万只，比上年增长35.6%；年末家禽存栏7762.1万只，增长10.9%；禽肉产量达13.1万吨，增长36.8%。

1992年，全省畜牧系统认真贯彻落实省委、省政府提出的农村经济工作"科技效益年"的要求，在继续实施"奔马工程"的基础上，开展了科技兴牧"双百"活动，组织科技人员包户带户，传播科学技术，促进增产增收。据初步统计，全省参加"双百"活动农户102万户，依靠科技进步增加收入1.66亿元，户均增收158元，超额实现"双百"活动确定的100万农户户均增收100元的目标。由于实施"奔马工程"和开展"双百活动，扩大了畜禽饲养的科技履盖面，采用"四良四改"配套技术养猪218万头，养羊101万只，育肥牛31万头，养肉鸡3324万只，分别比上年增长34.7%、16.5%、85.7%和22.1%。粗饲料开发利用和草地改良技术得到进一步推广。

（孟红英）

【特产业】 我省特产资源丰富，是素有"东北三宝"之称的人参、貂皮、鹿茸角的主要产区。随着经济的发展，全省特产业已经步入了全面发展、主体开发、系列生产、深层次增值、城乡一体化的商品经济的轨道。1992年，特产业产值达到35亿元，比上年增长21%。

由于科学种植、养殖技术的推广和普及，推动了特产业的发展。1992年，人参亩产达到434公斤，比上年增长7.7%，人参收获面积达到4.5万亩，产量2.0万吨。其中西洋参面积0.2万亩，产量116吨。鹿存栏达到10.1万头，比上年增长1.9%，鹿茸产量41吨。

近几年，国际市场貂皮需求量减少，价格下跌，饲养成本上涨，对貂皮生产打击沉重。1992年全省产量为2967张，虽然比上年增长，但仅为1989年的27.8%。貂皮生产正处在低谷阶段。

横贯吉林省22个县(市)的长白山，为发展特产业提供了丰富的资源。1992年，全省木耳产量达到456吨，蚕茧产量达到901吨。延边、浑江的木耳生产基地，东辽、敦化、伊通、吉林的柞蚕生产基地，已成为全省发展其它特产业的龙头。

系列化生产和深加工综合利用，使特产业发展呈现勃勃生机。全省特产业系列产品目前已发展到以人参为主的医药、滋补、食品、保健、化工产品系列、鹿产品系列、山珍食品系列、野生浆果系列、毛皮动物系列等五大系列1000多个品种，使吉林省特产业产品逐步打入国际市场。

（宁 波）

【渔业】 1992年，全省渔业生产又出现了新的发展势头。渔业总产值达到3.3亿元，比上年增长5.2%，水产品产量达8.5万吨，超计划6.1%，比上年增长7.9%，其中，鱼类产量8.4万吨，比上年增长7.7%；虾类产量650吨，增长62.5%；鱼种产量1.1万吨，新建和改造育苗种培育池2500亩，增加苗种培育能力1150吨。

在改革开放的新形势下，出现了渔业生产超常规发展。不少地方把水田、方条田建设同稻田养鱼结合起来，出现了稻田养鱼热。1992年全省稻田养鱼面积达到6.2万亩，比上年增加3.7万亩，增长1.5倍，稻田养鱼产量达1336吨，比上年增长2.3倍，单产达到20.7公斤，新增效益338万元。据不完全统计，仅10个重点稻田养鱼县(市)即可发展到10万亩。很多县乡结合农田基本建设搞了垄稻沟鱼的工程。

池塘开发有了新的发展。1992年，全省池塘养殖面积达31.13万亩，比上年增长6.7%。大安市新开鱼池1400亩，松原市新开2500亩，相当于建国以来的总和。全省池塘养殖产量达2.6万吨，比上年增长21.6%。同时，网箱养鱼，水库渔业也有新的发展。

（金军）

【农业经济效益】 1992年全省农业虽然受自然灾害和生产资料价格上涨等多种因素的影响，但从总体看，基本保持了平稳的发展势头。

从农业劳动生产率看：1992年平均每一农业劳动力创造的农业总产值为3580元，按可比价格计算比上年增长0.7%；平均每一农业劳动力生产粮食3223公斤，下降5.2%；生产油料63公斤，下降19.2%；生产肉类112公斤，增长9.8%；生产奶类20公斤，下降9.1%，生产水产品15公斤，增长7.1%。

从土地利用率看：1992年平均每公顷耕地种植业产值为3534元，比上年增长1.3%，按播种面积计算的平均 每公顷粮食产量为5203公斤，比上年下降2.9%；油料2324公斤，增长0.3%；甜菜21848公斤，增长13.7%；蔬菜24711公斤，增长4.0%。

从农业物质消耗看：1992年农业生产投入的物质消耗为72.08亿元，比上年增长8.1%，农业净产值为132.31亿元，比上年增长8.7%，农业物质消耗占农业总产值比重由上年的35.4%，降至35.3%，净产值比重由64.6%上升为64.7%；平均百元物耗实现农业净产值184元，比上年下降0.5%。

(王桂芬)

【乡镇企业】 1992年全省乡镇企业实行“多轮驱动，多轨运行”，坚持乡办、村办、个体、私营、股份合作、联营、“三资”等多种经济成份，多种发展形式一齐上，扭转了低速发展的局面，使乡镇企业总产值首次突破200亿元大关，跃上一个新台阶。其特点是：

一、呈现超常规、跳跃式的发展速度。1992年乡镇企业实现总产值211.07亿元，比上年增长31.2%，提高20.1个百分点，其中乡村两级产值达87.14亿元，增长31.4%。在乡镇企业产值中，工业产值达111.58亿元，比上年增长31.4%，增幅比上年提高20.3个百分点。

二、经济效益提高，社会贡献多。1992年全省乡镇企业上缴国家税金9.6亿元，比上年增长24.9%，纯利润达18.48亿元，增长24.6%，分别比上年提高14.0和11.9个百分点，劳均产值达12538元，比上年增加2399元，乡镇企业规模不断扩大，企业个数由上年的46.7万个增加到49.7万个，增长6.2%，从业人员达168.3万人，增长5.8%。

三、企业素质有明显变化。1992年全省开发市级以上新产品379项，技术改造875项，引进和培训专业技术管理人员1.8万人。总产值1000万元以上的企业达58户，比上年增加21户；总产值上亿元的乡镇达到23个，比上年增加11个；总产值上10亿元的县2个，填补了吉林省历史上的空白。

四、外向型企业开创了新局面。1992年全省乡镇企业出口产品交货值达3.58亿元，其中，直接出口1.54亿元，在出口交货值中食品类占35.2%。三资企业不断涌现，新办初具规模的三资企业达57户，实现产值1.16亿元，利用外资3018万美元，比上年增长1.4倍。是历史上创办三资企业最好的一年。

(王桂芬)

工　业

【工业概况】 1992年末，全省乡及乡以上工业企业有13563户，职工258.20万人，固定资产原值624.5亿元，虽然企业户数和职工人数比上年略有减少，但是固定资产原值增长14.1%。全省工业有大中型企业575户，拥有固定资产原值499.28亿元，职工131.59万人，分别占全省独立核算工业的79.9%和51.0%。

1992年全省工业出现了生产增长加快，销售大幅度增加，经济效益明显改善的新局面。全省工业(含村及村以下)完成工业总产值767.81亿元，比上年增长17.2%，是近年来增幅最大的一年；全省全部独立核算工业实现产品销售收入638.17亿元，增长22.9%；全年利税总额58.30亿元，增长21.2%；实现利润17.74亿元，比上年净增7.99亿元，增长82.0%。

大中型企业和重工业仍是吉林省工业的主体。1992年这两者的工业总产值分别为476.03亿元和458.80亿元，占全省乡及乡以上工业的比重为69.4%和66.8%，比上年上升12.9个和4.6个百分点；利税总额分别为43.56亿元和38.62亿元，占独立核算工业的74.7%和66.2%，比上年上升11.5个和8.2个百分点。

1992年，工业经济运行的基本格局是，重工业适应投资需求，生产加速发展，而轻工业增长较慢，一些行业生产不景气，库存继续上升。全省重工业总产值比上年增长22.9%，增幅高于轻工业13.5个百分点。与此相应，重工业销售也大量增加，全年产品销售收入445.88亿元，比上年增加111.35亿元，增长33.3%，产品销售率达97.5%，高于轻工业6个百分点。其中交通运输设备制造业和冶金等行业的产品销售率超过100%，出现了供不应求。轻工业受消费需求和生产结构影响，生产增长仍缓慢，产品销售平淡，一些行业库存增加。1992年全省轻工业完成产值272.7亿元，其中乡及乡以上独立核算工业企业实现产品销售收入192.29亿元，分别比上年增长9.4%和4.1%，增幅远低于重工业。在轻工业中，饮料、烟草、缝纫、家具和印刷等行业的生产经营状况较好，产值和销售收入均有不同程度的增长；而占有较重要地位的纺织业，生产和销售均比上年有较大幅度下降；还有皮革皮毛、文教体育用品等行业的生产和销售也有所下降。轻工业的产品销售率为91.5%，由此造成产成品库存上升，企业效益下降。

1992年，部分经济效益指标比上年有一定的提高。全省独立核算工业全员劳动生产率达22785元/人，比上年提高13.8%；净产值率为28.5%，比上年提高0.9个百分点；每百元销售收入实现利润2.78元，增长58.9%；人均创利税2276元，增长22.8%。但是工业经济还没有摆脱粗放经营、效益低下的局面，有些效益指标还较差。每百元固定资产原值实现产值比上年减少0.08元，每百元产品销售收入实现利税与上年基本持平。

(于方宏)

【大中型工业企业】 按国家颁布的《大中小型工业企业划分标准》，

经审批确认的大中型工业企业,全省共有575户(含吉林化学工业公司等实行资产经营一体化的联合企业下属厂)。其中特大型3户、大一型27户、大二型83户;中型企业共有462户。大型和中型企业分别比上年增加12户和213户。

1992年末,大中型企业拥有固定资产原值499.28亿元,职工131.59万人,分别占全省独立核算工业企业的79.9%和51.0%。大中型企业全年完成工业总产值476.03亿元,实现产品销售收入465.98亿元,创造利税总额43.56亿元,分别占全省工业的69.4%、73.0%和74.7%。其中大型企业的产值、产品销售收入和利税总额分别为323.50亿元、322.91亿元和32.02亿元,占全省工业的47.2%、50.6%和54.9%;中型企业的总产值、产品销售收入和利税总额分别为152.53亿元、143.07亿元和11.54亿元,占全省工业的22.2%、22.4%和19.8%。

近几年,第一汽车制造厂、吉林化学工业公司、通化钢铁公司等大型企业加强企业组织结构调整,各自经过兼并、购买和划转等形式,在形成具有较强经济实力的核心层的同时,跨地区、跨部门联合众多企业,组成了不同的大型企业集团,成为吉林省工业以至全省经济发展的排头兵。

大中型企业是吉林省财政收入的主要来源。1992年大中型企业不仅向国家缴纳产品销售税金30.96亿元,还上缴所得税、调节税和利润8.76亿元,分别占全省工业产品销售税金和上缴利税的76.3%和78.8%。

1992年,大中型企业全员劳动生产率达到31020元/人,比上年提高9.2%,比全省工业高823个百分点。但是,大中型企业中有155户亏损,亏损面为27%,亏损金额13.0亿元,占全省工业亏损总额的76.0%,比上年上升15.7个百分点。

(于方宏)

【煤炭采选业】 1992年末,全省煤炭采选业有企业247户,职工22.92万人,固定资产原值36.22亿元;企业数比上年减少5户,职工人数减少3.4%,但固定资产原值比上年增长7.3%。

1992年,煤炭采选业受生产大于需求和煤炭品种等因素影响,产量有所下降。全年生产原煤2503.51万吨,比上年下降2.2%,其中乡村企业产量490.08万吨,比上年增长6.1%。由于煤炭企业综合经营水平提高,煤炭价格上涨,产量虽然有所减少,但总产值和产品销售收入都有一定的增长。全年完成工业总产值14.49亿元,比上年增长2.8%,其中全民工业产值11.01亿元,与上年持平;集体工业产值3.48亿元,增长13%。在生产增长的同时,销售也明显增加。全年实现产品销售收入14.24亿元,比上年增加1.79亿元,增长14.4%,其中全民工业和集体工业的产品销售收入分别为12.16亿元和2.08亿元,增长16.8%和1.8%。

通化、辽源、舒兰三个矿务局1992年共完成工业总产值7.86亿元,比上年下降1.1%;实现产品销售收入8.94亿元,增长14.8%。

煤炭采选业是吉林省工业亏损最大的行业,1992年亏损面为28.9%,亏损企业的亏损总额达到6.22亿元,占全省工业亏损额的36.4%。全行业盈亏相抵后亏损5.96亿元,比上年上升5.1%。

(于方宏)

【石油开采业】 1992年,全省石油开采业持续发展。全年完成工业总产值15.4亿元,比上年增长3.5%;实现销售收入13.4亿元,比上年增长66.1%。原油产量344.1万吨,比上年增长0.51%。主要技术经济指标地震记录优级品率达77.7%,固井合格率达99.7%,井身质量合格率达100%,均创历史最好水平。

吉林油田管理局是我省油田开采业的支柱企业。1992年全局转换经营机制,把工作重点转移到依靠科技进步、加强企业管理上,在增储上产上下功夫,采取控水稳油和区块综合治理、科技兴油等一系列经营治理策略,做到了老区稳产新区上产。全局加强科技攻关,大力推广新技术,1992年获重大科研成果9项,获中国石化总公司科技进步奖6项,并有2项成果分别获二、三等奖。为了进一步扩大再生产,1992年全局完成各项投资13.6亿元,比上年增长37.6%,其中油气勘探工程2.7亿元,油田开发工程8.2亿元,油田公用及系统工程2.7亿元。一些重点工程相继建成投产,长春油田新引进的天然气处理装置于当年8月份投入运行,使吉林省天然气处理能力进一步提高。

(于秀梅)

【冶金工业】 1992年,全省冶金行业坚持以转换经营机制和搞活大中型企业为重点;以市场为导向,大力调整产品结构,发展外向型经济;依靠科技进步,采用新技术,开发新产品,使生产得到快速发展。全年完成工业总产值45.36亿元,比上年增长13.9%,是历史上发展速度最快的一年。全省钢产量突破百万吨大关,达到104万吨;黄金产量比上年增长4.9%,达到历史最好水平;铝产量2.80万吨,比上年增长25.5%。外向型经济发展有新的突破。1992年,全省冶金行业组建"三资"企业7户,利用外资1045万美元,出口创汇3000万美元。全年冶金工业实现利税5.23亿元,比上年增长74.3%,工业增加值达到11.27亿元,比上年增长28.7%。全面完成了省政府考核的6项经济效益指标。

通化钢铁公司是吉林省唯一的钢铁联合企业,1992年钢产量达到72.19万吨,比上年增长15.2%,实现利税2.58亿元,增长1.06倍;产销率达到130.5%,比上年提高20.3

个百分点。在生产增长的同时，企业狠抓产品质量，经过几年的努力，完善了5条重点产品的工艺线，先后创造了16个省、部优质产品，使企业的经济效益得以全面提高。

(金成寿)

【木材采运业】 1992年末，全省有木材采运企业26户，生产木材515.3万立方米，比上年下降8.5%。在木材大幅度减产，资金严重短缺的情况下，全省木材采运业由于采取了放开经营、走向市场的政策措施，使生产经营各项指标均达到或超过了计划。全年实现工业总产值16.71亿元，比上年增长0.9%。独立核算木材采运企业实现销售收入19.79亿元，工业净产值8.19亿元，取得了减亏0.82亿元的好成绩，为全省林业经济在九十年代再上新台阶创造了一个良好开端。

1992年，吉林省木材采运企业实现了连续12年无重大森林火灾。森林资源管理也取得了突破性进展，1992年比上年减少资源消耗约80万立方米蓄积量。

(金成寿)

【食品工业】 1992年，全省食品工业共完成工业总产值48.39亿元，比上年下降3%，实现销售收入45.19亿元，增长4%，实现利税1.38亿元，下降14.3%。

1992年底，全省食品制造企业1100个，主要有粮食加工企业228个，实现产值16.10亿元，占食品制造业的33.3%；植物油加工业178个，实现产值15.32亿元，占31.7%；糕点、糖果制造业312个，实现产值2.64亿元，占5.5%。主要产品的生产能力不断提高，酒精、淀粉、味精、饮料酒、糖果、糖、畜肉制品等产品产量均比上年增长，味素、冻牛肉、奶粉、淀粉、果干、果脯、速冻蔬菜、食用植物油等几十种产品出口，出口交货值达3.10亿元。

1992年，全省食品工业为跃上一个新台阶，采取了一些有效措施。一是抓新的经济增长点。全年食品工业完成固定资产投资2.1亿元，其中利用食品开发基金安排12个项目，总投资额达4672万元。新建、改造了一批食品工业，增强发展后劲。二是抓技术进步，调整产品结构。1992年食品工业开发新产品达30多种，实现产值8500万元，实现利润782万元，税金1400万元。实现科技开发30项，新技术推广13项，科技攻关4项，这一批攻关、开发、推广的新技术，提高了食品工业产品的技术含量，增强了市场竞争力。全年食品工业有22个产品在国际博览会上获奖，其中有5个产品获国际金奖。三是抓扭亏增盈工作。对亏损大的制糖和啤酒行业采取了有效措施，亏损企业和亏损额有明显下降。吉林松源食品工业公司等10户企业摘掉了亏损帽子，扭亏为盈；吉林省制糖厂等企业实现了减亏，企业经济效益逐步回升。

(王连成)

【饮料工业】 1992年，全省饮料制造业生产经营迈上新台阶，经济效益明显回升。全年实现工业总产值16.45亿元，比上年增长9.3%；实现销售收入14.25亿元，增长8.0%；实现利税2.84亿元，增长3.6%。

年末全省饮料制造企业有738个，其中饮料酒制造企业351个，实现产值13.48亿元，比上年增长5.7%，占饮料工业的81.9%。在饮料酒制造业中，白酒制造企业255个，实现产值6.11亿元，啤酒制造企业49个，实现产值6.11亿元，这两个行业的产值占饮料酒制造企业的90.5%。1992年全省饮料制造业共生产饮料酒67.73万吨，比上年增长8.6%，其中啤酒49.58万吨，增长13.6%；固体饮料、冷冻饮品等产品产量也不同程度的增长。

一些骨干企业，积极引进技术，开发新产品，经济效益显著，成为同行业的佼佼者。长春市第二食品厂在原有果冠系列营养型饮料等10个大类、157个品种的基础上，又研制出粒粒橙、纯山葡萄饮料、水蜜桃果肉等饮料，全年实现工业总产值1595万元，销售收入1486万元，创利税115万元。长春市酿酒总厂是吉林省较大酿酒厂家之一，试制的“积德泉”口杯酒，深受消费者的青睐，全年生产10万箱，给企业带来了较大的效益。延吉市啤酒厂近几年先后引进国外先进硅藻土过滤机等5套关键性设备，进行技术改造，啤酒的生产量和质量不断提高，销量逐年大幅度增长，利税每年平均递增12.3%，1990年到1992年连续3年实现利税超千万。

产品质量提高。辽源龙泉酒厂的龙泉春酒，榆树市造酒厂的榆树大曲和德惠县酿造厂的德惠大曲酒在第25届巴黎国际名优酒展评中均荣获国际特别金奖。1992年全省出口各种饮料酒3.16万吨，创汇额达192.64万美元。吉林华丹啤酒打进美国市场；白城市酿酒厂的洮儿河白酒在俄罗斯畅销，全年出口2000吨，成为新的大宗出口产品。

(王连成)

【烟草工业】 1992年，全省烟草工业总产值为11.17亿元，比上年增长5.5%；实现销售收入11.75亿元，增长12.2%；由于各种生产费用增加，实现利税5.17亿元，下降0.5%。

1992年省产卷烟在省内销售56.9万箱，省内市场占有率达85%以上。调给省外35.8万箱，边贸出口达17.7万箱。近几年新开发的“迎春”、“吉星”、“康迪”等12个新品种，产量达12万箱，占总产量的18.2%，投入市场后受到消费者的欢迎。

各烟厂加强企业管理，提高企业素质。全省卷烟单箱耗烟叶49.1公斤，下降了2公斤；单耗盘纸3768.8米/箱，下降了176.8米/箱。延吉、四平卷烟厂的主要物耗指标低于全国平均水平。长春卷烟厂改革劳动用工制度,减少科室和一线的富余人员290多名,成立生活服务公司,自负盈亏,创收自养,收到了很好的效果。延吉卷烟厂采用烟草薄片新工艺,对降低焦油含量,增加透吸度,提高卷烟质量,保护消费者身心健康等具有显著效果,被誉为"安全烟"。该厂已成为国家定点推广使用这项技术的厂家之一。1992年按此工艺技术生产的"长白参"香烟,创产值近2亿元,创利税近1亿元。由于该厂产品消耗低,质量好,企业效益高,管理先进,1992年被评为国家产品质量优秀企业。

(王洁)

【饲料工业】 1992年末,全省饲料工业企业发展到181个,比上年增加10个,其中,集体企业110个,占60.8%。在全部企业中,配合及混合饲料制造企业152个,占84%,全年生产配混合饲料达96.48万吨,比上年增长23.7%。

吉林正大责任有限公司,是与泰商合办的中外合资的中型企业。随着生产发展,企业实力不断壮大,1992年末固定资产原值达4552万元,比上年增长6.5%;职工人数为972人,增长12.1%;全年实现工业总产值达1.62亿元,增长56%;实现销售收入1.61亿元,增长48.8%。由于产品销售成本提高及各项费用的增多,该公司实现利税比上年下降48.1%。

1992年饲料工业在上年生产不景气的情况下,继续靠科技开发,研制新产品,取得了较好的成果。在抓好普通饲料和添加剂等产品生产的同时,继续重点推广应用无鱼粉饲料、鹿料和浓缩饲料等新生产技术,并根据畜牧业发展需要组织科研人员研制开发了SC饲料蛋白粉等产品,提高了企业和饲养户的经济效益。1992年全省乡及乡以上饲料工业实现工业总产值12.48亿元,比上年增长90.2%;其中独立核算工业实现销售收入5.76亿元,比上年增长10.6%。但是实现利润减少,亏损企业增加,全年实现利税2569万元,比上年下降50.3%;亏损企业达25户,比上年增加4户,亏损额达982万元,比上年增亏607万元。

(王连成)

【毛纺织工业】 吉林省毛纺织工业具有一定的生产规模,已形成包括精粗纺呢绒、毛毯、绒线、毛针织品、人造毛皮及工业用呢等多门类产品的产业。1992年底,全省有毛纺织企业31个,其中,毛条加工企业1个,毛纺企业14个,毛织企业4个,工业用呢、工业用毡制造业7个,其他毛纺织业5个。年末拥有固定资产原值3.22亿元,职工22368人。全年完成工业总产值3.64亿元,比上年下降3.42%,其中,毛纺企业全年实现产值2.99亿元,占全省毛纺织业产值的82.1%,主要产品毛线、呢绒等产品产量均比上年有不同程度的下降。

1992年全省毛纺织工业为增强产品的竞争能力,坚持以转换经营机制为中心,以市场为导向,发展外向型经济,积极调整产品结构,采用新技术,开发新产品,使经济效益得以初步好转。1992年全省全行业亏损企业亏损总额为3224万元,比上年减亏1826万元;百元资金实现利税比上年提高了1.73元。

(张玫)

【造纸工业】 1992年,全省造纸工业克服部分产品市场持续疲软,资金不足,运输紧张等困难,坚持以提高经济效益为中心,紧紧抓住产品结构调整,积极组织原材料、燃料采购,加强生产调度指挥,使生产维持上年水平,效益提高。全年造纸及纸制品业实现产值18.69亿元,比上年下降0.8%,其中造纸工业实现产值15.7亿元,下降2.5%,纸制品业实现产值2.99亿元,增长2.7%;全年生产机制纸45.59万吨,增长12.1%。经济效益比上年好,造纸及纸制品业,全年实现销售收入18.27亿元,增长11.4%,实现利税1.88亿元,增长25.7%。

吉林造纸厂是吉林省造纸行业的骨干企业,现有全民职工8000人,固定资产原值4.3亿元。该厂在抓适销对路产品生产的同时,为适应市场的需要不断进行设备更新和技术改造。"七五"期间该厂投资2.4亿元,先后完成了11号纸机、化学热磨机浆、白泥回收长窑、污水处理二期工程等11项重点技改工程,使企业生产水平大幅度提高。"七五"期间累计实现工业总产值11.68亿元,比"六五"期间增长54.73%;累计实现利税5.17亿元,比"六五"期间增长1.4倍。1992年完成机制纸19.21万吨,比上年增长3.8%,完成总产值6.05亿元,增长3.4%,为建厂以来最好水平。

(王连成)

【电力工业】 吉林省是电力调入省份,电力工业发展滞后,一直是全省经济发展的制约因素之一。1992年吉林省加快了电力工业基本建设步伐,全年完成电力基本建设投资10亿元以上,创历史最好水平。发电工程投产一台20万千瓦机组和4台油改煤锅炉1025吨/时;输变电工程建成投产500千伏线路323公里,增加变电容量80万千伏安,220千伏投产线路77公里,变电容量21万千伏安。全省设计装机最大的双辽发电厂工程,在各有关部门和广大电力建设者们的共同努力下,工程进度达到了预期目标。长山热电厂油改煤工程在技术要求高、作业难度大的情况下,努力攻关,较好地完成了任务。浑江发电厂三期工程消除了主设备制造质量上的缺陷,移交了生产。松江河梯级水电站、长春热电一厂扩建工程、四平热电厂新建工程,在投资少、困难大的情况下,积极争取地方政府大力支持,工程开工前期准备就绪。由于基建步伐加快,部分工程投产,全省电力工业固定资产原值比上年增长16.5%，生产用固定资产原值增长20.2%，其中火力发电生产用固定资产原值增长29.8%。1992年全省电力工业实现工业总产值30.7亿元，比上年增长7.11%；水力发电虽然严重下降，仅为上年的60.2%，但由于火力发电增长，全省发电量仍比上年增长2.1%。

（于秀梅）

【化学工业】 化学工业是吉林省工业的支柱行业之一。1992年全年实现工业总产值72.63亿元，利税11.96亿元，分别占全省工业的10.6%和20.5%；出口交货值达3.68亿元，占全省工业出口交货值的16.1%；农用化肥、农药、硫酸、浓硝酸、乙烯、纯苯、精甲醇、冰醋酸、染料、合成橡胶、橡胶运输带等产品产量均比上年有程度不同的增长。

省石油化工厅所属企业，是全省化学工业的主力军。1992年厅属企业生产经营取得了较好的成果，工业总产值超额完成了省政府下达的目标，资金利税率达10.78%，流动资金周转比上年加快2天，预算内企业亏损户数比上年减少5户，减亏599万元。全系统18项主要产品质量指标均好于上年，主要产品质量稳定率持续在100%，51项主要原材料消耗指标稳定降低率为84.3%。为了加快对外开放步伐，省石化厅采取多点起动，重点突破的办法，先后建立合资企业11户，利用外资近500万美元。同时为了加快对外商品出口，扩大对外交流范围，吉林化学工业公司、四平油漆厂、延边州石油化工局分别在珲春、绥芬河、黑河等边境开设了窗口，使全系统出口创汇比上年增长5.6%。为了增强企业后劲，走自我发展之路，全年系统内企业投产新产品130种，新创产值2.6亿元，利税3600万元，推广应用计算机等新技术10余项。全年完成固定资产投资12.3亿元，有71项技改项目先后建成，并筛选出213个产品、技术储备项目，形成了投产一批、开发一批、储备一批的长远战略目标。

（于秀梅）

【医药工业】 医药工业是吉林省近年来发展较快的行业之一。1992年虽然医药市场竞争激烈，但全省大部分医药企业经受住了市场的检验。全年工业总产值达到25.95亿元，比上年增长6.72%；出口交货值达1.22亿元，占工业销售产值的5.51%；化学原料药产量比上年增长13.2%，达到8152.9吨。

1992年，全省医药工业局所属企业，在转换企业经营机制，进行股份制改革试点，发展外向型经济，加强医药科研和新产品开发以及科研成果交易等方面都有突破性进展。1992年全系统完成工业总产值24.56亿元，比上年增长11.4%；增加值完成8.7亿元，增长16.0%；出口交货值1.45亿元，增长14%；实现利税2.85亿元，增长14.3%。重点产品质量稳定提高率达98.5%，获省以上优秀QC小组10个。科研成果鉴定完成27项，其中获省以上科技进步奖9项，投产15项，新增产值1.66亿元，利润2690万元。技改新开工12项，总投资7800万元。吉林合成药基地纳入国家计委“八五”重点项目，计划总投资2.8亿元。医药合资企业达到40户，利用外资达2000万美元。吉林省首届医药科技交流交易会成交13项，签订意向书241项，并与鲁、沪、闽、江、浙等省市签了41项技术合作意向书，标志吉林省医药科技市场正在兴起，并将会有更大的突破。

（省医药局）

【建筑材料工业】 1992年全省建筑材料工业受投资需求的拉动增速较高。全年实现工业总产值39.6亿元，比上年增长20.9%，完成销售产值36.13亿元，销售率达到91.24%。主要产品产量有较大幅度增长，水泥产量达到572.04万吨，比上年增长20.9%；水泥熟料为391.70万吨，增长16.3%；平板玻璃为209.47万重量箱，增长8.7%；水泥预制构件为59.03万立方米，增长53.7%。经济效益明显好转，全年实现利税总额为4.29亿元，比上年增长37.2%；劳动生产率为13309元/人，比上年增长15.7%；资金利税率达到8.04%，比全省工业平均水平高1.6个百分点。

新产品开发、产品结构调整和节能降耗成效显著。为适应市场需要，全年开发新产品24种，新增425#普通或R型水泥、特种水泥和大规格平板玻璃等百余种适销对路的建材和非金属矿产品。仅新开发的24种新产品，全年就新增产值近2000万元，利税538万元。科研成果显著，全年获省科技进步奖4项，仅推广水泥立窑生产新技术——“晶种法”一项，年节能10%，增产水泥20万吨，增值4000万元。国家推广的14项新技术，有11项已在一些中小水泥企业中应用，并取得显著成效。

1992年，还兴办了中美合资的双原玻纤有限公司、中意港合资的欧吉达陶瓷公司等一批“三资”企业。

（张晓宇）

【机械工业】 机械工业是吉林省工业的主要行业。1992年末有企业1291户，拥有固定资产原值33.67亿元，职工25.17万人，分别占全省工业的9.5%、5.4%和9.8%。

1992年，全省机械工业深化改革，充分利用投资增加的有利时机，积极调整生产结构，大力增产适销产品，注重新产品开发和提高产品质量，促进了生产发展和效益提高。全年完成工业总产值42.18亿元，比上年增长10.5%；产品销售收入37.57亿元，增长15.3%；创利税总额2.40亿元，增长101%；利润总额0.78亿元，比上年净增1.2亿元。机械工业中多数主要行业的生产比上年增长，其中工业专用设备制造业产值8.66亿元，增长18.5%；通用设备制造业产值4.93亿元，增长34.9%；通用零部件制造业产值3.30亿元,增长22%;锅炉及原动机制造业产值2.30亿元,增长29.2%。

1992年,该行业主要产品产量也有较大幅度的增长。其中比上年增长30%以上的有:内燃机、金属切削机床、锻压机械、气体压缩机、电动工具、食品机械、印刷设备、化工设备、种植机械、推土机、装载机、环境污染防治设备和工矿配件等产品。部分机械产品由于需求变化,产量比上年下降,其中下降较明显的有:大中型拖拉机、机引耕作机械、联合收割机、泵和紧固件等。

机械工业在新产品开发和提高产品质量方面取得明显效果。1992年投产的新产品346种,新产品实现产值5.08亿元,比上年增长57%,占全行业产值的12.5%;创利税6385万元,增长29%。

(于方宏)

【电子及通讯设备制造业】 1992年末,全省电子及通讯设备制造业有企业83个,固定资产原值5.85亿元。1992年,该行业注意市场需求变化,加快技术引进和新产品开发,巩固壮大企业集团,发挥资金、技术优势,使产品质量提高,竞争能力增强。全年完成工业总产值6.01亿元,比上年增长1.8%;投产新产品60项,新产品产值1.06亿元,占全行业产值的17.7%;产品质量稳定提高率达93.2%,比上年提高0.8个百分点。

该行业加快技术引进,增强了发展后劲。1992年列入国家"七五"技改项目的吉林市半导体厂"彩电大功率管"改造工程通过国家正式验收;引进生产的25英寸彩色电视机和高档传真机等一批新产品已投放市场,还有多功能彩色、摄录一体机和BB机等项目也将要投产;已签定协议的有中美合作"大哥大"和3.5英寸磁盘等12个项目。

1992年,该行业产品结构有明显的变化。当年投产的新产品有:电话单机5.29万部,可编程序电子计算器1888部,25英寸彩色电视机3000部等。产品产量比上年增加的有:电报通讯设备419部,增长65.0%;彩色电视机13.09万部,增长16.7%;收音机0.5万部,增长45.6%;录音机5.47万部,增长1.2倍;电子计算机外部设备30部,增长1.5倍。部分电子产品由于需求变化和技术水平等问题影响产量下降,黑白电视机下降43.3%,半导体分立器件下降42.1%,半导体集成电路下降78%,电话交换机下降16.4%。

(于方宏)

【交通运输设备制造业】 交通运输设备制造业是吉林省工业的主导行业,在近几年中取得长足发展。1992年末有企业552个,拥有固定资产原值54.19亿元,职工21.45万人,分别占全省工业的4.1%、8.7%和8.4%。

1992年,全行业深入改革开放,使生产快速发展,经济效益大幅度提高。全年完成工业总产值136.22亿元,比上年增长62.1%;实现产品销售收入138.27亿元,增长81.9%;创利税总额13.60亿元,增长2.1倍;利润总额8.77亿元,增长4.05倍。汽车制造业是该行业的主体,有企业260个,全年完成工业总产值121.86亿元,利税总额12.30亿元,分别比上年增长70%和2.7倍,占全行业的89.4%和90.4%;铁路运输设备制造业全年完成产值6.55亿元,利税总额3712万元;摩托车制造业全年完成产值2.95亿元,利税总额5470万元。

1992年,该行业注重结构调整,增产适销产品,主要产品产量比上年明显增加。全年生产汽车14.51万辆,比上年增长57.2%,其中轿车2.33万辆,增长2.5倍;改装汽车产量0.72万辆,增长39.4%。

中国第一汽车集团公司(原第一汽车制造厂)是特大型工业企业,1992年末,拥有固定资产原值37.24亿元,年生产能力为载货汽车18万辆,轿车3万辆,形成了生产20多种型号载货汽车和底盘,两种牌号轿车以及大客车和变型车等系列产品的生产格局。1992年,"一汽集团"生产、销售和经济效益都跃上了新的台阶。全年完成工业总产值98.09亿元,比上年增长82.9%;产品销售收入101.96亿元,增长93.1%;利税总额11.44亿元,增长2.8倍;利润8.02亿元,增长5.4倍。以CA141型汽车为代表的"解放牌"系列载货汽车,近年来各项性能明显改善,主要性能均超过原设计标准,不仅畅销国内,还远销到17个国家和地区,全年生产11.38万辆,比上年增长35.7%。"奥迪"牌高档轿车投产后质量高、性能好,倍受用户赞誉,全年生产1.5万辆,比上年增长1.3倍。

(于方宏)

【劳动生产率】 1992年,全省工业生产高速度增长,劳动生产率大幅度提高。全省全部独立核算工业企业按工业总产值计算的全员劳动生产率达到22785元/人,比上年增长13.8%,其中轻工业为24826元/人,增长5.5%;重工业为21772元/人,增长19.5%。

1992年,全省全部独立核算工业企业完成工业总产值583.67亿元(按1990年不变价格计算),比上年增长14.04%;全部职工年平均人数为256.17万人,只比上年增长0.2%。因此,全省工业生产的增长,主要是靠劳动生产率的提高而实现的。在1992年比上年新增的71.87亿元产值中,由于劳动生产率的提高而增加的产值为70.82亿元,占全部增加产值和98.5%,比上年的24.49亿元,多46.33亿元;由于职工人数增加而增加的产值为1.05亿元,仅占1.5%。

(张晓宇)

【工业经济效益】 随着改革的深入和生产的较快增长,全省工业经济效益明显好转，销售收入和利税同步增长，亏损企业户数明显减少，主要经济效益指标有不同程度的改善。1992年全省乡及乡以上独立核算工业企业实现销售收入638.2亿元，比上年增长22.91%；实现利税总额58.3亿元，比上年增长21.2%，其中利润总额17.74亿元，增长81.7%；亏损企业的亏损总额17.1亿元，比上年减少2.6亿元，企业亏损面也由上年的19.89%下降到17.45%；资金利税率、成本利润率、净产值率、劳动生产率等主要经济效益指标比上年都有不同程度的提高，按六项经济效益指标国家标准值(各项指标"六五"时期全国平均水平)加权计算的综合经济效益指数达71.28%，比上年提高6.45个百分点。

1992年吉林省工业经济效益总体上是好的，但各行业和企业之间很不平衡。全省效益的提高主要靠少数行业的少数大中型企业，大面积中小型企业的效益仍不尽人意；轻工业生产经营不佳，利税比上年下降。在全省工业39个大行业中，1992年利税比上年增幅较大的只有12个行业，有13个行业的利税比上年有不同程度的下降。交通运输设备制造业和黑色金属压延加工业利税虽然大幅度增长，但也只是靠第一汽车集团公司和通化钢铁公司两户企业。这两户企业1992年实现利税14亿元，比上年净增10.2亿元，占全省利税净增额的93.6%。吉林省轻工业由于受产品结构影响和市场需求的限制，生产增长平稳，利税下降，全年实现利税19.68亿元，比上年减少0.34亿元，下降1.7%。

(金中云)

能源和物资

【能源供应】 1992年，全省生产一次能源2259.4万吨标准煤，比上年下降5.44%，产需缺口为1198.14万吨标准煤，比上年扩大25.73%，但在各方的努力下，积极组织省外资源，全年调入能源1854.85万吨标准煤，基本上保证了生产建设及生活用能的需要。

一、一次能源产量占能源可供消费量的比重下降。1992年一次能源产量占能源可供消费量的60.13%，比上年下降6.59个百分点。特别是原煤、水电所占比重下降幅度较大，1992年原煤产量1609.51万吨标准煤，占能源可供消费量的42.83%，比上年下降4.7个百分点；水电产量为136.03万吨标准煤，占能源可供消费量的3.62%，下降11.39个百分点。

二、二次能源中的成品油仍保持外调格局。由于原油生产较稳定，原油加工量有所提高，使得成品油较上年有较大增长。其中，柴油产量为98.14万吨，汽油产量145.70吨，分别比上年增长10.56%、18.64%。柴油、汽油的外调量分别占产量的65.4%和48.91%，比上年上升8.58个和9.4个百分点。

三、火电、水电比例变化较大，煤炭调入增加。1992年水电产量38.69亿千瓦时，比上年下降60.2%，火电产量165.35亿千瓦时，增长22%，火电、水电比例由1991年的1:0.47变为1:0.23，这是造成1992年原煤调入大幅度增长的重要因素。

(卢国栋)

【能源消费】 1992年全省共消费能源3753.8万吨标准煤(下同)，比上年增长5.04%。从各部门看：物质生产部门共消费3002.2万吨，比上年增长8.11%；非物质生产部门消费162.76万吨，降低8.3%；生活消费588.84万吨，降低4.78%。

一、一次能源消费仍以煤炭为主体。1992年在全省一次能源消费中，原煤消费2939.9万吨，占一次能源消费的比重由上年的76%上升到78.32%；原油消费700.7万吨，所占比重由上年的18.2%上升到18.67%；天然气消费22.34万吨，所占比重由0.5%上升到0.6%；水电消费90.86万吨，所占比重由5.3%下降到2.41%。

二、工业消费能源增幅较大，同时效益好转。1992年全省工业企业共消费能源2540.94万吨，比上年增长7.77%。能源消费效益有较大好转。全省工业每万元产值综合能耗4.01吨，比上年下降7.18%。其中：重工业万元产值能耗由上年的5.46吨下降到4.77吨，下降14.5%；轻工业万元产值能耗由上年的2.62吨上升到2.72吨，上升3.82%。由于重工业产值占全省工业的60%以上，致使全省工业节约和少用能源196.59万吨。

三、建筑业、交通运输和邮电通讯业能源消费有所回升。1992年全省建筑业共消费能源52.3万吨，比上年增长9.64%。消费量占物质生产部门的比重由上年的1.72%上升到1.74%，交通运输和邮电通讯业共消费能源248.96万吨，比上年增长18.76%，占物质生产部门的比重由上年的7.55%上升到8.29%。

四、生活用能品质提高，消费总量下降。1992年由于采取大面积集中供热，增加液化石油气和煤气用户等节能措施，使全省生活用能结构发生较大变化，用能品质有较大提高，生活用能量下降。1992年全省生活用能588.84万吨，比上年下降4.78%，其中城镇居民消费498.61万吨，下降6.18%；乡村消费90.23万吨，增长3.83%。

(高跃珊)

【"三材"消费】 1992年，在固定资产投资快速增长的拉动下，全省城镇以上企事业单位的物资消耗呈现较高的增长势头，物耗效益有所提高。其特点如下：

一、生产用钢材稳步上升，基本建设用钢材大幅度增长。1992年，钢材消费量为154.4万吨，比上年增长

15.7%,其中生产消费量为114.8万吨,增长8.8%,基本建设消费量为39.6万吨,增长41.9%。在生产消费量中,工业企业消费量为108.3万吨,比上年增长8.1%。其中重工业消费量为98.4万吨,增长8.7%,轻工业消费量为9.9万吨,只增长2.1%。

二、生产用木材有所下降,基本建设用木材增幅较高。1992年,全省由于受优质木材资源匮乏,价格坚挺的影响,木材消费量减少。全年木材消费量为321.6万立方米,比上年下降3.2%,其中生产消费量为286.3万立方米,下降5.1%,基本建设消费量为35.3万立方米,增长15%。在生产消费量中,工业企业消费量为281万立方米,比上年下降5%,其中重工业消费量为99.4万立方米,下降0.2%,轻工业消费量为181.7万立方米,下降7.3%。

三、生产基建用水泥均有所增长。1992年,水泥消费量为222万吨,比上年增长25.1%,其中生产消费量为70.8万吨,增长10.3%,基本建设消费量为151.2万吨,增长33.7%。在生产消费量中,用于水泥制品的消费量为10.4万吨,增长15.6%,用于建筑予制构件的消费量为11万吨,增长69.2%,用于其它的为49.4万吨,增长1.4%。

四、"三材"使用效益提高。1992年,每百万元基本建设投资额(不包括更改消费)消耗钢材56.5吨,比上年减少4.9吨,每百万元工业总产值消耗钢材19.7吨,减少1吨;每百万元基本建设投资额消耗木材49.2立方米,减少16.9立方米,每百万元工业总产值消耗木材51.1立方米,减少9.9立方米;每百万元基本建设投资额消耗水泥219.8吨,减少12.9吨,每百万元工业总产值消耗水泥9.6吨,减少1.2吨。

(宋雅丽)

【生产资料购销】 1992年全省生产资料购销两旺,经济效益有所改观。全省物资系统全年组织购进生产资料57.3亿元,比上年增长34.8%,实现销售收入63.8亿元,比上年增长34.4%。主要生产资料如钢材、汽车等,销售量均比上年增长20%以上;实现利润7822万元,比上年增长30.17%,资金周转天数为45天,比上年加快16天;费用水平为10.69%,比上年下降2.4个百分点;全系统新增固定资产总值6939万元,新增自有流动资金1720万元资本金,积累净增加5594万元,增加资本金幅度为8.39%;全系统第三产业增加值达到1.8亿元。

一、生产资料市场建设进程加快。1992年,生产资料流通的市场化、产业化进程加快。吉林省煤炭交易市场、建材市场即将开业,长春市的建材市场、木材市场和闲置调剂中心,榆树、梨树的综合市场,敦化市的旧机动车市场等相继开业。生产资料市场的建立和完善,促进了生产资料的流通。

二、发展联合,扩大开放,流通企业开始向外向型经济延伸。一是积极发展联合。据统计,全系统有法人资格的各种联合体221个,其中紧密型的有78个(与系统内联合的有16个,与系统外联合的有62个),松散型的143个。二是广伸经营触角,不断扩大外地营销窗口。1992年,全省外设各种营销窗口、网点已达60多个。目前,购销触角已延伸到大连、广州、深圳、珠海、烟台、满洲里等二十九省、区、市及韩国、俄罗斯、香港等国家和地区。三是大力兴办实体和三资企业,通过招商引资,促进搞活经营。目前,全系统已兴办一批实体,意向性的三资企业达20多个,已开办的三资企业有6个。有的到国外去设点、建实体,全力发展边贸和国际贸易。

(王东辉)

运输和邮电

【铁路运输】 1992年,全省铁路认真贯彻改革开放的方针,以安定团结,安全高效,路风好转为目标,全面超额完成了各项生产任务。完成旅客运量7630万人,比上年增长3%,旅客周转量117.2亿人公里,增长10.3%;完成货物发送量6516万吨,比上年增长3.2%,货物周转量406亿吨公里,增长4.7%。主要物资运输也比上年有较大的增长,其中,粮食完成942万吨,增长8.4%;钢铁完成251万吨,增长24.3%;金属矿石完成155万吨,增长11.5%;矿建材料完成809万吨,增长10.1%。

1992年,全省铁路认真贯彻铁道部《铁路路风监察监督办法》,积极开展各种创文明竞赛活动,强化路风路誉教育,重点纠正以车以票谋私等行业不正之风,有力地促进了路风建设的健康发展。在1992年全路进京、进沪快车和较大客站竞赛评比中,长春列车段担当的59/60次特快列车再次荣获全国"红旗列车"称号,夺得了"红旗列车"六连冠的殊荣;长春站再度荣获全国"文明车站"称号,实现了"五连冠"。

(陈晓义)

【公路运输】 1992年全省公路运输共完成旅客周转量54.92亿人公里,比上年增长12.6%;货物周转量60.87亿吨公里,比上年下降1%。其中242户独立核算公路运输企业完成的旅客周转量和货物周转量分别占全省的78.3%和12.3%。到年末,全省公路运输行业营业性汽车达7.7万辆,比上年增长4.3%,占全省民用汽车的41.2%,其中载客汽车0.47万辆,比上年增长9.4%,载货汽车7.29万辆,增长4%。

1992年全省公路交通基础设施建设有了很大发展。四浑公路通化市绕越线路面工程、延汪公路、浑江口大桥和延吉客运站年内相继竣工。年底全省公路通车里程为27193公里,比上年增加83公里。经新改建而达到二级标准以上公路达1166公里，比上年增加96公里。高级次高级路面里程达6314公里，比上年增加558公里。年末，全省通油路的乡(镇)已达419个；通公路的村(屯)已达1378个。全省公路养护工作进一步加强。公路专养里程达10819公里，比上年增加23公里，年平均好路率达76%；全省公路绿化里程达17314公里，占总里程的63.7%；公路晴雨通车里程达18783公里，占总里程的69.1%。

(陈晓义)

【内河运输】 1992年全省内河部门完成客运量22万人，比上年增长10%，旅客周转量856万人公里，增长2.9%；货运量20万吨，比上年下降4.8%，货物周转量9005万吨公里，下降24.9%。全省内河旅游运输有较大的发展。吉林市航运公司利用松花湖有利条件积极开发旅游资源，通过集资、贷款等形式，筹措资金100万元，对卧龙潭风景区进行改造建设，促进了内河旅游运输事业的发展。1992年底全省内河航道里程1114公里，其中水深1米以上的航程988公里。全省内河民用运输船舶601艘，其中客船368艘，货船176艘，拖船57艘，货运驳船106艘，客运驳船1艘。

全省港航建设不断加强，大安港、扶余港以及三岔河至扶余段的航道等港航建设，全年完成总投资3966万元，已占项目总投资规模的84.9%，使内河港口和航道条件有了一定的改善。

陈晓义)

【民航运输】 1992年，全省民航运输事业有了较快的发展。全省共有20条航线，航程3.71万公里。可直飞北京、上海、深圳等20个大中城市。1992年开辟了长春至香港、韩国等地的定期(不定期)包机飞行。全年共完成旅客发送量24.6万人，比上年增长15.95%，货邮发运量1710吨，增长12.45%。客座利用率达到85.75%，比上年提高2.36个百分点。1992年省民航管理局抓住'92中国友好观光年、举办中国长春电影节的有利时机，积极开辟新航线，扩大宣传，加强优质服务，使民航客运量和其他各项生产指标有了较大的提高。在三季度运输生产旺季，及时对运力进行调整，先后组织了加班和包机飞行30多架次，最大限度地满足了旅客的需要。

(陈晓义)

【邮电通信】 1992年全省邮电通信企业为适应社会经济发展的需求，积极转变经营作风开展新业务，取得了较好的经济效益。

全省邮电业务总量完成70063万元，比上年增长36.4%。从分类业务看，函件、包件、汇票、电报等老业务基本与去年持平。发展较快的业务特快专递完成27.1万件，比上年增长52.2%，邮政储蓄平均余额达92865万元，增长38.1%，集邮业务完成4845万枚，增长40.4%。长途电话比上年增长50·8%，长途直拨有权用户增长67·2%，无线寻呼用户增长197.4%，移动通信纯增2747户。

1992年全省邮电建设步伐加快。新开通浑江至抚松至靖宇，白城至乌兰浩特两条数字微波。增开长话业务电路2030路。市话交换机容量增加8.7万门，发展长途直拨有权用户8.3万户。自动程控交换机、市内电话等均比上年有较大幅度的增长。全省电话机普及率为2.43部/百人，全省已有14个城市开通市话程控交换机，43个城市开通了国内直拨电话，46个城市开办了无线寻呼电话。

(陈晓义)

建筑业和城市建设

【建筑业概况】 1992年，在全社会固定资产投资高速增长的情况下，施工企业加大了改革力度和深度，转换经营机制，生产形势全面好转。到年底全省共有施工企业36737个，职工68.1万人，比上年增加6.5万人，增长11%。其中，国有施工企业315个，职工27.9万人，比上年增长12.5%；城镇集体施工企业326个，职工13.5万人，比上年增加2.2万人，增长19.5%。全省共完成建筑业总产值104.7亿元，比上年增加30.5亿元，增长41.1%。其中国有施工企业完成产值54.8亿元，增长46.5%；城镇集体所有制施工企业完成产值19.3亿元，增长43%。产值的增长幅度是历史的最高水平。

1992年，全省国有和城镇集体施工企业承包的房屋建筑面积1446.4万平方米，比上年增长29%，其中当年新开工面积达983.7万平方米，增长45%。竣工各类房屋建筑面积866万平方米，比上年增长34.4%，其中住宅竣工面积467.2万平方米，增长36.7%。

施工生产形势的好转，进一步促进了劳动生产率的提高。1992年，国有施工企业全员劳动生产率达19659元，比上年提高30.4%，人均竣工面积19.3平方米，比上年增长15.6%，技术装备率达3434元，比上年增长1.6%。城镇集体所有制施工企业全员劳动生产率为14322元，比上年提高20.4%，技术装备率1283元，比上年有所下降。

国有施工企业验收鉴定的单位工程4611项、建筑面积530.5万平方米，其中被评为优良的1472项工程、建筑面积为166.7万平方米，工程质量优良品率达到31.9%，比上年提高4.6个百分点。

(赵瑞)

【建筑业经济效益】 1992年，全省建筑施工企业由于生产形势好转，经济效益有很大提高。

一、资金利润率上升。1992，国有施工企业实现利润14412万元，比上年增加4211万元，增长41.3%，资金利润率达4.5%，比上年提高0.9个百分点。城镇集体所有制施工企业实现利润4078万元，增加1326万元，增长48.2%，资金利润率达5.5%，比上年提高0.3个百分点。

二、亏损企业减少，亏损额下降。全省国有和城镇集体施工企业有52个发生亏损，比上年减少17个。亏损面为8.1%，比上年降低了3个百分点。亏损金额为1019万元，比上年减少1382万元，降低42.4%。

三、人均创利水平提高。1992年国有和集体所有制施工企业人均创利达447元，比上年增加88元，提高24.5%。

四、工程成本降低率继续好转。1992年，国有施工企业和城镇集体施工企业工程成本降低率均为1.4%，分别比上年提高0.1个百分点和0.4个百分点。

五、定额流动资金占用率下降。1992年，国有施工企业每完成100元建筑业产值占用定额流动资金29.10元，比上年减少6.5元；城镇集体所有制施工企业为23元，与上年基本持平。

（赵瑞）

【大中型施工企业】 1992年，全省有41户大中型施工企业，比上年增加8户，占国有施工企业总数的13%，是全省建筑业生产的骨干力量。

大中型施工企业职工人数为18.5万人，占全省国有施工企业总人数的66.3%；完成建筑业总产值39.6亿元，比上年增长57.1%，占全省国有施工企业完成总产值的72.3%。在41户企业中完成总产值超亿元的有12户，比上年增加6户。施工面积为640.8万平方米，竣工面积为293.1万平方米，分别占全省国有施工企业施工面积和竣工面积的63.9%和54.4%。

大中型施工企业技术水平高，装备精良，在施工中创造了一批优质工程。在竣工的1687个工程中有820个为优良工程，优良品率高达48.6%，比全省国有企业平均水平高16.7个百分点。

大中型施工企业在施工中积极推广应用新技术、新材料、新工艺，工程成本降低率有所好转，获得了较好的经济效益。全年实现利润总额为10469万元，比上年增长38.9%，占全省国有施工企业利润总额的72.6%，人均创利润达到566元，比上年提高13.2%，比国有施工企业平均水平高9.5%。上缴税金总额为11432万元，比上年增长44.1%，占国有施工企业上缴税金总额的75.8%。全员劳动生产率高达21413元/人，比上年提高27.7%，比国有施工企业平均水平高9%，创历史最好水平。

（殷路田）

【城市房产】 1992年，全省城市房屋建设的步伐进一步加快，到年末，全省城市实有房屋建筑面积已达13475万平方米，实有住宅建筑面积7426万平方米，分别比上年增长4.4%和5.7%。新增住宅建筑面积518万平方米，比上年增长25.8%。全年解决了49844户缺房户的住房问题。由于加快了住宅建筑步伐，使城市人均居住面积由上年的5.7平方米提高到6.0平方米。

随着城市住房制度改革的深入，城市房产市场交易也很活跃。全年成交面积97.3万平方米，金额达35817万元，分别比上年增长41.8%和74.9%。个人购置住宅明显增加，全年向个人出售新建住宅40.3万平方米，比上年增长14.5%，收回资金15724万元；出售旧住宅44.5万平方米，比上年增加31.6万平方米，是上年的3.4倍，收回资金3405万元。

城市房屋建设虽然取得了一定成绩，但城市房屋供需矛盾仍很突出，满足不了城市居民生活水平日益提高的需要。

（殷路田）

【城市供水、供气、供热】 1992年，全省用于城市自来水建设的投资9039万元，新建自来水厂1座，新增自来水日供水能力16.1万吨，自来水日综合供水能力达527万吨，全年供水总量14.8亿吨，用水人口达531.4万人。自来水管道长度3854公里，比上年增加531公里。城市自来水普及率由上年的79.4%上升到82.4%。城市排水设施建设也得到加强，全年投资448万元用于排水设施建设。到年底排水管道长度达1908公里，年污水排放量达4.8亿吨。建设城市防洪堤长度374公里。增强了城市排污抗洪能力。

为了方便生产和人民群众生活，1992年全省投资4882万元用于人工煤气、液化石油气供应设施建设。1992年，全省人工煤气供应总量达16835万立方米，液化石油气供应总量79301吨，其中人工煤气家庭用量13174万立方米，液化石油气家庭用量79260吨。城市用气人口301.9万人，比上年增加32.9万人，增长12.2%，城市气化率由上年的40.1%上升到48.4%。

集中供热是一项方便人民群众生活的新兴事业，1992年加快了建设，全省投资6120万元，比上年增加1716万元，使全省城市蒸汽供热能力达到1479吨/小时，热水供应能力达到1780兆瓦/小时，分别比上年增长87.5%和20.8%。全年供应蒸汽总量435.2万吨，比上年增加69.7万吨，增长19.1%，供应热水总量达1155.9万百万千焦。集中供热面积2850万平方米，比上年增加516万平方米，增长22.1%。

（赵洪利）

【城市公共交通】 为了缓解城市交通拥挤状况，1992年全省对城市公共交通的投资2312万元，比上年增加1127万元，增长近1倍。全年新增加各种公共车辆137辆，使全省公共交通运营车辆总数达2865台。营运线路长度3458公里，比上年增加363公里，客运总量达83598万人次，增加3658万人次。城市每万人拥有公共交通车辆由上年的3.3台增加到4.6台。城市水运客渡也有新发展，全年投入客渡船只47艘，客运总量达51万人次，比上年增加16万人次。出租车辆增长较快，全省已达8068辆，尤其是小公共汽车逐年增多，为方便乘客，缓解乘车难起到了积极作用。

（赵洪利）

商　业

【社会商品购买力】随着工农业生产稳步发展，城乡居民收入不断增加，1992年全省城乡居民货币总收入达436.1亿元，比上年增长17%，扣除涨价因素仍增长8%。其中农业居民货币收入为144.5亿元，增长7.1%；非农业居民货币收入为264亿元，增长23.5%。非农业居民货币收入增幅较高的主要原因：一是机关、企事业单位职工调整了工资，工资总额有较大增长，1992年国有单位职工工资总额为94.5亿元，比上年增长15.7%；二是各项补贴增加，全年各项补贴和津贴达27.7亿元，增长20.4%；三是城镇个体劳动者净货币收入增加，全年净收入达32.1亿元，增长61.7%。

城乡居民货币支出也有较大增长。全年货币总支出达361.8亿元，比上年增长20.4%，比货币总收入增长幅度高3.4个百分点。当年由于煤气费、电费、书报费等价格上涨，致使非商品性支出增幅较大，全年非商品性支出达63.6亿元，比上年增长40.6%，占全部货币总支出的比重由上年的15.1%上升到17.6%。随着城乡货币收入增加，居民对商品需求也有较大增长。1992年形成的商品购买力达372.5亿元，增长13.7%。其中已实现的购买力298.2亿元，增长16.8%。购买力实现程度由上年的78%提高到80.1%。

1992年市场平稳，居民的金融意识增强。在较多的购买各种债券、股票同时，储蓄存款仍有较大增长，从而分流了部分购买力。1992年末，结余货币为423亿元，比年初增长21.3%，其中储蓄存款315.4亿元，增长22.9%。

（王发）

【消费品市场】1992年全省消费品市场通过改革注入了活力，货源充足，品种齐全，繁荣兴盛。

一、社会商品零售总额稳步增长。全省社会商品零售总额达298.2亿元，比上年增长16.8%。其中，消费品零售额为261.5亿元，增长16.9%；农业生产资料零售额为36.7亿元，增长16%。

二、社会集团的消费品零售额增长幅度高于居民。1992年全省社会集团消费品零售额为27.9亿元，比上年增长17.3%；居民零售额为233.6亿元，增长16.8%，比集团消费品零售额增长幅度低0.5个百分点。

三、城乡消费品市场差距仍然较大。随着城市职工工资的增加，生活水平不断提高，城市的零售额增长较快。1992年市的零售额为178.3亿元，比上年增长20.6%。农村由于农业欠收，农产品销售价格偏低，影响了农村购买力，致使农村商品销售增长缓慢。1992年县及县以下消费品零售额为83.2亿元，增长9.6%，比城市的增长幅度低11.1个百分点。特别是县以下的零售额增长幅度更低，仅增长4.8%。

四、国有制和其他所有制商业增幅较大。1992年国有商业零售额达123.5亿元，增长16.2%，其他所有制商业零售额为102.8亿元，增长31.6%。而集体所有制商业仍未摆脱困境，全年零售额为71.9亿元，只增长1.3%。尤其是供销社零售额呈下降趋势，全年零售额为36.2亿元，下降3.4%。

五、各类商品销售结构有所变动。吃的商品零售额为117.6亿元，增长14.7%，占全部消费品零售额的比重由上年45.8%下降到45%；穿的零售额为48.5亿元，增长17.4%，所占比重由上年的18.5%上升到18.6%；用的商品零售额为88.4亿元，增长21.6%，所占比重由上年的32.5%上升到33.8%；烧的商品零售额为6.9亿元，下降2.4%，所占比重由上年的3.2%下降到2.6%。

（王发）

【农业生产资料市场】1992年，随着农村经济的发展，农民对农业投入增加，农用机械及农业生产资料销售结构发生了新的变化，农民购买农业生产资料的选择性增强。1992年全省农业生产资料零售额达36.7亿元，比上年增长16%。农民对各种农用动力机械的需求量加大，并出现由小型、单一功能向大型、生产经营兼用型方向发展，资金的投入量也随之增大。1992年机械化农机具类销售额为3.3亿元，比上年增长17.9%，农副产品加工机械类销售额为2294万元，增长13.2%，特别是机动三轮车销售量猛增达1169辆，增长65.7%，农业燃料油的销售额2.3亿元，增长1倍。

1992年化肥的销售量为357.1万吨，比上年下降4.2%。品种结构矛盾比较突出，表现在高效优质肥供应不足。在化肥的销售中，氮肥销售210.6万吨，下降7%，磷肥5.2万吨，增长26.1%，钾肥5.4万吨，下降12.8%。农药销售量5千吨，比上年下降9%，农膜销售量12.6千吨，下降4.4%。

（樊立庄）

【商品调入与调出】1992年，吉林省商业部门为满足市场需求，打破地域界限，积极开展商品调入、调出业务。全年从省外调入商品金额为49.8亿元，比上年增长27.0%，调出商品金额为41.9亿元，下降11.7%，调出调入相抵后省外净调入额为7.9亿元。

随着经济发展和人们消费水平的不断提高，名优新产品已成为当今消费的热点。为此，全省商业部门不断扩大进货渠道，大量组织省外名优新特商品供应市场，与上年相比，大件耐用消费品、卷烟和服装从省外调入量增幅较大，录像机2.3万台，增长1.4倍，各种服装311万件，增长44%，电风扇3.9万台，增长39%，电冰箱、照像机、彩色电视机增长均在10%以上。

在激烈的市场竞争中，省外市场占有量逐步缩小。除水产品有较大增长外，其他调出商品有的持平，有的减少，如洗衣机8393台，下降64.3%；棉布15.9万米，下降53%；粮食、缝纫机、手表、电视机、电冰箱均比上年下降3成以上；

（樊立庄）

【国营商业】 1992年，国营商业总的形势是好的，但由于参与市场多渠道竞争，带来一定难度。全省商业厅系统购进总额72.3亿元，比上年下降11%，其中国内纯购进39.5亿元，下降6.9%；商品销售总额为84亿元，下降8.1%，其中纯销售额为47.1亿元，增长3.5%。

由于零售商业商品自购及工业企业自销的产品扩大，使批发市场受到冲击。1992年国营批发企业批发销售36.1亿元，比上年下降18.5%。全省近年建成的一批规模大、功能全、装饰好、商品优的大中型零售企业先后营业，使国营零售商业保持上升的趋势。全年消费品销售达43.3亿元，增长4.4%。从各类商品销售情况看，居民对高营养性的副食品需求增加，从追求数量到追求质量；针纺织品中大部商品销售不畅，但新潮服装走俏，需求较旺；高档耐用消费品销售上升，彩电、录像机、照相机、电风扇、洗衣机和电冰箱都有所增大。

1992年末，国营商业库存总值达23.1亿元，比上年下降7.3%。分品种看，家用电器多数增大，穿着商品普遍下降，日用工业品仅有火柴增长。批发企业库存总值为12.6亿元，下降7.5%。

（王晓辉）

【供销合作社商业】 随着流通领域改革逐步深入，农村商业已形成多元化购销体制，加上城镇商业繁荣，吸引一部分农村购买力，使供销合作社商业受到很大冲击。1992年，全省供销社系统实现商品购进总额76.1亿元，比上年下降10.2%，商品销售总额85.3亿元，比上年下降7.0%，供应农村的农业生产资料18.1亿元，下降0.2%，销售化肥357.1万吨，下降4.3%，农药5022吨，下降9.0%。

生活资料供应绝大多数呈下降趋势。吃的销售额下降7.0%，穿的销售额下降6.3%。

1992年，农副产品收购总值为11.3亿元，下降2.6%，其中粮油类为7.0亿元，土副产品类3.0亿元。从收购的品种看，玉米增长8.3%，大豆下降6.8%，大米增长55.4%，面粉增长46.7%。

全系统的废旧物资收购完成2.6亿元，比上年增长33.5%，其中增长幅度较大的品种有，废铝增长14.3%，废钢铁增长12.1%，杂铜增长8.3%。

年末全系统库存总值为25.9亿元，比上年下降4.2%，其中，基层社库存为7亿元，下降6.8%，县以上库存2.1亿元，增大7.3%。农村生活、生产所急需的商品库存有所增长，彩电增长33.9%，自行车增长7.1%，半导体收音机增长18.4%，农膜增长5%，水泥增长73.3%，木材增长77.4%。

（王晓辉）

【工业品购进】 1992年全省工业品市场出现了回升势头，市场商品供应丰富，消费者心理稳定。全年社会商品工业品购进总额为154.9亿元，比上年增长12.4%，其中，国合商业购进为123.5亿元，增长6.3%；集体商业购进为15.6亿元，增长28.4%；个体商业购进为14.2亿元，增长55.6%；合营商业购进为1.6亿元，增长4.4倍。

由于代购商品增多，进货趋向多品种、小批量，勤进快销，使购进数量减少。据对26种主要工业品统计，除酒、洗衣粉、自行车、录像机、照像机、电冰箱等6个品种上升外，其余20种均有不同程度的下降。

为扶持地方工业生产发展，商业部门强化地产品收购，调整经营品种和经营方式，全年社会商业省内工业品收购80.3亿元，比上年增长14.1%，占全部工业品购进总额的51.8%。但由于省内工业产品更新换代缓慢，竞争力弱，大多是老面孔，老样式的产品，导致省内市场很大部分被外省商品占据，调入商品比重大。全年省外购进总额为49.8亿元，增长27.0%，高于全省全部工业品购进增幅14.6个百分点。录像机、肥皂、服装、电风扇、电冰箱等品种省外购进增长幅度均在30.0%以上。

由于商业机构的变化，1992年国营商业工业品购进总额比上年增长6.3%，低于全社会增长12.4%的速度。国合商业工业品购进占社会购进总额的79.7%，比上年下降4.6个百分点。

（王宏阳）

【农副产品收购】 1992年，农副产品流通渠道进一步拓宽，购销市场日趋活跃。1992年全省社会农副产品收购总额完成133.4亿元，比上年增长4.4%。

主要农副产品粮食的收购量达1253万吨，比上年增长8.5%。经营放开后，流通渠道畅通，畜禽产品及果品类消费量增加，羊和羊肉的收购量57.7万头，增长19.2%，鲜蛋59229吨，增长13.6%，猪和猪肉、水产品、干鲜菜、干鲜果等农副产品比上年均有增长。由于糖、油、烟、药材等因市场供大于求，库存积压，收购下跌。食用植物油下降11%，烤烟下降12.2%，晒烟下降14.6%，中药材下降14.2%。其他产品与上年持平。

收购渠道有新的变化，非农业居民向农民的购买量不断扩大。从构成上看，商业部门收购额89.7亿元，比上年增长1.5%，其中：国合商业下降2%，工业部门及其他部门收购量增长1%，非农业居民向农民的购买量达30.2亿元，比上年增长15.9%。

(樊立庄)

【商业机构】 1992年，全省商业系统加快了改革步伐，商业机构、人员发生了较大变化。全年商业机构达23.6万个，比上年增长11.1%；人员104.4万人，增长6.7%。从网点发展情况看，有以下特点：

一、行政管理机构的职能逐步向经营实体转变，减少了行政管理机构和人员。目前，全省有10几个县进行了商业总公司的试点，实现了由管理机构向经营实体的转变。1992年，全省商业行政机构2195个，比上年减少454个，人员4.5万人，减少1.9万人。

二、批发市场建设取得进展。1992年，全省共有各类专业批发市场56个，比上年增加27个，其中：工业品批发市场13个，增加10个；农副产品批发市场43个，增加17个。有的批发市场规模很大，对扩大流通，活跃市场起到了重要作用。如长春市蔬菜批发市场，占地4.2万平方米，年平均交易量8000万公斤，年平均交易额6000万元，初步成为东北蔬菜交易中心，取得了较好的经济效益。

三、零售商业网点发展较快。1992年，全省商业零售机构22.6万个，比上年增长11.4%；人员73.5万人，增长8.6%。其中：大中型零售商业发展较快，1992年，全省有职工500人以上的大型商店21家，比上年增加6家。营业面积5000平方米以上的零售商场19家，其中万米以上的大型零售商场8家。年内又有一批规模大、功能全的大型零售商场投入使用，拉动了商品销售的增长。

四、个体商业网点在竞争中迅速增长。1992年，全省个体商业网点19.4万个，比上年增加2万个；人员25.5万人，增加2.7万人。个体商业网点的增加，促进了商品销售额的增长。全年个体商业零售额55.9亿元，比上年增长36.4%，占全省商业零售额的比重由上年的21%提高到24.8%。

(张玉玲)

【饮食业】 1992年，全省饮食行业在激烈的市场竞争中，积极拓宽服务领域，努力改变经营环境，基本上满足了广大消费者的需求。年末全省饮食业机构3.0万个，比上年减少531个，下降1.8%；人员11.6万人，增加2170人，增长1.9%。全年饮食业零售额14.4亿元，比上年增长21.9%。其中：国有制增长6%，集体所有制增长16.5%，合营饮食业增长78.9%，个体有证饮食业增长26.1%。饮食行业发展的特点是：

一、国营饮食业改革步伐加快。一方面是加快了转轨变型。1992年末，全省有二分之一的市县实行了全行业管理，有三分之一的市县公司由纯管理型向经营、管理、服务型转变。长春、吉林等大中城市已向企业集团化方向发展，发挥了国营饮食业的整体优势，提高了竞争能力。另一方面是转换经营机制，全面实行了"四放开"，并进行了两个比照的试点，即国营大中型酒家饭店比照合资企业的政策转换运行机制，小型企业比照个体经济的政策实行经营，增强了企业的活力。

二、实行一业为主综合经营，开拓新的服务领域。一是实行跨地区、跨行业经营。目前全省国营饮食业兼营其他行业的网点已发展到123个，占行业网点总数的13%，附营收入达4000万元，占总营业收入的四分之一。二是实行多功能配套服务。长春市天池饭店充分利用现有条件，增设了商场、饭店、娱乐场、摄影场、贸易恰谈等服务场所，还开辟了长白山旅游热线和长春一日游，吸引了顾客。三是开发外向型经济。延吉市饮食公司与外商兴办了海外服务公司，引进外资300万元，改造了图们江饭店。吉林市饮食企业集团公司驻珲春办事处和商贸公司，开展了对俄、朝、韩、日等国贸易活动，取得了初步成效。

(张玉玲)

【服务业】 1992年，全省服务业机构3.9万个，人员10.8万人，均比上年增长5.3%。

各经济类型网点均有不同程度的增长。国有服务业网点1113个，比上年同期增长10.4%，人员2.5万人，增长7.3%；集体所有制服务业网点4748个，增长8.8%；供销合作社网点比上年减少了38个，下降2.3%；个体有证服务业网点3.3万个，增长4.6%，人员4.2万人，增长5.5%。

各行业均有较快发展。1992年底，旅馆业有网点4322个，比上年增加271个，增长6.7%；从业人员3.9万人，增加1929人，增长5.2%。长春市、珲春市被批准为高新技术开发区和经济开发区以后，贸易往来日益频繁，国内外客商增多，特别是在长春电影节、吉林雾凇节、延吉的朝鲜族民俗节期间，观光旅游人数激增。1992年，长春、吉林、延吉、图们、珲春5市的旅馆床位利用率比上年提高20个百分点，取得了较好的经济效益。

摄影业消费继续向中高档倾斜。各种明星照、艺术照、婚礼摄影、录像等有特点的系列服务项目倍受欢迎。1992年底，全省摄影业网点2540个，比上年减少24个，人员6462人，增加275人。

浴池业通过增加服务项目，改善浴池环境，使消费档次不断提高。目前，长春、吉林、通化、浑江相继推出档次较高的桑那浴、按摩浴、土耳其浴，以及其他各种健身型和享受型等服务项目，基本上满足了消费者的需求。1992年底，全省浴池业网点123个，比上年增加5个，人员2708人，比上年减少257人。

日用品修理行业发展较快。1992年底达到1.5万个，比上年增加1477个，人员2.3万人，比上年增加2977人。

（张玉玲）

【集市贸易】 1992年全省城乡集市贸易有较大发展，商品上市增加，成交活跃。全年商品成交额76.1亿元，比上年增长22.4%，其中城市集市贸易54.2亿元，增长29.0%，农村21.9亿元，增长8.5%。城乡集市贸易成交额相当于社会商品零售额的四分之一，为全省居民提供的商品价值人均达308元，比上年增加64元。

1992年集市贸易主要品种成交量均呈增长趋势。肉禽蛋成交25.1万吨，比上年增长18.2%；水产品8.3万吨，增长12.9%；蔬菜69.5万吨，增长3.9%；水果33.7万吨，增长20.3%；粮食14.8万吨，增长18.4%。

市场建设取得成效。1992年，市场建设投资4.4亿元，相当于1991年前累计投资额的总和。新建各类市场225个，总面积130万平方米。截止1992年末；城乡各类集贸市场已发展到1529个，其中：综合集贸市场870个，工业品专业市场112个，农副产品市场264个，废旧品专业市场18个，其他专业市场265个。集贸市场规模扩大，交易条件得到改善，全省万米以上的大型市场达56个，楼层市场94个。市场建设正朝着厅室化、规范化、永久化的方向发展。

市场主体发生显著变化，由过去以农民和个体商贩为主体发展到国营、集体、个体、农民、社会闲散人员“五位一体”的多种成份并存的市场交易场所。长、短途贩运活动空前高涨，仅松原市参加贩运活动的人数就有423人，全年贩运量9000余吨，比上年增长20.1%。

（王宏阳）

【国合商业经济效益】 1992年吉林省随着改革开放步伐进一步加快，国合商业不断转换经营机制，经济效益有所好转，但是由于支出因素过多，有的主要经济效益指标与上年比较有所下降。

一、商品销售总额比上年略有下降。1992年全省国合商业在商品销售难度较大的情况下，采取各种促销措施，扩大商品销售，全年商品销售总额达375.7亿元，比上年下降0.8%。

二、亏损额减少，亏损面缩小。全省补贴前盈亏相抵后亏损净额为18亿元，比上年下降29.2%，其中亏损企业亏损额为13.8亿元，比上年下降43.3%；亏损面由上年的41.6%下降到40.3%。亏损额下降的主要原因：一是1992年粮食实行购销同价后，粮食销售价格上调，库存的平价粮转为议价销售，致使毛利率提高，粮食厅系统销售百元商品实现毛利5.90元，比上年增加4.33元。全年粮食系统补贴前盈亏相抵后减亏6.32亿元。二是商业部门为了提高经济效益，加强了企业管理，节约费用开支。1992年在各种涨价因素较多，以及职工调整工资，各项补贴增加的情况下，开支的费用水平仅比上年增加0.84元。

三、流动资金占用增加，商品结构性矛盾依然突出。1992年末，全部流动资金占用额为358.1亿元，比上年增长12.2%，其中商品及材料资金为168.4亿元，比上年下降0.9%，商品及材料资金占全部流动资金的比重由上年的53.6%下降到47.1%。

（王发）

对外贸易和旅游

【对外贸易】 1992年，随着改革开放步伐的加快，吉林省进出口贸易发展迅速。据经贸委统计，全省进出口总值达19.2亿美元，比上年增长42.5%，其中，出口总值达13.1亿美元，增长27.2%，进口总值达6.1亿美元，增长91.2%。其主要特点：

一、出口商品总值稳步增长。在全省31个对外贸易单位中，只有5个单位出口总值比上年略有下降，其余都比上年有不同程度的增长，增长幅度较大的有省国际经济开发公司、延边经贸公司、省国际经济合作公司、省技术进出口公司、省纺织进出口公司等，其出口商品的总值均比上年增长55%以上。主要出口品种玉米和服装的出口额为54641万美元和6633万美元，分别比上年增长49.8%和31.8%。

二、进口商品总值增长速度快于出口。全省进口商品总值比上年增长91.2%，比出口商品总值增幅高64个百分点。主要进口商品原木、冻鱼的进口额为968万美元和701万美元，分别比上年增长34.2%和2.42倍。

三、出口贸易伙伴增加，出口贸易国和地区由上年的70个增加到93个。对日本、俄罗斯、朝鲜和香港等国和地区的出口总值都呈增长趋势，商品出口总值依次为21199万美元、18140万美元、10625万美元和42814万美元，分别比上年增长4.8%、44.4%、1倍和17.6%。商品出口总值超百万美元的国家和地区由上年的23个增加到29个。

四、边境贸易发展迅速。1992年是吉林省边贸发展较快的一年，边贸总值达4.6亿美元，其中出口2.6亿美元,进口2亿美元,均比上年增长1.3倍。易货贸易国由上年的2个增加到8个。

(谷凤久)

【海关】 1992年,长春关区各项业务又有新的发展,主要指标均创历史最高水平。

一、对外贸易继续保持较高的增长势头。据海关统计,1992年全省进出口总值20.1亿美元,比上年增长46.7%,超过全国平均增长18%的水平,其中出口11.5亿美元,比上年增长14.5%。主要品种玉米出口总值近5亿美元,比上年增加1亿多美元,占全国玉米出口总量的40%,主要进口商品“奥迪”、“捷达”小轿车整套散件2.2万套,价值3.3亿美元,比上年增长2倍。

二、各项业务高速发展。随着进出口商品的增加,货运量也较大增长,全年全关区货运总量216.4万吨,其中出口货物121.8万吨,进口货物93.6万吨,监管汽车7.9万辆,监管火车5万辆。

全年进出境人数达34万人次,比上年增加10.4万人次。

走私案件呈下降趋势。由上年的67件,下降到18件,走私总值70.7万元,比上年下降80.8%。

关税收入大幅度增长。全年关税收入达10.4亿元,比上年增长1.4倍。

(朱洁)

【利用外资】 1992年,吉林省利用外资规模迅速扩大,全年全省实际利用外资达18776万美元,比上年增长16.2%。其主要特点是:

一、三资企业增长快。1992年,全省新签三资企业协议合同607项,比上年增长4倍,协议外商投资金额4亿美元,增长9倍。到年末全省在工商局登记注册的三资企业已达885家,1992年新签的占68.6%。

二、独资企业迅猛增加。进入1992年,各地区努力改善投资环境,吸引了大批外商前来办独资企业,全年新签外商独资企业69个,占新签三资企业总数的11.4%,投资总额5751万美元,占三资企业外商投资总额的14.4%。外商独资企业平均每个项目投资83.3万美元,比三资企业平均每个项目多投资17.5万美元。

三、对外借款更趋合理。全年对外借款达11242万美元,比上年下降13.5%,其中除国际金融组织贷款1809万美元,比上年增长71.4%外,其他贷款都下降,外国银行商业贷款6681万美元,买方信贷2049万美元,分别比上年下降7.7%和41.3%,商业性对外借款下降说明对外借款更趋合理。

四、适时加强对外国和港澳地区投资。为壮大吉林省经济实力和拓宽对外合作,截止到1992年末,吉林省在国外已建成投产的企业达70个。

(朱洁)

【对外承包工程和劳务合作】 1992年,吉林省对外承包工程和劳务合作紧紧围绕“管理、信誉”,明确经营方向,业务范围得到进一步扩大,各项经济指标大幅度增长。

一、对外劳务合作规模扩大。吉林省是朝鲜族聚居地,对韩国开展劳务合作业务有得天独厚的有利条件。省公司通过各种渠道千方百计寻找客户,全年同韩国各株式会社签定派往世界各海域的船工、渔工的劳务人员达2800人,新签合同金额达9886万美元,营业额246万美元,分别比上年增长14.6倍、3倍和5倍。对独联体劳务合作范围拓宽,建筑、农业、森林采伐等劳务输出量增大。

全年新签合同金额14270万美元,营业额7192万美元,派出劳务人员10620人,分别比上年提高26%、84.2%和1.2倍。

二、外派劳务人员大幅度增长。1992年,全省实际在外人数突破万人大关,达10620人,比上年增加2621人,增长1.2倍,在全国180多家国际合作公司中居第2位,其中派往日本的劳务人数创历史最好水平,全年达276人。

三、已签项目落实较好。1992年,对外承包工程的劳务合作营业额7192万美元,比上年增长84.2%,营业净收入达4074万元,比上年多收入1973万元,增长94%,实现利润2329.7万元,比上年翻了一番。

(朱洁)

【国际旅游】 1992年,全省各地由于充分开发和利用旅游资源,努力提高服务质量,使旅游业又有新的发展。全年共接待国际旅游者达83572人次,比上年增长34.9%。其中接待外国人、华侨和港澳台同胞分别为53190人次、1005人次和29377人次,依次比上年增长46.7%、2.5倍和15.7%。旅游外汇收入1109万美元,比上年增长29%。其主要特点:

一是进一步开发旅游资源,使艺术、经贸、旅游一体化,效益显著。如92中国长春电影节、延边朝鲜族自治州的民俗节和40年州庆等活动都吸引了众多国家和地区的游客来观光。据统计,仅电影节期间长春市接待外宾就达5578人次,其中外国人4510人次,港澳台同胞1066人次。

二是旅游者结构发生变化。外国人占63.6%,比上年上升5.1个百分点;华侨占1.2%,上升0.7个百分点;港澳台同胞占35.2%,下降5.8个百分点。在外国游客中,韩国、日本、俄罗斯、朝鲜排在前四名。

三是旅游外汇人均收入略有下降,人均外汇收入比上年减少3元(外汇券)。

(谷凤久)

金融和保险

【金融】 1992年,全省银行各

项存款大幅度增长,各项贷款控制在规模以内,信贷借差增量较上年缩小,资金自给水平有较大提高,金融形势平稳。

一、存款大幅度增长,信贷资金自给率提高。1992年末,全省银行各项存款余额为408.9亿元,比年初增加80.1亿元,比上年多增加12.8亿元,增长24.6%,是吉林省历史上存款增加额最多的一年。主要是企业存款增长较快,比年初增加29.1亿元,较上年多增加15.2亿元,增长42.0%。城镇储蓄存款余额为251.6亿元,增加46.7亿元,增长22.8%。1992年,全省银行信贷资金自给率为53.7%,较上年提高2.6个百分点,一定程度上保证了经济增长的资金需求。

二、贷款结构有所调整。1992年末,全省银行贷款余额762.0亿元,比年初增加119.5亿元,增长18.6%,与上年比较,少增加6.9亿元。主要是因粮食收购推迟,收购资金较1991年延缓投放14.2亿元,如按可比口径计算,1992年各项贷款实际比上年多增加16亿元。为适应全省经济发展的需要,贷款增量结构有所调整。主要表现在:1、加大了对农业的投入。全年农业贷款(包括农村信用社)增加10亿元,增长21.0%;2、大力扶持乡镇企业的发展,全年增加贷款5.7亿元,增长28.1%;3、支持基础产业扩大生产能力和加速技术改造,增加固定资产贷款23.4亿元,增长30.6%;4、扶持第三产业发展,增加商业贷款6.3亿元,增长13.4%。

三、货币投放较多。1992年全省银行现金收入1007.2亿元,现金支出1090.7亿元,收支相抵,货币净投放83.5亿元,比上年多投放21.5亿元,是全省银行历史上投放现金最多的一年。主要原因是:1、消费基金增长较猛。从消费基金主要构成看,1992年全省银行现金支出中工资及个人其他支出较上年增加32.3亿元,增长22.6%;行政企业管理费较上年多支出17.1亿元,增长37.5%。2、货币回笼能力下降。主要是商品回笼能力下降,1992年全省银行百元现金支出实现的商品零售额为26.9元,比上年的33.5元减少6.6元,下降19.7%。

(李多)

【保险】 1992年,全省保险部门坚持以发展业务为中心,使保险业呈现出前所未有的发展好势头。全年国内外业务总收入8.3亿元,比上年增加2.6亿元,增长45.3%。其中国内业务总收入7.9亿元,比上年增收2.4亿元增长44.3%;涉外业务保费收入0.4亿元,比上年增长68.4%。国内外业务总支出4.5亿元,比上年多支出1.1亿元,增长32.7%,其中国内业务总支出4.4亿元,比上年增长42.5%。

全省保险业务发展变化的主要特点:

一、效益险种占国内业务比重有所变化。财产险及短期人身险保费收入4.8亿元,较上年增长46.6%,占国内业务总收入的比重由上年的59.4%上升到60.4%;财产险及长期人身险业务储金收入3.1亿元,较上年增长68.1%,占国内业务总收入比重由上年的34.0%上升到39.6%。

二、骨干险种、各地区业务收入均呈增长趋势,但业务发展不够均衡。除货运险下降外,各骨干险种均较上年同期有不同程度的增长,财产险较上年同期增长28.3%,其中农业险增幅较大,比上年增长61.1%;货运险较上年下降了18.8%;人身险较上年同期增长54.3%,其中养老金险增幅较大,增长57.5%。从各地区看,各地区业务收入均比上年有不同程度增长,但发展不够均衡。其中四平市的增幅较大,增长68.30%;辽源市的增幅较小,较上年增长34.10%。

三、财产险承保深度增加,承保面扩大。全省财产险保额累计达1158.0亿元,其中企财险保额累计达562.1亿元;较上年增加110.8亿元;保费收入较上年增收0.3亿元;承保户数为24019户,比上年增保2397户。

四、赔款支出增加,综合赔付率略有下降。财产险及短期人身险赔款支出较上年多支出0.5亿元,上升29.6%。由于财产险及短期人身险保费收入较上年增长46.6%,使综合赔付率仍较上年有所下降,由上年的55.2%下降到47.9%。

(李多)

教育、科技和文化

【高等教育】 1992年,全省高等教育加快发展步伐,为全省经济建设培养了大量专业人才。年末,全省共有普通高等学校42所,其中,地方所属院校26所。当年招收本专科学生2.49万人,比上年增长15.4%。其中,综合大学招生0.34万人,比上年增长13.7%;理工院校招生0.96万人,增长16.5%;农业院校招生0.11万人,增长15.4%;医药院校招生0.19万人,增长1.6%;师范院校招生0.63万人,增长13.1%;财经院校招生0.15万人,增长32.5%。普通高等学校在校学生达7.57万人,比上年增长4.3%,平均每万人口中有在校大学生由上年的29.5人增加到30.6人。

为适应经济上新台阶的需要,吉林省高等教育在科类、专业调整中,重点发展高科技专业、外向型专业及第三产业的专业,同时面向乡镇企业培养人才。1992年共增设了33个新专业,拓宽了专业服务范围。另外,在完成国家招生任务的前提下,根据经济建设需要和办学条件,扩大招收委托培养和自费生的比重,1992年,全省高校扩招了2300名自费生，还招收了140名先进模范青年和有实践经验的青年进入高校学习。

1992年末，全省有培养研究生单位22个，其中，高等学校16个，科研机构6个。全年共招收研究生0.14万人，比上年增长5.0%，其中招收博士研究生161人，增长5.9%；招收硕士研究生1248人，增长4.9%。毕业研究生1276人，其中博士生117人，硕士生1159人。在学研究生4086人，比上年增长2.3%。

1992年末，全省普通高等学校教职工总数达3.86万人，比上年增长0.8%，其中，专任教师1.47万人。专任教师的职称构成情况是：教授、副教授0.38万人，占25.9%；讲师0.56万人，占37.8%；助教0.46万人，占31.5%；教员701人，占4.8%。

（程淑云）

【中等教育】 1992年，全省中等专业教育在完成国家任务的前提下，坚持按需招生，为经济建设培养急需专门人才。1992年末，全省有中等专业学校117所，其中，中等技术学校94所，中等师范学校23所。在中等师范学校中有幼儿师范学校5所。全年招收学生2.62万人，比上年增长11.8%。其中，中等技术学校招生1.91万人，比上年增长12.9%；中等师范学校招生0.71万人，增长9.0%。在中等师范招生中，幼儿师范学校招生0.10万人，增长24.3%。1992年，吉林省在改革招生制度方面做了新的尝试，普通中专扩大了招收农村青年不包分配班的比例，共录取新生0.15万人。全年中等专业学校共为全省各行各业输送专门人才2.09万人，比上年增长3.6%，其中，输送中等技术人才1.51万人，中等师范人才0.58万人。1992年末，中等专业学校在校学生已达7.41万人，比上年增长7.9%。

1992年，吉林省积极发展职业教育，为经济建设培养了急需专门人才。全省职业中学在校学生已达15.16万人，比上年增加0.72万人，增长5.0%。其中，职业高中在校学生为11.36万人，占高中段学生总数的55.6%。围绕经济建设进行了专业调整，全年招收学生6.96万人，比上年增长9.2%。在此基础上，还采取了高中后职业技术教育的形式，在43所学校招收高中后职业班44个、0.26万人。全年共为社会输送毕业生5.18万人，其中职业高中毕业生占80.1%。按照职业高中“先培训、后就业”的原则，在各级地方政府统筹和支持下，职业高中毕业生得到了妥善安置，1992年安置率达84.1%。

1992年，全省有普通中学1911所，其中，初级中学1596所，高级中学148所，完全中学167所。还有161所小学附设有初中班。为了加快九年制义务教育的实施，1992年，下气力抓了初中工作，有203所初中建成达标校，全省经过五年三批六次验收共建成初中达标校976所。同时，加快了薄弱初中的建设。普通初中招生数由上年的38.95万人增加到40.95万人，增长5.1%；在校学生数由上年的106.23万人增加到112.41万人，增长5.8%；小学毕业生升学率由上年的90.06%提高到91.34%，提高了1.28个百分点。

1992年，全省中等专业学校、职业中学、普通中学共有教职工15.21万人，比上年减少189人，其中专任教师10.45万人，比上年增加425人。

（程淑云）

【技工教育】 1992年，吉林省技工教育又有新发展。全省技工学校已达150所，比上年增加2所，其中，国务院部委办校33所，比上年增加2所，地方劳动部门、主管局（公司）以及工厂（企业性公司）办校117所；全年招收学生2.07万人，比上年增长10.2%；在校学生达5.64万人，比上年增长8.6%，其中女学生为2.18万人，占38.7%。在全部在校学生中，二年制学生为0.28万人，占5.0%；三年制学生为5.36万人，占95.0%。全年共为社会输送毕业生1.63万人，其中，有1.50万人获三级以上技术等级，占91.9%。从毕业生的就业去向看，全民所有制单位占绝大比重，为1.62万人，占99.3%。

1992年，全省技工学校有教职工1.07万人，比上年增长2.7%，其中，文化技术理论课教师0.44万人，比上年减少22人；生产实习指导教师931人，比上年增加260人，增长38.7%；教辅、行政、工勤人员0.39万人，比上年减少11人；实习工厂职工0.10万人，比上年增加24人。此外，聘请校外教师384人，比上年减少41人。

文化技术理论课教师从专业技术职务看，高级讲师为149人，占3.4%；讲师为0.13万人，占30.5%；助理讲师为0.19万人，占42.8%；教员为605人，占13.8%。

1992年，全省技工学校有实习工厂（场、店）69个，比上年增加19个，它们不仅在培养技工人才方面发挥着自己应有的作用，而且还为社会创造了财富，为学校增加了经费收入。全年实习工厂共创产值1170.3万元，比上年增加161.7万元，增长16.0%；实现利润213.1万元，比上年增长50.7%。

1992年，技工学校还积极承担了为社会培训多种人才的任务。全年招收在职工人培训0.79万人，比上年增长15.6%；结（毕）业人数达0.64万人，比上年增长39.6%。

（程淑云）

【初等教育】 1992年，全省把普及九年义务教育作为工作重点，大力加强基础教育，使基础教育整体办学水平和教育质量又有提高。全省小学校数达10635所，其中，城市893所，县镇1161所，农村8581所，全年招收学生42.28万人，比上年增加2.21万人，增长5.5%；在校学生

259.95万人，比上年减少7.28万人，下降2.7%；毕业生46.64万人，比上年增加2.25万人，增长5.1%。学龄儿童入学率达98.48%，小学生非正常辍学率已控制在0.11%以下。实施义务教育取得了明显成绩，年底经过检查验收，全省934个乡镇和农场中，已有903个达到了普及初等义务教育的合格标准，合格率为96.7%，人口覆盖率已达到98.2%。在城区561所小学中，已有552所学校达到普及初等义务教育的合格标准，合格率为98.4%。

1992年，全省有小学教职工17.79万人，其中，专任教师14.63万人，占82.3%；行政人员2.13万人，占12.0%；工勤人员0.79万人，占4.4%；校办工、农场职工0.24万人，占1.3%。平均每一专任教师负担学生17.8人，比上年减少0.3人。在专任教师中，女教师为8.47万人，占57.9%，比上年提高0.9个百分点；大专以上学历的为0.48万人，占3.3%，比上年提高0.8个百分点；中专、高中毕业的为12.51万人，占85.5%，比上年提高2.5个百分点；高中毕业以下的为1.64万人，占11.2%，比上年下降3.3个百分点。在全部专任教师中，师范专业的毕业生为9.02万人，占61.6%，比上年提高6.5个百分点；年龄在30岁以下的为5.67万人，占38.8%；31岁至50岁的为7.67万人，占52.4%；51岁以上的为1.29万人，占8.8%。

1992年末，全省小学校舍建筑面积达869.84万平方米，其中，教室542.70万平方米，占62.4%；实验室30.37万平方米，占3.5%；图书馆18.39万平方米，占2.1%。在校舍总面积中，当年新增面积14.33万平方米，比上年增加1.32万平方米，增长10.2%；危险房屋面积4.11万平方米，比上年减少3.11万平方米，下降43.0%；实有标准化校舍面积742.58万平方米，比上年增加78.6万平方米，增长11.8%，占额定标准化校舍面积的比重由上年的77.7%增加到82.1%。

（程淑云）

【成人教育】 1992年，吉林省成人教育重点抓了调整工作，并进行了认真的验收和评估，停办了5所成人高校和9所成人中专，合并了3所职工大学，调整了23个专业。到年末，全省有成人高等学校46所，其中，广播电视大学2所，职工高等学校27所，农民高等学校4所，管理干部学院6所，教育学院7所。1992年，全省成人高等教育共招收本、专科学生1.87万人，比上年增加0.21万人，增长12.4%。其中，各类成人高等学校招生0.88万人，普通高等学校函授部、夜大学、干部专修科招生0.99万人；成人高等教育在校学生达5.28万人；为各条战线输送高等专门人才2.06万人。

1992年末，全省有成人中等专业学校160所，其中，广播电视中专学校1所，职工中等专业学校75所，干部中等专业学校5所，农民中等专业学校11所，函授中等专业学校2所，教师进修学校66所。全年招收学生2.01万人，比上年增加0.55万人，增长37.4%；在校学生达4.19万人，比上年增加0.42万人，增长11.0%；全年为社会输送毕业学生1.24万人。1992年末，全省有成人中学178所，其中，职工中学76所，农民中学102所；全年招收学生0.76万人，在校学生0.83万人，毕业学生1.34万人。1992年末，全省有成人初等学校2309所，其中，职工初等学校251所，农民初等学校2058所。全年招收学生10.20万人，其中，农民学校招生9.38万人，占91.9%，在校学生11.93万人，其中，农民学校在校学生11.06万人，占92.7%；毕业生16.28万人，其中，农民学校毕业生15.48万人，占95.0%。在农民初等学校中，有扫盲班1567个，在校学生6.19万人。全省15—40岁人口的文盲率已下降到1%。

1992年，全省成人技术培训大规模展开，全年技术培训达147.5万人次，其中，职工技术培训52.6万人次，农民技术培训94.9万人次。

（程淑云）

【科研机构】 1992年底，吉林省拥有县及县以上科研与开发机构209个，比上年减少7个。其中国务院各部委所属机构18个，占机构总数的8.6%，比上年减少1个；省属机构60个，占28.7%，与上年持平；市属77个，占36.8%，减少3个；县属34个，占16.3%，减少2个。在这些机构中，属于自然科学领域机构177个，属于社会和人文科研机构20个，属于情报和文献机构12个。

1992年，全省县及县以上科研与开发机构拥有职工31159人，其中科学家和工程师12539人，占职工总数的40.2%；从事科技活动的人员19318人，占职工总数的62%，比上年降低3.8个百分点。在从事科技活动的人员中，科学家和工程师为10460人，所占比重为54.1%，比上年提高3.1个百分点。

科技体制改革推动了科研与开发机构的发展，增强了科研与开发机构的内在活力和竞争力。1992年全省143个县以上自然科研与开发机构中，有8个机构进入了大中型企业，10个机构进入了企业集团，25个机构与企业有固定的形式联合开发技术。据统计，1992年全省县及县以上的科研与开发机构通过横向获得的技术性收入达到13579万元，占总收入的23.2%，比上年增长53%；非技术性收入18627万元，占31.8%，增长30.2%。在技术市场交易中，科研与开发机构共签订各类技术合同1805项，合同成交额达9633万元，全年共组织实施课题2617项，其中当年完成1081项，占课题总数的41.3%。

（王汝山）

【科技人员】 1992年，全省地方国有单位拥有各类科学技术人员

72.8万人，比上年增长3.1%。其中行政事业单位拥有44万人，企业单位28.8万人。工程、农业、科研、卫生、教学、经济、会计和统计等学科领域集中了全省95.2%的科技人员。

科技人员向基层、向企业倾斜的趋势仍在加强。1992年与上年相比，省、地(市)、县三级国有制单位拥有的科技人员呈现低增长和负增长趋势，占全部科技人员的比重由上年的17.1%、35%和40.2%下降到1992年的17%、33.7%和35.6%，而乡(镇)级单位拥有的科技人员大幅度增加，由上年的5.4万人增加到10.1万人，增长87%，所占比重由上年的7.7%上升到1992年的13.9%，上升了6.2个百分点。

企业单位拥有的科技人员增长速度高于全省平均水平，但与上年比较，增长幅度减缓，只比全省平均增长速度快0.9个百分点，占科技人员总数的比重只提高了0.2个百分点。

企、事业单位科技人员的素质提高，中青年成为主力。在全省地方国有企业、事业单位的科技人员中，45岁以下的有50.4万人，占73.8%；达到大专及以上文化程度的有23.2万人，占34%，比上年提高1.3个百分点。

(王汝山)

【科技成果】 1992年，全省科技工作取得了丰硕的成果，全年共研究、开发出科技成果651项，比上年增长13.4%。其中独立科研机构194项，大专院校191项，工矿企业161项，分别占成果总数的29.8%、29.3%和24.7%，成为全省科研、开发工作的三大主力。

在全年研究、开发的651项科技成果中，有19.7%的成果在农、林、牧、渔、水利业，56.6%的成果在工业，16.6%的成果在卫生、体育、社会和福利业，其他行业的科技成果只有46项，占成果总数的7.1%。

科技成果的技术水平显著提高。1992年，全省科技成果中，达到国际和国内先进水平的548项，比上年增长30.2%，占成果总数的比重由上年的73.3%提高到1992年的84.2%，提高了10.9个百分点。获国家科技成果奖的有17项，其中获国家科技进步奖9项，国家发明奖6项，国家星火奖2项。获省级科技成果奖的154项。

1992年，全省科技成果中已有461项成果得到应用和推广，推广应用率为70.8%，高于上年66.2%的水平。独立科研机构和工矿企业的推广应用率均在全省平均水平以上，分别为75.8%和90.7%。大专院校只有47.1%。在对已应用的153项科技成果的经济效益的统计看，科技成果取得了明显的经济效益。这些成果共投入资金5342.2万元，当年新增产值73290.5万元，新增利税14824万元。其中工矿企业的科技成果的经济效益较高，从考核的87项成果看，项目投入资金4041.8万元，新增产值62704万元，新增利税12728万元，分别占总考核数的75.7%、85.6%和85.9%。

(王汝山)

【技术市场】 1992年，全省技术市场的技术总体交易水平显著提高。全年全省成交各类技术合同7812项，成交金额4.3亿元，分别比上年增长48.3%和90.3%。每份技术合同平均成交额达到5.5万元，比上年的3.1万元增加2.4万元。活跃在技术市场上的各类技术贸易机构达到1889家，比上年增长43.2%。全省从事技术贸易活动的人员达33632人，比上年增长48.6%，其中专职科技人员达26969人，占从事技术贸易活动总人数的比重由上年的65.4%上升到80.2%。

技术贸易结构发生了新的变化。1992年，在全省成交的各类技术合同项目中，技术开发合同988项，占12.6%，比上年低0.5个百分点；技术转让合同742项，占9.5%，比上年低0.6个百分点；技术服务合同4405项，占56.4%，比上年低2个百分点；技术咨询合同所占比重由上年的18.5%上升到21.4%。

技术成果交易辐射面进一步拓宽。1992年全省技术贸易机构出售技术4875项，成交额为2.44亿元，分别占总成交项目和成交总额的62.4%和56.5%；科研机构出售技术1791项，成交额为0.97亿元，分别占22.9%和22.4%；大专院校出售技术396项，成交额为0.23亿元，分别占5.1%和5.4%；工业企业出售技术377项，成交额为0.31亿元，分别占4.8%和7.1%；个体以及其他技术经营服务机构出售技术373项，成交额0.37亿元，所占比重分别由上年的3.9%和2.3%，上升到4.8%和8.6%。1992年全省有2548项、金额18759万元的技术商品输出到省外41个省、市、自治区和计划单列市。

技术市场的服务方式形成多样化。随着技术市场的发展，全省技术交易形式也在不断发展，服务方式已由过去单一的技术开发、技术服务发展到技术开发、技术转让、技术咨询、技术服务、技工贸、技农贸一体化的科技经济实体。尤其是各大专院校、科研单位已从被动的单一科研方式转变为积极主动的研究、开发和服务，科研人员开始面向社会、面向市场，了解市场技术需求。这对于运用市场机制，推动技术成果向社会广泛扩散，对于科技与经济的紧密结合，起到了重要作用。

(张建华)

【大中型工业企业技术开发】 1992年，全省大中型工业企业科技开发能力进一步增强。到年底，全省有332个大中型工业企业设立了技术开发机构357个，比上年增加123个，其中大型企业96个，中型企业261个。全省大中型工业企业中，从事技术开发人员22965人，比上年增长20.7%，占全部职工人数的1.7%。其中，具有大专及以上文化程度的10496人,比上年增长17.3%,占技术开发人员总数的45.7%;具有高、中级技术职称的6186人,增长11.3%,占26.9%。全省大中型工业企业有工程技术人员75951人,其中从事技术开发的13209人,比上年增长17.8%,占从事技术开发人员总数的57.5%。

1992年,全省大中型工业企业通过各种渠道筹集技术开发资金57121.2万元,比上年增长46.9%,其中,企业自筹资金40663.7万元,增长52.8%,占资金筹集总额的71.2%,比上年的68.4%提高了2.8个百分点。全年技术开发经费支出51559.6万元,比上年增长50.1%,其中用于新产品开发支出20889.4万元,增长34.8%,占支出总额的40.5%。

1992年,全省大中型工业企业共组织实施技术开发项目2406项,比上年增长1.9%,其中累计投资在1万元以上的技术开发项目1492项,占项目总数的62.0%,比上年增长了26.9%。在项目总数中,属于研究与试验发展的技术开发项目444项,占18.5%,其中,基础研究项目1项,应用研究项目78项,试验发展项目365项。

新产品的研制与开发给企业带来了明显的经济效益。1992年全省大中型工业企业共组织实施新产品开发项目1441项,占技术开发项目总数的59.9%,当年完成新产品样品样机品种数达1247种,占新产品开发项目总数的86.5%,其中达到国际水平的有98项,占完成项目数的7.9%;达到国家级的有181项,占14.5%;达到省级的有409项,占32.8%。当年新产品实现产值67.9亿元,销售收入62亿元,其中出口收入2.1亿元,实现利税总额达3.3亿元。

(王汝山)

【高等学校科技活动】 1992年,全省各高等学校科技活动十分活跃。在33所高等学校和6所医药类院校附属医院中,从事科技活动人员达26279人,其中科学家和工程师22654人,占86.2%。

1992年,高等学校及附属医院中,有研究与开发机构200个,其中经上级主管部门批准的92个,经学校批准的108个。从各学科看,自然科学研究与发展机构73个,占36.5%;工程和技术研究与发展机构64个,占32.0%;农业科学研究与发展机构11个,占5.5%;医学科学研究与发展机构47个,占23.5%;其他科学研究与发展机构5个,占2.5%。

1992年,各高等学校共组织实施研究与发展课题2239项,其中研究与发展课题2054项,占91.7%,非研究与发展课题185项,占8.3%。

1992年,通过各种渠道筹集研究与发展经费8105万元,其中科研事业费714万元,占经费筹集额的8.9%;主管部门专项费1289万元,占15.9%;国家自然科学基金420万元,占5.2%;省专项费1016万元,占12.5%;企、事业单位委托经费2337万元,占28.8%。

1992年,各高等学校有202项研究与发展成果获奖,其中,获国家级奖的8项,获国务院各部门科技进步奖的105项,获省级科技进步奖的48项,获地市级奖的41项。全年共实现技术转让69项,成交额达361.8万元,其中当年实现金额269.1万元。

(董灵慧)

【农业科技】 1992年吉林省农业科技又有新进展,特别是开展"科技效益年"活动,有效地促进了全省农村经济的发展。

全省农业科技机构和科技队伍与上年基本持平。年末共有科研机构13个,其中省级5个,地级8个;农技推广机构947个;科技人员4967人。1992年经过全体农业科技人员的积极刻苦钻研,取得了可喜的科研成果,获农业部"丰收奖"6项,省"农科进步奖"113项,农业厅"农科发展奖"10项。这些成果对于全省农业生产乃至农村经济的发展,起到很大的推动作用。

1992年开展的"科技效益年"活动成效显著。一是农业科技普及向广度和深度扩展。为了广泛深入地进行科普宣传教育,全省共举办各种技术培训班3万多期,编印农科资料300多万册,放映农科电影、录像1万多场次,组织科技报告团、服务组315个。全省有480多万农民受到各种技术培训;选送420名优秀青年农民到大中专学校深造;6万多农民评了农村技术职称。从而极大地提高了农民的科技意识,造就了一代新型农民,使农业科普出现由单项技术向多项技术配套扩展,常规技术向高新技术延伸,小区域示范开发向大面积、大范围推广辐射的新趋势。二是农业科技效果明显。据测算,全省粮食生产由于大面积推广15项新技术,获得降低成本1.32亿元,直接增产7.75亿公斤的明显效果。畜牧业有102万农户参加科学饲养畜禽竞赛,增加收入1.6亿元。乡镇企业开发新产品、新技术等项目,增加产值8.4亿元,增效3.45亿元。水产业推广池塘精养、网箱养鱼、稻田养鱼新增效益6912万元。特产业、林业科技增效也很明显。全省农业科技共增效益10亿元以上,农民人均增收30元以上。三是加大农业科技投入,增强后劲。省财政拿出400万元启动费、130万元奖金、2000万元贴息贷款;省农行对乡镇企业增加贷款10亿元;市县两级政府支付农科奖金130多万元;农民自己直接投入新技术、新产品开发资金1.5亿多元。从而有效地加强了农业科技的基础建设,增强了后劲。

(王夫尘)

【乡镇企业科技活动】 1992年,全省乡镇企业开展了"科技效益年”活动，取得了比较显著的成效，其突出特点：一是规划各类小区，利用外资和引进科技人才，加快了乡镇企业经济的发展。1992年，全省乡镇企业规划各类小区128个，已经动转了30个区，这些小区共引进科技人才412个，开发建设投资50万元以上的项目221个，引进外资2.5亿元；全年实现出口交货额3.5亿元。新增三资企业55户，出口企业达237户，利用外资3300万元，是1991年利用外资的7.9倍。国家“贸工农”基地项目5个，总投资562万元。二是技术开发成效显著。1992年，全年开发新产品379项，其中：有29项新产品填补了国内空白或达到国内先进水平，有38种产品填补了省内空白或达到省内先进水平。全年共对41种新产品和成果进行了省级鉴定，有29种新产品列入省试生产计划，有27种新产品获省优秀新产品成果奖。新产品全年新增产值48973.5万元，新增利税15443.6万元。技术改造项目已实现490项，新增产值6.6亿元，新增利税1.2亿元。全年推广轮窑余热水坯干燥技术、复合酶蛋白饲料、生猪四良四改技术等10项，实现社会效益近5000万元。其中，采用余热技术砖厂120家，提高产量20%，增产5000万块砖，煤耗降低40%，其新增效益538万元。三是科技教育培训又有新的进展。围绕“科技效益年”的内容，举办各种类型的培训班，对厂长(经理)、技术管理人员进行培训，全年培训80000人次，其中厂长(经理)1077人次，技术管理人员5974人次，使企业科技管理人员有了较大的提高。

(孟博)

【专利】 1992年，全省专利工作取得了较大成绩。全年共向国家专利局递交专利申请1539件，比上年增加235件。其中发明创造专利申请266件，比上年增加58件，占申请总量的17.3%；实用新型专利申请1198件，增加164件，占77.8%；外观设计专利申请75件，增加13件，占4.9%。

1992年，吉林省获得国家专利局授权的专利761件，占专利申请数49.4%。其中属于发明专利35件，占授权总量的4.6%；属于实用新型专利696件，占91.5%；属于外观设计专利30件，占3.9%。按每百万人口拥有的授权专利看，1992年比1991年增加9件，达到62件。

到1992年底，全省已有专利代理服务机构11家，专利文献服务机构7家，专利开发机构5家。培养专利代理人80多人，专利律师40多人，专利管理、文献服务、企业专利工作者400多人，在全省已初步形成了专利管理和服务体系。

专利技术的推广应用取得了明显的经济效益。据对已授权的1126件专利的调查，已实施的专利有328件，新增产值17094.9万元，新增利税5174.3万元，创收外汇68万元。实施率为29.1%。

(王汝山)

【文化事业】 1992年末，全省共有文化事业机构1496个，比上年增加43个，职工16195人，比上年增加233人。

艺术表演：1992年，全省艺术表演持续呈现繁荣景象。在文化部举办的第二届“文华”奖评奖活动中，吉林省《没毛的狗》等3个剧目、11位文艺工作者获7项奖励；吉林省京剧团演出的《高高的炼塔》获文华新剧目大奖；在全国“天下第一团”优秀剧目展演(北方片)活动中，吉林省松原市扶余区满族新城戏剧团创作、演出的历史故事剧《铁血女贞》获优秀剧目奖；在8次全国性演出活动中，有5次位居榜首，2次并列第一，1次取得较好成绩。一年来，全省共新创作并演出剧目117个。在国内演出11537场，观众达1219.3万人次，收入526.4万元。

文博事业：1992年末，全省共有各类文物事业机构58个，职工1090人，拥有文化藏品39835件。一年来，全省各类博物馆共举办展览49个，接待观众51.7万人次。吉林省博物馆在日本宫城县立美术馆举办“中国明清时代绘画名作展”，为期17天，观众达1.1万多人次。

对外文化交流：1992年，吉林省对外文化交流12起，其中出访7起，来访5起。长春杂技团访英国伯明翰等6城市，演出198场，收入达20万美元。省民乐团一行28人，赴日本佐贺县参加“多久孔子祭”纪念活动，并进行民间交流演出。这些访问演出活动，不仅促进了对外文化艺术交流，也增进了双方的友谊。

文艺创作：1992年，在文艺创作题材上体现了主旋律与多样化的统一，涌现了一批思想性与艺术性较完美统一的优秀剧目。一年来全省共创作剧本135个，其中大戏15个；全年共获奖60个，其中获奖剧目14个，获奖剧本8个。

(王淑香)

【出版发行事业】 1992年，全省出版发行事业又有发展和进步，图书结构日趋合理，出版特色日趋鲜明，图书质量稳步提高。一年来，全省13家出版社共出版各类图书3091种，比上年增加82种，其中新版书2498种，比上年增加331种。图书总印数为1.40亿册，图书印张数为6.1亿印张。在全国性优秀图书评比中，吉林版图书有44种获奖，比上年增加4种。吉林科学技术出版社在全国地方出版中排列第二；在第二届全国古籍优秀图书评选中，吉林文史出版社出版的《元史探源》等6种图书获奖；在全国第三届少儿优秀图书评选中，北方妇女儿童出版社出版的《古今名人教子诗赏析》等5种图书榜上有名；吉林美术出版社出版的、江泽民同志题写书名的大型画册《风雨同舟》在全国产生了良好反响。

1992年，全省图书出版发行战线不但取得了较好的社会效益，而且也取得了较好的经济效益。全年全省新华书店共发货20551.4万元，比上年增加4974.4万元，增长31.9%；完成销售额21075.1万元，增长19.3%；实现利润1000.1万元，增长5.2%，第一次突破利润千万元大关。

1992年，全省农村图书发行渠道进一步拓宽。全省农村图书发行高达10891万元，比上年增长了7.13%。

（王淑香）

【电影事业】 1992年，长春电影制片厂共生产故事片24部、合拍片2部、美术片3部、译制片11部。该厂同天津电影制片厂联合摄制的故事片《香魂女》获第四十三届柏林国际电影节"金熊"奖；故事片《高朋满座》获蒙古国际喜剧电影节一等奖。

1992年，全省拥有各级发行放映电影单位4232个，在全省城乡共放映电影35.63万场，比上年减少14.54万场，下降29.0%；观众1.09亿人次，比上年减少0.54亿人次，下降33.1%；放映总收入为3582.2万元，比上年减少1503.9万元，下降29.6%；发行收入1955万元，比上年减少795万元，下降28.9%。

1992年，首次成功地举办了"'92中国长春电影节"。电影节期间共放映中外电影55部，3000多场，观众达百万人次。邀请了13个国家和港台地区著名艺术家、电影界人士49人，国内著名影星、歌星、舞星120人，对14个电影制片厂的17部参赛故事片进行了评选。

电影系列化教育深入发展，1992年，省文化厅、省电影公司提出的电影系列化教育活动正向工厂、中小城镇、农村深入发展，有13个县(市)取得了一定成效，有三分之二的农村已经普及到乡。国家广播电影电视部对此活动给予了充分肯定。

1992年，配合全省农村社会主义思想教育活动，在全省城乡开展了"社教电影汇映月"，共投放99部故事片和科教片，巡回放映5万场，观众达1500万人次。

（王淑香）

【广播电视事业】 1992年全省广播电视事业又有了新的发展。全省有广播电台22座，比上年增加1座，自办节目26套，平均每天播出时间为228小时39分，全年自制节目2038小时41分；有电视台34座，比上年增加2座，自办节目35套，平均每周播出时间1469小时25分，全年制作节目4800小时55分，丰富了全省人民的精神生活。

1992年末，全省有中短波广播发射台和转播台36座，比上年增加3座，发射功率582千瓦。全省广播覆盖率为85.0%，比上年增加0.7个百分点。全省系统内电视发射台和转播台196座，发射功率297部、226.85千瓦。其中一千瓦以上的电视发射台和转播台59座、148部、217.15千瓦。全省电视覆盖率为81.0%，比上年增加1.1个百分点。

1992年，全省有34个广播节目、8个广播剧、17个优秀稿件获国家级奖。其中省电台《人民跟着党》获全国广播歌曲评比一等奖；省电视台的《大家谈》栏目中的"别无选择"在全国社教节目评选中获一等奖；"长白松水间"荣获《当代侨乡》全国一等奖。

农村有线广播经历了滑坡后，开始逐步回升。1992年全省农村有线广播的音响率、喇叭入户率、通播率基本与上年持平。一年来，全省农村大约有30几个乡更新了乡以下专线，达到部标，新建乡镇广播站20个，新建村级标准室1200个。全省有线电视系统1015座，拥有38.9万户有线电视用户。

（王淑香）

体育、卫生和民政

【体育事业】 1992年，吉林省体育健儿在国内外大赛中取得了优异成绩。在第十六届冬奥会上，吉林省年仅16岁的花样滑冰运动员陈露不畏强手，敢于拚搏，在女子单人滑比赛中夺得第6名，这是我国花样滑冰项目在冬奥会上取得的最好成绩。在第二十五届巴塞罗那奥运会上，吉林省运动员王晓竹获得女子射箭团体银牌和个人第4名，石丽颖获女子体操团体第4名。吉林省列全国各省市参加奥运会贡献奖的第16位。此外，1992年吉林省运动员还获得世界冠军6项、亚洲冠军2项，破6项世界纪录，占全国当年破世界纪录的七分之一。

在本年度国内比赛中，吉林省冬夏两线运动员都取得了可喜成绩，共获金牌36枚。群众体育"三大赛"成绩喜人：在3月份举办的第三届全国伤残人运动会上，吉林省代表团获12枚金牌、7枚银牌、6枚铜牌，位居全国第10位；在10月份举办的第四届全国大学生运动会上获金牌10枚、银牌9枚、铜牌13枚，金牌总数列全国第4位，随后在第二届全国农民运动会上又获得了总分第6名的好成绩。

全民体育意识普遍增强，群众性体育活动蓬勃开展。到1992年，全省体育人口已达930万人。农村体育活动异常活跃，1992年全省共举办乡镇级运动会897次，参加人数达46.8万人。晨练活动规模扩大，经常参加各种晨练活动的群众达80.2万人。做为战略重点的学校体育又有新起色，全省中、小学贯彻《国家体育锻炼标准》实施面为97.2%，达标率为89.1%，比上年增长0.4%，继续保持了全国先进水平。

体育先进县建设有了新进展。1992年德惠、双阳两县被国家体委命名为"全国体育先进县"。至此，吉林省全国体育先进县已达9个，占全省应评县数的23%，居全国先进行列。

体育工作对外开放也有了一定

发展。1992年吉林省体育对外交往共79起578人次，派出团队20个。协助国家体委派团33个；协助国家体委接待国外团队2个。

（高艳春）

【卫生事业】 1992年，全省医院建设有了新发展，到年底，全省卫生机构已有4189个，其中医院1344个；拥有医疗病床9.5万张，比上年增长2.3%，平均每万人口占有病床38.3张，比上年增加0.6张；拥有卫生技术人员12.8万人，增加0.3万人；平均每万人口拥有卫生技术人员51.6人，比上年增加1.1人。

卫生工作坚持"预防为主"方针，计划免疫四苗覆盖率达到98.16%，百日咳、流脑等儿童高发传染病的发病率分别比上年下降56.3%和40.0%；肝炎发病率比上年下降11.3%。全省各种法定传染病的总发病率为204/10万，下降10.6%。

各种地方病的防治工作取得新进展。继续保持了30余年无人间鼠疫发生的好成绩；对克山病的防治，已达到国家规定的基本控制标准；大骨节病的防治，初步达到国家标准，全年共治疗病人1.8万例，总有效率为79%。布鲁氏菌病新发病例低于国家规定水平，全年治疗慢性布鲁氏菌病人130例。为控制地方性氟中毒病的发生，全年共打防氟井48眼，合格率为83%，治疗现患160例，有效率为85%。

农村防病改水工作又有新突破。1992年完成改水任务200处，当年受益人口11.6万人，受益大牲畜6200头。

爱国卫生工作成绩显著。1992年，吉林市在全国149个地级市创建卫生城市评比中，取得第五名的好成绩，被全国爱卫会授予全国地级市"十佳卫生城市"称号；延吉市在全国289个县级市创建卫生城市评比中，取得第十名的好成绩，被全国爱卫会授予全国县级市"十佳卫生城市"称号；长春市在全国34个省会城市和计划单列市创建卫生城市评比中，取得十一名的好成绩，被全国爱卫会授予"卫生城市"称号。

全省妇幼保健事业有了较快发展。到1992年末，全省有各级保健机构9028个，妇幼保健人员21602人。一年来，各级妇幼保健机构积极开展妇女病查治、实施节育手术、0—6岁儿童保健、婚前体检等项工作。全年孕产妇死亡率下降到5.8/万分，婴儿死亡率下降到30.6‰，保障了孕产期母婴健康。

医药科研工作取得好成绩。1992年全省有2项医疗科研成果获国家科技进步奖，有2项获卫生部科技进步奖，有20项获省科技进步奖。

（高艳春）

【民政事业】 1992年，全省民政事业紧紧围绕服务于经济建设这一中心，致力于发挥社会稳定机制作用，各项工作都取得了较好成绩。

城镇社会福利事业服务领域不断拓宽。1992年末，全省共有社会福利事业单位930个（包括优抚、事业单位、敬老院等），职工达7551人，设有床位4.2万张，共收养3.2万人，床位利用率为76.3%。其中有12所社会福利院，设有床位2318张，收养2061人，其中1585人是社会"三无"对象，占76.9%，床位利用率为88.9%，年人均生活费为842元，比上年增加76元；有6所社会精神病院，设有床位2070张，收养精神病人1844人，床位利用率为89.1%，年人均生活费为550元；有孤儿学校1所，设有床位525张，收养孤儿525人，床位利用率为100%。

农村"五保"供养状况继续得到改善。1992年末，全省乡镇已建立敬老院900个，职工发展到5280人，共收养"五保"人员26712人。全年集体供养金额达1850万元，比上年增长3.4%，年人均生活费693元，比上年增加13元。

忧恤优待工作更加深入。1992年，全省优抚对象总人数为96.5万人，其中：革命伤残人员2.9万人；烈军属46.9万人；在乡复员军人8.0万人；在乡退伍军人3.9万人。革命伤残人员全部得到国家抚恤，有1.3万烈士家属和牺牲病故军人家属得到国家定期抚恤，抚恤面达到32.4%，年人均定期抚恤金额463元。全省农村现役义务兵家属48365户，全部得到了群众优待，优待金1491.8万元，户均优待308元。在乡老复员军人"三难"问题进一步得到解决。1992年全省有6.2万在乡老复员军人得到了国家定期定量补助，人均定补金额239元，比上年增加11元，定补面达到77.5%。

优抚事业稳步发展。1992年，全省有光荣院8处，设有床位460张，年末收养人员350人，床位利用率为76.1%，收养人员年人均生活费1206元；有伤残军人疗养院、复员军人慢性病疗养院、复退军人精神病院各一处，共设床位870张，收养人员848人，其中，优抚对象608人，占收养人员总数的71.7%。

福利企业效益有所好转。1992年，全省共有社会福利企业1427个，其中，民政部门直属355个，占24.9%；社会办1072个，占75.1%。职工人数为5.3万人，其中残疾职工2.2万人，占职工总数的41.4%。全年创造产值7.7亿元，比上年增加1.6亿元，实现利润4260万元，比上年增加46万元，全员劳动生产率达到14486元/人，比上年增加1854元/人。

社会救济和扶贫工作进展顺利。1992年全省有55.8万人次得到国家救济（不含救灾救济），占困难户总人数的74.6%，同时动员社会力量集体统筹713.7万元，用于社会困难户补助。同时积极做好农村扶贫工作。1992年新增扶贫户9.7万户，当年脱贫9.8万户，脱贫率为45.3%。

（高艳春）

统计资料

1—1 全省行政区划

(1992年)　　单位:个

市、地、州	市数				县级单位	
	合计	地级市	县级市		个数	名称
			个数	名称		
全省	**23**	**7**	**16**		**25**	
长春市	3	1	2	九台市、榆树市	3	德惠县、农安县、双阳县
吉林市	4	1	3	蛟河市、桦甸市、舒兰市	2	永吉县、磐石县
四平市	2	1	1	公主岭市	3	梨树县、伊通县、双辽县
辽源市	1	1			2	东丰县、东辽县
通化市	3	1	2	梅河口市、集安市	3	通化县、辉南县、柳河县
浑江市	1	1			4	临江县、抚松县、靖宇县、长白朝鲜族自治县
松原市	1	1			3	长岭县、乾安县、前郭尔罗斯蒙古族自治县
白城地区	3		3	白城市、洮南市、大安市	2	镇赉县、通榆县
延边朝鲜族自治州	5		5	延吉市、图们市、敦化市、龙井市、珲春市	3	和龙县、汪清县、安图县

市、地、州	市辖区		城市街道办事处	乡政府	镇政府
	个数	名称			
全省	**18**		**219**	**560**	**366**
长春市	5	南关区、宽城区、朝阳区、二道河子区、郊区	59	80	70
吉林市	4	昌邑区、龙潭区、船营区、郊区	55	74	44
四平市	2	铁西区、铁东区	16	61	49
辽源市	2	龙山区、西安区	14	25	20
通化市	2	东昌区、二道江区	17	70	47
浑江市	2	八道江区、三岔子区	4	32	40
松原市	1	扶余区	10	78	28
白城地区			20	81	21
延边朝鲜族自治州			24	59	47

1—2 自然状况和资源

(1992年)

项目	单位	实际数	项目	单位	实际数
一、土地			三、草原		
国土面积	万平方公里	18.74	草原面积	万公顷	187.71
各类土地所占比重			#可利用面积	万公顷	132.40
1. 山地	%	36.0	四、水文、水利		
2. 丘陵	%	5.8	1.河川年径流总量	亿立方米	405.7
3. 平原	%	30.0	#第二松花江	亿立方米	198.8
4. 台地及其他	%	28.2	图们江	亿立方米	59.7
各类用地所占比重			鸭绿江(干流)	亿立方米	34.15
1. 农业用地	%	21.1	浑江	亿立方米	36.46
2. 林业用地	%	48.6	牡丹江	亿立方米	42.90
3. 牧业用地	%	8.1	拉林河	亿立方米	15.22
4. 渔业用地	%	3.4	2.淡水总面积	万亩	960
5. 其他用地	%	18.8	#江河	万亩	560
二、森林			#可养殖面积	万亩	400
有林地面积	万公顷	682.80	#已养殖面积	万亩	283.7
#用材林	万公顷	555.50	3.水力资源蕴藏量	万千瓦	456.5
经济林	万公顷	5.40	五、矿产资源		
防护林	万公顷	90.90	煤保有储量	亿吨	21.79
疏林地面积	万公顷	19.70	铁矿石保有储量	亿吨	4.69
森林覆盖率	%	38.6	磷保有储量	万吨	470.30
森林蓄积量	亿立方米	7.78	石棉保有储量	万吨	0.3

注：水文、水利的数字为1991年数字。

2—1 国民经济主要指标

项目	单位	1978年	1980年	1985年	1990年	1991年	1992年
一、综合							
年末总人口	万人	2 149.33	2 210.65	2 298.01	2 440.17	2 459.69	2 474.01
社会劳动者人数	万人	645.38	715.30	930.20	1 169.41	1 194.69	1 235.02
职工人数	万人	324.92	373.88	449.51	517.31	533.44	541.53
#全民所有制	万人	250.02	270.50	304.43	361.98	371.80	379.27
集体所有制	万人	74.90	103.38	144.91	154.44	160.03	157.83
农村劳动者	万人	320.46	338.05	450.01	614.43	620.94	646.63
城镇个体劳动者	万人		3.37	21.37	29.50	31.52	38.51
其他劳动者	万人			9.31	8.17	8.79	8.35
国内生产总值	亿元	81.98	98.61	194.55	393.97	424.00	514.58
国民收入	亿元	71.07	85.07	169.62	336.91	357.36	434.52
社会总产值	亿元	180.85	219.89	422.24	874.73	957.49	1 168.58
#工农业总产值	亿元	150.64	182.14	342.64	741.45	802.76	972.20
二、固定资产投资							
全社会固定资产投资	亿元	18.16	20.88	62.15	93.51	113.97	151.08
生产性	亿元	14.96	14.04	37.04	60.50	75.63	95.55
非生产性	亿元	3.20	6.84	25.11	33.01	38.34	55.53
#住宅	亿元	1.98	4.91	17.23	24.13	27.56	36.85
全民所有制单位固定资产投资	亿元	15.60	17.65	37.38	66.94	85.63	121.67
#基本建设投资额	亿元	13.54	14.01	22.40	29.12	40.46	62.08
基本建设新增固定资产	亿元	7.29	9.59	14.67	22.73	32.91	39.90
基本建设固定资产交付使用率	%	53.9	68.5	65.5	78.1	81.3	64.3
更新改造措施投资	亿元	2.06	3.64	12.14	22.57	25.40	34.01
集体所有制单位固定资产投资	亿元	1.85	1.96	4.40	2.82	5.98	12.17
城镇	亿元	0.15	0.41	1.92	1.80	2.69	4.35
农村	亿元	1.70	1.55	2.48	1.02	3.29	7.82
城乡个人投资	亿元	0.71	1.27	20.37	23.75	22.36	17.24
城镇	亿元	0.44	0.58	2.14	4.07	3.72	3.08
农村	亿元	0.27	0.69	18.23	19.68	18.64	14.16
全民地方建筑施工企业全员劳动生产率	元/人		4 730	7 267	13 044	14 691	18 617
三、财政、金融							
地方财政收入	亿元	16.41	14.39	21.67	50.68	62.46	56.99
地方财政支出	亿元	16.35	17.32	34.50	71.67	79.12	80.02
城乡居民储蓄存款余额	亿元	5.86	10.64	43.96	106.50	253.20	315.42
四、物价指数（以上年价格为100）							
零售物价总指数	%	100.2	106.3	109.7	103.9	105.1	107.1
居民生活费用价格总指数	%	100.1	105.6	110.3	104.9	106.8	108.0
农副产品收购价格总指数	%	104.1	109.4	106.0	104.5	89.5	99.6
五、人民生活							
全部职工工资总额	万元	214 393	275 684	474 432	951 989	1 063 310	1 220 550
全部职工平均工资	元	651	763	1 081	1 888	2 045	2 308
居民消费水平	元	227	290	572	882	950	1 074
农民	元	158	205	377	618	634	679
非农业居民	元	382	463	750	1 288	1 433	1 667
六、农业							
农业总产值	亿元	37.78	47.47	85.89	189.09	188.38	204.39

2—1 续表 1

项　　　目	单 位	1978年	1980年	1985年	1990年	1991年	1992年
主要农产品产量							
粮　　食	万　吨	914.70	859.60	1 225.26	2 046.52	1 898.87	1 840.30
油　　料	万　吨	12.29	26.60	48.36	46.74	43.54	35.82
甜　　菜	万　吨	45.13	117.67	87.69	116.40	109.56	91.81
园　　参	吨	1 571	2 220	5 167	19 185	19 765	19 649
水　　果	万　吨	5.65	4.45	6.59	13.33	13.06	14.57
猪 牛 羊 肉	万　吨	15.64	24.57	29.93	43.38	46.78	50.12
水 产 品	万　吨	1.03	0.84	2.96	7.09	7.86	8.49
七、工　业							
工业总产值	亿　元	112.86	134.67	256.75	552.36	614.38	767.81
轻工业产值	亿　元	44.75	53.97	97.48	231.33	244.84	272.66
重工业产值	亿　元	68.11	80.70	159.27	321.03	369.54	495.15
主要工业产品产量							
布	亿　米	1.23	1.66	1.69	1.97	1.93	1.88
化学纤维	万　吨	0.92	1.18	2.02	3.03	3.17	3.37
机制纸及纸板	万　吨	34.03	36.50	48.89	57.02	60.30	61.21
糖	万　吨	4.88	7.09	7.15	5.84	9.24	10.49
自 行 车	万　辆	8.41	17.00	45.08	28.68	26.53	20.49
手　　表	万　只	25.10	31.00	156.00	135.32	120.75	113.80
家用电冰箱	台		96	23	107 159	132 300	140 138
电 视 机	万　台	0.21	2.52	24.15	28.71	21.43	18.88
#彩　　电	万　台			3.22	11.90	11.21	13.09
家用洗衣机	万　台		0.70	33.55	29.03	28.71	28.80
原　　煤	万　吨	2 060	1 807	2 311.8	2 610.25	2 558.75	2 503.51
原　　油	万　吨	185.1	176.4	213.02	356.70	342.30	344.06
发 电 量	亿千瓦小时	93.24	111.83	133.76	174.46	199.80	204.04
钢	万　吨	20.1	24.3	37.86	74.60	83.64	104.03
成 品 钢 材	万　吨	23.60	30.65	43.34	61.97	67.45	86.69
汽　　车	万　辆	5.90	6.72	9.77	7.33	9.23	14.51
农 用 化 肥	万　吨	26.78	29.02	25.50	30.15	29.05	30.06
木　　材	万立方米	581.6	642.5	635.04	598.04	563.15	515.28
水　　泥	万　吨	138.3	179.4	295.57	374.54	473.16	572.04
全民所有制独立核算工业企业							
固定资产原值	亿　元	119.85	135.32	220.14	417.61	489.48	556.41
固定资产净值	亿　元	77.90	86.02	148.22	292.57	346.27	395.98
定额流动资金平均余额	亿　元	33.20	37.08	50.68	139.44	162.40	175.75
利润、税金总额	亿　元	16.66	19.54	33.81	37.65	36.05	46.52
全员劳动生产率（1990年不变价）	元 / 人	13 225	14 691	18 886	23 994	24 694	27 626
八、运输、邮电							
货物周转量	亿吨公里	257.82	245.58	343.09	434.71	450.28	407.70
旅客周转量	亿人公里	78.02	84.29	134.64	147.87	155.11	172.21
货物运输量	亿　吨	1.07	0.92	1.17	2.31	2.36	2.41
旅客运输量	亿　人	1.19	1.32	1.72	1.87	1.93	2.01
邮电业务总量	万　元	3 853	4 055	8 886	41 556	51 394	70 063
函　　件	万　件	7 478	8 333	12 114	15 805	13 151	12 369
报刊期发数	万　份	393	512	952	384	378	628
九、能源生产与消费							

2—1 续表 2

项目	单位	1978年	1980年	1985年	1990年	1991年	1992年
能源生产量	万吨	1 635.60	1 530.30	1 947.20	2 572.30	2 593.29	2 259.4
能源消费量	万吨	1 661.44	1 930.23	2 658.84	3 523.42	3 572.80	3 753.80
十、国内商业							
社会商业商品购进总额	亿元				226.25	229.10	247.62
社会农副产品收购总额	亿元	12.34	17.52	42.82	135.11	127.85	133.43
社会商品零售总额	亿元	44.42	60.25	124.09	225.46	255.35	298.18
城乡集市贸易成交额	万元	16 512	28 999	136 475	497 149	621 944	760 994
商业、饮食业、服务业网点数	万个	1.91	4.59	24.08	25.11	27.02	29.48
从业人员	万人	21.18	32.61	82.70	85.90	89.34	95.92
主要商品零售量							
粮食	万吨	169.87	203.27	343.21	374.37	441.61	449.98
食用植物油	万吨	3.66	5.04	10.47	13.83	16.17	18.39
猪和猪肉	万头	138.47	230.57	187.68	215.71	253.94	254.05
食糖	万吨	5.68	7.50	10.13	4.57	2.73	2.63
鲜蛋	万吨	0.51	1.94	2.42	4.46	4.64	5.47
水产品	万吨	3.62	4.13	6.93	9.57	10.77	11.00
棉布	亿米	2.06	1.74	1.27	0.67	0.51	0.41
自行车	万辆	24.97	40.27	67.16	61.95	59.10	56.59
手表	万只	51.39	92.88	104.18	92.77	78.41	72.72
录音机	万架			19.95	25.30	22.52	18.14
电视机	万台		7.73	55.29	35.95	35.96	31.63
洗衣机	万台			29.92	21.05	16.11	15.31
电冰箱	万台			2.08	6.84	6.62	10.09
十一、外贸							
外贸商品收购额	亿元	2.36	4.73	8.96	32.36	38.62	58.71
外贸商品进出口总额	万美元	3 704	11 108	55 072	95 272	134 933	192 278
出口额	万美元	2 357	6 625	42 712	75 172	102 707	130 678
进口额	万美元	1 347	4 483	12 360	20 100	32 226	61 600
十二、科学、教育、文化							
全民所有制自然科技人员	万人	14.19	14.53	25.41	33.98	38.98	39.44
在校学生数							
高等学校	人	29 901	38 006	59 481	72 806	72 536	75 686
中等专业学校	人	31 517	42 421	55 888	65 179	68 662	74 115
普通中学	万人	205.95	183.14	138.70	119.57	124.02	129.80
农业职业中学	万人		1.90	14.18	14.32	14.43	15.16
小学	万人	342.97	355.29	299.81	276.12	267.24	259.95
报纸出版	亿份	2.90	1.30	4.50	3.01	3.13	4.30
杂志出版	亿册	0.10	0.20	0.73	0.44	0.48	0.55
图书出版	亿册	1.00	1.09	2.01	1.39	1.38	1.40
十三、卫生							
医疗卫生机构	个	3 889	4 274	4 568	4 407	4 369	4 189
专业卫生技术人员	万人	7.36	8.57	10.54	12.00	12.43	12.77
#医生	万人	3.03	3.45	3.98	5.03	5.13	5.15
医疗床位数	张	62 714	67 121	78 802	92 133	92 741	94 856
#医院病床数	张	58 051	60 682	70 750	83 241	83 826	85 570

2—2 国民经济主要指标发展速度

项目	1992年为下列各年(%)					年平均增长(%)	
	1978	1980	1985	1990	1991	1979—1992	1986—1992
一、综合							
年末总人口	115.1	111.9	107.7	101.4	100.6	1.0	1.1
社会劳动者人数	191.4	172.7	132.8	105.6	103.4	4.7	4.1
职工人数	166.7	144.8	120.5	104.7	101.5	3.7	2.7
#全民所有制	151.7	140.2	124.6	104.8	102.0	3.0	3.2
集体所有制	210.7	152.7	108.9	102.2	98.6	5.5	1.2
农村劳动者	201.8	191.3	143.7	105.2	104.1	5.1	5.3
城镇个体劳动者		1 142.7	180.2	130.5	122.2		8.8
其他劳动者			89.7	102.2	95.0		-1.5
国内生产总值	303.1	272.6	167.9	118.4	112.9	8.2	7.7
国民收入	298.2	272.6	162.3	116.6	112.7	8.1	7.2
社会总产值	328.5	288.7	178.0	119.3	114.0	8.9	8.6
#工农业总产值	332.9	298.7	184.9	117.8	113.5	9.0	9.2
二、固定资产投资							
全社会固定资产投资	831.9	723.6	243.1	161.6	132.6	16.3	13.5
生产性	638.7	680.6	258.0	157.9	126.3	14.2	14.5
非生产性	1 735.3	811.8	221.1	168.2	144.8	22.6	12.0
#住　　宅	1 861.1	750.5	213.9	152.7	133.7	23.2	11.5
全民所有制单位固定资产投资	779.9	689.3	325.5	181.8	142.1	15.8	18.4
#基本建设投资	458.5	443.1	277.1	213.2	153.4	11.5	15.7
基本建设新增固定资产	547.3	416.1	272.0	175.5	121.2	12.9	15.4
更新改造措施投资	1 651.0	934.3	280.1	150.7	133.9	22.2	15.9
集体所有制单位固定资产投资	657.8	620.9	276.6	431.6	203.5	14.4	15.6
城　　镇	2 900.0	1 061.0	226.6	241.7	161.7	27.2	12.4
农　　村	460.0	504.5	315.3	766.7	237.7	11.5	17.8
城乡个人投资	2 428.2	1 357.5	84.6	72.6	77.1	25.6	-2.4
城　　镇	700.0	531.0	143.9	75.7	82.8	14.9	5.3
农　　村	5 244.4	2 052.2	77.7	72.0	76.0	32.7	-3.5
全民地方建筑施工企业全员劳动生产率		393.6	256.2	142.7	126.7		14.4
三、财政、金融							
地方财政收入	347.3	396.0	263.0	112.5	91.2	9.3	14.8
地方财政支出	489.4	462.0	231.9	111.7	101.1	12.0	12.8
城乡居民储蓄存款余额	5 382.6	2 964.5	717.5	160.4	124.5	32.9	32.5
四、人民生活							
全部职工工资总额	569.3	442.7	257.3	128.2	114.8	13.2	14.5
全部职工平均工资	354.5	302.5	213.5	122.2	112.9	9.5	11.4
居民消费水平	190.1	162.6	110.8	108.6	106.0	4.7	1.5
农　　民	184.9	156.3	97.4	100.8	103.0	4.5	-0.1
非农业居民	168.1	149.8	116.6	113.2	107.4	3.8	2.2
五、农　　业							
农业总产值	215.4	214.2	144.1	102.4	102.9	5.6	5.4
主要农业产品产量							
粮　　食	201.2	214.1	150.2	89.9	96.9	5.1	6.0
油　　料	291.5	134.7	74.1	76.6	82.3	7.9	-4.2
甜　　菜	203.4	78.0	104.7	78.9	83.8	5.2	0.7

2—2 续表 1

项目	1992年为下列各年(%)					年平均增长(%)	
	1978	1980	1985	1990	1991	1979—1992	1986—1992
园参	1 250.7	885.1	380.3	102.4	99.4	19.8	21.0
水果	257.9	327.4	221.1	109.3	111.6	7.0	12.0
猪牛羊肉	320.5	204.0	167.5	115.5	107.1	8.7	7.6
水产品	824.3	1 010.7	286.8	119.7	108.0	16.3	16.2
六、工业							
工业总产值	383.7	334.8	200.5	123.6	117.2	10.1	10.4
轻工业产值	394.7	343.7	200.1	112.6	109.4	10.3	10.4
重工业产值	374.7	327.3	199.9	131.8	122.9	9.9	10.4
主要工业产品产量							
布	152.8	113.3	111.2	95.4	97.4	3.1	1.5
化学纤维	366.3	285.6	166.8	111.2	106.3	9.7	7.6
机制纸及纸板	179.9	167.7	125.2	107.3	101.5	4.3	3.3
糖	215.0	148.0	146.7	179.6	113.5	5.6	5.6
自行车	243.6	120.5	45.5	71.4	77.2	6.6	-10.7
手表	453.4	367.1	72.9	84.1	94.2	11.4	-4.4
家用电冰箱		1 460倍	6 093倍	130.8	105.9		247.3
电视机	8 990.5	749.2	78.2	65.8	88.1	37.9	-3.5
#彩电			406.5	110.0	116.8		22.2
家用洗衣机		4 114.3	85.8	99.2	100.3		-2.2
原煤	121.5	138.5	108.3	95.9	97.8	1.4	1.1
原油	185.9	195.0	161.5	96.5	100.5	4.5	7.1
发电量	218.8	182.5	152.5	117.0	102.1	5.8	6.2
钢	517.6	428.1	274.8	139.5	124.4	12.5	15.5
成品钢材	367.3	282.8	200.0	139.9	128.5	9.7	10.4
汽车	245.9	215.9	148.5	198.0	157.2	6.6	5.8
农用化肥	112.2	103.6	117.9	99.7	103.5	0.8	2.4
木材	88.6	80.2	81.1	86.2	91.5	-0.9	-2.9
水泥	413.6	318.9	193.5	152.7	120.9	10.7	9.9
全民所有制独立核算工业企业							
固定资产原值	464.3	411.2	252.8	133.2	113.7	11.6	14.2
固定资产净值	508.3	460.3	267.2	135.3	114.4	12.3	15.1
定额流动资金平均余额	529.4	474.0	346.8	126.0	108.2	12.6	19.4
利润、税金总额	279.2	238.1	137.6	123.6	129.0	7.6	4.7
全员劳动生产率	208.9	188.0	146.3	115.1	111.9	5.4	5.6
七、运输、邮电							
货物周转量	181.4	190.5	136.3	107.6	103.9	4.3	4.5
旅客周转量	220.7	204.3	127.9	116.5	111.0	5.8	3.6
货物运输量	225.2	262.0	206.0	104.3	102.1	6.0	10.9
旅客运输量	168.9	152.3	116.9	107.5	104.1	3.8	2.3
邮电业务总量	1 818.4	1 727.8	788.5	168.6	136.3	23.0	34.3
函件	165.4	148.4	102.1	78.3	94.1	3.7	0.3
报刊期发数	159.8	122.7	66.0	163.5	166.1	3.4	-5.8
八、能源生产与消费							
能源生产量	138.1	147.6	116.0	87.8	87.1	2.3	2.1
能源消费量	225.9	194.5	141.2	106.5	105.1	6.0	5.1

2—2 续表 2

项　　目	1992年为下列各年(%)					年平均增长(%)	
	1978	1980	1985	1990	1991	1979—1992	1986—1992
九、国内商业							
社会商业商品购进总额				109.4	108.1		
社会农副产品收购总额	1 142.4	761.6	311.6	98.8	104.4	19.0	17.6
社会商品零售总额	671.3	494.9	240.3	132.3	116.8	14.6	13.3
城乡集市贸易成交额	4 608.7	2 624.2	557.6	153.1	122.4	31.5	27.8
商业、饮食业、服务业							
网点数	1 543.5	642.3	122.4	117.4	109.1	21.6	2.9
从业人员	452.9	294.1	116.0	111.7	107.4	11.4	2.1
主要商品零售量							
粮　　食	264.9	221.4	131.1	120.2	101.9	7.2	3.9
食用植物油	502.5	364.9	175.6	133.0	113.7	12.2	8.4
猪和猪肉	183.5	110.2	135.4	117.8	100.0	4.4	4.4
食　　糖	46.3	35.1	26.0	57.5	96.3	-5.4	-17.5
鲜　　蛋	1 072.5	282.0	226.0	122.6	117.9	18.5	12.4
水 产 品	303.9	266.3	158.7	114.9	102.1	8.3	6.8
棉　　布	19.9	23.6	32.3	61.2	80.4	-10.9	-14.9
自 行 车	226.6	140.5	84.3	91.3	95.8	6.0	-2.4
手　　表	141.5	78.3	69.8	78.4	92.7	2.5	-5.0
录 音 机			90.9	71.7	80.6		-1.3
电 视 机		409.2	57.2	88.0	88.0		-7.7
洗 衣 机			51.2	72.7	95.0		-9.1
电 冰 箱			485.1	147.5	152.4		25.3
十、外　贸							
外贸商品收购额	2 487.7	1 241.2	655.2	181.4	152.0	25.8	30.8
外贸商品进出口总额	5 191.1	1 731.0	349.1	201.8	142.5	32.6	19.6
出 口 额	5 544.3	1 972.5	306.0	173.8	127.2	33.2	17.3
进 口 额	4 573.1	1 374.1	498.4	306.5	191.2	31.4	25.8
十一、科学、教育、文化							
全民所有制自然科技人员	277.9	271.4	155.2	116.1	101.2	7.6	6.5
在校学生数							
高等学校	253.1	199.1	127.2	104.0	104.3	6.9	3.5
中等专业学校	235.2	174.7	132.6	113.7	107.9	6.3	4.1
普通中学	63.0	70.9	93.6	108.6	104.7	-3.2	-0.9
小　学	75.8	73.2	86.7	94.1	97.3	-2.0	-2.0
报纸出版	148.3	330.8	95.6	142.9	137.4	2.9	-0.6
杂志出版	550.0	189.7	75.3	125.0	114.6	12.9	-4.0
图书出版	140.0	128.4	69.7	100.7	101.4	2.4	-5.0
十二、卫　生							
医疗卫生机构	107.7	98.0	91.7	95.1	95.9	0.5	-1.2
专业卫生技术人员	173.5	149.0	121.2	106.4	102.7	4.0	2.8
#医　生	170.0	149.3	129.4	102.4	100.4	3.9	3.8
医疗床位数	151.3	141.3	120.4	103.0	102.3	3.0	2.7
#医院病床数	147.4	141.0	120.9	102.8	102.1	2.8	2.8

2—3 国民经济主要比例关系

单位:%

项　　　目	1978年	1980年	1985年	1990年	1991年	1992年
1. 国民生产总值中三次产业比例						
第一产业	29.3	27.6	28.6	31.7	28.4	25.4
第二产业	52.4	53.0	50.0	46.2	47.9	50.0
第三产业	18.3	19.4	21.4	22.1	23.7	24.6
2. 国民收入生产额比例						
农　业	33.0	31.1	32.9	37.2	34.1	30.5
工　业	51.7	53.4	49.1	48.8	49.8	51.7
建筑业	3.5	5.3	6.7	5.5	6.1	6.4
运输业	5.9	5.4	4.1	3.3	4.1	4.0
商　业	5.9	4.8	7.2	5.2	5.9	7.4
3. 国民收入使用额中积累消费比例						
积　累	32.9	22.9	30.5	35.3	32.6	32.2
消　费	67.1	77.1	69.5	64.7	67.4	67.8
在积累总额中:						
生 产 性	82.6	65.1	63.6	51.1	41.1	44.2
非生产性	17.4	34.9	36.4	48.9	58.9	55.8
在消费总额中:						
居民消费	96.0	93.4	90.8	88.8	88.5	88.8
社会消费	4.0	6.6	9.2	11.2	11.5	11.2
4. 全社会固定资产投资的资金来源比例						
国家预算内投资			16.0	9.7	8.6	4.7
国内贷款			15.4	19.9	25.1	28.2
利用外资				6.5	5.0	5.2
自筹投资和其他			68.6	63.9	61.3	61.9
5. 全社会固定资产投资中生产与非生产性建设投资比例						
生产性建设	82.4	67.2	59.6	64.7	66.4	63.2
非生产性建设	17.6	32.8	40.4	35.3	33.6	36.8
#住　宅	10.9	23.5	27.7	25.8	24.2	24.4
6. 全民所有制单位基本建设投资中能源工业、运输邮电业投资比例						
能源工业	25.2	17.2	25.4	34.1	32.6	31.6
运输邮电业	1.9	2.3	2.6	6.9	5.3	4.6
7. 财政收入相当于国内生产总值的比例	20.0	14.6	11.1	12.9	14.7	11.1

2—3 续表　　单位:%

项　　目	1978年	1980年	1985年	1990年	1991年	1992年
8. 财政收入相当于国民收入的比例	23.1	16.9	12.8	15.0	17.5	13.1
9. 能源使用比例						
物质部门消费			79.3	77.6	77.7	80.0
非物质部门消费			4.5	5.1	5.0	4.3
生活消费			16.2	17.3	17.3	15.7
10. 工农业总产值中农轻重比例						
农　业	25.1	26.1	25.1	25.5	23.5	21.0
轻工业	29.7	29.6	28.4	31.2	30.5	28.0
重工业	45.2	44.3	46.5	43.3	46.0	51.0
11. 工业总产值中轻重工业比例						
轻工业	39.7	40.1	38.0	41.9	39.9	35.5
重工业	60.3	59.9	62.0	58.1	60.1	64.5
12. 农业总产值中五业的比例						
农作物种植业	79.8	69.5	68.7	71.5	68.7	67.9
林　业	2.3	5.2	3.9	2.2	2.3	2.5
牧　业	11.9	19.5	21.1	21.9	24.0	24.5
副　业	5.8	5.7	5.7	2.9	3.4	3.5
渔　业	0.2	0.1	0.6	1.5	1.6	1.6
13. 轻工业产值内部比例(乡及乡以上产值)						
以农产品为原料		71.2	75.5	76.5	76.9	77.1
以非农产品为原料		28.8	24.5	23.5	23.1	22.9
14. 重工业产值内部比例(乡及乡以上产值)						
采掘工业		12.5	13.5	14.9	14.3	11.3
原料工业		35.2	36.6	41.5	41.4	37.3
加工工业		52.3	49.9	43.6	44.3	51.4
15. 货运量中各种运输方式比例						
铁　路	47.3	55.9	49.3	26.4	26.8	27.1
公　路	52.5	44.0	50.5	73.5	73.1	72.8
水　运	0.2	0.1	0.2	0.1	0.1	0.1
16. 货物周转量中各种运输方式比例						
铁　路	97.1	97.6	96.4	87.1	86.1	86.8
公　路	2.7	2.3	3.4	12.6	13.6	13.0
水　运	0.2	0.1	0.2	0.3	0.3	0.2

2—4 按经济类型分的国民经济主要比例关系

单位:%

项　　　目	1978年	1980年	1985年	1990年	1991年	1992年
1. 全社会劳动者人数比例						
全民所有制	38.7	37.8	32.7	31.0	31.1	30.7
城镇集体所有制	11.6	14.4	15.6	13.2	13.4	12.8
其他所有制					0.1	0.4
城镇个体劳动者		0.5	2.3	2.5	2.7	3.1
乡村劳动力	49.7	47.3	48.4	52.6	52.0	52.3
其他劳动者			1.0	0.7	0.7	0.7
2. 全社会固定资产投资额比例						
全民所有制	85.9	84.5	60.1	71.6	75.1	80.5
集体所有制	10.2	9.4	7.1	3.0	5.3	8.1
城乡个人	3.9	6.1	32.8	25.4	19.6	11.4
3. 农业经济纯收入分配比例						
国家税金	6.3	7.1	4.6	5.1	5.3	5.6
集体提留	14.9	14.6	7.4	6.9	8.0	7.6
个人所得	78.8	78.3	88.0	88.0	86.7	86.8
4. 工业总产值比例						
全民所有制	78.9	78.7	74.5	70.4	71.5	69.8
集体所有制	21.1	21.3	22.8	22.5	21.8	20.5
城乡个体			2.6	6.8	6.3	6.7
其他经济类型			0.1	0.3	0.4	3.0
5. 社会商品零售总额比例						
全民所有制	60.2	56.9	41.1	40.4	41.6	41.4
集体所有制	38.3	39.1	37.6	31.1	27.8	24.1
合　　营				0.4	0.6	1.6
个　　体		0.8	14.1	18.4	19.8	22.8
农民对非农业居民零售	1.5	3.2	7.2	9.7	10.2	10.1

2—5 按总人口平均国民经济主要指标

项目	单位	1978年	1980年	1985年	1990年	1991年	1992年
社会总产值	元/人	844.3	1 000.6	1 842.8	3 617.9	3 908.2	4 737.1
国内生产总值	元/人	391.1	450.4	838.2	1 629.2	1 730.7	2 086.0
国民收入	元/人	333.1	387.1	740.3	1 393.5	1 458.7	1 761.4
工农业总产值	元/人	706.1	828.8	1 495.4	3 066.7	3 276.7	3 941.0
工业总产值	元/人	529.0	612.8	1 120.5	2 284.6	2 507.8	3 112.5
轻工业产值	元/人	209.8	245.6	425.4	956.8	999.4	1 105.3
重工业产值	元/人	319.2	367.2	695.1	1 327.8	1 508.4	2 007.2
农业总产值	元/人	177.1	216.0	374.9	782.1	768.9	828.5
主要工农业产品产量							
原煤	公斤/人	965.5	822.2	1 008.9	1 079.6	1 044.4	1 014.9
原油	公斤/人	86.8	80.3	93.0	147.5	139.7	139.5
发电量	千瓦小时/人	437.0	508.9	583.8	721.6	815.5	827.1
木材	立方米/人	0.3	0.3	0.3	0.2	0.2	0.2
钢	公斤/人	9.4	11.1	16.5	30.9	34.1	42.2
汽车	辆/万人	27.7	30.6	42.6	30.3	37.7	58.8
自行车	辆/万人	39.4	77.4	196.7	118.6	108.3	83.1
电视机	台/万人	1.0	11.4	105.4	118.7	87.5	76.5
手表	只/万人	117.6	141.1	680.8	559.7	492.9	461.3
粮豆	公斤/人	428.7	391.2	534.8	846.4	775.1	746.0
油料	公斤/人	5.8	12.1	21.1	19.3	17.8	14.5
甜菜	公斤/人	21.2	53.5	38.3	48.1	44.7	37.2
全民基本建设投资额	元/人	63.5	63.7	97.7	120.4	165.1	251.7
社会商品零售总额	元/人	205.1	274.2	541.6	932.5	1 042.3	1 208.7
对外贸易进出口总额	美元/人	1.7	5.1	24.0	39.4	55.1	77.9
地方财政收入	元/人	76.9	65.5	103.5	209.6	254.9	231.0
地方财政支出	元/人	76.6	78.8	150.6	296.4	322.9	324.3
城乡居民储蓄存款余额	元/人	27.3	48.1	191.3	767.0	1 029.7	1 278.6
高等学校在校学生	人/万人	13.9	17.2	25.9	29.8	29.5	30.6
中等专业学校在校学生	人/万人	14.8	19.3	24.4	26.7	27.9	30.0
报纸出版	份/人	13.6	5.9	19.6	12.4	12.8	17.4
杂志出版	册/人	0.5	1.3	3.2	1.8	2.0	2.2
图书出版	册/人	4.7	5.0	8.8	5.7	5.6	5.7
医疗床位数	张/万人	29.2	30.4	34.3	37.8	37.7	38.3
卫生技术人员数	人/万人	34.3	38.8	45.9	49.2	50.5	51.6
#医生	人/万人	14.1	15.6	17.3	20.7	20.9	20.8

2—6 全省平均每天主要社会经济活动

项目	单位	1978年	1980年	1985年	1990年	1991年	1992年
一、全省每天创造的财富							
国内生产总值	万元	2 285.9	2 712.0	5 262.1	10 793.7	11 616.4	14 098.1
国民收入	万元	1 947.1	2 330.7	4 647.1	9 230.4	9 790.7	11 904.7
社会总产值	万元	4 954.7	6 024.4	11 568.3	23 965.2	26 232.6	32 015.9
工农业总产值	万元	4 127.3	4 990.2	9 387.6	20 313.7	21 993.4	26 635.6
农业总产值	万元	1 035.1	1 300.6	2 353.3	5 180.5	5 161.1	5 599.7
工业总产值	万元	3 092.2	3 689.6	7 034.3	15 133.2	16 832.3	21 035.9
财政收入	万元	449.7	394.4	593.6	1 388.5	1 711.2	1 561.4
布	万米	33.8	45.3	46.3	54.0	52.9	51.5
机制纸及纸板	吨	931.5	1 000.0	1 339.5	1 562.2	1 652.1	1 677.0
原煤	万吨	5.6	5.0	6.3	7.2	7.0	6.9
发电量	万千瓦小时	2 554.5	3 063.8	3 664.7	4 779.7	5 474.0	5 590.1
原油	吨	5 071.2	4 832.9	5 836.2	9 772.6	9 378.1	9 426.3
钢	吨	550.7	665.8	1 037.3	2 043.8	2 291.5	2 850.1
成品钢材	吨	646.6	839.7	1 187.4	1 697.8	1 847.9	2 375.1
水泥	吨	3 789.0	4 915.1	8 097.8	10 261.4	12 963.3	15 672.3
二、全省每天消费量							
城乡居民消费总额	万元	1 342.1	1 763.5	3 239.7	5 887.6	6 423.2	7 312.2
平均每人消费额	元	0.6	0.8	1.4	2.4	2.6	2.9
粮食	吨	4 654.0	5 569.1	9 403.1	10 256.7	12 099.0	12 328.2
猪肉	头	3 793.7	6 317.0	5 141.9	5 909.9	6 957.3	6 960.3
食用植物油	吨	100.3	137.9	286.8	378.9	443.0	503.8
糖	吨	155.6	205.6	277.5	125.2	74.8	72.1
生活用棉布	万米	56.4	47.6	34.8	18.4	13.9	11.2
自行车零售量	辆	684.1	1 103.3	1 840.1	1 697.3	1 619.2	1 550.4
缝纫机零售量	架		601.3	458.0	258.7	217.6	144.6
手表零售量	只	1 407.9	2 544.7	2 854.2	2 541.6	2 148.2	1 992.3
电视机零售量	台		211.7	1 514.7	984.9	985.1	866.6
电冰箱零售量	台			57.1	187.4	181.3	276.4
家用洗衣机零售量	台			819.7	576.7	441.3	419.5
电风扇零售量	台			229.7	305.9	220.7	270.4
三、每天其他经济活动							
出版图书	万册	27.4	29.9	55.1	38.1	37.8	38.4
出版杂志	万册	2.7	7.9	20.0	12.1	13.2	15.1
出版报纸	万份	79.5	35.6	123.3	82.5	85.8	117.8
邮寄函件	万件	20.5	22.8	33.2	43.3	36.0	33.9
四、全省每天人口变动和婚姻							
出　　生	人	1 166	952	748	1 203	797	778
死　　亡	人	355	348	335	374	323	338
结　　婚	对		439	642	631	643	604
离　　婚	对		18	25	48	46	51

2—7 国内生产总值和构成

年份	国内生产总值	第一产业	第二产业	#工业	#建筑业	第三产业	#运输邮电	#商业	人均国内生产总值(元)
一、绝对数(万元)									
1978	819 840	239 854	429 567	403 386	26 181	150 419	44 587	26 850	381
1979	911 275	253 405	492 221	445 615	46 606	165 649	51 318	25 614	417
1980	986 064	272 382	522 437	474 198	48 239	191 245	56 153	27 794	445
1981	1 111 674	343 127	565 303	512 881	52 422	203 244	43 319	38 792	496
1982	1 216 597	383 967	603 545	542 081	61 464	229 085	51 877	33 362	538
1983	1 482 428	567 366	653 809	587 547	66 262	261 253	57 777	46 351	650
1984	1 711 703	600 368	804 552	720 979	83 573	306 783	67 450	50 139	746
1985	1 945 469	557 356	972 078	852 917	119 161	416 035	82 542	89 622	843
1986	2 178 684	643 490	1 042 989	912 786	130 203	492 205	108 932	109 274	937
1987	2 833 060	805 694	1 393 655	1 234 906	158 749	633 711	161 542	97 968	1 209
1988	3 478 303	925 927	1 735 768	1 551 234	184 534	816 608	175 160	163 847	1 471
1989	3 613 737	805 301	1 810 209	1 640 918	169 291	998 227	203 038	185 815	1 509
1990	3 939 712	1 249 941	1 821 505	1 638 224	183 281	868 266	193 385	37 561	1 617
1991	4 239 994	1 204 760	2 030 242	1 817 133	213 109	1 004 992	254 772	53 727	1 718
1992	5 145 770	1 308 150	2 570 134	2 271 778	298 356	1 267 486	306 010	141 436	2 070
二、构成(以国内生产总值为100)									
1978	100	29.3	52.4	49.2	3.2	18.3	5.4	3.3	
1979	100	27.8	54.0	48.9	5.1	18.2	5.6	2.8	
1980	100	27.6	53.0	48.1	4.9	19.4	5.7	2.8	
1981	100	30.9	50.9	46.2	4.7	18.2	3.9	3.5	
1982	100	31.6	49.6	44.6	5.0	18.8	4.3	2.7	
1983	100	38.3	44.1	39.6	4.5	17.6	3.9	3.1	
1984	100	35.1	47.0	42.1	4.9	17.9	3.9	2.9	
1985	100	28.6	50.0	43.8	6.2	21.4	4.2	4.6	
1986	100	29.5	47.9	41.9	6.0	22.6	5.0	5.0	
1987	100	28.4	49.2	43.6	5.6	22.4	5.7	3.5	
1988	100	26.6	49.9	44.6	5.3	23.5	5.0	4.7	
1989	100	22.3	50.1	45.4	4.7	27.6	5.6	5.1	
1990	100	31.7	46.2	41.6	4.6	22.1	4.9	1.0	
1991	100	28.4	47.9	42.9	5.0	23.7	6.0	1.3	
1992	100	25.4	50.0	44.2	5.8	24.6	5.9	2.7	

2—8 国内生产总值和指数

年份	国内生产总值	第一产业	第二产业	第三产业	人均国内生产总值（元）
一、绝对数（万元）					
按1980年不变价格计算					
1978	925 315	309 055	457 542	158 718	430
1979	966 339	285 069	507 907	173 363	442
1980	1 028 664	279 368	556 775	192 521	464
1981	1 088 327	320 476	567 243	200 608	486
1982	1 171 672	358 160	592 655	220 857	518
1983	1 408 056	528 018	634 162	245 876	617
1984	1 575 007	550 510	745 768	278 729	687
1985	1 670 285	482 239	841 025	347 021	724
1986	1 770 669	502 975	873 825	393 869	762
1987	2 080 059	579 930	1 038 121	462 008	888
1988	2 388 499	599 286	1 256 816	532 397	1 010
1989	2 290 183	495 949	1 206 561	587 673	957
1990	2 369 419	677 757	1 180 960	510 702	973
按1990年不变价格计算					
1990	4 056 324	1 362 171	1 825 887	868 266	1 665
1991	4 253 073	1 362 211	1 932 572	958 290	1 723
1992	4 803 659	1 386 494	2 284 896	1 132 269	1 933
二、指数（以1978年为100）					
1979	104.4	92.2	111.0	109.2	102.8
1980	111.2	90.4	121.7	121.3	107.9
1981	176.6	103.7	124.0	126.4	113.0
1982	126.7	115.9	129.5	139.2	120.5
1983	152.2	170.8	138.6	154.9	143.5
1984	170.2	178.1	163.0	175.6	159.8
1985	180.5	156.0	183.8	218.6	168.4
1986	191.4	162.7	191.0	248.2	177.2
1987	224.8	187.6	226.9	291.1	206.5
1988	258.1	193.9	274.7	335.4	234.9
1989	247.5	160.5	263.7	370.3	222.6
1990	256.1	219.3	258.1	321.8	226.3
1991	268.5	219.3	273.2	355.1	234.3
1992	303.1	223.2	322.9	419.7	262.9

2—9 国内生产总值项目构成

(1992年)　　　　单位:万元

项　　目	增加额	劳动者收入	福利基金(公益金)	利润	税金	其他	固定资产折旧
国内生产总值	**5 145 770**	**2 543 452**	**133 503**	**262 178**	**746 223**	**681 184**	**779 230**
第一产业	1 308 150	1 037 594	13 080	85 030	30 071	86 338	56 037
第二产业	2 570 134	824 570	70 422	268 064	579 947	363 461	463 670
工　业	2 271 778	660 753	57 113	242 193	554 496	324 825	432 398
建筑业	298 356	163 817	13 309	25 871	25 451	38 636	31 272
第三产业	1 267 486	681 288	50 001	-90 916	136 205	231 385	259 523
交通运输、邮电通讯业	306 010	133 913	5 894	56 897	27 645	4 320	77 341
商业饮食业、物资供销和仓储业	141 436	209 459	8 517	-203 757	63 821	23 218	40 178
金融保险业	304 217	15 841	2 000	51 649	36 704	182 852	15 171
综合技术和为生产服务事业	48 327	37 019	4 435			794	6 079
居民服务业	42 497	24 988	1 019	1 190	6 715	1 997	6 588
公用事业	29 496	16 204	1 782	-1 476	432	2 248	10 306
房地产业	94 306	13 692	1 393	1 297	351	1 217	76 356
卫生、体育和社会福利事业	50 508	40 160	4 528	329		2 575	2 916
教育、文化艺术和广播电视事业	133 495	102 622	11 381	2 955	537	940	15 060
科学研究事业	16 854	12 193	1 341			1 348	1 972
国家机关、政党机关和社会团体	94 245	69 102	7 711			9 876	7 556
其他	6 095	6 095					

2—10 各市县国内生产总值

（1992 年）

市、县	国内生产总值	第一产业	第二产业	#工业	#建筑业	第三产业	#运输邮电	#商业	人均国内生产总值（元）
全省	**5 145 770**	**1 308 150**	**2 570 134**	**2 271 778**	**298 356**	**1 267 486**	**306 010**	**141 436**	**2 070**
长春市	**1 552 750**	**342 899**	**820 425**	**739 497**	**80 928**	**389 426**	**107 091**	**11 943**	**2 404**
市区	1 039 937	41 847	724 089	685 617	38 472	274 001	68 518	7 854	
九台市	97 264	42 398	29 321	19 223	10 098	25 545	3 976	4 922	1 201
榆树市	192 458	93 989	45 426	31 189	14 237	53 043	12 756	20 352	1 631
农安县	160 646	82 101	35 942	28 951	6 991	42 603	7 921	11 072	1 507
德惠县	125 524	56 705	41 519	34 386	7 133	27 300	3 365	14 414	1 477
双阳县	51 919	29 445	13 187	11 016	2 171	9 287	1 854	-513	1 311
吉林市	**1 082 981**	**146 248**	**613 267**	**544 312**	**68 955**	**323 466**	**75 307**	**74 557**	**2 585**
市区	710 103	21 637	467 463	422 617	44 846	221 003	33 889	65 418	
桦甸市	104 328	18 977	62 025	49 041	12 984	23 326	5 364	3 979	2 360
蛟河市	65 942	22 283	19 160	17 010	2 150	24 499	7 909	3 810	1 412
舒兰市	79 515	31 063	24 288	20 018	4 270	24 164	8 367	3 171	1 229
永吉县	88 638	36 183	24 333	17 277	7 056	28 122	12 645	1 385	1 182
磐石县	79 550	18 581	40 306	34 236	6 070	20 663	8 108	2 266	1 487
四平市	**521 549**	**206 932**	**178 537**	**151 335**	**27 202**	**136 080**	**24 649**	**26 105**	**1 739**
市区	149 200	5 825	91 803	81 528	10 275	51 572	6 079	5 857	
公主岭市	141 948	76 916	32 590	29 014	3 576	32 442	4 311	11 753	1 449
梨树县	117 540	65 406	26 049	21 232	4 817	26 085	7 237	4 536	1 451
伊通县	54 874	31 520	13 105	10 970	2 135	10 249	2 513	921	1 264
双辽县	57 987	27 265	14 990	8 591	6 399	15 732	4 509	3 038	1 586
辽源市	**243 235**	**60 006**	**91 553**	**80 142**	**11 411**	**91 676**	**12 988**	**21 785**	**2 027**
市区	121 989	3 945	68 463	61 364	7 099	49 581	5 030	11 572	2 905
东丰县	55 586	29 204	13 805	11 710	2 095	12 577	1 069	962	1 433
东辽县	54 204	27 583	11 326	9 921	1 405	15 295	3 263	895	1 390
通化市	**447 847**	**106 319**	**224 541**	**190 647**	**33 894**	**116 987**	**31 104**	**19 573**	**2 023**
市区	137 517	4 943	89 181	78 208	10 973	43 393	11 642	6 024	3 282
梅河口市	101 831	30 598	41 527	27 087	14 440	29 706	9 846	4 363	1 607
集安市	50 541	13 776	22 126	20 148	1 978	14 639	4 308	4 372	2 256
通化县	49 938	15 900	24 811	23 313	1 498	9 227	886	2 128	1 972

注：1. 全省和地区是分别计算的，故各地区相加不等于全省总计。
2. 人均国内生产总值使用的人口是购买力人口。

2—10 续表　　　　(1992年)

市、县	国内生产总值	第一产业	第二产业	#工业	#建筑业	第三产业	#运输邮电	#商业	人均国内生产总值（元）
辉南县	58 363	17 940	28 706	27 221	1 485	11 717	2 503	1 280	1 653
柳河县	49 657	23 162	18 190	14 670	3 520	8 305	1 919	1 406	1 356
浑江市	**263 098**	**56 725**	**132 787**	**112 402**	**20 385**	**73 586**	**8 281**	**14 734**	**2 103**
市区	165 684	26 473	91 337	76 015	15 322	47 874	5 387	9 792	
临江县									
抚松县	54 913	16 827	26 932	24 965	1 967	11 154	1 171	2 222	1 861
靖宇县	19 549	6 606	5 901	3 802	2 099	7 042	882	824	1 372
长白县	22 952	6 819	8 617	7 620	997	7 516	841	1 896	2 749
松原市	**394 948**	**199 769**	**136 095**	**126 476**	**9 619**	**59 084**	**17 974**	**5 799**	
扶余区	151 692	67 291	54 604	50 285	4 319	29 797	9 474	5 280	1 367
长岭县	68 716	52 578	9 054	7 927	1 127	7 084	2 415	−2024	1 197
前郭县	132 336	53 462	62 709	60 165	2 544	16 165	3 182	3 870	1 825
乾安县	50 973	26 438	18 497	16 868	1 629	6 038	1 403	−1327	1 888
白城地区	**294 956**	**120 758**	**94 682**	**78 062**	**16 620**	**79 516**	**20 229**	**15 796**	**1 552**
白城市	86 122	10 143	38 229	31 922	6 307	37 750	8 477	12 007	2 433
洮南市	67 083	34 684	19 488	15 506	3 982	12 911	2 375	3 230	1 293
大安市	65 601	25 058	25 459	21 191	4 268	15 084	4 932	1 223	1 598
镇赉县	44 245	24 374	12 361	11 010	1 351	7 510	900	1 273	1 437
通榆县	34 142	21 081	5 519	3 823	1 696	7 542	1 526	489	1 041
延边朝鲜族自治州	**527 718**	**86 192**	**253 483**	**219 913**	**33 570**	**188 043**	**38 255**	**67 571**	**2 513**
延吉市	126 950	5 475	70 696	59 498	11 198	50 779	5 475	22 639	3 992
图们市	41 871	3 808	22 465	20 700	1 765	15 598	5 020	6 441	3 012
敦化市	97 312	22 301	46 719	42 209	4 510	28 292	6 090	8 590	2 076
龙井市	59 189	15 467	27 324	22 550	4 774	16 398	3 136	4 315	2 099
珲春市	47 489	9 464	20 874	12 884	7 990	17 151	1 324	7 706	2 622
和龙县	48 498	9 503	24 689	21 748	2 941	14 306	3 342	3 991	2 015
汪清县	52 198	11 850	24 119	21 962	2 157	16 229	4 980	3 500	1 919
安图县	45 975	9 689	21 251	18 221	3 030	15 035	2 574	4 161	2 151

2—11 历 年 国 民 收 入

单位:万元

年份	国民收入	农业	工业	建筑业	运输业	商业	人均国民收入(元)
1952	152 153	90 143	38 577	3 124	7 331	12 978	141
1953	174 535	87 708	47 742	7 219	8 561	23 305	153
1954	182 526	89 234	54 082	9 396	9 793	20 021	157
1955	187 325	96 841	50 946	8 326	9 905	21 307	157
1956	216 523	103 507	60 800	13 918	11 998	26 300	176
1957	218 852	86 374	81 947	10 252	12 059	28 220	175
1958	272 993	91 244	120 226	16 889	14 665	29 969	213
1959	327 429	97 248	163 440	16 738	16 771	33 232	247
1960	370 717	80 980	203 824	21 671	21 934	42 308	256
1961	273 613	101 439	109 142	11 886	17 127	34 019	183
1962	264 791	97 323	105 372	12 484	18 019	31 593	177
1963	304 112	114 475	129 213	14 163	19 345	26 916	199
1964	322 342	114 912	148 234	16 093	18 257	24 846	206
1965	363 199	129 438	175 687	13 848	19 274	24 952	222
1966	400 353	159 450	180 389	11 660	22 965	25 889	238
1967	372 116	173 135	150 923	9 322	18 687	20 049	216
1968	351 703	168 181	140 691	7 489	17 024	18 318	199
1969	375 778	140 168	183 678	9 877	18 369	23 686	208
1970	481 766	183 657	232 452	11 320	25 007	29 330	260
1971	526 235	191 757	261 060	12 837	27 368	33 213	276
1972	473 273	152 341	254 167	14 121	27 637	25 007	242
1973	543 094	208 552	261 463	15 966	29 983	27 130	271
1974	555 788	216 755	266 022	17 540	29 608	25 863	272
1975	620 166	208 170	334 335	19 064	34 239	24 358	300
1976	568 887	164 769	324 753	19 247	33 143	26 975	271
1977	603 931	193 297	327 837	19 956	36 342	26 499	284
1978	710 706	234 568	367 479	25 215	41 827	41 617	330
1979	784 481	247 552	412 839	42 063	41 790	40 237	359
1980	850 688	265 059	454 108	44 897	45 699	40 925	384
1981	930 154	333 251	456 532	48 534	36 637	61 200	418
1982	1 015 595	383 265	477 882	57 939	43 875	53 634	449
1983	1 277 248	566 364	537 196	61 489	48 537	63 662	560
1984	1 472 872	601 119	669 232	77 818	56 286	68 417	642
1985	1 696 182	557 754	834 108	113 010	68 944	122 366	735
1986	1 898 083	629 247	902 431	123 385	93 945	140 075	816
1987	2 381 204	804 044	1 174 116	150 975	105 585	146 484	1 016
1988	2 932 151	912 353	1 482 904	177 717	119 047	240 130	1 240
1989	3 047 527	814 082	1 621 958	164 500	124 792	322 195	1 273
1990	3 369 133	1 254 689	1 644 073	185 011	112 088	173 272	1 383
1991	3 573 636	1 217 336	1 780 206	218 671	145 903	211 520	1 448
1992	4 345 187	1 323 144	2 246 971	276 764	175 795	322 513	1 749

2—11 续表　　　　单位:万元

年　份	国民收入	农　业	工　业	建筑业	运输业	商　业	人均国民收入（元）
按1952年不变价格计算							
1952	165 926	102 648	39 844	3 124	7 331	12 979	154
1953	179 768	93 703	48 256	7 219	8 060	22 530	158
1954	186 518	94 310	54 035	9 768	9 364	19 041	161
1955	192 098	99 939	53 500	9 096	9 403	20 160	161
1956	220 708	98 407	70 224	15 614	11 484	24 979	180
1957	220 145	80 864	90 211	11 609	11 502	25 959	176
按1957年不变价格计算							
1957	214 213	78 559	85 123	10 252	12 059	28 220	171
1958	278 205	92 242	125 440	17 032	14 665	28 826	217
1959	331 680	96 941	166 949	17 399	16 771	33 620	250
1960	365 667	73 870	206 100	21 956	21 934	41 807	252
1961	243 124	83 244	107 909	10 323	15 630	26 018	162
1962	233 740	80 486	102 844	10 780	16 292	23 338	156
1963	272 378	93 135	126 288	12 956	17 300	22 699	178
1964	286 461	93 782	140 160	14 485	16 597	21 437	183
1965	326 450	104 133	172 177	12 342	16 760	21 038	200
1966	356 193	109 813	193 774	10 310	20 074	22 222	212
1967	323 071	119 238	162 131	8 177	16 418	17 107	188
1968	310 568	115 826	157 575	6 517	15 034	15 616	176
1969	338 967	96 534	197 307	8 526	16 304	20 296	188
1970	440 317	126 485	249 700	10 623	25 682	27 827	237
1971	486 610	130 987	283 167	12 837	28 108	31 511	255
按1970年不变价格计算							
1971	526 217	190 224	263 668	11 745	27 368	33 212	276
1972	466 794	144 928	256 438	12 784	27 637	25 007	238
1973	535 632	197 867	265 646	15 006	29 983	27 130	267
1974	544 822	201 258	271 608	16 485	29 608	25 863	267
1975	618 687	197 106	344 690	18 294	34 239	24 358	299
1976	569 899	153 855	337 616	18 310	33 143	26 975	272
1977	597 555	178 813	337 302	18 757	36 342	26 341	281
1978	705 981	214 020	384 294	24 783	41 827	41 057	328
1979	736 024	196 563	416 555	41 360	41 790	39 756	337
1980	772 079	193 541	451 678	42 952	45 699	38 209	348
1981	806 264	217 820	453 831	43 018	36 637	54 958	360
按1980年不变价格计算							
1981	911 677	308 951	461 881	44 030	36 637	60 178	407
1982	977 952	355 882	476 652	51 299	43 875	50 244	432
1983	1 216 606	525 581	529 467	54 436	48 537	58 585	533
1984	1 363 440	549 203	630 324	67 289	55 537	61 087	594
1985	1 465 929	476 331	736 485	90 771	62 857	99 485	635
1986	1 561 973	490 879	780 236	90 260	85 482	115 116	672
1987	1 816 117	574 678	940 542	100 987	96 021	103 889	775
1988	2 052 599	589 001	1 115 469	98 569	108 224	141 336	868
1989	1 959 162	499 247	1 108 742	75 493	113 447	162 233	818
1990	2 041 450	679 018	1 101 717	80 710	96 034	83 971	838
按1990年不变价格计算							
1990	3 490 310	1 370 449	1 649 449	185 011	112 129	173 272	1 433
1991	3 613 652	1 383 348	1 692 686	204 122	132 240	201 256	1 464
1992	4 070 913	1 402 378	2 003 641	231 215	145 464	288 215	1 638

注：人均国民收入使用的人口是购买力人口，下表同。

2—12 历年国民收入指数

(以1952年为100)

年份	国民收入	农业	工业	建筑业	运输业	商业
1952	100	100	100	100	100	100
1953	108.3	91.3	121.1	231.1	109.9	173.6
1954	112.4	91.9	135.6	312.7	127.7	146.7
1955	115.8	97.4	134.3	291.2	128.3	155.3
1956	133.0	95.9	176.2	499.8	156.6	192.5
1957	132.7	78.8	226.4	371.6	156.9	200.0
1958	172.3	92.5	333.6	617.4	190.8	204.3
1959	205.4	97.2	444.0	630.7	218.2	238.3
1960	226.4	74.1	548.1	795.9	285.4	296.3
1961	150.5	83.5	287.0	374.2	203.4	184.4
1962	144.8	80.7	273.5	390.7	212.0	165.4
1963	168.7	93.4	335.8	469.6	225.1	160.9
1964	177.4	94.0	372.7	525.0	216.0	152.0
1965	202.2	104.4	457.9	447.3	218.1	149.1
1966	220.6	110.1	515.3	373.7	261.2	157.5
1967	200.1	119.5	431.2	296.4	213.6	121.2
1968	192.4	116.1	419.1	236.2	195.6	110.6
1969	210.0	96.8	524.8	309.0	212.1	143.7
1970	272.7	126.8	664.1	385.0	334.2	197.2
1971	301.4	131.3	753.1	465.2	365.8	223.3
1972	267.4	100.0	732.4	506.4	369.4	168.1
1973	306.8	136.5	758.7	594.4	400.8	182.4
1974	312.1	138.8	775.7	653.0	395.8	173.9
1975	354.3	136.1	984.6	724.7	457.6	163.8
1976	326.4	106.3	964.4	725.3	443.0	181.4
1977	342.2	123.5	963.5	743.0	485.8	177.1
1978	404.3	147.8	1 097.7	981.8	559.0	276.1
1979	421.5	135.6	1 189.9	1 638.5	558.5	267.3
1980	442.2	133.5	1 290.2	1 701.6	610.7	256.9
1981	461.8	150.4	1 296.3	1 704.2	489.6	369.5
1982	495.4	173.3	1 337.8	1 985.5	586.3	308.5
1983	616.3	255.9	1 486.0	2 106.9	648.6	359.7
1984	690.7	267.4	1 769.1	2 604.4	742.1	375.1
1985	742.6	231.9	2 067.1	3 513.3	839.9	610.9
1986	791.6	239.0	2 189.9	3 492.2	1 142.3	706.8
1987	920.4	279.8	2 639.8	3 908.8	1 283.1	637.9
1988	1 039.7	286.7	3 130.8	3 815.3	1 446.1	868.0
1989	991.9	243.1	3 113.0	2 922.5	1 515.5	996.5
1990	1 033.6	330.6	3 094.3	3 124.2	1 283.6	516.2
1991	1 070.1	333.7	3 175.4	3 446.9	1 513.8	599.6
1992	1 205.5	338.3	3 758.7	3 904.4	1 665.2	858.7

2—13 历年国民收入构成

单位:%

年份	国民收入	农业	工业	建筑业	运输业	商业
1952	100	59.2	25.4	2.1	4.8	8.5
1953	100	50.2	27.4	4.1	4.9	13.4
1954	100	48.9	29.6	5.1	5.4	11.0
1955	100	51.7	27.2	4.4	5.3	11.4
1956	100	47.8	28.1	6.4	5.5	12.2
1957	100	39.5	37.4	4.7	5.5	12.9
1958	100	33.4	44.0	6.2	5.4	11.0
1959	100	29.7	49.9	5.1	5.2	10.1
1960	100	21.8	55.1	5.8	5.9	11.4
1961	100	37.1	39.9	4.3	6.3	12.4
1962	100	36.8	39.8	4.7	6.8	11.9
1963	100	37.6	42.5	4.6	6.4	8.9
1964	100	35.6	46.0	5.0	5.7	7.7
1965	100	35.6	48.4	3.8	5.3	6.9
1966	100	39.8	45.1	2.9	5.7	6.5
1967	100	46.5	40.6	2.5	5.0	5.4
1968	100	47.8	40.0	2.1	4.9	5.2
1969	100	37.3	48.9	2.6	4.9	6.3
1970	100	38.1	48.3	2.3	5.2	6.1
1971	100	36.5	49.6	2.4	5.2	6.3
1972	100	32.2	53.7	3.0	5.8	5.3
1973	100	38.4	48.2	2.9	5.5	5.0
1974	100	39.0	47.9	3.1	5.3	4.7
1975	100	33.6	53.9	3.1	5.5	3.9
1976	100	29.0	57.1	3.4	5.8	4.7
1977	100	32.0	54.3	3.3	6.0	4.4
1978	100	33.0	51.7	3.5	5.9	5.9
1979	100	31.6	52.6	5.4	5.3	5.1
1980	100	31.1	53.4	5.3	5.4	4.8
1981	100	35.6	48.8	5.2	3.9	6.5
1982	100	37.7	47.1	5.7	4.3	5.2
1983	100	44.3	42.1	4.8	3.8	5.0
1984	100	40.8	45.4	5.3	3.8	4.7
1085	100	32.9	49.1	6.7	4.1	7.2
1986	100	33.2	47.5	6.5	4.9	7.9
1987	100	33.8	49.3	6.3	4.4	6.2
1988	100	31.1	50.6	6.0	4.1	8.2
1989	100	26.7	53.2	5.4	4.1	10.6
1990	100	37.2	48.8	5.5	3.3	5.2
1991	100	34.1	49.8	6.1	4.1	5.9
1992	100	30.5	51.7	6.4	4.0	7.4

2—14 各市县国民收入

（1992年） 单位：万元

市、县	国民收入	农业	工业	建筑业	运输业	商业	人均国民收入（元）
全省	**4 345 187**	**1 323 144**	**2 246 971**	**276 764**	**175 795**	**322 513**	**1 749**
长春市	**1 321 413**	**342 702**	**783 527**	**74 340**	**58 708**	**62 136**	**2 046**
市区	789 524	42 358	670 062	35 340	37 562	4 202	
九台市	77 197	38 896	17 101	9 588	3 242	8 370	953
榆树市	166 175	93 991	27 379	13 220	11 743	19 842	1 408
农安县	138 713	82 001	28 208	6 907	7 045	14 552	1 301
德惠县	121 531	56 439	34 715	6 643	2 744	20 990	1 430
双阳县	45 715	29 017	10 645	2 642	1 379	2 032	1 155
吉林市	**896 071**	**146 885**	**505 613**	**74 807**	**45 593**	**123 173**	**2 139**
市区	559 919	20 344	380 849	50 203	15 933	92 590	
桦甸市	83 250	18 695	37 340	16 554	5 053	5 608	1 883
蛟河市	52 414	22 562	17 346	2 135	4 928	5 443	1 101
舒兰市	66 460	30 563	18 808	3 870	6 285	6 934	1 027
永吉县	77 508	37 211	17 195	6 666	10 867	5 569	1 033
磐石县	67 941	17 507	33 264	6 014	6 575	4 581	1 270
四平市	**458 821**	**201 902**	**171 183**	**23 672**	**19 589**	**42 475**	**1 530**
市区	121 207	5 683	92 221	8 942	4 831	9 530	
公主岭市	127 099	77 507	30 082	2 476	2 759	14 275	1 298
梨树县	113 344	66 463	24 035	5 003	6 647	11 196	1 399
伊通县	48 194	31 031	10 886	1 417	2 130	2 730	1 172
双辽县	47 850	26 249	8 838	5 096	3 305	4 362	1 309
辽源市	**181 681**	**53 981**	**83 561**	**9 675**	**6 965**	**27 499**	**1 514**
市区	88 212	3 755	50 165	6 814	4 179	14 299	2 100
东丰县	46 887	26 711	14 074	2 089	1 020	2 993	1 208
东辽县	42 855	23 514	12 375	1 138	2 192	3 636	1 099
通化市	**406 900**	**108 505**	**208 605**	**30 655**	**19 095**	**40 040**	**1 767**
市区	115 423	5 015	79 238	11 904	7 459	11 807	2 755
梅河口市	85 746	31 063	27 183	9 905	5 167	12 428	1 429
集安市	43 188	14 158	18 063	2 063	2 952	5 952	1 930
通化县	45 844	16 395	24 279	1 679	537	2 954	1 811

注：全省和地区是分别计算的，故各地区相加不等于全省总计。

2—14 续表　　(1992年)　　单位:万元

市、县	国民收入	农业	工业	建筑业	运输业	商业	人均国民收入(元)
辉南县	53 414	18 109	28 940	1 668	1 288	3 409	1 513
柳河县	47 531	23 765	15 148	3 436	1 692	3 490	1 329
浑江市	**209 701**	**56 238**	**109 618**	**19 726**	**6 477**	**17 642**	**1 676**
市区	130 419	25 525	74 069	15 098	4 387	11 340	1 788
抚松县	48 030	17 887	24 372	1 869	854	3 048	1 625
靖宇县	14 434	6 640	3 885	1 949	777	1 183	1 013
长白县	16 818	6 186	7 292	810	459	2 071	2 014
松原市	**365 414**	**198 642**	**122 865**	**10 123**	**11 827**	**21 957**	**1 509**
扶余区	135 075	68 116	46 624	2 518	5 477	12 340	1 217
长岭县	66 910	52 551	7 744	1 174	1 620	3 821	1 166
前郭县	110 515	52 853	46 486	4 794	1 963	4 419	1 839
乾安县	41 668	25 119	12 270	1 637	1 265	1 377	1 543
白城地区	**280 240**	**125 697**	**91 911**	**17 298**	**13 164**	**32 170**	**1 253**
白城市	68 919	10 247	33 998	6 110	5 133	13 431	1 947
洮南市	64 922	34 400	18 731	3 919	2 265	5 607	1 252
大安市	60 341	28 825	22 937	3 660	2 518	2 401	1 470
镇赉县	42 179	25 087	11 572	1 300	613	3 607	1 370
通榆县	39 120	27 097	4 660	2 309	1 480	3 574	980
延边朝鲜族自治州	**429 580**	**88 606**	**206 087**	**34 502**	**21 185**	**79 200**	**2 046**
延吉市	105 689	5 019	61 219	12 361	4 141	22 949	3 323
图们市	35 731	3 658	18 301	1 747	2 703	9 322	2 571
敦化市	80 179	24 788	38 827	4 024	4 727	7 813	1 733
龙井市	48 157	14 342	21 704	4 934	1 701	5 476	1 708
珲春市	35 095	9 449	7 976	7 808	679	9 183	1 937
和龙县	42 571	9 813	21 913	2 929	2 507	5 409	1 769
汪清县	41 644	12 001	19 768	2 059	3 308	4 508	1 531
安图县	35 677	9 535	16 653	3 468	1 580	4 441	1 669

2—15 历年国民收入使用额

单位:万元

年份	国民收入使用额	消费额	居民消费	社会消费	积累额	生产性积累	非生产性积累	积累率 %
1952	144 675	113 529	110 833	2 696	31 146	17 485	13 661	21.5
1953	172 010	139 761	136 981	2 780	32 249	23 771	8 478	18.7
1954	196 270	141 829	138 991	2 838	54 441	36 436	18 005	27.7
1955	197 475	145 431	142 539	2 892	52 044	36 072	15 972	26.4
1956	225 116	165 182	161 396	3 786	59 934	52 194	7 740	26.6
1957	209 561	153 191	149 651	3 540	56 370	44 006	12 364	26.9
1958	239 399	161 882	157 577	4 305	77 517	57 105	20 412	32.4
1959	279 398	189 309	184 575	4 734	90 089	73 139	16 950	32.2
1960	287 601	200 283	194 583	5 700	87 318	80 169	7 149	30.4
1961	270 229	217 119	213 072	4 047	53 110	43 503	9 607	19.7
1962	243 565	220 921	217 194	3 727	22 644	8 159	14 485	9.3
1963	283 112	231 162	226 910	4 252	51 950	35 883	16 067	18.3
1964	303 237	235 365	229 779	5 586	67 872	58 901	8 971	22.4
1965	330 291	249 553	244 907	4 646	80 738	65 897	14 841	24.4
1966	351 136	266 903	261 291	5 612	84 233	74 462	9 771	24.0
1967	362 043	273 839	267 059	6 780	88 204	78 061	10 143	24.4
1968	361 946	269 229	261 039	8 190	92 717	79 458	13 259	25.6
1969	396 636	298 784	288 890	9 894	97 852	87 284	10 568	24.7
1970	453 999	350 453	338 471	11 982	103 546	94 952	8 594	22.8
1971	470 501	355 982	343 341	12 641	114 519	93 333	21 186	24.3
1972	486 278	359 259	345 129	14 130	127 019	100 599	26 420	26.1
1973	512 167	375 941	362 098	13 843	136 226	109 389	26 837	26.6
1974	542 845	393 428	377 543	15 885	149 417	118 936	30 481	27.5
1975	619 344	432 124	412 284	19 840	187 220	150 899	36 321	30.2
1976	626 348	440 577	420 028	20 549	185 771	150 103	35 668	29.7
1977	645 887	475 105	453 516	21 589	170 782	131 673	39 109	26.4
1978	760 786	510 185	489 849	20 336	250 601	206 996	43 605	32.9
1979	835 393	619 614	576 237	43 377	215 779	131 409	84 370	25.8
1980	893 632	689 199	643 692	45 507	204 433	133 086	71 347	22.9
1981	984 015	765 023	716 057	48 966	218 992	124 825	94 167	22.3
1982	1 093 683	854 501	803 061	51 440	239 182	152 538	86 644	21.9
1983	1 323 885	1 002 509	924 695	77 814	321 376	169 916	151 460	24.3
1984	1 597 077	1 162 962	1 064 502	98 460	434 115	260 018	174 097	27.2
1985	1 873 488	1 302 335	1 182 492	119 843	571 153	363 256	207 897	30.5
1986	2 086 146	1 470 009	1 325 486	144 523	616 137	385 044	231 093	29.5
1987	2 504 156	1 668 983	1 497 389	171 594	835 173	435 262	399 911	33.4
1988	3 019 621	2 074 678	1 849 720	224 958	944 943	536 832	408 111	31.3
1989	3 295 014	2 280 640	2 028 352	252 288	1 014 374	610 882	403 492	30.8
1990	3 740 336	2 420 608	2 148 971	271 637	1 319 728	673 829	645 899	35.3
1991	3 930 170	2 648 164	2 344 469	303 695	1 282 006	526 425	755 581	32.6
1992	4 430 199	3 005 518	2 668 959	336 559	1 424 681	630 187	794 494	32.2

2—15 续表

单位:万元

年份	国民收入使用额	消费额	居民消费	社会消费	积累额	生产性积累	非生产性积累	积累率%
按1952年不变价格计算								
1952	157 631	124 987	122 291	2 696	32 644	17 549	15 095	20.7
1953	175 626	144 788	142 030	2 758	30 838	23 232	7 606	17.1
1954	197 473	143 948	141 082	2 866	53 525	35 678	17 847	27.1
1955	198 444	144 088	141 152	2 936	54 356	38 097	16 259	27.4
1956	229 969	159 781	156 051	3 730	70 188	60 743	9 445	30.5
1957	204 702	144 516	140 665	3 851	60 186	46 973	13 213	29.4
按1957年不变价格计算								
1957	204 608	147 735	144 195	3 540	56 873	44 361	12 512	27.8
1958	242 264	162 022	157 664	4 358	80 242	59 511	20 731	33.1
1959	282 788	187 696	182 909	4 787	95 092	77 858	17 234	33.6
1960	274 385	184 021	178 258	5 763	90 364	80 864	9 500	32.9
1961	215 961	163 645	159 735	3 910	52 316	42 875	9 441	24.2
1962	188 545	166 989	163 796	3 193	21 556	8 031	13 525	11.4
1963	238 142	189 517	185 721	3 796	48 625	34 405	14 220	20.4
1964	262 277	199 353	194 275	5 078	62 924	53 902	9 022	24.0
1965	288 371	209 044	204 821	4 223	79 327	66 159	13 168	27.5
1966	304 694	222 502	217 449	5 053	82 192	72 658	9 534	27.0
1967	312 510	226 952	220 892	6 060	85 558	75 719	9 839	27.4
1968	311 474	221 972	214 722	7 250	89 502	76 703	12 799	28.7
1969	346 905	252 793	244 120	8 673	94 112	83 948	10 164	27.1
1970	385 700	286 337	275 963	10 374	99 363	91 116	8 247	25.8
1971	401 177	289 850	278 934	10 916	111 327	90 731	20 596	27.8
按1970年不变价格计算								
1971	469 063	354 427	341 824	12 603	114 636	93 428	21 208	24.4
1972	497 437	370 110	356 053	14 057	127 327	100 843	26 484	25.6
1973	521 401	384 654	370 913	13 741	136 747	109 808	26 939	26.2
1974	552 367	402 163	386 430	15 733	150 204	119 562	30 642	27.2
1975	611 447	422 991	403 386	19 605	188 456	151 896	36 560	30.8
1976	612 400	424 530	404 364	20 166	187 870	151 799	36 071	30.7
1977	630 055	457 514	436 358	21 156	172 541	133 029	39 512	27.4
1978	743 903	490 972	471 074	19 898	252 931	208 921	44 010	34.0
1979	784 874	569 095	526 735	42 360	215 779	131 503	84 276	27.5
1980	815 967	611 534	567 092	44 442	204 433	133 086	71 347	25.1
1981	865 979	656 671	608 758	47 913	209 308	119 306	90 002	24.2
按1980年不变价格计算								
1981	969 449	748 048	699 758	48 290	221 401	126 200	95 201	22.8
1982	1 042 814	812 415	763 310	49 105	230 399	148 303	82 096	22.1
1983	1 252 897	948 741	874 135	74 606	304 156	164 298	139 858	24.3
1984	1 449 200	1 058 900	965 500	93 400	390 300	231 300	159 000	26.9
1985	1 585 217	1 103 680	995 421	108 259	481 537	304 021	177 516	30.4
1986	1 666 522	1 173 023	1 048 003	125 020	493 499	295 033	198 466	29.6
1987	1 899 900	1 253 049	1 111 701	141 348	646 851	337 115	309 736	34.0
1988	1 994 297	1 314 437	1 153 292	161 145	679 860	386 236	293 624	34.1
1989	1 878 653	1 225 172	1 070 584	154 588	653 481	393 543	259 938	34.8
1990	2 072 438	1 231 738	1 071 542	160 196	840 700	429 246	411 454	40.6
按1990年不变价格计算								
1990	3 740 336	2 420 608	2 148 971	271 637	1 319 728	673 829	645 899	35.3
1991	3 774 354	2 518 047	2 229 089	288 958	1 256 307	503 128	753 179	33.3
1992	3 979 522	2 678 090	2 379 192	298 898	1 301 432	554 420	747 012	32.7

2—16 国民收入消费额和构成

项　　目	1978年	1980年	1985年	1990年	1991年	1992年
绝对数（万元）	**510 185**	**689 199**	**1 302 335**	**2 420 608**	**2 648 164**	**3 005 518**
居民消费	489 849	643 692	1 182 492	2 148 971	2 344 469	2 668 959
农民消费	234 435	304 797	554 166	913 338	944 898	1 011 646
非农业居民消费	255 414	338 895	628 326	1 235 633	1 399 571	1 657 313
社会消费	20 336	45 507	119 843	271 637	303 695	336 559
构　成（%）						
以消费额为100	100.0	100.0	100.0	100.0	100.0	100.0
居民消费	96.0	93.4	90.8	88.8	88.5	88.8
社会消费	4.0	6.6	9.2	11.2	11.5	11.2
以居民消费为100	100	100	100	100	100	100
农民 消费	47.9	47.4	46.9	42.5	40.3	37.9
非农业居民消费	52.1	52.6	53.1	57.5	59.7	62.1

2—17 国民收入积累额和构成

项　　目	1978年	1980年	1985年	1990年	1991年	1992年
绝对数（万元）	**250 601**	**204 433**	**571 153**	**1 319 728**	**1 282 006**	**1 424 681**
按用途分：生产性积累	206 996	133 086	363 256	673 829	526 425	630 187
非生产性积累	43 605	71 347	207 897	645 899	755 581	794 494
按性能分：固定资产积累	104 459	122 844	383 486	432 741	525 804	819 342
流动资产积累	146 142	81 589	187 667	886 987	756 202	605 339
构　成（%）	**100**	**100**	**100**	**100**	**100**	**100**
按用途分：生产性积累	82.6	65.1	63.6	51.1	41.1	44.2
非生产性积累	17.4	34.9	36.4	48.9	58.9	55.8
按性能分：固定资产积累	41.7	60.1	67.1	32.8	41.0	57.5
流动资产积累	58.3	39.9	32.9	67.2	59.0	42.5

2—18 各市县国民收入消费和积累比例

(1992年)

市、县	国民收入使用额(万元)	消费额	#居民消费	积累额	#生产性积累	消费率(%)	积累率(%)
全省	**4 430 199**	**3 005 518**	**2 668 959**	**1 424 681**	**630 187**	**67.8**	**32.2**
长春市	**1 103 939**	**828 370**	**702 156**	**275 569**	**146 360**	**75.0**	**25.0**
市区							
九台市	111 857	73 620	64 073	38 237	16 496	65.8	34.2
榆树市	166 194	117 028	95 144	49 166	36 921	70.4	29.6
农安县	122 135	91 300	87 056	30 835	16 202	74.8	25.2
德惠县	87 211	60 354	56 630	26 857	17 916	69.2	30.8
双阳县	52 135	36 133	30 086	16 002	12 156	69.3	30.7
吉林市	**933 026**	**687 812**	**591 967**	**245 214**	**164 208**	**73.7**	**26.3**
市区							
桦甸市	87 614	62 913	49 133	24 701	12 107	71.8	28.2
蛟河市	57 719	42 042	34 153	15 677	8 746	72.8	27.2
舒兰市	65 162	49 545	38 561	15 617	8 284	76.0	24.0
永吉县	85 046	67 007	58 631	18 039	6 617	78.8	21.2
磐石县	72 689	48 706	42 589	23 983	9 069	67.0	33.0
四平市	**452 492**	**313 176**	**278 689**	**139 316**	**76 015**	**69.2**	**30.8**
市区							
公主岭市	136 308	75 120	58 655	61 188	54 631	55.1	44.9
梨树县	114 521	76 872	72 361	37 649	4 154	67.1	32.9
伊通县	47 741	37 841	31 174	9 900	3 236	79.3	20.7
双辽县	97 131	43 167	36 961	53 964	26 690	44.4	55.6
辽源市	**162 933**	**123 517**	**113 472**	**39 416**	**35 094**	**75.8**	**24.2**
市区	100 867	70 370	64 026	30 497	27 994	69.8	30.2
东丰县	47 769	36 304	33 961	11 465	3 649	76.0	24.0
东辽县	48 715	28 582	24 052	20 133	9 999	58.7	41.3
通化市	**384 549**	**258 329**	**220 960**	**126 220**	**88 443**	**67.2**	**32.8**
市区	137 503	85 128	70 426	52 375	39 881	61.9	38.1
梅河口市	84 979	60 650	51 898	24 329	17 592	71.4	28.6
集安市	40 112	27 151	23 478	12 961	8 475	67.7	32.3
通化县	34 811	24 192	21 114	10 619	7 337	69.5	30.5

2—18 续表　　　　　　　　　　　(1992年)

市、县	国民收入使用额(万元)	消费额	#居民消费	积累额	#生产性积累	消费率(%)	积累率(%)
辉南县	42 133	32 081	29 343	10 052	7 691	76.1	23.9
柳河县	45 011	29 127	24 701	15 884	7 467	64.7	35.3
浑江市	**248 762**	**194 036**	**174 463**	**54 726**	**34 404**	**78.0**	**22.0**
市区	167 055	134 910	123 486	32 145	22 366	80.8	19.2
抚松县	47 279	37 011	32 294	10 268	3 042	78.3	21.7
靖宇县	18 109	13 188	11 371	4 921	3 999	72.8	27.2
长白县	16 319	8 927	7 312	7 392	4 997	54.7	45.3
松原市	**363 937**	**233 753**	**203 229**	**130 184**	**79 676**	**64.3**	**35.7**
扶余区	138 244	103 070	90 315	35 174	22 795	74.6	25.4
长岭县	61 344	45 336	42 660	16 008	3 584	73.9	26.1
前郭县	106 472	65 327	60 011	41 145	27 864	61.4	38.6
乾安县	42 812	26 663	24 407	16 149	2 594	62.3	37.7
白城地区	**322 308**	**210 322**	**188 685**	**111 986**	**54 452**	**62.8**	**37.2**
白城市	117 866	71 871	62 651	45 995	25 328	61.0	39.0
洮南市	65 366	45 800	42 075	19 566	13 160	70.1	29.9
大安市	58 399	40 036	34 825	18 363	9 184	68.6	31.4
镇赉县	40 441	23 897	22 285	16 544	7 296	59.1	40.9
通榆县	46 346	28 718	26 849	17 628	4 458	62.0	38.0
延边朝鲜族自治州	**544 912**	**382 822**	**335 923**	**162 090**	**72 459**	**70.3**	**29.7**
延吉市	117 640	61 804	46 215	55 836	25 806	52.5	47.5
图们市	54 022	37 786	34 080	16 236	6 187	69.9	30.1
敦化市	80 473	58 316	53 624	22 157	15 506	72.5	27.5
龙井市	64 397	39 929	35 856	24 468	9 539	62.0	38.0
珲春市	84 579	35 743	32 477	48 836	8 780	42.3	57.7
和龙县	45 977	33 989	30 715	11 988	2 920	73.9	26.1
汪清县	43 890	29 629	26 749	14 261	9 688	67.5	32.5
安图县	40 595	26 117	20 877	14 478	8 689	64.3	35.7

2—19 历年社会总产值

单位:万元

年份	社会总产值					
		农业	工业	建筑业	运输业	商业
1952	272 178	124 202	104 803	13 177	13 034	16 962
1953	327 656	125 439	132 818	23 286	16 256	29 857
1954	354 461	123 985	151 136	31 294	18 544	29 502
1955	347 492	133 422	138 868	26 368	19 435	29 399
1956	400 535	134 270	169 251	42 223	21 038	33 753
1957	426 140	128 403	207 990	31 118	20 440	38 189
1958	557 866	123 768	308 841	59 638	25 622	39 997
1959	710 966	139 241	418 386	80 693	28 384	44 262
1960	882 511	128 944	573 287	90 105	36 283	53 892
1961	584 221	148 886	327 111	31 660	29 132	47 432
1962	548 881	142 398	300 549	28 813	30 937	46 184
1963	631 116	160 708	354 722	41 727	34 911	39 048
1964	719 517	169 272	403 091	63 767	34 531	48 856
1965	790 202	177 503	474 888	56 292	36 546	44 973
1966	907 454	226 710	539 509	49 357	43 577	48 301
1967	756 974	241 436	400 099	39 500	36 857	39 082
1968	653 837	232 271	317 609	34 671	33 578	35 708
1969	847 935	198 232	524 248	44 895	35 530	45 030
1970	1 066 892	268 630	634 654	60 054	50 845	52 709
1971	1 206 158	274 763	742 515	75 072	58 000	55 808
1972	1 246 768	260 582	789 552	75 297	58 553	62 784
1973	1 377 167	315 462	849 135	84 182	62 465	65 923
1974	1 447 715	374 421	849 031	89 570	64 089	70 604
1975	1 588 244	352 655	993 058	97 154	68 447	76 930
1976	1 577 508	311 673	1 033 912	87 279	68 694	75 950
1977	1 578 057	312 484	1 043 413	75 833	71 259	75 068
1978	1 808 452	377 802	1 128 650	132 113	82 047	87 840
1979	2 035 056	420 165	1 257 448	176 186	103 825	77 432
1980	2 198 913	474 714	1 346 714	170 989	114 248	92 248
1981	2 294 317	568 851	1 366 359	162 512	79 102	117 493
1982	2 516 908	605 821	1 487 482	216 191	1 475	115 939
1983	2 981 362	781 074	1 720 398	219 919	104 179	155 792
1984	3 563 525	889 892	2 088 429	278 643	119 947	186 614
1985	4 222 423	858 946	2 567 505	402 683	144 283	249 006
1986	4 735 891	984 291	2 824 802	443 176	184 082	299 540
1987	5 874 125	1 208 072	3 594 639	538 736	211 602	321 076
1988	7 257 820	1 409 127	4 542 440	626 845	237 419	441 989
1989	8 010 172	1 337 893	5 303 646	558 561	268 928	541 144
1990	8 747 315	1 890 862	5 523 601	636 892	250 817	445 143
1991	9 574 900	1 883 833	6 143 789	732 598	289 720	524 960
1992	11 685 823	2 043 897	7 678 118	980 906	334 820	648 082

2—19 续表

单位:万元

年份	社会总产值	农业	工业	建筑业	运输业	商业
按1952年不变价格计算						
1952	297 293	142 761	111 359	13 177	13 034	16 962
1953	340 948	133 162	140 363	23 287	15 329	28 807
1954	365 567	129 827	157 398	32 558	17 738	28 046
1955	366 756	136 843	154 779	28 878	18 454	27 802
1956	423 564	127 030	196 108	48 355	20 160	31 911
1957	449 046	120 646	236 882	35 667	19 517	36 334
按1957年不变价格计算						
1957	411 548	106 101	215 700	31 118	20 440	38 189
1958	565 919	125 550	315 112	61 214	25 622	38 421
1959	722 259	138 799	427 000	83 327	28 384	44 749
1960	876 076	115 248	580 000	91 292	36 283	53 253
1961	530 171	122 419	315 012	28 677	26 949	37 114
1962	488 144	117 176	284 142	24 881	27 972	33 973
1963	567 393	129 830	336 863	36 634	31 170	32 896
1964	647 022	135 211	380 871	57 396	31 391	42 153
1965	727 656	142 420	465 367	50 171	31 779	37 919
1966	857 305	156 135	579 541	43 642	37 343	40 644
1967	696 431	166 277	429 812	34 613	32 382	33 347
1968	605 981	159 965	355 725	30 171	29 652	30 468
1969	808 547	136 523	563 148	38 754	31 536	38 586
1970	1 026 176	185 007	681 764	58 552	50 845	50 008
1971	1 177 016	186 940	802 489	75 072	59 566	52 949
按1970年不变价格计算						
1971	1 206 089	271 505	746 997	73 779	58 000	55 808
1972	1 236 152	248 411	798 237	68 167	58 553	62 784
1973	1 369 528	299 300	862 720	79 120	62 465	65 923
1974	1 409 373	323 638	866 859	84 183	64 089	70 604
1975	1 591 259	332 694	1 021 874	91 314	68 447	76 930
1976	1 587 433	290 740	1 070 016	82 033	68 694	75 950
1977	1 582 448	289 069	1 076 224	71 276	71 259	74 620
1978	1 815 440	344 710	1 176 087	128 150	82 047	84 446
1979	1 961 166	333 228	1 274 054	174 442	103 825	75 617
1980	2 065 764	346 632	1 348 179	170 572	114 248	86 133
1981	2 062 814	371 044	1 363 982	143 513	79 102	105 173
按1980年不变价格计算						
1981	2 255 819	531 500	1 382 255	147 431	79 102	115 531
1982	2 439 643	562 169	1 483 908	191 416	91 475	110 675
1983	2 865 330	726 192	1 695 504	194 694	104 179	144 761
1984	3 295 237	802 132	1 966 991	240 943	118 552	166 619
1985	3 663 502	738 071	2 281 448	309 995	131 544	202 444
1986	3 936 984	770 190	2 449 157	318 832	167 500	231 305
1987	4 556 021	881 313	2 891 775	362 785	192 435	227 713
1988	5 188 292	928 648	3 416 872	366 790	215 835	260 147
1989	5 241 085	820 386	3 632 725	271 015	244 480	272 479
1990	5 465 806	1 039 045	3 701 444	296 565	213 026	215 726
按1990年不变价格计算						
1990	8 955 727	2 069 034	5 553 790	636 892	250 868	445 143
1991	9 372 720	2 057 663	5 853 625	699 712	262 234	499 486
1992	1 0686241	2 117 863	6 862 336	821 667	305 214	579 161

2—20 历年社会总产值指数

(以1952年为100)

年份	社会总产值	农业	工业	建筑业	运输业	商业
1952	100	100	100	100	100	100
1953	114.7	93.3	126.0	176.7	117.6	169.8
1954	123.0	91.0	141.3	247.0	136.1	165.3
1955	123.4	95.9	139.0	219.1	141.6	163.9
1956	142.5	89.0	176.1	366.9	154.7	188.1
1957	151.1	84.5	212.7	270.7	149.7	214.2
1958	207.6	100.0	310.7	532.5	187.7	215.5
1959	265.0	110.6	421.1	724.9	207.9	251.0
1960	321.4	91.8	571.9	794.2	265.8	298.7
1961	194.5	97.5	310.6	249.5	197.4	208.2
1962	179.1	93.3	280.2	216.4	204.9	190.6
1963	208.2	103.4	332.2	318.6	228.3	184.6
1964	237.4	107.7	375.6	499.2	230.0	236.5
1965	267.0	113.3	458.9	436.4	232.8	212.7
1966	314.6	124.3	571.5	379.6	273.6	228.0
1967	255.6	132.4	423.8	301.1	237.3	187.1
1968	222.4	127.4	350.8	262.5	217.3	170.9
1969	296.7	108.7	555.3	337.2	231.1	216.4
1970	376.5	147.2	672.3	509.2	327.5	280.5
1971	431.8	148.9	791.3	653.0	436.4	297.0
1972	442.6	136.2	845.6	603.3	440.6	334.1
1973	490.4	164.1	913.9	700.2	470.0	350.8
1974	504.7	177.4	918.3	745.0	482.2	375.7
1975	569.8	182.4	1 082.5	808.2	515.0	409.4
1976	568.4	159.4	1 133.5	727.1	516.9	404.2
1977	566.6	158.5	1 140.1	630.9	536.2	397.1
1978	650.1	189.0	1 245.9	1 134.2	617.3	449.4
1979	702.3	182.7	1 349.7	1 543.9	781.2	402.4
1980	739.7	190.0	1 428.2	1 509.7	859.6	458.4
1981	738.6	203.4	1 444.9	1 270.2	595.2	559.7
1982	798.8	215.1	1 551.2	1 649.2	688.3	536.2
1983	938.2	277.9	1 772.4	1 677.4	783.9	701.3
1984	1 079.0	307.0	2 056.2	2 075.9	829.1	807.2
1985	1 199.6	282.5	2 384.9	2 670.8	989.9	980.8
1986	1 289.5	294.8	2 560.4	2 746.9	1 260.1	1 121.1
1987	1 492.2	337.3	3 023.2	3 125.6	1 447.8	1 103.2
1988	1 699.3	355.5	3 572.1	3 160.1	1 623.9	1 260.3
1989	1 716.3	301.5	3 797.1	2 335.3	1 839.9	1 319.5
1990	1 790.1	382.0	3 869.2	2 554.8	1 602.6	1 045.0
1991	1 873.4	380.1	4 078.1	2 807.7	1 675.2	1 172.5
1992	2 135.9	391.2	4 780.8	3 297.1	1 949.8	1 359.5

2—21 历年社会总产值构成

单位:%

年份	社会总产值	农业	工业	建筑业	运输业	商业
1952	100.0	45.6	38.5	4.9	4.8	6.2
1953	100.0	38.3	40.5	7.1	5.0	9.1
1954	100.0	35.0	42.7	8.8	5.2	8.3
1955	100.0	38.4	40.0	7.6	5.6	8.4
1956	100.0	33.5	42.3	10.5	5.3	8.4
1957	100.0	30.1	48.8	7.3	4.8	9.0
1958	100.0	22.2	55.4	10.7	4.6	7.1
1959	100.0	19.6	58.9	11.3	4.0	6.2
1960	100.0	14.6	65.0	10.2	4.1	6.1
1961	100.0	25.5	56.0	5.4	5.0	8.1
1962	100.0	25.9	54.8	5.3	5.6	8.4
1963	100.0	25.5	56.2	6.6	5.5	6.2
1964	100.0	23.5	56.0	8.9	4.8	6.8
1965	100.0	22.5	60.1	7.1	4.6	5.7
1966	100.0	25.0	59.5	5.4	4.8	5.3
1967	100.0	31.9	52.8	5.2	4.9	5.2
1968	100.0	35.5	48.6	5.3	5.1	5.5
1969	100.0	23.4	61.8	5.3	4.2	5.3
1970	100.0	25.1	59.5	5.6	4.8	5.0
1971	100.0	22.8	61.6	6.2	4.8	4.6
1972	100.0	20.9	63.3	6.0	4.7	5.1
1973	100.0	22.9	61.7	6.1	4.5	4.8
1974	100.0	25.9	58.6	6.2	4.4	4.9
1975	100.0	22.2	62.6	6.1	4.3	4.8
1976	100.0	19.8	65.5	5.5	4.4	4.8
1977	100.0	19.8	66.1	4.8	4.5	4.8
1978	100.0	20.9	62.4	7.3	4.5	4.9
1979	100.0	20.6	61.8	8.7	5.1	3.8
1980	100.0	21.6	61.2	7.8	5.2	4.2
1981	100.0	24.8	59.6	7.1	3.4	5.1
1982	100.0	24.1	59.1	8.6	3.6	4.6
1983	100.0	26.2	57.7	7.4	3.5	5.2
1984	100.0	25.0	58.6	7.8	3.4	5.2
1985	100.0	20.4	60.8	9.5	3.4	5.9
1986	100.0	20.8	59.7	9.3	3.9	6.3
1987	100.0	20.6	61.2	9.2	3.6	5.4
1988	100.0	19.4	62.6	8.6	3.3	6.1
1989	100.0	16.7	66.2	7.0	3.3	6.8
1990	100.0	21.6	63.1	7.3	2.9	5.1
1991	100.0	19.7	64.2	7.6	3.0	5.5
1992	100.0	17.5	65.7	8.4	2.9	5.5

2—22 各市县社会总产值

(1992 年)　　　　单位:万元

市、县	社会总产值	农　业	工　业	建筑业	运输业	商　业
全　省	**11 685 823**	**2 043 897**	**7 678 118**	**980 906**	**334 820**	**648 082**
长春市	**3 814 471**	**522 324**	**2 701 779**	**272 022**	**164 033**	**154 313**
市　区						
九台市	179 703	60 914	63 164	32 278	7 066	16 281
榆树市	306 288	130 782	85 590	35 169	18 281	36 466
农安县	274 812	124 325	90 840	19 607	17 832	22 208
德惠县	291 549	91 512	142 316	26 352	7 886	23 483
双阳县	96 757	44 627	32 577	7 791	2 990	8 772
吉林市	**2 562 587**	**223 898**	**1 845 501**	**225 036**	**91 235**	**176 917**
市　区						
桦甸市	184 175	28 680	96 718	35 964	12 111	10 702
蛟河市	122 913	31 452	58 186	7 414	15 177	10 684
舒兰市	156 163	42 945	74 456	11 804	11 916	15 042
永吉县	168 839	57 300	64 728	14 261	18 764	13 786
磐石县	175 144	29 898	103 765	16 908	14 482	10 091
四平市	**1 172 190**	**319 469**	**617 802**	**86 080**	**53 230**	**95 609**
市　区						
公主岭市	289 772	119 355	129 651	10 012	5 893	24 861
梨树县	249 101	101 404	94 247	18 178	17 238	18 034
伊通县	103 308	47 364	34 477	5 588	5 709	10 170
双辽县	115 219	43 277	29 590	28 279	7 016	7 057
辽源市	**505 191**	**87 932**	**317 157**	**28 678**	**24 022**	**47 402**
市　区	290 724	5 997	225 017	20 648	14 413	24 649
东丰县	119 879	43 719	60 779	6 031	2 392	6 958
东辽县	99 283	38 214	39 938	5 125	6 891	9 115
通化市	**1 030 295**	**169 394**	**655 267**	**100 808**	**41 301**	**63 525**
市　区	377 635	8 431	292 734	41 271	15 788	19 411
梅河口市	207 094	48 228	94 511	33 729	12 000	18 626
集安市	89 756	22 492	48 404	5 265	5 699	7 896
通化县	106 586	25 218	67 833	7 264	1 346	4 925

注：全省和地区是分别计算的，故各地区相加不等于全省总计。

2—22 续表　　(1992年)　　单位:万元

市、县	社会总产值	农　业	工　业	建筑业	运输业	商　业
辉南县	143 721	28 651	101 307	5 029	2 674	6 060
柳河县	105 503	36 374	50 478	8 250	3 794	6 607
浑江市	**541 669**	**83 914**	**349 540**	**59 596**	**15 826**	**32 793**
市区	386 601	38 903	268 734	46 678	11 440	20 846
临江县						
抚松县	94 021	25 690	54 856	5 985	1 688	5 802
靖宇县	28 070	10 074	10 084	4 070	1 506	2 336
长白县	32 977	9 247	15 866	2 863	1 192	3 809
松原市	**821 276**	**300 631**	**393 183**	**53 686**	**26 781**	**46 995**
扶余区	263 082	104 099	110 643	11 972	15 584	20 784
长岭县	127 077	77 082	30 494	5 617	3 868	10 016
前郭县	334 072	80 745	210 040	28 848	4 638	9 801
乾安县	90 019	38 704	34 954	7 249	2 718	6 394
白城地区	**639 079**	**199 740**	**297 081**	**54 402**	**30 059**	**57 797**
白城市	176 967	16 498	107 249	17 035	12 116	24 069
洮南市	147 763	53 829	61 346	11 654	6 728	14 156
大安市	136 835	46 565	64 725	11 907	7 019	6 619
镇赉县	97 339	39 466	43 716	5 586	1 305	7 266
通榆县	80 927	43 331	19 825	8 220	2 546	7 005
延边朝鲜族自治州	**1 097 905**	**136 595**	**658 320**	**134 299**	**40 439**	**128 252**
延吉市	271 210	8 006	169 422	42 980	6 877	43 925
图们市	110 854	5 582	82 899	5 858	3 349	13 166
敦化市	182 275	38 625	104 167	16 243	9 093	14 147
龙井市	142 452	21 435	88 067	19 907	3 138	9 905
珲春市	106 256	14 070	45 477	30 235	2 315	14 159
和龙县	94 448	15 065	52 819	11 018	6 199	9 347
汪清县	96 796	18 548	56 360	6 374	6 983	8 531
安图县	91 575	15 265	55 649	9 843	2 783	8 035

2—23 历年工农业总产值

单位:万元

年份	工农业总产值	农业总产值	工业总产值	轻工业产值	重工业产值
1949	116 639	81 203	35 436	16 849	18 587
1950	155 173	96 496	58 677	29 327	29 350
1951	167 011	95 241	71 770	40 881	30 889
1952	229 005	124 202	104 803	58 860	45 943
1953	258 257	125 439	132 818	74 232	58 586
1954	275 121	123 985	151 136	80 846	70 290
1955	272 290	133 422	138 868	74 842	64 026
1956	303 521	134 270	169 251	87 806	81 445
1957	336 393	128 403	207 990	95 294	112 696
1958	432 609	123 768	308 841	114 432	194 409
1959	557 627	139 241	418 386	150 757	267 629
1960	702 231	128 944	573 287	189 595	383 692
1961	475 997	148 886	327 111	134 820	192 291
1962	442 947	142 398	300 549	124 375	176 174
1963	515 430	160 708	354 722	136 611	218 111
1964	572 363	169 272	403 091	150 518	252 573
1965	652 391	177 503	474 888	194 021	280 867
1966	766 219	226 710	539 509	218 335	321 174
1967	641 535	241 436	400 099	166 602	233 497
1968	549 880	232 271	317 609	142 476	175 133
1969	722 480	198 232	524 248	214 281	309 967
1970	903 284	268 630	634 654	243 451	391 203
1971	1 017 278	274 763	742 515	271 897	470 618
1972	1 050 134	260 582	789 552	285 466	504 086
1973	1 164 597	315 462	849 135	314 172	534 963
1974	1 223 452	374 421	849 031	335 876	513 155
1975	1 345 713	352 655	993 058	393 238	599 820
1976	1 345 585	311 673	1 033 912	418 072	615 840
1977	1 355 897	312 484	1 043 413	430 349	613 064
1978	1 506 452	377 802	1 128 650	447 540	681 110
1979	1 677 613	420 165	1 257 448	464 557	792 891
1980	1 821 428	474 714	1 346 714	539 697	807 017
1981	1 935 210	568 851	1 366 359	587 105	779 254
1982	2 093 303	605 821	1 487 482	633 416	854 066
1983	2 501 472	781 074	1 720 398	700 147	1 020 251
1984	2 978 321	889 892	2 088 429	818 150	1 270 279
1985	3 426 451	858 946	2 567 505	974 824	1 592 681
1986	3 809 093	984 291	2 824 802	1 142 555	1 682 247
1987	4 802 713	1 208 074	3 594 639	1 448 991	2 145 648
1988	5 951 567	1 409 127	4 542 440	1 894 571	2 647 869
1989	6 641 539	1 337 893	5 303 646	2 235 122	3 068 524
1990	7 414 463	1 890 862	5 523 601	2 313 296	3 210 305
1991	8 027 622	1 883 833	6 143 789	2 448 399	3 695 390
1992	9 722 015	2 043 897	7 678 118	2 726 616	4 951 502

2—23 续表

单位:万元

年份	工农业总产值	农业总产值	工业总产值	轻工业产值	重工业产值
按 1952 年不变价格计算					
1949	130 991	93 337	37 654	17 739	19 915
1950	173 264	110 915	62 349	30 897	31 452
1951	185 732	109 472	76 260	43 094	33 166
1952	254 120	142 761	111 359	62 081	49 278
1953	273 525	133 162	140 363	77 874	62 489
1954	287 225	129 827	157 398	83 520	73 878
1955	291 622	136 843	154 779	82 689	72 090
1956	323 138	127 030	196 108	100 749	95 359
1957	357 528	120 646	236 882	107 386	129 496
按 1957 年不变价格计算					
1957	321 801	106 101	215 700	98 763	116 937
1958	440 662	125 550	315 112	112 306	202 806
1959	565 799	138 799	427 000	147 910	279 090
1960	695 248	115 248	580 000	184 236	395 764
1961	437 431	122 419	315 012	125 277	189 735
1962	401 318	117 176	284 142	113 564	170 578
1963	466 694	129 831	336 863	125 187	211 676
1964	516 082	135 211	380 871	137 105	243 766
1965	607 788	142 421	465 367	183 589	281 778
1966	735 676	156 135	579 541	225 408	354 133
1967	596 089	166 277	429 812	172 143	257 669
1968	515 690	159 965	355 725	153 517	202 208
1969	699 671	136 523	563 148	221 273	314 875
1970	866 771	185 007	681 764	251 004	430 760
1971	989 429	186 940	802 489	281 701	520 788
按 1970 年不变价格计算					
1971	1 018 502	271 505	746 997	273 510	473 487
1972	1 046 648	248 411	798 237	290 543	507 694
1973	1 162 020	299 300	862 720	321 379	541 341
1974	1 190 497	323 638	866 859	344 976	521 883
1975	1 354 568	332 694	1 021 874	407 004	614 870
1976	1 360 756	290 740	1 070 016	435 554	634 462
1977	1 365 293	289 069	1 076 224	446 785	629 439
1978	1 520 797	344 719	1 176 078	468 003	708 075
1979	1 607 282	333 228	1 274 054	475 998	798 058
1980	1 694 811	346 632	1 348 179	537 460	810 719
1981	1 735 026	371 044	1 363 982	590 930	773 052
按 1980 年不变价格计算					
1981	1 913 755	531 500	1 382 255	595 242	787 013
1982	2 046 077	562 169	1 483 908	632 071	851 837
1983	2 421 696	726 192	1 695 504	679 361	1 016 143
1984	2 769 123	802 132	1 966 991	789 287	1 177 704
1985	3 019 519	738 071	2 281 448	929 849	1 351 599
1986	3 219 347	770 190	2 449 157	1 058 048	1 391 109
1987	3 773 088	881 313	2 891 775	1 224 122	1 667 653
1988	4 345 520	928 648	3 416 872	1 479 391	1 937 481
1989	4 453 111	820 386	3 632 725	1 599 853	2 032 872
1990	4 740 489	1 039 045	3 701 444	1 652 151	2 049 293
按 1990 年不变价格计算					
1990	7 622 824	2 069 034	5 553 790	2 390 935	3 162 855
1991	7 911 288	2 057 663	5 853 625	2 462 166	3 391 459
1992	8 980 199	2 117 863	6 862 336	2 692 986	4 169 350

2—24 工农业总产值指数

(以1949年为100)

年份	工农业总产值	农业总产值	工业总产值	轻工业产值	重工业产值
1949	100.0	100.0	100.0	100.0	100.0
1950	132.3	118.8	165.6	174.2	157.9
1951	141.8	117.3	202.5	242.9	166.5
1952	194.0	153.0	295.7	350.0	247.4
1953	208.8	142.7	372.8	439.0	313.8
1954	219.3	139.1	418.0	470.8	371.0
1955	222.6	146.6	411.0	466.1	362.0
1956	246.7	136.1	520.8	568.0	478.8
1957	272.9	129.3	629.1	605.4	650.2
1958	373.8	153.0	919.0	688.4	1 127.7
1959	479.9	169.1	1 245.4	906.6	1 551.9
1960	589.7	140.4	1 691.6	1 129.2	2 200.6
1961	371.0	149.1	918.8	767.9	1 055.0
1962	340.4	142.8	828.7	696.1	948.5
1963	395.8	158.2	982.5	767.3	1 177.0
1964	437.7	164.7	1 110.8	840.4	1 355.5
1965	515.5	173.5	1 357.3	1 125.3	1 566.8
1966	624.0	190.2	1 690.3	1 381.6	1 969.2
1967	505.6	202.6	1 253.6	1 055.1	1 432.8
1968	437.4	194.9	1 037.5	941.0	1 124.4
1969	593.4	166.3	1 642.5	1 356.3	1 901.0
1970	735.2	225.4	1 988.4	1 538.5	2 395.2
1971	839.2	227.7	2 340.5	1 726.6	2 895.8
1972	862.4	208.4	2 501.2	1 834.2	3 105.2
1973	957.5	251.1	2 703.2	2 028.9	3 311.0
1974	980.9	271.5	2 716.2	2 177.9	3 191.9
1975	1 116.1	279.1	3 201.8	2 569.5	3 760.7
1976	1 121.2	243.9	3 352.6	2 749.7	3 880.5
1977	1 124.9	242.5	3 372.1	2 820.6	3 849.8
1978	1 253.1	289.2	3 684.9	2 954.6	4 330.7
1979	1 324.3	279.5	3 991.9	3 005.0	4 881.1
1980	1 396.4	290.8	4 224.1	3 393.1	4 958.5
1981	1 429.6	311.2	4 273.7	3 730.6	4 728.1
1982	1 528.4	329.2	4 587.9	3 961.3	5 117.7
1983	1 809.0	425.2	5 242.1	4 257.7	6 104.8
1984	2 068.5	469.7	6 081.5	4 946.6	7 075.4
1985	2 255.6	432.2	7 053.7	5 827.6	8 120.2
1986	2 404.9	451.0	7 572.2	6 631.0	8 357.5
1987	2 818.5	516.1	8 940.7	7 671.9	10 118.9
1988	3 246.1	543.8	10 564.2	9 271.7	11 640.0
1989	3 326.5	480.4	11 231.7	10 026.8	12 213.1
1990	3 541.2	608.4	11 444.1	10 354.5	12 311.8
1991	3 675.2	605.1	12 062.0	10 662.9	13 201.5
1992	4 171.7	622.8	14 140.5	11 662.5	16 229.5

2—25 工农业总产值构成

单位：%

年份	以工农业总产值为100				以工业总产值为100	
	农业总产值	工业总产值	轻工业产值	重工业产值	轻工业产值	重工业产值
1949	69.6	30.4	14.5	15.9	47.5	52.5
1950	62.2	37.8	18.9	18.9	50.0	50.0
1951	57.0	43.0	24.5	18.5	57.0	43.0
1952	54.2	45.8	25.7	20.1	56.2	43.8
1953	48.6	51.4	28.7	22.7	55.9	44.1
1954	45.1	54.9	29.4	25.5	53.5	46.5
1955	49.0	51.0	27.5	23.5	53.9	46.1
1956	44.2	55.8	28.9	26.9	51.9	48.1
1957	38.2	61.8	28.3	33.5	45.8	54.2
1958	28.6	71.4	26.5	44.9	37.1	62.9
1959	25.0	75.0	27.0	48.0	36.0	64.0
1960	18.4	81.6	27.0	54.6	33.1	66.9
1961	31.3	68.7	28.3	40.4	41.2	58.8
1962	32.1	67.9	28.1	39.8	41.4	58.6
1963	31.2	68.8	26.5	42.3	38.5	61.5
1964	29.6	70.4	26.3	44.1	37.3	62.7
1965	27.2	72.8	29.7	43.1	40.9	59.1
1966	29.6	70.4	28.5	41.9	40.5	59.5
1967	37.6	62.4	26.0	36.4	41.6	58.4
1968	42.2	57.8	25.9	31.9	44.9	55.1
1969	27.4	72.6	29.7	42.9	40.9	59.1
1970	29.7	70.3	27.0	43.3	38.4	61.6
1971	27.0	73.0	26.7	46.3	36.6	63.4
1972	24.8	75.2	27.2	48.0	36.2	63.8
1973	27.1	72.9	27.0	45.9	37.0	63.0
1974	30.6	69.4	27.5	41.9	39.6	60.4
1975	26.2	73.8	29.2	44.6	39.6	60.4
1976	23.2	76.8	31.0	45.8	40.4	59.6
1977	23.0	77.0	31.8	45.2	41.2	58.8
1978	25.1	74.9	29.7	45.2	39.7	60.3
1979	25.0	75.0	27.7	47.3	36.9	63.1
1980	26.1	73.9	29.6	44.3	40.1	59.9
1981	29.4	70.6	30.3	40.3	43.0	57.0
1982	28.9	71.1	30.3	40.8	42.6	57.4
1983	31.2	68.8	28.0	40.8	40.7	59.3
1984	29.9	70.1	27.5	42.6	39.2	60.8
1985	25.1	74.9	28.4	46.5	38.0	62.0
1986	25.8	74.2	30.0	44.2	40.4	59.6
1987	25.2	74.8	30.2	44.6	40.3	59.7
1988	23.7	76.3	31.8	44.5	41.7	58.3
1989	20.1	79.9	33.7	46.2	42.1	57.9
1990	25.5	74.5	31.2	43.3	41.9	58.1
1991	23.5	76.5	30.5	46.0	39.9	60.1
1992	21.0	79.0	28.0	51.0	35.5	64.5

2—26 各市县工农业总产值

（1992年）　　　　单位：万元

市、县	工农业总产值	工业总产值	农业总产值	以工农业总产值为100(%) 工业总产值	农业总产值
全　　省	**9 722 015**	**7 678 118**	**2 043 897**	**79.0**	**21.0**
长　春　市	**3 160 129**	**2 637 805**	**522 324**	**83.5**	**16.5**
市　区	2 286 267	2 216 103	70 164	96.9	3.1
九台市	124 050	63 136	60 914	50.9	49.1
榆树市	213 261	82 479	130 782	38.7	61.3
农安县	214 900	90 575	124 325	42.1	57.9
德惠县	239 955	148 443	91 512	61.9	38.1
双阳县	81 696	37 069	44 627	45.4	54.6
吉　林　市	**2 069 399**	**1 845 501**	**223 898**	**89.2**	**10.8**
市　区	1 480 507	1 446 885	33 622	97.7	2.3
桦甸市	125 381	96 700	28 681	77.1	22.9
蛟河市	89 827	58 375	31 452	65.0	35.0
舒兰市	117 420	74 475	42 945	63.4	36.6
永吉县	122 558	65 258	57 300	53.2	46.8
磐石县	133 706	103 808	29 898	77.6	22.4
四　平　市	**937 271**	**617 802**	**319 469**	**65.9**	**34.1**
市　区	334 198	326 016	8 182	97.6	2.4
公主岭市	254 149	134 907	119 242	53.1	46.9
梨树县	195 651	94 247	101 404	48.2	51.8
伊通县	80 745	33 381	47 364	41.3	58.7
双辽县	72 529	29 252	43 277	40.3	59.7
辽　源　市	**406 399**	**318 467**	**87 932**	**78.4**	**21.6**
市　区	222 928	216 930	5 998	97.3	2.7
东丰县	105 318	61 599	43 719	58.5	41.5
东辽县	78 153	39 938	38 215	51.1	48.9
通　化　市	**761 915**	**592 522**	**169 393**	**77.8**	**22.2**
市　区	293 755	285 325	8 430	97.1	2.9
梅河口市	129 739	81 511	48 228	62.8	37.2
集安市	70 896	48 404	22 492	68.3	31.7
通化县	93 052	67 834	25 218	72.9	27.1

2—26 续表　　(1992年)　　单位:万元

市、县	工农业总产值	工业总产值	农业总产值	以工农业总产值为100(%) 工业总产值	农业总产值
辉南县	87 555	58 904	28 651	67.3	32.7
柳河县	86 918	50 544	36 374	58.2	41.8
浑江市	**406 802**	**322 887**	**83 915**	**79.4**	**20.6**
市区	235 467	211 135	24 332	89.7	10.3
临江县	45 522	30 951	14 571	68.0	32.0
抚松县	80 547	54 856	25 691	68.1	31.9
靖宇县	20 153	10 079	10 074	50.0	50.0
长白县	25 113	15 866	9 247	63.2	36.8
松原市	**716 168**	**415 537**	**300 631**	**58.0**	**42.0**
扶余区	174 172	70 072	104 100	40.2	59.8
长岭县	107 576	30 494	77 082	28.3	71.7
前郭县	381 349	300 604	80 745	78.8	21.2
乾安县	53 072	14 368	38 704	27.1	72.9
白城地区	**469 017**	**269 277**	**199 740**	**57.4**	**42.6**
白城市	123 747	107 249	16 498	86.7	13.3
洮南市	115 643	61 764	53 879	53.4	46.6
大安市	92 590	46 025	46 565	49.7	50.3
镇赉县	73 702	34 235	39 467	46.5	53.5
通榆县	63 335	20 004	43 331	31.6	68.4
延边朝鲜族自治州	**794 916**	**658 321**	**136 595**	**82.8**	**17.2**
延吉市	180 399	172 394	8 005	95.6	4.4
图们市	88 440	82 859	5 581	93.7	6.3
敦化市	142 793	104 168	38 625	73.0	27.0
龙井市	109 634	88 199	21 435	80.4	19.6
珲春市	59 944	45 874	14 070	76.5	23.5
和龙县	67 884	52 819	15 065	77.8	22.2
汪清县	74 908	56 360	18 548	75.2	24.8
安图县	70 915	55 649	15 266	78.5	21.5

2—27 少数民族自治地方人口

州、市、县	总人口(人)		少数民族人口(人)		少数民族人口占总人口比重(%)	
	1991年	1992年	1991年	1992年	1991年	1992年
总　　计	**3 231 835**	**3 122 598**	**1 155 602**	**1 160 425**	**35.8**	**37.2**
延边朝鲜族自治州	2 091 260	2 111 797	905 213	909 846	43.3	43.1
延吉市	293 622	314 650	183 466	192 528	62.5	61.2
图们市	138 871	139 508	84 971	84 660	61.2	60.7
敦化市	469 056	469 346	36 807	36 057	7.8	7.7
龙井市	286 906	276 437	195 598	192 854	68.2	69.8
珲春市	175 283	187 005	101 366	104 245	57.8	55.7
和龙县	241 723	238 985	144 951	142 559	60.0	59.7
汪清县	273 092	271 107	99 558	98 486	36.5	36.3
安图县	212 707	214 759	58 496	58 457	27.5	27.2
伊通满族自治县	434 712	434 121	171 017	171 001	39.3	39.4
长白朝鲜族自治县	83 330	83 662	15 362	15 567	18.4	18.6
前郭蒙古族自治县	622 533	493 018	64 010	64 011	10.3	13.0

2—28 少数民族自治地方主要经济指标

项目	单位	1978年	1980年	1985年	1990年	1991年	1992年
一、工农业总产值（不变价）	**万元**	**200 132**	**220 616**	**343 646**	**625 773**	**1 029 071**	**1 199 369**
农业总产值	万元	54 384	52 313	89 828	143 404	276 710	383 802
工业总产值	万元	145 748	168 303	253 818	482 369	752 361	815 567
二、农业							
耕地面积	万亩	620.5	626.5	625.1	735.0	733.6	721.1
灌溉面积	万亩	121.8	140.1	116.9	177.2	185.5	180.6
粮食产量	万吨	80.4	64.0	110.8	214.4	211.9	208.02
油料产量	万吨	1.19	2.35	6.25	3.21	3.39	3.42
大牲畜年末头数	万头	28.4	30.0	35.3	49.5	52.58	54.13
羊年末只数	万只	17.7	21.2	19.5	35.04	34.69	11.05
猪年末头数	万头	51.9	33.6	42.2	62.21	63.42	65.17
三、工业							
钢产量	万吨	0.8	0.8	1.2	2.3	1.1	1.7
生铁产量	万吨	1.2	0.4	0.9	1.6	1.4	1.1
原煤产量	万吨	133.5	126.2	268.3	354.1	357.0	384
原油产量	万吨	185	176	213.0	357	342	344
发电量	万千瓦小时	207 782	254 000	253 261	461 831	471 762	519 540
木材产量	万立方米	289.5	328.6	315.9	301.1	262.9	262.43
棉布产量	万米	1 202	1 399	2 556	1 964	2 090	2 679
四、运输、邮电							
铁路通车里程	公里	587	587	453	533	533	533
公路通车里程	公里	4 075.6	3 856	2 755	4 242	4 347	4 356
五、基本建设投资总额	**万元**	**18 082**	**20 457**	**35 561**	**69 181**	**76 013**	**114 984**
六、商业							
社会商品零售总额	万元	54 700	74 500	148 173	333 455	380 985	448 234
国内纯购进总额	万元	41 578	48 682	89 830	296 177	308 100	324 473
七、卫生							
卫生事业机构数	个	682	796	870	879	933	928
卫生事业床位数	张	8 395	8 831	10 518	11 639	12 416	12 697
卫生技术人员	个	9 048	10 497	14 113	17 920	18 678	24 573
八、文化教育							
在校学生数							
高等学校	人	3 101	3 652	5 102	5 621	5 630	5 644
中等学校	人	84 675	63 063	167 839	171 720	183 022	177 531
小学校	万人	11.16	9.90	29.35	37.2	31.38	34.89
教师数							
高等学校	人	1 183	1 538	1 022	1 346	1 350	1 375
中等学校	人	5 063	5 206	11 386	13 279	15 426	13 102
小学校	人	5 061	4 418	13 152	20 717	17 277	20 679
少数民族文字出版的图书	种	240	308	470	1 031	1 070	820
少数民族文字出版的杂志	种	8	10	14	15	16	16
少数民族文字出版的报纸	种	3	4	7	8	10	8

2—29 吉林省在全国的位次

项目	单位	1985年		1990年		1992年	
		实际数	位次	实际数	位次	实际数	位次
总人口	万人	2 298.01	20	2 440.17	20	2 474.01	20
工农业总产值	亿元	327.02	15	680.81	15	890.80	16
人均工农业总产值	元	1 427.4	8	2 815.8	8	3 611.1	10
农业总产值	亿元	85.89	17	189.09	17	204.39	18
耕地面积	万亩	5 998.7	9	5 908.9	9	5 897.4	9
粮食产量	万吨	1 225.3	13	2 046.5	10	1 840.3	10
糖料产量	万吨	87.7	11	116.4	12	91.81	13
油料产量	万吨	48.4	11	46.7	13	35.82	15
烤烟产量	万吨	1.5	14	3.4	13	5.54	14
粮豆亩产	公斤	249	12	387	1	347	4
油料亩产	公斤	74	19	155	3	155	3
猪年末头数	万头	497.0	20	507.5	21	544.76	21
肥猪出栏数	万头	322.6	20	419.6	20	464.45	20
大牲畜年末头数	万头	294.6	19	309.1	20	341.12	19
羊年末只数	万只	151.2	19	233.6	18	227.56	18
水产品产量	万吨	2.96	18	7.09	19	8.49	19
人均粮食产量	公斤	534.8	1	846.4	1	746.0	1
工业总产值	亿元	241.13	16	491.72	16	686.41	17
轻工业产值	亿元	88.06	16	194.47	17	227.61	18
重工业产值	亿元	153.07	14	297.25	15	458.80	14
原煤产量	万吨	2 311.8	13	2 610.3	13	2 503.51	13
原油产量	万吨	213.02	8	356.70	8	344.06	8
发电量	亿千瓦小时	133.76	15	174.46	15	204.04	16
钢产量	万吨	37.86	21	74.60	20	104.03	19
成品钢材产量	万吨	43.34	20	61.97	20	86.69	20
铁合金产量	万吨	20.00	1	27.46	1	25.18	1
硫酸产量	万吨	8.42	20	11.14	20	11.39	21
化肥产量	万吨	25.50	19	30.15	20	30.06	23
电石产量	万吨	9.76	6	10.40	5	9.00	10

注：工农业总产值按当年价格计算，工业产值为乡及乡以上工业企业产值。

2—29 续表

项目	单位	1985年		1990年		1992年	
		实际数	位次	实际数	位次	实际数	位次
水泥产量	万吨	295.57	19	374.54	19	572.04	19
木材产量	万立方米	635.04	2	598.04	2	515.28	2
手扶及小型拖拉机产量	万台	5.49	5	4.09	6	5.48	7
汽车产量	万辆	9.77	1	7.33	3	14.51	2
手表产量	万只	156.00	9	135.32	10	113.80	11
自行车产量	万辆	45.08	16	28.68	16	20.49	17
洗衣机产量	万台	33.55	10	29.03	10	28.80	8
电视机产量	万台	24.15	18	28.71	19	18.88	20
糖产量	万吨	7.15	11	5.84	12	10.49	12
布产量	亿米	1.69	20	1.97	21	1.88	22
化纤产量	万吨	2.02	12	3.03	14	3.37	14
机制纸及纸板产量	万吨	48.89	8	57.02	10	61.21	10
全部独立核算工业企业每百元固定资产原值实现产值	元	94.94	18	101.96	20	106.15	19
全部独立核算工业企业每百元固定资产原值实现利税	元	16.76	19	10.09	19	9.34	22
全部独立核算工业企业每百元资金实现利税	元	17.58	19	7.20	19	6.45	24
社会商品零售总额	亿元	124.09	15	225.46	16	298.18	16
全部职工年末人数	万人	449.51	12	517.31	11	541.53	11
全部职工工资总额	亿元	47.44	13	95.20	14	122.06	14
全部职工平均工资	元	1 081	21	1 888	25	2 308	26
#全民所有制单位	元	1 175	14	2 068	23	2 526	26
集体所有制单位	元	880	21	1 456	23	1 759	24
高等学校在校学生数	万人	5.95	13	7.28	14	7.57	14
平均每万人口在校大学生数	人	25.9	5	29.8	5	30.6	5
医疗床位数	万张	7.9	15	9.2	15	9.5	15
平均每万人口医疗床位数	张	34.3	7	37.8	8	38.3	8

3—1 总　人　口

年份	人口数(万人)	按性别分		按农业、非农业分		按城乡分		占总人口的比重(%)		
		男	女	农业人口	非农业人口	城镇	乡村	男性人口	非农业人口	城镇人口
1949	1 008.5	536.6	471.9	828.2	180.3	222.3	786.2	53.2	17.9	22.0
1950	1 029.5	546.9	482.6	836.6	192.9	228.2	801.3	53.1	18.7	22.2
1951	1 039.8	550.5	489.3	824.4	215.4	235.5	804.3	52.9	20.7	22.6
1952	1 064.6	561.1	503.5	831.6	233.0	254.3	810.3	52.7	21.9	23.9
1953	1 133.2	602.1	531.1	821.2	312.0	320.4	812.8	53.1	27.5	28.3
1954	1 164.7	614.7	550.0	837.0	327.7	338.7	826.0	52.8	28.1	29.1
1955	1 202.1	634.5	567.6	851.2	350.9	342.5	859.6	52.9	29.2	28.5
1956	1 224.5	641.7	582.8	905.9	318.6	360.4	864.1	52.4	26.0	29.4
1957	1 248.1	656.0	592.1	882.6	365.5	383.8	864.3	52.6	29.3	30.8
1958	1 280.9	674.0	606.9	880.2	400.7	417.0	863.9	52.6	31.3	32.6
1959	1 313.0	692.4	620.6	844.3	468.7	530.7	782.3	52.7	35.7	40.4
1960	1 397.1	740.7	656.4	847.9	549.2	604.7	792.4	53.0	39.3	43.3
1961	1 414.3	743.0	671.3	891.2	523.1	612.8	801.5	52.5	37.0	43.3
1962	1 476.4	768.9	707.5	995.9	480.5	535.4	941.0	52.1	32.5	36.3
1963	1 537.1	800.7	736.4	1 043.1	494.0	543.9	993.2	52.1	32.1	35.4
1964	1 595.1	831.3	763.8	1 091.4	503.7	564.3	1 030.8	52.1	31.6	35.4
1965	1 639.1	850.1	789.0	1 118.9	520.2	578.7	1 060.4	51.9	31.7	35.3
1966	1 679.3	869.4	809.9	1 152.9	526.4	589.1	1 090.2	51.8	31.3	35.1
1967	1 722.1	891.7	830.4	1 179.9	542.2	604.4	1 117.7	51.8	31.5	35.1
1968	1 766.3	910.4	855.9	1 210.6	555.7	619.1	1 147.2	51.5	31.5	35.1
1969	1 808.2	932.0	876.2	1 265.6	542.6	625.4	1 182.8	51.5	30.0	34.6
1970	1 860.4	959.0	901.4	1 305.3	555.1	629.4	1 231.0	51.5	29.8	33.8
1971	1 915.2	983.8	931.4	1 336.3	578.9	647.7	1 267.5	51.4	30.2	33.8
1972	1 962.7	1 008.3	951.4	1 366.2	596.5	718.4	1 244.3	51.4	30.4	36.6
1973	2 007.9	1 032.1	975.8	1 396.4	611.5	702.0	1 305.9	51.4	30.5	35.0
1974	2 034.5	1 045.5	989.0	1 419.8	614.7	711.5	1 323.0	51.4	30.2	35.0
1975	2 063.9	1 060.5	1 003.4	1 443.4	620.5	722.7	1 341.2	51.4	30.1	35.0
1976	2 092.6	1 075.1	1 017.5	1 460.0	632.6	738.1	1 354.5	51.4	30.2	35.3
1977	2 117.9	1 087.8	1 030.1	1 481.6	636.3	747.8	1 370.1	51.4	30.0	35.3
1978	2 149.3	1 102.3	1 047.0	1 489.8	659.5	774.0	1 375.3	51.3	30.7	36.0
1979	2 184.6	1 119.0	1 065.6	1 483.4	701.2	810.4	1 374.2	51.2	32.1	37.1
1980	2 210.7	1 132.1	1 078.6	1 487.4	723.3	853.8	1 356.9	51.2	32.7	38.6
1981	2 230.9	1 141.4	1 089.5	1 485.2	745.7	871.7	1 359.2	51.2	33.4	39.1
1982	2 257.6	1 155.1	1 102.5	1 493.9	763.7	893.9	1 363.7	51.2	33.8	39.6
1983	2 269.5	1 162.3	1 107.2	1 487.4	782.1	877.8	1 391.7	51.2	34.5	38.7
1984	2 284.5	1 170.7	1 113.8	1 481.9	802.6	1 256.1	1 028.4	51.2	35.1	55.0
1985	2 298.0	1 177.4	1 120.6	1 461.0	837.0	1 421.8	876.2	51.2	36.4	61.9
1986	2 315.3	1 186.4	1 128.9	1 458.3	857.0	1 470.7	844.6	51.2	37.0	63.5
1987	2 336.4	1 196.9	1 139.5	1 452.9	883.5	1 597.7	738.7	51.2	37.8	68.4
1988	2 357.4	1 208.3	1 149.1	1 448.7	908.7	1 728.6	628.8	51.3	38.5	74.2
1989	2 395.4	1 228.2	1 167.2	1 464.6	930.8	1 778.3	617.1	51.3	38.9	73.3
1990	2 440.2	1 248.1	1 192.1	1 498.3	951.9	1 888.0	552.2	51.1	39.0	77.4
1991	2 459.7	1 258.5	1 201.2	1 493.5	966.2	1 908.3	551.4	51.2	39.3	77.6
1992	2 474.0	1 265.3	1 208.7	1 488.6	985.4	2 060.2	413.8	51.1	39.8	83.3

注：本表是公安部门年报数字，以下各表同。

3—2 各市县户数和人口数

(1992年末) 单位:万人

市、县	总户数(户)	总人口	按农业、非农业分		按城乡分		人口密度(人/平方公里)
			农业	非农业	城镇	乡村	
全省	**6 612 081**	**2 474.01**	**1 488.63**	**985.38**	**2 060.15**	**413.86**	**133**
长春市	**1 635 082**	**645.73**	**406.13**	**239.60**	**547.83**	**97.90**	**342**
市区	607 012	215.60	42.97	172.63	215.60		1 932
九台市	204 942	81.05	62.66	18.39	81.05		261
榆树市	292 045	117.97	104.20	13.77	117.97		251
农安县	235 489	106.64	91.19	15.45	55.31	51.33	197
德惠县	196 521	84.86	72.62	12.24	55.71	29.15	332
双阳县	99 073	39.61	32.49	7.12	22.19	17.42	198
吉林市	**1 115 321**	**416.78**	**227.11**	**189.67**	**376.52**	**40.26**	**154**
市区	379 112	133.79	25.80	107.99	133.79		1 103
桦甸市	115 548	44.17	26.10	18.07	44.17		71
蛟河市	125 524	46.49	29.99	16.50	46.49		77
舒兰市	173 390	64.79	45.90	18.89	64.79		141
永吉县	186 578	74.12	62.30	11.82	51.11	23.01	147
磐石县	135 169	53.42	37.02	16.40	36.17	17.25	135
四平市	**841 453**	**301.35**	**205.49**	**95.86**	**234.78**	**66.57**	**214**
市区	136 575	41.55	7.92	33.63	41.55		1 021
公主岭市	260 393	98.53	74.08	24.45	98.53		243
梨树县	226 703	81.27	62.51	18.76	48.84	32.43	199
伊通县	117 099	43.41	36.13	7.28	24.95	18.46	174
双辽县	100 683	36.59	24.85	11.74	20.91	15.68	121
辽源市	**340 401**	**120.38**	**67.87**	**52.51**	**91.14**	**29.24**	**235**
市区	128 333	42.72	6.15	36.57	42.72		2 074
东丰县	106 045	38.83	29.04	9.79	23.63	15.20	156
东辽县	106 023	38.83	32.68	6.15	24.79	14.04	160
通化市	**589 996**	**218.36**	**128.70**	**89.66**	**171.68**	**46.68**	**144**
市区	117 466	40.60	7.35	33.25	40.60		554
梅河口市	155 881	58.39	36.34	22.05	58.39		278
集安市	61 118	22.42	15.64	6.78	22.42		70
通化县	66 215	25.28	19.36	5.92	10.78	14.50	72

3-2 续表　　　　(1992年末)　　　　单位:万人

市、县	总户数(户)	总人口	按农业、非农业分		按城乡分		人口密度(人/平方公里)
			农业	非农业	城镇	乡村	
辉南县	98 283	35.16	22.27	12.89	24.13	11.03	158
柳河县	91 033	36.51	27.74	8.77	15.36	21.15	107
浑江市	**358 069**	**125.15**	**49.30**	**75.85**	**109.82**	**15.33**	**70**
市区	161 986	55.09	15.63	39.46	55.09		202
临江县	53 648	18.02	7.95	10.07	12.41	5.61	60
抚松县	81 398	29.49	12.41	17.08	25.21	4.28	45
靖宇县	37 807	14.18	8.46	5.72	10.64	3.54	46
长白县	23 230	8.37	4.85	3.52	6.47	1.90	34
松原市	**614 279**	**244.99**	**192.12**	**52.87**	**174.40**	**70.59**	**120**
扶余区	290 968	111.20	80.90	30.30	111.20		201
长岭县	133 994	57.81	48.88	8.93	25.95	31.86	110
前郭县	119 302	49.30	41.57	7.73	21.99	27.31	80
乾安县	70 015	26.68	20.77	5.91	15.26	11.42	78
白城地区	**518 569**	**190.09**	**120.39**	**69.70**	**159.86**	**30.23**	**76**
白城市	107 713	33.68	11.38	22.30	33.68		344
洮南市	141 018	51.99	36.52	15.47	51.99		89
大安市	110 140	40.77	26.93	13.84	40.77		84
镇赉县	74 970	30.86	21.62	9.24	16.15	14.71	61
通榆县	84 728	32.79	23.94	8.85	17.27	15.52	39
延边朝鲜族自治州	**598 911**	**211.18**	**91.52**	**119.66**	**194.12**	**17.06**	**49**
延吉市	90 094	31.47	5.81	25.66	31.47		807
图们市	38 355	13.95	3.97	9.98	13.95		250
敦化市	134 271	46.94	23.15	23.79	46.94		41
龙井市	82 228	27.64	13.70	13.94	27.64		71
珲春市	51 331	18.70	8.38	10.32	18.70		35
和龙县	69 881	23.90	10.68	13.22	19.35	4.55	48
汪清县	75 490	27.11	14.24	12.87	20.65	6.46	32
安图县	57 261	21.47	11.59	9.88	15.42	6.05	29

3—3 人口出生率、死亡率、自然增长率

单位:‰

年份	全省			市			县		
	出生率	死亡率	自然增长率	出生率	死亡率	自然增长率	出生率	死亡率	自然增长率
1949	31.84	12.93	18.91	32.11	10.12	21.99	31.81	13.25	18.56
1950	41.66	12.40	29.26	41.93	9.59	32.34	41.63	12.73	28.90
1951	40.60	11.80	28.80	40.87	8.99	31.88	40.57	12.14	28.43
1952	44.38	11.50	32.88	44.65	8.69	35.96	44.35	11.87	32.48
1953	41.80	10.93	30.87	42.06	8.12	33.94	41.76	11.38	30.38
1954	48.39	10.43	37.96	51.20	7.44	43.76	47.88	10.98	36.90
1955	37.61	9.91	27.70	49.94	10.64	39.30	35.36	9.78	25.58
1956	32.64	7.53	25.11	45.76	8.34	37.42	30.16	7.38	22.78
1957	35.47	9.05	26.42	47.81	10.56	37.25	32.98	8.74	24.24
1958	33.31	9.12	24.19	43.81	8.97	34.84	30.98	9.16	21.82
1959	28.04	13.43	14.61	38.41	15.17	23.24	25.10	12.94	12.16
1960	32.51	10.13	22.38	40.29	10.73	29.56	29.66	9.91	19.75
1961	26.45	12.05	14.40	29.57	13.02	16.55	25.23	11.67	13.56
1962	40.70	9.96	30.74	41.22	10.06	31.16	40.53	9.93	30.60
1963	47.03	9.44	37.59	50.83	8.37	42.46	45.89	9.76	36.13
1964	44.19	12.62	31.57	40.06	9.42	30.64	45.41	13.55	31.86
1965	40.46	9.68	30.78	34.47	6.89	27.58	42.20	10.49	31.71
1966	34.58	8.62	25.96	27.23	6.42	20.81	36.72	9.26	27.46
1967	37.56	9.14	28.42	30.76	6.63	24.13	39.52	9.87	29.65
1968	37.60	9.14	28.46	30.82	6.64	24.18	39.55	9.86	29.69
1969	31.54	6.58	24.96	29.84	6.71	23.13	32.04	6.54	25.50
1970	33.22	6.37	26.85	29.89	6.49	23.40	34.18	6.34	27.84
1971	32.49	6.47	26.02	28.53	6.16	22.37	33.62	6.56	27.06
1972	31.40	7.53	23.87	25.75	6.38	19.37	33.04	7.87	25.17
1973	26.15	6.23	19.92	18.71	5.13	13.58	28.24	6.54	21.70
1974	20.73	6.70	14.03	13.40	5.60	7.80	22.68	6.99	15.69
1975	19.63	6.71	12.92	13.98	5.75	8.23	21.12	6.97	14.15
1976	18.61	6.16	12.45	13.34	5.44	7.90	20.00	6.34	13.66
1977	18.56	6.34	12.22	14.80	5.83	8.97	19.56	6.48	13.08
1978	19.95	6.08	13.87	17.63	5.50	12.13	20.58	6.23	14.35
1979	19.41	5.52	13.89	16.70	4.94	11.76	20.15	5.67	14.48
1980	15.81	5.79	10.02	14.30	5.36	8.94	16.26	5.91	10.35
1981	17.67	5.32	12.35	17.01	5.23	11.78	17.88	5.35	12.53
1982	16.76	5.83	10.93	18.42	5.48	12.94	16.23	5.94	10.29
1983	12.38	5.35	7.03	12.83	4.73	8.10	11.24	5.54	5.70
1984	11.84	5.34	6.50	12.71	4.90	7.81	11.58	5.47	6.11
1985	11.93	5.34	6.59	13.01	5.20	7.81	11.43	5.40	6.03
1986	13.70	5.39	8.31	15.30	5.32	9.98	12.95	5.42	7.53
1987	15.34	5.48	9.86	16.22	5.43	10.79	14.80	5.51	9.29
1988	14.09	5.18	8.91	14.72	5.10	9.62	13.50	5.25	8.25
1989	17.00	5.05	11.95	15.37	5.14	10.23	18.68	4.97	13.71
1990	18.16	5.65	12.51	18.18	5.82	12.36	18.15	5.43	12.72
1991	11.88	4.81	7.07	11.46	4.82	6.64	12.40	4.80	7.60
1992	11.52	5.00	6.52	11.27	5.00	6.27	11.85	5.00	6.85

3—4 各市县人口自然变动情况

(1992年) 单位:人

市、县	年平均人口	出生 人数	出生率(‰)	死亡 人数	死亡率(‰)	自然增长 人数	增长率(‰)
全省	**24 668 535**	**284 103**	**11.52**	**123 341**	**5.00**	**160 762**	**6.52**
长春市	**6 441 848**	**60 690**	**9.42**	**31 935**	**4.96**	**28 755**	**4.46**
市区	2 144 103	16 523	7.71	11 233	5.24	5 290	2.47
九台市	809 791	8 765	10.82	4 014	4.96	4 751	5.86
榆树市	1 179 442	11 157	9.46	6 205	5.26	4 952	4.20
农安县	1 065 538	10 219	9.59	4 584	4.30	5 635	5.29
德惠县	846 961	10 284	12.14	3 692	4.36	6 592	7.78
双阳县	396 013	3 742	9.45	2 207	5.57	1 535	3.88
吉林市	**4 159 713**	**55 500**	**13.34**	**21 914**	**5.27**	**33 586**	**8.07**
市区	1 318 061	13 077	9.92	6 857	5.20	6 220	4.72
桦甸市	442 138	7 252	16.40	1 756	3.97	5 496	12.43
蛟河市	467 033	7 213	15.44	2 896	6.20	4 317	9.24
舒兰市	646 843	9 575	14.80	3 379	5.22	6 196	9.58
永吉县	750 249	10 779	14.37	4 308	5.74	6 471	8.63
磐石县	535 389	7 604	14.20	2 718	5.08	4 886	9.12
四平市	**2 999 054**	**34 380**	**11.46**	**13 703**	**4.57**	**20 677**	**6.89**
市区	409 432	4 782	11.68	1 741	4.25	3 041	7.43
公主岭市	979 293	13 516	13.80	4 181	4.27	9 335	9.53
梨树县	810 747	6 624	8.17	3 658	4.51	2 966	3.66
伊通县	434 416	5 765	13.27	2 292	5.28	3 473	7.99
双辽县	365 166	3 693	10.11	1 831	5.01	1 862	5.10
辽源市	**1 200 944**	**15 735**	**13.10**	**6 889**	**5.74**	**8 846**	**7.36**
市区	423 980	5 274	12.44	2 045	4.82	3 229	7.62
东丰县	388 003	5 992	15.44	2 381	6.14	3 611	9.30
东辽县	388 961	4 469	11.49	2 463	6.33	2 006	5.16
通化市	**2 180 858**	**23 774**	**10.90**	**11 586**	**5.31**	**12 188**	**5.59**
市区	404 371	4 457	11.02	2 072	5.12	2 385	5.90
梅河口市	581 504	6 498	11.17	2 850	4.90	3 648	6.27
集安市	223 802	2 498	11.16	1 163	5.20	1 335	5.96
通化县	253 187	2 667	10.53	1 729	6.83	938	3.70

3—4 续表　　(1992年)　　单位:人

市、县	年平均人口	出生人数	出生率(‰)	死亡人数	死亡率(‰)	自然增长人数	增长率(‰)
辉南县	352 722	3 509	9.95	1 738	4.93	1 771	5.02
柳河县	365 272	4 145	11.35	2 034	5.57	2 111	5.78
浑江市	**1 250 870**	**13 690**	**10.94**	**5 313**	**4.25**	**8 377**	**6.69**
市区	549 502	5 994	10.91	2 235	4.07	3 759	6.84
临江县	179 798	1 999	11.12	954	5.31	1 045	5.81
抚松县	295 560	3 487	11.80	1 225	4.15	2 262	7.65
靖宇县	142 514	1 349	9.46	556	3.90	793	5.56
长白县	83 496	861	10.31	343	4.11	518	6.20
松原市	**2 432 582**	**39 538**	**16.25**	**11 970**	**4.92**	**27 568**	**11.33**
扶余区	1 036 802	17 908	17.27	5 875	5.67	12 033	11.60
长岭县	573 646	9 916	17.28	2 251	3.92	7 665	13.36
前郭县	557 776	8 290	14.86	2 471	4.43	5 819	10.43
乾安县	264 358	3 424	12.95	1 373	5.19	2 051	7.76
白城地区	**1 901 137**	**17 205**	**9.05**	**7 997**	**4.21**	**9 208**	**4.84**
白城市	335 639	3 099	9.23	1 060	3.16	2 039	6.07
洮南市	518 667	4 363	8.41	2 381	4.59	1 982	3.82
大安市	410 501	3 290	8.02	1 587	3.87	1 703	4.15
镇赉县	307 893	3 164	10.28	1 526	4.96	1 638	5.32
通榆县	328 437	3 289	10.01	1 443	4.39	1 846	5.62
延边朝鲜族自治州	**2 101 529**	**23 591**	**11.23**	**12 034**	**5.73**	**11 557**	**5.50**
延吉市	304 136	3 338	10.98	1 413	4.65	1 925	6.33
图们市	139 190	1 486	10.68	991	7.12	495	3.56
敦化市	469 201	5 874	12.52	2 382	5.08	3 492	7.44
龙井市	281 672	2 826	10.03	1 931	6.85	895	3.18
珲春市	181 144	1 964	10.84	1 053	5.81	911	5.03
和龙县	240 354	2 652	11.03	1 615	6.72	1 037	4.31
汪清县	272 099	2 939	10.80	1 488	5.47	1 451	5.33
安图县	213 733	2 512	11.75	1 161	5.43	1 351	6.32

4—1 城乡劳动力资源与分配平衡表

单位：人

项目	1991年			1992年		
	城乡合计	城镇	乡村	城乡合计	城镇	乡村
一、年末劳动力资源总数	**15 880 128**	**6 697 218**	**9 182 910**	**16 047 569**	**6 923 324**	**9 124 245**
年末劳动年龄内全部人数	15 496 060	6 768 602	8 727 458	15 586 294	6 974 065	8 612 229
不足和超过劳动年龄参加社会劳动的人数	606 504	25 943	580 561	650 137	24 678	625 459
劳动年龄内丧失劳动能力的人数	181 938	79 103	102 835	149 492	51 797	97 695
其他	40 498	18 224	22 274	39 370	23 622	15 748
二、年末劳动力分配总数	**15 213 297**	**6 697 218**	**8 516 079**	**16 047 569**	**6 923 324**	**9 124 245**
（一）社会劳动者总数	11 859 045	5 649 621	6 209 424	12 266 702	5 800 426	6 466 276
按经济类型分：						
全民所有制单位职工	3 718 002	3 718 002		3 792 681	3 792 681	
城镇集体所有制单位职工	1 600 354	1 600 354		1 578 352	1 578 352	
各种合营、华侨或港奥工商业者经营和外资经营单位职工	16 054	16 054		44 298	44 298	
农村乡（镇）劳动者	6209 424		6 209 424	6 466 276		6 466 276
城镇个体劳动者	315 211	315 211		385 095	385 095	
按国民经济行业分：						
农、林、牧、渔、水利业	5 722 816	257 011	5 465 805	5 914 531	256 487	5 658 044
工业	2 796 842	2 578 617	218 225	2 851 062	2 604 713	246 349
地质普查和勘探业	52 885	52 885		50 169	50 169	
建筑业	463 682	372 003	91 679	497 589	392 067	105 522
交通运输、邮电通讯业	369 478	304 701	64 777	396 631	322 603	74 028
商业、公共饮食业、物资供销和仓储业	1 062 139	994 336	67 803	1 131 174	1 052 426	78 748
房地产管理、公用事业、居民服务和咨询服务业	180 523	176 877	3 646	197 418	193 838	3 580
卫生、体育和社会福利事业	158 827	140 353	18 474	162 975	144 541	18 434
教育、文化艺术和广播电视事业	439 222	382 060	57 162	440 274	383 541	56 733
科学研究和综合技术服务事业	43 116	41 494	1 622	44 348	42 542	1 806
金融、保险业	74 654	71 564	3 090	78 272	74 964	3 308
国家机关、政党机关和社会团体	336 409	274 316	62 093	329 891	278 722	51 169
其他行业	158 452	3 404	155 048	172 368	3 813	168 555
（二）城镇待业人员	103 077	103 077		90 843	90 843	
（三）16岁以上在校学生	682 400	508 656	173 744	779 315	545 521	233 794
（四）宗教职业者	1193	477	716	1 193	477	716
（五）聘用和留用的退休、离休人员及城镇民办教师等按劳动统计制度规定未包括在职工中的其他社会劳动者	86 653	86 653		82 345	82 345	
（六）家务劳动者	2455 539	327 602	2 127 937	2 382 081	283 880	2 098 201
（七）其他	25 390	21 132	4 258	445 090	119 832	325 258
三、劳动力资源与劳动力分配的计算差额	**666 831**		**666 831**			

注：此表的社会劳动者未包括聘用和留用的退休、离休人员及城镇民办教师等按劳动统计制度规定未包括在职工中的其他社会劳动者。

4—2 历年社会劳动者人数

单位：万人

年份	社会劳动者人数	按经济类型分							按三次产业分		
		职工人数	全民所有制单位	集体所有制单位	其他所有制单位	城镇个体劳动者	乡村劳动者	其他劳动者	第一产业	第二产业	第三产业
1949	263.89	38.73	23.38	15.35			225.16		223.7	18.8	21.4
1950	270.37	45.96	30.08	15.88			224.41				
1951	280.51	54.88	39.48	15.40			225.63				
1952	301.73	63.90	48.38	15.52			237.83		236.1	31.0	34.6
1953	321.39	77.06	59.68	17.38			244.33				
1954	318.25	75.54	60.56	14.98			242.71				
1955	321.56	72.05	57.38	14.67			249.51				
1956	327.67	84.60	71.66	12.94			243.07				
1957	327.22	93.25	74.41	18.84			233.97		231.1	43.8	52.3
1958	383.48	139.21	123.55	15.66			244.27				
1959	384.58	147.66	135.33	12.33			236.92				
1960	417.80	182.88	167.09	15.79			234.92				
1961	407.59	170.48	147.18	23.30			237.11				
1962	414.98	146.05	119.19	26.86			268.93		278.4	69.7	66.9
1963	433.95	148.34	120.56	27.78			285.61				
1964	428.75	149.36	123.38	25.98			279.39				
1965	437.79	152.25	124.50	27.75			285.54		293.1	73.3	71.4
1966	431.05	150.30	130.77	19.53			280.75				
1967	455.96	152.17	132.19	19.98			303.79				
1968	470.15	155.64	135.15	20.49			314.51				
1969	484.00	160.34	139.67	20.67			323.66				
1970	532.13	187.60	159.73	27.87			344.53		337.3	100.0	94.8
1971	568.25	215.71	183.74	31.97			352.54		344.1	118.1	106.1
1972	559.43	223.09	189.55	33.54			336.34		325.3	130.7	103.4
1973	562.10	222.58	184.81	37.77			339.52		325.6	133.9	102.6
1974	568.58	232.98	188.44	44.54			335.60		322.5	144.8	101.3
1975	590.51	256.78	196.41	60.37			333.73		326.1	160.8	103.6
1976	595.80	273.03	204.09	68.94			322.77		308.2	180.3	107.3
1977	620.54	299.36	211.33	88.03			321.18		307.7	200.0	112.8
1978	645.38	324.92	250.02	74.90			320.46		318.1	205.0	122.3
1979	671.29	348.59	257.50	91.09		0.81	321.89		318.4	216.3	136.6
1980	715.30	373.88	270.50	103.38		3.37	338.05		329.3	231.7	154.3
1981	754.52	396.48	282.81	113.67		5.57	352.47		349.8	242.0	162.7
1982	849.62	411.24	292.30	118.94		7.58	430.80		413.8	248.0	187.8
1983	847.50	421.88	296.87	125.01		10.60	415.02		410.8	256.9	179.8
1984	867.25	431.34	293.07	138.19	0.08	15.91	410.99	9.01	401.1	258.6	207.6
1985	930.20	449.51	304.43	144.91	0.17	21.37	450.01	9.31	421.9	286.2	222.1
1986	987.95	470.90	320.78	149.95	0.17	21.17	486.50	9.38	432.5	302.6	252.9
1987	1 032.75	486.11	331.87	154.03	0.21	22.96	514.75	8.93	465.8	313.9	253.0
1988	1 106.22	497.48	343.69	153.54	0.25	28.53	571.55	8.66	511.6	324.9	269.7
1989	1 142.19	509.45	352.74	156.19	0.52	29.25	594.92	8.57	549.0	329.7	263.5
1990	1 169.41	517.31	361.98	154.44	0.89	29.50	614.43	8.17	564.8	334.4	270.2
1991	1 194.69	533.44	371.80	160.03	1.61	31.52	620.94	8.79	572.4	339.2	283.1
1992	1 235.02	541.53	379.27	157.83	4.43	38.51	646.63	8.35	590.2	352.6	292.2

4—3 分行业社会劳动者人数

单位：人

项　　目	1987年	1988年	1989年	1990年	1991年	1992年
全　省	**10 327 496**	**11 062 313**	**11 421 900**	**11 694 089**	**11 946 891**	**12 350 240**
农、林、牧、渔、水利业	4 700 492	5 160 332	5 429 996	5 667 180	5 724 580	5 916 238
工　业	2 685 594	2 751 311	2 784 906	2 780 948	2 808 969	2 862 688
地质普查和勘探业	46 645	47 286	48 169	48 784	53 271	50 548
建　筑　业	453 278	469 030	458 741	439 947	465 198	499 107
交通运输、邮电通讯业	340 720	355 970	352 175	364 919	370 994	398 149
商业、公共饮食业、物资供销和仓储业	892 043	958 908	989 698	1 036 019	1 065 474	1 134 480
房地产管理、公用事业、居民服务和咨询服务业	155 306	169 564	175 289	171 990	181 322	198 258
卫生、体育和社会福利事业	138 290	140 741	142 596	147 365	159 681	163 869
教育、文化艺术和广播电视事业	461 756	470 250	473 389	481 059	501 043	498 256
科学研究和综合技术服务事业	36 363	39 509	40 995	41 819	43 419	44 646
金融、保险业	53 674	59 956	64 868	68 546	75 012	78 651
国家机关、政党机关和社会团体	234 435	269 914	284 317	295 547	338 283	331 789
其　他	128 900	169 542	176 761	149 966	159 645	173 561
构　成（%）	**100**	**100**	**100**	**100**	**100**	**100**
农、林、牧、渔、水利业	45.5	46.6	47.5	48.5	47.9	47.9
工　业	26.0	24.9	24.4	23.8	23.5	23.2
地质普查和勘探业	0.5	0.4	0.4	0.4	0.5	0.4
建　筑　业	4.4	4.2	4.0	3.8	3.9	4.1
交通运输、邮电通讯业	3.3	3.2	3.1	3.1	3.1	3.2
商业、公共饮食业、物资供销和仓储业	8.6	8.7	8.7	8.8	8.9	9.2
房地产管理、公用事业、居民服务和咨询服务业	1.5	1.5	1.5	1.5	1.5	1.6
卫生、体育和社会福利事业	1.3	1.3	1.2	1.3	1.4	1.3
教育、文化艺术和广播电视事业	4.5	4.3	4.2	4.1	4.2	4.0
科学研究和综合技术服务事业	0.4	0.4	0.4	0.3	0.4	0.4
金融、保险业	0.5	0.6	0.6	0.6	0.6	0.6
国家机关、政党机关和社会团体	2.3	2.4	2.5	2.5	2.8	2.7
其　他	1.2	1.5	1.5	1.3	1.3	1.4

4—4 按经济类型分各行业社会劳动者人数

(1992年末)

行业	合计	全民所有制单位职工	城镇集体所有制单位职工	其他所有制单位职工	城镇个体劳动者	乡村劳动者
绝对数(人)	**12 350 240**	**3 792 681**	**1 578 352**	**44 298**	**385 095**	**6 466 276**
农、林、牧、渔、水利业	5 916 238	235 138	18 607	1 027	1 715	5 658 044
工业	2 862 688	1 626 356	906 211	25 266	46 880	246 349
地质普查和勘探业	50 548	50 169				
建筑业	499 107	216 353	169 059	2 402	4 253	105 522
交通运输、邮电通讯业	398 149	215 447	61 220		45 936	74 028
商业、公共饮食业、物资供销	1 134 480	462 019	336 188	13 344	240 875	78 748
房地产管理、公用事业、居民服务	198 258	121 787	33 304	2 042	36 705	3 580
卫生、体育和社会福利事业	163 869	126 143	15 987	35	2 376	18 434
教育、文化艺术和广播电视事业	498 256	378 538	3 106		1 897	56 733
科学研究和综合技术服务事业	44 646	39 040	2 675	182	645	1 806
金融、保险业	78 651	54 734	20 230			3 308
国家机关、政党机关和社会团体	331 789	266 957	11 765			51 169
其他	173 561				3 813	168 555
构成(%)	**100**	**100**	**100**	**100**	**100**	**100**
农、林、牧、渔、水利业	47.9	6.2	1.2	2.3	0.4	87.5
工业	23.2	42.9	57.4	57.1	12.2	3.8
地质普查和勘探业	0.4	1.3				
建筑业	4.1	5.7	10.7	5.4	1.1	1.6
交通运输、邮电通讯业	3.2	5.7	3.9		11.9	1.1
商业、公共饮食业、物资供销	9.2	12.2	21.3	30.1	62.6	1.2
房地产管理、公用事业、居民服务	1.6	3.2	2.1	4.6	9.5	0.1
卫生、体育和社会福利事业	1.3	3.3	1.0	0.1	0.6	0.3
教育、文化艺术和广播电视事业	4.0	10.0	0.2		0.5	0.9
科学研究和综合技术服务事业	0.4	1.0	0.2	0.4	0.2	
金融、保险业	0.6	1.5	1.3			0.1
国家机关、政党机关和社会团体	2.7	7.0	0.7			0.8
其他	1.4				1.0	2.6

4—5 各市县社会劳动者人数

(1992年末)　　单位:人

市、县	社会劳动者	全民所有制单位职工	集体所有制单位职工	其他所有制单位职工	城镇个体劳动者	乡村劳动者	其他劳动者
全省	**12 350 240**	**3 792 681**	**1 578 352**	**44 298**	**385 095**	**6 466 276**	**83 538**
长春市	**3 201 354**	**930 376**	**436 387**	**22 011**	**84 418**	**1 701 362**	**26 800**
市区	1 311 856	701 544	346 452	19 593	53 763	179 406	11 098
九台市	348 801	51 967	19 393	319	6 278	267 838	3 006
榆树市	552 563	55 525	20 957		4 741	467 147	4 193
农安县	419 253	48 238	21 696		8 016	336 840	4 463
德惠县	369 387	47 322	17 483	2 099	7 842	291 997	2 644
双阳县	199 494	25 780	10 406		3 778	158 134	1 396
吉林市	**2 140 910**	**678 468**	**332 036**	**8 387**	**78 873**	**1 028 235**	**14 911**
市区	777 425	408 134	211 565	7 634	41 707	103 345	5 040
桦甸市	201 450	62 348	26 218	186	7 763	103 401	1 534
蛟河市	209 212	39 684	22 922	15	7 591	137 481	1 519
舒兰市	330 641	81 459	26 384		4 929	215 183	2 686
永吉县	368 624	39 574	21 984	552	6 798	297 724	1 992
磐石县	253 558	47 269	22 963		10 085	171 101	2 140
四平市	**1 420 181**	**348 239**	**129 475**	**5 257**	**35 195**	**890 943**	**11 072**
市区	233 971	127 164	47 225	5 002	15 075	38 665	840
公主岭市	419 698	81 342	34 392		7 146	293 139	3 679
梨树县	384 103	71 027	25 437	242	5 035	279 060	3 302
伊通县	205 131	27 327	8 610	13	4 138	163 148	1 895
双辽县	177 278	41 379	13 811		3 801	116 931	1 356
辽源市	**629 723**	**193 693**	**85 770**	**2 134**	**24 841**	**319 206**	**4 079**
市区	256 560	142 061	65 039	2 134	16 499	29 596	1 231
东丰县	180 360	32 878	11 478		2 553	131 874	1 577
东辽县	192 803	18 754	9 253		5 789	157 736	1 271
通化市	**1 060 342**	**300 429**	**118 028**	**2 287**	**31 529**	**603 630**	**4 439**
市区	215 673	117 253	52 657	1 582	9 817	33 264	1 100
梅河口市	241 963	53 138	21 537	577	8 118	157 342	1 251
集安市	116 226	28 899	9 560	34	1 989	75 663	81
通化县	132 121	27 443	9 675	33	2 396	92 136	438

4—5 续表　　　　　　　　　　　　（1992 年末）　　　　　　　　　　　　单位：人

市、县	社会劳动者	全民所有制单位职工	集体所有制单位职工	其他所有制单位职工	城镇个体劳动者	乡村劳动者	其他劳动者
辉南县	172 746	42 477	13 021	38	5 275	111 292	643
柳河县	181 613	31 219	11 578	23	3 934	133 933	926
浑江市	**567 883**	**264 326**	**110 823**	**492**	**16 844**	**174 737**	**661**
市区	337 293	176 168	70 235	214	10 311	79 897	468
临江县							
抚松县	136 420	56 077	32 978		4 071	43 172	122
靖宇县	55 084	15 736	4 587	278	1 263	33 169	51
长白县	39 086	16 345	3 023		1 199	18 499	20
松原市	**1 149 300**	**227 399**	**57 481**	**82**	**25 834**	**829 174**	**9 330**
扶余区	469 116	56 709	21 982		10 680	374 332	5 413
长岭县	225 203	30 181	12 774		3 393	176 900	1 955
前郭县	330 232	116 444	17 057		8 494	186 800	1 437
乾安县	124 749	24 065	5 668	82	3 267	91 142	525
白城地区	**834 838**	**232 596**	**84 216**	**87**	**35 217**	**476 863**	**5 859**
白城市	156 948	76 536	25 107	87	10 016	44 928	274
洮南市	235 130	50 743	18 558		7 240	157 640	949
大安市	174 603	35 967	18 763		8 579	109 213	2 081
镇赉县	124 457	37 237	10 137		4 030	71 869	1 184
通榆县	143 700	32 113	11 651		5 352	93 213	1 371
延边朝鲜族自治州	**1 114 406**	**449 427**	**164 090**	**3 561**	**52 344**	**442 126**	**2 858**
延吉市	170 331	97 746	26 321	2 351	16 711	27 002	200
图们市	67 194	31 177	9 187	398	5 704	20 581	147
敦化市	250 966	86 909	43 269		8 257	110 860	1 671
龙井市	140 055	52 420	16 459	153	4 774	66 010	239
珲春市	110 852	44 506	15 686	333	4 024	45 858	445
和龙县	119 915	44 244	20 108	131	4 148	51 277	7
汪清县	149 995	53 273	19 625		5 688	71 303	106
安图县	105 098	39 152	13 435	195	3 038	49 235	43

4—6 全部职工人数

单位：人

项目	1987年	1988年	1989年	1990年	1991年	1992年
全省	**4 861 075**	**4 974 894**	**5 094 452**	**5 173 144**	**5 334 410**	**5 415 331**
其中：女职工	1 914 767	1 950 452	2 019 502	2 051 203	2 115 751	2 155 703
一、按经济类型分						
全民所有制单位	3 318 659	3 436 931	3 527 399	3 619 849	3 718 002	3 792 681
集体所有制单位	1 540 320	1 535 417	1 561 882	1 544 368	1 600 354	1 578 352
其他所有制单位	2 096	2 546	5 171	8 927	16 054	44 298
二、按企业、事业机关分						
企业	3 986 693	4 063 577	4 150 838	4 144 128	4 263 061	4 342 885
事业、机关	874 382	911 317	943 614	1 029 016	1 071 349	1 072 446
三、按国民经济行业分						
农、林、牧、渔、水利业	253 332	260 452	261 394	254 487	256 835	254 772
工业	2 388 826	2 419 706	2 478 825	2 514 963	2 535 113	2 557 833
地质普查和勘探业	46 645	47 286	48 169	48 784	52 869	50 169
建筑业	361 446	360 852	357 704	340 781	367 850	387 814
交通运输、邮电通讯业	252 503	254 263	253 627	259 510	268 005	276 667
商业、公共饮食业、物质供销和仓储业	665 026	691 933	725 356	761 230	801 270	811 551
房地产管理、公用事业、居民服务和咨询服务业	128 324	139 570	140 109	137 725	147 816	157 133
卫生、体育和社会福利事业	119 825	121 635	122 933	127 942	138 447	142 165
教育、文化艺术和广播电视事业	339 416	348 350	355 027	361 268	378 846	381 644
科学研究和综合技术服务事业	35 040	38 047	39 473	39 860	41 479	41 897
金融、保险业	51 106	57 416	62 221	65 492	71 564	74 964
国家机关、政党机关和社会团体	219 586	235 384	249 614	261 102	274 316	278 722

4—7 全民所有制单位职工人数

单位：人

项　　目	1978年	1980年	1985年	1990年	1991年	1992年
全　省	**2 500 183**	**2 704 958**	**3 044 311**	**3 619 849**	**3 718 002**	**3 792 681**
一、按隶属关系分						
中　央	230 585	379 612	636 339	739 604	747 627	764 581
地　方	2 269 598	2 325 346	2 407 972	2 880 245	2 970 375	3 028 100
二、按企业、事业、机关分						
企　业				2 634 845	2 694 254	2 766 133
事业、机关				985 004	1 023 748	1 026 548
三、按用工方式分						
固定职工	2 110 683	2 400 734	2 570 611	2 684 208	2 695 231	2 607 522
合同工			109 658	396 327	457 067	600 157
其他用工	389 500	304 224	364 042	539 314	565 704	585 002
四、按国民经济行业分						
农、林、牧、渔、水利业	178 503	195 195	213 435	232 196	234 203	235 138
工　业	1 118 421	1 179 145	1 381 395	1 593 364	1 596 560	1 626 356
地质普查和勘探业	20 598	19 444	40 843	48 784	52 866	50 169
建筑业	203 966	189 610	170 633	197 878	206 403	216 353
交通运输、邮电通讯业	150 000	158 529	182 134	200 119	209 951	215 447
商业、公共饮食业、物资供销和仓储业	334 935	369 276	324 039	437 665	452 420	462 019
房地产管理、公用事业、居民服务和咨询服务业	55 286	68 033	79 007	104 918	115 103	121 787
卫生、体育和社会福利事业	65 547	77 908	95 630	112 275	122 217	126 143
教育、文化艺术和广播电视事业	241 160	280 420	310 352	358 151	375 998	378 538
科学研究和综合技术服务事业	22 340	25 110	32 614	38 105	39 242	39 040
金融、保险业	14 492	22 176	34 312	48 773	51 876	54 734
国家机关、政党机关和社会团体	94 935	119 212	179 237	247 621	261 163	266 957

4—8 城镇集体所有制单位职工人数

单位：人

项　　目	1978年	1980年	1985年	1990年	1991年	1992年
全　省	**748 957**	**1 033 806**	**1 449 145**	**1 544 368**	**1 600 354**	**1 578 352**
一、按企业、事业、机关分						
企　业				1 500 385	1 552 753	1 532 454
事业、机关				43 983	47 601	45 898
二、按国民经济行业分						
农、林、牧、渔、水利业	68 114	41 360	25 713	21 819	20 548	18 607
工　业	518 359	698 616	829 946	914 896	928 938	906 211
地质普查和勘探业			5 067		3	
建筑业	38 397	86 585	152 806	142 903	161 088	169 059
交通运输、邮电通讯业	37 125	59 317	76 004	59 391	58 054	61 220
商业、公共饮食业、物资供销和仓储业	31 993	88 124	284 892	322 506	346 059	336 188
房地产管理、公用事业、居民服务和咨询服务业	15 624	34 081	35 198	32 143	31 539	33 304
卫生、体育和社会福利事业	16 228	13 051	14 314	15 638	16 199	15 987
教育、文化艺术和广播电视事业	13 698	3 188	3 827	3 117	2 848	3 106
科学研究和综合技术服务事业	60	59	378	1 755	2 237	2 675
金融、保险业	5 138	5 402	8 153	16 719	19 688	20 230
国家机关、政党机关和社会团体	4 221	4 023	12 847	13 481	13 153	11 765

4—9 其他各种所有制单位职工人数

单位：人

项目	1987年	1988年	1989年	1990年	1991年	1992年
全省	**2 096**	**2 546**	**5 171**	**8 927**	**16 054**	**44 298**
农、林、牧、渔、水利业	197	212	209	472	2 084	1 027
工业	1 770	1 841	4 178	6 703	9 615	25 266
地质普查和勘探业						
建筑业					359	2 402
交通运输、邮电通讯业						
商业、公共饮食、物资供销和仓储业	26	32	284	1 059	2 791	13 344
房地产管理、公用事业、居民服务和咨询服务业	103	461	472	664	1 174	2 042
卫生、体育和社会福利事业			28	29	31	35
教育、文化艺术和广播电视事业						
科学研究和综合技术服务事业						182
金融、保险业						
国家机关、政党机关和社会团体						

4—10 城镇待业人数

单位：万人

项目	1987年	1988年	1989年	1990年	1991年	1992年
城镇待业人数	8.72	8.79	9.35	10.48	10.31	9.08
#待业青年	7.94	8.22	8.09	9.34	9.60	8.68
占城镇待业人数的%	91.1	93.5	86.5	89.1	93.2	95.6
待业率（%）	1.7	1.6	1.7	1.9	1.8	1.5

4—11 历年职工工资总额、平均工资和指数

年份	工资总额（万元）	#全民所有制单位	#城镇集体所有制单位	平均工资（元）	#全民所有制单位	#城镇集体所有制单位	平均工资指数（以上年为100）	#全民所有制单位
1952	21 456	21 456		480	480		100.0	100.0
1953	34 406	34 406		573	573		112.7	112.7
1954	37 207	37 207		588	588		99.1	99.1
1955	36 284	36 284		600	600		101.5	101.5
1956	46 209	46 209		671	671		114.1	114.1
1957	53 424	53 424		699	699		101.6	101.6
1958	59 552	59 552		647	647		93.8	93.8
1959	80 860	80 860		615	615		95.4	95.4
1960	94 761	94 761		611	611		91.6	91.6
1961	92 024	92 024		602	602		86.9	86.9
1962	83 614	83 614		661	661		106.5	106.5
1963	85 589	85 589		721	721		110.3	110.3
1964	91 377	91 377		744	744		104.9	104.9
1965	90 881	90 881		740	740		99.0	99.0
1966	9[illegible].8	97.8						
1967	91 533	91 533		685	685		94.6	94.6
1968	96 172	96 172		670	670		97.6	97.6
1969	102 119	102 119		744	744		111.8	111.8
1970	105 069	105 069		698	693		94.6	94.6
1971	118 161	118 161		677	677		96.7	96.7
1972	139 101	139 101		736	736		108.4	108.4
1973	149 429	129 729	19 700	638	690	553	86.4	93.5
1974	154 505	132 327	22 178	671	700	539	105.1	101.3
1975	163 236	135 328	27 908	657	690	534	97.8	98.5
1976	172 629	140 669	31 960	636	680	496	96.1	97.9
1977		144 867			680			99.8
1978	214 393	176 392	38 001	651	712	467		104.6
1979	234 639	189 914	44 725	700	753	539	105.7	104.0
1980	275 684	219 028	56 656	763	827	588	103.2	104.0
1981	298 349	232 138	66 211	770	840	611	99.3	100.0
1982	323 142	250 121	73 021	799	863	637	99.6	98.6
1983	340 615	259 049	81 566	823	881	680	98.6	97.7
1984	393 211	292 497	100 635	927	1 008	751	108.8	110.5
1985	474 432	352 057	122 217	1 081	1 175	880	105.7	105.7
1986	556 845	417 486	139 173	1 221	1 333	974	106.6	107.0
1987	644 136	484 259	159 616	1 366	1 491	1 088	104.0	104.0
1988	789 012	595 701	192 919	1 630	1 771	1 311	99.2	98.7
1989	870 776	662 084	207 837	1 755	1 914	1 388	91.9	92.2
1990	951 989	734 882	215 591	1 888	2 068	1 456	102.6	103.0
1991	1 063 309	816 534	243 947	2 045	2 233	1 596	101.4	101.1
1992	1 220 550	945 410	264 870	2 308	2 526	1 759	104.2	105.7

注：本表平均工资指数按实际工资计算，即扣除了职工生活费用价格变动因素。

4—12 分行业职工工资总额和平均工资

(1992年)

行业	工资总额(万元)			平均工资(元)		
	全部职工	#全民	#城镇集体	全部职工	#全民	#城镇集体
全省	**1 220 550**	**945 410**	**264 870**	**2 308**	**2 526**	**1 759**
农、林、牧、渔、水利业	41 727	39 537	1 860	1 708	1 739	1 160
工业	564 509	412 675	145 966	2 270	2 572	1 698
地质普查和勘探业	15 518	15 518		3 146	3 146	
建筑业	117 488	74 163	42 623	2 890	3 141	2 533
交通运输、邮电通讯业	80 150	69 186	10 964	2 975	3 269	1 896
商业、公共饮食业、物资供销和仓储业	138 623	89 716	45 940	1 794	2 034	1 435
房地产管理、公用事业、居民服务和咨询服务业	33 551	27 364	5 821	2 190	2 276	1 832
卫生、体育和社会福利事业	34 299	31 078	3 207	2 458	2 511	2 038
教育、文化艺术和广播电视事业	95 798	95 265	533	2 543	2 550	1 726
科学研究和综合技术服务事业	11 124	10 549	552	2 692	2 734	2 162
金融、保险业	17 661	12 993	4 668	2 429	2 452	2 367
国家机关、政党机关和社会团体	70 102	67 366	2 736	2 551	2 559	2 369

4—13 各市县职工工资

(1992年)

市、县	职工工资总额(万元)	全民	集体	其他	平均工资(元)	全民	集体	其他
全省	**1 220 550**	**945 410**	**264 870**	**10 270**	**2 308**	**2 526**	**1 759**	**2 664**
长春市	**333 047**	**243 583**	**83 992**	**5 472**	**2 441**	**2 652**	**1 963**	**2 993**
市区	272 518	197 847	69 898	4 773	2 589	2 836	2 064	2 949
九台市	13 605	10 285	3 230	90	1 931	2 059	1 599	2 913
榆树市	14 598	11 213	3 385		1 965	2 110	1 600	
农安县	11 971	9 061	2 910		1 788	1 959	1 407	
德惠县	13 820	10 060	3 151	609	2 038	2 121	1 696	3 409
双阳县	6 535	5 117	1 418		2 008	2 140	1 642	
吉林市	**251 490**	**185 192**	**64 218**	**2 080**	**2 498**	**2 738**	**1 990**	**2 730**
市区	170 266	121 186	47 152	1 928	2 740	2 961	2 301	2 753
桦甸市	19 877	16 125	3 729	23	2 290	2 601	1 511	1 797
蛟河市	12 429	9 069	3 358	2	2 001	2 266	1 522	1 692
舒兰市	22 521	19 405	3 116		2 116	2 449	1 145	
永吉县	11 496	8 182	3 187	127	1 907	2 126	1 496	2 614
磐石县	14 901	11 225	3 676		2 136	2 375	1 633	
四平市	**90 145**	**70 364**	**18 628**	**1 153**	**1 931**	**2 080**	**1 508**	**2 298**
市区	37 625	28 679	7 862	1 084	2 128	2 289	1 681	2 279
公主岭市	21 427	16 344	5 083		1 997	2 148	1 630	
梨树县	16 234	13 174	2 994	66	2 292	1 902	1 283	2 690
伊通县	6 409	5 257	1 149	3	1 757	1 919	1 269	1 846
双辽县	8 450	6 910	1 540		1 583	1 717	1 171	
辽源市	**56 471**	**44 142**	**11 889**	**440**	**2 122**	**2 355**	**1 553**	**2 127**
市区	43 447	33 799	9 208	440	2 213	2 460	1 618	2 127
东丰县	8 129	6 632	1 497		1 930	2 102	1 417	
东辽县	4 895	3 711	1 184		1 774	2 004	1 304	
通化市	**88 473**	**68 922**	**19 255**	**296**	**2 184**	**2 325**	**1 797**	**1 913**
市区	40 952	31 082	9 682	188	2 473	2 675	1 996	2 162
梅河口市	13 803	10 701	3 023	79	1 918	2 057	1 560	1 433
集安市	7 842	6 198	1 637	7	2 152	2 255	1 834	2 235
通化县	7 774	5 796	1 971	7	2 110	2 132	2 047	2 219

4—13 续表 (1992年)

市、县	职工工资总额(万元)	全民	集体	其他	平均工资(元)	全民	集体	其他
辉南县	10 526	8 811	1 707	8	1 950	2 085	1 462	2 105
柳河县	7 576	6 334	1 235	7	1 878	2 027	1 364	2 826
浑江市	**84 197**	**67 038**	**17 055**	**104**	**2 257**	**2 544**	**1 564**	**2 057**
市区	54 943	43 115	11 803	25	2 313	2 529	1 771	1 249
临江县	2 041	1 487	554		2 089	2 185	1 869	
抚松县	18 158	14 807	3 351		2 085	2 666	1 062	
靖宇县	4 382	3 651	652	79	2 130	2 349	1 380	2 590
长白县	4 673	3 978	695		2 458	2 480	2 337	
松原市	**61 971**	**54 696**	**7 258**	**17**	**2 214**	**2 436**	**1 313**	**2 128**
扶余区	14 941	11 922	3 019		1 952	2 135	1 460	
长岭县	7 795	6 546	1 249		1 825	2 177	994	
前郭县	33 975	31 740	2 235		2 602	2 781	1 357	
乾安县	5 260	4 488	755	17	1 747	1 836	1 355	2 128
白城地区	**57 600**	**46 946**	**10 645**	**9**	**1 871**	**2 062**	**1 328**	**1 059**
白城市	20 056	16 508	3 539	9	2 013	2 183	1 475	1 059
洮南市	11 840	9 700	2 140		1 775	1 972	1 223	
大安市	9 340	7 046	2 294		1 773	2 018	1 291	
镇赉县	9 012	7 714	1 298		1 935	2 097	1 324	
通榆县	7 352	5 978	1 374		1 740	1 918	1 240	
延边朝鲜族自治州	**129 307**	**105 728**	**22 880**	**699**	**2 168**	**2 381**	**1 534**	**2 153**
延吉市	29 750	24 470	4 821	459	2 377	2 530	1 848	1 955
图们市	9 187	7 406	1 691	90	2 286	2 408	1 866	2 478
敦化市	22 627	18 097	4 530		1 879	2 161	1 345	
龙井市	14 352	11 575	2 742	35	2 105	2 223	1 718	2 422
珲春市	15 038	12 756	2 240	42	2 646	2 949	1 669	2 654
和龙县	13 110	10 236	2 835	39	2 078	2 329	1 492	2 961
汪清县	13 375	11 474	1 901		1 852	2 175	978	
安图县	11 868	9 714	2 120	34	2 219	2 381	1 696	1 685

4—14 全民所有制单位分行业职工工资总额

单位：万元

行业	1978年	1980年	1985年	1990年	1991年	1992年
全省	**176 392**	**219 028**	**344 252**	**723 612**	**816 534**	**945 410**
农、林、牧、渔、水利业	10 879	13 152	18 879	31 736	34 715	39 537
工业	83 780	102 102	160 027	331 720	363 606	412 675
地质普查和勘探业	1 720	1 986	5 604	12 761	14 773	15 518
建筑业	16 024	17 844	24 876	49 669	59 062	74 163
交通运输、邮电通讯业	11 733	13 699	22 865	49 022	57 093	69 186
商业、公共饮食业、物资供销和仓储业	21 578	27 078	33 368	73 111	82 886	89 716
房地产管理、公用事业、居民服务和咨询服务业	3 879	5 307	8 212	18 873	22 762	27 365
卫生、体育和社会福利事业	4 045	5 598	10 265	21 687	25 631	31 078
教育、文化艺术和广播电视事业	13 928	19 299	34 237	70 424	80 464	95 265
科学研究和综合技术服务事业	1 488	2 055	3 743	8 116	9 152	10 549
金融、保险业	934	1 527	3 588	9 146	10 502	12 992
国家机关、政党机关和社会团体	6 404	9 381	18 588	47 347	55 888	67 366

注：本表1991、1992年包括肉价补贴，下表同。

4—15 全民所有制单位分行业职工平均工资

单位：元

行　　业	1978年	1980年	1985年	1990年	1991年	1992年
全　省	**711**	**827**	**1 149**	**2 036**	**2 233**	**2 526**
农、林、牧、渔、水利业	607	687	910	1 395	1 527	1 739
工　业	754	883	1 179	2 126	2 311	2 572
地质普查和勘探业	865	1 025	1 396	2 639	2 914	3 146
建筑业	761	882	1 357	2 339	2 683	3 141
交通运输、邮电通讯业	777	896	1 277	2 512	2 772	3 269
商业、公共饮食业、物资供销和仓储业	660	766	1 057	1 774	1 916	2 034
房地产管理、公用事业、居民服务和咨询服务业	667	762	1 025	1 802	2 015	2 276
卫生、体育和社会福利事业	641	752	1 097	1 976	2 143	2 511
教育、文化艺术和广播电视事业	595	715	1 126	1 988	2 174	2 550
科学研究和综合技术服务事业	690	842	1 168	2 157	2 361	2 734
金融、保险业	676	753	1 113	1 936	2 084	2 452
国家机关、政党机关和社会团体	705	818	1 076	1 938	2 175	2 559

4—16 全民所有制单位分项目职工工资总额

单位：万元

项目	1978年	1980年	1985年	1990年	1991年	1992年
工资总额	**176 392**	**219 028**	**344 252**	**723 612**	**816 534**	**945 410**
计时工资	145 700	148 282	212 614	381 663	414 244	451 528
计件工资	3 351	15 113	40 537	81 398	94 406	109 467
#超额工资	706	2 847	9 072	19 812	22 181	25 520
各种奖金	3 881	12 923	37 872	92 196	106 811	139 828
各种津贴	15 170	35 044	47 544	145 625	186 002	226 629
#工龄津贴			4 331	15 198	17 875	29 257
加班加点工资	3 880	3 723	4 452	11 175	12 494	15 402
其他	4 410	3 943	1 233	11 555	2 577	2 556

4—17 全民所有制单位职工工资总额分项目构成

单位：%

项目	1978年	1980年	1985年	1990年	1991年	1992年
工资总额	**100**	**100**	**100**	**100**	**100**	**100**
计时工资	82.6	67.7	61.8	52.8	50.7	47.7
计件工资	1.9	6.9	11.8	11.2	11.6	11.6
#超额工资	0.4	1.3	2.6	2.7	2.7	2.7
各种奖金	2.2	5.9	11.0	12.7	13.1	14.8
各种津贴	8.6	16.0	13.8	20.1	22.8	24.0
#工龄津贴			1.3	2.1	2.2	3.1
加班加点工资	2.2	1.7	1.3	1.6	1.5	1.6
其他	2.5	1.8	0.3	1.6	0.3	0.3

4—18 全民所有制单位分行业分项目职工工资总额

(1992年)　　　　单位:万元

行业	计时工资	计件工资	#超额工资	各种奖金	各种津贴	#工龄津贴	加班加点工资	其他
全省	**451 528**	**109 467**	**25 520**	**139 828**	**226 628**	**29 257**	**15 402**	**2 556**
农、林、牧、渔、水利业	20 459	4 873	38	3 944	10 029	1 627	124	108
工业	198 744	52 137	12 028	55 987	94 954	7 357	9 901	952
地质普查和勘探业	7 248	1 222	505	2 645	4 240	728	131	32
建筑业	26 164	25 645	8 930	9 269	11 553	1 147	1 464	68
交通运输、邮电通讯业	24 672	10 719	1 815	17 136	15 789	588	777	93
商业、公共饮食业、物资供销和仓储业	47 444	12 190	1 050	10 464	17 891	395	1 461	266
房地产管理、公用事业、居民服务和咨询服务业	13 660	2 427	1 145	4 006	6 567	949	600	105
卫生、体育和社会福利事业	15 694	16		5 029	10 101	2 134	146	92
教育、文化艺术和广播电视事业	50 421	125		15 274	29 043	8 174	210	191
科学研究和综合技术服务事业	5 642	26	7	1 836	2 931	746	102	12
金融、保险业	6 404			2 651	3 742	809	186	10
国家机关、政党机关和社会团体	34 976	87	2	11 587	19 788	4 603	300	627

4—19 城镇集体所有制单位分行业职工工资总额和平均工资

行业	1978年	1980年	1985年	1990年	1991年	1992年
工资总额（万元）	**38 001**	**56 656**	**118 620**	**210 896**	**243 947**	**264 870**
农、林、牧、渔、水利业	2 529	1 871	1 441	2 161	1 879	1 860
工业	26 195	37 523	65 824	121 793	137 419	145 966
轻工业	15 231	20 057	31 947	51 960	56 961	59 134
重工业	10 964	17 466	33 877	69 833	80 458	86 832
地质普查和勘探业			517		1	
建筑业	2 536	6 064	16 691	27 172	35 328	42 623
交通运输、邮电通讯业	2 584	3 814	6 305	8 424	9 760	10 964
商业、公共饮食业、物资供销和仓储业	1 584	4 155	21 187	38 623	44 871	45 940
房地产管理、公用事业、居民服务和咨询服务业	750	1 694	3 022	4 498	4 944	5 821
卫生、体育和社会福利事业	897	823	1 351	2 553	2 855	3 207
教育、文化艺术和广播电视事业	473	150	383	413	404	533
科学研究和综合技术服务事业	3	2	39	299	373	552
金融、保险业	252	348	719	2 662	3 412	4 668
国家机关、政党机关和社会团体	198	212	1 141	2 298	2 701	2 736
平均工资（元）		**588**	**854**	**1 425**	**1 596**	**1 759**
农、林、牧、渔、水利业		498	617	1 107	1 061	1 160
工业		575	839	1 392	1 557	1 698
轻工业		576	798	1 313	1 440	1 532
重工业		573	881	1 457	1 652	1 834
地质普查和勘探业			1 061		2 333	
建筑业		714	1 063	1 897	2 181	2 533
交通运输、邮电通讯业		700	864	1 485	1 758	1 896
商业、公共饮食业、物资供销和仓储业		529	775	1 265	1 369	1 435
房地产管理、公用事业、居民服务和咨询服务业		548	886	1 456	1 591	1 832
卫生、体育和社会福利事业		666	961	1 668	1 804	2 038
教育、文化艺术和广播电视事业		480	1 069	1 358	1 434	1 726
科学研究和综合技术服务事业		676	1 077	1 781	1 982	2 162
金融、保险业		654	920	1 616	1 828	2 367
国家机关、政党机关和社会团体		560	931	1 774	2 149	2 369

注：本表1991、1992年包括肉价补贴。

4—20 在职职工保险福利费用总额

单位：万元

行　　　业	1987年	1988年	1989年	1990年	1991年	1992年
全省总计	**87 620**	**102 993**	**126 357**	**132 707**	**143 285**	**168 979**
一、全民所有制单位	74 337	85 466	109 089	112 117	122 062	145 034
农、林、牧、渔、水利业	7 529	4 841	4 052	4 854	5 739	6 283
工　　业	30 261	40 066	55 332	56 000	57 249	73 987
地质普查和勘探业	1 707	1 087	1 444	821	938	1 047
建　筑　业	6 301	5 466	7 396	5 134	4 801	5 409
交通运输、邮电通讯业	3 281	2 431	2 789	4 013	4 050	4 559
商业、公共饮食业、物资供销和仓储业	8 372	12 055	13 782	12 214	14 960	17 199
房地产管理、公用事业、居民服务和咨询服务业	1 725	3 413	2 807	3 747	3 304	3 112
卫生、体育和社会福利事业	2 921	4 123	3 434	3 787	7 375	8 027
教育、文化艺术和广播电视事业	4 946	3 795	6 733	8 415	9 126	10 066
科学研究和综合技术服务事业	1 902	887	1 262	1 713	2 106	1 965
金融、保险业	1 274	1 480	1 861	2 019	2 348	2 916
国家机关、政党机关和社会团体	4 118	5 744	6 994	9 241	9 936	10 134
其他行业		78	1 203	159	130	330
二、城镇集体所有制单位	13 283	17 161	17 150	20 428	20 637	22 142
三、其他各种所有制单位		366	118	162	586	1 803

4－21 全民所有制单位在职职工分行业保险福利费

(1992年) 单位:万元

行业	费用总额	医疗卫生费	丧葬费及抚恤费	生活困难补助费	文娱体育宣传费	集体福利事业补助费
全省	**145 034**	**62 653**	**2 616**	**2 343**	**3 154**	**12 689**
农、林、牧、渔、水利业	6 283	2 489	138	146	125	440
工业	73 987	35 495	1 190	1 117	1 160	8 179
地质普查和勘探业	1 047	494	26	11	21	63
建筑业	5 409	2 227	134	95	88	448
交通运输、邮电通讯业	4 559	1 905	72	82	92	498
商业、公共饮食业、物资供销和仓储业	17 199	8 084	243	184	235	871
房地产管理、公用事业、居民服务和咨询服务业	3 112	1 203	40	63	97	187
卫生、体育和社会福利事业	8 027	2 568	150	97	410	593
教育、文化艺术和广播电视事业	10 066	2 402	312	260	373	541
科学研究和综合技术服务事业	1 965	514	36	34	140	200
金融、保险业	2 916	1 225	55	72	96	76
国家机关、党政机关和社会团体	10 134	3 904	210	178	308	563
其他行业	330	143	10	4	9	30

4－21 续表 (1992年) 单位:万元

行业	集体福利设施费	计划生育补贴	上下班交通费补贴	洗理卫生费	冬季取暖补贴	其他
全省	**9 154**	**5 315**	**9 582**	**18 237**	**10 530**	**8 761**
农、林、牧、渔、水利业	278	262	236	1 071	838	260
工业	6 684	2 389	2 527	6 037	4 290	4 919
地质普查和勘探业	31	44	40	164	42	111
建筑业	207	189	556	729	388	348
交通运输、邮电通讯业	234	159	237	791	283	206
商业、公共饮食业、物资供销和仓储业	396	603	1 764	2 264	1 586	969
房地产管理、公用事业、居民服务和咨询服务业	30	156	339	511	231	255
卫生、体育和社会福利事业	295	444	926	1 519	660	365
教育、文化艺术和广播电视事业	402	416	1 193	2 548	1 103	516
科学研究和综合技术服务事业	329	64	210	291	85	62
金融、保险业	59	159	290	435	179	270
国家机关、党政机关和社会团体	194	418	1 229	1 841	828	461
其他行业	15	12	35	36	17	19

4—22 离休、退休、退职职工年末人数

单位：人

项目	1987年	1988年	1989年	1990年	1991年	1992年
全省	**614 589**	**659 710**	**620 631**	**675 176**	**700 102**	**756 714**
全民所有制单位	462 517	498 835	479 817	513 748	530 712	572 577
城镇集体所有制单位	151 901	160 696	140 611	161 033	168 959	181 735
其他所有制单位	171	179	203	395	431	2 402

4—23 离休、退休、退职职工保险福利费用总额

单位：万元

项目	1988年	1989年	1990年	1991年	1992年
全省	**116 101**	**117 660**	**133 221**	**148 770**	**182 824**
全民所有制单位	98 268	99 365	110 653	124 329	150 809
城镇集体所有制单位	17 473	18 203	22 472	24 327	31 072
其他所有制单位	360	92	96	114	943

4—24 全民所有制单位非在职职工保险福利费

单位：万元

项目	1988年	1989年	1990年	1991年	1992年
全省	**98 268**	**99 365**	**110 653**	**124 329**	**150 809**
离休金	12 790	11 747	13 157	13 792	17 571
退休金	59 234	56 262	58 117	66 266	75 324
退职生活费	1 403	1 337	995	877	1 133
医疗卫生费	12 649	15 235	17 439	18 363	20 356
护理费	295	477	438	453	607
生活补贴	4 325	5 508	5 559	4 458	8 205
交通费补贴	370	489	1 051	1 488	1 550
丧葬抚恤救济费	2 347	2 007	2 614	2 693	2 580
其他	4 855	6 303	11 283	15 939	23 183

5—1 全社会固定资产投资

单位:万元

项　　目	1978年	1980年	1985年	1990年	1991年	1992年
投资总额	**181 631**	**208 798**	**621 557**	**935 080**	**1 139 671**	**1 510 786**
1. 按所有制分						
全民所有制单位	155 969	176 463	373 829	669 374	856 280	1 216 686
基本建设	135 389	140 100	223 967	291 155	404 643	620 762
更新改造	20 580	36 363	121 442	225 695	254 042	340 093
其他投资			28 420	87 691	120 297	112 528
商品房投资				64 833	77 298	143 303
集体所有制单位	18 495	19 574	43 985	28 236	59 834	121 667
城　镇	1 507	4 097	19 223	17 990	26 912	43 453
农　村	16 988	15 477	24 762	10 246	32 922	78 214
个 人 投 资	7 167	12 761	203 743	237 470	223 557	172 433
城　镇	4 447	5 881	21 446	40 658	37 153	30 833
农　村	2 720	6 880	182 297	196 812	186 404	141 600
2. 按资金来源分						
国家预算内投资			99 174	90 222	97 584	71 149
国内贷款			95 909	186 452	285 960	425 163
利用外资			213	60 893	57 627	78 807
自筹投资和其他			426 261	597 513	698 500	935 667
3. 按构成分						
建筑安装工程	110 853	148 578	481 529	608 594	711 498	962 770
设备工具器具购置	61 811	52 772	107 709	253 615	294 718	341 451
其他费用	8 967	7 448	32 319	72 871	133 455	206 565
4. 按用途分						
生产性建设	149 582	140 360	370 440	604 996	756 293	955 493
非生产性建设	32 049	68 438	251 117	330 084	383 378	555 293
# 住　宅	19 754	49 115	172 342	241 290	275 610	368 529

5—2 各市县全民和集体所有制单位固定资产投资

(1992年)　　单位:万元

市、县	全民所有制单位	基本建设	更新改造	全民其他	商品房	城镇集体所有制单位
全　省	**1 216 686**	**620 762**	**340 093**	**112 528**	**143 303**	**43 453**
长春市	**363 711**	**212 579**	**92 514**	**5 741**	**52 877**	**13 004**
市　区	325 841	187 285	82 226	5 741	50 589	11 427
九台市	13 264	12 463	706		95	696
榆树市	6 035	3 336	2 334		365	668
农安县	6 338	3 950	2 374		14	91
德惠县	9 092	3 650	4 444		998	122
双阳县	3 141	1 895	430		816	
吉林市	**250 070**	**119 266**	**92 274**	**3 731**	**34 799**	**13 078**
市　区	210 434	93 205	82 726	3 100	31 403	10 487
桦甸市	20 302	17 614	1 974	316	398	249
蛟河市	3 112	1 276	975	141	720	761
舒兰市	4 384	3 541	608	70	165	420
永吉县	3 942	1 841	709	89	1 303	420
磐石县	7 896	1 789	5 282	15	810	741
四平市	**85 628**	**55 726**	**21 987**	**2 151**	**5 764**	**1 820**
市　区	41 887	21 462	15 038	173	5 214	1 042
公主岭市	7 206	3 266	2 778	1 162		463
梨树县	3 442	2 519	353	120	450	65
伊通县	2 187	582	1 313	292		
双辽县	30 906	27 897	2 505	404	100	250
辽源市	**29 017**	**8 092**	**10 842**	**1 529**	**8 554**	**1 552**
市　区	24 806	7 692	7 656	1 414	8 044	1 552
东丰县	3 196	224	2 632	70	270	
东辽县	1 015	176	554	45	240	
通化市	**64 779**	**26 174**	**28 802**	**2 218**	**7 585**	**3 536**
市　区	35 774	6 889	23 206	2 158	3 521	989
梅河口市	18 222	14 190	1 713		2 319	1 349
集安市	1 658	678	550		430	207
通化县	5 718	2 484	2 282		952	772

注：全省总计中包括了跨地区项目，因此各地区数相加不等于全省总计。本部分其他分市县表相同。

5—2 续表1　　(1992年)　　单位:万元

市、县	全民所有制单位	基本建设	更新改造	全民其他	商品房	城镇集体所有制单位
辉南县	2 516	1 731	785			158
柳河县	891	202	266	60	363	61
浑江市	**58 010**	**38 412**	**13 697**	**1 916**	**3 985**	**2 572**
市区	41 606	24 014	12 987	977	3 628	1 326
临江县	5 553	5 145	193	215		265
抚松县	5 479	4 113	435	724	207	809
靖宇县	3 087	2 855	82		150	172
长白县	2 285	2 285				
松原市	**142 886**	**43 619**	**13 525**	**85 295**	**447**	**630**
扶余区	6 765	3 751	2 049	965		
长岭县	725	605	70	50		210
前郭县	134 318	38 854	10 820	84 197	447	75
乾安县	1 078	409	586	83		345
白城地区	**47 831**	**25 790**	**14 025**	**1 801**	**6 215**	**2 534**
白城市	22 137	9 313	7 503	416	4 905	1 259
洮南市	10 240	6 937	1 720	513	1 070	631
大安市	5 179	2 128	3 051			494
镇赉县	4 840	3 497	812	531		
通榆县	5 435	3 915	939	341	240	150
延边朝鲜族自治州	**128 077**	**71 658**	**25 196**	**8 146**	**23 077**	**4 727**
延吉市	50 221	29 232	10 687	693	9 609	1 216
图们市	6 619	572	3 615	71	2 361	455
敦化市	7 216	2 031	1 828	659	2 698	272
龙井市	28 439	24 802	71	2 566	1 000	1 196
珲春市	11 823	7 053	3 880	240	650	385
和龙县	10 378	1 055	3 736	1 564	4 023	445
汪清县	6 361	2 568	511	1 318	1 964	21
安图县	7 020	4 345	868	1 035	772	737

5—2 续表2 (1992年) 单位:万元

市、县	生产性建设	全民所有制单位	城镇集体所有制单位	非生产性建设	全民所有制单位	城镇集体所有制单位
全省	**861 754**	**827 382**	**34 372**	**398 385**	**389 304**	**9 081**
长春市	**256 694**	**246 346**	**10 348**	**120 021**	**117 365**	**2 656**
市区	235 294	226 230	9 064	101 974	99 611	2 363
九台市	6 187	5 779	408	7 773	7 485	288
榆树市	3 703	3 040	663	3 000	2 995	5
农安县	2 248	2 157	91	4 181	4 181	
德惠县	7 548	7 426	122	1 666	1 666	
双阳县	1 714	1 714		1 427	1 427	
吉林市	**179 826**	**168 928**	**10 898**	**83 322**	**81 142**	**2 180**
市区	148 307	139 090	9 217	72 614	71 344	1 270
桦甸市	19 323	19 074	249	1 228	1 228	
蛟河市	1 952	1 196	756	1 921	1 916	5
舒兰市	2 035	2 035		2 769	2 349	420
永吉县	1 499	1 079	420	2 863	2 863	
磐石县	6 710	6 454	256	1 927	1 442	485
四平市	**72 973**	**71 343**	**1 630**	**14 475**	**14 285**	**190**
市区	33 046	32 004	1 042	9 883	9 883	
公主岭市	7 228	6 765	463	441	441	
梨树县	2 118	2 053	65	1 389	1 389	
伊通县	1 690	1 690		497	497	
双辽县	28 891	28 831	60	2 265	2 075	190
辽源市	**18 471**	**16 919**	**1 552**	**12 098**	**12 098**	
市区	15 166	13 614	1 552	11 192	11 192	
东丰县	2 657	2 657		539	539	
东辽县	648	648		367	367	
通化市	**45 589**	**43 470**	**2 119**	**22 726**	**21 309**	**1 417**
市区	25 271	25 084	187	11 492	10 690	802
梅河口市	11 760	10 776	984	7 811	7 446	365
集安市	939	762	177	926	896	30
通化县	5 010	4 360	650	1 480	1 358	122

5—2 续表3 (1992年) 单位:万元

市、县	生产性建设	全民所有制单位	城镇集体所有制单位	非生产性建设	全民所有制单位	城镇集体所有制单位
辉南县	2 039	1 979	60	635	537	98
柳河县	570	509	61	382	382	
浑江市	**38 631**	**36 781**	**1 850**	**21 951**	**21 229**	**722**
市区	29 077	28 088	989	13 855	13 518	337
临江县	2 639	2 604	35	3 179	2 949	230
抚松县	3 747	3 093	654	2 541	2 386	155
靖宇县	2 192	2 020	172	1 067	1 067	
长白县	976	976		1 309	1 309	
松原市	**116 722**	**116 167**	**555**	**26 794**	**26 719**	**75**
扶余区	2 354	2 354		4 411	4 411	
长岭县	550	340	210	385	385	
前郭县	112 525	112 525		21 868	21 793	75
乾安县	1 293	948	345	130	130	
白城地区	**27 337**	**25 204**	**2 133**	**23 028**	**22 627**	**401**
白城市	11 335	10 091	1 244	12 061	12 046	15
洮南市	6 751	6 456	295	4 120	3 784	336
大安市	5 164	4 670	494	509	509	
镇赉县	1 797	1 797		3 043	3 043	
通榆县	2 290	2 190	100	3 295	3 245	50
延边朝鲜族自治州	**70 568**	**67 281**	**3 287**	**62 236**	**60 796**	**1 440**
延吉市	26 988	25 892	1 096	24 449	24 329	120
图们市	4 985	4 530	455	2 089	2 089	
敦化市	5 011	4 982	29	2 477	2 234	243
龙井市	13 024	12 606	418	16 611	15 833	778
珲春市	7 191	7 067	124	5 017	4 756	261
和龙县	5 593	5 186	407	5 230	5 192	38
汪清县	3 745	3 724	21	2 637	2 637	
安图县	4 031	3 294	737	3 726	3 726	

5—3 各市县全民和城镇集体所有制单位住宅投资和竣工面积

(1992年)

市、县	住宅投资(万元)	全民所有制单位	城镇集体所有制单位	竣工住宅面积(平方米)	全民所有制单位	城镇集体所有制单位
全省	**225 653**	**220 075**	**5 578**	**4 357 072**	**4 288 483**	**68 589**
长春市	**66 235**	**63 980**	**2 255**	**1 331 945**	**1 306 958**	**24 987**
市区	56 321	54 265	2 056	1 071 737	1 051 550	20 187
九台市	5 259	5 060	199	160 153	155 353	4 800
榆树市	338	338		7 800	7 800	
农安县	2 433	2 433		42 955	42 955	
德惠县	1 058	1 058		17 260	17 260	
双阳县	826	826		32 040	32 040	
吉林市	**49 644**	**48 503**	**1 141**	**981 346**	**970 716**	**10 630**
市区	44 085	42 944	1 141	879 556	868 926	10 630
桦甸市	918	918		14 173	14 173	
蛟河市	1 071	1 071		14 107	14 107	
舒兰市	883	883		23 160	23 160	
永吉县	2 133	2 133		40 350	40 350	
磐石县	554	554		10 000	10 000	
四平市	**8 961**	**8 771**	**190**	**226 045**	**226 045**	
市区	6 015	6 015		172 008	172 008	
公主岭市	120	120		7 300	7 300	
梨树县	734	734		17 857	17 857	
伊通县	230	230		3 850	3 850	
双辽县	1 862	1 672	190	25 030	25 030	
辽源市	**9 305**	**9 305**		**145 142**	**145 142**	
市区	8 504	8 504		129 186	129 186	
东丰县	466	466		9 740	9 740	
东辽县	335	335		6 216	6 216	
通化市	**11 357**	**10 453**	**904**	**203 520**	**187 203**	**16 317**
市区	6 283	5 746	537	128 468	119 277	9 191
梅河口市	2 770	2 525	245	23 752	18 726	5 026
集安市	512	512		14 376	14 376	

5—3 续表 (1992年) 单位:万元

市、县	住宅投资(万元)	全民所有制单位	城镇集体所有制单位	竣工住宅面积(平方米)	全民所有制单位	城镇集体所有制单位
通化县	1 253	1 131	122	21 514	19 414	2 100
辉南县	176	176		4 910	4 910	
柳河县	363	363		10 500	10 500	
浑江市	**10 379**	**10 153**	**226**	**239 279**	**234 498**	**4 781**
市区	5 933	5 807	126	141 872	138 179	3 693
临江县	1 543	1 443	100	33 804	32 716	1 088
抚松县	1 364	1 364		29 180	29 180	
靖宇县	494	494		11 384	11 384	
长白县	1 045	1 045		23 039	23 039	
松原市	**11 033**	**10 983**	**50**	**203 110**	**200 300**	**2 810**
扶余区	2 490	2 490		58 217	58 217	
长岭县	235	235		3 834	3 834	
前郭县	8 308	8 258	50	141 059	138 249	2 810
乾安县						
白城地区	**16 484**	**16 151**	**333**	**282 716**	**278 052**	**4 664**
白城市	8 440	8 425	15	137 700	137 700	
洮南市	3 271	3 003	268	47 430	45 230	2 200
大安市						
镇赉县	2 368	2 368		42 892	42 892	
通榆县	2 405	2 355	50	54 694	52 230	2 464
延边朝鲜族自治州	**34 638**	**34 159**	**479**	**634 220**	**629 820**	**4 400**
延吉市	14 624	14 504	120	292 973	292 973	
图们市	1 611	1 611		35 406	35 406	
敦化市	1 034	1 034		26 386	26 386	
龙井市	7 331	7 251	80	110 730	110 730	
珲春市	3 110	2 849	261	56 229	51 829	4 400
和龙县	4 299	4 281	18	47 837	47 837	
汪清县	1 359	1 359		28 677	28 677	
安图县	1 270	1 270		35 982	35 982	

5—4 历年全民所有制单位固定资产投资和交付使用率

单位:亿元

	投资总额	基本建设投资	#地方投资	更新改造投资	商品房及其他固定资产投资	新增固定资产	固定资产交付使用率(%)
“一五”时期	23.53	22.82	3.55	0.71		20.87	88.7
“二五”时期	34.67	31.49	19.12	3.18		25.68	74.1
1963-1965	16.44	14.73	5.38	1.71		14.66	89.2
“三五”时期	22.70	19.14	11.29	3.56		15.82	69.7
“四五”时期	55.21	40.88	21.29	14.33		36.88	66.8
“五五”时期	69.94	57.72	25.62	12.22		46.16	66.0
1976	10.27	8.37	4.50	1.90		6.57	64.0
1977	9.21	7.51	3.72	1.70		7.07	76.8
1978	15.60	13.54	5.29	2.06		8.44	54.1
1979	17.21	14.29	5.74	2.92		11.88	69.0
1980	17.65	14.01	6.37	3.64		12.20	69.1
“六五”时期	124.00	71.32	29.60	42.95	9.73	106.30	85.7
1981	17.05	9.16	3.85	6.48	1.41	13.34	78.2
1982	22.08	11.97	4.17	8.28	1.83	16.09	72.9
1983	21.99	13.31	4.67	7.82	0.86	25.42	115.6
1984	25.50	14.48	6.23	8.23	2.79	25.89	101.5
1985	37.38	22.40	10.68	12.14	2.84	25.56	68.4
“七五”时期	288.95	145.71	68.09	105.96	37.28	236.84	82.0
1986	42.12	23.25	11.04	15.92	2.95	34.25	81.3
1987	53.96	26.99	12.05	20.61	6.36	44.35	82.2
1988	67.80	37.28	17.63	25.46	5.06	51.55	76.0
1989	58.13	29.07	13.60	21.40	7.66	47.36	81.5
1990	66.94	29.12	13.77	22.57	15.25	59.33	88.6
“八五”时期							
1991	85.62	40.46	19.47	25.40	19.76	69.46	81.1
1992	121.67	62.08	27.91	34.01	25.58	88.70	72.9

5—5 历年按用途和建设性质分全民所有制单位基建投资

单位:亿元

	按用途分			按建设性质分	
	生产建设性	非生产建设性	#住宅	#新建项目	#改扩建项目
"一五"时期	18.34	4.48	1.81	15.05	7.50
"二五"时期	26.53	4.96	1.92	13.87	16.32
1963-1965	12.01	2.72	1.26	5.57	8.67
"三五"时期	17.38	1.76	0.73	6.19	9.92
"四五"时期	32.80	8.08	3.24	18.36	21.50
"五五"时期	42.83	14.89	8.45	20.57	36.28
1976	6.76	1.61	0.67	3.95	4.16
1977	5.79	1.72	0.71	3.12	4.21
1978	11.18	2.36	1.17	5.21	8.26
1979	9.98	4.31	2.62	4.87	9.23
1980	9.12	4.89	3.28	3.42	10.42
"六五"时期	36.61	34.71	19.17	21.05	44.21
1981	5.22	3.94	2.56	2.93	6.18
1982	6.46	5.51	3.45	3.20	8.37
1983	7.04	6.27	3.23	4.37	8.75
1984	7.29	7.19	3.40	5.18	7.51
1985	10.60	11.80	6.53	5.37	13.40
"七五"时期	89.58	56.13	27.46	40.85	86.05
1986	12.30	10.95	5.69	5.54	14.64
1987	17.64	9.35	4.02	5.79	19.03
1988	22.12	15.16	7.93	9.56	21.31
1989	17.80	11.27	6.05	8.30	15.81
1990	19.72	9.40	3.77	11.66	15.26
"八五"时期					
1991	27.54	12.92	6.18	15.69	21.44
1992	39.14	22.94	10.79	22.83	34.01

5—6 历年农、轻、重和运输邮电业基本建设投资

单位:亿元

	农业	轻工业	重工业	#能源工业	运输邮电业
"一五"时期	0.79	1.06	16.53	3.69	0.67
"二五"时期	2.32	1.82	20.05	7.02	1.86
1963--1965	2.13	0.89	8.29	2.67	1.14
"三五"时期	2.93	1.24	12.07	2.66	0.83
"四五"时期	4.77	2.43	25.17	10.60	3.19
"五五"时期	5.10	3.12	37.34	13.84	1.71
1976	0.95	0.29	5.32	2.74	0.57
1977	0.89	0.31	4.93	2.26	0.33
1978	1.05	0.59	9.83	3.41	0.25
1979	1.15	0.61	9.45	3.02	0.24
1980	1.06	1.32	7.81	2.41	0.32
"六五"时期	2.55	4.54	36.20	19.69	1.75
1981	0.52	1.11	4.46	2.22	0.12
1982	0.57	0.76	6.87	3.10	0.37
1983	0.62	0.72	7.18	4.54	0.29
1984	0.40	0.73	7.23	4.14	0.37
1985	0.44	1.22	10.46	5.69	0.59
"七五"时期	5.74	10.35	75.79	43.69	7.02
1986	0.74	1.11	10.97	6.03	0.95
1987	1.14	2.54	15.27	8.37	0.94
1988	0.99	2.64	18.97	11.31	1.61
1989	0.91	1.47	15.28	8.06	1.52
1990	1.96	2.59	15.30	9.92	2.00
"八五"时期					
1991	1.64	3.77	22.22	13.20	2.16
1992	1.40	2.91	37.33	19.62	2.86

5—7 历年国民经济各部门基本建设投资

单位:亿元

	工 业	建筑业	地 质 勘 探	农、林、 水利气象	运 输 邮电业	商业、 饮食服务业 和物资供应	科研、 文教卫生 和社会福利	城 市 公用事业	其 他
"一五"时期	17.58	0.81	0.04	0.79	0.67	0.47	1.49	0.45	0.5
"二五"时期	21.87	0.69	0.50	2.32	1.86	0.86	1.40	0.82	1.1
1963-1965	9.19	0.30	0.07	2.13	1.14	0.36	0.87	0.46	0.2
"三五"时期	13.32	0.06	0.05	2.93	0.83	0.70	0.66	0.27	0.3
"四五"时期	27.60	0.32	0.19	4.77	3.19	1.25	1.89	0.58	1.0
"五五"时期	40.45	0.86	0.26	5.10	1.71	1.76	3.81	2.11	1.6
1976	5.61	0.10	0.05	0.90	0.50	0.17	0.40	0.17	0.4
1977	5.23	0.11	0.08	0.88	0.40	0.20	0.40	0.20	0.0
1978	10.42	0.20	0.03	1.05	0.25	0.30	0.62	0.36	0.2
1979	10.05	0.19	0.05	1.15	0.24	0.52	1.04	0.62	0.4
1980	9.13	0.26	0.45	1.06	0.32	0.57	1.29	0.76	0.5
"六五"时期	40.75	1.73	0.06	2.55	1.75	3.90	9.79	5.38	5.0
1981	5.57	0.27	0.10	0.52	0.12	0.39	1.19	0.49	0.5
1982	7.64	0.27	0.09	0.57	0.37	0.55	1.45	0.36	0.6
1983	7.90	0.25	0.10	0.62	0.29	0.51	1.78	0.89	0.9
1984	7.96	0.24	0.10	0.40	0.37	0.72	2.21	1.32	1.1
1985	11.68	0.70	0.46	0.44	0.59	1.73	3.16	2.32	1.6
"七五"时期	86.14	2.44	0.10	5.74	7.02	8.37	16.79	6.75	11.9
1986	12.08	1.12	0.09	0.74	0.95	1.51	3.35	1.73	1.6
1987	17.81	0.29	0.11	1.14	0.94	1.65	3.15	0.72	1.1
1988	21.61	0.50	0.08	0.99	1.61	2.79	3.69	2.50	3.4
1989	16.75	0.37	0.08	0.91	1.52	1.60	3.03	1.25	3.5
1990	17.89	0.16		1.96	2.00	0.82	3.57	0.55	2.0
"八五"时期									
1991	25.99	1.50	0.08	1.64	2.16	2.03	3.89	0.70	2.4
1992	40.24	0.52	0.09	1.42	2.86	4.16	4.46	2.65	5.6

5—8 全民所有制单位固定资产投资

单位:万元

项　　　　目	1978 年	1980 年	1985 年	1990 年	1991 年	1992 年
一、投资总额	**155 969**	**176 463**	**373 829**	**669 374**	**856 280**	**1 216 686**
#地方项目	69 089	92 168	215 173	428 960	551 180	763 881
按资金来源分						
国家预算内投资	131 231	90 308	99 072	90 085	97 444	65 617
国内贷款		20 319	78 886	167 163	273 923	366 580
利用外资		6 973	213	60 445	57 627	77 567
自筹和其他	24 738	58 863	195 658	351 681	427 286	706 922
按构成分						
建筑安装工程	95 001	126 563	252 608	433 985	534 547	798 856
设备工具器具购置	52 037	42 547	89 720	181 335	221 410	293 624
其他费用	8 931	7 353	31 501	54 054	100 323	124 206
按建设性质分						
#新　　建	52 157	34 257	56 246	131 767	169 113	234 072
扩　　建	7 634	12 501	145 427	239 493	384 232	393 988
改　　建	94 472	121 765	130 571	206 680	187 202	378 569
按用途分						
生产性建设	131 672	121 229	240 377	500 349	633 609	827 382
非生产性建设	24 297	55 234	133 452	169 025	222 671	389 304
#住　宅	12 147	36 152	70 802	88 078	136 689	220 075
、新增固定资产*	**84 411**	**122 024**	**255 551**	**593 250**	**694 655**	**887 039**
房屋竣工面积（万平方米）	**188.32**	**378.82**	**501.72**	**459.16**	**508.26**	**731.66**
#住　宅	80.50	212.80	263.79	246.69	290.20	428.85

5—9 各市县按用途分基本建设投资

(1992年)

市、县	绝对数 (万元)			比重(以投资总额为100)		
	生产性建设	非生产性建设	其中:住宅	生产性建设	非生产性建设	其中:住宅
全省	**391 432**	**229 330**	**107 881**	**63.06**	**36.94**	**17.38**
长春市	**146 509**	**66 070**	**30 370**	**68.92**	**31.08**	**14.29**
市区	135 663	51 622	23 348	72.44	27.56	12.47
九台市	5 360	7 103	5 060	43.01	56.99	40.60
榆树市	679	2 657		20.35	79.65	
农安县	501	3 449	1 892	12.68	87.32	47.90
德惠县	3 022	628	60	82.79	17.21	1.64
双阳县	1 284	611	10	67.76	32.24	0.53
吉林市	**75 347**	**43 919**	**19 319**	**63.18**	**36.82**	**16.20**
市区	56 056	37 149	16 459	60.14	39.86	17.66
桦甸市	17 031	583	407	96.69	3.31	2.31
蛟河市	80	1 196	351	6.27	93.73	27.51
舒兰市	1 357	2 184	718	38.32	61.68	20.28
永吉县	281	1 560	830	15.26	84.74	45.08
磐石县	542	1 247	554	30.30	69.70	30.97
四平市	**45 573**	**10 153**	**4 794**	**81.78**	**18.22**	**8.60**
市区	15 161	6 301	2 553	70.64	29.36	11.90
公主岭市	2 825	441	120	86.50	13.50	3.67
梨树县	1 580	939	319	62.72	37.28	12.66
伊通县	85	497	230	14.60	85.40	39.52
双辽县	25 922	1 975	1 572	92.92	7.08	5.64
辽源市	**4 793**	**3 299**	**1 830**	**59.23**	**40.77**	**22.61**
市区	4 744	2 948	1 539	61.67	38.33	20.01
东丰县		224	196		100.00	87.50
东辽县	49	127	95	27.84	72.16	53.98
通化市	**13 849**	**12 325**	**4 008**	**52.91**	**47.09**	**15.31**
市区	1 091	5 798	2 235	15.84	84.16	32.44
梅河口市	9 083	5 107	1 271	64.01	35.99	8.96
集安市	212	466	82	31.27	68.73	12.09
通化县	2 078	406	252	83.66	16.34	10.14

5—9 续表 (1992年) 单位:万元

市、县	绝对数(万元)			比重(以投资总额为100)		
	生产性建设	非生产性建设	其中:住宅	生产性建设	非生产性建设	其中:住宅
辉南县	1 202	529	168	69.44	30.56	9.71
柳河县	183	19		90.59	9.41	
浑江市	**23 481**	**14 931**	**6 537**	**61.13**	**38.87**	**17.02**
市区	16 193	7 821	2 499	67.43	32.57	10.41
临江县	2 286	2 859	1 443	44.43	55.57	28.05
抚松县	2 006	2 107	1 206	48.77	51.23	29.32
靖宇县	2 020	835	344	70.75	29.25	12.05
长白县	976	1 309	1 045	42.71	57.29	45.73
松原市	**24 909**	**18 710**	**10 029**	**57.11**	**42.89**	**22.99**
扶余区	110	3 641	2 490	2.93	97.07	66.38
长岭县	220	385	235	36.36	63.64	38.84
前郭县	24 270	14 584	7 304	62.46	37.54	18.80
乾安县	309	100		75.55	24.45	
白城地区	**9 166**	**16 624**	**10 304**	**35.54**	**64.46**	**39.95**
白城市	1 960	7 353	3 888	21.05	78.95	41.75
洮南市	4 223	2 714	1 933	60.88	39.12	27.87
大安市	1 619	509		76.08	23.92	
镇赉县	454	3 043	2 368	12.98	87.02	67.72
通榆县	910	3 005	2 115	23.24	76.76	54.02
延边朝鲜族自治州	**35 406**	**36 252**	**15 017**	**49.41**	**50.59**	**20.96**
延吉市	14 460	14 772	6 528	49.47	50.53	22.33
图们市	281	291		49.13	50.87	
敦化市	1 697	334		83.55	16.45	
龙井市	10 999	13 803	6 077	44.35	55.65	24.50
珲春市	3 381	3 672	1 905	47.94	52.06	27.01
和龙县	512	543	100	48.53	51.47	9.48
汪清县	2 173	395	181	84.62	15.38	7.05
安图县	1 903	2 442	226	43.80	56.20	5.20

5—10 全民所有制单位基本建设新增固定资产

单位:万元

项目	1978年	1980年	1985年	1990年	1991年	1992年
投资总额	**135 389**	**140 100**	**223 967**	**291 155**	**404 645**	**620 762**
新增固定资产	72 907	95 903	146 676	227 339	329 114	399 046
固定资产交付使用率(%)	53.9	68.5	65.5	78.1	81.3	64.3
在投资总额中地方项目						
投资额	52 934	63 684	106 804	137 730	194 742	279 128
新增固定资产	37 449	47 762	69 779	99 098	135 220	231 726
固定资产交付使用率(%)	70.7	75.0	65.0	72.0	69.4	83.0

5—11 全民所有制单位基本建设施工和建成的项目个数

项目	1978年	1980年	1985年	1990年	1991年	1992年
施工项目(个)	1212	1 504	1 601	1 117	1 330	1 472
#大中型	53	35	16	24	23	24
全部建成投产项目(个)	302	689	810	666	801	921
#大中型	5	5		1	3	6
投产项目占施工项目(%)	24.9	45.8	50.6	59.6	60.2	62.6
#大中型	9.4	14.3		4.2	13.0	25.0

5—12 按行业分全民所有制单位基本建设投资额

单位:万元

项目	1987年	1988年	1989年	1990年	1991年	1992年
全省	**269 896**	**372 848**	**290 737**	**291 155**	**404 643**	**620 762**
一、农、林、牧、渔、水利业	11 369	9 946	9 048	19 523	16 442	13 998
农业	857	708	463	226	524	454
林业	1 854	2 548	2 200	2 202	1 734	1 788
畜牧业	609	2 270	1 010	9 373	5 398	3 052
渔业	261	214	106	330		65
水利业	4 096	3 084	2 238	5 782	7 263	6 101
农、林、牧、渔、水利服务业	3 692	1 122	3 031	1 610	1 523	2 538
二、工业	178 115	216 131	167 478	178 890	259 941	402 418
三、地质普查和勘探业	1 076	953	814	800	755	909
四、建筑业	2 948	4 966	3 679	1 645	3 430	5 249
五、交通运输、邮电通讯业	9 370	16 089	15 223	20 003	21 587	28 622
六、商业、公共饮食业、物资供销和仓储业	11 254	19 863	16 001	8 169	20 329	41 643
七、房地产管理、公用事业、居民服务和咨询服务业	9 817	27 089	17 037	5 519	7 050	26 492
房地产管理业	1 000	18 182	8 871	674	1 533	7 097
公用事业	6 208	6 807	6 227	3 930	4 279	15 753
居民服务业	2 609	2 100	1 924	915	1 238	3 642
咨询服务业			15			
八、卫生、体育和社会福利事业	3 544	4 058	2 765	3 607	6 202	6 889
卫生事业	2 876	3 674	2 454	3 359	5 774	6 259
体育事业	403	240	257	128	110	360
社会福利事业	265	144	54	120	318	270
九、教育、文化艺术和广播电视事业	25 882	30 998	25 911	29 541	31 880	38 168
教育事业	22 998	26 798	23 113	25 389	27 196	33 411
文化事业	987	2 539	1 958	3 057	3 536	2 397
广播电视事业	1 897	1 661	840	1 095	1 148	2 360
十、科学研究和综合技术服务事业	2 323	2 516	1 985	2 529	2 460	3 533
科学研究事业	2 068	1 830	1 608	1 831	2 076	2 227
综合技术服务事业	255	686	377	698	384	1 306
十一、金融、保险业	2 618	5 975	3 945	6 399	9 878	12 342
金融业	2 501	4 827	3 750	6 143	9 511	11 150
保险业	117	1 148	195	256	367	1 192
十二、国家机关、政党机关和社会团体	10 373	20 743	17 307	12 816	21 706	34 392
十三、其他行业	1 207	13 521	9 544	1 714	2 983	6 107

5—13 按行业分全民所有制单位基本建设新增固定资产

单位:万元

项目	1987年	1988年	1989年	1990年	1991年	1992年
全省	**232 120**	**296 152**	**246 010**	**227 339**	**329 114**	**399 046**
一、农、林、牧、渔、水利业	8 893	7 773	6 179	10 577	15 579	14 040
农业	555	467	193	138	330	551
林业	1 635	2 263	1 892	1 845	1 318	1 027
畜牧业	122	1 873	16	2 806	11 174	6 672
渔业	124	7	48	357		225
水利业	3 425	2 103	2 786	3 349	1 543	2 982
农、林、牧、渔、水利服务业	3 032	1 060	1 244	2 082	1 214	2 583
二、工业	151 898	156 611	147 564	130 184	207 681	221 195
三、地质普查和勘探业	916	634	683	982	781	497
四、建筑业	1 490	2 841	1 912	1 774	2 344	3 479
五、交通运输、邮电通讯业	6 622	13 924	5 804	17 928	16 190	20 232
六、商业、公共饮食业、物资供销和仓储业	9 969	16 987	17 100	6 254	13 606	35 377
七、房地产管理、公用事业、居民服务和咨询服务业	9 087	24 738	12 394	7 989	8 311	21 508
房地产管理业	1 135	17 881	8 301	744	1 530	6 390
公用事业	4 630	5 488	3 392	7 122	4 945	12 797
居民服务业	3 322	1 369	686	123	1 836	2 321
咨询服务业			15			
八、卫生、体育和社会福利事业	4 673	5 013	2 061	2 412	6 340	6 021
卫生事业	3 371	3 891	1 770	2 037	6 098	5 236
体育事业	1 202	129	201	120	14	440
社会福利事业	100	993	90	255	228	345
九、教育、文化艺术和广播电视事业	24 263	28 821	19 671	26 352	29 261	32 078
教育事业	20 871	25 821	19 059	21 846	24 045	27 883
文化事业	409	1 768	390	3 208	4 066	3 755
广播电视事业	2 983	1 232	222	1 298	1 150	440
十、科学研究和综合技术服务事业	1 945	1 949	2 203	2 200	2 861	2 135
科学研究事业	1 733	1 431	1 954	1 785	2 100	958
综合技术服务事业	212	518	249	415	761	1 177
十一、金融、保险业	1 908	5 743	2 505	4 746	8 806	7 745
金融业	1 796	4 233	2 075	4 487	8 438	7 181
保险业	112	1 510	430	259	368	564
十二、国家机关、政党机关和社会团体	9 434	18 238	18 379	14 501	14 524	30 349
十三、其他行业	1 022	12 880	9 555	1 440	2 830	4 390

5—14 按行业分全民所有制单位基本建设固定资产交付使用率

单位:%

项目	1987年	1988年	1989年	1990年	1991年	1992年
全省	**86.0**	**79.4**	**84.6**	**78.1**	**81.3**	**64.3**
一、农、林、牧、渔、水利业	78.2	78.2	68.3	54.2	94.8	100.3
农业	64.8	66.0	41.7	61.4	63.0	121.4
林业	88.2	88.8	86.0	83.8	76.0	57.4
畜牧业	20.0	82.5	1.6	29.9	207.0	218.6
渔业	47.5	3.3	45.3	108.2		346.2
水利业	83.6	68.2	124.5	57.9	21.2	48.9
农、林、牧、渔、水利服务业	82.1	94.5	41.0	129.3	79.7	101.8
二、工业	85.3	72.5	88.1	72.8	79.9	55.0
三、地质普查和勘探业	85.1	66.5	83.9	122.8	103.4	54.7
四、建筑业	505	57.2	52.0	107.8	68.3	66.3
五、交通运输、邮电通讯业	70.7	86.5	38.1	89.6	75.0	70.7
六、商业、公共饮食业、物资供销和仓储业	88.6	85.5	106.9	76.6	66.9	85.0
七、房地产管理、公用事业、居民服务和咨询服务业	92.6	91.3	72.7	144.8	117.9	81.2
房地产管理业	113.5	98.3	93.6	110.4	99.8	90.0
公用事业	74.6	80.6	54.5	181.2	115.6	81.2
居民服务业	127.3	65.2	35.7	13.4	148.3	63.7
咨询服务业			100.0			
八、卫生、体育和社会福利事业	131.9	123.5	74.5	66.9	102.2	87.4
卫生事业	117.2	105.9	72.1	60.6	105.6	83.7
体育事业	298.3	53.8	78.2	93.8	12.7	122.2
社会福利事业	37.7	689.6	166.7	212.5	71.7	127.8
九、教育、文化艺术和广播电视事业	93.7	93.0	75.9	89.2	91.8	84.0
教育事业	90.8	96.4	82.5	86.0	88.4	83.5
文化事业	41.4	69.6	19.9	104.9	115.0	156.7
广播电视事业	157.2	74.2	26.4	118.5	100.2	18.6
十、科学研究和综合技术服务事业	83.7	77.5	111.0	87.0	116.3	60.4
科学研究事业	83.8	78.2	121.5	97.5	101.2	43.0
综合技术服务事业	83.1	75.5	66.0	59.5	198.2	90.1
十一、金融、保险业	72.9	96.1	63.5	74.2	89.1	62.8
金融业	71.8	87.7	55.3	73.0	88.7	64.4
保险业	95.7	131.5	220.5	101.2	100.3	47.3
十二、国家机关、政党机关和社会团体	90.9	87.9	106.2	113.1	66.9	88.2
十三、其他行业	84.7	95.3	100.1	814.0	94.9	71.9

5—15 各市县全民所有制单位基本建设新增固定资产

(1992年)　　　　单位:万元

市、县	投资额	新增固定资产	固定资产交付使用率(%)	地方项目投资额	新增固定资产	固定资产交付使用率(%)
全省	**620 762**	**399 046**	**64.28**	**279 128**	**231 461**	**82.92**
长春市	**212 579**	**117 258**	**55.16**	**77 610**	**55 874**	**71.99**
市区	187 285	92 943	49.63	53 682	32 720	60.95
九台市	12 463	12 325	98.89	11 750	11 682	99.42
榆树市	3 336	535	16.04	3 318	520	15.67
农安县	3 950	3 167	80.18	3 315	2 664	80.36
德惠县	3 650	6 856	187.84	3 650	6 856	187.84
双阳县	1 895	1 432	75.57	1 895	1 432	75.57
吉林市	**119 266**	**83 443**	**69.96**	**52 777**	**52 622**	**99.71**
市区	93 205	58 649	62.92	45 350	47 687	105.15
桦甸市	17 614	17 441	99.02	2 614	294	11.25
蛟河市	1 276	1 204	94.36	606	534	88.12
舒兰市	3 541	3 173	89.61	1 931	2 118	109.68
永吉县	1 841	1 474	80.07	1 250	1 090	87.20
磐石县	1 789	1 502	83.96	1 026	899	87.62
四平市	**55 726**	**25 010**	**44.88**	**17 247**	**22 418**	**129.98**
市区	21 462	6 802	31.69	10 647	5 337	50.13
公主岭市	3 266	14 593	446.82	3 152	14 479	459.36
梨树县	2 519	1 502	59.63	1 170	1 317	112.56
伊通县	582	536	92.10	582	536	92.10
双辽县	27 897	1 577	5.65	1 696	749	44.16
辽源市	**8 092**	**9 093**	**112.37**	**5 336**	**7 272**	**136.28**
市区	7 692	8 693	113.01	4 936	6 872	139.22
东丰县	224	224	100.00	224	224	100.00
东辽县	176	176	100.00	176	176	100.00
通化市	**26 174**	**20 121**	**76.87**	**24 322**	**19 093**	**78.50**
市区	6 889	5 290	76.79	5 435	4 634	85.26
梅河口市	14 190	13 057	92.02	14 000	12 867	91.91
集安市	678	611	90.12	512	436	85.16
通化县	2 484	582	23.43	2 442	575	23.55

5—15 续表　　(1992年)　　单位:万元

市、县	投资额	新增固定资产	固定资产交付使用率(%)	地方项目投资额	新增固定资产	固定资产交付使用率(%)
辉南县	1 731	386	22.30	1 731	386	22.30
柳河县	202	195	96.53	202	195	96.53
浑江市	**38 412**	**19 333**	**50.33**	**17 454**	**13 541**	**77.58**
市区	24 014	8 975	37.37	6 753	4 936	73.09
临江县	5 145	3 989	77.53	4 329	3 282	75.81
抚松县	4 113	2 502	60.83	1 923	2 152	111.91
靖宇县	2 855	1 955	68.48	2 421	1 521	62.83
长白县	2 285	1 912	83.68	2 028	1 650	81.36
松原市	**43 619**	**38 433**	**88.11**	**7 566**	**6 133**	**81.06**
扶余区	3 751	2 655	70.78	3 181	2 395	75.29
长岭县	605	605	100.00	514	514	100.00
前郭县	38 854	34 914	89.86	3 462	2 965	85.64
乾安县	409	259	63.33	409	259	63.33
白城地区	**25 790**	**20 104**	**77.95**	**22 462**	**17 808**	**79.28**
白城市	9 313	9 228	99.09	7 716	8 255	106.99
洮南市	6 937	2 077	29.94	6 684	2 077	31.07
大安市	2 128	1 815	85.29	1 928	1 720	89.21
镇赉县	3 497	2 946	84.24	3 005	2 504	83.33
通榆县	3 915	4 038	103.14	3 129	3 252	103.93
延边朝鲜族自治州	**71 658**	**54 580**	**76.17**	**54 354**	**36 700**	**67.52**
延吉市	29 232	23 634	80.85	26 478	21 707	81.98
图们市	572	526	91.96	531	486	91.53
敦化市	2 031	1 314	64.70	1 544	830	53.76
龙井市	24 802	12 807	51.64	14 509	7 190	49.56
珲春市	7 053	6 914	98.03	3 771	3 522	93.40
和龙县	1 055	809	76.68	954	773	81.03
汪清县	2 568	546	21.26	2 568	546	21.26
安图县	4 345	8 030	184.81	3 999	1 646	41.16

5—16 按工业行业分全民所有制单位基本建设固定资产投资

单位:万元

项　　目	1987年	1988年	1989年	1990年	1991年	1992年
全　省	**178 115**	**216 131**	**167 478**	**178 890**	**259 941**	**402 418**
采掘业	32 271	48 041	34 993	43 044	48 428	71 081
矿　业	17 223	41 290	29 067	33 038	33 750	56 108
木材及竹材采运业	12 554	5 000	4 868	7 389	9 525	8 435
自来水生产供应业	2 494	1 751	1 058	2 617	5 153	6 538
制造业	145 844	168 090	132 485	135 846	211 513	331 337
食品、饮料和烟草制造业	8 837	10 159	5 834	20 338	26 904	10 239
饲料工业	1 289	1 949	342	1 459	3 450	2 143
纺织业	3 173	3 103	900	7	111	1 219
缝纫业	98	13	6			
皮革、毛皮及其制造业					89	
木材加工及竹、藤、棕草制品业	259	4 015	4 705	2 794	2 016	936
家具制造业	10	10				
造纸及纸制品业	2 210	4 320	4 332	956	1 080	1 887
印刷业	7	177	49	87	116	803
文教体育用品制造业	624		3			
工艺美术制造业		17				34
电力、蒸汽、热水生产和供应业	63 668	75 596	56 554	76 340	103 835	138 398
石油加工业	134	295	5	270	1 087	2 490
炼焦、煤气及煤制品业	7 219	6 562	5 436	3 954	3 628	6 977
化学工业	9 664	357	1 821	2 612	9 955	41 789
医药工业	411	2 145	1 621	167	385	2 396
化学纤维工业	5 301	1 886				2 651
橡胶制品业	242	48	14			
塑料制品业		30	100			80
建筑材料及其他非金属矿物制造业	5 833	4 650	4 934	3 220	12 846	19 507
黑色金属冶炼及压延加工业	656	353	1 616	525	277	344
有色金属冶炼及压延加工业		30	74		545	220
金属制品业	573	106	9		53	
机械、电气、电子设备制造业	6 402	7 252	2 357	1 259	3 067	7 382
交通运输设备制造业	28 638	44 010	39 425	21 165	41 742	91 792
其他工业	596	1 007	2 348	693	327	50

5—17 按工业行业分全民所有制单位基本建设新增固定资产

单位:万元

行　　业	1987年	1988年	1989年	1990年	1991年	1992年
全　省	**151 898**	**156 611**	**147 564**	**130 184**	**207 681**	**221 195**
采掘业	22 623	41 182	36 943	44 054	41 686	48 823
矿　业	11 755	30 672	31 420	35 296	33 091	37 674
木材及竹材采运业	10 708	4 581	4 883	7 437	7 376	7 557
自来水生产供应业	160	5 929	640	1 321	1 210	3 592
制造业	129 275	115 429	110 621	86 130	165 995	172 372
食品、饮料和烟草制造工业	2 991	12 068	3 752	4 102	16 402	31 982
饲料工业	35	1 272	70	266	171	6 379
纺织业	1 075	3 256	714		125	389
缝纫业	94	13	6			
皮革、毛皮及其制造业					89	
木材加工及竹、藤、棕草制品业	259		1 172	1 886	8 075	6 689
家具制造业	10	10				
造纸及纸制品业	360	809	9	318	1 095	1 887
印刷业		210	32		194	702
文教体育用品制造业			3			
工艺美术制造业		17				34
电力、蒸汽、热水生产和供应业	68 748	43 606	45 795	53 174	105 977	77 013
石油加工业	91	295	5	230	755	345
炼焦、煤气及煤制品业	5 282	610	17 075	4 177	2 667	1 099
化学工业	10 830	228	314	518	587	5 504
医药工业	351	1 394	333	100	274	1 273
化学纤维工业	2 370	5 517				2 651
橡胶制品业	329	8	14			
塑料制品业		30	215			80
建筑材料及其他非金属矿物制造业	5 878	1 743	5 558	1 123	788	5 263
黑色金属冶炼及压延加工业	775	398	1 693	303	400	94
有色金属冶炼及压延加工业		19	69		535	105
金属制品业	183	1 366	9			
机械、电气、电子设备制造业	5 077	5 569	3 405	1 415	3 887	6 252
交通运输设备制造业	24 398	36 811	28 003	17 064	23 774	24 581
其他工业	139	180	2 375	1 454	200	50

5—18 按工业行业分全民所有制基本建设新增固定资产交付使用率

单位:%

行　　业	1987年	1988年	1989年	1990年	1991年	1992年
全　省	**85.3**	**72.5**	**88.1**	**72.8**	**79.9**	**55.0**
采掘业	70.1	85.7	105.6	102.3	86.1	68.7
矿　业	68.3	74.3	108.1	106.8	98.0	67.1
木材及竹材采运业	85.3	91.6	100.3	100.6	77.4	89.6
自来水生产供应业	6.4	338.6	60.5	50.5	23.7	54.9
制造业	88.6	68.7	83.5	63.4	78.5	52.0
食品、饮料和烟草制造工业	33.8	118.8	64.3	20.2	61.0	312.4
饲料工业	2.7	65.3	20.5	18.2	5.0	297.7
纺织业	33.9	104.9	79.3		112.6	31.9
缝纫业	95.9	100.0	100.0			
皮革、毛皮及其制造业					100.0	
木材加工及竹、藤、棕草制品业	100.0		24.9	67.5	400.5	714.6
家具制造业	100.0	100.0				
造纸及纸制品业	16.3	18.7		33.3	101.4	100.0
印刷业		118.6	65.3		167.2	87.4
文教体育用品制造业			100.0			
工艺美术制造业		100.0				
电力、蒸汽、热水生产和供应业	108.0	57.7	81.0	69.7	102.1	55.6
石油加工业	67.9	100.0	100.0	85.2	69.5	13.9
炼焦、煤气及煤制品业	73.2	9.3	314.1	105.6	73.5	15.8
化学工业	112.1	63.9	17.2	19.8	5.9	13.2
医药工业	85.4	65.0	20.5	59.9	71.2	53.1
化学纤维工业	44.7	292.5				100.0
橡胶制品业	136.0	16.7	100.0			
塑料制品业		100.0	215.0			100.0
建筑材料及其他非金属矿物制造业	100.8	37.5	112.6	34.9	6.1	27.0
黑色金属冶炼及压延加工业	118.1	112.7	104.8	57.7	144.4	27.3
有色金属冶炼及压延加工业		63.3	93.2		98.2	47.7
金属制品业	31.9	1 288.7	100.0			
机械、电气、电子设备制造业	79.3	76.8	144.5	112.4	126.7	84.7
交通运输设备制造业	85.2	83.6	71.0	80.6	57.0	26.8
其他工业	23.3	17.9	101.1	209.8	61.2	100.0

5—19 各市县基本建设施工、投产项目个数

（1992年） 单位：个

市、县	施工项目个数	全部建成投产项目个数	市、县	施工项目个数	全部建成投产项目个数
全省	**1 472**	**921**	辉南县	10	5
长春市	**321**	**181**	柳河县	5	4
市区	181	74	**浑江市**	**142**	**104**
九台市	39	33	市区	53	32
榆树市	18	14	临江县	23	19
农安县	39	24	抚松县	27	26
德惠县	22	17	靖宇县	19	12
双阳县	22	19	长白县	20	15
吉林市	**169**	**93**	**松原市**	**47**	**37**
市区	112	55	扶余区	13	10
桦甸市	8	5	长岭县	9	9
蛟河市	6	3	前郭县	19	13
舒兰市	18	14	乾安县	6	5
永吉县	11	8	**白城地区**	**214**	**124**
磐石县	14	8	白城市	89	53
四平市	**98**	**57**	洮南市	42	17
市区	42	25	大安市	9	5
公主岭市	21	15	镇赉县	43	23
梨树县	9	7	通榆县	31	26
伊通县	5	3	**延边朝鲜族自治州**	**271**	**190**
双辽县	21	7	延吉市	93	58
辽源市	**54**	**43**	图们市	10	8
市区	43	32	敦化市	17	12
东丰县	5	5	龙井市	52	29
东辽县	6	6	珲春市	47	41
通化市	**153**	**92**	和龙县	17	12
市区	74	40	汪清县	11	8
梅河口市	35	25	安图县	24	22
集安市	18	11			
通化县	11	7			

5—20 全民所有制单位基本建设新增生产能力

项 目	单 位	1978年	1980年	1985年	1990年	1991年	1992年
发电机组容量	万千瓦	15.5	6	5.4	22.52	58.5	45.7
输电线路（11万伏及以上）	公里	327		717.4	91.9	355.6	68.5
变电设备（11万伏及以上）	万千伏安		9	18.3	36	39.3	21.0
木材采运	万立方米/年	6.5	7.3	10	3	2	11.1
刨花板	万立方米/年			1		5	5
汽车购置	辆			37	71	64	125
#载重汽车	辆				56	52	61
粮食仓库	平方米			116 037	13 866	50 962	38 276
	万公斤	25	240	28 967	3 592	19 040	6 956
商业饮食业服务网点	处			112	12	43	41
	平方米			92 228	16 824	68 611	126 840
大专院校学生席位	个	1 640	3 500	4 473	9 629	2 310	3 710
中等学校学生席位	个	45 155	48 690	33 314	30 242	30 486	34 616
小学生席位	个	26 744	28 749	14 183	30 635	29 947	31 920
其他学校学生席位	个			5 430		3 427	7 130
医院病床床位	张	804	425	639	339	2 076	2 567
自来水供水能力	万吨/日		7.41	1.01	5.25	1.14	3.51
自来水管道铺设长度	公里			31.80	16.10	12.0	2.3
城市道路：长度	公里			5.9	6.6	8	21.8
面积	万平方米				7.7	5.1	21.4

5—21 各市县基建施工、竣工房屋面积

(1992 年)

市、县	施工面积(平方米)	#住宅	竣工面积(平方米)	#住宅	竣工率(%)	#住宅
全省	**6 827 191**	**3 278 014**	**3 814 951**	**2 044 653**	**55.88**	**62.37**
长春市	**2 378 539**	**1 029 343**	**1 034 252**	**510 437**	**43.48**	**49.59**
市区	1 896 750	818 512	681 428	324 768	35.93	39.68
九台市	245 317	163 866	228 746	155 353	93.25	94.80
榆树市	42 534		15 404		36.22	
农安县	89 913	45 245	64 804	28 596	72.07	63.20
德惠县	49 738	1 260	21 523	1 260	43.27	100.00
双阳县	54 287	460	22 347	460	41.16	100.00
吉林市	**1 155 835**	**663 349**	**641 335**	**407 547**	**55.49**	**61.44**
市区	959 060	581 883	490 501	345 296	51.14	59.34
桦甸市	34 943	8 773	29 220	8 773	83.62	100.00
蛟河市	21 750	11 694	14 881	5 307	68.42	45.38
舒兰市	66 209	23 400	56 609	19 700	85.50	84.19
永吉县	38 354	22 599	26 928	18 471	70.21	81.73
磐石县	35 519	15 000	23 196	10 000	65.31	66.67
四平市	**432 041**	**162 156**	**250 692**	**101 242**	**58.03**	**62.43**
市区	187 480	75 016	123 894	61 913	66.08	82.53
公主岭市	75 056	7 300	62 731	7 300	83.58	100.00
梨树县	27 285	8 439	22 068	5 149	80.88	61.01
伊通县	15 707	7 980	10 977	3 850	69.89	48.25
双辽县	126 513	63 421	31 022	23 030	24.52	36.31
辽源市	**115 031**	**52 055**	**85 552**	**49 055**	**74.37**	**94.24**
市区	105 988	44 499	76 509	41 499	72.19	93.26
东丰县	6 040	5 340	6 040	5 340	100.00	100.00
东辽县	3 003	2 216	3 003	2 216	100.00	100.00
通化市	**285 062**	**110 516**	**174 653**	**64 679**	**61.27**	**58.52**
市区	158 735	74 533	78 291	41 388	49.32	55.53
梅河口市	75 710	23 493	61 538	12 301	81.28	52.36
集安市	19 880	2 950	15 180	2 950	76.36	100.00
通化县	8 440	4 740	6 940	3 240	82.23	68.35

5—21 续表　　(1992年)　　单位:万元

市、县	施工面积(平方米)	#住宅	竣工面积(平方米)	#住宅	竣工率(%)	#住宅
辉南县	16 243	4 800	6 650	4 800	40.94	100.00
柳河县	6 054		6 054		100.00	
浑江市	**401 882**	**177 753**	**313 580**	**163 385**	**78.03**	**91.92**
市区	216 967	78 944	158 258	74 237	72.94	94.04
临江县	70 283	38 077	60 223	32 716	85.69	85.92
抚松县	46 495	26 209	45 295	26 209	97.42	100.00
靖宇县	28 646	7 984	20 360	7 184	71.07	89.98
长白县	39 491	26 539	29 444	23 039	74.56	86.81
松原市	**322 559**	**208 836**	**268 265**	**187 863**	**83.17**	**89.96**
扶余区	96 571	70 850	65 617	58 217	67.95	82.17
长岭县	10 002	3 834	10 002	3 834	100.00	100.00
前郭县	208 916	134 152	187 466	125 812	89.73	93.78
乾安县	7 070		5 180		73.27	
白城地区	**600 954**	**335 140**	**315 184**	**191 443**	**52.45**	**57.12**
白城市	288 504	123 937	147 553	72 391	51.14	58.41
洮南市	118 175	78 527	42 129	28 730	35.65	36.59
大安市	6 948		2 180		31.38	
镇赉县	99 982	75 766	52 457	42 892	52.47	56.61
通榆县	87 345	56 910	70 865	47 430	81.13	83.34
延边朝鲜族自治州	**929 388**	**385 177**	**604 756**	**280 769**	**65.07**	**72.89**
延吉市	409 979	160 846	272 633	126 290	66.50	78.52
图们市	10 670		10 670		100.00	
敦化市	30 563		12 663		41.43	
龙井市	340 793	175 297	181 272	107 945	53.19	61.58
珲春市	92 059	37 908	83 638	35 408	90.85	93.41
和龙县	11 911	2 496	10 925	2 496	91.72	100.00
汪清县	12 095	4 087	11 700	4 087	96.73	100.00
安图县	21 318	4 543	21 255	4 543	99.70	100.00

5—22 全民所有制单位更新改造措施投资

单位:万元

项目	1978年	1980年	1985年	1990年	1991年	1992年
投资总额	**20 580**	**36 363**	**121 442**	**225 695**	**254 042**	**340 093**
1. 按隶属关系分						
部直属项目	4 425	7 879	23 451	79 642	87 154	98 528
地方项目	16 155	28 484	97 991	146 053	166 888	241 565
省属项目			15 801	59 278	55 980	79 103
地（市）属项目			52 705	55 802	80 770	106 276
县属项目			29 485	30 973	30 138	56 186
2. 按资金来源分						
国家投资		5 454	5 434	8 147	5 201	5 074
国内贷款		5 818	54 950	85 939	120 088	129 017
利用外资			213	5 110	6 584	5 400
煤代油投资				35		
自筹投资		25 091	56 196	117 932	116 353	189 601
#企事业自筹			34 829	32 592	79 416	136 644
其他投资			4 649	8 532	5 816	11 001
3. 按农轻重分						
#农业	42	311	1 836	1 607	313	1 999
轻工业	1 736	6 503	34 153	54 504	67 341	80 729
重工业	15 857	21 791	68 176	143 259	155 605	203 774
4. 按构成分						
建筑安装工程	12 039	21 268	57 718	101 145	99 997	154 657
设备工器具购置	7 903	13 976	55 046	108 913	126 127	159 740
其他投资	638	1 119	8 678	15 637	27 918	25 696
5. 按建设性质分						
#新建			2 520	11 581	8 810	5 349
改建	11 879	17 549	62 413	95 474	122 970	192 590
扩建	7 634	12 501	51 316	114 369	117 124	127 752

5—23 按用途分全民所有制单位更新改造措施投资和构成

项　　目	1978年	1980年	1985年	1990年	1991年	1992年
绝对数（万元）	**20 580**	**36 363**	**121 442**	**225 695**	**254 042**	**340 093**
一、生产性建设	19 869	30 050	109 601	213 495	238 660	319 994
增　产	7 990	11 290	52 163	102 202	103 475	115 653
节约措施	572	3 502	6 465	6 516	7 794	15 003
#节约能源	152	2 823	5 930	5 837	5 601	13 677
增加品种	2 241		14 845	40 714	64 970	97 858
提高产品质量	618	2 951	6 251	7 795	10 935	17 252
三废治理	201	1 129	1 740	2 764	2 582	9 375
其　他	8 247	11 178	28 137	53 504	48 904	64 853
二、非生产性建设	711	6 313	11 841	12 200	15 382	20 099
#住　宅	460	3 358	4 380	4 808	8 368	7 979
构　成（%）	**100**	**100**	**100**	**100**	**100**	**100**
一、生产性建设	96.5	82.6	90.2	94.6	93.9	94.1
增　产	38.8	31.1	43.0	45.2	40.7	34.0
节约措施	2.8	9.6	5.3	2.9	3.1	4.4
#节约能源	0.7	7.8	4.9	2.6	2.2	4.0
增加品种	10.9		12.2	18.0	25.6	28.8
提高产品质量	3.0	8.1	5.1	3.5	4.3	5.1
三废治理	0.9	3.1	1.4	1.3	1.0	2.8
其　他	40.1	30.7	23.2	23.7	19.2	19.0
二、非生产性建设	3.5	17.4	9.8	5.4	6.1	5.9
#住　宅	2.2	9.2	3.6	2.1	3.3	2.3

5—24 按行业分全民所有制单位更新改造措施投资及新增固定资产

(1992年) 单位:万元

行业	投资额	生产性建设	非生产性建设	#住宅	新增固定资产	固定资产交付使用率(%)
全省	**340 093**	**319 994**	**20 099**	**7 979**	**272 774**	**80.2**
一、农、林、牧、渔、水利业	1 999	1 722	277	78	1 382	69.1
农业	200	200			200	100.0
林业	318	171	147	8	316	99.4
畜牧业	1 270	1 270			545	42.9
渔业						
水利业	110		110	70	140	127.3
农、林、牧、渔、水利服务业	101	81	20		181	179.2
二、工业	284 503	274 372	10 131	4 960	232 362	81.7
三、地质普查和勘探业	17		17		17	100.0
四、建筑业	3 166	2 322	844	813	2 946	93.1
五、交通运输、邮电通讯业	38 216	33 371	4 845	1 944	28 010	73.3
六、商业、公共饮食业、物资供销和仓储业	5 960	5 740	220		2 488	41.7
七、房地产管理、公用事业、居民服务和咨询服务业	739	497	242	24	833	112.7
房地产管理业	43		43	24	52	120.9
公用事业	95	57	38		95	100.0
居民服务业	583	428	155		583	100.0
咨询服务业	18	12	6		103	572.2
八、卫生、体育和社会福利事业	98		98		68	69.4
卫生事业	98		98		68	69.4
体育事业						
社会福利事业						
九、教育、文化艺术和广播电视事业	396	99	297		396	100.0
教育事业	93		93		93	100.0
文化事业	99	99			99	100.0
广播电视事业	204		204		204	100.0
十、科学研究和综合技术服务事业	1 245	175	1 070		1 126	90.4
科学研究事业	434	103	331		332	76.5
综合技术服务事业	811	72	739		794	97.9
十一、金融、保险业	1 051	19	1 032		481	45.8
金融业	1 051	19	1 032		481	45.8
保险业						
十二、国家机关、政党机关和社会团休	2 703	1 677	1 026	160	2 665	98.6
十三、其他行业						

5—25 按行业分全民所有制单位地方更新改造措施投资和新增固定资产

（1992年） 单位:万元

行业	投资额	生产性建设	非生产性建设	#住宅	新增固定资产	固定资产交付使用率(%)
全省	**241 565**	**232 572**	**8 993**	**4 317**	**192 860**	**79.8**
一、农、林、牧、渔、水利业	1 999	1 722	277	78	1 382	69.1
农业	200	200			200	100.0
林业	318	171	147	8	316	99.4
畜牧业	1 270	1 270			545	42.9
渔业						
水利业	110		110	70	140	127.2
农、林、牧、渔、水利服务业	101	81	20		181	179.2
二、工业	226 846	220 536	6 310	3 850	182 394	80.4
三、地质普查和勘探业						
四、建筑业	1 379	1 143	236	205	1 408	102.1
五、交通运输、邮电通讯业	1 072	1 047	25		892	83.2
六、商业、公共饮食业、物资供销和仓储业	5 955	5 737	218		2 483	41.7
七、房地产管理、公用事业、居民服务和咨询服务业	739	497	242	24	833	112.7
房地产管理业	43		43	24	52	120.9
公用事业	95	57	38		95	100.0
居民服务业	583	428	155		583	100.0
咨询服务业	18	12	6		103	572.2
八、卫生、体育和社会福利事业	98		98		68	69.4
九、教育、文化艺术和广播电视事业	396	99	297		396	100.0
教育事业	93		93		93	100.0
文化事业	99	99			99	100.0
广播电视事业	204		204		204	100.0
十、科学研究和综合技术服务事业	331	95	236		292	88.2
科学研究事业	203	23	180		181	89.2
综合技术服务事业	128	72	56		111	86.7
十一、金融、保险业	47	19	28		47	100.0
金融业	47	19	28		47	100.0
保险业						
十二、国家机关、党政机关和社会团体	2 703	1 677	1 026	160	2 665	98.6
十三、其他行业						

5—26 各市县全民所有制单位更新改造措施施工、投产项目和投资额

(1992年)

市、县	施工项目（个）	全部建成投产项目（个）	投资额（万元）	生产性建设	非生产性建设	#住宅
全省	**1 157**	**771**	**340 093**	**319 994**	**20 099**	**7 979**
长春市	**199**	**85**	**92 514**	**85 664**	**6 850**	**2 387**
市区	154	54	82 226	76 481	5 745	1 860
九台市	4	4	706	359	347	
榆树市	6	4	2 334	2 334		
农安县	18	16	2 374	1 656	718	527
德惠县	14	5	4 444	4 404	40	
双阳县	3	2	430	430		
吉林市	**240**	**145**	**92 274**	**90 337**	**1 937**	**962**
市区	195	121	82 726	81 051	1 675	849
桦甸市	8	4	1 974	1 727	247	113
蛟河市	6	4	975	975		
舒兰市	4	2	608	608		
永吉县	7	5	709	709		
磐石县	20	9	5 282	5 267	15	
四平市	**63**	**27**	**21 987**	**21 867**	**120**	
市区	33	14	15 038	14 918	120	
公主岭市	10	5	2 778	2 778		
梨树县	3	1	353	353		
伊通县	4	2	1 313	1 313		
双辽县	13	5	2 505	2 505		
辽源市	**65**	**53**	**10 842**	**10 597**	**245**	**137**
市区	54	43	7 656	7 456	200	137
东丰县	10	10	2 632	2 587	45	
东辽县	1		554	554		
通化市	**82**	**51**	**28 802**	**27 403**	**1 399**	**642**
市区	57	34	23 206	21 835	1 371	634
梅河口市	8	7	1 713	1 693	20	
集安市	1	1	550	550		
通化县	7	3	2 282	2 282		

5—26 续表 (1992年) 单位:万元

市、县	施工项目(个)	全部建成投产项目(个)	投资额(万元)	生产性建设	非生产性建设	#住宅
辉南县	5	4	785	777	8	8
柳河县	4	2	266	266		
浑江市	**39**	**20**	**13 697**	**11 456**	**2 241**	**211**
市区	36	18	12 987	10 918	2 069	211
临江县	1	1	193	103	90	
抚松县	1		435	435		
靖宇县	1	1	82		82	
长白县						
松原市	**43**	**37**	**13 525**	**12 555**	**970**	**507**
扶余区	11	10	2 049	2 049		
长岭县	1	1	70	70		
前郭县	27	23	10 820	9 880	940	507
乾安县	4	3	586	556	30	
白城地区	**49**	**35**	**14 025**	**13 935**	**90**	
白城市	28	23	7 503	7 413	90	
洮南市	8	4	1 720	1 720		
大安市	3	2	3 051	3 051		
镇赉县	4	2	812	812		
通榆县	6	4	939	939		
延边朝鲜族自治州	**116**	**79**	**25 196**	**23 636**	**1 560**	**1 189**
延吉市	40	23	10 687	9 980	707	646
图们市	11	7	3 615	3 571	44	24
敦化市	6	5	1 828	1 822	6	
龙井市	2	2	71	71		
珲春市	28	23	3 880	3 446	434	294
和龙县	21	16	3 736	3 512	224	135
汪清县	3		511	456	55	
安图县	5	3	868	778	90	90

5－27 全民所有制单位更新改造房屋建筑面积和价值

(1992年)

项　　目	施工房屋面积(万平方米)	#新　开　工	竣工房屋面积(万平方米)	竣工房屋价值(万元)	竣工房屋造价(元/平方米)
全　　省	**183.24**	**106.05**	**88.73**	**63 392**	**714**
办公室	4.91	4.00	2.65	1 404	530
住　　宅	28.03	13.88	14.81	6 701	453
教育用房	2.85	2.28	1.28	1 109	865
医疗用房	0.98	0.69	0.84	628	750
其他用房	146.47	85.20	69.15	53 550	774
地　　方	**181.35**	**104.48**	**88.36**	**63 188**	**715**
办公室	4.70	3.78	2.64	1 401	531
住　　宅	28.02	13.87	14.79	6 693	452
教育用房	2.85	2.28	1.28	1 109	865
医疗用房	0.98	0.69	0.84	628	750
其他用房	144.80	83.86	68.81	53 357	775

5—28 全民所有制单位更新改造措施新增生产能力

(1992年)

项　　目	单　　位	数　　量
铝电解	吨/年	1 224.00
化学肥料	吨/年	18 400.00
水　泥	万吨/年	29.60
化学药品：原料药	吨/年	93.00
制　剂	亿片(支)/	31.60
中成药及中药饮片	吨/年	65.00
化学纤维	吨/年	600.00
#合成纤维	吨/年	400.00
植物油	吨	
日处理原料	吨	50.00
日精炼油	吨	13.00
啤酒	吨/年	11 666.00
白酒	吨/年	5 500.00
机制纸及纸板	万吨/年	2.79
服　装	万件/年	66.6
汽、挂车购置	辆	353
载货汽车购置	辆	128
其他汽车购置	辆	225
市内电话自动交换	门	30 262
商业饮食服务网点	处	15
	平方米	1 645.00
小学校：学生席位	个	1 510
	平方米	3 032

5—29 全民所有制其他固定资产投资

项　　目	1987年	1988年	1989年	1990年	1991年	1992年
一、投资额（万元）	**63 616**	**50 580**	**76 552**	**87 691**	**120 297**	**112 528**
#地方项目	62 958	49 133	74 525	85 180	116 527	108 212
按行业分						
农、林、牧、渔、水利业						
工　业	53 242	41 716	64 656	71 244	99 515	96 476
交通运输、邮电业	7 035	8 591	11 752	10 388	10 550	13 759
商业、公共饮食业、仓储业	3 339	273	144	6 059	10 232	2 293
其　他						
按构成分						
建筑安装工程	49 751	43 710	65 478	70 810	96 387	85 923
设备、工具、器具购置	13 611	6 052	10 257	12 615	16 570	18 473
其他费用	254	818	817	4 266	7 340	8 132
按用途分						
生产性建设	58 225	42 856	68 474	79 613	113 039	100 256
非生产性建设	5 391	7 724	8 078	8 078	7 258	12 272
#住　宅	1 105	3 557	2 432	1 884	2 682	1 102
二、房屋建筑面积（万平方米）						
施工面积	18.14	21.89	18.54	11.94	33.41	15.30
竣工面积	15.00	20.79	16.81	10.81	30.64	14.36
#住宅	6.04	13.51	8.70	5.16	6.47	2.66

5—30 城镇工矿区个人建房投资

项　　目	单　位	1987年	1988年	1989年	1990年	1991年	1992年
城镇工矿区个数	个	215	238	340	335	335	347
建房户数	户	34 014	37 895	31 681	40 658	37 153	13 608
投资总额	万元	34 261	46 542	44 423	40 658	37 153	30 833
竣工房屋建筑面积	万平方米	236.57	270.25	213.06	171.34	171.17	101.41
#住　宅	万平方米	213.53	254.19	203.36	145.02	159.30	95.21
竣工房屋造价	元/平方米	144.8	172.2	208.5	237.3	217.1	304.0
#住　宅	元/平方米	139.0	175.1	199.5	202.5	222.8	266.5

5—31 农村集体、个人固定资产投资和建房

项　　目	单　位	1987年	1988年	1989年	1990年	1991年	1992年
农村集体投资额	万元	39 244	34 664	17 705	10 246	32 922	78 214
农村个人投资额	万元	132 464	133 127	132 501	196 812	186 404	141 600
竣工房屋建筑面积	万平方米	1 171.00	581.93	589.87	996.74	659.61	661.08
#住　宅	万平方米	1 103.00	581.93	360.81	923.45	600.97	538.78

6—1 历年地方财政收支总额

单位：亿元

年　份	总收入	#企业收入	#各项税收	总支出	#基本建设拨款	#支援农村生产和各项农业事业费	#文教、科学、卫生事业费	#行政管理费
1952	3.57	1.07	2.30	1.02	0.33	0.01	0.22	0.27
1953	4.70	1.61	3.00	1.59	0.36	0.11	0.53	0.37
1954	5.12	1.92	3.08	2.02	0.61	0.10	0.52	0.43
1955	5.04	1.96	2.96	1.79	0.57	0.10	0.53	0.44
1956	5.83	2.46	3.29	2.73	0.96	0.16	0.65	0.59
1957	6.85	3.35	3.44	2.62	0.69	0.29	0.75	0.55
1958	8.19	3.96	4.13	6.55	3.50	0.26	0.92	0.59
1959	11.51	6.09	5.36	8.50	3.82	0.58	1.23	0.81
1960	14.08	7.77	6.21	11.63	5.58	1.12	1.63	0.88
1961	6.90	2.66	4.15	6.03	1.84	0.82	1.39	0.85
1962	4.92	0.70	4.17	3.93	0.71	0.77	1.09	0.66
1963	6.00	1.57	4.37	5.20	1.12	0.50	1.20	0.72
1964	6.74	1.83	4.87	5.26	1.41	0.56	1.31	0.81
1965	7.26	1.51	5.69	5.34	1.72	0.44	1.36	0.76
1966	8.18	2.05	6.09	6.53	2.14	0.50	1.56	0.82
1967	5.36	0.57	4.75	5.75	1.86	0.49	1.62	0.74
1968	3.54	−0.66	4.18	4.97	1.40	0.43	1.36	0.82
1969	7.17	1.17	5.97	7.13	2.79	0.52	1.39	0.96
1970	10.31	2.43	7.85	9.65	4.63	0.59	1.45	0.78
1971	13.64	3.46	10.14	9.74	3.84	0.60	1.73	1.01
1972	14.42	4.24	10.15	10.94	4.44	0.98	1.93	1.08
1973	13.35	4.44	8.90	11.30	4.23	1.16	2.11	0.12
1974	12.20	2.96	9.22	12.18	4.32	0.94	2.33	1.03
1975	12.71	2.23	10.46	12.32	4.24	1.19	2.40	1.01
1976	12.34	1.38	10.93	12.54	4.11	1.28	2.54	1.08
1977	12.27	0.81	11.44	13.35	3.95	1.35	2.64	1.14
1978	16.41	3.68	11.87	16.35	5.54	1.89	3.02	1.25
1979	12.65	0.40	11.93	17.88	5.17	2.36	3.40	1.50
1980	14.39	1.30	12.58	17.32	3.13	2.45	4.32	1.70
1981	10.72	−2.24	12.44	15.87	2.21	2.18	4.94	1.76
1982	11.97	−2.17	13.49	17.30	2.25	2.35	5.72	2.06
1983	14.12	−1.83	15.18	19.41	3.02	2.31	6.51	2.44
1984	15.22	−2.75	17.28	23.34	3.41	2.66	7.56	3.09
1985	21.67	−2.16	23.30	34.50	4.90	3.03	9.15	2.99
1986	29.52	1.40	27.18	50.12	5.11	4.24	11.02	3.69
1987	37.52	3.21	32.02	53.23	3.66	3.71	11.25	4.22
1988	43.32	0.97	38.03	61.26	4.47	3.95	13.36	4.99
1989	49.40	−0.79	44.59	67.14	3.80	5.22	15.02	5.81
1990	50.68	−1.58	46.14	71.67	3.51	4.94	16.25	6.50
1991	62.46	0.26	48.76	79.12	4.21	5.12	17.43	5.77
1992	56.99	−0.90	53.01	80.02	4.52	5.82	20.10	7.33

6—2 地方财政收支总额和指数

单位：万元

项目	1978年	1980年	1985年	1990年	1991年	1992年
绝对数						
总收入	164 131	143 939	216 673	506 822	624 635	569 889
总支出	163 536	173 219	344 985	716 705	791 244	800 186
收支差额	595	-29 280	-128 312	-209 883	-166 609	-230 297
指数（以上年为100）						
总收入	133.8	113.8	142.3	102.6	123.2	106.0
总支出	122.5	96.9	147.8	106.7	110.4	101.1

注：1992年数为调整数，与以前年度口径不同。

6—3 地方财政分项目收支

（1992年）

单位：万元

项目	绝对数	比重(%)	项目	绝对数	比重(%)
			基本建设支出	45 247	5.7
一、财政收入	**569 889**	**100**	挖潜改造资金和科技三项费用	42 626	5.3
各项税收	530 145	93.0	工交商部门事业费	16 869	2.1
#工商税收	499 973	87.7	支援农村生产支出和各项农业事业费	58 170	7.3
农业税	20 754	3.6			
企业收入	-9004	-1.6	文教、科学、卫生事业费	200 965	25.1
国家能源交通重点建设基金收入	5 052	0.9	抚恤和社会救济费	18 584	2.3
			行政管理费	73 334	9.2
其他收入	43 696	7.7	价格补贴支出	172 393	21.5
二、财政支出	**800 186**	**100**	其他支出	171 998	21.5

6—4 地方财政分项目收入

单位：万元

项目	1978年	1980年	1985年	1990年	1991年	1992年
企业收入	36 762	13 014	-21 624	-15 835	2 583	-9 004
#工业收入	48 899	47 360	46 465	41 524	41 001	39 503
各项税收	118 655	125 792	232 950	461 359	487 613	530 145
#工商税收	108 991	115 331	221 849	435 969	463 600	499 973
农业税	9 664	10 461	11 101	18 882	16 573	20 754
其他收入	8 714	5 133	5 347	61 298	134 439	48 748

6—5 地方财政收入构成

(以财政收入总计为100)

单位：%

项目	1978年	1980年	1985年	1990年	1991年	1992年
企业收入	22.4	9.0	-10.0	-3.1	0.4	-1.6
#工业收入	29.8	32.9	21.4	8.2	6.6	6.9
各项税收	72.3	87.4	107.5	91.0	78.1	93.0
#工商税收	66.4	80.1	102.4	86.0	74.2	87.7
农业税	5.9	7.3	5.1	3.7	2.7	3.6
其他收入	5.3	3.6	2.5	12.1	21.5	8.6

6—6 地方财政分项目支出

单位：万元

项　　目	1978年	1980年	1985年	1990年	1991年	1992年
基本建设拨款	55 442	31 325	48 992	35 145	42 146	45 247
支援农村生产支出和各项农业事业费	18 890	24 476	30 270	49 355	51 195	58 170
文教科学卫生事业费	30 153	43 175	91 494	162 491	174 334	200 965
抚恤和社会救济费	3 572	4 873	9 384	15 462	16 127	18 584
工交商部门事业费	2 871	2 869	6 630	13 139	14 693	16 869
行政管理费	12 542	16 956	29 892	64 981	57 715	73 334
其　他	40 066	49 545	128 323	376 132	435 034	387 017

6—7 地方财政支出构成

(以财政支出总计为100)　　单位：%

项　　目	1978年	1980年	1985年	1990年	1991年	1992年
基本建设拨款	33.9	18.1	14.2	4.9	5.3	5.7
支援农村生产支出和各项农业事业费	11.6	14.1	8.8	6.9	6.5	7.3
文教科学卫生事业费	18.4	24.9	26.5	22.7	22.0	25.1
抚恤和社会救济费	2.2	2.8	2.7	2.2	2.0	2.3
工交商部门事业费	1.7	1.7	1.9	1.8	1.9	2.1
行政管理费	7.7	9.8	8.7	9.1	7.3	9.2
其　他	24.5	28.6	37.2	52.4	55.0	48.3

7—1 历年各种物价总指数

(以上年价格为100)

年份	零售物价总指数	居民生活费用价格总指数	农副产品收购价格总指数	农村工业品零售价格总指数	集市贸易价格总指数	工农业商品综合比价指数〔以农副产品收购价格总指数为100〕
1951	109.7		117.2	109.7		93.6
1952	110.8		113.3	110.8		97.8
1953	103.9	105.9	112.3	104.8		93.3
1954	102.5	103.5	103.5	102.4		98.9
1955	102.2	100.5	103.8	100.8		97.1
1956	99.0	98.0	101.6	98.9		97.3
1957	102.8	102.5	106.3	102.2		96.1
1958	99.8	98.7	108.8	100.2		92.1
1959	99.5	99.6	103.4	101.8		98.5
1960	108.1	108.5	103.2	102.5		99.3
1961	112.6	113.4	124.2	107.5		86.6
1962	103.4	103.1	99.9	105.6		105.7
1963	99.0	98.9	95.5	99.8		104.5
1964	98.3	98.4	98.5	97.7		99.2
1965	99.5	100.5	99.1	94.9		95.8
1966	99.2	99.2	111.9	97.9		87.5
1967	100.2	100.8	100.0	98.7		98.7
1968	100.2	100.2	100.0	100.0		100.0
1969	99.5	99.3	100.0	99.7		99.7
1970	99.4	99.2	100.0	99.5		99.5
1971	99.9	100.3	101.7	99.5		97.8
1972	100.0	100.3	103.1	99.4		96.4
1973	100.2	100.3	101.4	100.1		98.7
1974	100.0	100.1	101.7	100.0		98.3
1975	100.0	100.1	100.2	100.1		99.9
1976	100.6	100.7	100.0	100.4		100.4
1977	100.1	100.2	100.2	100.1		99.9
1978	100.2	100.1	104.1	100.2		96.3
1979	101.2	101.7	117.5	100.4	97.2	85.4
1980	106.3	105.6	109.4	100.8	96.0	92.1
1981	101.7	101.6	110.0	101.3	104.0	92.1
1982	103.0	104.2	100.5	101.9	104.4	101.4
1983	102.6	104.5	102.9	101.6	105.7	98.7
1984	104.2	103.5	105.6	102.5	105.2	97.1
1985	109.7	110.3	106.0	105.3	118.2	99.3
1986	105.4	106.0	109.8	102.1	105.6	93.0
1987	107.5	107.6	108.0	104.7	115.9	96.9
1988	119.9	120.3	107.0	115.9	123.2	108.3
1989	116.9	117.2	118.7	117.1	113.9	98.7
1990	103.9	104.9	104.5	106.4	97.3	101.8
1991	105.1	106.8	89.5	105.9	99.9	118.3
1992	107.1	108.0	99.6	104.8	100.9	105.2

7—2 各种物价总指数

(以1978年价格为100)

项目	1980年	1985年	1990年	1991年	1992年
全省零售物价总指数	107.6	132.3	218.3	229.4	245.7
居民生活费用价格总指数	107.4	135.6	228.8	244.4	264.0
农副产品收购价格总指数	128.5	154.1	257.9	230.8	229.9
农村工业品零售价格总指数	101.2	114.6	176.9	187.3	196.3
工农业商品综合比价指数(以农产品收购价格总指数为100)	85.1	74.4	68.7	81.2	85.4

7—3 各种物价总指数

(1992年)

项目	以1978年为100	以1980年为100	以1985年为100	以1990年为100	以1991年为100
全省零售物价总指数	245.7	228.1	185.7	112.6	107.1
居民生活费用价格总指数	264.0	246.0	194.7	115.3	108.0
农副产品收购价格总指数	229.9	178.8	140.3	89.1	99.6
农村工业品零售价格总指数	196.3	193.9	171.3	111.0	104.8
工农业商品综合比价指数(以农产品收购价格总指数为100)	85.4	108.3	122.0	124.5	105.2

7—4 全省零售物价分类指数

(以上年价格为100)

项　　目	1978年	1980年	1985年	1990年	1991年	1992年
零售物价总指数	**100.2**	**106.3**	**109.7**	**103.9**	**105.1**	**107.1**
一、消费品价格指数	100.3	105.3	109.8	103.8	105.1	107.2
(一) 食品类	100.3	108.2	114.4	102.8	104.7	108.2
粮　食	100.0	100.0	103.7	104.1	105.6	128.9
副食品	100.5	115.7	121.1	103.3	104.7	103.4
#鲜　菜	101.0	102.1	148.2	101.3	115.6	103.8
肉禽蛋	100.3	124.3	117.7	101.2	96.4	99.8
水产品	102.6	133.2	127.1	101.4	99.8	99.0
烟酒茶	100.0	101.9	100.5	96.9	99.4	102.7
其他食品	100.7	104.8	116.1	100.9	107.6	102.6
#鲜果	102.0	104.6	136.7	96.9	110.0	99.9
(二) 衣着类	100.0	100.4	102.5	105.7	105.0	102.4
(三) 日用品类	100.2	101.8	104.2	103.3	103.0	103.0
(四) 文化娱乐用品类	101.4	100.9	102.8	98.1	96.8	97.5
(五) 书报杂志类			111.2	109.9	100.5	104.8
(六) 药及医疗用品类	100.5	101.0	103.7	106.6	103.0	106.3
(七) 建筑材料类				97.8	101.5	105.3
(八) 燃料类	101.0	100.2	102.7	109.7	149.4	127.5
二、农业生产资料价格指数	99.9	100.1	106.9	106.2	105.9	104.5

7—5 全省零售物价分类指数

(以1978年价格为100)

项　　目	1980年	1985年	1990年	1991年	1992年
零售物价总指数	**107.6**	**132.3**	**218.3**	**229.4**	**245.7**
一、消费品价格指数	106.9	130.9	217.0	228.4	244.8
(一) 食品类	110.7	143.7	245.4	259.2	280.5
粮　食	100.0	104.5	154.1	163.0	210.1
副食品	120.8	161.2	311.7	316.7	327.5
#鲜菜	104.1	209.7	341.5	394.8	409.8
肉禽蛋	132.3	164.9	355.4	342.6	341.9
水产品	147.5	300.0	637.4	636.1	629.7
烟酒茶	102.2	121.0	172.7	171.5	176.1
其他食品	107.7	146.5	241.5	259.9	266.7
#鲜果	106.9	215.7	168.6	185.5	185.3
(二) 衣着类	100.5	105.1	168.2	177.0	181.2
(三) 日用品类	102.1	112.3	169.9	174.7	179.9
(四) 文化娱乐用品类	102.9	106.4	143.8	139.2	135.7
(五) 书报杂志类		126.4	373.4	375.2	393.2
(六) 药及医疗用品类	102.7	121.2	206.7	212.8	226.2
(七) 建筑材料类			118.3	120.1	126.5
(八) 燃料类	100.2	106.2	178.2	266.2	339.4
二、农业生产资料价格指数	100.6	125.5	178.7	189.5	198.0

7—6 零售物价分类指数

（1992年）

项　　目	以1978年为100	以1980年为100	以1985年为100	以1990年为100	以1991年为100
零售物价总指数	**245.7**	**228.1**	**185.7**	**112.6**	**107.1**
一、消费品价格指数	244.8	228.5	187.8	112.7	107.2
（一）食品类	280.5	250.9	195.2	113.3	108.2
粮　食	210.1	209.7	201.1	136.1	128.9
副食品	327.5	279.3	203.1	108.3	103.4
#鲜　菜	409.8	393.7	195.5	120.0	103.8
肉禽蛋	341.9	258.5	207.4	96.2	99.8
水产品	629.7	427.2	210.0	98.8	99.0
烟酒茶	176.1	176.1	145.4	102.1	102.7
其他食品	266.7	266.7	181.9	110.4	102.6
#鲜　果	185.3	351.3	174.0	109.9	99.9
（二）衣着类	181.2	179.9	172.1	107.5	102.4
（三）日用品类	179.9	176.4	160.2	106.1	103.0
（四）文化娱乐用品类	135.7	131.7	127.4	94.4	97.5
（五）书报杂志类	393.2	393.3	311.3	105.3	104.8
（六）药及医疗用品类	226.2	220.0	186.7	109.5	106.3
（七）建筑材料类	126.5			106.9	105.3
（八）燃料类	339.4	338.6	319.4	190.5	127.5
二、农业生产资料价格指数	198.0	196.7	157.8	110.7	104.5

7—7 城镇零售物价分类指数

(以上年价格为100)

项　　目	1978年	1980年	1985年	1990年	1991年	1992年
零售物价总指数	**100.1**	**106.0**	**111.1**	**103.1**	**105.5**	**107.7**
消费品价格指数	100.1	106.0	111.1	103.1	105.5	107.7
(一)食品类	100.1	108.7	114.8	101.8	104.9	108.7
粮　食	100.0	100.0	101.6	100.9	105.5	130.4
副食品	100.3	114.2	123.4	101.9	104.1	103.4
#鲜菜	101.0	102.1	148.2	101.3	115.6	103.8
肉禽蛋	100.4	120.2	118.1	101.1	96.3	99.9
水产品	100.6	137.5	127.7	101.1	99.8	99.0
烟酒茶	100.0	103.7	100.6	95.5	99.6	103.2
其他食品	100.2	105.6	118.1	100.5	108.3	102.6
#鲜　果	100.5	104.5	139.8	96.8	110.9	99.8
(二)衣着类	100.0	100.7	102.9	105.4	104.8	102.6
(三)日用品类	99.9	101.9	104.2	102.6	103.0	103.1
(四)文化娱乐用品类	100.4	101.0	102.1	96.5	96.8	97.6
(五)书报杂志类			111.5	110.0	100.4	104.4
(六)药及医疗用品类	100.9	101.3	103.8	106.2	102.4	106.9
(七)建筑材料类				97.9	101.6	105.7
(八)燃料类	100.0	100.2	103.1	108.8	152.1	129.3

7—8 农村零售物价分类指数

(以上年价格为100)

项目	1978年	1980年	1985年	1990年	1991年	1992年
零售物价总指数	**100.3**	**104.9**	**107.8**	**106.4**	**104.7**	**103.7**
一、消费品价格指数	100.4	104.8	108.1	106.5	104.1	103.3
(一)食品类	100.4	107.8	113.1	106.9	103.9	105.3
粮食	100.0	100.0	143.5	119.8	106.2	114.0
副食品	100.7	117.4	111.1	107.7	106.5	103.7
#肉禽蛋	100.2	129.4	115.4	101.8	97.9	99.2
水产品	104.5	129.5	125.5	104.5	100.8	100.9
烟酒茶	100.0	100.7	100.3	99.9	99.1	100.8
其他食品	101.1	103.9	110.0	102.7	102.4	102.8
#鲜果	103.3	104.8	124.4	98.0	101.2	100.6
(二)衣着类	100.0	100.1	101.9	106.7	105.9	101.1
(三)日用品类	100.4	101.8	104.3	105.3	103.4	102.8
(四)文化娱乐用品类	102.2	100.8	104.3	99.7	96.7	96.8
(五)书报杂志类				109.7	100.6	109.8
(六)药及医疗用品类	100.3	101.0	103.6	108.8	105.4	104.6
(七)建筑材料类				97.8	101.2	104.6
(八)燃料类	101.3	100.2	100.2	116.8	126.5	103.6
二、农业生产资料价格指数	99.9	100.1	106.9	106.2	105.9	104.5

7—9 居民生活费用价格指数

(以上年价格为100)

项　　目	1978年	1980年	1985年	1990年	1991年	1992年
一、生活费用价格指数	100.1	105.6	110.3	104.9	106.8	108.0
(一)消费品零售价格指数	100.3	105.3	109.8	103.8	105.1	107.2
(二)服务项目价格指数	100.4	101.7	103.7	115.5	123.4	112.2
房　租	100.0	100.0	103.5	103.0	103.8	114.6
水电费	100.0	100.0	103.7	120.5	161.1	108.4
交通费	104.1	110.8	102.8	131.0	112.5	106.1
邮电费			101.0	141.0	139.0	102.2
医疗保健费			109.8	103.1	108.6	143.7
学杂保育费			101.7	101.8	125.3	110.3
文娱费	100.0	100.2	100.1	111.3	141.8	126.2
修理及其他服务费	100.8	102.9	104.9	113.3	108.2	110.2
二、按国营商业价格计算的居民生活费用价格指数	100.1	105.6	107.8	106.2	108.6	108.6

7—10 居民生活费用价格分类指数

（以 1978 年价格为 100）

项　　目	1980 年	1985 年	1990 年	1991 年	1992 年
一、生活费用价格指数	107.4	135.6	228.8	244.4	264.0
（一）消费品零售价格指数	106.9	130.9	218.4	229.5	246.0
（二）服务项目价格指数	101.9	119.3	226.6	279.6	313.7
房　　租	100.0	114.0	143.9	149.4	171.2
水 电 费	100.0	103.7	135.7	218.6	237.0
交 通 费	110.8	116.1	217.2	244.4	259.3
邮 电 费		122.9	173.4	241.0	246.3
医疗保健费		153.6	293.9	319.2	458.7
学杂保育费		116.9	284.5	356.5	393.2
文 娱 费	101.2	101.8	265.7	376.8	475.5
修理及其他服务费	103.3	134.4	259.3	280.6	309.2
二、按国营商业价格计算的居民生活费用价格指数	107.4	127.3	216.1	234.7	254.9

7—11 居民生活费用价格分类指数

(1992年)

项　　目	以1978年为100	以1980年为100	以1985年为100	以1990年为100	以1991年为100
一、生活费用价格指数	264.0	246.0	194.7	115.3	108.0
(一) 消费品零售价格指数	246.0	230.3	187.8	112.7	107.2
(二) 服务项目价格指数	313.7	307.7	262.9	138.5	112.2
房　　租	171.2	171.2	150.2	119.0	114.6
水 电 费	237.0	237.0	228.6	174.6	108.4
交 通 费	259.3	234.0	223.4	119.4	106.1
邮 电 费	246.3	246.3	200.4	142.1	102.2
医疗保健费	458.7	458.7	298.9	156.1	143.7
学杂保育费	393.2	393.2	336.4	138.2	110.3
文 娱 费	475.5	469.6	466.9	179.0	126.2
修理及其他服务费	309.2	299.5	230.2	119.2	110.2
二、按国营商业价格计算的居民生活费用价格指数	254.9	237.2	200.1	116.0	108.6

7—12 集市贸易价格分类指数

(以1978年价格为100)

项　　目	1980年	1985年	1990年	1991年	1992年
总指数	**94.2**	**134.2**	**224.2**	**224.0**	**226.0**
一、消费品	91.3	126.9	212.9	212.7	214.6
粮食	88.7	68.4	147.9	116.5	116.0
食用植物油	81.1	68.9	123.2	119.6	115.1
鲜菜	89.5	170.2	264.7	313.4	320.3
干菜	98.2	113.1	206.4	204.5	235.0
肉禽蛋	93.6	120.2	221.9	210.6	207.9
水产品	111.5	222.4	366.8	358.4	349.4
鲜果	105.6	233.5	339.2	363.3	357.5
干果	105.6	153.6	256.1	233.3	240.3
日用杂品	102.6	152.5	359.0	385.9	395.2
二、农业生产资料	122.1	193.5	315.9	297.6	279.4

7—13 集市贸易价格分类指数

(以上年价格为100)

项　　目	1980年	1985年	1990年	1991年	1992年
总指数	**96.9**	**118.0**	**97.3**	**99.9**	**100.9**
一、消费品	97.0	118.7	97.2	99.9	100.9
粮食	102.2	94.7	91.6	78.8	99.0
食用植物油	90.5	102.8	104.1	97.1	96.2
鲜菜	99.1	135.7	97.3	118.4	102.2
干菜	103.1	102.5	107.1	99.1	114.9
肉禽蛋	91.2	112.4	99.5	94.9	98.7
水产品	98.2	117.5	94.8	97.7	97.5
鲜果	106.8	136.4	94.2	107.1	98.4
干果	106.8	95.9	90.6	91.1	103.0
日用杂品	104.2	110.5	116.7	107.5	102.4
二、农业生产资料	96.4	105.3	107.7	94.2	93.9

7—14 集市贸易价格分类指数

(1992年)

项　　目	以1978年为100	以1980年为100	以1985年为100	以1990年为100	以1991年为100
总指数	**226.0**	**240.1**	**168.5**	**100.8**	**100.9**
一、消费品	214.6	235.2	169.1	100.8	100.9
粮食	116.0	130.1	208.8	78.0	99.0
食用植物油	115.1	141.3	166.6	93.4	96.2
鲜菜	320.3	357.3	188.0	121.0	102.2
干菜	235.0	239.0	207.7	113.9	114.9
肉禽蛋	207.9	222.1	172.8	93.7	98.7
水产品	349.4	313.5	157.2	95.3	97.5
鲜果	357.5	338.3	153.1	105.4	98.4
干果	240.3	227.7	156.5	93.8	103.0
日用杂品	395.2	384.7	259.3	110.1	102.4
柴草类	236.3	235.0	160.4	100.5	102.2
其他类	243.3	243.6	177.1	96.7	104.1
二、农业生产资料	279.4	228.6	144.2	88.5	93.9
饲料类	294.2	329.0	337.9	97.1	98.9
小农具类	230.2	216.9	168.5	84.1	80.8
幼禽家畜类	324.1	271.5	156.0	93.6	93.7
大牲畜类	237.8	237.8	124.4	85.7	95.1

7—15 农副产品收购价格分类指数

（以1978年价格为100）

项　　目	1980年	1985年	1990年	1991年	1992年
总指数	**128.5**	**163.7**	**257.6**	**230.8**	**229.9**
一、粮　食　类	120.3	130.7	209.9	180.8	198.5
二、经济作物类	117.9	122.0	187.4	186.3	182.2
三、竹木材类	147.6	147.6		675.7	1 069.6
四、工业用油漆类	100.0	100.0	148.4	108.6	121.1
五、禽蛋产品类	122.5	157.4	296.4	298.2	309.2
六、蚕茧蚕丝类	101.4	93.6	207.2	188.3	282.5
七、干鲜果类	104.6	133.0	265.2	473.9	355.0
八、干鲜菜及调味品类	142.2	210.9	240.0	283.9	368.2
#鲜　　菜	136.2	214.0	269.6	317.9	275.0
九、药　材　类	107.0	119.4	104.3	122.4	107.3
十、土副产品类	102.6	125.7	192.4	191.2	186.4
十一、水产品类	131.0	452.3	570.1	393.4	472.5

7—16 农副产品收购价格分类指数

（以上年价格为100）

项　　目	1978年	1980年	1985年	1990年	1991年	1992年
总指数	**104.1**	**109.4**	**106.0**	**104.5**	**89.5**	**99.6**
一、粮　食　类	104.0	100.0	99.1	105.1	86.2	109.8
二、经济作物类	100.0	100.0	101.3	118.0	99.4	97.8
三、竹木材类	100.0	174.6	100.0		127.8	158.3
四、工业用油漆类	100.0	100.0		75.6	73.2	111.5
五、禽蛋产品类	100.2	100.0	126.9	94.3	100.6	103.7
六、蚕茧蚕丝类	100.0	100.0	88.1	91.7	90.6	150.0
七、干鲜果类	134.2	103.6	120.4	76.1	178.7	74.9
八、干鲜菜及调味品类	101.4	115.6	132.8	94.6	118.3	129.7
#鲜　　菜	101.0	110.0	150.3	98.5	117.9	86.5
九、药　材　类	99.7	107.0	113.0	103.7	117.1	87.7
十、土副产品类	115.5	106.4	115.7	88.6	99.4	97.5
十一、水产品类	100.0	100.0	157.2	89.9	69.0	120.1

7—17 农副产品收购价格分类指数

(1992年)

项目	以1978年为100	以1980年为100	以1985年为100	以1990年为100	以1991年为100
总指数	**229.9**	**178.8**	**140.3**	**89.1**	**99.6**
一、粮食类	198.5	165.1	152.0	94.6	109.8
二、经济作物类	182.2	154.4	149.3	97.2	97.8
食用植物油及油料	149.1	128.8	128.3	85.7	84.6
烟叶	256.0	236.8	179.1	131.6	131.1
糖料	228.8	183.1	183.1	97.8	102.9
三、竹木材类	1 069.6	724.5	724.5	202.3	158.3
四、工业用油漆类	121.1	121.1	121.1	81.6	111.5
五、禽畜产品类	309.2	252.4	196.4	104.3	103.7
肉畜	351.8	282.0	213.2	98.2	104.2
禽蛋	312.0	245.1	185.5	87.0	90.5
皮张	262.1	225.2	184.4	172.7	139.5
鬃毛	148.4	148.4	130.7	110.4	104.0
六、蚕茧蚕丝类	282.5	278.6	302.0	136.4	150.0
七、干鲜果类	355.0	339.1	267.0	133.8	74.9
八、干鲜菜及调味品类	368.2	255.6	174.6	153.4	129.7
#鲜菜	275.0	201.8	128.5	102.0	86.5
九、药材类	107.3	100.3	89.7	102.7	87.7
十、土副产品类	186.4	180.3	148.4	96.9	97.5
十一、水产品类	472.5	360.5	104.4	82.9	120.1

7—18 主要农产品与工业品的交换比价

项目	工业品	1978年	1980年	1985年	1990年	1991年	1992年
稻谷	食盐(公斤)	103.80	123.08	172.31	145.73	116.86	116.31
	白糖(公斤)	16.36	19.51	27.32	29.25	18.70	20.27
	白布(米)	46.6	54.24	40.36	31.98	23.54	23.65
	火柴(十盒)	67.5	80.00	149.33	157.16	114.81	131.39
	煤油(公斤)		46.66	65.98	117.87	89.64	94.60
玉米	食盐(公斤)	63.10	76.92	103.85	79.62	66.93	68.70
	白糖(公斤)	9.90	12.14	16.41	15.98	10.71	11.97
	白布(米)	28.30	33.90	24.32	17.45	13.48	13.97
	火柴(十盒)	41.00	50.00	90.00	85.86	65.75	77.61
	煤油(公斤)		29.16	39.76	64.40	51.34	55.88
黄豆	食盐(公斤)	153.8	176.92	230.77	201.84	193.59	189.74
	白糖(公斤)	24.30	27.91	36.59	40.51	30.97	33.07
	白布(米)	69.00	77.97	54.05	44.23	39.00	38.58
	火柴(十盒)	100.00	115.00	200.00	217.67	190.19	214.33
	煤油(公斤)		67.07	88.37	163.25	148.51	154.32
烤烟	食盐(公斤)	461.50	507.69	653.85	372.98	392.37	473.28
	白糖(公斤)	72.80	80.10	103.66	74.87	62.78	82.49
	白布(米)	206.90	223.73	153.15	81.73	79.04	96.23
	火柴(十盒)	300.00	330.00	566.67	402.24	385.49	534.63
	煤油(公斤)		192.48	250.37	301.68	301.00	384.93
甜菜	食盐(公斤)	23.08	28.85	34.62	30.64	28.57	27.00
	白糖(公斤)	3.64	4.55	5.49	6.15	4.57	4.71
	白布(米)	10.34	12.71	8.11	6.71	5.76	5.49
	火柴(十盒)	15.00	18.75	30.00	33.04	28.07	30.50
	煤油(公斤)		10.94	13.25	24.78	21.92	21.96
绵羊毛	食盐(公斤)	1 696.15	1 700.00	1 982.69	1 142.64	932.39	983.36
	白糖(公斤)	267.27	268.14	314.33	229.36	149.18	171.39
	白布(米)	760.34	749.15	464.41	250.38	187.82	199.95
	火柴(十盒)	1 102.50	1 105.00	1 718.33	1 232.25	916.04	1 110.83
	煤油(公斤)		644.5	759.20	924.19	715.26	709.80
肥猪	食盐(公斤)	410.80	478.69	680.66	588.67	526.23	495.66
	白糖(公斤)	64.80	75.52	107.90	118.16	84.20	86.39
	白布(米)	184.10	210.95	159.42	128.99	106.00	100.78
	火柴(十盒)	267.00	311.15	589.87	634.84	517.00	559.91
	煤油(公斤)		181.48	260.62	476.13	403.68	403.13
鸡蛋	食盐(公斤)	538.64	700.77	924.62	931.73	851.20	714.33
	白糖(公斤)	84.85	110.56	146.59	187.03	136.19	124.50
	白布(米)	241.38	308.81	216.58	204.16	171.46	145.25
	火柴(十盒)	350.00	455.50	801.33	1 004.80	836.26	806.93
	煤油(公斤)		265.68	354.05	753.60	652.97	580.99

7—19 主要商品零售混合平均价格

价格单位：元

商品名称	单位	1978年	1980年	1985年	1990年	1991年	1992年
粮食（贸易粮）	万公斤	2788.0	2 998.0	3 871.0	5 806.2	6 415.9	6 480.7
食用植物油	万公斤	16 644.0	18 144.0	20 438.6	28 520.5	35 304.6	45 726.5
猪肉	百公斤	169.4	226.0	280.3	577.2	574.2	618.7
牛肉	百公斤	132.0	188.0	325.6	698.4	683.8	729.9
羊肉	百公斤	140.0	212.0	332.2	721.3	739.9	805.9
家禽	百公斤	110.9	140.0	344.1	655.3	633.3	664.1
鲜蛋	百公斤	173.6	242.0	296.9	531.1	526.4	473.3
鲜菜	百公斤	12.4	12.0	29.1	47.4	63.0	75.2
水产品（混合品）	吨	1139.0	1 355.0	2 539.5	4 879.2	5 441.3	5 686.7
食盐	吨	283.0	259.0	319.2	411.4	552.1	634.6
食糖	吨	1 478.0	1 602.0	1 616.1	2 621.1	3 011.6	3 024.1
卷烟	箱	671.0	587.0	1 356.4	2 508.5	2 444.6	2 789.0
酒	吨	1 384.0	2 154.0	2 712.2	3 390.0	3 956.4	4 019.7
茶叶	百公斤	1 040.0	1 140.0	1 734.1	2 807.7	2 771.4	3 011.1
棉布	百米	166.0	177.0	181.6	345.6	396.2	403.7
化纤布	百米	410.0	230.0	441.1	952.6	917.3	939.6
呢绒	百米	1 945.0	2 241.0	2 965.3	5 708.5	5 634.7	5 613.2
绸缎	百米	406.0	348.0	519.7	1 111.9	1 266.2	1 253.6
毛线	百米	3 310.0	3 518.0	3 375.8	6 467.9	6 661.3	6 514.3
絮棉	百公斤	204.0	200.0	332.2	826.6	1 185.1	1 217.9
皮鞋	百双	1 330.0	1 756.0	2 371.2	4 117.9	4 246.9	5 237.6
布鞋	百双	402.0	458.0	545.9	872.8	1 080.7	1 190.2
火柴	件	20.0	20.0	31.1	54.5	60.9	67.4
肥皂	箱	27.0	27.0	27.4	57.1	63.1	66.8
保温瓶	百个	437.0	514.0	975.0	1 601.9	1 645.3	1 737.5
铝锅	百个	636.0	781.0	1 089.1	2 830.7	2 868.2	2 974.7
搪瓷面盆	百个	293.0	314.0	334.4	1 181.3	1 318.5	1 384.6
钟	个	34.4	36.0	38.7	68.1	66.4	70.9
手表	只	145.0	136.0	79.3	66.6	65.6	69.4
自行车	辆	161.0	160.0	169.2	287.9	293.9	301.4
机制纸	吨	1 758.0	1 734.0	1 795.5	3 540.3	4 075.6	4 103.2
煤油	吨	671.0	691.0	669.3	714.6	811.2	678.4
煤炭	吨	23.5	21.0	27.1	46.3	65.0	89.4
化学肥料	标准吨	246.0	262.0	318.5	638.6	978.5	998.7
化学农药	标准吨	1 160.0	1 301.0	5 194.8	14 297.8	18 204.3	19 432.6
木材	立方米	107.0	121.0	293.8	636.5	654.0	654.0

注：本表混合平均价格包括国营零售牌价和议价，是以某种商品零售额除以零售量计算的，包括价格变动和质量构成变化的影响。

7—20 主要农产品收购混合平均价格

价格单位：元

项目	单位	1978年	1980年	1985年	1990年	1991年	1992年
粮食（贸易粮）	万公斤	2294.0	3 280.0	4 270.0	6 679.6	5 427.7	5 029.00
食用植物油	万公斤	17 200.0	27 828.0		40 962.7	45 294.4	41 224.7
肥猪	百公斤	122.9	169.3	235.1	334.9	335.0	365.7
菜牛	百公斤	153.9	260.0	400.0	529.0	545.0	493.9
鲜蛋	百公斤	139.2	188.0	233.1	436.7	470.0	473.30
水产品（混合品）	吨	925.0	1 400.0	2 084.0	3 780.2	4 249.9	4 533.4
甜菜	吨	60.0	97.0	90.0	164.0	162.0	162.2
蜂蜜	百公斤	232.0	230.0	188.0	286.4	366.6	315.1
烤烟	百公斤	101.0	164.0	170.0	260.6	223.7	276.1
柞蚕茧	百公斤	116.0	116.0	102.0	330.0	300.0	352.4
鲜菜	百公斤	10.8	8.0	10.9	21.0	37.3	60.6
牛皮	张	17.7	25.0	41.3	65.2	75.9	114.0
绵羊皮	张	5.5	5.0	11.3	13.4	18.0	24.9
绵羊毛	百公斤	402.0	374.0	460.0	592.9	496.2	611.2

8—1 历年居民消费水平

年份	居民消费水平(元)	农民	非农业居民	指数(1952年为100)	农民	非农业居民
1952	103	85	163	100	100	100
1953	120	98	177	109.7	109.2	102.5
1954	119	95	183	107.0	103.1	105.0
1955	119	96	176	104.3	101.1	101.3
1956	131	107	191	112.3	107.2	111.7
1957	120	86	197	99.1	83.7	114.7
1958	123	87	203	106.0	88.9	119.9
1959	139	92	233	118.9	94.1	135.6
1960	134	79	229	106.0	74.5	124.5
1961	142	89	234	92.2	70.1	99.5
1962	145	98	232	94.8	76.5	102.5
1963	148	106	227	104.3	91.0	106.0
1964	147	101	236	106.9	87.9	115.3
1965	150	111	223	107.7	95.1	108.9
1966	156	111	248	111.1	94.1	121.7
1967	155	116	237	110.2	97.2	117.6
1968	148	111	226	105.0	91.0	112.4
1969	160	117	252	116.2	100.3	126.4
1970	183	130	300	128.4	101.3	150.8
1971	180	125	304	125.8	97.2	153.1
1972	176	116	310	127.2	98.0	155.6
1973	181	118	318	130.0	98.8	159.6
1974	185	119	331	132.8	99.6	165.7
1975	199	134	344	137.1	101.1	171.8
1976	200	134	349	135.7	98.7	173.3
1977	213	145	367	144.1	108.1	177.3
1978	227	158	382	154.0	116.0	189.0
1979	263	192	412	169.5	130.1	200.0
1980	290	205	463	180.0	137.2	212.2
1981	320	234	487	191.3	147.4	220.3
1982	355	261	535	206.6	162.3	231.8
1983	405	323	561	229.3	197.4	232.7
1984	464	367	642	258.1	223.4	257.5
1985	572	377	750	264.2	220.2	272.6
1986	570	407	845	276.4	223.5	289.5
1987	639	462	929	290.5	240.0	296.1
1988	782	549	1 152	299.1	243.9	305.3
1989	847	593	1 243	274.0	221.2	281.5
1990	882	618	1 288	269.6	212.8	280.7
1991	950	634	1 433	276.1	208.3	295.9
1992	1 074	679	1 667	292.7	214.5	317.8

注：本表绝对数按当年价格计算，指数按可比价格计算。

8—2 各市县居民年平均消费水平

（1992 年）

市、县	居民消费水平（元）	农民	非农业居民	指数（以上年为100）	农民	非农业居民
全省	**1 074**	**679**	**1 667**	**106.0**	**103.0**	**107.4**
长春市	**1 087**	**673**	**1 788**	**115.4**	**112.5**	**117.0**
市区						
九台市	791	658	1 247	114.0	113.8	114.1
榆树市	806	767	1 096	112.9	121.1	116.0
农安县	817	751	1 207	108.6	104.0	130.2
德惠县	666	630	884	103.7	103.4	103.6
双阳县	760	629	1 364	123.1	115.6	141.3
吉林市	**1 413**	**689**	**2 274**	**113.7**	**114.2**	**113.0**
市区						
桦甸市	1 111	902	1 418	97.8	99.3	96.0
蛟河市	731	449	1 242	103.5	109.8	99.9
舒兰市	596	364	1 161	100.0	97.3	101.8
永吉县	782	642	1 529	106.3	105.5	108.2
磐石县	796	562	1 327	99.6	101.0	98.6
四平市	**929**	**746**	**1 334**	**99.1**	**105.5**	**91.1**
市区						
公主岭市	599	594	613	99.3	98.7	101.0
梨树县	893	767	1 335	105.6	103.4	104.3
伊通县	718	643	1 094	116.0	112.6	99.9
双辽县	1 011	995	1 045	107.3	108.1	105.8
辽源市	**946**	**722**	**1 238**	**104.9**	**102.0**	**107.0**
市区	1 524	909	1 627	108.9	106.4	109.0
东丰县	875	912	765	101.3	98.5	113.2
东辽县	617	523	1 130	118.7	119.0	119.5
通化市	**998**	**774**	**1 311**	**107.7**	**106.8**	**108.3**
市区	1 681	2 156	1 579	112.7	139.7	106.7
梅河口市	874	727	1 079	101.3	100.0	100.6
集安市	1 049	1 003	1 156	115.3	99.7	99.7
通化县	834	686	1 322	104.9	94.5	128.4

8—2 续表 (1992年)

市、县	居民消费水平(元)	农民	非农业居民	指数(以上年为100)	农民	非农业居民
辉南县	831	604	1 220	108.5	101.8	116.1
柳河县	677	534	1 127	117.8	118.4	118.7
浑江市	**1 395**	**868**	**1 733**	**118.9**	**101.9**	**125.8**
市区	1 693	1 027	2 014	112.7	102.7	136.5
抚松县	1 093	744	1 349	102.7	102.8	102.1
靖宇县	798	640	1 034	128.9	103.0	120.3
长白县	876	807	944	88.2	91.7	84.6
松原市	**839**	**653**	**1 537**	**102.8**	**100.0**	**101.2**
扶余区	814	657	1 236	113.7	112.2	103.0
长岭县	744	699	988	100.4	98.8	106.0
前郭县	1 143	975	1 438	123.0	128.7	113.3
乾安县	904	821	1 194	102.0	100.0	106.2
白城地区	**992**	**739**	**1 434**	**107.9**	**104.5**	**111.3**
白城市	1 770	1 544	1 878	101.5	102.5	100.9
洮南市	811	572	1 380	114.5	100.0	133.7
大安市	848	654	1 228	128.9	121.8	137.1
镇赉县	724	729	712	101.5	98.5	109.8
通榆县	819	720	1 086	96.9	90.3	113.0
延边朝鲜族自治州	**1 600**	**933**	**2 119**	**110.2**	**105.9**	**111.4**
延吉市	1 453	1 295	1 488	114.4	108.3	115.8
图们市	2 452	2 104	2 594	127.8	119.0	131.2
敦化市	1 143	816	1 464	100.4	104.8	98.1
龙井市	1 271	877	1 672	106.4	105.9	105.8
珲春市	1 703	1 497	1 877	125.4	123.9	125.3
和龙县	1 276	970	1 526	102.8	100.1	104.4
汪清县	983	773	1 216	97.7	97.3	97.6
安图县	977	657	1 353	99.9	94.7	102.9

8—3 平均每人生活消费品消费量

项　　目	单位	1978年	1980年	1985年	1990年	1991年	1992年
粮　　食	公斤	293	265	293	297	313	306
食用植物油	公斤	3.1	3.7	5.7	7.2	7.5	8.1
猪　　肉	公斤	6.5	11.3	11.8	14.5	15.2	15.7
牛羊肉	公斤	0.12	0.29	0.58	1.10	2.01	2.10
家　　禽	公斤	0.30	0.16	0.30	0.36	0.46	0.51
鲜　　蛋	公斤	0.2	2	4.8	8.9	9.4	11.0
水产品	公斤	1.7	1.9	3.0	3.9	4.4	4.4
食　　糖	公斤	2.6	3.4	4.4	3.6	3	3.0
卷　　烟	盒	18.0	22.1	38.0	48.3	32.5	29.2
酒	公斤	4.7	5.3	9.1	8.5	9.0	9.9
茶　　叶	公斤	0.07	0.07	0.06	0.07	0.06	0.06
各种布	米	8.93	9.42	8.01	6.05	5.10	4.30
呢　　绒	米	0.13	0.12	0.45	0.21	0.21	0.19
绸　　缎	米	0.33	0.43	0.65	0.44	0.39	0.31
毛　　线	公斤	0.03	0.04	0.06	0.05	0.07	0.08
皮　　鞋	双	0.15	0.21	0.35	0.27	0.29	0.25
手　　表	只/万人	238.6	418.9	451.2	380.9	317.7	292.7
自行车	辆/万人	115.9	181.6	290.9	254.4	239.7	227.9
缝纫机	架/万人	55.8	99	72.4	38.8	32.2	21.2
半导体收音机	台/万人	229.1	384.8	111.2	80.6	90.5	72.0
煤　　炭	公斤	212.7	217.7	333.3	338.9	296.6	295.5

注：本表除粮食、食用植物油、猪肉、鲜蛋、食糖、各种布、手表、自行车、缝纫机、煤炭等以外的商品消费量均用零售量计算。

8—4 城乡居民储蓄存款余额

项　　　　目	1978年	1980年	1985年	1990年	1991年	1992年
年末余额（万元）	58 637	106 429	439 633	1 965 944	2 532 826	3 154 161
城　　镇	42 742	80 413	322 015	1 659 819	2 148 772	2 711 717
农　　村	15 895	26 016	117 618	306 125	384 054	442 444
每个居民平均（元）	27.28	48.14	191.31	805.65	1 029.73	1 274.92
城　　镇	55.22	94.18	226.48	879.09	1 126.01	1 316.27
农　　村	11.56	19.17	134.24	554.47	696.52	1 069.07

注：1990、1991、1992年包括信托投资公司、城市农村信用社的数字。

8—5 城乡居民家庭生活抽样调查基本情况

项　　　　目	1985年	1986年	1989年	1990年	1991年	1992年
农民家庭						
每一农村劳动力负担人数（人）	1.93	1.79	1.69	1.70	1.66	1.66
人均纯收入（元）	413.74	456.70	623.96	803.52	748.33	807.41
人均生活费支出（元）	364.47	388.77	562.78	632.97	648.41	643.13
#食品支出（元）	199.48	214.66	313.59	379.47	366.51	381.52
人均生活用房面积（平方米）	11.42	11.99	13.12	13.42	13.87	14.19
城镇居民家庭						
每一城镇就业者负担人 数（人）	1.85	1.81	1.83	1.81	1.74	1.73
人均生活费收入（元）	562.68	698.16	1 019.53	1 127.53	1 259.16	1 470.84
人均生活费支出（元）	554.15	661.92	967.44	1 053.96	1 193.88	1 374.72
#食品支出（元）	303.19	355.44	511.20	552.60	638.16	690.72
人均居住面积（平方米）	5.54	5.98	7.02	7.18	7.71	8.30

注：1. 每一农村劳动力和城镇就业者负担人数包括本人在内。
　　2. 1990、1991、1992年农民人均纯收入及支出是按新价计算的。

8—6 城镇居民家庭基本情况

项　　目	单位	1985年	1986年	1989年	1990年	1991年	1992年
调查户数	户	1 100	1 100	1 350	1 350	1 350	1 350
平均每户人口	人	3.89	3.86	3.62	3.56	3.42	3.35
平均每户就业人口数	人	2.10	2.13	1.98	1.97	1.96	1.94
全民职工	人	1.43	1.45	1.44	1.45	1.48	1.49
集体职工	人	0.61	0.62	0.48	0.46	0.42	0.39
个体劳动者	人	0.02	0.03	0.04	0.04	0.02	0.04
其他就业者	人	0.04	0.03	0.02	0.02	0.04	0.02
平均每户就业面	%	54.0	55.2	54.7	55.3	57.3	57.9
平均每一就业者负担人数	人	1.85	1.81	1.83	1.81	1.74	1.73
平均每户退休人口数	人	0.20	0.19	0.21	0.21	0.26	0.27
平均每人每年全部收入	元	613.14	764.76	1 120.92	1 242.84	1 405.8	1 642.2
#生活费收入	元	562.68	698.16	1 019.53	1 127.53	1 259.16	1 470.84
平均每人每年生活费支出	元	554.15	661.92	967.44	1 053.96	1 193.88	1 374.72
就业人员平均劳动收入	元	930.96	1 132.56	1 703.47	1 881.10	2 072.05	2 279.46
全民职工	元	1 024.20	1 220.28	1 715.52	1 882.83	2 032.32	2 253.72
集体职工	元	716.28	923.88	1 157.52	1 263.83	1 343.28	1 549.92
个体劳动者	元	1 301.64	1 235.64	2 962.2	2 901.11	2 562.76	4 892.52
其他就业者	元	772.08	1 106.04	536.36	614.22	872.29	984.24
退休人员年收入	元	832.55	913.68	1 554.27	1 698.94	1 875.26	3 483.36

注：1992年个体劳动者收入为雇主经营者净收益和个体被雇者收入之和。

8—7 城镇居民家庭平均每人购买的主要商品数量

项目	单位	1985年	1986年	1989年	1990年	1991年	1992年
粮食	公斤	143.06	141.12	127.80	126.84	133.68	93.84
菜类	公斤	181.98	182.64	181.80	165.60	164.40	138.72
油脂类	公斤	5.06	6.00	5.16	5.04	6.36	5.28
猪肉	公斤	11.69	13.08	11.52	12.48	13.32	13.44
牛羊肉	公斤	2.32	2.76	2.04	2.64	3.12	3
家禽	公斤	1.09	1.20	1.44	1.44	2.04	2.76
蛋类	公斤	5.00	5.64	5.04	5.04	5.76	8.04
鱼虾	公斤	6.12	6.48	5.52	6.00	6.12	7.08
食糖	公斤	1.47	1.56	1.32	1.08	0.96	1.08
卷烟	盒	26.25	29.04	21.96	23.52	22.92	25.08
酒	公斤	10.00	11.28	10.56	10.32	10.92	11.28
棉布	米	2.88	2.39	1.58	1.75	0.93	0.84
化纤布	米	1.32	2.24	1.65	1.65	1.73	1.13
呢绒	米	0.29	0.35	0.15	0.16	0.19	0.15
绸缎	米	0.49	0.43	0.34	0.33	0.32	0.19
皮鞋	双	0.62	0.63	0.55	0.62	0.77	0.75
肥皂	块	6.34	9.84	3.84	6.60	4.56	5.14
煤炭	公斤	414.16	455.88	358.44	373.32	351.72	283.98

8—8 城镇居民家庭平均每百户年末耐用消费品拥有量

项目	单位	1985年	1986年	1989年	1990年	1991年	1992年
自行车	辆	167.22	176.22	183.95	193.07	189.41	200.39
缝纫机	架	56.76	58.66	58.12	58.65	52.55	53.44
电风扇	台	11.10	14.92	28.02	30.89	38.99	43.18
洗衣机	台	57.62	65.28	71.64	76.37	84.12	87.26
电冰箱	台	0.71	1.48	13.05	17.28	26.45	29.82
大衣柜	个	82.86	84.43	67.87	71.61	65.15	62.28
写字台	个	48.43	52.55	46.40	43.20	44.44	45.88
电炊具	个		45.28	74.60	84.94	89.03	104.61
彩色电视机	台	12.55	21.39	40.32	45.55	57.40	68.04
黑白电视机	台	64.10	63.12	56.75	58.52	48.61	42.92
录音机	台	32.90	40.69	55.98	58.85	66.83	69.50
照相机	架	4.08	6.91	11.09	12.06	16.17	18.00

8—9 1992年城镇居民家庭基本情况

项目	单位	总平均	最低收入户	低收入户	中等偏下户	中等收入户	中等偏上户	高收入户	最高收入户
调查户数	户	1 350	135	135	270	270	270	135	135
各组户数占总户数比重	%	100	10	10	20	20	20	10	10
平均每户家庭人口数	人	3.35	3.89	3.57	3.56	3.32	3.30	3.06	2.78
平均每户就业人口数	人	1.94	1.88	2.03	2.01	2.02	1.93	1.88	1.71
平均每户就业面	%	57.9	48.3	56.9	56.5	60.8	58.5	61.4	61.5
平均每一就业者负担人数（包括本人）	人	1.73	2.07	1.76	1.77	1.64	1.71	1.63	1.63
平均每人实际收入	元	1 642.20	866.28	1 131.72	1 131.72	1 324.32	1 861.44	2 295.36	3 116.04
#生活费收入	元	1 470.84	757.32	989.88	1 181.40	1 421.40	1 683.00	2 050.08	2 810.88
平均每人实际支出	元	1 580.64	939.60	1 203.72	1 299.48	1 539.96	1 777.56	2 097.72	2 755.80
#生活费支出	元	1 374.72	832.20	1 039.20	1 140.60	1 351.92	1 569.36	1 804.32	2 296.92

8—10 1992年城镇居民家庭平均每人消费支出

单位:元

项目	总平均	最低收入户	低收入户	中等偏下户	中等收入户	中等偏上户	高收入户	最高收入户
消费性支出	**1 374.72**	**832.20**	**1 039.20**	**1 140.60**	**1 351.92**	**1 569.36**	**1 804.32**	**2 296.92**
一、食品类	690.72	455.52	543.84	616.20	684.00	755.64	857.64	1 081.92
粮食	91.08	78.00	90.00	83.28	90.00	91.80	103.56	118.56
淀粉及薯类	13.44	10.80	12.48	13.20	12.60	14.04	15.84	17.28
干豆类及制品	19.68	15.36	16.20	18.24	20.16	21.12	21.00	28.08
油脂类	23.52	21.00	20.52	21.60	22.32	24.48	26.28	34.20
肉禽及制品	149.40	88.44	115.32	132.36	149.04	162.96	193.32	244.20
蛋类	36.12	23.64	31.32	32.16	35.76	40.20	43.92	52.80
水产品类	36.24	22.80	27.84	31.92	37.80	40.92	45.24	52.68
菜类	97.92	68.52	79.68	90.96	96.00	104.28	121.20	145.32
调味类	13.44	9.84	10.32	12.24	13.20	14.40	17.64	19.20
糖类	7.20	4.32	4.68	6.96	7.44	8.40	10.08	11.88
烟草类	29.04	13.56	22.32	24.72	27.12	32.88	36.84	57.48
酒和饮料	39.00	23.40	26.52	33.60	39.00	43.68	50.28	67.08
干鲜瓜果类	65.04	36.84	46.08	58.32	63.72	75.12	88.20	100.20
坚果及果仁	6.96	4.44	5.88	6.48	7.20	6.60	9.12	11.52
糕点类	12.96	7.68	9.00	12.12	14.40	14.28	16.68	17.04
奶及奶制品	10.68	9.48	6.72	9.12	11.04	11.64	13.56	14.88
其他食品	10.08	4.56	5.76	9.84	10.68	12.36	11.40	16.44
在外用餐	27.72	12.36	12.84	18.48	25.92	35.76	32.64	72.24
食品加工费	1.20	0.48	0.36	0.60	0.60	0.72	0.84	0.84
二、衣着类	228.96	104.16	167.76	189.36	243.24	287.28	311.88	324.12
三、设备用品及服务	101.52	34.68	64.68	64.08	83.40	119.28	185.76	248.52
四、医疗保健	40.80	27.12	25.56	32.64	36.72	46.8	49.80	87.24
五、交通和通讯	36.84	11.28	20.16	31.44	34.08	44.88	56.40	74.16
交通	25.68	9.36	12.36	23.88	24.84	32.52	35.40	45.96
通讯	11.16	1.92	7.80	7.56	9.24	12.36	21.00	28.20
六、娱乐文教服务	122.76	87.84	108.12	93.72	116.88	148.08	158.04	180.72
耐用消费品	48.96	34.56	43.80	24.60	44.76	59.76	69.96	99.96
教育	51.84	40.80	49.80	50.64	50.76	61.56	58.32	45.36
文化娱乐	21.96	12.48	14.52	18.48	21.36	26.76	29.76	35.40
七、居住	97.68	84.00	78.96	71.16	96.00	95.64	115.08	197.76
住房	35.04	41.88	30.00	18.72	33.84	28.68	31.56	95.16
水、电、燃料、其他	62.64	42.12	48.96	52.44	62.16	66.96	83.52	102.60
水	5.28	4.32	4.44	4.68	5.52	5.52	6.12	6.48
电	17.40	13.20	11.76	14.88	15.72	20.40	22.68	29.28
燃料	38.28	24.60	32.28	32.52	38.16	38.04	53.76	63.00
其它	1.68		0.48	0.36	2.76	3.00	0.96	3.84
八、杂项商品和服务	55.44	27.60	30.12	42.00	57.60	71.76	69.72	102.48
个人消费	45.36	16.68	24.84	34.32	47.64	60.84	57.24	86.16
其他商品	5.76	7.80	3.00	4.92	5.40	4.80	8.52	8.64
其他服务	4.32	3.12	2.28	2.76	4.56	6.12	3.96	7.68

8—11 1992年城镇居民家庭平均每人购买的主要商品数量

项目	单位	总平均	最低收入户	低收入户	中等偏下户	中等收入户	中等偏上户	高收入户	最高收入户
粮食	公斤	93.84	83.64	117.24	83.28	90.12	87.6	102.72	118.68
油脂类	公斤	5.28	4.68	4.68	4.92	5.04	5.52	5.88	7.68
菜类	公斤	138.72	111.36	130.56	131.4	131.28	139.56	164.16	193.56
猪肉	公斤	13.44	8.64	11.16	12.84	13.32	14.04	15.60	20.52
牛羊肉	公斤	3.00	1.92	2.40	2.64	3.00	3.36	3.84	4.68
家禽	公斤	2.76	1.44	2.04	2.16	2.64	3.12	3.48	5.16
蛋类	公斤	8.04	5.28	6.96	7.20	8.04	9.00	9.60	11.76
鱼虾	公斤	7.08	4.44	5.40	6.12	6.84	7.08	14.76	8.64
食糖	公斤	1.08	0.72	0.60	1.08	0.96	1.08	1.32	1.68
卷烟	盒	25.08	16.68	19.68	21.96	24.00	26.40	32.52	43.92
酒饮料	公斤	15.72	7.80	10.80	13.08	15.12	18.00	19.92	27.48
#啤酒	公斤	7.20	4.08	4.68	5.76	7.32	8.04	9.96	13.56
茶叶	公斤	0.12			0.12		0.12	0.12	0.12
鲜奶	公斤	1.20	0.48	0.84	0.84	1.08	1.32	2.28	2.52
棉布	米	0.84	0.60	0.81	0.71	0.76	0.77	1.45	1.20
化纤布	米	1.13	0.54	0.90	1.04	1.13	1.44	1.39	1.47
呢绒	米	0.15	0.05	0.08	0.14	0.15	0.19	0.22	0.22
绸缎	米	0.19	0.05	0.13	0.17	0.18	0.20	0.30	0.36
皮鞋	双	0.75	0.40	0.57	0.68	0.85	0.92	0.89	0.90
肥皂	块	5.14	2.88	5.38	5.37	5.52	5.64	4.85	5.69
洗衣粉	公斤	0.78	0.63	0.49	0.73	0.78	0.73	1.08	1.28
煤炭	公斤	283.98	211.88	263.65	258.15	278.69	278.98	356.14	421.76
液化石油气	公斤	11.39	6.13	7.54	9.96	10.65	12.54	16.86	20.4

8—12 1992年城镇居民家庭平均每百户年末耐用消费品拥有量

项目	单位	总平均	最低收入户	低收入户	中等偏下户	中等收入户	中等偏上户	高收入户	最高收入户
毛皮大衣	件	34.39	18.44	28.65	23.62	32.73	42.44	35.00	64.15
呢大衣	件	201.90	163.60	185.85	189.73	204.44	221.69	217.49	220.33
大衣柜	个	62.28	52.95	54.07	59.45	58.44	69.71	66.98	73.60
沙发	个	141.96	118.14	128.44	130.00	139.09	133.73	174.47	192.95
写字台	个	45.88	41.13	33.05	45.95	40.58	51.11	58.51	50.87
组合家具	套	33.01	36.76	27.05	33.84	41.36	31.13	26.00	27.6
沙发床	个	23.00	17.82	24.22	21.87	19.55	26.76	25.53	26.07
自行车	辆	200.39	185.24	190.22	201.20	213.62	203.98	197.13	193.71
缝纫机	架	53.44	50.84	56.80	47.84	55.13	50.91	57.89	61.09
电风扇	台	43.18	32.87	33.05	38.36	45.96	55.31	40.58	46.00
洗衣机	台	87.26	78.91	84.29	86.55	90.29	90.55	86.51	88.15
电冰箱	台	29.82	18.95	20.55	20.33	29.60	39.00	42.80	38.04
摩托车	辆	1.94	0.55	3.75	1.62	2.71	0.55	2.15	3.24
彩色电视机	台	68.04	50.80	52.95	63.56	72.20	74.64	81.64	74.18
黑白电视机	台	42.92	56.80	56.76	46.18	38.35	36.00	33.53	41.02
立体声收录机	台	39.04	36.73	28.58	37.38	44.58	39.22	43.71	38.98
普通录音机	台	30.46	28.62	30.36	28.40	29.22	35.18	34.04	25.96
照相机	架	18.00	10.29	10.29	10.05	18.67	26.29	22.33	27.02
电炊具	个	104.61	96.54	108.04	101.85	106.02	108.31	108.62	100.55

8—13 农民家庭基本情况

项　　目	单位	1987年	1988年	1989年	1990年	1991年	1992年
一、调查户数	户	1 600	1 600	1 600	1 600	1 600	1 600
二、调查户常住人口	人	7 693	7 488	7 367	7 237	7 090	6 926
户均常住人口	人/户	4.81	4.68	4.6	4.52	4.43	4.33
三、户均整半劳动力	人/户	2.76	2.75	2.73	2.66	2.67	2.61
平均每个劳动力负担人口	人	1.74	1.7	1.69	1.7	1.66	1.66
整半劳动力占人口比重	%	57.40	58.68	59.32	58.75	60.25	60.37
四、常住人口中国家职工人数	人/户	0.06	0.05	0.05	0.05	0.04	0.04
职工人数占常住人口比重	%	1.21	1.06	1.06	1.02	0.79	0.9
五、乡村企业从业人数	人	70	74	63	36	31	30
乡村企业人数占常住人口比重	%	0.91	0.99	0.86	0.5	0.44	0.43
六、平均每百名劳动力中：							
文盲半文盲	人	12.50	11.63	10.64	8.54	7.84	7.06
小学文化程度	人	44.90	43.2	41.65	38.95	40.07	38.77
初中文化程度	人	33.88	36.03	38.40	42.50	42.65	44.68
高中文化程度	人	8.22	8.44	8.58	9.13	8.45	8.47
中专文化程度	人	0.36	0.57	0.59	0.78	0.83	0.91
大专文化程度	人	0.14	0.13	0.14	0.12	0.16	0.12
七、年末使用房屋间数	间/户	3.68	3.87	3.79	4.00	4.00	4.84
# 新建房屋间数	间/户	0.17	0.13	0.11	0.12	0.1	0.14
八、年末使用房屋面积	平方米/人	15.08	16.10	16.21	17.14	17.61	18.1
# 住房面积	平方米/人	12.45	13.04	13.12	13.42	13.87	14.19
# 砖木结构	平方米/人	3.70	4.53	4.75	6.64	7.28	7.72
钢筋混凝土结构	平方米/人	0.13	0.14	0.19	0.15	0.18	0.21
九、年末每间房屋价值	元/间	804.41	877.90	993.10	1 460.93	1 562.97	1 348.93
新建房屋价值	元/间	1 900.10	2 163.43	2 556.99	2 742.31	3 091.40	1 978.54
新建房屋每平方米价值	元	87.74	95.91	114.85	126.53	140.00	147.61
十、年末生产性固定资产原值	元/户	1 535.22	1 840.71	2 100.29	2 451.72	2 517.49	2 581.05

8—14 农民家庭平均每人总收入

单位:元

项　　目	1987年	1988年	1989年	1990年	1991年	1992年
全年总收入	**823.32**	**961.80**	**1 029.88**	**1 312.79**	**1 256.90**	**1 333.27**
一、从集体得到的收入	23.2	31.49	25.59	26.09	27.52	28.04
统一核算得到的	9.47	5.2	6.23	9.56	9.32	10.27
乡村企业得到的	6.64	13.39	10.33	6.06	5.93	7.04
公益金中得到的	0.40	1.84	0.50	0.43	0.47	0.01
集体奖励得到的	0.43	0.89	0.37	0.65	0.73	0.50
其　他	6.26	10.17	8.16	9.39	11.07	10.22
二、从经济联合体得到的	0.71	0.59	0.43		0.03	0.82
三、家庭经营收入	770.90	892.93	962.49	1 246.11	1 187.47	1 267.02
农业收入	569.72	637.72	681.76	1 002.22	929.48	990.10
# 粮食收入	439.37	477.99	528.21	829.32	783.91	811.90
林业收入	1.37	1.84	1.51	1.86	1.11	0.77
牧业收入	105.44	141.04	155.96	143.72	133.82	145.44
渔业收入	1.03	1.49	1.30	0.51	0.63	0.47
手工业收入	4.47	4.71	3.68	5.70	6.32	6.52
采集捕猎收入	12.74	14.25	11.86	12.40	19.76	13.79
工业收入	8.29	9.48	10.87	5.95	7.18	7.98
# 粮食加工收入	2.31	4.23	2.94	3.76	3.87	4.52
建筑业收入	4.40	5.60	5.55	3.08	2.77	5.61
运输业收入	11.11	13.20	17.80	16.13	21.86	15.26
生产劳务收入	36.06	38.7	47.66	38.78	45.88	62.69
商　业	4.44	8.62	6.36	5.02	3.70	4.19
饮食业	0.48	0.25	1.35	0.01	0.03	0.69
服务业收入	3.10	3.24	5.43	2.19	2.00	1.65
其　他	8.25	12.79	11.40	8.54	12.93	11.86
四、其他非生产性收入	28.51	36.79	41.37	40.60	41.88	37.39
在外人口寄回和带回	0.35	1.08	1.82	0.64	0.20	0.72
职工工资收入	10.33	10.09	11.07	11.92	11.60	14.16
国家财政收入	5.21	5.48	6.35	6.51	7.57	8.54
农村外亲友赠送	3.45	5.31	3.33	4.05	2.90	3.15
其他收入	9.17	14.83	18.80	17.47	19.61	10.82

8—15 农民家庭平均每人纯收入

单位:元

项目	1987年	1988年	1989年	1990年	1991年	1992年
全年纯收入	**523.09**	**627.54**	**623.96**	**803.52**	**748.33**	**807.41**
按来源分:						
一、从集体得到的收入	23.2	31.49	25.59	26.09	27.52	28.04
二、从经济联合体得到的	0.71	0.59	0.43		0.03	0.82
三、家庭经营纯收入	474.5	562.79	561	740.89	683.8	747.95
农业收入	342.09	395.02	377.79	593.97	528.45	580.54
林业收入	0.65	0.96	0.85	1.35	0.88	0.61
牧业收入	50.67	71.73	74.93	63.46	48.72	48.35
渔业收入	0.7	0.99	0.85	0.28	0.39	0.28
手工业收入	3.01	3.51	2.17	4.84	3.55	4.93
采集捕猎收入	12.74	14.25	11.86	12.4	19.76	13.79
工业收入	5.15	5.2	9.05	3.9	4.93	5.62
# 粮食加工收入	2.31	4.23	2.94	3.76	3.87	4.52
建筑业收入	4.09	5.48	4.02	2.76	2.35	5.47
运输业收入	6.84	8.84	12.47	8.65	12.52	9.58
生产劳务收入	36.06	38.7	47.66	38.78	45.88	62.69
商业收入	3.83	7	5.96	3.77	3.42	3.8
饮食业收入	0.32	0.22	1.3		0.03	0.54
服务业收入	1.81	1.93	4.21	1.82	1.62	1.6
其他	6.54	8.96	7.88	4.91	11.3	10.15
四、其他非生产性收入	24.68	32.67	36.94	36.54	36.98	30.6
按性质分:						
一、生产性收入	489.51	580.04	573.78	754.69	697.46	764.48
农业生产收入	409.86	486.46	468.45	672.16	601.75	648.52
非农业生产收入	79.65	93.58	105.33	82.53	95.71	115.96
二、非生产性收入	33.58	47.5	50.18	48.83	50.87	42.93

8—16 农民家庭平均每人现金收入

单位:元

项目	1987 年	1988 年	1989 年	1990 年	1991 年	1992 年
年内现金收入	**749.22**	**933.86**	**956.86**	**1 161.39**	**1 046.89**	**1 028.01**
一、集体统一经营中得到	23.12	31.44	25.36	25.93	27.49	27.62
统一核算单位分配	9.47	5.20	6.23	9.56	9.32	10.27
乡村企业得到	6.59	13.38	10.24	5.90	5.93	7.05
公益金中得到	0.39	1.84	0.50	0.43	0.48	0.01
集体奖励得到	0.43	0.89	0.37	0.65	0.73	0.49
其他收入	6.24	10.13	8.02	9.39	11.03	9.80
二、从经济联合体得到	0.60	0.39	0.43		0.03	0.82
三、出售产品现金	435.34	565.70	585.83	748.14	591.66	624.75
出售农业产品现金	350.79	444.95	454.37	634.53	477.33	506.85
# 出售粮食	266.37	333.79	356.71	530.53	387.82	409.48
出售林业产品现金	1.37	1.83	1.50	1.86	1.11	0.77
出售牧业产品现金	68.30	99.03	112.93	98.53	91.45	100.41
出售渔业产品现金	0.90	1.36	1.10	0.39	0.45	0.40
出售手工业产品现金	4.39	4.53	3.68	5.70	6.32	6.51
出售采集捕猎品现金	3.13	6.36	4.69	5.61	12.46	6.55
出售工业产品现金	3.89	4.75	4.90	0.51	0.08	0.66
出售其他产品现金	2.57	2.89	2.66	1.01	2.46	2.60
四、工业加工现金收入	4.40	4.73	5.59	5.44	6.54	7.32
五、建筑业现金收入	4.40	5.60	5.55	3.08	2.77	5.6
六、运输业现金收入	11.11	13.20	17.8	16.13	21.86	15.26
七、生产劳务现金收入	36.05	38.7	47.66	38.78	45.88	62.42
八、商业现金收入	4.44	8.62	6.36	5.02	3.70	4.19
九、饮食业现金收入	0.48	0.25	1.35	0.01	0.03	0.69
十、服务业现金收入	3.10	3.24	5.43	2.19	2.00	1.65
十一、其他经营现金收入	5.62	9.89	8.16	7.53	10.47	8.85
十二、非生产性现金收入	53.43	70.84	72.51	74.47	82.69	65.25
在外人口寄 回带回	0.32	0.98	1.8	0.63	0.2	0.71
职工工资收入	10.33	10.09	11.07	11.92	11.6	14.16
# 行政事业收入	3.87	5.76	5.68	5.72	6.28	6.05
国家财政得到	4.52	4.57	5.25	6.14	7.06	7.29
出售财物现金	22.57	24.38	23.9	24.93	27.13	20.16
亲友赠送现金	7.96	18.29	13.64	16.45	19.3	13.15
其他现金收入	7.73	12.53	16.85	14.04	17.4	9.79
十三、储蓄借贷现金收入	167.13	181.26	174.83	234.67	251.77	203.58
银行信用贷款	54.22	45.22	34.07	43.97	52.14	50.28
借入款	74.68	98.98	95.98	126.90	117.92	84.08
收回借出款	24.40	21.87	33.16	51.41	53.30	52.05
取回存款	13.56	14.95	11.61	12.16	25.91	16.97
收回投资款	0.27	0.24	0.01	0.23	2.50	0.20

8—17 农民家庭平均每人总支出

单位:元

项目	1987年	1988年	1989年	1990年	1991年	1992年
全年总支出	**772.81**	**898.43**	**1 010.93**	**1 176.55**	**1 211.12**	**1 184.06**
一、家庭经营支出	223.45	244.01	300.29	368.28	367.59	374.33
# 农业支出	154.68	156.57	202.77	271.31	264.95	264.8
牧业支出	54.77	69.31	81.03	80.26	85.1	97.09
二、购置生产性固定资产	36.68	48.94	48.39	43.17	54.64	29.5
三、缴纳税款	18.48	18.47	22.13	27.77	24.69	40.03
四、上交集体承包	33.21	41.46	46.87	72.16	73.53	64.96
五、生活消费支出	441.6	516.36	562.78	632.97	648.41	643.13
1. 生活消费品支出	414.86	481.71	522.06	591.46	597.75	587.94
食品	239.54	275.63	313.59	379.47	366.51	381.52
# 主食	103.17	115.51	136.02	177.54	171.8	182.29
副食	100.31	116.91	127.82	150.04	139.3	144.37
衣着	43.72	51.72	54.29	53.65	62.85	57.85
住房	56.97	64.22	66.2	69.27	71.55	56.96
燃料	22.5	22.79	19.93	23.4	17.54	21.95
用品及其他	52.13	67.35	68.05	65.68	79.3	69.65
# 日用品	26.51	36.02	34.1	29.52	33.42	28.97
文化娱乐用品	12.99	14.64	14.23	11.11	19.31	16.68
书报杂志	1.42	1.49	1.92	1.82	2.43	3.43
医药卫生用品	9.29	11.66	14.01	20.43	21.84	18.46
其他	1.92	3.52	3.79	2.8	2.3	2.11
2. 非商品支出	26.74	34.65	40.72	41.51	50.66	55.19
文化服务支出	6.71	11.74	13.63	13.49	17.05	21.35
生活服务支出	20.03	22.91	27.09	28.02	33.61	33.84
六、其他非生产性支出	19.39	29.19	30.47	32.2	42.26	32.11
寄、带给在外人口	2.84	3.01	4.49	3.16	4.64	3.61
赠送农村外亲友	8.47	10.37	9.54	7.54	6.04	3.85
其他	8.08	15.81	16.44	21.5	31.58	24.65

8—18 农民家庭平均每人现金支出

单位:元

项　　目	1987年	1988年	1989年	1990年	1991年	1992年
年内现金支出	**686.84**	**845.47**	**914.85**	**1 046.18**	**1 111.49**	**1 032.83**
一、生产费用支出	175.82	216.69	256.36	304.62	315.29	290.56
家庭经营支出	139.45	167.76	207.97	261.22	260.65	261.06
# 农业生产支出	106.51	115.01	152.7	215.52	213.17	212.4
牧业生产支出	18.94	36.29	38.81	29.26	30.18	36.31
生产性固定资产支出	36.37	48.93	48.39	43.4	54.64	29.5
二、开发性生产投资	2.03	2.93	1.85	0.17		
三、缴纳税款	18.24	18.18	22.07	27.6	24.5	40.03
四、上交集体承包	33.05	41.14	46.87	71.87	72.95	63.66
五、生活消费支出	283.42	344.89	378.29	389.72	423.47	393.65
1. 生活消费品支出	256.69	310.24	337.57	348.21	372.81	338.46
食　品	102.49	125.55	148.21	158.5	157.5	152.95
# 主　食	30.28	34.85	40.5	48.86	34.86	32.72
副　食	38.47	50.57	60.91	60.76	69.17	67.88
衣　着	43.72	51.72	54.29	53.65	62.85	57.83
住　房	56.82	64.11	65.85	69.03	71.34	56.79
燃　料	1.53	1.52	1.17	1.35	1.81	1.25
用品及其他	52.13	67.34	68.05	65.68	79.31	69.64
# 日用品	26.5	36.03	34.1	29.51	33.42	28.94
文娱用品	13	14.64	14.23	11.11	19.31	16.68
书报杂志	1.42	1.49	1.92	1.82	2.43	3.43
医药卫生用品	9.29	11.66	14.01	20.43	21.84	18.46
其　他	1.92	3.52	3.79	2.81	2.31	2.11
2. 非商品支出	26.73	34.65	40.72	41.51	50.66	55.19
六、非生产性现金支出	39.25	55.25	59.27	72.96	85.3	68.08
寄、带给在外人口	2.72	2.94	4.37	3.14	4.58	3.48
赠送亲友	28.55	36.58	38.94	49.69	49.73	43.96
其他现金支出	7.98	15.73	15.96	20.13	30.99	20.64
七、储蓄借贷支出	135.03	166.39	150.14	179.24	189.98	176.85
归还银行贷款	46.9	55.14	43.34	38.9	33.32	38.74
借出款	17.76	22.81	21.07	21.41	27.01	23.27
归还借款	48.1	60.73	62.79	93.12	90.55	73.87
存入银行信用社款	22.1	27.13	22.92	25.75	39.02	37.95
支出投资款	0.17	0.58	0.02	0.06	0.08	3.02

8—19 农民家庭平均每人主要消费品消费量

项目	单位	1987年	1988年	1989年	1990年	1991年	1992年
粮食(原粮)	公斤	292.48	309.39	311.78	295.4	304.04	304.11
#稻谷	公斤	102.26	115.49	116.42	116.2	133.98	138.32
蔬菜	公斤	237.15	263.52	260.15	285.32	241.08	228.6
植物油	公斤	3.83	4.74	5.18	4.57	4.34	4.45
动物油	公斤	1.37	1.36	1.38	1.74	1.74	1.73
猪肉	公斤	11.33	10.61	10.56	10.40	9.30	8.56
牛羊肉	公斤	0.27	0.49	0.26	0.27	0.37	0.45
家禽	公斤	0.67	0.83	0.77	0.61	0.61	0.88
蛋类	公斤	4.55	5.71	5.22	5.26	4.81	3.45
鱼虾	公斤	1.54	1.60	1.69	1.53	1.92	1.72
食糖	公斤	0.66	0.64	0.63	0.52	0.57	0.70
水果	公斤	2.93	4.74	4.89	5.38	5.06	6.11
糕点	公斤	1.18	1.16	1.05	1.06	1.14	1.05
卷烟	盒	9.01	10.34	12.36	14.16	16.65	15.50
酒类	公斤	5.55	6.74	6.83	6.36	7.01	6.61
棉布	米	2.10	1.61	1.04	0.71	0.70	0.45
化纤布	米	2.37	1.83	1.68	1.56	1.86	1.55
呢绒	米	0.18	0.18	0.10	0.09	0.10	0.07
绸缎	米	0.10	0.07	0.04	0.03	0.03	0.03
毛线及毛线织品	克	40.04	76.14	82.63	89.18	79.53	0.58
胶鞋、球鞋、皮鞋	双	1.01	1.00	0.92	0.91	1.02	0.90
肥皂	块	1.78	2.71	2.37	2.51	2.60	2.43
洗衣粉	公斤	0.69	0.94	0.70	0.67	0.74	0.68

8—20 农民家庭平均每百户年末耐用消费品拥有量

项目	单位	1987年	1988年	1989年	1990年	1991年	1992年
自行车	辆	101.38	105.94	111.37	112.44	116.94	121.56
缝纫机	架	66.13	67.94	69.81	61.81	64.44	65.38
收音机	台	61.5	56.69	56.25	44.19	44.75	43.94
钟表	只	259.57	256.69	259.00	231.88	241.19	244.07
#手表	只	171.19	172.38	173.94	148.94	155.63	157.69
电视机	台	52.87	60.13	64.88	69.63	75.63	79.69
#彩电	台	2.31	3.19	3.44	3.69	5.44	6.31
收录机	台	13.5	17.56	22.00	22.25	24.13	26.50
电风扇	台	0.91	1.38	2.31	1.50	1.50	1.50
洗衣机	台	18.13	21.06	23.75	24.94	26.63	28.81
电冰箱	台	0.19	0.25	0.13	0.81	0.25	0.38
摩托车	辆	0.31	0.75	0.88	0.63	0.88	0.81

8—21 农民家庭生产经营情况

项目	单位	1985年	1986年	1989年	1990年	1991年	1992年
一、经营耕地面积	亩/人	4.84	4.76	4.79	4.82	4.87	4.99
#承包地面积	亩/人	4.04	3.97	4.16	4.17	4.27	4.45
自留地面积	亩/人	0.51	0.54	0.52	0.44	0.45	0.44
二、经营山地面积	亩/人	0.33	0.34	0.39	0.14	0.91	0.74
#承包地面积	亩/人	0.13	0.10	0.13	0.04	0.02	0.02
自留地面积	亩/人	0.19	0.22	0.25	0.09	0.06	0.02
三、年内出售肥猪头数	头/户	0.44	0.58	0.42	0.57	0.48	0.61
#年内自宰肥猪头数	头/户	0.40	0.47	0.26	0.33	0.32	0.24
年末猪存栏头数	头/户	2.12	1.93	1.52	1.63	1.72	1.49
#母猪存栏头数	头/户	0.24	0.20	0.13	0.11	0.13	0.15
四、年内出售菜羊只数	只/户	0.10	0.14	0.05	0.08	0.03	0.02
年末羊存栏数	只/户	0.64	0.38	0.79	0.57	0.57	0.42
五、年内出售肉牛	只/户			1.00	0.50	1.00	0.03
年末大牲畜存栏数	头/百户	118.25	115.89	122.00	103.70	103.70	93.90
#役　畜	头/百户	89.34	86.94	69.00	80.78	77.90	77.21
六、年末饲养家禽只数	只/户	18.53	13.87	17.12	14.46	14.89	12.87
七、年末养蜂箱数	箱/百户		1.00	5.00	1.75	2.00	2.00
八、年末养兔数	只/户		0.01	0.03	1.19	0.02	

8—22 1992年农民家庭基本情况

项目	单位	总平均	人均纯收入200元以下	人均纯收入200～500元	人均纯收入500～1000元	人均纯收入1000元以上
调查户数	户	1 600	24	306	832	438
调查户常住人口	人	6 926	104	1 441	3 637	1 744
平均每户常住人口	人	4.33	4.33	4.71	4.37	3.98
平均每户整半劳动力	人	2.61	2.25	2.69	2.62	2.57
平均每个劳动力负担人口	人	1.66	1.92	1.75	1.67	1.55
平均每户年内新建房屋间数	间	0.14	0.21	0.03	0.14	0.22
平均每户年末使用房屋间数	间	4.84	3.75	4.32	4.81	5.34
平均每人年末使用房屋面积	平方米	18.10	17.55	15.91	17.67	20.85
#居住面积	平方米	14.19	13.52	12.57	13.88	16.21
平均每户经营耕地面积	亩	21.59	18.60	18.79	21.01	24.84

8—23 1992年农民家庭平均每人生活消费支出

单位:元

项　　目	总平均	人均纯收入200元以下	人均纯收入200～500元	人均纯收入500～1000元	人均纯收入1000元以上
生活消费支出合计	**643.13**	**653.00**	**493.56**	**615.70**	**823.33**
1、生活消费品支出	587.94	589.92	449.25	563.95	752.46
食　品	381.52	315.73	319.78	372.49	455.31
主　食	182.29	147.56	160.35	180.03	207.19
副　食	144.37	113.70	118.02	140.78	175.46
其他食品	50.04	44.28	38.57	47.40	65.38
在外饮食	4.82	10.19	2.84	4.28	7.28
衣　着	57.85	51.30	43.01	53.21	80.19
住　房	56.96	132.94	17.50	54.02	91.17
燃　料	21.95	15.69	19.15	21.84	24.88
用品及其他	69.66	74.26	49.81	62.39	100.91
#日用品	28.97	22.49	17.59	25.44	46.10
文娱用品	16.68	5.34	9.63	15.24	26.22
书报杂志	3.43	5.31	2.45	3.71	3.55
医药卫生用品	18.46	38.09	18.91	15.98	22.07
2、非商品支出	55.19	63.08	44.31	51.75	70.87
文化服务支出	21.35	17.26	17.28	19.70	28.39
生活服务支出	33.84	45.82	27.03	32.05	42.48

8—24 1992年农民家庭平均每人购买主要商品数量

项　　目	单位	总平均	人均纯收入200元以下	人均纯收入200～500元	人均纯收入500～1000元	人均纯收入1000元以上
蔬　　菜	公斤	24.31	25.66	21.50	23.11	29.04
猪　　肉	公斤	4.29	2.95	3.55	3.92	5.77
牛羊肉	公斤	0.31	0.13	0.12	0.30	0.51
食　　糖	公斤	0.51	0.88	0.39	0.54	0.52
糕　　点	公斤	1.03	1.37	0.86	1.04	1.14
糖　　果	公斤	0.22	0.20	0.17	0.20	0.30
卷　　烟	盒	14.68	13.44	12.59	13.88	18.16
酒	公斤	6.57	5.19	4.77	6.18	8.96
#啤　酒	公斤	1.64	0.66	0.93	1.38	2.83
茶　　叶	公斤	0.62	0.55	0.67	0.52	0.79
水　　果	公斤	5.52	3.70	4.22	5.47	6.79
棉　　布	米	0.45	0.28	0.37	0.44	0.57
化纤布	米	1.55	1.32	1.22	1.43	2.07
呢　　绒	米	0.07	0.02	0.04	0.06	0.11
绸　　缎	米	0.03		0.02	0.02	0.05
毛线及毛线织品	公斤	0.58	0.41	0.47	0.55	0.74
尼龙衫裤	件	0.04	0.07	0.02	0.05	0.06
棉毛衫裤	件	0.07	0.01	0.05	0.07	0.09
卫生衫裤	件	0.17	0.14	0.14	0.16	0.21
皮　　鞋	双	0.15	0.17	0.09	0.14	0.22
胶鞋、球鞋	双	0.75	0.85	0.71	0.72	0.84
床褥单	条	0.02		0.01	0.02	0.02
肥　　皂	块	2.43	2.99	2.16	2.65	2.18
洗衣粉	公斤	0.68	0.53	0.61	0.66	0.80

8—25 1992年农民家庭平均每百户年末耐用消费品拥有量

项　　目	单位	总平均	人均纯收入200元以下	人均纯收入200～500元	人均纯收入500～1000元	人均纯收入1000元以上
自行车	辆	121.56	104.00	112.00	120.00	133.00
缝纫机	架	65.38	50.00	62.00	66.00	68.00
钟	只	86.38	88.00	84.00	87.00	87.00
手表	只	157.69	154.00	154.00	159.00	159.00
#电子表	只	29.31	38.00	31.00	31.00	25.00
电风扇	台	1.50			1.00	3.00
洗衣机	台	28.81	17.00	20.00	30.00	33.00
电冰箱	台	0.38				1.00
摩托车	辆	0.81		1.00		2.00
大型家具	件	209	138	188	217	213
#沙发	个	21		14	20	28
大衣柜	个	68	38	57	72	70
写字台	张	27	17	23	29	29
收音机	台	41	50	44	40	40
黑白电视机	台	73	88	70	75	73
彩色电视机	台	6	4	4	5	11
收录机	台	27	17	17	27	33
照相机	架	1		1	1	1

9—1 农村基层组织情况

项目	单位	1985年	1986年	1989年	1990年	1991年	1992年
一、农村基层组织							
乡政府	个	656	646	641	641	638	* 560
#民族乡	个	27	27	27	27	32	32
镇政府	个	263	265	288	288	289	366
#民族镇	个	1	3	5	5	5	12
村民委员会	个	10 144	10 163	10 273	10 300	10 297	10 288
二、乡村户数、人口劳动力							
乡村户数	万户	317.84	317.70	331.46	340.93	344.02	347.76
乡村人口数	万人	1 464.15	1 449.97	1 453.58	1 645.79	1 475.71	1 477.36
乡村劳动力	万人	450.01	486.50	594.92	614.43	620.94	646.63
按性别分							
男劳动力	万人	299.09	306.13	354.47	357.75	363.32	374.89
女劳动力	万人	150.92	180.37	240.45	256.68	257.62	271.74
按行业分							
农、林、牧、副、渔业	万人	399.67	428.25	516.84	541.24	546.58	565.80
工　　业	万人	18.17	20.51	24.96	22.53	21.82	24.64
建　筑　业	万人	7.23	7.55	9.74	9.58	9.17	10.55
交通运输和邮电业	万人	5.25	5.63	7.24	7.06	6.48	7.40
商业、饮食业、物资供销仓储业	万人	4.45	4.91	6.86	7.09	6.78	7.88
房地产管理、公用事业、居民服务和咨询服务业	万人	0.37	0.21	0.33	0.38	0.36	0.36
卫生、体育和社会福利业	万人	1.63	1.62	1.76	1.84	1.85	1.84
教育、文化艺术和广播电视业	万人	5.42	5.48	5.63	5.76	5.72	5.67
科学研究和综合技术服务业	万人	0.09	0.08	0.15	0.19	0.16	0.18
金融保险业	万人	0.15	0.19	0.26	0.31	0.31	0.33
乡经济组织（乡务）管理	万人	0.89	1.05	3.47	3.45	6.21	5.12
其　　他	万人	6.69	11.02	17.68	15.00	15.50	16.86

9—2 各市县乡村劳动力

(1992年末)　　单位：人

市、县	合计	农、林、牧、副、渔业	工业	建筑业	运输邮电业	商业、饮食业
全省	**6 466 276**	**5 658 044**	**246 349**	**105 522**	**74 028**	**78 748**
长春市	**1 701 362**	**1 490 658**	**66 304**	**35 443**	**17 722**	**17 335**
市区	179 406	126 098	25 222	5 440	4 748	3 428
九台市	267 838	242 922	4 021	5 497	2 318	2 555
榆树市	467 147	416 547	14 319	9 350	4 491	4 656
农安县	336 840	298 872	10 554	7 393	2 661	3 421
德惠县	291 997	264 042	7 087	5 198	2 031	1 991
双阳县	158 134	142 177	5 101	2 565	1 473	1 284
吉林市	**1 028 235**	**912 999**	**31 508**	**13 724**	**10 266**	**12 123**
市区	103 345	75 291	10 124	3 363	2 521	2 618
桦甸市	103 401	96 013	2 351	690	794	974
蛟河市	137 481	123 696	3 560	1 667	1 049	1 614
舒兰市	215 183	197 144	4 625	2 090	2 034	1 803
永吉县	297 724	268 709	6 359	3 799	2 270	2 881
磐石县	171 101	152 146	4 489	2 115	1 598	2 233
四平市	**890 943**	**792 178**	**29 900**	**12 697**	**8 277**	**7 828**
市区	38 665	26 139	4 410	1 956	1 495	1 145
公主岭市	293 139	251 510	14 642	4 072	2 625	2 577
梨树县	279 060	256 745	5 945	2 733	1 862	1 873
伊通县	163 148	148 313	3 734	3 038	1 763	1 509
双辽县	116 931	109 471	1 169	898	532	724
辽源市	**319 206**	**259 704**	**13 315**	**7 203**	**5 528**	**4 737**
市区	29 596	16 285	4 314	1 316	1 710	1 756
东丰县	131 874	110 939	4 566	3 621	2 358	1 709
东辽县	157 736	132 480	4 435	2 266	1 460	1 272
通化市	**603 630**	**503 987**	**32 532**	**14 391**	**10 035**	**11 314**
市区	33 264	18 861	7 093	2 362	1 940	1 894
梅河口市	157 342	131 536	6 893	4 552	3 671	3 490
集安市	75 663	62 507	3 542	2 634	931	1 108
通化县	92 136	76 222	4 801	1 813	748	1 545

9—2 续表 1 (1992年末) 单位：人

市、县	合 计	农、林、牧、副、渔业	工 业	建筑业	运输邮电业	商业、饮食业
辉南县	111 292	95 777	5 846	1 703	1 380	1 822
柳河县	133 933	119 084	4 357	1 327	1 365	1 455
浑江市	**174 737**	**140 756**	**12 326**	**3 686**	**4 082**	**3 831**
市区	46 823	32 497	6 147	2 101	1 799	1 152
临江县	33 074	26 574	2 393	673	695	567
抚松县	43 172	37 526	1 191	496	567	1 051
靖宇县	33 169	28 326	1 789	272	628	607
长白县	18 499	15 833	806	144	393	454
松原市	**829 174**	**742 271**	**28 661**	**11 185**	**8 615**	**10 039**
扶余区	374 332	338 306	11 008	5 066	4 830	4 085
长岭县	176 900	151 758	11 355	3 074	1 112	2 815
前郭县	186 800	169 438	4 024	2 175	2 008	2 355
乾安县	91 142	82 769	2 274	870	665	784
白城地区	**476 863**	**432 826**	**13 975**	**3 826**	**3 636**	**5 072**
白城市	44 928	38 265	2 563	692	865	615
洮南市	157 640	142 848	5 616	1 292	774	1 805
大安市	109 213	99 758	2 746	972	1 074	935
镇赉县	71 869	63 782	2 271	647	668	923
通榆县	93 213	88 173	779	223	255	794
延边朝鲜族自治州	**442 126**	**382 665**	**17 828**	**3 367**	**5 867**	**6 469**
延吉市	27 002	22 051	928	270	357	614
图们市	20 581	17 469	989	181	279	318
敦化市	110 860	94 203	5 300	1 015	1 596	1 729
龙井市	66 010	59 662	2 031	294	554	743
珲春市	45 858	42 031	1 056	463	580	524
和龙县	51 277	44 173	1 600	209	523	672
汪清县	71 303	61 521	2 671	579	976	946
安图县	49 235	41 555	3 253	356	1 002	923

9—2 续表 2　　(1992年末)　　单位：人

市、县	房地产管理公用事业、居民服务和咨询业	卫生、体育和社会福利事业	教育、文化艺术和广播电视事业	科学研究和综合技术服务事业	金融保险业	乡(镇)经济组织(社会)管理	其他
全　省	**3 580**	**18 434**	**56 733**	**1 806**	**3 308**	**51 169**	**168 555**
长　春　市	**856**	**4 951**	**14 951**	**536**	**1 448**	**6 722**	**44 436**
市　区	79	416	877	35	124	672	12 267
九台市	78	671	2 209	30	163	1 045	6 329
榆树市	291	1 313	4 052	365	380	3 803	7 580
农安县	204	1 073	4 380	22	348	186	7 726
德惠县	121	1 077	2 444	66	311	814	6 815
双阳县	83	401	989	18	122	202	3 719
吉　林　市	**366**	**2 520**	**8 781**	**110**	**225**	**2 970**	**32 643**
市　区	44	283	500	11	19	140	8 431
桦甸市	21	262	958	2	25	373	938
蛟河市	82	307	1 326	13	40	400	3 727
舒兰市	36	534	2 142	20	37	190	4 528
永吉县	146	811	2 291	46	80	1 347	8 985
磐石县	37	323	1 564	18	24	520	6 034
四　平　市	**325**	**2 357**	**5 974**	**210**	**410**	**9 625**	**21 162**
市　区	13	79	174	10	12	424	2 808
公主岭市	65	812	2 219	59	179	3 904	10 475
梨树县	157	731	1 664	80	114	3 402	3 754
伊通县	43	340	722	20	18	167	3 481
双辽县	47	395	1 195	41	87	1 728	644
辽　源　市	**204**	**940**	**2 346**	**143**	**160**	**4 126**	**20 800**
市　区	22	60	72	6	20	250	3 785
东丰县	107	528	1 144	76	54	2 350	4 422
东辽县	75	352	1 130	61	86	1 526	12 593
通　化　市	**571**	**1 911**	**5 148**	**227**	**270**	**4 021**	**19 223**
市　区	57	67	80	1	33	266	610
梅河口市	59	564	1 565	48	69	733	4 162
集安市	37	242	407	55	41	415	3 744
通化县	118	114	814	5	40	634	5 282

9－2 续表 3 (1992年末) 单位：人

市、县	房地产管理公用事业、居民服务和咨询业	卫生、体育和社会福利事业	教育、文化艺术和广播电视事业	科学研究和综合技术服务事业	金融保险业	乡(镇)经济组织(社会)管理	其他
辉南县	118	342	1 000	21	47	753	2 483
柳河县	182	582	1 282	97	40	1 220	2 942
浑江市	**151**	**751**	**1 110**	**72**	**110**	**4 126**	**3 736**
市区	25	136	203	5	17	902	1 839
临江县	3	132	155	8	13	783	1 078
抚松县	28	257	326	24	23	1 068	615
靖宇县	58	131	277	24	22	979	56
长白县	37	95	149	11	35	394	148
松原市	**472**	**2 308**	**10 090**	**268**	**214**	**7 176**	**7 875**
扶余区	98	839	3 043	30	65	2 882	4 080
长岭县	125	605	2 596	124	73	1 607	1 656
前郭县	214	424	2 381	89	76	1 867	1 749
乾安县	35	440	2 070	25		820	390
白城地区	**195**	**1 062**	**5 243**	**150**	**231**	**5 348**	**5 299**
白城市	46	73	169	12	11	389	1 228
洮南市	99	302	1 651	34	62	1 994	1 163
大安市	17	214	1 436	36	15	996	1 014
镇赉县	23	332	1 000	62	107	923	1 131
通榆县	10	141	987	6	36	1 046	763
延边朝鲜族自治州	**440**	**1 634**	**3 090**	**90**	**240**	**7 055**	**13 381**
延吉市	15	71	76	9	8	405	2 198
图们市	9	56	105	8	24	342	801
敦化市	55	492	1 098	31	62	2 155	3 124
龙井市	90	223	235	5	51	353	1 769
珲春市	3	125	203	3	1	474	395
和龙县	15	150	307	11	32	1 091	2 494
汪清县	147	266	798	18	43	1 435	1 903
安图县	106	251	268	5	19	800	697

9—3 历年农业总产值

单位：万元

年份	农业总产值	农业（种植业）产值	林业产值	牧业产值	副业产值	渔业产值
1949	81 203	59 197	244	9 501	12 018	243
1950	96 496	70 153	193	11 290	14 474	386
1951	95 241	63 907	476	12 762	17 715	381
1952	124 202	85 575	2 608	13 538	22 232	249
1953	125 439	86 302	753	13 673	24 084	627
1954	123 985	83 566	620	14 630	24 549	620
1955	133 422	88 325	801	13 075	30 554	667
1956	134 270	82 979	1 477	11 413	37 730	671
1957	128 403	93 092	3 852	16 949	13 611	899
1958	123 768	90 227	8 293	13 614	10 520	1 114
1959	139 241	101 089	5 430	11 279	20 190	1 253
1960	128 944	84 716	3 740	11 863	26 820	1 805
1961	148 886	105 113	2 680	10 124	29 182	1 787
1962	142 398	96 688	2 563	14 525	27 340	1 282
1963	160 708	113 621	2 893	18 481	24 749	964
1964	169 272	115 782	3 555	22 513	26 406	1 016
1965	177 503	120 170	5 503	22 365	28 223	1 242
1966	226 710	161 644	8 842	24 485	30 606	1 133
1967	241 436	173 834	8 209	28 248	30 179	966
1968	232 271	166 074	8 826	26 247	30 195	929
1969	198 232	133 608	9 713	24 581	29 537	793
1970	268 630	192 339	11 282	23 371	40 563	1 075
1971	274 763	200 302	9 617	39 841	24 454	549
1972	260 582	186 316	10 424	32 312	31 009	521
1973	315 462	236 597	8 202	38 802	30 915	946
1974	374 421	279 318	9 361	43 807	40 812	1 123
1975	352 655	275 071	10 932	44 787	20 807	1 058
1976	311 673	239 053	10 285	43 011	18 389	935
1977	312 484	237 175	11 249	43 748	19 374	938
1978	377 802	301 486	8 689	44 958	21 913	756
1979	420 165	324 788	11 345	56 722	26 470	840
1980	474 714	329 926	24 685	92 569	27 059	475
1981	568 851	418 106	19 613	96 328	33 314	1 490
1982	605 821	449 918	25 438	96 136	31 688	2 641
1983	781 074	622 879	20 991	99 547	34 605	3 052
1984	889 892	690 328	35 481	119 372	40 762	3 949
1985	858 946	590 287	33 162	181 194	48 845	5 458
1986	984 291	707 007	29 426	185 461	54 037	8 360
1987	1 208 072	861 185	29 281	233 981	70 785	12 840
1988	1 409 127	1 000 294	28 374	294 736	64 033	21 690
1989	1 337 893	866 068	34 563	362 343	49 283	25 636
1990	1 890 862	1 352 809	41 878	414 028	54 075	28 072
1991	1 883 833	1 293 835	44 185	451 476	63 705	30 632
1992	2 043 897	1 389 534	51 028	499 849	70 802	32 684

9—3 续表

单位：万元

年份	农业总产值	农业（种植业）产值	林业产值	牧业产值	副业产值	渔业产值
按1952年不变价格计算						
1949	93 337	68 068	260	10 876	13 873	260
1950	110 915	80 635	222	12 977	16 637	444
1951	109 472	73 456	547	14 669	20 362	438
1952	142 761	98 367	3 000	15 650	25 548	196
1953	133 162	91 534	820	14 531	25 659	618
1954	129 827	87 516	654	15 286	25 725	646
1955	136 843	90 577	874	13 365	31 370	657
1956	127 030	78 494	1 356	10 795	35 734	651
1957	120 646	66 076	4 904	9 286	39 622	758
按1957年不变价格计算						
1957	106 101	76 869	3 203	13 939	11 332	758
1958	125 550	91 517	8 590	13 790	10 541	1 112
1959	138 799	100 741	5 497	11 178	20 085	12 298
1960	115 248	75 676	3 291	10 657	24 000	1 624
1961	122 419	86 479	2 170	8 378	24 000	1 392
1962	117 176	79 449	2 206	11 990	22 434	1 097
1963	129 831	91 774	2 376	14 952	19 964	765
1964	135 211	92 410	2 898	18 024	21 097	782
1965	142 421	96 380	4 450	18 004	22 607	980
1966	156 135	111 384	6 167	16 791	21 118	675
1967	166 277	119 672	5 744	19 382	20 842	637
1968	159 965	114 451	6 083	18 017	20 825	589
1969	136 523	91 973	6 711	17 020	20 294	525
1970	185 007	132 351	7 793	16 148	27 924	791
1971	186 940	126 340	8 505	23 605	27 812	678
按1970年不变价格计算						
1971	271 505	198 016	9 527	39 331	24 104	527
1972	248 411	177 580	10 043	30 798	29 518	472
1973	299 300	224 598	7 779	36 673	29 325	925
1974	323 638	241 399	8 044	37 759	35 292	1 144
1975	332 694	259 619	10 375	42 175	19 482	1 043
1976	290 740	222 876	9 580	40 280	17 101	903
1977	289 069	219 420	10 517	40 354	18 012	766
1978	344 719	274 961	8 034	41 142	19 999	583
1979	333 228	257 581	8 942	45 119	21 112	474
1980	346 632	258 793	14 927	51 118	21 296	498
1981	371 044	279 927	16 135	51 938	22 269	775
按1980年不变价格计算						
1981	531 500	390 149	29 194	77 249	33 302	1 606
1982	562 169	413 038	31 037	85 189	31 022	1 883
1983	726 192	577 369	31 204	82 254	33 182	2 183
1984	802 132	631 309	36 412	92 815	38 979	2 617
1985	738 071	524 252	37 015	126 412	46 780	3 612
1986	770 190	556 613	32 199	125 342	51 410	4 626
1987	881 313	667 754	30 588	122 649	54 740	5 582
1988	928 648	704 342	30 715	141 061	45 331	7 199
1989	820 386	589 251	30 667	154 086	38 342	8 040
1990	1 039 045	809 826	26 428	163 192	30 771	8 828
按1990年不变价格计算						
1990	2 069 034	1 504 920	61 307	414 816	61 991	26 000
1991	2 057 663	1 451 219	62 094	451 300	64 236	28 814
1992	2 117 863	1 466 884	62 106	488 866	69 697	30 310

9—4 历年农业总产值指数

（以1949年为100）

年份	农业总产值	农业（种植业）产值	林业产值	牧业产值	副业产值	渔业产值
1949	100.0	100.0	100.0	100.0	100.0	100.0
1950	118.8	118.5	85.4	119.3	119.9	170.8
1951	117.3	107.9	210.4	134.9	146.8	168.5
1952	153.0	144.5	1 153.8	143.9	184.2	75.4
1953	142.7	134.5	315.4	133.6	185.0	237.7
1954	139.1	128.6	251.5	140.5	185.4	248.5
1955	146.6	133.1	336.2	122.9	226.1	252.7
1956	136.1	115.3	521.5	99.3	257.6	250.4
1957	129.3	97.1	1 886.2	85.4	285.6	291.5
1958	153.0	115.6	5 058.4	84.5	265.7	427.7
1959	169.1	127.2	3 237.0	68.5	506.2	499.2
1960	140.4	95.6	1 938.0	65.3	604.9	624.6
1961	149.1	109.2	1 277.9	51.3	604.9	535.4
1962	142.8	100.3	1 299.0	73.4	565.4	421.9
1963	158.2	115.9	1 399.2	91.6	503.2	294.2
1964	164.7	116.7	1 706.5	110.4	531.7	300.8
1965	173.5	121.7	2 620.5	110.3	569.8	376.9
1966	190.2	140.7	3 631.6	102.9	532.2	259.6
1967	202.6	151.1	3 382.5	118.7	525.3	245.0
1968	194.9	144.5	3 582.1	110.4	524.9	226.5
1969	166.3	116.1	3 951.9	104.3	511.5	201.9
1970	225.4	167.1	4 589.1	98.9	703.8	304.2
1971	227.7	159.5	5 008.3	144.6	701.0	260.8
1972	208.4	143.1	5 279.6	113.2	858.4	233.6
1973	251.1	181.0	4 089.4	134.8	852.8	457.8
1974	271.5	194.5	4 228.7	138.8	1 026.3	566.1
1975	279.1	209.2	5 454.1	155.0	566.6	516.1
1976	243.9	179.6	5 036.2	148.1	497.3	466.8
1977	242.5	176.8	5 528.8	148.3	523.8	379.0
1978	289.2	221.5	4 223.5	151.2	539.6	288.5
1979	279.5	207.5	4 700.8	165.9	613.9	234.5
1980	290.8	208.5	7 847.1	187.9	619.3	246.4
1981	311.2	225.5	8 482.2	190.9	647.6	383.5
1982	330.2	238.8	9 017.7	210.6	603.3	449.6
1983	425.2	333.8	9 066.2	203.3	645.0	521.3
1984	469.7	365.0	10 579.3	229.4	758.0	624.9
1985	432.2	303.1	10 754.5	312.4	909.7	862.5
1986	451.0	321.8	9 355.2	309.8	999.8	1 104.6
1987	516.1	386.0	8 891.9	303.1	1 064.5	1 332.2
1988	543.8	407.2	8 928.8	348.7	881.5	1 719.0
1989	480.4	340.6	8 910.1	380.8	745.6	1 919.8
1990	608.4	468.2	7 678.5	403.4	598.4	2 108.0
1991	605.1	451.5	7 777.1	438.8	620.0	2 336.1
1992	622.8	456.3	7 782.7	475.4	672.8	2 458.2

9—4 续表 (以上年为100)

年份	农业总产值	农业(种植业)产值	林业产值	牧业产值	副业产值	渔业产值
1949	100.0	100.0	100.0	100.0	100.0	100.0
1950	118.8	118.5	85.4	119.3	119.9	178.8
1951	98.7	91.1	246.4	113.0	122.4	98.6
1952	130.4	133.9	548.4	106.7	125.5	44.7
1953	93.3	93.1	27.3	92.8	100.4	315.3
1954	97.5	95.6	79.8	105.2	100.3	104.5
1955	105.4	103.5	133.6	87.4	121.9	101.7
1956	92.8	86.7	155.1	80.8	113.9	99.1
1957	95.0	84.2	361.7	86.0	110.9	116.4
1958	118.3	119.1	268.2	98.9	93.0	146.7
1959	110.6	110.1	64.0	81.1	190.5	116.7
1960	83.0	75.1	59.9	95.3	119.5	125.1
1961	106.2	114.3	65.9	78.6	100.0	85.7
1962	95.7	91.9	101.7	143.1	93.5	78.8
1963	110.8	115.5	107.7	124.7	89.0	69.7
1964	104.1	100.7	122.0	120.5	105.7	102.2
1965	105.3	104.3	153.6	99.9	107.2	125.3
1966	109.6	115.5	138.6	93.3	93.4	68.9
1967	106.5	107.4	93.1	115.4	98.7	94.4
1968	96.2	95.6	105.9	93.0	99.9	92.5
1969	85.3	80.4	110.3	94.5	97.5	89.1
1970	135.5	143.9	116.1	94.9	137.6	150.7
1971	101.0	95.5	109.1	146.2	99.6	85.7
1972	91.5	89.7	105.4	78.3	122.5	89.6
1973	120.5	126.5	77.5	119.1	99.3	196.0
1974	108.1	107.5	103.4	103.0	120.3	123.7
1975	102.8	107.5	129.0	111.7	55.2	91.2
1976	87.4	85.8	92.3	95.5	87.8	86.6
1977	99.4	98.4	109.8	100.2	105.3	84.8
1978	119.3	125.3	76.4	102.0	111.0	76.1
1979	96.7	93.7	111.3	109.7	105.6	81.3
1980	104.0	100.5	166.9	113.3	100.9	105.1
1981	107.0	108.2	108.1	101.6	104.6	155.6
1982	105.8	105.9	106.3	110.3	93.2	117.2
1983	129.2	139.8	100.5	96.6	107.0	115.9
1984	110.5	109.3	116.7	112.8	117.5	119.9
1985	92.0	83.0	101.7	136.2	120.0	138.0
1986	104.4	106.2	87.0	99.2	109.9	128.1
1987	114.4	120.0	95.0	97.9	106.5	120.7
1988	105.4	105.5	100.4	115.0	82.8	129.0
1989	88.3	83.7	99.8	109.2	84.6	111.7
1990	126.7	137.4	86.2	105.9	80.3	109.8
1991	99.5	96.4	101.3	108.8	103.6	110.8
1992	102.9	101.1	100.0	108.3	108.5	105.2

9—5 农业总产值构成

(以农业总产值为100)　　单位：%

年　份	农业总产值	农业(种植业)产值	林业产值	牧业产值	副业产值	渔业产值
1949	100	72.9	0.3	11.7	14.8	0.3
1950	100	72.7	0.2	11.7	15.0	0.4
1951	100	67.1	0.5	13.4	18.6	0.4
1952	100	68.9	2.1	10.9	17.9	0.2
1953	100	68.8	0.6	10.9	19.2	0.5
1954	100	67.4	0.5	11.8	19.8	0.5
1955	100	66.2	0.6	9.8	22.9	0.5
1956	100	61.8	1.1	8.5	28.1	0.5
1957	100	72.5	3.0	13.2	10.6	0.7
1958	100	72.9	6.7	11.0	8.5	0.9
1959	100	72.6	3.9	8.1	14.5	0.9
1960	100	65.7	2.9	9.2	20.8	1.4
1961	100	70.6	1.8	6.8	19.6	1.2
1962	100	67.9	1.8	10.2	19.2	0.9
1963	100	70.7	1.8	11.5	15.4	0.6
1964	100	68.4	2.1	13.3	15.6	0.6
1965	100	67.7	3.1	12.6	15.9	0.7
1966	100	71.3	3.9	10.8	13.5	0.5
1967	100	72.0	3.4	11.7	12.5	0.4
1968	100	71.5	3.8	11.3	13.0	0.4
1969	100	67.4	4.9	12.4	14.9	0.4
1970	100	71.6	4.2	8.7	15.1	0.4
1971	100	72.9	3.5	14.5	8.9	0.2
1972	100	71.5	4.0	12.4	11.9	0.2
1973	100	75.0	2.6	12.3	9.8	0.3
1974	100	74.6	2.5	11.7	10.9	0.3
1975	100	78.0	3.1	12.7	5.9	0.3
1976	100	76.7	3.3	13.8	5.9	0.3
1977	100	75.9	3.6	14.0	6.2	0.3
1978	100	79.8	2.3	11.9	5.8	0.2
1979	100	77.3	2.7	13.5	6.3	0.2
1980	100	60.5	5.2	19.5	5.7	0.1
1981	100	73.5	3.4	16.9	5.9	0.3
1982	100	74.3	4.2	15.9	5.2	0.4
1983	100	79.8	2.7	12.7	4.4	0.4
1984	100	77.6	4.0	13.4	4.6	0.4
1985	100	68.7	3.9	21.1	5.7	0.6
1986	100	71.8	3.0	18.8	5.5	0.9
1987	900	71.3	2.4	19.4	5.9	1.0
1988	100	71.0	2.0	20.9	4.6	1.5
1989	100	64.7	2.6	27.1	3.7	1.9
1990	100	71.5	2.2	21.9	2.9	1.5
1991	100	68.7	2.3	24.0	3.4	1.6
1992	100	67.9	2.5	24.5	3.5	1.6

9—6 农村社会总产值

年份	农村社会总产值	农业总产值	农村工业总产值	农村建筑业总产值	农村运输业总产值	农村商业饮食业总产值
绝对数（万元）						
1985	1 247 211	858 946	200 025	97 345	33 727	57 168
1986	1 505 780	984 291	284 134	112 695	53 027	71 633
1987	1 972 057	1 208 072	443 321	137 679	86 513	96 472
1988	2 457 312	1 409 127	618 910	176 567	116 875	135 833
1989	2 590 679	1 337 893	744 833	194 209	150 998	167 746
1990	3 221 665	1 890 862	798 621	199 780	164 596	162 806
1991	3 301 863	1 883 833	824 746	225 749	177 711	189 824
1992	3 855 552	2 043 897	1 084 688	258 498	225 097	243 372
构成（以农村社会总产值为100）						
1985	100	68.9	16.0	7.8	2.7	4.6
1986	100	65.4	18.9	7.5	3.5	4.7
1987	100	61.2	22.5	7.0	4.4	4.9
1988	100	57.3	25.2	7.2	4.8	5.5
1989	100	51.6	28.8	7.5	5.8	6.3
1990	100	58.7	24.8	6.2	5.1	5.2
1991	100	57.1	25.0	6.8	5.4	5.7
1992	100	53.0	28.1	6.7	5.9	6.3

9—7 各市县农村社会总产值

(1992年)　　　　单位：万元

市、县	农村社会总产值	农业总产值	农村工业总产值	农村建筑业总产值	农村运输业总产值	农村商业饮食业总产值
全　省	**3 855 552**	**2 043 897**	**1 084 688**	**258 498**	**225 097**	**243 372**
长春市	**1 063 542**	**522 324**	**343 094**	**74 958**	**49 184**	**73 982**
市区	306 277	70 164	169 317	19 999	17 998	28 799
九台市	115 701	60 914	29 471	9 062	5 672	10 582
榆树市	204 807	130 782	39 012	11 457	10 741	12 815
农安县	214 991	124 325	54 556	18 165	4 467	13 478
德惠县	137 012	91 512	29 558	8 733	3 838	3 371
双阳县	84 754	44 627	21 180	7 542	6 468	4 937
吉林市	**589 125**	**223 898**	**181 451**	**67 994**	**60 847**	**54 935**
市区	123 421	33 622	52 728	9 767	14 723	12 581
桦甸市	71 590	28 681	18 237	13 225	7 080	4 367
蛟河市	86 417	31 452	24 944	9 704	9 460	10 857
舒兰市	91 410	42 945	19 345	7 913	10 045	11 162
永吉县	126 123	57 300	35 097	12 902	11 550	9 274
磐石县	90 164	29 898	31 100	14 483	7 989	6 694
四平市	**609 604**	**319 469**	**167 512**	**46 898**	**47 427**	**28 298**
市区	76 385	8 182	51 988	7 095	6 763	2 357
公主岭市	209 529	119 242	43 251	18 917	18 218	9 901
梨树县	182 471	101 404	44 900	14 254	16 551	5 362
伊通县	80 296	47 364	19 900	4 145	2 899	5 988
双辽县	60 923	43 277	7 473	2 487	2 996	4 690
辽源市	**186 099**	**87 932**	**67 133**	**6 511**	**13 402**	**11 121**
市区	21 760	5 997	10 310	724	2 420	2 309
东丰县	83 943	43 720	26 832	2 362	6 611	4 418
东辽县	80 396	38 215	29 991	3 425	4 371	4 394
通化市	**282 299**	**169 393**	**76 184**	**13 571**	**13 586**	**9 565**
市区	27 539	8 431	10 545	3 396	3 724	1 443
梅河口市	78 276	48 227	23 117	2 214	3 125	1 593
集安市	34 032	22 492	6 564	2 740	802	1 434
通化县	45 783	25 218	14 572	2 522	2 326	1 145

9—7 续表　　(1992年)　　单位:万元

市、县	农村社会总产值	农业总产值	农村工业总产值	农村建筑业总产值	农村运输业总产值	农村商业饮食业总产值
辉南县	42 905	28 651	10 481	1 531	1 258	984
柳河县	53 764	36 374	10 905	1 168	2 351	2 966
浑江市	**172 929**	**83 915**	**46 602**	**7 094**	**12 330**	**22 988**
市区	80 387	24 332	30 608	3 340	7 813	14 294
临江县	25 051	14 571	6 473	1 063	1 604	1 340
抚松县	36 154	25 691	4 039	1 307	1 368	3 749
靖宇县	14 942	10 074	1 865	390	820	1 793
长白县	16 395	9 247	3 617	994	725	1 812
松原市	**384 644**	**300 631**	**52 219**	**13 087**	**7 169**	**11 538**
扶余区	148 149	104 100	26 103	6 111	6 383	5 452
长岭县	97 692	77 083	15 149	3 902	378	1 180
前郭县	94 035	80 744	7 323	1 525	255	4 188
乾安县	44 768	38 704	3 644	1 549	153	718
白城地区	**279 664**	**199 740**	**56 664**	**13 654**	**2 354**	**7 252**
白城市	34 857	16 498	15 492	474	582	1 811
洮南市	71 574	53 879	12 637	2 976	281	1 801
大安市	67 721	46 565	14 659	4 790	282	1 425
镇赉县	51 326	39 467	9 834	899	356	770
通榆县	54 186	43 331	4 042	4 515	853	1 445
延边朝鲜族自治州	**287 646**	**136 595**	**93 829**	**14 731**	**18 798**	**23 693**
延吉市	21 813	8 005	11 384	722	524	1 178
图们市	13 139	5 581	5 753	559	138	1 108
敦化市	84 999	38 624	31 110	3 846	7 101	4 318
龙井市	36 955	21 435	11 122	1 620	869	1 909
珲春市	24 178	14 071	4 644	1 539	1 598	2 326
和龙县	35 133	15 065	10 908	1 950	3 090	4 120
汪清县	41 991	18 548	10 870	3 453	3 243	5 877
安图县	29 438	15 266	8 038	1 042	2 235	2 857

9—8 各市县农业总产值

(1992年)　　　　单位：万元

市、县	农业总产值	农业(种植业)产值	林业产值	牧业产值	副业产值	渔业产值
全省	**2 043 897**	**1 389 534**	**51 028**	**499 849**	**70 802**	**32 684**
长春市	**522 324**	**367 399**	**3 016**	**145 964**	**1 261**	**4 684**
市区	70 164	34 505	112	34 959	37	551
九台市	60 914	44 665	598	14 629	60	962
榆树市	130 782	101 582	664	27 726	487	323
农安县	124 325	88 148	583	34 138	215	1 241
德惠县	91 512	67 267	606	22 089	251	1 299
双阳县	44 627	31 232	453	12 423	211	308
吉林市	**223 898**	**147 380**	**4 961**	**55 834**	**10 637**	**5 086**
市区	33 622	16 315	421	16 093	552	241
桦甸市	28 681	18 885	553	6 526	2 255	462
蛟河市	31 452	18 748	1 281	7 530	3 403	490
舒兰市	42 945	31 107	708	8 435	1 331	1 364
永吉县	57 300	42 970	1 127	9 797	1 885	1 521
磐石县	29 898	19 355	871	7 453	1 211	1 008
四平市	**319 469**	**234 118**	**2 551**	**77 666**	**3 315**	**1 819**
市区	8 182	5 747	48	2 216	138	33
公主岭市	119 242	87 534	416	29 935	713	644
梨树县	101 404	75 273	705	24 032	809	585
伊通县	47 364	33 953	745	11 658	706	302
双辽县	43 277	31 611	637	9 825	949	255
辽源市	**87 932**	**57 129**	**782**	**27 254**	**2 158**	**609**
市区	5 998	3 713	13	2 239	13	20
东丰县	43 719	27 845	523	13 834	1 209	308
东辽县	38 215	25 571	246	11 181	936	281
通化市	**169 393**	**105 774**	**6 475**	**43 531**	**10 987**	**2 626**
市区	8 430	3 066	313	4 889	148	14
梅河口市	48 228	33 012	685	11 123	2 094	1 314
集安市	22 492	15 901	1 125	3 512	1 672	282
通化县	25 218	14 538	2 297	6 023	2 216	144

9—8 续表　　(1992年)　　单位：万元

市、县	农业总产值	农业（种植业）产值	林业产值	牧业产值	副业产值	渔业产值
辉南县	28 651	16 565	1 039	9 591	935	521
柳河县	36 374	22 692	1 016	8 393	3 922	351
浑江市	**83 915**	**36 179**	**7 199**	**18 212**	**21 639**	**686**
市区	24 332	8 019	1 082	8 219	6 854	158
临江县	14 571	6 436	1 363	3 443	3 120	209
抚松县	25 691	9 975	3 546	3 076	8 881	213
靖宇县	10 074	6 133	369	2 035	1 449	88
长白县	9 247	5 616	839	1 439	1 335	18
松原市	**300 631**	**228 314**	**6 292**	**55 014**	**5 846**	**5 165**
扶余区	104 100	82 272	1 253	17 643	780	2 152
长岭县	77 082	59 889	1 436	14 586	1 038	133
前郭县	80 745	55 238	2 693	16 826	3 188	2 800
乾安县	38 704	30 915	910	5 959	840	80
白城地区	**199 740**	**128 477**	**7 989**	**45 280**	**7 137**	**10 857**
白城市	16 498	10 673	176	5 195	446	8
洮南市	53 879	36 296	1 877	12 961	1 741	1 004
大安市	46 565	27 791	1 128	11 650	1 486	4 510
镇赉县	39 467	25 015	1 355	7 448	1 616	4 033
通榆县	43 331	28 702	3 453	8 026	1 848	1 302
延边朝鲜族自治州	**136 595**	**84 764**	**11 763**	**31 094**	**7 822**	**1 152**
延吉市	8 005	4 576	283	2 924	200	22
图们市	5 581	3 680	443	1 270	176	12
敦化市	38 625	22 360	2 984	9 850	2 791	640
龙井市	21 435	15 884	655	4 346	466	84
珲春市	14 070	8 996	840	2 732	1 320	182
和龙县	15 065	9 442	2 014	3 051	498	60
汪清县	18 548	10 609	3 063	3 554	1 288	34
安图县	15 266	9 217	1 481	3 367	1 083	118

9—9 农业总产值、物质消耗、净产值和比重

项　　目	1978年	1980年	1985年	1990年	1991年	1992年
农业总产值（万元）	**377 802**	**474 714**	**858 946**	**1 890 862**	**1 883 833**	**2 043 897**
农业（种植业）	301 486	329 926	590 287	1 352 809	1 293 835	1 389 534
林　　业	8 689	24 685	33 162	41 878	44 185	51 028
牧　　业	44 958	92 569	181 194	414 028	451 476	499 849
副　　业	21 913	27 059	48 845	54 075	63 705	70 802
渔　　业	756	475	5 458	28 072	30 632	32 684
农业物质消耗（万元）	**143 234**	**209 655**	**301 192**	**636 173**	**666 497**	**720 753**
农业（种植业）	112 142	144 077	192 866	435 143	443 213	460 874
林　　业	3 344	9 605	11 161	14 644	16 087	17 119
牧　　业	21 485	47 990	83 396	166 384	184 711	218 390
副　　业	5 960	7 766	11 258	10 608	11 989	14 025
渔　　业	303	217	2 511	9 394	10 497	10 345
农业净产值（万元）	**234 568**	**265 059**	**557 754**	**1 254 689**	**1 217 336**	**1 323 144**
农业（种植业）	189 344	185 849	397 421	917 666	850 622	928 660
林　　业	5 345	15 080	22 001	27 234	28 098	33 909
牧　　业	23 473	44 579	97 798	247 644	266 765	281 459
副　　业	15 953	19 293	37 587	43 467	51 716	56 777
渔　　业	453	258	2 947	18 678	20 135	22 339
占农业总产值比重（%）						
农业物质消耗	**37.9**	**44.2**	**35.1**	**33.6**	**35.4**	**35.3**
农业（种植业）	37.2	43.7	32.7	32.2	34.3	33.2
林　　业	38.5	38.9	33.7	35.0	36.4	33.5
牧　　业	47.8	51.8	46.0	40.2	40.9	43.7
副　　业	27.2	28.7	23.0	19.6	18.8	19.8
渔　　业	40.1	45.7	46.0	33.5	34.3	31.7
农业净产值	**62.1**	**55.8**	**64.9**	**66.4**	**64.6**	**64.7**
农业（种植业）	62.8	56.3	67.3	67.8	65.7	66.8
林　　业	61.5	61.1	66.3	65.0	63.6	66.5
牧　　业	52.2	48.2	54.0	59.8	59.1	56.3
副　　业	72.8	71.3	77.0	80.4	81.2	80.2
渔　　业	59.9	54.3	54.0	66.5	65.7	68.3

9—10 农业商品产值和商品率

项　　目	1985年	1986年	1989年	1990年	1991年	1992年
农业商品产值（万元）	**405 934**	**529 125**	**798 434**	**1 181 182**	**1 205 881**	**1 310 595**
一、种　植　业	278 244	368 857	497 285	829 260	809 713	854 469
主产品合计	272 479	362 403	487 127	816 219	793 758	837 333
#粮食作物	179 460	255 113	305 228	607 699	587 437	607 682
经济作物	70 151	74 343	107 877	127 600	122 536	123 017
副产品合计	5 765	6 454	10 158	13 041	15 955	17 136
#粮食作物	5 660	6 264	9 602	12 355	15 253	16 286
经济作物	105	190	556	686	702	850
二、林　　业	9 064	9 517	12 002	10 688	11 858	13 784
三、牧　　业	87 964	106 930	235 820	286 038	318 089	369 024
四、副　　业	25 609	36 184	29 704	28 713	37 894	43 434
五、渔　　业	5 053	7 637	23 623	26 423	28 327	29 884
农业商品率（%）	**47.3**	**53.8**	**59.7**	**62.5**	**64.0**	**64.1**
一、种植业	47.1	52.2	57.4	61.3	62.4	61.5
主产品合计	51.6	56.7	59.9	64.5	66.3	64.7
#粮食作物	44.5	51.2	53.1	61.2	63.1	61.3
经济作物	90.4	89.8	90.1	92.2	94.1	92.6
副产品合计	9.3	9.5	19.4	14.8	16.6	18.1
#粮食作物	9.5	9.5	19.3	14.6	16.5	17.8
经济作物	3.8	10.1	21.9	20.3	19.0	28.4
二、林　　业	27.3	32.3	34.7	25.5	26.8	27.0
三、牧　　业	48.5	57.7	65.1	69.1	70.5	73.8
四、副　　业	52.4	67.0	60.3	53.2	59.5	61.3
五、渔　　业	92.6	91.4	92.1	94.4	92.5	91.4

9—11 各市县农业商品产值

(1992年) 单位：万元

市、县	农业商品产值	农作物种植业商品产值	林业商品产值	牧业商品产值	副业商品产值	渔业商品产值
全省	**1 311 020**	**854 469**	**13 784**	**369 449**	**43 434**	**29 884**
长春市	**339 769**	**225 497**	**273**	**108 715**	**1 159**	**4 125**
市区	55 149	23 215		31 382	35	517
九台市	37 107	26 907	81	9 296	49	774
榆树市	78 790	58 241		19 821	442	286
农安县	81 711	55 327		25 064	203	1 117
德惠县	56 818	40 114	192	15 122	233	1 157
双阳县	30 194	21 693		8 030	197	274
吉林市	**139 295**	**85 377**	**1 491**	**40 601**	**7 384**	**4 442**
市区	23 901	10 268	139	12 992	296	206
桦甸市	19 764	12 424	191	4 757	1 961	431
蛟河市	20 774	11 337	361	5 754	2 878	444
舒兰市	24 231	16 421	208	5 442	1 103	1 057
永吉县	33 491	24 785	285	6 439	614	1 368
磐石县	17 134	10 142	307	5 217	532	936
四平市	**222 312**	**154 014**	**622**	**63 222**	**2 800**	**1 654**
市区	5 941	3 879	6	1 890	134	32
公主岭市	85 437	59 441	164	24 500	696	636
梨树县	64 832	44 551	278	18 803	732	468
伊通县	36 060	23 599	168	11 333	698	262
双辽县	30 042	22 544	6	6 696	540	256
辽源市	**61 185**	**36 146**	**154**	**22 964**	**1 344**	**577**
市区	4 717	3 093		1 597	9	18
东丰县	31 157	17 182	140	12 989	554	292
东辽县	25 311	15 871	14	8 378	781	267
通化市	**103 887**	**60 044**	**3 419**	**32 039**	**5 866**	**2 519**
市区	6 369	2 259	173	3 872	52	13
梅河口市	29 872	17 970	404	8 286	1 898	1 314
集安市	13 892	10 812	469	1 957	384	270
通化县	15 424	8 631	1 675	4 191	797	130

9—11 续表　　(1992年)　　单位:万元

市、县	农业商品产值	农作物种植业商品产值	林业商品产值	牧业商品产值	副业商品产值	渔业商品产值
辉南县	15 963	7 943	209	7 024	319	468
柳河县	22 367	12 429	489	6 709	2 416	324
浑江市	**55 868**	**26 564**	**2 758**	**12 431**	**13 471**	**644**
市区	16 990	5 174	447	6 509	4 702	158
临江县	9 268	4 456	478	2 045	2 105	184
抚松县	16 769	7 660	1 499	1 805	5 593	212
靖宇县	6 822	4 697	123	1 320	608	74
长白县	6 019	4 577	211	752	463	16
松原市	**188 062**	**142 037**	**979**	**36 060**	**3 860**	**5 126**
扶余区	63 206	45 030	313	14 960	770	2 133
长岭县	52 296	41 815	176	9 589	583	133
前郭县	48 724	34 761	420	8 626	2 137	2 780
乾安县	23 836	20 431	70	2 885	370	80
白城地区	**113 421**	**71 484**	**295**	**28 845**	**2 982**	**9 815**
白城市	9 616	5 911	21	3 539	137	8
洮南市	33 192	22 995	112	8 725	440	920
大安市	28 005	16 312	20	6 851	538	4 284
镇赉县	20 073	10 038	113	5 549	973	3 400
通榆县	22 535	16 228	29	4 181	894	1 203
延边朝鲜族自治州	**87 221**	**53 306**	**3 793**	**24 572**	**4 568**	**982**
延吉市	6 355	3 333	139	2 784	78	21
图们市	3 764	2 390	248	1 066	51	9
敦化市	24 731	13 882	674	7 561	2 052	562
龙井市	14 009	10 135	241	3 299	267	67
珲春市	8 878	5 375	358	2 006	1 003	136
和龙县	8 480	5 053	732	2 497	148	50
汪清县	11 261	7 052	1 134	2 659	395	21
安图县	9 743	6 086	267	2 700	574	116

9—12 商品粮基地基本情况

项　目	单位	1985年	1986年	1989年	1990年	1991年	1992年
商品粮基地县数	个	6	28	28	28	28	28
农业人口	万人	464.8	1 201.6	1 205.1	1 224.3	1 229.7	1 224.0
耕地面积	万亩	2 204.3	5 064.9	5 007.5	5 019.0	5 020.5	4 976.7
农业总产值（现价）	亿元	28.3	80.2	106.7	154.9	153.1	165.2
粮食播种面积	万亩	1 910.2	4 530.7	4 479.9	4 615.0	4 624.1	4 599.5
粮食总产量	万吨	477.0	1 311.7	1 264.6	1 913.1	1 849.4	1 819.9
粮食每亩产量	公斤	250	290	282	415	400	396
每一农业人口生产 粮食	公斤	1 026	1 092	1 049	1 563	1 504	1 486
向国家交售商品粮	万吨	192.7	661.0	704.8	1 284.5	1 189.5	766.3
每一农业人口交售商品粮	公斤	415.0	550.0	584.8	1 049.2	967.3	626.1

9—13 按农业人口平均的农业生产主要指标

项　目	单位	1978年	1980年	1985年	1990年	1991年	1992年
农业总产值（现价）	元	254.3	319.6	583.7	1 280.7	1 263.6	1 373.0
农业净产值（现价）	元	167.9	194.7	379.1	849.8	816.5	888.8
粮食产量	公斤	614.0	577.9	838.6	1 386.1	1 273.6	1 236.2
油料产量	公斤	8.2	17.9	33.1	31.7	29.2	24.1
猪牛羊肉产量	公斤	10.5	16.5	20.5	29.4	31.4	33.7
鲜蛋产量	公斤	2.6	3.0	12.0	16.9	18.4	20.5
水产品产量	公斤	0.7	0.6	2.0	4.8	5.3	5.7
水果产量	公斤	3.8	3.0	4.5	9.0	8.8	9.9
蔬菜产量	公斤	235.6	203.7	225.4	304.9	288.4	300.5

9—14 商品粮基地县基本情况

（1992 年）

	农业人口（万人）	耕地面积（万亩）	农业总产值（现价）（万元）	粮食播种面积（万亩）	粮食总产量（万吨）	粮食每亩产量（公斤）	向国家交售商品粮（万吨）
全省总计	**1 224.0**	**4 976.7**	**1 651 526**	**4 599.5**	**1 819.9**	**396**	**766.3**
长春市郊区	21.6	71.8	41 481	63.7	22.8	358	12.6
九台市	62.7	204.1	60 914	218.2	71.5	328	39.0
榆树市	104.2	436.7	130 782	371.1	165.0	445	66.7
农安县	91.2	435.3	124 325	389.3	171.4	440	43.2
德惠县	72.6	318.9	91 512	299.0	112.7	377	50.8
双阳县	32.5	124.0	44 627	114.5	53.0	463	25.6
桦甸市	26.1	65.6	28 681	61.0	17.9	293	6.3
蛟河市	30.0	72.6	31 452	64.3	17.6	275	6.2
永吉县	62.3	174.8	57 300	163.3	56.7	347	26.6
舒兰市	45.9	124.7	42 945	115.6	42.1	364	30.1
磐石县	37.0	96.4	29 898	93.8	26.1	278	9.2
公主岭市	74.1	330.4	119 242	316.6	170.6	539	93.6
梨树县	62.5	277.9	101 404	271.2	140.5	518	71.9
伊通县	36.1	132.4	47 364	126.2	58.2	461	23.9
双辽县	24.8	146.8	43 277	135.9	59.2	436	29.4
东丰县	29.0	115.3	43 719	107.4	42.6	397	18.5
东辽县	32.7	103.6	38 215	95.9	42.6	444	17.5
梅河口市	36.3	97.3	48 228	85.9	35.8	417	9.6
辉南县	22.3	59.3	28 651	55.7	20.5	368	7.6
柳河县	27.7	68.6	36 374	57.4	21.1	367	4.3
扶余市	80.9	403.4	104 100	371.7	142.3	383	57.4
洮南市	36.5	224.1	53 879	198.9	53.9	271	12.7
大安市	26.9	133.9	46 565	108.4	35.1	323	8.7
长岭县	48.9	269.0	77 082	211.7	83.0	392	45.8
前郭县	41.6	234.6	80 745	261.7	86.3	330	23.5
乾安县	20.8	109.5	38 704	115.7	44.8	387	17.9
敦化市	23.1	94.5	38 625	81.6	14.8	182	5.3
龙井市	13.7	51.2	21 435	43.8	11.8	269	2.4

9—15 耕地面积

项目	1978年	1980年	1985年	1990年	1991年	1992年
年末实有耕地面积（万亩）	6076.2	6 066.0	5 998.7	5 908.9	5 906.8	5 897.4
水田	448.4	383.2	479.7	627.8	649.6	683.1
旱田	5 627.8	5 682.8	5 519.0	5 281.1	5 257.2	5 214.3
#水浇地	449.5	712.8	564.7	695.0	735.4	689.0
当年增加的耕地面积（万亩）	46.3	23.4	31.1	30.4	16.0	14.6
新开荒地面积	20.0	8.8	6.0	9.2	5.5	7.2
还耕地面积	8.8	3.4	8.4	12.7	6.8	4.7
其他	17.5	11.2	16.7	8.5	3.7	2.7
当年减少的耕地面积（万亩）	40.2	35.2	91.1	24.8	18.1	24.0
国家基建占地	3.9	3.8	2.9	2.2	1.7	2.8
集体基建占地	2.5	4.6	0.9	0.5	0.6	0.9
农民个人建房占地			2.6	0.5	0.3	0.5
退耕造林面积	6.4	9.4	59.7	8.1	7.0	10.1
退耕改牧面积			10.8	1.7	0.6	0.7
其他	27.4	17.4	14.2	11.8	7.9	9.0
全民所有制耕地面积（万亩）	134.0	131.2	137.3	143.7	143.9	142.1
平均每一农业人口占有（亩）						
耕地面积	4.08	4.08	4.11	3.97	3.96	3.96
有效灌溉面积	0.60	0.74	0.71	0.89	0.93	0.92
#水浇地	0.30	0.48	0.39	0.47	0.49	0.46

9—16 各市县耕地面积

(1992年)

市、县	耕地面积(万亩)	水田	旱地	#水浇地	平均每一农业人口占有(亩)耕地面积	有效灌溉面积	#水浇地
全省	**5 897.4**	**683.1**	**5 214.3**	**689.1**	**3.96**	**0.92**	**0.46**
长春市	**1 657.7**	**138.1**	**1 519.6**	**143.5**	**4.08**	**0.69**	**0.35**
市区	102.7	7.4	95.3	15.7	2.39	0.54	0.37
九台市	240.1	26.2	213.9	18.2	3.83	0.71	0.29
榆树市	436.7	39.8	396.9	42.1	4.19	0.79	0.40
农安县	435.3	6.7	428.6	23.3	4.77	0.33	0.26
德惠县	318.9	44.4	274.5	32.9	4.39	1.06	0.45
双阳县	124.0	13.6	110.4	11.3	3.82	0.77	0.35
吉林市	**579.6**	**167.5**	**412.1**	**74.0**	**2.55**	**1.06**	**0.33**
市区	45.5	16.0	29.5	10.4	1.76	1.02	0.40
桦甸市	65.6	8.3	57.3	6.5	2.51	0.57	0.25
蛟河市	72.6	15.4	57.2	10.0	2.42	0.85	0.33
舒兰市	124.7	43.5	81.2	10.0	2.72	1.17	0.22
永吉县	174.8	60.7	114.1	22.2	2.81	1.33	0.36
磐石县	96.4	23.6	72.8	14.9	2.61	1.04	0.40
四平市	**907.2**	**73.8**	**833.4**	**88.8**	**4.41**	**0.79**	**0.43**
市区	19.7	0.1	19.6	1.6	2.49	0.22	0.20
公主岭市	330.4	17.0	313.4	29.9	4.46	0.63	0.40
梨树县	277.9	23.9	254.0	32.4	4.45	0.90	0.52
伊通县	132.4	16.8	115.6	7.2	3.67	0.66	0.20
双辽县	146.8	16.0	130.8	17.7	5.92	1.36	0.71
辽源市	**227.2**	**23.9**	**203.3**	**11.7**	**3.35**	**0.52**	**0.17**
市区	8.3	0.4	7.9	2.3	1.34	0.44	0.37
东丰县	115.3	16.3	99.0	2.1	3.98	0.63	0.07
东辽县	103.6	7.2	96.4	7.3	3.17	0.44	0.22
通化市	**300.3**	**85.3**	**215.0**	**50.7**	**2.33**	**1.06**	**0.39**
市区	7.8	0.4	7.4	2.0	1.05	0.32	0.27
梅河口市	97.3	35.4	61.9	23.6	2.68	1.63	0.65
集安市	22.4	3.7	18.7	1.2	1.44	0.31	0.08
通化县	44.9	8.4	36.5	3.5	2.31	0.61	0.18

9—16 续表 (1992年)

市、县	耕地面积（万亩）	水田	旱地	#水浇地	平均每一农业人口占有(亩) 耕地面积	有效灌溉面积	#水浇地
辉南县	59.3	20.4	38.9	12.0	2.66	1.45	0.54
柳河县	68.6	17.0	51.6	8.4	2.48	0.92	0.30
浑江市	**89.3**	**3.4**	**85.9**	**5.0**	**1.81**	**0.17**	**0.10**
市区	24.1	1.2	22.9	1.8	1.54	0.19	0.12
临江县	14.1	0.4	13.7	0.3	1.76	0.09	0.04
抚松县	24.0	0.1	23.9	0.5	1.94	0.05	0.04
靖宇县	16.0	0.8	15.2	0.5	1.88	0.15	0.06
长白县	11.1	0.9	10.2	1.9	2.31	0.58	0.40
松原市	**1 016.5**	**65.5**	**951.0**	**124.3**	**5.29**	**0.99**	**0.65**
扶余区	403.4	11.4	392.0	76.1	4.99	1.08	0.94
长岭县	269.0	2.9	266.1	20.7	5.50	0.48	0.42
前郭县	234.6	50.0	184.6	16.5	5.64	1.60	0.40
乾安县	109.5	1.2	108.3	11.0	5.26	0.59	0.53
白城地区	**776.6**	**40.9**	**735.7**	**161.0**	**6.45**	**1.68**	**1.34**
白城市	56.5	1.3	55.2	35.1	4.96	3.19	3.08
洮南市	224.1	11.3	212.8	54.6	6.14	1.81	1.50
大安市	133.9	10.4	123.5	37.9	4.98	1.80	1.41
镇赉县	149.5	15.8	133.7	21.5	6.92	1.73	1.00
通榆县	212.6	2.1	210.5	11.9	8.90	0.59	0.50
延边朝鲜族自治州	**343.0**	**84.7**	**258.3**	**30.1**	**3.75**	**1.25**	**0.33**
延吉市	12.4	2.7	9.7	1.7	2.14	0.76	0.29
图们市	13.4	3.6	9.8	2.0	3.35	1.40	0.50
敦化市	94.5	17.5	77.0	5.7	4.09	1.00	0.25
龙井市	51.2	15.0	36.2	4.3	3.74	1.41	0.31
珲春市	35.9	14.6	21.3	4.6	4.27	2.29	0.55
和龙县	40.0	13.1	26.9	3.4	3.74	1.54	0.32
汪清县	53.7	10.3	43.4	4.8	3.78	1.06	0.34
安图县	41.9	7.9	34.0	3.6	3.61	0.99	0.31

9—17 农业生产条件

项　　目	单　位	1978年	1980年	1985年	1990年	1991年	1992年
一、户数、人口、劳动力							
乡村总户数	万户	295.21	303.95	317.84	340.93	344.02	347.76
乡村总人口	万人	1 481.49	1 477.66	1 464.15	1 465.79	1 475.71	1 477.36
乡村劳动力	万人	321.12	338.06	450.01	614.43	620.94	646.63
#农林牧渔业	万人	294.60	307.49	399.67	541.24	546.58	565.80
工　业	万人	16.02	15.54	18.17	22.53	21.82	24.64
建筑业	万人		1.01	7.23	9.58	9.17	10.55
运输业	万人		0.51	5.25	7.06	6.48	7.40
商业、饮食业	万人		0.61	4.45	7.09	6.78	7.88
二、农村生产性固定资产原值	亿元			49.06	65.99	70.01	83.64
农村非生产用房屋及建筑物	亿元			47.88	75.38	83.70	93.94
三、农业机械化情况							
1. 农业机械总动力	万千瓦	284.11	367.54	476.34	629.00	587.52	591.41
2. 大中型农用拖拉机	万台	1.86	2.60	3.69	4.09	3.78	3.75
3. 小型（手扶）拖拉机	万台	2.49	2.59	8.76	18.60	19.18	19.96
4. 大中型机引农具	万部	4.75	5.92	3.85	3.80	4.12	4.21
5. 联合收割机	台	161	145	227	173	155	130
6. 农用排灌机械	万台	4.74	6.55	5.66	22.18	21.14	21.34
7. 农用载重汽车	辆	2172	2 766	8 399	8 754	6 922	6 929
四、耕地面积	万亩	6 076.2	6 066.0	5 998.7	5 908.9	5 906.8	5 897.4
水　田	万亩	448.4	383.2	479.7	627.8	649.6	683.1
旱　地	万亩	5 627.8	5 682.8	5 519.0	5 281.1	5 257.2	5 214.3
#水浇地	万亩	449.5	712.8	564.7	695	735.4	689.0
五、农业现代化水平							
1. 机耕面积占耕地面积比重	%	32.8	35.0	34.7	45.8	47.3	48.5
2. 有效灌溉面积占耕地面积比重	%	14.8	18.1	17.4	22.4	23.4	23.3
3. 化肥施用量（实物量）	万吨	66.69	120.20	159.23	233.06	248.14	245.01
4. 每亩耕地施用化肥	公斤	10.98	19.82	26.54	39.44	42.01	41.55
5. 农村用电量	亿千瓦小时	8.10	9.71	11.91	16.80	18.19	18.96
6. 每亩耕地用电量	千瓦小时	13.33	16.01	19.85	28.43	30.79	32.16
六、农作物播种面积							
总播种面积	万亩	6 079.6	6 085.5	6 095.9	6 059.7	6 098.9	6 073.0
#粮食作物	万亩	5 404.7	5 286.4	4 925.2	5 288.8	5 313.0	5 305.3
经济作物	万亩	335.4	464.1	860.7	480.8	474.5	439.1

9—18 主要农业机械拥有量

项　　目	单　位	1978年	1980年	1985年	1990年	1991年	1992年
农业机械总动力	**万千瓦**	**284.11**	**367.54**	**476.34**	**629.00**	**587.52**	**591.41**
一、耕作机械							
农用大中型拖拉机	混合台	18 646	25 961	36 858	40 853	37 758	37 457
农用小型及手扶拖拉机	台	24 933	25 873	87 596	186 004	191 779	199 621
大中型机引农具	部	47 515	59 199	38 543	37 967	41 195	42 058
小型拖拉机机引农具	部	23 065	27 458	55 505	240 976	305 514	317 885
机动水稻插秧机	部	9 244	9 096	6 088	6 198	6 013	5 918
二、排灌机械							
农用排灌动力机械	台	47 430	65 470	56 589	221 822	211 358	213 440
农用水泵	台	43 461	53 387	50 580	198 822	205 377	204 945
喷灌机械	套	1 779	3 978	2 576	12 770	8 843	7 553
三、收获机械							
联合收割机	台	161	145	227	173	155	130
机动收割机	台	157	116	129	144	165	143
机动脱粒机	台	43 099	61 357	32 610	102 587	106 202	107 591
四、农产品加工机械							
碾米机、磨面机	部	81 832	91 593	107 863	102 587	99 922	99 363
榨油机	部	3 452	2 843	3 779	3 535	3 162	3 214
五、运输机械							
农用载重汽车	辆	2 172	2 766	8 399	8 754	6 922	6 929
大中型拖车	辆	9 626	15 524	104 823	31 400	28 108	28 557

9—19 各市县主要农业机械拥有量

（1992年）

市、县	农业机械总动力（千瓦特）	大中型农用拖拉机（混合台）	农用小型及手扶拖拉机（台）	大中型机引农具（部）	农用排灌动力机械（台）	磨面机碾米机（部）
全省	**5 914 098**	**37 457**	**199 621**	**42 058**	**213 440**	**99 363**
长春市	**1 419 987**	**7 648**	**34 839**	**13 723**	**76 257**	**26 835**
市区	215 284	818	5 616	1 336	3 789	2 010
九台市	177 193	775	5 880	1 357	9 058	3 498
榆树市	366 497	1 961	7 625	5 005	26 546	5 916
农安县	292 233	2 402	6 450	2 968	6 558	7 114
德惠县	274 608	1 231	6 172	2 252	23 869	5 747
双阳县	94 172	461	3 096	805	6 437	2 550
吉林市	**856 436**	**3 096**	**31 684**	**1 104**	**31 429**	**14 856**
市区	167 485	422	4 308	422	3 795	755
桦甸市	92 217	468	2 893	68	1 026	2 043
蛟河市	91 969	421	3 829	69	1 713	2 282
舒兰市	162 878	820	6 951	291	8 459	2 215
永吉县	203 076	488	9 378	162	13 633	4 236
磐石县	138 811	477	4 325	92	2 803	3 325
四平市	**652 999**	**3 668**	**23 671**	**8 734**	**36 425**	**13 495**
市区	29 953	229	921	145	2 107	271
公主岭市	206 532	1 158	9 320	2 821	4 306	4 251
梨树县	210 605	1 207	5 502	4 951	20 190	4 174
伊通县	90 677	367	3 228	306	4 531	2 360
双辽县	115 232	707	4 700	511	5 291	2 439
辽源市	**183 554**	**606**	**6 126**	**381**	**8 491**	**5 400**
市区	12 995	43	670	9	451	498
东丰县	73 350	316	2 334	282	3 967	2 351
东辽县	97 209	247	3 122	90	4 073	2 551
通化市	**505 111**	**2 201**	**14 912**	**726**	**11 641**	**8 651**
市区	44 470	296	952	16	784	505
梅河口市	107 734	475	5 043	334	3 591	1 671
集安市	79 741	193	1 191	48	3 045	1 146
通化县	67 832	377	1 206	107	1 016	1 783

9—19 续表 (1992年)

市、县	农业机械总动力（千瓦特）	大中型农用拖拉机（混合台）	农用小型及手扶拖拉机（台）	大中型机引农具（部）	农用排灌动力机械（台）	磨面机碾米机（部）
辉南县	110 950	521	3 218	186	1 340	1 329
柳河县	94 384	339	3 302	35	1 865	2 217
浑江市	**180 206**	**1 087**	**3 634**	**124**	**934**	**2 964**
市区	55 453	362	920	9	444	600
临江县	31 335	258	441	2	87	1 225
抚松县	30 472	176	1 053	59	127	591
靖宇县	18 832	131	873	21	45	195
长白县	44 114	160	347	33	231	353
松原市	**869 681**	**9 709**	**30 966**	**9 449**	**24 567**	**13 495**
扶余区	344 730	3 621	10 204	4 292	14 930	4 589
长岭县	124 268	1 028	7 105	334	1 023	2 978
前郭县	272 512	2 980	7 920	3 989	7 675	4 870
乾安县	128 171	2 080	5 737	834	939	1 058
白城地区	**740 393**	**4 753**	**31 924**	**6 156**	**20 959**	**8 850**
白城市	105 548	461	2 992	672	4 589	674
洮南市	205 324	1 096	10 583	938	5 804	2 462
大安市	133 972	459	6 398	358	5 060	2 084
镇赉县	131 815	837	5 509	2 662	2 282	1 751
通榆县	163 734	1 900	6 442	1 526	3 224	1 879
延边朝鲜族自治州	**505 731**	**4 689**	**21 865**	**1 661**	**2 737**	**4 817**
延吉市	30 386	300	1 170	140	300	161
图们市	32 078	213	993	69	205	141
敦化市	125 311	1 150	5 088	408	493	1 555
龙井市	58 387	361	4 892	320	303	719
珲春市	69 317	855	2 701	101	424	414
和龙县	46 596	433	2 863	152	147	510
汪清县	85 312	696	2 555	311	631	728
安图县	49 344	681	1 603	160	144	589

9—20 农业现代化水平

项　　目	单　位	1978年	1980年	1985年	1990年	1991年	1992年
一、农业机械化							
机耕面积	万亩	1 991.1	2 120.8	2 079.5	2 703.7	2 791.1	2 857.6
占耕地面积比重	%	32.8	35	34.7	45.8	47.3	48.5
机播面积	万亩	1 076.5	1 817	1 192.7	2 165.8	2 512.8	2 707.7
占耕地面积比重	%	17.7	30.0	19.9	36.7	42.5	45.9
机收面积	万亩	24.6	18	7.8	18.8	20.2	23.3
二、农业电气化							
农村用电量	万千瓦小时	81 030	97 100	119 054	167 992	181 895	189 639
亩均用电量	千瓦小时	13.3	15.9	19.8	28.4	30.8	32.2
三、农业水利化							
配套机电井	万眼	3.55	5.34	4.5	4.8	4.94	4.97
有效灌溉面积	万亩	897.9	1 096	1 044.4	1 322.8	1 385	1 372.2
占耕地面积比重	%	14.8	18.1	17.4	22.4	23.4	23.3
机电灌溉面积	万亩	545.3	661.9	611.5	876.2	919.8	905.7
占有效灌溉面积比重	%	%	60.7	60.4	58.6	66.2	66.4
四、农业化学化							
化肥施用量（实物量）	万吨	66.69	120.20	159.23	233.06	248.14	245.01
氮　肥	万吨	51.83	90.19	109.73	170.93	180.77	177.04
磷　肥	万吨	13.10	26.62	27.06	22.71	22.88	22.18
钾　肥	万吨	1.76		1.89	4.83	7.18	7.41
复合肥	万吨		2.79	20.55	34.59	37.31	38.38
亩均化肥施用量	公斤	11	19.8	26.5	39.4	42	41.55

9—21 各市县农业现代化水平

(1992年)

市、县	机耕面积(万亩)	机耕面积占耕地面积比重(%)	机播面积(万亩)	机播面积占耕地面积比重(%)	机械脱粒粮食产量(万吨)	农村用电量(千千瓦小时)
全省	**2 857.6**	**48.5**	**2 707.7**	**45.9**	**2 022.9**	**2 296 388**
长春市	**838.9**	**50.6**	**906**	**54.7**	**478**	**477 730**
市区	30	29.2	36.8	35.8	28.2	145 072
九台市	106.5	44.4	93	38.7	63	69 701
榆树市	307.5	70.4	301.5	69	153	92 095
农安县	148.5	34.1	228	52.4	106.5	54 657
德惠县	175.9	55.2	176.2	55.3	85.6	80 835
双阳县	70.5	56.9	70.5	56.9	41.7	35 370
吉林市	**226.5**	**39.1**	**217.5**	**37.5**	**204.2**	**317 255**
市区	16.5	36.3	5.6	12.3	7.2	33 295
桦甸市	7.5	11.4	15.8	24.1	17	22 588
蛟河市	13.5	18.6	18	24.8	18	35 732
舒兰市	90	72.2	77.6	62.2	59	45 316
永吉县	61.5	35.2	67.5	38.6	82	121 938
磐石县	37.5	38.9	33	34.2	21	58 386
四平市	**500.6**	**55.2**	**702.6**	**77.4**	**349.0**	**297 610**
市区	7.1	36	8.8	44.7	5.8	44 340
公主岭市	214.5	64.9	319.5	96.7	139.6	95 228
梨树县	195	70.2	202.5	72.9	114	68 039
伊通县	33	24.9	90.8	68.6	43.8	42 696
双辽县	51	34.7	81	55.2	45.8	47 307
辽源市	**52.9**	**23.3**	**66.2**	**29.1**	**80.5**	**75 930**
市区	1.8	21.7	0.3	3.6	5.1	11 850
东丰县	27.8	24.1	30.9	26.8	34.9	32 994
东辽县	23.3	22.5	35	33.8	40.5	31 086
通化市	**117.1**	**39**	**37.8**	**12.6**	**104.1**	**148 269**
市区	1.3	16.7	0.1	1.3	5	17 271
梅河口市	53.5	55	9.2	9.5	54	49 338
集安市	8.1	36.2			2.7	19 337
通化县	11.2	24.9	4.8	10.7	7.2	15 683

9—21 续表1　　(1992年)

市、县	机耕面积（万亩）	机耕面积占耕地面积比重（%）	机播面积（万亩）	机播面积占耕地面积比重（%）	机械脱粒粮食产量（万吨）	农村用电量（千千瓦小时）
辉南县	19	32	17.7	29.8	16.7	23 770
柳河县	24	35	6	8.7	18.5	22 870
浑江市	**18**	**20.2**	**3**	**3.4**	**2.2**	**50 909**
市区	5.4	22.4	1.2	5	0.6	24 831
临江县	3	21.3	0.1	0.7	0.2	4 896
抚松县	2	8.3	0.3	1.3	0.3	6 298
靖宇县	5.6	35	0.6	3.8	0.8	3 335
长白县	2	18	0.8	7.2	0.3	11 549
松原市	**529.5**	**52.1**	**493.5**	**48.5**	**276**	**191 382**
扶余区	253.5	62.8	192	47.6	115	59 482
长岭县	55.5	20.6	109.5	40.7	56	54 189
前郭县	184.5	78.6	190.5	81.2	71	53 968
乾安县	36	32.9	1.5	1.4	34	23 743
白城地区	**409.1**	**52.7**	**194.1**	**25**	**485.4**	**120 869**
白城市	27	47.8	21	37.2	117	21 469
洮南市	100.5	44.8	32	14.3	37	24 030
大安市	70.1	52.4	32	23.9	21	22 470
镇赉县	102.0	68.2	81	54.2	302.4	29 747
通榆县	109.5	51.5	28.1	13.2	8	23 153
延边朝鲜族自治州	**165**	**48.1**	**87**	**25.4**	**43.5**	**216 434**
延吉市	4.5	36.3	0.5	4.8	0.2	17 490
图们市	6	44.8	0.8	6.0	2.2	11 030
敦化市	48	50.8	45.8	48.5	7.1	49 430
龙井市	37.5	73.2	13.8	27	10.6	46 380
珲春市	16.5	46	4.7	13.1	9.2	22 930
和龙县	24	60	7.5	18.8	6.3	19 390
汪清县	15	27.9	7.8	14.5	7.1	19 390
安图县	13.5	32.2	6.0	14.3	0.8	30 394

9—21 续表 2 (1992 年)

市、县	有效灌溉面积（万亩）	有效灌溉面积占耕地面积比重（%）	配套机电井（眼）	化肥施用量（实物量）（吨）	#氮肥	#磷肥
全省	**1 372.2**	**23.3**	**49 742**	**2 450 125**	**1 770 353**	**221 839**
长春市	**281.6**	**17**	**7 353**	**729 993**	**566 536**	**66 804**
市区	23.1	22.5	916	39 534	30 315	1 986
九台市	44.4	18.5	1 588	107 622	90 339	9 315
榆树市	81.9	18.8	1 737	171 475	140 882	9 893
农安县	30	6.9	1 369	198 313	142 199	35 920
德惠县	77.3	24.2	878	147 951	113 090	9 110
双阳县	24.9	20.1	865	65 098	49 711	580
吉林市	**241.5**	**41.7**	**4 932**	**282 828**	**228 719**	**6 529**
市区	26.4	58	796	23 236	20 131	362
桦甸市	14.8	22.6	117	25 483	17 472	565
蛟河市	25.4	35	203	25 389	18 543	1 238
舒兰市	53.5	42.9	793	57 175	47 603	1 384
永吉县	82.9	47.4	2 519	93 365	77 309	2 361
磐石县	38.5	39.9	504	58 180	47 661	619
四平市	**162.6**	**17.9**	**643 319**	**451 119**	**309 676**	**27 244**
市区	1.7	8.6	184	11 979	8 727	1 099
公主岭市	46.9	14.2	1 485	175 123	118 766	3 384
梨树县	56.3	20.3	1 357	137 790	92 868	13 156
伊通县	24	18.1	1 435	55 461	41 806	1 547
双辽县	33.7	23	1 972	70 766	47 509	8 058
辽源市	**35.6**	**15.7**	**1 437**	**93 852**	**69 355**	**8 197**
市区	2.7	32.5	330	3 392	2 653	209
东丰县	18.4	16	485	49 566	37 026	1 101
东辽县	14.5	14	622	40 894	29 676	6 887
通化市	**136**	**45.3**	**2 088**	**161 698**	**128 722**	**4 457**
市区	2.4	30.8	287	4 253	3 838	84
梅河口市	59	60.6	980	65 485	54 719	2 521
集安市	4.9	21.9	85	9 551	6 995	528
通化县	11.9	26.5	100	15 700	13 304	133

9—21 续表3　　　　(1992年)

市、县	有效灌溉面积(万亩)	有效灌溉面积占耕地面积比重(%)	配套机电井(眼)	化肥施用量(实物量)(吨)	#氮肥	#磷肥
辉南县	32.4	54.6	225	32 582	28 776	942
柳河县	25.4	37	411	34 127	21 090	249
浑江市	**8.4**	**9.4**	**531**	**20 570**	**13 036**	**167**
市区	3	12.4	172	7 979	6 028	37
临江县	0.7	5	1	4 163	2 878	16
抚松县	0.6	2.5	139	3 280	1 376	33
靖宇县	1.3	8.1	128	3 493	1 670	79
长白县	2.8	25.2	92	1 655	1 084	2
松原市	**189.8**	**18.7**	**9 593**	**425 768**	**279 233**	**73 575**
扶余区	87.5	21.7	3 106	133 829	91 876	30 931
长岭县	23.6	8.8	2 662	151 959	99 242	18 512
前郭县	66.5	28.3	1 985	92 706	62 353	13 001
乾安县	12.2	11.1	1 840	47 274	25 762	11 131
白城地区	**201.9**	**26**	**14 244**	**197 463**	**113 766**	**31 055**
白城市	36.4	64.4	3 093	14 754	10 173	1 183
洮南市	65.9	29.4	5 260	52 915	32 562	8 027
大安市	48.3	36.1	2 746	42 261	28 783	5 677
镇赉县	37.3	24.9	1 664	30 275	15 058	5 256
通榆县	14	6.6	1 481	57 258	27 190	10 912
延边朝鲜族自治州	**114.8**	**33.5**	**3 131**	**86 834**	**61 310**	**3 811**
延吉市	4.4	35.5	302	5 668	4 725	363
图们市	5.6	41.8	164	5 633	4 215	229
敦化市	23.2	24.6	497	17 288	8 882	1 679
龙井市	19.3	37.7	1 031	20 786	16 354	507
珲春市	19.2	53.5	158	9 029	6 068	124
和龙县	16.5	41.3	453	12 408	10 189	687
汪清县	15.1	28.1	305	8 467	6 095	96
安图县	11.5	27.4	221	7 555	4 782	126

9—22 农业事业机构和气象台站

单位：个

项目	1978年	1980年	1985年	1990年	1991年	1992年
农业技术推广站	873	990	956	986	987	947
畜牧兽医站		992	1 000	1 000	1 043	1 053
种子站、种子公司	54	58	52	64	51	43
国营良种（原种）场	28	48	49	50	48	48
气象台、站	61	61	62	61	59	59
气象台	7	7	7	8	7	7
气象站	54	54	55	53	52	52

9—23 自然灾害受灾和成灾面积

单位：万亩

项目	1978年	1980年	1985年	1990年	1991年	1992年
受灾面积	2 929	3 197	3 925.5	1 400.3	3 310.6	4 518.8
#旱灾	1 011	1 646	433.6	41.1	1 110.2	3 038.9
水灾	45	247	2 549.4	572	1 270.8	307.9
风雹灾	481	1 304	612.9	439.7	659.2	429.2
霜冻灾	385		36.6	59.5	6.6	587.6
病虫灾	208		85.1	208.7	1.8	141.2
成灾面积	1 058	1 680	2 789.1	900.1	2 290.6	3 209.3
#旱灾	406	793	217.9	36.9	735.1	2 246.7
水灾	25	138	2 002.5	437.9	916.8	227
风雹灾	216	749	425.9	284.9	492.4	296
霜冻灾	148		21.8	33.8	6.6	428.7
病虫灾	78		54.2	106.3	1.8	4.4

9—24 历年畜牧饲养、畜禽和水产品产量

年份	年底大牲畜头数（万头）	年底猪头数（万头）	年底羊只数（万只）	猪牛羊肉（万吨）	禽蛋（万吨）	绵羊毛（吨）	水产品（万吨）
1949	164.77	198.79	8.37				1.24
1950	183.29	214.80	10.11				1.01
1951	199.16	228.32	13.60				0.80
1952	219.64	239.69	18.30				0.95
1953	221.46	212.26	23.65				1.33
1954	231.82	226.33	33.78				1.39
1955	219.54	193.68	34.03				1.42
1956	188.08	174.16	35.10				1.41
1957	170.91	206.75	38.30				1.63
1958	172.82	189.43	37.63				2.39
1959	184.15	201.45	54.59				2.80
1960	182.30	188.24	62.50				3.16
1961	175.25	130.44	61.05				3.00
1962	183.42	142.54	65.71				2.36
1963	201.86	186.25	83.84				1.64
1964	211.38	252.26	91.40				1.39
1965	214.20	240.84	89.05				1.67
1966	221.07	257.20	96.12				1.14
1967	229.89	300.78	93.15				0.91
1968	245.81	284.41	103.16				0.77
1969	246.66	237.99	108.54				0.57
1970	245.28	301.71	110.72				0.54
1971	245.03	381.18	111.21				0.98
1972	247.17	488.21	119.87				0.86
1973	249.90	485.59	131.51				1.60
1974	245.21	489.59	129.52				1.69
1975	246.36	560.92	140.73				1.70
1976	245.14	566.47	128.62				1.47
1977	237.71	593.77	130.14				1.29
1978	231.62	581.64	123.77	15.64	3.94	3 470	1.03
1979	234.27	585.73	149.28	20.47	3.61	3 951	0.81
1980	236.76	592.89	170.90	24.57	4.41	4 812	0.84
1981	231.83	547.95	167.94	25.11	5.12	5 209	1.30
1982	234.44	518.94	161.11	28.29	7.36	4 916	1.54
1983	245.71	413.54	152.48	26.33	7.38	5 109	1.79
1984	279.59	411.99	152.61	26.22	15.70	5 215	2.14
1985	294.59	496.98	151.17	29.93	17.55	5 137	2.96
1986	284.89	481.17	142.90	34.46	18.12	4 975	3.83
1987	274.52	416.08	151.88	34.31	17.42	5 323	4.51
1988	281.90	446.30	193.09	34.96	20.50	6 557	5.81
1989	292.17	494.13	223.01	38.39	22.92	7 956	6.61
1990	309.07	507.50	233.64	43.38	25.00	8 487	7.09
1991	318.55	522.61	228.69	46.78	27.44	9 124	7.86
1992	341.12	544.76	227.56	50.12	30.49	9 042	8.49

9—25 畜牧业生产情况

项　　目	单位	1978年	1980年	1985年	1990年	1991年	1992年
大牲畜年末头数	万头	231.62	236.76	294.59	309.07	318.55	341.12
牛	万头	108.80	112.39	166.72	188.30	199.10	222.88
#奶牛	万头	1.80	2.29	3.44	5.02	5.31	4.88
马	万头	87.57	85.01	89.24	81.09	80.36	79.04
驴	万头	13.11	15.40	15.03	14.70	14.56	14.33
骡	万头	22.14	23.96	23.60	24.98	24.53	24.87
肉类总产量	吨	156 364	245 654	320 230	517 945	569 655	640 431
#猪　肉	吨	151 327	236 344	285 345	389 375	408 610	428 939
牛　肉	吨	3 365	7 556	10 784	36 306	49 205	61 467
羊　肉	吨	1 672	1 754	3 148	8 131	10 001	10 813
肉猪出栏头数	万头	257.17	317.67	322.60	419.59	443.59	464.45
猪年末头数	万头	581.64	592.89	496.98	507.50	522.61	544.76
#能繁殖母猪	万头	79.47	65.82	57.35	43.36	45.47	49.29
羊年末只数	万只	123.77	170.90	151.17	233.64	228.69	227.56
山　羊	万只	6.64	13.55	8.73	15.00	15.26	15.86
绵　羊	万只	117.13	157.35	142.44	218.64	213.43	211.70
鹿年末只数	只	94 168	107 127	85 034	93 438	98 943	100 837
养　蜂	箱	75 563	125 172	80 945	85 580	70 412	74 887
牛　奶	吨	19 935	24 978	61 200	117 203	122 634	109 445
羊　奶	吨	4 080	5 739	3 063	3 851	4 005	3 782
绵羊毛	吨	3 470	4 812	5 137	8 487	9 124	9 042
#细羊毛	吨	1 278	1 772	2 421	6 948	7 847	6 810
蜂　蜜	吨	3 964	2 115	2 074	2 638	2 493	2 239
禽　蛋	吨	39 445	44 052	175 459	249 977	274 361	304 942
鹿　茸	公斤	14 199	27 716	33 275	42 241	44 002	40 681

9—26 各市县畜牧业生产情况

(1992年)

市、县	大牲畜年末存栏(头)	#牛	羊年末存栏(只)	生猪年末存栏(头)	肉猪出栏(头)	鹿年末存栏(只)
全省	**3 411 204**	**2 228 834**	**2 275 563**	**5 447 605**	**4 644 473**	**100 837**
长春市	**688 485**	**384 758**	**208 404**	**1 363 740**	**1 289 891**	**33 363**
市区	52 581	28 962	1 689	116 073	132 190	3 031
九台市	109 596	71 968	11 295	206 898	152 657	120
榆树市	152 237	83 135	20 754	385 083	366 135	108
农安县	185 871	82 969	139 400	328 413	365 253	586
德惠县	126 032	72 313	33 912	216 703	180 602	110
双阳县	62 168	45 411	1 354	110 570	93 054	29 408
吉林市	**476 686**	**402 379**	**45 172**	**606 553**	**438 840**	**14 747**
市区	27 094	19 428	6 447	74 570	64 533	2 465
桦甸市	82 163	75 280	5 726	85 018	55 234	1 850
蛟河市	101 352	91 886	10 730	90 210	61 614	5 082
舒兰市	79 839	59 288	6 283	124 074	86 215	317
永吉县	82 755	65 325	8 053	138 938	107 093	2 353
磐石县	103 483	91 172	7 933	93 743	64 151	2 680
四平市	**531 006**	**336 179**	**145 071**	**868 303**	**750 228**	**12 657**
市区	11 125	6 041	7 149	14 792	16 985	78
公主岭市	189 462	126 074	29 947	260 332	264 946	810
梨树县	150 270	87 741	34 186	300 354	270 332	3 400
伊通县	103 758	86 010	13 209	123 330	102 027	7 406
双辽县	76 391	30 313	60 580	169 495	95 938	963
辽源市	**211 857**	**182 798**	**22 758**	**288 917**	**281 705**	**12 511**
市区	5 322	3 383	2 364	28 354	16 345	
东丰县	114 855	101 751	15 117	132 707	134 500	9 594
东辽县	91 680	77 664	5 277	127 856	130 860	2 917
通化市	**267 207**	**230 085**	**52 028**	**474 231**	**434 137**	**7 525**
市区	6 674	4 685	3 490	29 590	40 587	113
梅河口市	64 184	53 003	1 662	115 477	105 152	966
集安市	19 496	16 434	5 240	70 817	47 042	1 190
通化县	54 457	48 215	19 862	86 462	76 101	1 800

9—26 续表1 (1992年)

市、县	大牲畜年末存栏（头）	#牛	羊年末存栏（只）	生猪年末存栏（头）	肉猪出栏（头）	鹿年末存栏（只）
辉南县	57 761	50 858	7 191	93 155	100 225	2 653
柳河县	64 635	56 890	14 583	78 730	65 030	803
浑江市	**94 596**	**85 946**	**42 058**	**200 958**	**165 390**	**3 797**
市区	29 579	27 110	21 864	80 395	71 466	555
临江县	14 717	14 147	6 999	36 335	31 518	
抚松县	21 966	18 927	4 446	35 702	26 113	1 099
靖宇县	18 082	15 553	3 957	28 879	21 078	1 398
长白县	10 252	10 209	4 792	19 647	15 215	745
松原市	**413 407**	**166 188**	**779 412**	**721 675**	**575 896**	**1 651**
扶余区	148 056	77 296	110 132	265 923	226 171	590
长岭县	111 157	29 351	267 234	179 622	136 425	
前郭县	107 194	46 024	252 046	201 130	144 200	830
乾安县	47 000	13 517	150 000	75 000	69 100	231
白城地区	**407 696**	**143 353**	**908 521**	**615 863**	**439 595**	**2 159**
白城市	20 392	3 509	33 447	64 946	45 393	51
洮南市	106 023	27 778	280 563	193 042	142 169	1 505
大安市	95 635	32 821	213 938	134 986	100 784	58
镇赉县	67 251	24 243	118 456	118 899	83 252	373
通榆县	118 395	55 002	262 117	103 990	67 997	172
延边朝鲜族自治州	**320 264**	**297 148**	**72 139**	**307 365**	**268 791**	**12 427**
延吉市	11 528	11 031	2 529	19 366	14 335	868
图们市	11 374	11 284	4 862	13 563	11 159	
敦化市	103 551	90 060	23 296	74 574	72 320	4 921
龙井市	34 871	34 589	12 059	51 966	45 259	1 219
珲春市	35 723	34 067	1 603	30 074	27 064	1 720
和龙县	37 358	37 091	13 460	40 271	33 155	1 395
汪清县	44 941	40 720	7 645	39 486	32 127	822
安图县	40 918	38 306	6 685	38 065	33 372	1 482

9—26 续表2　　(1992年)　　单位:吨

市、县	肉类总产量	#猪牛羊肉	绵羊毛产量	牛奶产量	禽蛋产量
全　省	**640 431**	**501 219**	**9 042**	**109 445**	**304 942**
长　春　市	**187 014**	**129 060**	**886**	**48 187**	**103 824**
市　区	31 854	13 228	6	39 242	36 300
九台市	17 395	14 504	36	1 508	10 569
榆树市	40 686	34 995	40	1 698	19 260
农安县	50 531	37 707	635	3 074	21 092
德惠县	34 414	18 986	165	2 192	10 910
双阳县	12 134	9 640	4	473	5 693
吉　林　市	**65 838**	**52 966**	**57**	**26 381**	**36 156**
市　区	14 441	7 707	17	21 642	14 311
桦甸市	7 199	6 376	2	105	4 068
蛟河市	8 723	7 808	5	1 850	3 356
舒兰市	10 982	9 737	8	188	5 333
永吉县	14 888	12 696	16	2 540	4 700
磐石县	9 605	8 642	9	56	4 388
四　平　市	**105 022**	**83 248**	**626**	**12 449**	**45 095**
市　区	2 359	1 847	24	1 685	2 100
公主岭市	39 220	28 008	108	2 920	19 247
梨树县	32 273	28 576	129	6 694	12 948
伊通县	18 313	14 232	57	300	5 500
双辽县	12 857	10 585	308	850	5 300
辽　源　市	**37 951**	**32 709**	**71**	**2 324**	**13 108**
市　区	2 395	1 565	5	1 134	1 472
东丰县	18 810	15 953	51	325	6 682
东辽县	16 746	15 191	15	865	4 954
通　化　市	**59 112**	**44 043**	**120**	**842**	**23 447**
市　区	5 046	3 720	3	424	5 263
梅河口市	16 312	9 472	1	327	4 681
集安市	5 186	4 854	3	9	1 966
通化县	8 569	8 109	50	18	2 750

9—26 续表3 (1992年) 单位:吨

市、县	肉类总产量	#猪牛羊肉	绵羊毛产量	牛奶产量	禽蛋产量
辉南县	14 059	11 239	16	20	4 985
柳河县	9 940	6 649	47	44	3 802
浑江市	**20 039**	**17 103**	**34**	**22**	**13 477**
市区	8 880	7 704	15	6	7 036
临江县	4 073	3 256	3	12	3 105
抚松县	3 262	2 671	3	2	1 530
靖宇县	2 314	2 051		2	840
长白县	1 510	1 421	13		966
松原市	**68 719**	**60 074**	**3 376**	**10 745**	**35 145**
扶余区	26 245	23 545	546	4 382	16 268
长岭县	16 441	14 108	1 130	670	9 234
前郭县	17 718	15 555	1 104	5 683	7 018
乾安县	8 315	6 866	596	10	2 625
白城地区	**59 320**	**49 134**	**3 674**	**7 955**	**18 847**
白城市	6 151	5 084	159	1 209	3 656
洮南市	18 360	15 352	1 050	1 135	4 600
大安市	15 743	11 386	884	675	4 841
镇赉县	10 233	9 242	601	1 235	3 136
通榆县	8 833	8 070	980	3 701	2 614
延边朝鲜族自治州	**37 416**	**32 882**	**198**	**540**	**15 843**
延吉市	2 885	1 605	7	208	2 329
图们市	1 461	1 332	15	97	904
敦化市	11 665	9 857	77	108	4 896
龙井市	5 314	5 033	34	10	2 280
珲春市	3 447	3 192	2	82	1 051
和龙县	3 914	3 753	41		865
汪清县	4 645	4 250	19	5	1 915
安图县	4 085	3 860	3	30	1 603

9—27 林业、渔业和其他生产情况

项　　目	单位	1978年	1980年	1985年	1990年	1991年	1992年
造林面积	万亩	221.4	256.3	437.6	180.1	204.1	155.6
#用材林	万亩	158.4	158.2	296.7	94.7	102.3	71.9
经济林	万亩	5.9	5.8	4.6	13.3	9.9	13.1
防护林	万亩	57.0	69.2	122.1	68.3	87.6	66.9
零星植树	万株	11 954	13 770	7 084	4 346	4 680	5 564
年末实有育苗面积	万亩	22.9	29.9	21.9	7.8	6.6	7.7
水产品产量	吨	10 285	8 435	29 588	70 885	78 620	84 862
#养殖产量	吨	6 694	5 818	20 220	45 368	49 148	59 155
养殖面积	万亩	200.3	223.7	246.9	279.9	283.7	284.1
水果总产量	吨	56 540	44 546	65 870	133 338	130 566	145 700
年末实有水果面积	万亩	34.9	32.8	32.2	83.0	91.2	102.0
蚕茧产量	吨	614	861	571	1 707	1 068	901

9—28 主要农作物播种面积

单位：万亩

项　　目	1978年	1980年	1985年	1990年	1991年	1992年
农作物总播种面积	6 079.6	6 085.5	6 095.9	6 059.7	6 098.9	6 073
粮食作物	5 404.7	5 286.4	4 925.2	5 288.8	5 313	5 305.3
#水稻	417.1	378.8	483.7	627.6	650.1	663.6
小麦	264.2	206.3	106.6	90.4	107.1	121.4
玉米	2 280.1	2 522.8	2 519.4	3 328.6	3 420.2	3 351.1
高粱	422.9	351.0	299.7	186.5	161.2	177.5
谷子	728.0	623.8	414.2	133.3	106.4	95.1
大豆	876.1	834.7	717.2	695.7	646.8	656.2
经济作物	335.4	464.1	860.7	480.8	474.5	439.1
#油料	159.3	279.5	656.1	301.4	281.3	231.2
#葵花籽	136.4	222.5	444.1	178.4	197.8	163.4
甜菜	78.4	91.6	103.9	87.9	86.1	63
麻类	51.1	48.6	16.5	3.6	5.5	4.8
烤烟	11.2	9	12.2	26.8	43.5	58.6
园参	2.4	4.8	12.6	15	4.3	6.1
其他作物	339.5	335.0	310.0	290.1	311.4	328.6
#蔬菜	257.5	246.3	243.5	246.5	271.4	271.5

9—29 各市县水产、特产生产情况

(1992年)

市、县	水产品产量(吨)	水果产量(吨)	鹿茸产量(公斤)	蜂蜜产量(吨)	木耳产量(公斤)	蚕茧产量(公斤)
全　　省	**84 862**	**145 700**	**40 681**	**2 239**	**456 172**	**900 996**
长　春　市	**13 778**	**9 156**	**9 920**	**169**		
市　　区	1 623	2 935	749	13		
九台市	2 830	1 625	54	13		
榆树市	950	1 148	60	17		
农安县	3 650	224	133	73		
德惠县	3 820	1 457		36		
双阳县	905	1 767	8 924	17		
吉　林　市	**14 002**	**25 575**	**7 060**	**482**	**39 884**	**292 750**
市　　区	2 219	2 297	1 111	7		
桦甸市	1 158	2 763	898	141	33 500	31 000
蛟河市	894	3 628	3 049	34	2 232	52 800
舒兰市	3 409	725	125	85	503	47 400
永吉县	3 802	14 193	930	141	1 164	141 770
磐石县	2 520	1 969	947	74	2 485	19 780
四　平　市	**4 660**	**14 012**	**5 891**	**76**		**50 581**
市　　区	82	2 561	15	1		
公主岭市	1 650	2 968	190	7		
梨树县	1 463	4 344	1 980	27		8 500
伊通县	755	2 297	3 400	11		42 081
双辽县	710	1 842	306	30		
辽　源　市	**1 541**	**7 675**	**5 880**	**86**		**180 608**
市　　区	50	281		5		3 650
东丰县	770	5 560	3 838	51		12 700
东辽县	721	1 834	2 042	30		164 258
通　化　市	**6 606**	**15 425**	**3 790**	**249**	**29 027**	**73 657**
市　　区	35	335	7	21	460	
梅河口市	3 285	2 553	360	9	100	
集安市	704	9 320	593	19	1 597	48 987
通化县	380	479	900	96	19 470	23 470

9—29 续表 (1992年)

市、县	水产品产量(吨)	水果产量(吨)	鹿茸产量(公斤)	蜂蜜产量(吨)	木耳产量(公斤)	蚕茧产量(公斤)
辉南县	1 302	1 184	1 475	60	6 100	
柳河县	900	1 554	455	44	1 300	1 200
浑江市	**1 800**	**4 313**	**1 823**	**240**	**38 456**	
市区	408	2 262	197	35	2 732	
临江县	550	789		83	2 544	
抚松县	532	528	517	27	10 180	
靖宇县	220	479	709	40	21 625	
长白县	90	255	400	55	1 375	
松原市	**12 431**	**6 924**	**660**	**111**		
扶余区	5 000	1 739	236	22		
长岭县	360	2 079		60		
前郭县	7 000	3 061	332	23		
乾安县	71	45	92	6		
白城地区	**27 141**	**1 271**	**374**	**130**		
白城市	21	654	4	10		
洮南市	2 510	143	185	30		
大安市	11 275	50	17	23		
镇赉县	10 080	62	115	66		
通榆县	3 255	362	53	1		
延边朝鲜族自治州	**2 903**	**61 349**	**5 283**	**696**	**348 805**	**303 400**
延吉市	60	8 265	290	25	2 550	
图们市	30	2 881		3	19 980	
敦化市	1 600	2 927	2 500	145	50 370	300 000
龙井市	212	34 265	550	64	30 900	400
珲春市	470	2 975	400	97	20 300	
和龙县	150	6 200	650	65	34 620	
汪清县	86	3 564	330	63	170 469	3 000
安图县	295	272	563	234	19 616	

9—30 各市县农作物播种面积

(1992年)　　单位:万亩

市、县	农作物总播种面积	粮食作物	经济作物	其他农作物	占农作物总播种面积比重(%) 粮食作物	经济作物	其他农作物
全省	**6 073.0**	**5 305.3**	**439.1**	**328.6**	**87.4**	**7.2**	**5.4**
长春市	**1 681.8**	**1 467.9**	**72.8**	**141.1**	**87.3**	**4.3**	**8.4**
市区	113.1	75.8	0.9	36.4	67	0.8	32.2
九台市	240.7	218.2	6.4	16.1	90.6	2.7	6.7
榆树市	436.4	371.1	23.5	41.8	85.0	5.4	9.6
农安县	445.4	389.3	29.9	26.2	87.4	6.7	5.9
德惠县	320.5	299	9.8	11.7	93.3	3.1	3.6
双阳县	125.7	114.5	2.3	8.9	91.1	1.8	7.1
吉林市	**585.1**	**528.5**	**15.4**	**41.2**	**90.3**	**2.6**	**7.1**
市区	48.7	30.5	0.7	17.5	62.6	1.5	35.9
桦甸市	65.6	61	2.6	2.0	93.0	4.0	3.0
蛟河市	73.9	64.3	6.4	3.2	87.0	8.7	4.3
舒兰市	124.8	115.6	3.2	6.0	92.6	2.6	4.8
永吉县	174.3	163.3	1.1	9.9	93.7	0.6	5.7
磐石县	97.8	93.8	1.4	2.6	95.9	1.4	2.7
四平市	**913.8**	**867.1**	**22.4**	**24.3**	**94.9**	**2.5**	**2.6**
市区	19.9	17.2	0.1	2.6	86.4	0.5	13.1
公主岭市	329.5	316.6	5.3	7.6	96.1	1.6	2.3
梨树县	282.9	271.2	2.4	9.3	95.9	0.8	3.3
伊通县	132.6	126.2	4.1	2.3	95.2	3.1	1.7
双辽县	148.9	135.9	10.5	2.5	91.3	7.0	1.7
辽源市	**232.6**	**206.1**	**8.8**	**17.7**	**88.6**	**3.8**	**7.6**
市区	9.4	2.8	0.3	6.3	29.8	3.2	67.0
东丰县	117.6	107.4	4.6	5.6	91.3	3.9	4.8
东辽县	105.6	95.9	3.9	5.8	90.8	3.7	5.5
通化市	**316.9**	**266.8**	**25.9**	**24.2**	**84.2**	**8.2**	**7.6**
市区	9.6	4.2	0.6	4.8	43.8	6.2	50.0
梅河口市	99.8	85.9	6.7	7.2	86.1	6.7	7.2
集安市	27.8	22.2	3.6	2.0	79.9	12.9	7.2
通化县	47.9	41.4	4.1	2.4	86.4	8.6	5.0

9—30 续表 (1992年) 单位：万亩

市、县	农作物总播种面积	粮食作物	经济作物	其他农作物	占农作物总播种面积比重(%) 粮食作物	经济作物	其他农作物
辉南县	60.6	55.7	1.5	3.4	91.9	2.5	5.6
柳河县	71.2	57.4	9.4	4.4	80.6	13.2	6.2
浑江市	**97.2**	**73.8**	**12.8**	**10.6**	**75.9**	**13.2**	**10.9**
市区	25.8	19.3	1.5	5.0	74.8	5.8	19.4
临江县	16.4	12.5	1.9	2.0	76.2	11.6	12.2
抚松县	24.4	18.1	3.8	2.5	74.2	15.6	10.2
靖宇县	17.2	13.6	3.0	0.6	79.1	17.4	3.5
长白县	13.4	10.3	2.6	0.5	76.9	19.4	3.7
松原市	**1 097.6**	**960.8**	**113.4**	**23.4**	**87.5**	**10.3**	**2.2**
扶余区	402.5	371.7	18.4	12.4	92.3	4.6	3.1
长岭县	272.1	211.7	57.0	3.4	77.8	21.0	1.2
前郭县	283.3	261.7	16.6	5.0	92.4	5.8	1.8
乾安县	139.7	115.7	21.4	2.6	82.8	15.3	1.9
白城地区	**798.5**	**645.2**	**126.3**	**27.0**	**80.8**	**15.8**	**3.4**
白城市	54.0	39.3	6.9	7.8	72.8	12.8	14.4
洮南市	226.2	198.9	21.9	5.4	87.9	9.7	2.4
大安市	140.6	108.4	25.9	6.3	77.1	18.4	4.5
镇赉县	157.2	139.2	15.2	2.8	88.5	9.7	1.8
通榆县	220.5	159.4	56.4	4.7	72.3	25.6	2.1
延边朝鲜族自治州	**349.5**	**289.1**	**41.3**	**19.1**	**82.7**	**11.8**	**5.5**
延吉市	12.6	8.8	1.5	2.3	69.8	11.9	18.3
图们市	13.5	10.4	1.5	1.6	77.0	11.1	11.9
敦化市	98.2	81.6	12.2	4.4	83.1	12.4	4.5
龙井市	54.2	43.8	7.1	3.3	80.8	13.1	6.1
珲春市	36.2	30.8	3.2	2.2	85.1	8.8	6.1
和龙县	38.7	31.5	5.2	2.0	81.4	13.4	5.2
汪清县	54.1	47.0	5.2	1.9	86.9	9.6	3.5
安图县	42.0	35.2	5.4	1.4	83.8	12.9	3.3

9—31 历年主要农产品产量

单位：万吨

年份	粮食	#小麦	#高粱	#玉米	#水稻	油料	甜菜	烤烟
1949	458.95	1.72	115.22	119.59	19.60	1.13	0.15	0.32
1950	553.90	4.40	155.51	129.01	26.55	2.17	6.73	0.34
1951	468.30	4.83	116.81	102.62	24.25	4.18	12.76	0.81
1952	613.20	9.01	139.10	144.17	35.30	3.89	17.61	1.35
1953	561.45	3.90	138.21	132.14	29.50	2.18	13.08	0.50
1954	530.95	8.53	114.85	127.71	26.70	3.53	18.38	0.52
1955	556.53	4.68	116.42	147.08	48.78	2.58	29.39	0.79
1956	493.64	1.35	82.82	121.00	81.13	2.78	29.76	0.78
1957	429.35	3.43	74.56	107.15	51.03	2.42	21.71	0.87
1958	528.84	5.23	73.60	137.61	84.74	6.91	65.72	1.10
1959	526.60	15.36	76.28	131.84	57.10	5.76	47.60	0.94
1960	394.70	15.13	67.78	106.45	47.24	2.19	15.38	0.73
1961	398.55	10.57	79.37	122.89	38.60	1.04	8.96	0.46
1962	437.10	4.70	89.43	153.15	34.05	1.05	7.39	0.55
1963	501.60	4.62	107.19	155.48	43.40	1.59	6.51	0.93
1964	491.80	7.41	93.99	151.61	49.30	1.95	22.92	1.27
1965	525.10	7.21	96.21	162.93	63.25	1.76	35.71	1.55
1966	597.60	8.78	104.45	182.31	67.25	1.68	55.67	1.49
1967	647.74	11.52	119.99	189.88	93.10	1.77	50.77	1.32
1968	622.15	13.57	125.51	174.51	92.80	1.72	34.22	1.58
1969	498.70	15.83	82.28	143.17	58.03	1.50	40.28	1.33
1970	738.80	18.96	121.63	250.45	93.10	1.30	34.58	1.65
1971	713.05	14.98	114.03	286.11	96.65	2.27	32.18	1.15
1972	556.90	15.90	70.33	262.12	44.10	3.46	32.46	1.70
1973	783.00	16.83	83.39	354.71	92.25	6.18	39.11	1.95
1974	858.15	16.85	86.07	458.97	104.20	7.78	40.01	1.39
1975	906.50	16.46	76.55	496.82	128.04	8.69	42.55	1.98
1976	755.50	18.36	58.38	440.57	90.14	9.77	57.55	1.59
1977	728.35	16.67	56.90	380.20	113.20	10.87	38.32	1.48
1978	914.70	19.89	81.53	489.49	121.15	12.29	45.13	1.97
1979	903.34	17.82	71.79	533.77	101.77	14.22	56.94	1.39
1980	859.60	16.80	67.59	506.90	107.40	26.6	117.66	1.28
1981	921.91	15.64	69.93	527.32	112.58	34.52	90.28	1.30
1982	1 000.04	15.65	62.23	589.23	144.62	29.27	67.89	2.10
1983	1 477.98	14.63	105.67	941.02	151.27	39.23	95.07	1.10
1984	1 634.46	15.38	99.05	1 103.75	190.84	59.78	68.00	1.70
1985	1 225.26	10.33	56.84	793.13	183.66	48.36	87.69	1.54
1986	1 397.71	6.70	43.74	1 016.42	174.29	38.85	59.76	1.07
1987	1 675.81	6.30	45.83	1 231.58	222.75	35.26	69.00	1.52
1988	1 693.25	5.15	61.09	1 220.97	224.38	35.43	129.60	2.61
1989	1 351.29	8.58	45.65	983.90	185.58	34.80	66.00	3.82
1990	2 046.52	12.75	55.72	1 529.55	289.42	46.74	116.4	3.36
1991	1 898.87	14.52	46.01	1 400.13	306.30	43.54	109.56	4.38
1992	1 840.30	22.12	50.70	1 326.20	302.96	35.82	91.81	5.54

9—32 主要农产品产量

单位：万吨

项　　目	1978年	1980年	1985年	1990年	1991年	1992年
一、粮食大豆	914.70	859.60	1 225.26	2 046.52	1 898.87	1 840.30
#水稻	121.15	107.40	183.66	289.42	306.30	302.96
玉米	489.49	506.90	793.13	1 529.55	1 400.13	1 326.20
高粱	81.53	67.59	56.84	55.72	46.01	50.70
谷子	82.90	55.86	43.51	20.81	15.61	14.01
大豆	66.63	60.69	90.45	93.33	71.65	75.39
二、油料	12.29	26.60	48.36	46.74	43.54	35.82
#葵花籽	10.42	21.03	35.01	32.15	35.77	27.87
甜菜	45.13	117.67	87.69	116.40	109.56	91.81
麻类	1.26	1.56	1.27	0.38	0.61	0.37
烤烟	1.97	1.28	1.54	3.36	4.38	5.54
园参(吨)	1 571	2 220	5 167	19 185	19 765	19 649
三、蔬菜	351.04	302.94	329.29	450.16	429.97	447.35
四、水果	5.65	4.45	6.59	13.33	13.06	14.57

9—33 各市县主要农产品产量

(1992年) 单位：吨

市、县	粮食	#水稻	#玉米	#高粱	#谷子	#大豆
全省	**18 403 000**	**3 029 555**	**13 262 000**	**506 958**	**140 081**	**753 902**
长春市	**5 998 293**	**659 284**	**4 699 961**	**152 648**	**40 446**	**234 130**
市区	262 240	27 981	201 879	9 708	2 414	17 932
九台市	715 122	108 696	506 010	27 480	9 288	45 596
榆树市	1 650 400	199 064	1 292 496	39 169	5 630	61 884
农安县	1 713 500	21 884	1 534 964	13 560	6 150	33 551
德惠县	1 126 781	221 693	748 092	59 081	16 633	51 078
双阳县	530 250	79 966	416 520	3 650	331	24 089
吉林市	**1 708 226**	**792 647**	**767 774**	**12 136**	**1 448**	**110 947**
市区	103 784	68 468	30 920	480	214	3 071
桦甸市	178 698	40 669	10 837	868	177	24 529
蛟河市	176 444	65 473	80 792	160	110	27 442
舒兰市	420 983	242 182	146 789	4 153	364	20 495
永吉县	567 113	273 737	257 328	4 910	519	22 620
磐石县	261 204	102 118	141 108	1 565	64	12 790
四平市	**4 355 620**	**400 616**	**3 694 303**	**73 712**	**8 459**	**56 632**
市区	71 155	395	63 416	4 700	261	1 787
公主岭市	1 705 602	117 775	1 531 732	14 612	3 067	17 046
梨树县	1 405 412	131 667	1 134 096	36 972	1 241	16 180
伊通县	581 730	80 564	474 670	2 769	1 508	14 318
双辽县	591 721	70 215	490 389	14 659	2 382	7 301
辽源市	**858 939**	**108 744**	**686 838**	**9 317**	**569**	**27 806**
市区	7 170	1 138	4 848	545	194	180
东丰县	426 003	75 676	323 955	1 873	39	13 104
东辽县	425 766	31 930	358 035	6 899	336	14 513
通化市	**941 098**	**430 685**	**415 747**	**6 820**	**1 232**	**48 261**
市区	5 604	939	3 538	72	103	845
梅河口市	357 812	185 668	137 297	1 780	14	11 798
集安市	67 500	15 075	44 890	526	229	3 720
通化县	94 308	29 566	50 204	202	289	9 619

9—33 续表1 (1992年) 单位：吨

市、县	粮食	#水稻	#玉米	#高粱	#谷子	#大豆
辉南县	205 306	107 302	83 346	1 904	51	7 699
柳河县	210 568	92 135	96 472	2 336	546	14 580
浑江市	**145 433**	**10 961**	**99 517**	**206**	**1 298**	**21 934**
市区	33 615	3 742	22 714	11	274	4 733
临江县	24 041	1 444	17 546	53	128	3 596
抚松县	33 569	344	24 366	31	349	6 398
靖宇县	32 455	2 480	22 566	106	498	4 032
长白县	21 753	2 951	12 325	5	49	3 175
松原市	**3 564 106**	**193 715**	**2 927 102**	**183 278**	**41 282**	**97 584**
扶余区	1 423 212	46 001	1 164 952	93 198	24 418	50 966
长岭县	830 251	11 106	702 345	37 694	6 235	23 394
前郭县	862 891	133 130	662 933	25 171	6 290	14 985
乾安县	447 752	3 478	396 872	27 215	4 339	8 239
白城地区	**1 687 412**	**144 941**	**1 268 940**	**68 712**	**41 887**	**46 513**
白城市	91 070	4 574	64 345	4 352	2 828	2 008
洮南市	539 023	43 899	422 320	15 489	15 905	13 537
大安市	350 642	25 754	246 472	24 609	14 286	4 484
镇赉县	406 510	60 464	304 050	17 297	4 002	4 522
通榆县	300 167	10 250	231 753	6 965	4 866	21 962
延边朝鲜族自治州	**613 791**	**287 962**	**176 199**	**129**	**3 460**	**110 095**
延吉市	20 611	10 877	5 915	11	200	2 931
图们市	25 027	13 685	7 043	4	190	3 720
敦化市	148 197	37 145	56 167		402	44 065
龙井市	117 730	66 049	32 249	114	936	14 266
珲春市	92 000	58 764	24 316		100	6 944
和龙县	78 269	53 121	14 703		281	7 699
汪清县	70 684	28 125	14 617		921	17 789
安图县	61 273	20 196	21 189		430	12 681

9—33 续表2 (1992年) 单位:吨

市、县	油料	#葵花籽	甜菜	麻类	烤烟	园参
全省	**358 224**	**278 722**	**918 145**	**3 742**	**55 391**	**19 649**
长春市	**30 603**	**19 157**	**63 516**	**1 915**	**12 523**	
市区	778	209	820	48	1	
九台市	1 874	420	4 926	295	288	
榆树市	9 310	1 266	27 871	1 309	3 008	
农安县	15 304	15 016	12 535	183	3 175	
德惠县	2 907	2 094	16 444	57	5 582	
双阳县	430	152	920	23	469	
吉林市	**2 338**	**1 124**	**30 538**	**89**	**1 066**	**1 026**
市区	29	22	2 229	5	1	3
桦甸市	139	93	5 710	2	9	748
蛟河市	380	362	3 728	2		158
舒兰市	1 087	204	2 871	61	1 056	
永吉县	297	199	2 119	13		46
磐石县	406	244	13 881	6		71
四平市	**7 937**	**7 446**	**71 302**	**22**	**4 609**	**1**
市区			245	2		
公主岭市	196	185	43 249	2		
梨树县	168	6	11 711	9	409	
伊通县	95	11		1	3 458	1
双辽县	7 478	7 244	16 097	8	742	
辽源市	**508**	**387**	**27 771**	**23**	**4 632**	**85**
市区	134	98	20	13		
东丰县	316	265	7 025	6	1 292	85
东辽县	58	24	20 726	4	3 340	
通化市	**2 603**	**1 802**	**14 196**	**74**	**8 750**	**5 683**
市区	183	61		1		97
梅河口市	723	598	5 475	5		72
集安市	389	63		11		2 842
通化县	422	347	249	25		1 903

9—33 续表3 (1992年) 单位：吨

市、县	油料	#葵花籽	甜菜	麻类	烤烟	园参
辉南县	196	178	7 422	10		369
柳河县	690	555	1 050	22	8 750	400
浑江市	**1 801**	**1 283**	**20**	**30**	**16**	**9 283**
市区	369	360		5		456
临江县	557	362		15	16	902
抚松县	649	433	20	7		3 001
靖宇县	129	72		3		1 872
长白县	97	56				3 052
松原市	**200 020**	**156 705**	**351 586**	**1 148**	**1 522**	
扶余区	24 469	2 329	15 288	3	945	
长岭县	110 000	90 000	100 000		432	
前郭县	30 010	29 376	72 000			
乾安县	35 541	35 000	164 298	1 145	145	
白城地区	**108 380**	**87 064**	**306 033**	**4**	**7 698**	
白城市	4 040	1 185	14 217			
洮南市	24 533	21 628	104 507		189	
大安市	25 177	24 570	42 769		4 363	
镇赉县	6 084	5 788	41 933	4	3 146	
通榆县	48 546	33 893	102 607			
延边朝鲜族自治州	**4 034**	**3 754**	**53 183**	**437**	**14 575**	**3 571**
延吉市	277	169	1 716	3	7	5
图们市	15	15	1 803		287	15
敦化市	1 613	1 582	24 554	127	6 718	1 030
龙井市	289	286	15 629	12	1 455	34
珲春市	15	10	3 460		328	79
和龙县	114	94	437	160	2 944	91
汪清县	247	215	5 584	65	2 493	887
安图县	1 464	1 383		70	343	1 430

9—34 主要农产品单位面积产量

单位：公斤/亩

项目	1978年	1980年	1985年	1990年	1991年	1992年
一、粮食大豆	169	163	249	387	357	347
#水稻	290	284	380	461	471	457
玉米	215	201	315	460	409	396
高粱	193	193	190	299	285	286
谷子	114	90	105	156	147	147
大豆	76	73	126	134	111	115
二、油料	77	95	74	155	155	155
#葵花籽	77	95	79	180	181	171
甜菜	576	1 285	844	1 324	1 273	1 457
麻类	25	32	77	107	111	77
烤烟	176	143	127	125	101	95
园参		247	272	392	403	434
三、蔬菜	1 363	1 230	1 353	1 826	1 584	1 647
四、水果	162	136	204	161	143	143

9—35 农垦生产建设基本情况

项　　目	单位	1985年	1986年	1989年	1990年	1991年	1992年
企业、事业单位个数	个	153	162	167	166	168	143
职工人数	人	75 101	78 643	85 305	87 061	88 128	89 302
耕地面积	亩	951 901	932 303	932 613	938 241	947 283	945 750
农作物播种面积	亩	902 251	886 556	893 538	904 526	929 816	932 100
粮食作物播种面积	亩	702 852	729 149	774 905	792 684	807 694	816 150
粮食总产量	吨	147 710	164 830	194 013	244 882	261 601	285 158
油料作物面积	亩	99 108	59 754	46 100	51 104	47 226	35 554
油料总产量	吨	4 559	3 731	4 119	4 328	3 315	2 753
甜菜作物面积	亩	28 257	24 332	7 032	7 546	8 867	7 050
甜菜总产量	吨	17 452	14 593	5 508	9 329	9 871	8 214
园参面积	亩	6 970	7 275	8 091	8 377	8 003	7 407
人参总产量	吨	963	1 214	1 628	2 259	2 248	2 385
大牲畜年末存栏	头	50 355	50 775	42 067	43 899	40 764	40 300
#牛	头	31 218	30 684	23 390	24 865	21 973	20 200
猪年末存栏	头	55 614	53 815	66 213	61 408	56 696	55 100
羊年末存栏	只	43 843	42 877	62 119	64 112	56 229	51 000
鹿年末存栏	只	63 543	60 021	60 311	59 754	61 089	59 903
家　　禽	万只	118.3	81.7	160.0	160.5	174.0	1 605.1
肉类总产量	吨	4 491	5 248	6 690	5 443	5 111	7 264
#猪　肉	吨	2 745	3 047	3 472	2 887	2 849	3 050
牛奶总产量	吨	3 266	3 258	2 403	2 172	3 033	2 925
羊毛总产量	吨	165	162	223	253	232	199
禽蛋总产量	吨	5 029	4 297	7 215	10 224	12 992	12 961
鹿　　茸	公斤	24 622	25 364	30 825	29 819	30 804	28 681
农业机械总动力	千瓦	118 763	144 685	170 364	174 612	193 213	186 334
大中型拖拉机	混合台	1 240	1 225	1 621	1 434	1 425	1 285
农用载重汽车	辆	223	354	308	328	311	336
工农业总产值	万元	30 679	34 483	56 432	61 899	97 445	96 132

注：(1) 园参面积是指绿色面积；
　　(2) 工农业总产值1991、1992年数是按1990年不变价计算，其余年份均按1980年不变价计算。

9—36 农村经济收入分配和效益

(1992年) 单位：万元

项目	合计	乡办	村办	村以下办
一、农村经济总收入	2 683 318	429 863	322 709	1 930 746
1. 农业	1 588 728	27 730	39 308	1 521 690
种植业	1 262 077	17 567	23 986	1 220 524
林业	20 277	3 008	6 969	10 300
牧业	225 941	4 838	7 066	214 037
副业	68 441	868	408	67 165
渔业	11 992	1 449	879	9 664
2. 工业	650 633	316 751	229 427	104 455
3. 建筑业	137 410	50 426	25 438	61 546
4. 交通运输业	112 474	7 063	6 924	98 487
5. 商业、饮食业	109 725	24 045	19 846	65 834
6. 服务业	28 542	1 984	787	25 771
7. 其它	55 806	1 864	979	52 963
二、农村经济总费用	1 368 233	323 698	242 518	802 017
1. 农业总费用	800 658	103 976	59 096	637 586
2. 非农行业总费用	567 575	219 722	183 422	164 431
三、农村经济纯收入	1 315 085	106 165	80 191	1 128 729
1. 国家税收	74 152	20 059	13 447	40 646
2. 集体提留	99 715	31 318	25 980	42 417
3. 农村居民纯收入	1141 218	54 788	40 764	1 045 666

9—37 乡镇企业基本情况

年　份	合计	农　业	工　业	建筑业	交通运输业	商业饮食业	其　他
一、企业单位数（个）							
1985	252 464	4 188	112 607	10 845	47 121	70 426	7 277
1986	315 894	4 759	127 234	13 072	69 216	81 865	19 748
1987	411 189	5 313	150 583	26 101	97 002	107 452	24 738
1988	471 198	6 041	168 611	30 943	116 715	127 423	21 465
1989	477 588	6 456	163 827	33 997	121 378	133 226	18 704
1990	464 568	6 186	153 828	32 241	120 792	133 272	18 249
1991	467 477	6 088	154 581	30 393	124 589	134 266	17 560
1992	496 552	7 471	154 686	36 096	133 810	143 193	21 296
二、职工人数（万人）							
1985	97.40	5.19	54.13	14.52	9.21	10.44	3.91
1986	113.37	5.68	60.62	17.02	12.56	13.87	3.62
1987	140.57	6.32	71.03	22.72	17.34	18.92	4.24
1988	162.49	7.49	80.58	26.59	20.82	23.64	3.37
1989	162.11	7.49	78.61	26.86	21.55	24.64	2.96
1990	155.26	7.37	73.14	25.22	21.28	25.57	2.68
1991	159.04	7.60	75.55	25.43	21.67	26.05	2.74
1992	168.34	8.14	78.26	26.73	23.32	28.54	3.35
三、总产值（万元）							
按当年价格计算							
1985	242 146	22 478	156 848	42 778	5 391	9 504	5 147
1986	548 898	31 181	299 572	88 812	71 421	57 912	
1987	858 338	46 686	466 284	131 513	118 602	95 253	
1988	1 220 013	63 178	648 603	186 751	173 410	148 071	
1989	1 441 527	62 795	779 689	210 043	210 336	178 664	
1990	1 525 378	64 851	837 215	207 851	230 880	184 581	
1991	1 612 569	73 444	852 233	233 315	245 322	208 355	
1992	2 110 733	93 387	1 115 801	306 202	313 493	281 850	
按1980年不变价格计算							
1985	391 958	21 972	224 141	64 116	42 006	39 723	
1986	530 942	29 128	283 669	88 812	71 421	57 912	
1987	776 616	44 359	386 889	131 513	118 602	95 253	
1988	1 097 608	59 057	530 319	186 751	173 410	148 071	
1989	1 265 696	66 854	615 416	210 043	210 336	163 047	
1990	1 356 063	75 109	670 323	207 863	218 187	184 581	
按1990年不变价格计算							
1990	1 460 000	75 482	771 510	209 589	218 838	184 581	
1991	1 622 215	83 868	857 229	232 876	244 572	203 670	
1992	2 128 860	100 528	1 126 787	306 202	313 493	281 850	

9—38 乡镇企业主要产品产量

项目	单位	1985年	1986年	1989年	1990年	1991年	1992年
发电量	万千瓦小时	6 291	7 946	8 721	8 411	9 069	8 959
原煤	万吨	456	438	511	553	522	451
磷肥	吨	11 250	12 411	7 000	5 400	1 280	1 881
铁制农具	万件	1 160	1 385	1 458	1 549	1 503	1 215
水泥	万吨	9	15	27	28	39	39
石灰	万吨	41	70	93	93	102	100
砖	万块	571 786	611 637	918 049	952 665	885 793	938 526
水泥制件	立方米		102 884	210 920	115 985	109 649	138 767
大理石	立方米		9 168	57 526	2 694	30 489	46 224
花岗石	立方米		60 285	206 238	300 984	734 007	936 881
机制纸及纸板	吨	26 117	27 916	53 563	53 045	58 266	54 506
皮革制品	万件	74	168	115	81	61	72
服装	万件	725	739	1 035	942	839	479
水果罐头	吨		1 258	1 774	1 728	1 636	776
蔬菜罐头	吨		24	570	434	512	9
白酒	吨	19 377	25 615	23 199	21 584	30 926	37 856
啤酒	吨	20 394	22 715	113 429	110 915	139 650	177 510
汽水	吨		28 305	66 904	63 009	44 872	53 536
食用植物油	吨	30 340	30 854	48 901	49 713	56 706	46 326
配合饲料	万吨		12	20	21	16	13

9—39 各市县乡镇企业总产值

（1992年）　　单位：万元

市、县	合计	农业	工业	建筑业	交通运输业	商业饮食业
全省	**2 110 733**	**93 387**	**1 115 801**	**306 202**	**313 493**	**281 850**
长春市	**664 304**	**23 364**	**359 729**	**107 735**	**87 311**	**86 165**
市区	283 668	5 356	170 872	41 760	33 368	32 312
九台市	74 056	1 390	33 019	17 352	9 422	12 873
榆树市	93 550	7 389	42 061	13 382	14 720	15 998
农安县	107 327	2 423	57 559	15 440	15 908	15 997
德惠县	58 222	5 136	32 398	11 403	5 813	3 472
双阳县	47 481	1 670	23 820	8 398	8 080	5 513
吉林市	**349 636**	**6 217**	**172 187**	**59 923**	**61 620**	**49 689**
市区	85 973	105	50 752	8 285	14 723	12 108
桦甸市	44 048	1 183	18 237	13 191	7 080	4 357
蛟河市	54 001	1 260	24 944	8 199	9 460	10 138
舒兰市	50 510	2 045	19 345	7 913	10 045	11 162
永吉县	60 432	514	27 809	13 140	12 323	6 646
磐石县	54 672	1 110	31 100	9 195	7 989	5 278
四平市	**300 205**	**12 563**	**167 535**	**44 732**	**49 533**	**25 842**
市区	68 543	720	51 988	6 779	6 763	2 293
公主岭市	89 755	2 525	43 251	16 472	18 884	8 623
梨树县	86 359	3 951	44 900	15 004	17 091	5 449
伊通县	35 152	2 411	19 900	3 990	3 489	5 362
双辽县	20 360	2 956	7 496	2 487	3 306	4 115
辽源市	**101 247**	**1 335**	**67 263**	**9 871**	**13 556**	**9 222**
市区	17 432	4	10 310	2 389	2 420	2 309
东丰县	41 754	1 030	26 942	3 596	6 730	3 456
东辽县	42 061	301	30 011	3 886	4 406	3 457
通化市	**170 157**	**11 499**	**89 685**	**21 714**	**25 068**	**22 191**
市区	24 047	485	11 073	4 118	4 070	4 301
梅河口市	41 898	806	23 365	6 516	6 837	4 374
集安市	24 520	3 015	9 050	4 164	3 069	5 222
通化县	32 094	3 185	17 602	3 242	5 626	2 439

9—39 续表 (1992年) 单位：万元

市、县	合计	农业	工业	建筑业	交通运输业	商业饮食业
辉南县	27 098	978	17 645	2 504	3 111	2 860
柳河县	20 500	3 030	10 950	1 170	2 355	2 995
浑江市	**108 650**	**12 630**	**50 784**	**6 989**	**14 367**	**23 880**
市区	58 177	1 331	31 558	3 303	7 913	14 072
临江县	14 158	1 965	6 858	1 057	1 872	2 406
抚松县	17 632	4 208	5 228	1 517	2 737	3 942
靖宇县	8 454	1 773	3 523	390	1 120	1 648
长白县	10 229	3 353	3 617	722	725	1 812
松原市	**117 694**	**9 234**	**52 134**	**19 533**	**18 254**	**18 539**
扶余区	59 226	5 602	26 103	10 217	9 140	8 164
长岭县	29 913	1 223	15 149	4 184	4 963	4 394
前郭县	19 425	1 655	7 323	3 635	2 604	4 208
乾安县	9 130	754	3 559	1 497	1 547	1 773
白城地区	**123 463**	**7 936**	**56 759**	**19 519**	**19 659**	**19 590**
白城市	24 172	589	15 570	3 105	2 908	2 000
洮南市	29 213	1 280	12 637	5 184	3 929	6 183
大安市	32 809	1 240	14 664	5 223	6 281	5 401
镇赉县	23 818	3 327	9 843	2 727	4 445	3 476
通榆县	13 451	1 500	4 045	3 280	2 096	2 530
延边朝鲜族自治州	**175 377**	**8 609**	**99 725**	**16 186**	**24 125**	**26 732**
延吉市	17 889	89	12 704	1 092	1 654	2 350
图们市	10 178	82	6 341	990	913	1 852
敦化市	51 353	869	32 375	4 348	8 692	5 069
龙井市	20 093	1 655	12 235	2 368	1 881	1 954
珲春市	11 094	373	4 833	1 757	1 946	2 185
和龙县	23 413	1 508	12 158	1 545	3 270	4 932
汪清县	25 977	2 966	10 936	3 044	3 308	5 723
安图县	15 380	1 067	8 143	1 042	2 461	2 667

9—40 乡村企业主要财务和经济效益指标

项　　目	1985年	1986年	1989年	1990年	1991年	1992年
一、财务指标（万元）						
总　收　入	229 679	275 973	555 067	532 165	619 001	786 863
各项费用支出	197 103	236 717	480 339	466 220	541 130	677 988
#生产费用	152 130	192 222	386 098	369 813	430 929	552 935
利润总额	23 166	27 859	47 822	39 025	47 551	64 415
国家税金	11 830	10 772	26 706	25 401	28 673	35 719
#所得税	2 420	2 202	5 856	4 588	5 391	6 210
纯　利　润	20 746	23 116	37 881	30 785	37 567	50 312
在上交乡村利润中：						
用于支援农业	334	403	1 694	1 454	937	1 457
用于农村小集镇建设	315	398	528	981	880	1 048
在企业留利中：						
用于扩大再生产	9 404	10 893	19 883	16 304	19 816	28 376
用于集体福利事业	1 000	1 649	2 161	2 535	3 065	3 798
工资总额	43 869	50 018	79 317	75 743	82 323	100 849
固定资产原值	107 401	129 801	241 918	257 625	289 320	334 106
固定资产净值	83 688	100 568	190 993	196 639	210 446	254 524
年末占用流动资金	61 767	71 721	160 371	198 013	228 682	300 256
定额流动资金		44 799	104 022	124 689	154 212	185 171
自有流动资金			37 715	42 681	47 139	6 217
本年银行贷款总额	43 286	48 443	86 511	95 580	120 545	129 332
二、经济效益指标（元）						
每百元固定资产原值实现利润	19.3	17.8	15.7	11.9	13	15.1
每百元资金实现的利润	14.3	13.4	10.8	7.8	8.7	9.4
每百元资金实现的利润税金	22.4	19.7	18.4	14.2	15.1	16.1
每百元总收入实现利润	9.0	8.4	6.8	5.8	6.1	6.4
每百元固定资产原值实现总收入	213.9	212.6	229.4	206.6	214	235.5
每百元总收入占用的流动资金	26.9	26	28.9	37.2	36.9	38.2

注：经济效益指标所用的利润指纯利润。

9—41 乡镇企业出口产品情况

(1992年)

项目	企业单位数(个)	企业人数(人)	出口产品交货总额(万元)	直接出口	间接出口	产值(万元)
合计	**215**	**20 344**	**35 774**	**15 403**	**20 362**	**41 897**
化工	17	1 459	2 650	2 444	206	3 186
机械	15	2 265	2 408	796	1 612	3 946
矿产	17	894	1 134	656	478	1 296
轻工	11	891	3 041	158	2 883	3 011
食品	32	2 863	12 589	6 141	6 448	11 227
土产	27	1 186	1 921	380	1 541	2 993
畜产	5	332	853	40	813	1 358
纺织	11	1 337	849	558	291	860
丝织	1	195	15	15		43
服装	8	801	939	20	919	980
工艺美术品	30	2 036	978	759	219	1 480
其他	41	6 085	8 397	3 436	4 952	11 517

9—42 乡村联营企业基本情况

(1992年)

项目	企业个数(个)	企业人数(人)	总产值(万元)	总收入(万元)	利润总额(万元)	国家税金(万元)	固定资产(万元)
合计	190	16 172	58 395	51 809	3 124	2 438	26 809
一、按经济类型分	190	16 172	58 395	51 809	3 124	2 438	26 809
1、与国营企业联营	129	11 881	45 496	40 715	2 503	2 057	20 271
2、与城镇集体企业联营	24	1 323	3 532	2 981	-12	147	1 317
3、乡镇企业之间联营	10	417	717	527	49	26	213
4、与外商侨胞港澳同胞联营	12	1 169	4 396	2 040	112	98	2 991
5、与其他联营	15	1 382	4 254	5 546	472	110	2 017
二、按联营形式分							
1、生产联营	50	4 668	18 477	18 102	1 164	1 028	8 406
2、产销联营	46	3 413	12 447	11 927	937	551	4 953
3、资金联营	42	3 020	17 892	14 431	415	367	8 407
4、技术联营	22	2 570	5 331	3 560	299	362	1 966
5、其他形式联营	30	2 501	4 248	3 789	309	130	3 077

10—1 各种经济类型工业企业单位数和总产值

项　　目	1987年	1988年	1989年	1990年	1991年	1992年
一、企业单位数（个）	**166 271**	**180 337**	**198 292**	**178 592**	**173 994**	**173 637**
全民所有制工业	2 618	2 675	2 811	2 878	2 893	2 838
集体所有制工业	25 591	25 126	23 825	20 940	18 355	21 157
#村办工业	9 277	9 087	7 786	6 428	6 151	6 518
城乡合作经营工业	5 355	4 932	4 745	3 348	1 307	3 995
城镇合作经营工业	1 356	1 299	1 326	983	575	594
农村合作经营工业	3 999	3 633	3 419	2 365	732	3 401
城乡个体工业	138 053	152 527	171 646	154 756	152 719	149 561
城镇个体工业	23 804	27 459	27 652	27 510	20 484	20 590
农村个体工业	114 249	125 068	143 994	127 246	132 235	128 971
其他经济类型工业	9	9	10	18	27	81
二、工业总产值（万元）	**3 594 639**	**4 542 440**	**5 303 646**	**5 523 601**	**6 143 789**	**7 678 118**
全民所有制工业	2 580 523	3 209 410	3 700 465	3 886 736	4 394 739	5 357 029
集体所有制工业	849 206	1 080 306	1 265 127	1 244 443	1 335 634	1 576 103
#村办工业	114 958	174 102	204 775	194 263	207 809	284 654
城乡合作经营工业	36 785	40 784	41 695	36 967	18 932	24 447
城镇合作经营工业	20 806	21 921	21 798	18 328	14 204	14 661
农村合作经营工业	15 979	18 863	19 897	18 639	4 728	9 786
城乡个体工业	160 040	243 801	324 627	375 167	387 196	504 964
城镇个体工业	34 434	51 649	72 603	87 412	54 342	73 114
农村个体工业	125 606	192 152	252 024	287 755	332 854	431 850
其他经济类型工业	4 870	8 923	13 427	17 255	26 220	240 022

10—2 乡及乡以上工业企业单位数

单位:个

项目	1987年	1988年	1989年	1990年	1991年	1992年
总计	**13 586**	**13 791**	**14 115**	**14 060**	**13 817**	**13 563**
一、按经济类型分						
全民所有制工业	2 618	2 675	2 811	2 878	2 893	2 838
集体所有制工业	10 959	11 107	11 294	11 164	10 897	10 644
其他经济类型工业	9	9	10	18	27	81
二、按轻重工业分						
轻工业	7 192	7 210	7 367	7 385	7 235	7 002
以农产品为原料	5 213	5 183	5 307	5 320	5 199	5 036
以非农产品为原料	1 979	2 027	2 060	2 065	2 036	1 966
重工业	6 394	6 581	6 748	6 675	6 582	6 561
采掘工业	841	832	816	813	818	832
原料工业	1 116	1 240	1 297	1 332	1 325	1 336
制造工业	4 437	4 509	4 635	4 530	4 439	4 393
三、按企业规模分						
大型企业	78	84	98	100	101	113
中型企业	226	237	249	252	249	462
小型企业	13 282	13 470	13 768	13 708	13 467	12 988
四、按工业行业分						
煤炭采选业	246	230	230	248	252	247
石油和天然气开采业	5	6	5	7	7	7
黑色金属矿采选业	4	7	8	10	12	8
有色金属矿采选业	48	60	66	60	65	66
建筑材料及其他非金属矿采选业	510	502	481	463	457	479
其他矿采选业	3	2	2	2	2	1
木材及竹材采运业	26	26	25	25	26	26
自来水生产和供应业	59	61	61	64	67	68
食品制造业	1 282	1 221	1 250	1 220	1 176	1 100
#粮食加工业	234	221	238	228	233	228
饮料制造业	747	792	796	793	769	738
烟草加工业	4	5	7	7	7	9
饲料工业	183	181	181	175	171	181
纺织业	353	351	358	350	349	340
#棉纺织业	129	132	134	130	133	125
毛纺织业	36	37	37	38	35	31
丝绢纺织业	11	10	12	12	12	12

10—2 续表　　　　单位:个

项　　目	1987年	1988年	1989年	1990年	1991年	1992年
缝　纫　业	580	555	541	538	524	500
皮革、毛皮及其制品业	209	206	202	200	199	190
木材加工及竹、藤、棕、草制品业	684	699	696	711	702	690
家具制造业	381	355	341	327	305	291
造纸及纸制品业	358	359	379	395	397	375
印 刷 业	629	653	704	736	733	748
文教体育用品制造业	101	106	104	100	110	94
工艺美术品制造业	149	157	170	167	148	152
电力、蒸汽、热水生产和供应业	150	152	159	167	172	173
石油加工业	45	53	64	67	68	69
炼焦、煤气及煤制品业	23	24	27	30	29	31
化学工业	520	606	672	683	682	681
#基本化学原料制造业	114	139	148	150	151	157
有机化学产品制造业	255	287	313	350	354	351
日用化学产品制造业	84	100	126	115	107	104
医药工业	227	264	305	325	331	329
化学纤维工业	8	8	11	13	12	15
橡胶制品业	177	166	158	160	155	153
塑料制品业	382	439	485	488	487	471
建筑材料及其他非金属矿物制品业	1 837	1 866	1 878	1 779	1 696	1 668
#水泥制造业	87	90	92	94	92	93
黑色金属冶炼及压延加工业	83	89	95	99	93	98
有色金属冶炼及压延加工业	49	66	73	62	57	64
金属制品业	988	975	943	938	916	892
#日用金属制品业	179	179	178	184	172	164
机械工业	1 234	1 241	1 303	1 282	1 291	1 291
#工业专用设备制造业	112	123	135	131	139	151
日用机械制造业	21	20	17	17	17	19
交通运输设备制造业	519	519	540	568	558	552
电气机械及器材制造业	394	404	421	425	429	416
#日用电器制造业	52	46	46	46	47	46
电子及通信设备制造业	66	68	70	73	78	83
#日用电子器具制造业	11	10	12	11	11	9
仪器仪表及其他计算量器具制造业	104	110	106	110	109	100

10—3 乡及乡以上工业企业销售产值及销售率

（1992 年）

项　　　　目	工业总产值（万元）	工业销售产值（万元）	销售率（%）
总　　计	**6 864 053**	**6 556 283**	**95.52**
一、按经济类型分			
全民所有制工业	5 357 029	5 203 729	97.14
集体所有制工业	1 267 002	1 136 589	89.71
其他经济类型工业	240 022	215 965	89.98
二、按轻重工业分			
轻 工 业	2 276 097	2 083 431	91.54
以农产品为原料	1 754 040	1 609 675	91.77
以非农产品为原料	522 058	473 756	90.75
重 工 业	4 587 956	4 472 852	97.49
采掘工业	520 289	495 119	95.16
原料工业	1 710 025	1 683 804	98.47
制造工业	2 357 642	2 293 929	97.30
三、按企业规模分			
大型企业	3 235 013	3 210 369	99.24
中型企业	1 525 257	1 442 545	94.58
小型企业	2 103 784	1 903 369	90.47
四、按工业行业分			
煤炭采选业	144 866	126 940	87.63
石油和天然气开采业	153 642	153 869	100.15
黑色金属矿采选业	3 152	2 609	82.77
有色金属矿采选业	27 515	26 930	97.87
建筑材料及其他非金属矿采选业	24 951	21 061	84.41
其他矿采选业	83		
木材及竹材采运业	167 143	164 727	98.55
自来水生产和供应业	19 322	18 488	95.68
食品制造业	483 866	458 563	94.77
# 粮食加工业	161 003	156 924	97.47
饮料制造业	164 516	152 899	92.94
烟草加工业	111 692	111 457	99.79
饲料工业	124 800	112 080	89.81
纺 织 业	216 626	187 543	86.57
棉纺织业	120 763	105 389	87.27
毛纺织业	36 406	30 490	83.75
丝绢纺织业	5 441	4 996	91.82

10—3 续表　　　　(1992年)

项　　目	工业总产值(万元)	工业销售产值(万元)	销售率(%)
缝纫业	90 534	76 670	84.69
皮革、毛皮及其制品业	29 070	23 841	82.01
木材加工及竹、藤、棕、草制品业	96 761	91 248	94.30
家具制造业	21 690	19 829	91.42
造纸及纸制品业	186 934	180 855	96.75
印刷业	70 695	65 113	92.10
文教体育用品制造业	14 003	13 270	94.77
工艺美术品制造业	15 197	13 042	85.82
电力、蒸汽、热水生产和供应业	306 500	310 889	101.43
石油加工业	157 556	152 801	96.98
炼焦、煤气及煤制品业	19 302	19 563	101.35
化学工业	726 299	696 923	95.96
# 基本化学原料	74 103	69 172	93.35
有机化学	578 246	559 436	96.75
日用化学	27 045	23 919	88.44
医药工业	259 547	220 798	85.07
化学纤维工业	81 538	76 540	93.87
橡胶制品业	81 309	75 755	93.17
塑料制品业	99 185	90 337	91.08
建筑材料及其他非金属矿物制品业	371 041	340 242	91.70
# 水泥制造业	111 395	107 638	96.63
黑色金属冶炼及压延加工业	353 899	357 640	101.06
有色金属冶炼及压延加工业	69 005	67 120	97.27
金属制品业	135 165	127 240	94.14
# 日用金属制品业	22 816	21 404	93.81
机械工业	421 775	391 112	92.73
# 工业专用设备制造业	86 604	80 813	93.31
日用机械制造业	5 703	5 542	97.18
交通运输设备制造业	1 362 241	1 371 966	100.71
电气机械及器材制造业	149 623	141 931	94.86
# 日用电器制造业	46 988	43 962	93.56
电子及通信设备制造业	60 098	53 576	89.15
# 日用电子器具制造业	35 369	30 248	85.52
仪器仪表及其他计量器具制造业	28 837	27 620	95.78

10—4 工 业 总 产 值

单位:万元

年份	总计	全民所有制	集体所有制	城乡个体工业	其他经济类型工业	在总计中:大中型企业	在总计中:轻工业企业
1949	35 436	29 254	6 182				16 849
1950	58 677	49 821	8 856				29 327
1951	71 770	60 055	11 715				40 881
1952	104 803	90 659	14 144				58 860
1953	132 818	110 146	22 672				74 232
1954	151 136	128 805	22 331				80 846
1955	138 868	122 496	16 372				74 842
1956	169 251	148 272	20 979				87 806
1957	207 990	186 109	21 881				95 294
1958	308 841	291 656	17 185				114 432
1959	418 386	394 747	23 639				150 757
1960	573 287	511 354	61 933				189 595
1961	327 111	290 048	37 063				134 820
1962	300 549	272 151	28 398				124 375
1963	354 722	327 000	27 722				136 611
1964	403 091	370 939	32 152				150 518
1965	474 888	438 040	36 848				194 021
1966	539 509	500 105	39 404				218 335
1967	400 099	360 125	39 974				166 602
1968	317 609	278 782	38 827				142 476
1969	524 248	473 658	50 590				214 281
1970	634 654	569 664	64 990				243 451
1971	742 515	664 277	78 238				271 897
1972	789 552	700 635	88 917				285 466
1973	849 135	740 784	108 351				314 172
1974	849 031	726 046	122 985				335 876
1975	993 058	819 108	173 950				393 233
1976	1 033 912	837 646	196 266				418 072
1977	1 043 413	841 890	201 523				430 349
1978	1 128 650	890 656	237 994				447 540
1979	1 257 448	992 089	265 359				464 557
1980	1 346 714	1 059 418	286 470		826	607 745	539 697
1981	1 366 359	1 070 304	294 530		1 525	613 518	587 105
1982	1 487 482	1 153 829	331 247		2 406	665 278	633 416
1983	1 720 398	1 332 461	383 942		3 995	750 688	700 147
1984	2 088 429	1 584 651	497 343		6 435	899 770	818 150
1985	2 567 505	1 913 800	585 423	66 133	2 149	1 216 726	974 824
1986	2 824 802	2 062 506	666 207	95 073	1 016	1 363 565	1 142 555
1987	3 594 639	2 580 523	849 206	160 040	4 870	1 774 866	1 448 991
1988	4 542 440	3 209 410	1 080 306	243 801	8 923	2 230 157	1 894 571
1989	5 303 646	3 700 465	1 265 127	324 627	13 427	2 587 046	2 235 122
1990	5 523 601	3 886 736	1 244 443	375 167	17 255	2 741 322	2 313 296
1991	6 143 789	4 394 739	1 335 634	387 196	26 220	3 122 083	2 448 399
1992	7 678 118	5 357 029	1 576 103	504 964	240 022	4 760 270	2 726 616

10—4 续表1

单位：万元

年份	工业总产值	#大中型企业	按经济类型分 全民所有制	集体所有制	城乡个体工业	其他经济类型工业
按1952年不变价格计算						
1949	37 654		31 085	6 569		
1950	62 349		52 939	9 410		
1951	76 260		63 813	12 447		
1952	111 359		96 330	15 029		
1953	140 363		119 410	20 953		
1954	157 398		138 090	19 308		
1955	154 779		138 748	16 031		
1956	196 108		174 152	21 956		
1957	236 882		214 469	22 413		
按1957年不变价格计算						
1957	215 700		192 277	23 423		
1958	315 112		298 591	16 521		
1959	427 000		404 255	22 745		
1960	580 000		520 292	59 708		
1961	315 012		280 662	34 350		
1962	284 142		258 511	25 631		
1963	336 863		311 995	24 868		
1964	380 871		352 092	28 779		
1965	465 367		430 821	34 546		
1966	579 541		539 439	40 102		
1967	429 812		389 059	40 753		
1968	355 725		314 480	41 245		
1969	563 148		511 604	51 544		
1970	681 764		615 509	66 255		
1971	802 489		723 240	79 249		
按1970年不变价格计算						
1971	746 997		669 265	77 732		
1972	798 237		707 912	90 325		
1973	862 720		751 993	110 727		
1974	866 859		740 490	126 369		
1975	1 021 874		841 780	180 094		
1976	1 070 016		865 893	204 123		
1977	1 076 224		846 755	229 469		
1978	1 176 078	501 946	924 782	251 296		
1979	1 274 054	550 343	1 005 191	268 863		
1980	1 348 179	589 045	1 062 061	285 271		847
1981	1 363 982	565 728	1 065 306	297 060		1 616
按1980年不变价格计算						
1981	1 382 255	586 828	1 081 078	299 665		1 512
1982	1 483 908	669 920	1 149 442	332 172		2 294
1983	1 695 504	758 006	1 315 445	376 228		3 831
1984	1 966 991	838 634	1 474 195	486 408		6 388
1985	2 281 448	1 022 503	1 646 487	566 615	66 133	2 213
1986	2 449 157	1 115 583	1 717 810	635 408	95 073	866
1987	2 891 775	1 371 741	2 014 894	748 316	124 832	3 733
1988	3 416 872	1 602 849	2 320 391	901 326	190 562	4 593
1989	3 632 725	1 664 909	2 379 266	995 381	252 641	5 437
1990	3 701 444	1 654 644	2 392 590	1 000 623	299 113	9 118
按1990年不变价格计算						
1990	5 553 790	2 740 355	3 897 361	1 257 330	382 670	16 429
1991	5 853 625	2 899 416	4 128 365	1 320 027	380 598	24 635
1992	6 862 336	4 028 589	4 657 842	1 052 028	496 733	655 733

10—4 续表 2 单位:万元

年份	按轻重工业分						
	轻工业	以农产品为原料	以非农产品为原料	重工业	采掘工业	原料工业	制造工业
按1952年不变价格计算							
1949	17 739	15 403	2 336	19 915	10 973	5 409	3 533
1950	30 897	26 320	4 577	31 452	14 783	7 978	8 691
1951	43 094	36 816	6 278	33 166	13 366	9 433	10 367
1952	62 081	53 946	8 135	49 278	20 572	12 908	15 798
1953	77 874	67 459	10 415	62 489	22 653	15 982	23 854
1954	83 520	72 024	11 496	73 878	27 657	20 504	25 717
1955	82 689	70 598	12 091	72 090	24 566	20 296	27 228
1956	100 749	85 344	15 405	95 359	22 803	21 777	50 779
1957	107 386	89 251	18 135	129 496	26 388	33 276	69 832
按1957年不变价格计算							
1957	98 763	82 101	16 662	116 937	25 241	27 931	63 765
1958	112 306	90 620	21 686	202 806	41 470	59 219	102 117
1959	147 910	121 464	26 446	279 090	63 912	70 889	144 289
1960	184 236	138 998	45 238	395 764	64 373	123 226	208 165
1961	125 277	98 026	27 251	189 735	41 482	66 562	81 691
1962	113 564	89 385	24 179	170 578	33 108	53 000	84 470
1963	125 187	91 880	33 307	211 676	35 047	70 593	106 036
1964	137 105	99 244	37 861	243 766	38 070	74 599	131 097
1965	183 589	116 347	67 242	281 778	38 089	87 278	156 411
1966	225 408	128 708	96 700	354 133	38 034	102 911	213 188
1967	172 143	95 471	76 672	257 669	34 167	95 080	128 422
1968	153 517	84 112	69 405	202 208	29 745	65 010	107 453
1969	221 273	119 266	102 007	341 875	47 521	121 707	172 647
1970	251 004	132 782	118 222	430 760	56 860	167 904	205 996
1971	281 701	152 981	128 720	520 788	57 132	217 753	245 903
按1970年不变价格计算							
1971	273 510	170 734	102 776	473 487	69 860	188 881	214 746
1972	290 543	185 731	104 812	507 694	79 228	107 363	321 103
1973	321 379	212 106	109 273	541 341	80 530	165 474	295 337
1974	344 976	223 380	121 596	521 883	77 153	161 805	282 925
1975	407 004	248 538	158 466	614 870	86 903	173 881	354 086
1976	435 554	279 566	155 988	634 462	90 787	174 345	369 330
1977	446 785	295 448	151 337	629 439	93 907	206 805	328 727
1978	468 003	297 821	170 182	708 075	98 437	198 742	410 896
1979	475 998	336 363	139 635	798 056	103 508	269 084	425 464
1980	537 460	374 601	162 859	810 719	102 543	281 997	426 179
1981	590 930	412 010	178 920	773 052	100 369	282 375	390 308
按1980年不变价格计算							
1981	595 242	430 921	164 321	787 013	127 904	293 467	365 642
1982	632 071	458 962	173 109	851 837	134 807	315 245	401 785
1983	679 361	489 221	190 140	1 016 143	139 933	395 541	480 669
1984	789 287	559 904	229 383	1 177 704	154 244	429 968	593 492
1985	929 849	675 192	254 657	1 351 599	164 533	471 780	715 286
1986	1 058 048	767 274	290 774	1 391 109	169 929	519 096	702 084
1987	1 224 122	870 273	353 849	1 667 653	185 787	583 838	898 028
1988	1 479 391	1 045 336	434 055	1 937 481	204 246	635 890	1 097 345
1989	1 599 853	1 068 915	530 938	2 032 872	216 465	668 147	1 148 260
1990	1 652 151	1 178 225	473 926	2 049 293	232 869	685 295	1 131 129
按1990年不变价格计算							
1990	2 390 935	1 801 827	589 108	3 162 855	487 196	1 206 037	1 469 622
1991	2 462 166	1 857 827	604 339	3 391 459	477 969	1 279 323	1 634 167
1992	2 692 986	2 013 024	679 962	4 169 350	518 550	1 428 036	2 222 764

10—5 工业总产值构成

单位:%

年份	总计	全民所有制	集体所有制	其他经济类型	在总计中:大中型企业	在总计中:轻工业企业
1949	100	82.55	17.45			47.55
1950	100	84.91	15.09			49.98
1951	100	83.68	16.32			56.96
1952	100	86.50	13.50			56.16
1953	100	82.93	17.07			55.89
1954	100	85.22	14.78			53.49
1955	100	88.21	11.79			53.89
1956	100	87.60	12.40			51.88
1957	100	89.48	10.52			45.82
1958	100	94.44	5.56			37.05
1959	100	94.35	5.65			36.03
1960	100	89.20	10.80			33.07
1961	100	88.67	11.33			41.22
1962	100	90.55	9.45			41.38
1963	100	92.18	7.82			38.51
1964	100	92.02	7.98			37.34
1965	100	92.24	7.76			40.86
1966	100	92.70	7.30			40.47
1967	100	90.01	9.99			41.64
1968	100	87.78	12.22			44.86
1969	100	90.35	9.65			40.87
1970	100	89.76	10.24			38.36
1971	100	89.46	10.54			36.62
1972	100	88.74	11.26			36.16
1973	100	87.24	12.76			37.00
1974	100	85.51	14.49			39.56
1975	100	82.48	17.52			39.60
1976	100	81.02	18.98			40.44
1977	100	80.69	19.31			41.24
1978	100	78.91	21.09			39.65
1979	100	78.90	21.10			36.94
1980	100	78.67	21.27	0.06	45.13	40.08
1981	100	78.33	21.56	0.11	44.90	42.97
1982	100	77.57	22.27	0.16	44.73	42.58
1983	100	77.45	22.32	0.23	43.63	40.70
1984	100	75.88	23.81	0.31	43.08	39.18
1985	100	74.54	22.80	2.66	47.39	37.97
1986	100	73.01	23.58	3.41	48.27	40.45
1987	100	71.79	23.62	4.59	49.38	40.31
1988	100	70.65	23.78	5.57	49.10	41.71
1989	100	69.77	23.85	6.38	48.78	42.14
1990	100	70.37	22.53	7.10	49.63	41.88
1991	100	71.53	21.74	6.73	50.82	39.85
1992	100	69.77	20.53	9.70	62.00	35.51

10—6 工业总产值指数

(以1949年为100)

年份	工业总产值	#大中型企业	按经济类型分 全民所有制	集体所有制	城乡个体工业	其他经济类型工业
1949	100		100	100		
1950	165.6		170.3	143.2		
1951	202.5		205.3	189.5		
1952	295.7		309.9	228.8		
1953	372.8		384.1	319.0		
1954	418.0		444.2	248.2		
1955	411.0		446.4	244.0		
1956	520.8		560.3	334.2		
1957	629.1		690.0	341.2		
1958	919.0		1 071.5	240.7		
1959	1 245.4		1 450.7	331.3		
1960	1 691.6		1 867.0	869.8		
1961	918.8		1 007.1	500.4		
1962	828.7		927.7	373.4		
1963	982.5		1 119.6	362.2		
1964	1 110.8		1 263.5	419.2		
1965	1 357.3		1 546.0	503.2		
1966	1 690.3		1 935.8	584.2		
1967	1 253.6		1 396.1	593.6		
1968	1 037.5		918.4	600.8		
1969	1 642.5		1 835.9	750.8		
1970	1 988.5		2 208.7	965.1		
1971	2 340.5		2 595.2	1 154.4		
1972	2 501.2		2 745.1	1 341.4		
1973	2 703.2		2 916.0	1 644.3		
1974	2 716.2		2 871.4	1 876.6		
1975	3 201.8		3 264.2	2 674.5		
1976	3 352.6		3 357.7	3 031.4		
1977	3 372.1		3 283.5	3 407.8		
1978	3 684.9	100	2 810.5	3 731.9		
1979	3 991.9	109.6	3 897.9	3 992.8		
1980	4 224.1	117.4	4 118.4	4 236.5		100
1981	4 273.7	112.7	4 132.0	4 548.0		190.8
1982	4 587.9	128.7	4 392.2	5 041.3		289.5
1983	5 242.1	145.6	5 026.5	5 709.9		483.4
1984	6 081.5	161.1	5 633.1	7 382.1		806.1
1985	7 053.7	196.4	6 291.5	8 599.4	100	279.2
1986	7 572.2	214.3	6 564.0	9 643.5	143.8	109.3
1987	8 940.7	263.5	7 699.3	11 357.0	188.8	471.0
1988	10 564.2	307.8	8 866.6	13 268.5	288.1	579.6
1989	11 231.7	319.8	9 091.4	14 653.8	382.0	686.1
1990	11 444.1	317.8	9 142.3	14 731.0	452.3	1 150.6
1991	12 062.0	336.2	9 684.2	15 465.5	449.8	1 725.2
1992	14 140.5	467.2	10 926.2	12 325.6	587.1	45 922.7

10—7 工业总产值指数

(以上年为100)

年份	工业总产值	#大中型企业	全民所有制	集体所有制	城乡个体工业	其他经济类型工业
		按经济类型分				
1949	100		100	100		
1950	165.58		170.30	143.25		
1951	122.31		120.54	132.27		
1952	146.03		150.96	120.74		
1953	126.05		128.96	139.42		
1954	112.14		115.64	92.15		
1955	98.34		100.48	83.03		
1956	126.70		125.52	136.96		
1957	120.79		123.15	102.03		
1958	146.09		155.29	70.53		
1959	135.51		135.39	137.67		
1960	135.83		128.70	262.51		
1961	54.31		53.94	57.53		
1962	90.20		92.11	74.62		
1963	118.55		120.69	97.02		
1964	113.06		112.85	115.73		
1965	122.18		122.36	120.04		
1966	124.53		125.21	116.08		
1967	74.16		72.12	101.62		
1968	82.76		80.83	101.21		
1969	158.31		162.68	124.97		
1970	121.06		120.31	128.54		
1971	117.71		117.50	119.61		
1972	106.86		105.77	116.20		
1973	108.08		106.23	122.59		
1974	100.48		98.47	114.13		
1975	117.88		118.68	142.13		
1976	104.71		102.86	113.34		
1977	100.58		97.79	112.42		
1978	109.28	100	109.21	109.51		
1979	108.33	109.64	108.69	106.99		
1980	105.82	107.03	105.66	106.10		100
1981	101.17	96.04	100.31	104.13		190.79
1982	107.35	114.16	106.32	110.85		151.72
1983	114.26	113.15	114.44	113.26		167.00
1984	116.01	110.64	112.07	129.29		166.74
1985	115.99	121.92	111.69	116.49	100	34.61
1986	107.35	109.10	104.33	112.14	143.76	39.13
1987	118.07	122.96	117.29	117.77	131.30	431.06
1988	118.16	116.85	115.16	120.45	152.65	123.04
1989	106.32	103.87	102.54	110.44	132.58	118.38
1990	101.89	99.38	100.56	100.53	118.39	167.70
1991	105.40	105.80	105.93	104.99	99.46	149.95
1992	117.23	138.94	112.83	79.70	130.51	2 661.80

10—7 续表　　(以上年为100)

年份	按轻重工业分						
	轻工业	以农产品为原料	以非农产品为原料	重工业	采掘工业	原料工业	制造工业
1949	100	100	100	100	100	100	100
1950	174.18	170.88	195.93	157.93	134.72	147.24	245.99
1951	139.48	139.88	137.16	105.45	90.41	118.24	119.28
1952	144.06	146.53	129.58	148.58	153.91	136.84	152.39
1953	125.44	125.05	128.03	126.81	110.12	123.81	150.99
1954	107.25	106.77	110.38	118.23	122.09	128.29	107.81
1955	99.01	98.02	105.18	97.58	88.82	98.99	105.88
1956	121.84	120.89	127.41	132.28	92.82	107.30	186.50
1957	106.59	104.58	117.72	135.80	115.72	152.80	137.52
1958	113.71	110.38	130.15	173.43	164.30	212.02	160.15
1959	131.70	134.04	121.95	137.61	154.12	119.71	141.30
1960	124.56	114.44	171.06	141.81	100.72	173.83	144.27
1961	68.00	70.52	60.24	47.94	64.44	54.02	39.24
1962	90.65	91.18	88.73	89.80	79.81	79.63	103.40
1963	110.23	102.79	137.75	124.09	105.86	133.19	125.53
1964	109.52	108.01	113.67	115.16	108.63	105.67	123.63
1965	133.90	117.23	177.60	115.59	100.05	117.00	119.31
1966	122.78	110.63	143.81	125.68	99.86	117.91	136.30
1967	76.37	74.18	79.29	72.76	89.83	92.39	60.24
1968	89.18	88.10	90.52	78.48	87.06	68.37	83.67
1969	144.14	141.79	146.97	169.07	159.76	187.21	160.67
1970	113.44	111.33	115.90	126.00	119.65	137.96	119.32
1971	112.23	115.21	108.88	120.90	100.48	129.69	119.37
1972	106.23	108.78	101.98	107.22	113.41	56.84	149.53
1973	110.61	114.20	104.26	106.63	101.64	154.13	91.98
1974	107.34	105.32	111.28	96.41	95.81	97.78	95.80
1975	117.98	111.26	130.32	117.82	112.64	107.46	125.15
1976	107.01	112.48	98.44	103.19	104.47	100.27	104.31
1977	102.58	105.68	97.02	99.21	103.44	118.62	89.01
1978	104.75	100.80	112.45	112.49	104.82	96.10	125.00
1979	101.71	112.94	82.05	112.71	105.15	135.39	103.55
1980	112.91	111.37	116.63	101.59	99.07	104.80	100.17
1981	109.95	109.99	109.86	95.35	97.88	100.13	91.58
1982	106.19	106.51	105.35	108.24	105.40	107.42	109.88
1983	107.48	106.59	109.84	119.29	103.80	125.47	119.63
1984	116.18	114.45	120.64	115.90	110.23	180.70	123.47
1985	117.81	120.59	111.02	114.77	106.67	109.72	120.52
1986	113.79	113.64	114.18	102.92	103.28	110.03	98.15
1987	115.70	113.42	121.69	119.88	109.33	112.47	127.91
1988	120.85	120.12	122.67	116.18	109.94	108.92	122.19
1989	108.14	102.26	122.32	104.92	105.98	105.07	104.64
1990	103.27	110.23	89.26	100.81	107.58	102.57	98.51
1991	102.98	103.11	102.59	107.23	98.11	106.08	111.20
1992	109.37	108.35	112.51	122.94	108.49	111.62	136.02

10—8 乡及乡以上工业总产值

单位:万元

项　　目	1987年	1988年	1989年	1990年	1991年	1992年
总　　计	**3 282 855**	**4 083 753**	**4 732 549**	**4 917 204**	**5 529 852**	**6 864 053**
一、按经济类型分						
全民所有制工业	2 580 523	3 209 410	3 700 465	3 886 736	4 394 739	5 357 029
集体所有制工业	697 463	865 420	1 018 657	1 013 213	1 108 893	1 267 002
其他经济类型工业	4 870	8 923	13 427	17 255	26 220	240 022
二、按轻重工业分						
轻　工　业	1 265 721	1 620 068	1 893 717	1 944 656	2 090 010	2 276 097
以农产品为原料	953 020	1 228 010	1 427 384	1 487 720	1 607 454	1 754 040
以非农产品为原料	312 702	392 058	466 333	456 936	482 556	522 058
重　工　业	2 017 133	2 463 685	2 838 832	2 972 548	3 439 842	4 587 956
采掘工业	279 680	315 008	380 995	441 791	493 173	520 289
原料工业	822 106	979 141	1 135 041	1 232 287	1 424 803	1 710 025
制造工业	915 347	1 169 536	1 322 796	1 298 470	1 521 866	2 357 642
三、按企业规模分						
大 型 企 业	1 170 340	1 429 129	1 724 641	1 877 173	2 209 454	3 235 013
中 型 企 业	604 526	801 028	862 381	864 173	912 628	1 525 257
小 型 企 业	1 507 988	1 853 596	2 145 527	2 175 858	2 407 770	2 103 784
四、按工业行业分						
煤炭采选业	59 834	67 484	91 558	118 030	138 456	144 866
石油和天然气开采业	66 771	72 643	96 062	129 783	147 919	153 642
黑色金属矿采选业	497	634	752	1 344	2 071	3 152
有色金属矿采选业	19 214	24 309	21 813	23 201	25 847	27 515
建筑材料及其他非金属矿采选业	13 831	17 170	17 790	18 142	18 503	24 951
其他矿采选 业	72	99	91	339	18	83
木材及竹材采选 业	119 477	132 723	152 975	151 163	160 451	167 143
自来水生产和供应业	6 425	7 812	9 386	12 431	15 837	19 322
食品制造业	257 100	307 523	373 325	407 216	459 168	483 866
#粮食加工业	99 289	107 444	111 941	113 544	127 461	161 003
饮料制造业	83 087	103 907	117 554	137 997	150 947	164 516
烟草加工业	63 148	89 033	93 781	95 756	97 472	111 692
饲料工业	27 430	40 236	53 248	47 872	56 898	124 800
纺　织　业	151 148	184 548	222 149	223 071	227 598	216 626
#棉纺织业	76 333	92 099	120 848	124 736	131 068	120 763
毛纺织业	30 907	36 367	41 908	38 543	37 691	36 406
丝绢纺织业	7 456	8 281	9 646	8 964	7 483	5 441

10—8 续表

单位:万元

项目	1987年	1988年	1989年	1990年	1991年	1992年
缝纫业	51 355	63 062	71 511	76 742	80 828	90 534
皮革、毛皮及其制品业	26 022	31 212	30 618	31 115	33 308	29 070
木材加工及竹、藤、棕、草制品业	64 989	79 027	89 001	82 218	90 435	96 761
家具制造业	20 010	21 344	21 116	18 784	20 138	21 690
造纸及纸制品业	113 610	150 585	175 777	180 821	187 813	186 934
印刷业	39 044	47 357	56 449	56 897	64 177	70 695
文教体育用品制造业	11 697	11 024	13 082	11 896	13 817	14 003
工艺美术品制造业	5 821	8 894	12 442	11 951	13 203	15 197
电力、蒸汽、热水生产和供应业	152 410	163 934	153 089	191 446	268 599	306 500
石油加工业	53 343	69 854	88 515	100 119	125 213	157 556
炼焦、煤气及煤制品业	4 685	5 120	6 281	13 557	16 607	19 302
化学工业	387 707	472 310	548 339	581 745	631 709	726 299
#基本化学原料	36 539	46 759	56 787	61 812	49 551	74 103
有机化学	309 367	369 543	423 664	453 142	516 733	578 246
日用化学	18 495	24 911	27 652	28 201	24 957	27 045
医药工业	129 144	200 027	214 946	215 183	240 397	259 547
化学纤维工业	41 243	55 148	71 292	77 928	79 517	81 538
橡胶制品业	43 654	51 103	64 010	67 903	72 631	81 309
塑料制品业	54 000	72 941	83 761	72 647	79 006	99 185
建筑材料及其他非金属矿物制品业	191 789	229 618	269 735	255 345	287 195	371 041
#水泥制造业	40 876	51 570	63 062	56 003	77 831	111 395
黑色金属冶炼及压延加工业	159 570	185 785	234 718	269 604	280 351	353 899
有色金属冶炼及压延加工业	25 926	42 480	61 215	49 811	52 538	69 005
金属制品业	88 095	101 401	116 448	114 858	118 383	135 165
#日用金属制品业	18 616	24 330	27 414	24 753	22 464	22 816
机械工业	272 274	317 637	341 826	310 405	355 043	421 775
#工业专用设备制造业	43 311	51 735	60 056	59 760	71 740	86 604
日用机械制造业	14 248	13 596	12 094	9 996	7 077	5 703
交通运输设备制造业	324 775	455 701	510 506	541 518	691 887	1 362 241
电气机械及器材制造业	80 096	99 839	132 363	123 420	129 323	149 623
#日用电器制造业	23 151	29 272	38 764	37 348	42 705	46 988
电子及通信设备制造业	44 882	65 699	78 297	60 960	60 642	60 098
#日用电子器具制造业	26 228	42 401	54 679	37 286	36 841	35 369
仪器仪表及其他计量器具制造业	18 931	22 098	22 456	21 379	22 606	28 837

10—9 各市县乡及乡以上工业企业单位数和总产值

(1992年)

市、县	总计		轻工业		重工业	
	企业单位数(个)	工业总产值(万元)	企业单位数(个)	工业总产值(万元)	企业单位数(个)	工业总产值(万元)
全省	**13 563**	**6 864 053**	**7 002**	**2 276 097**	**6 561**	**4 587 956**
长春市	**3 060**	**2 352 092**	**1 494**	**659 625**	**1 566**	**1 692 467**
市区	1 921	2 073 969	894	474 819	1 027	1 599 150
九台市	249	38 644	103	19 307	146	19 338
榆树市	238	52 683	146	40 280	92	12 402
农安县	257	46 475	146	22 924	111	23 550
德惠县	228	121 416	136	92 348	92	29 068
双阳县	167	18 905	69	9 946	98	8 959
吉林市	**2 801**	**1 700 959**	**1 284**	**462 578**	**1 517**	**1 238 381**
市区	1 315	1 396 758	643	374 848	672	1 021 910
桦甸市	279	85 345	107	12 030	172	73 315
蛟河市	286	42 551	118	15 694	168	26 858
舒兰市	293	59 717	122	25 643	171	34 074
永吉县	367	37 406	186	21 913	181	15 494
磐石县	261	79 182	108	12 451	153	66 730
四平市	**1 395**	**519 299**	**715**	**242 052**	**680**	**277 247**
市区	464	301 608	237	135 002	227	166 606
公主岭市	313	106 035	150	45 975	163	60 059
梨树县	293	64 999	165	36 544	128	28 455
伊通县	158	20 791	73	10 266	85	10 524
双辽县	167	25 867	90	14 264	77	11 603
辽源市	**756**	**275 488**	**405**	**101 378**	**351**	**174 110**
市区	407	209 049	215	71 759	192	137 290
东丰县	192	47 602	100	19 562	92	28 040
东辽县	157	18 837	90	10 057	67	8 781
通化市	**1 507**	**526 541**	**842**	**217 926**	**665**	**308 614**
市区	462	272 560	273	70 395	189	202 165
梅河口市	303	69 958	155	42 057	148	27 901
集安市	134	42 038	74	22 669	60	19 369
通化县	158	53 323	97	35 266	61	18 057

10—9 续表 1 (1992年)

市、县	总计 企业单位数（个）	总计 工业总产值（万元）	轻工业 企业单位数（个）	轻工业 工业总产值（万元）	重工业 企业单位数（个）	重工业 工业总产值（万元）
辉南县	244	46 474	131	22 081	113	24 393
柳河县	206	42 188	112	25 459	94	16 729
浑江市	**717**	**290 551**	**357**	**76 313**	**360**	**214 239**
市区	303	188 804	145	46 047	158	142 757
临江县	114	26 594	56	5 652	58	20 942
抚松县	153	52 604	91	15 613	62	36 991
靖宇县	89	7 854	33	4 005	56	3 849
长白县	58	14 695	32	4 996	26	9 700
松原市	**720**	**379 155**	**398**	**70 245**	**322**	**308 911**
扶余区	326	52 982	167	28 803	159	24 179
长岭县	130	18 972	88	15 418	42	3 554
前郭县	183	295 030	95	16 232	88	278 798
乾安县	81	12 172	48	9 792	33	2 380
白城地区	**993**	**233 188**	**630**	**153 912**	**363**	**79 276**
白城市	243	97 519	156	59 592	87	37 927
洮南市	209	52 931	126	45 660	83	7 271
大安市	236	37 583	153	21 327	83	16 256
镇赉县	163	27 894	99	12 571	64	15 323
通榆县	142	17 261	96	14 762	46	2 499
延边朝鲜族自治州	**1 614**	**586 781**	**877**	**292 070**	**737**	**294 711**
延吉市	381	161 886	225	120 054	156	41 833
图们市	141	76 112	84	42 678	57	33 434
敦化市	222	85 679	114	29 469	108	56 210
龙井市	193	79 114	107	56 687	86	22 427
珲春市	140	40 814	70	7 696	70	33 118
和龙县	180	43 506	99	9 483	81	34 023
汪清县	204	48 747	102	12 930	102	35 817
安图县	153	50 924	76	13 074	77	37 850

10—9 续表 2 (1992年)

市、县	全民所有制工业		集体所有制工业		其他经济类型工业	
	企业单位数（个）	工业总产值（万元）	企业单位数（个）	工业总产值（万元）	企业单位数（个）	工业总产值（万元）
全　省	**2 838**	**5 357 029**	**10 644**	**1 267 002**	**81**	**240 022**
长春市	**534**	**1 771 145**	**2 503**	**383 946**	**23**	**197 001**
市　区	354	1 666 818	1 548	280 802	19	126 349
九台市	48	15 732	200	19 339	1	3 574
榆树市	28	23 680	209	26 882	1	2 120
农安县	33	27 155	224	19 320		
德惠县	46	29 086	180	27 373	2	64 957
双阳县	25	8 674	142	10 231		
吉林市	**464**	**1 422 641**	**2 320**	**257 892**	**17**	**20 426**
市　区	205	1 185 832	1 096	192 630	14	18 296
桦甸市	56	69 877	222	15 071	1	397
蛟河市	61	30 615	224	11 809	1	128
舒兰市	54	48 963	239	10 754		
永吉县	42	22 210	324	13 591	1	1 605
磐石县	46	65 144	215	14 038		
四平市	**315**	**364 428**	**1 071**	**145 346**	**9**	**9 525**
市　区	114	227 253	343	69 479	7	4 876
公主岭市	57	70 655	255	30 731	1	4 649
梨树县	68	39 196	225	25 804		
伊通县	30	9 135	127	11 656	1	
双辽县	46	18 190	121	7 677		
辽源市	**157**	**199 183**	**598**	**75 780**	**1**	**525**
市　区	104	164 084	302	44 440	1	525
东丰县	35	28 815	157	18 787		
东辽县	18	6 284	139	12 553		
通化市	**351**	**409 242**	**1 148**	**113 909**	**8**	**3 389**
市　区	99	233 663	359	36 705	4	2 192
梅河口市	50	42 081	252	27 130	1	747
集安市	47	35 766	87	6 272		
通化县	41	31 133	115	21 904	2	286

10—9 续表 3　　　　　　　　(1992年)

市、县	全民所有制工业		集体所有制工业		其他经济类型工业	
	企业单位数（个）	工业总产值（万元）	企业单位数（个）	工业总产值（万元）	企业单位数（个）	工业总产值（万元）
辉南县	62	35 103	182	11 371	0	0
柳河县	52	31 496	153	10 527	1	165
浑江市	**183**	**216 062**	**533**	**74 458**	**1**	**31**
市区	78	138 710	224	50 063	1	31
临江县	22	19 405	92	7 189		
抚松县	39	42 876	114	9 728		
靖宇县	21	5 595	68	2 259		
长白县	23	9 477	35	5 219		
松原市	**163**	**339 766**	**557**	**39 389**		
扶余区	46	31 509	280	21 473		
长岭县	28	13 566	102	5 406		
前郭县	55	284 843	128	10 187		
乾安县	34	9 848	47	2 324		
白城地区	**257**	**175 574**	**734**	**57 492**	**2**	**122**
白城市	67	76 354	175	21 043	1	122
洮南市	49	43 676	160	9 255		
大安市	47	20 578	189	17 005		
镇赉县	44	21 382	119	6 512		
通榆县	50	13 584	91	3 677	1	
延边朝鲜族自治州	**414**	**458 988**	**1 180**	**118 789**	**20**	**9 004**
延吉市	67	131 622	304	25 749	10	4 515
图们市	43	63 165	97	12 845	1	1 102
敦化市	65	60 644	157	25 035		
龙井市	57	64 661	136	14 453		
珲春市	31	33 267	108	7 513	1	33
和龙县	59	31 233	119	11 177	2	1 096
汪清县	42	37 563	159	10 098	3	1 085
安图县	50	37 834	100	11 918	3	1 172

10—10 各市县乡以下工业总产值

（1992 年）　　　　单位：万元

市、县	乡以下工业产值合计	村办工业	城镇委办和合作经营工业	城镇个体工业	农村合作经营工业	农村个体工业
全　省	**814 065**	**284 654**	**14 661**	**73 114**	**9 786**	**431 850**
长春市	**285 713**	**124 260**	**12 361**	**12 174**	**9 786**	**127 132**
市　区	142 134	90 746	11 242	2 238		37 908
九台市	24 492	3 206	486	1 909		18 891
榆树市	29 796	7 353		4 775		17 668
农安县	44 100	14 443			9 786	19 871
德惠县	27 027	5 671	633	1 712		19 011
双阳县	18 164	2 841		1 540		13 783
吉林市	**144 542**	**38 809**		**17 499**		**88 234**
市　区	50 127	13 471		3 525		33 131
桦甸市	11 355	3 079		5 869		2 407
蛟河市	15 824	4 000				11 824
舒兰市	14 758	7 171		1 780		5 807
永吉县	27 852	5 424				22 428
磐石县	24 626	5 664		6 325		12 637
四平市	**98 503**	**39 307**		**6 158**		**53 038**
市　区	24 408	12 124		3 728		8 556
公主岭市	28 872	13 336		890		14 646
梨树县	29 248	9 303		268		19 677
伊通县	12 590	3 385		1 045		8 160
双辽县	3 385	1 159		227		1 999
辽源市	**42 979**	**10 875**		**1 624**		**30 480**
市　区	7 881	3 946		304		3 631
东丰县	13 997	3 287		1 320		9 390
东辽县	21 101	3 642				17 459
通化市	**65 981**	**20 934**		**2 863**		**42 184**
市　区	12 765	5 414		2 863		4 488
梅河口市	11 553	3 301				8 252
集安市	6 366	2 336				4 030
通化县	14 511	5 384				9 127

10—10 续表 (1992年) 单位:万元

市、县	乡以下工业产值合计	村办工业	城镇委办和合作经营工业	城镇个体工业	农村合作经营工业	农村个体工业
辉南县	12 430	2 580				9 850
柳河县	8 356	1 919				6 437
浑江市	**32 336**	**9 408**	**700**	**9 528**		**12 700**
市区	22 331	6 404	700	6 249		8 978
临江县	4 357	1 879		788		1 690
抚松县	2 252	468		672		1 112
靖宇县	2 225	255		1 525		445
长白县	1 171	402		294		475
松原市	**36 382**	**14 026**		**5 668**		**16 688**
扶余区	17 090	7 684		3 876		5 530
长岭县	11 522	4 067		506		6 949
前郭县	5 574	1 885		836		2 853
乾安县	2 196	390		450		1 356
白城地区	**36 089**	**8 808**		**548**		**26 733**
白城市	9 730	3 720		548		5 462
洮南市	8 833	1 657				7 176
大安市	8 442	2 480				5 962
镇赉县	6 341	772				5 569
通榆县	2 743	179				2 564
延边朝鲜族自治州	**71 540**	**18 227**	**1 600**	**17 052**		**34 661**
延吉市	10 508	2 409	1 600	2 684		3 815
图们市	6 747	737		4 135		1 875
敦化市	18 489	7 707		1 225		9 557
龙井市	9 085	3 518		1 322		4 245
珲春市	5 060	367		1 284		3 409
和龙县	9 313	1 220		2 958		5 135
汪清县	7 613	1 031		2 640		3 942
安图县	4 725	1 238		804		2 683

10—11 按各种分组的全部独立核算工业总产值

单位:万元

项目	1987年	1988年	1989年	1990年	1991年	1992年
总计	**3 203 516**	**3 984 278**	**4 590 383**	**4 732 367**	**5 393 481**	**6 629 294**
一、按经济类型分						
全民所有制工业	2 526 466	3 145 361	3 613 378	3 803 851	4 311 269	5 261 348
集体所有制工业	672 181	829 995	963 578	961 260	1 058 401	1 198 067
其他经济类型 工业	4 869	8 922	13 428	17 256	23 811	169 880
二、按轻重工业分						
轻 工 业	1 214 065	1 558 485	1 814 531	1 869 639	2 013 086	2 127 570
以农产品为原料	912 796	1 178 159	1 362 104	1 425 157	1 541 828	1 619 290
以非农产品为原料	301 268	380 326	452 427	444 482	471 258	508 280
重 工 业	1 989 451	2 425 793	2 775 852	2 912 728	3 380 395	4 501 724
采掘工业	275 383	310 141	369 884	428 889	480 354	503 510
原料工业	812 254	965 085	1 118 719	1 212 766	1 408 065	1 689 075
制造工业	901 815	1 150 567	1 287 249	1 271 073	1 491 976	2 309 139
三、按企业规模分						
大型企业	1 170 557	1 429 129	1 724 641	1 877 173	2 209 454	3 235 013
中型企业	605 373	801 028	862 381	864 173	912 629	1 525 257
小型企业	1 427 587	1 754 121	2 003 362	2 041 021	2 271 398	1 869 025
四、按工业行业分						
煤炭采选业	57 889	65 608	85 173	109 792	130 887	132 618
石油和天然气开采业	66 767	72 640	96 057	129 725	147 915	153 627
黑色金属矿采选业	497	634	752	1 344	2 052	3 152
有色金属矿采选业	18 558	23 402	20 641	21 863	24 182	26 980
建筑材料及其他非金属矿采选业	13 115	16 354	16 353	16 777	17 169	22 669
其他矿采选业	72	99	91	339	18	83
木材及竹材采运业	118 499	131 458	150 863	149 073	158 215	165 443
自来水生产和供应业	6 308	7 696	9 253	12 298	15 687	18 739
食品制造业	236 463	286 466	352 949	378 878	433 155	451 887
# 粮食加工业	94 209	102 696	106 781	106 699	121 211	149 481
饮料制造业	80 535	101 119	113 965	134 305	147 446	161 655
烟草加工业	63 148	89 033	93 781	95 756	97 472	111 503
饲料工业	24 282	35 327	46 609	43 105	48 227	55 019
纺 织 业	150 949	184 112	221 851	222 532	226 037	216 294
#棉纺织业	76 285	92 008	120 722	124 664	130 005	120 761
毛纺织业	30 907	36 367	41 906	38 543	37 691	36 406
丝绢纺织业	7 456	8 263	9 646	8 964	7 483	5 441

10—11 续表 单位:万元

项目	1987年	1988年	1989年	1990年	1991年	1992年
缝纫业	49 736	61 405	70 401	74 953	78 414	88 661
皮革、毛皮及其制品业	25 552	30 689	30 360	30 700	32 955	28 558
木材加工及竹、藤、棕、草制品业	54 152	66 223	75 565	67 760	76 645	80 080
家具制造业	19 375	20 769	20 369	18 304	19 718	21 107
造纸及纸制品业	113 410	150 206	174 280	179 245	186 070	185 702
印刷业	35 272	44 523	48 180	52 123	58 519	64 386
文教体育用品制造业	7 159	7 942	9 879	8 924	10 377	10 272
工艺美术品制造业	5 700	8 708	12 095	11 560	12 851	15 021
电力、蒸汽、热水生产和供应业	153 034	162 928	151 317	188 877	267 851	305 550
石油加工业	53 092	69 375	88 004	99 441	124 424	156 814
炼焦、煤气及煤制品业	4 508	5 002	6 106	13 178	16 283	18 768
化学工业	386 603	470 891	544 697	578 779	628 425	721 213
# 基本化学原料	36 532	46 702	56 443	61 287	49 168	71 976
有机化学	309 175	369 054	422 551	451 590	514 517	575 602
日用化学	17 612	24 114	26 759	27 400	24 338	26 940
医药工业	122 142	185 085	192 471	198 451	226 094	241 428
化学纤维工业	41 242	55 148	71 292	77 928	79 517	81 397
橡胶制品业	43 591	50 858	62 995	67 700	72 536	81 209
塑料制品业	53 132	71 816	82 075	71 076	78 074	98 018
建筑材料及其他非金属矿物制品业	185 501	221 802	256 841	244 554	272 273	341 815
# 水泥制造业	40 819	51 511	62 867	55 966	77 790	111 351
黑色金属冶炼及压延加工业	159 558	185 682	234 337	269 123	280 025	353 399
有色金属冶炼及压延加工业	25 813	42 190	60 904	49 603	52 351	68 850
金属制品业	85 347	97 417	109 446	110 442	113 667	129 723
# 日用金属制品业	18 479	24 082	27 083	24 512	22 042	22 419
机械工业	270 343	313 408	333 556	306 016	350 644	413 394
# 工业专用设备制造业	42 992	51 290	59 621	59 128	71 226	85 760
日用机械制造业	14 243	13 584	12 094	9 996	7 077	5 703
交通运输设备制造业	323 664	454 477	508 736	537 534	689 625	1 358 021
电气机械及器材制造业	79 706	99 203	130 281	121 895	126 669	149 000
# 日用电器制造业	23 102	29 203	38 610	37 152	42 375	46 841
电子及通信设备制造业	44 878	65 699	78 027	60 786	60 471	59 612
# 日用电子器具制造业	26 224	42 401	54 634	37 277	36 836	35 369
仪器仪表及其他计量器具制造业	17 960	20 877	20 721	18 756	21 228	26 380

10—12 按各种分组的全部独立核算工业净产值

单位:万元

项　　　目	1987年	1988年	1989年	1990年	1991年	1992年
总　　计	**1 032 304**	**1 281 890**	**1 348 254**	**1 367 809**	**1 491 280**	**1 890 274**
一、按经济类型分						
全民所有制工业	805 490	1 007 590	1 026 316	1 064 554	1 139 724	1 448 533
集体所有制工业	225 941	272 599	319 424	298 146	344 346	387 237
其他经济类型工业	873	1 700	2 514	5 109	7 210	54 504
二、按轻重工业分						
轻　工　业	351 682	456 626	488 014	493 180	550 892	607 793
以农产品为原料	255 919	344 791	360 176	371 783	413 726	456 585
以非农产品为原料	95 764	111 836	127 838	121 397	137 166	151 209
重　工　业	680 622	825 263	860 241	874 626	940 388	1 282 480
采掘工业	148 373	160 603	171 636	190 021	192 651	181 533
原料工业	271 371	324 770	318 384	318 015	356 183	410 025
制造工业	260 878	339 891	370 221	366 593	391 554	690 923
三、按企业规模分						
大型企业	421 365	511 362	517 703	567 080	592 085	901 379
中型企业	192 411	246 518	234 185	228 510	239 979	428 989
小型企业	418 528	524 010	596 367	572 219	659 216	559 906
四、按工业行业分						
煤炭采选业	16 776	20 759	23 063	25 159	25 022	20 455
石油和天然气开采业	44 763	45 909	45 441	62 202	67 038	60 692
黑色金属矿采选 业	260	311	343	512	842	1 318
有色金属矿有选 业	8 082	9 633	6 774	7 867	8 435	8 596
建筑材料及其他非金属矿采选业	5 573	6 523	6 711	6 535	6 921	8 868
其他矿采选业	28	56	39	107	8	22
木材及竹材采运业	72 896	77 420	89 281	87 649	84 397	81 899
自来水生产和供应业	2 033	2 314	2 980	4 317	5 365	5 984
食品制造业	38 230	49 722	60 167	61 555	82 823	87 832
# 粮食加工业	12 718	17 034	17 515	16 654	22 460	29 548
饮料制造业	26 561	36 337	37 139	40 954	50 945	57 471
烟草加工业	37 035	50 298	47 056	44 799	42 623	55 625
饲料工业	4 245	6 333	8 344	8 104	9 994	9 611
纺 织 业	40 046	47 350	53 753	53 165	52 261	52 185
# 棉纺织业	17 254	20 879	25 911	25 703	23 893	25 019
毛纺织业	10 322	10 694	11 011	10 738	11 760	10 017
丝绢纺织业	1 137	1 211	2 809	2 815	1 964	1 520

10—12 续表　　　　单位:万元

项　　目	1987年	1988年	1989年	1990年	1991年	1992年
缝 纫 业	12 636	16 205	18 801	20 759	20 255	23 718
皮革、毛皮及其制品业	7 144	7 564	7 948	8 100	8 966	7 802
木材加工及竹、藤、棕、草制品业	19 074	21 651	24 925	20 209	23 852	25 427
家具制造业	6 611	7 211	6 618	5 143	6 068	6 780
造纸及纸制品业	35 225	49 569	44 615	50 561	46 915	47 521
印 刷 业	11 712	14 593	15 209	16 510	18 780	19 889
文教体育用品制造业	2 236	2 506	2 941	2 800	3 3[illegible]1	3 089
工艺美 术品制造业	2 087	2 952	3 591	3 538	4 340	4 079
电力、蒸汽、热水生产和供应业	78 592	78 058	38 624	40 818	67 909	42 832
石油加工业	17 415	22 203	18 820	18 833	21 694	33 164
炼焦、煤气及煤制品业	-219	-1 169	-2 158	-3 160	-1 544	754
化学工业	116 155	153 481	175 652	177 968	182 928	212 258
# 基本化学原料	9 776	13 965	17 489	17 535	13 215	20 865
有机化学	99 304	126 461	144 092	148 695	156 299	176 402
日用化学	4 167	6 421	5 970	6 272	6 248	7 434
医药工业	38 296	60 410	64 746	69 613	85 657	100 157
化学纤维工业	11 615	18 554	17 252	16 747	19 966	20 860
橡胶制品业	12 467	13 632	16 062	18 355	20 814	23 823
塑料制品业	15 603	18 099	21 530	19 303	20 554	25 968
建筑材料及其他非金属矿物制品业	70 589	82 294	90 824	18 599	91 975	111 959
# 水泥制造业	12 276	17 463	21 395	15 246	23 422	33 502
黑色金属冶炼及压延加工业	38 529	48 600	55 356	63 892	57 962	77 728
有色金属冶炼 及压延加工业	5 362	9 704	15 155	12 129	9 789	17 165
金属制品业	26 075	30 655	33 103	32 242	33 983	37 990
# 日用金属制品业	5 815	7 265	7 349	6 977	6 608	6 879
机械工业	75 540	87 255	99 459	80 967	94 438	116 265
# 工业专用设备制造业	13 887	16 952	20 884	17 046	20 942	25 716
日用机械制造业	5 262	3 951	2 605	1 956	1 650	1 628
交通运输设备制造业	85 611	126 136	128 998	153 512	160 451	412 622
电气机械及器材制造业	20 466	29 199	36 330	32 049	31 952	41 733
# 日用电器制造业	4 795	7 479	8 205	6 185	7 183	10 524
电子及通信设备制造业	18 197	18 416	21 853	12 514	12 041	13 347
# 日用电子器具制造业	12 033	10 299	14 625	4 628	5 274	6 141
仪器仪表及其他计量器具制造业	6 843	8 190	7 836	6 831	7 846	9 095

10—13 历年主要工业产品产量

年份	纱（万吨）	布（亿米）	机制纸及纸板（万吨）	自行车（万辆）	电视机（万台）	#彩电	家用电冰箱（万台）	糖（万吨）	合成洗涤剂（万吨）
1949		0.09	0.8					0.01	
1950		0.15	2.2					0.38	
1951		0.23	3.8					1.42	
1952		0.22	7.1					1.42	
1953		0.24	8.5					1.89	
1954		0.18	9.9					1.65	
1955		0.18	11.2					1.31	
1956		0.20	13.2					3.84	
1957		0.20	15.2	0.06				3.05	
1958		0.21	16.5	3.11				3.26	
1959		0.27	20.8	3.58				6.44	
1960		0.22	21.3	4.60				2.40	
1961		0.10	12.4	0.75				0.80	
1962		0.15	12.6	0.45				0.90	
1963		0.14	14.5	0.06				0.52	
1964		0.21	15.7	1.51				1.68	
1965	0.16	0.27	17.7	3.04				3.80	0.01
1966	0.19	0.33	20.6	5.00				6.28	0.11
1967	0.21	0.30	18.9	2.62				5.47	0.05
1968	0.37	0.24	15.8	2.01				6.19	0.01
1969	0.74	0.50	20.0	5.00				5.30	0.12
1970	1.25	0.69	19.8	6.65				5.98	0.12
1971	1.36	0.82	21.5	6.00	0.02			4.02	0.17
1972	1.51	0.89	23.9	6.04	0.03			4.82	0.28
1973	1.79	0.97	27.9	7.02	0.06			5.83	0.50
1974	2.14	1.08	28.9	6.86	0.02			5.04	0.75
1975	2.23	1.13	29.9	8.30	0.04			4.08	0.87
1976	2.39	1.17	32.5	8.01	0.05			5.09	0.96
1977	2.22	1.20	32.4	8.35	0.04			6.56	0.98
1978	2.38	1.23	34.0	8.41	0.21			4.88	1.28
1979	2.56	1.40	36.9	11.00	0.71			5.33	1.68
1980	3.10	1.66	36.5	17.00	2.52			7.09	1.48
1981	3.60	1.64	34.9	24.58	4.91			8.20	1.80
1982	4.34	1.92	36.96	32.40	4.95			7.91	1.80
1983	4.31	1.88	40.89	34.46	10.52			9.07	2.01
1984	4.37	1.72	43.85	29.63	14.14			8.30	2.40
1985	4.54	1.69	48.89	45.08	24.15	3.22		7.15	3.02
1986	5.39	1.99	50.73	54.63	10.49	4.72		7.59	3.06
1987	5.77	2.01	55.07	64.10	21.51	12.90	0.55	5.22	3.18
1988	5.65	2.07	58.32	45.84	30.05	15.22	5.00	7.21	3.70
1989	5.41	2.07	57.72	37.33	33.26	16.75	9.59	10.10	3.62
1990	4.97	1.97	57.02	28.68	28.71	11.90	10.72	5.84	3.53
1991	5.38	1.93	60.30	26.53	21.43	11.21	13.23	9.24	2.03
1992	5.58	1.88	61.21	20.49	18.88	13.09	14.01	10.49	1.69

10—13 续表

年　　份	原　　煤（万吨）	原　　油（万吨）	发电量（亿千瓦小时）	钢（万吨）	成品钢材（万吨）	水　　泥（万吨）	平板玻璃（万重量箱）	农用化肥（折100%万吨）	小型拖拉机（万台）
1949	250.8	0.1	7.32						
1950	284.5	0.2	8.49						
1951	337.3	0.4	9.95						
1952	418.8	0.6	13.41						
1953	448.1	0.9	15.86						
1954	455.9	1.9	21.99						
1955	506.7	2.6	24.39						
1956	576.4	3.4	22.15						
1957	679.3	3.7	30.04	0.1	0.1			0.55	
1958	1 001	4.3	33.74	2.4	0.3	0.5		3.28	
1959	1 376	5.6	42.05	3.7	3.0	2.5		2.77	
1960	1 058	6.1	63.81	11.3	10.8	7.8		6.35	
1961	1 292	2.9	42.57	2.9	5.1	5.9		3.63	
1962	1 052	3.1	44.34	1.2	2.1	6.6		7.77	
1963	1 022	4.4	49.45	1.1	1.7	10.8		10.06	
1964	990	4.7	55.43	1.2	2.8	19.2		12.54	
1965	1 028	5.4	58.20	1.5	5.2	25.6		17.24	
1966	1 141	11	70.57	3.3	6.9	32.7		22.41	
1967	3 939	9.7	64.30	2.9	4.5	20.5	5.32	16.32	
1968	995	11	48.90	2.2	5.5	17.1	3.14	7.26	
1969	1 159	23	65.89	3.3	6.5	28.6	5.99	14.33	
1970	1 410	80.5	69.88	8.7	9.1	41.2	5.29	17.33	
1971	1 528	112.5	85.58	12.7	14.8	63.1	0.77	17.60	
1972	1 543	126.4	94.57	15.1	14.3	75.9	1.12	21.48	0.07
1973	1 564	132.6	96.17	16.1	15.6	84.3	13.66	24.40	0.10
1974	1 606	119.7	89.47	16.4	15.8	97.4	24.44	26.51	0.34
1975	1 716	135.5	91.66	17.2	15.5	119.6	24.49	26.48	0.56
1976	1 794	162.5	89.85	17.7	19.5	125.8	25.13	25.56	0.92
1977	1 916	177.9	89.16	16.7	17.7	130.6	36.59	22.78	0.97
1978	2 060	185.1	93.24	20.1	23.6	138.3	48.28	26.78	0.85
1979	2 080	186.2	101.62	24.0	30.3	157.7	49.79	26.80	0.30
1980	1 807	176.4	111.83	24.3	30.65	179.4	74.17	29.02	0.09
1981	1 807.1	163.2	126.35	21.0	29.16	171.5	96.17	28.9	0.25
1982	1 893.2	170.0	115.22	24.4	31.02	203.2	108.87	29.0	0.81
1983	1 981.8	178.56	122.28	29.14	36.38	227.57	125.75	30.7	2.89
1984	2 136.7	191.40	131.68	32.96	39.01	256.70	117.35	32.4	4.94
1985	2 311.8	213.02	133.76	37.86	43.34	295.57	132.28	25.5	5.49
1986	2 133.01	237.02	162.96	42.59	54.27	339.15	86.49	25.98	6.19
1987	2 108.72	286.48	165.34	39.56	53.75	378.46	124.80	29.25	7.85
1988	2 277.85	315.05	165.83	54.86	58.25	421.06	159.00	27.70	7.54
1989	2 438.49	342.24	157.51	65.22	59.44	413.40	228.60	29.69	6.71
1990	2 610.25	356.70	174.46	74.60	61.97	374.54	163.04	30.15	4.09
1991	2 558.75	342.30	199.80	83.64	67.45	473.16	192.75	29.05	6.35
1992	2 503.51	344.06	204.04	104.03	86.69	572.04	209.47	30.06	5.48

10—14 主要工业产品产量

项目	单位	1978年	1980年	1985年	1990年	1991年	1992年
化学纤维	吨	9 192	11 750	20 228	30 295	31 700	33 723
纱	吨	23 753	31 040	45 440	49 702	53 777	55 774.60
布	万米	12 337	16 551	16 915	19 704.79	19 330.84	18 782.64
#纯棉布	万米	7 805	9 414	10 882	12 137.24	12 000.47	10 474.65
毛线	吨	712	1 308	2 467	3 003	2 645.50	2 396.40
呢绒	万米	164	201	488	668.45	639.35	590.00
麻袋	万条	927	1 050	1 396	2 472.94	2 721.96	2 546.90
丝	吨	28	20	18	41	26.60	12.00
机制纸及纸板	万吨	34.0	36.5	48.89	57.02	60.30	61.21
自行车	万辆	8.41	17.00	45.08	28.68	26.53	20.49
表	万只	25.14	31.04	156	135.32	120.75	113.80
#手表	万只	25.10	31	156	135.32	120.75	113.80
钟	万只	40.40	71.60	46	37.63	31.72	23.20
日用搪瓷制品	吨	4 103	4 049	4 909	3 374	2 861.50	2 522.50
日用精铝制品	吨	1 655	1 553	1 447	1 634	1 302	1 149
灯泡	万只	1 793	2 331	3 017	5 072.40	5 649.93	5 072.10
合成洗涤剂	吨	12 810	14 781	30 216	35 296	20 280	16 934.50
肥皂	吨	13 548	18 256	19 833	28 948	16 011	16 375.90
糖	万吨	4.88	7.09	7.15	5.84	9.24	10.49
卷烟	万箱	14.95	25.10	31.56	63.94	62.64	66
罐头	万吨	0.64	0.49	1.02	1.87	1.95	1.51
饮料酒	万吨	8.34	12.59	33.52	54.45	62.42	67.73
#啤酒	万吨	3.35	5.02	18.76	34.65	43.65	49.58
乳制品	吨	1 345	1 235	3 491	8 168	11 573	9 005.40
味精	吨	366	434	397	1 942	3 593	5 692
食用植物油	万吨	6.03	7.58	15.12	21.60	23.97	21.30
化学原料药（24大类药品）	吨	953	1 434	2 903	5 565	7 202	8 152.88
中成药	吨		3 130	8 623	17 667	20 946	17 718.72
塑料制品	吨	25 146	24 130	50 516	64 645	76 893	101 065.0
鞣制皮革（折牛皮）	万张	67.05	78	50.23	65.70	74.16	45.63
皮鞋	万双		364.20	448.45	423.88	811.34	319.12
家用电冰箱	台		96	23	107 159	132 300	140 138
家用洗衣机	台		7 028	335 543	290 301	287 100	287 954
收音机	万台	27.32	69.70	8.99	0.36	0.34	0.50
电视机	台	2 115	25 157	241 528	287 105	214 300	188 836
#彩色电视机	台			32 239	119 021	112 100	130 938
录放音机	万台			11.70	3.39	2.47	5.47
原煤	万吨	2 060	1 807.1	2 311.8	2 610.25	2 558.75	2 503.51
原油	万吨	185.1	176.4	213.02	356.70	342.30	344.06
发电量	亿千瓦小时	93.24	111.83	133.76	174.46	199.80	204.04
#水电	亿千瓦小时	11.59	21.41	36.58	45.82	64.30	38.69
铁矿石	万吨	95	96.5	170.19	201.04	221.26	240.94

10—14 续表

项　　目	单　位	1978年	1980年	1985年	1990年	1991年	1992年
生　　铁	万吨	28.9	29.3	40.31	71.21	73.73	84.11
钢	万吨	20.1	24.3	37.86	74.60	83.64	104.03
成品钢材	万吨	23.6	30.65	43.34	61.97	67.45	86.69
铁合金	万吨	14.6	13.6	20	27.46	22.53	25.18
炭素制品	万吨	11.1	10.6	11	11.50	10.94	11.26
焦　　炭	万吨	99.5	89.6	102.39	119.88	117.04	111.74
#机制焦炭	万吨	96.6	88.5	99.9	119.16	115.73	110.40
水　　泥	万吨	138.3	179.4	295.57	374.54	473.16	572.04
平板玻璃	万重量箱	48.28	74.17	132.28	163.04	192.75	209.47
木　　材	万立方米	581.6	642.5	635.04	598.04	563.15	515.28
#原　　木	万立方米	492.2	540.0	530.7	543.60	509.13	472.13
硫　　酸	吨	87 860	86 094	84 151	111 449	109 200	113 948
浓硝酸	吨	61 464	56 935	60 063	56 937	53 600	60 521
纯　　碱	吨	8 179	10 477	17 748	22 037	9 700	4 952
烧　　碱	吨	47 030	49 312	62 105	87 642	86 000	91 000.50
合成氨	万吨	42.2	43.7	44.12	48.27	47.47	49.11
农用化肥	万吨	26.78	29.02	25.5	30.15	29.05	30.06
#氮　肥	万吨	25.14	27.69	25	29.63	28.70	29.70
磷　肥	万吨	1.64	1.33	0.5	0.53	0.35	0.35
化学农药	吨	2 586	1 560	1 073	1 452	1 218	2 329.60
乙　　烯	吨		1 036	88 855	112 745	116 341	119 190
电石（折合量）	吨	141 391	159 263	97 599	104 031	92 900	89 969
塑　　料	吨	24 868	26 359	29 888	50 039	68 117	60 274
合成橡胶	吨		125	33 403	57 541	57 364	63 324
轮胎外胎	万条	28.7	39.1	59.58	89.70	113.43	120.19
矿山设备	吨	8 540	4 580	17 841	9 543	10 129	9 412
石油设备	吨	1 735	381	6 123	7 042	7 991	8 676
化工设备	吨	2 749	2 587	3 156	3 326	3 445	4 537.90
变压器	万千伏安	161.48	114.02	156.43	112.61	113.75	156.78
交流电动机	万千瓦	65.86	56.62	72.27	72.90	61.02	64.58
金属切削机床	台	2 045	1 920	2 069	1 012	1 130	2 118
汽　　车	辆	59 045	67 221	97 674	73 326	92 293	145 123
#载重汽车	辆	33 123	32 302	65 038	59 998	67 880	81 989
摩托车	辆	143	482	7 687	18 122	30 500	54 006
滚动轴承	万套	192.9	255.2	317.96	634.88	656.94	840.97
拖拉机（14.7千瓦及以上）	台	7 610	10 500	2 329	2 943	3 167	2 700
小型拖拉机	台	8 478	915	54 872	40 896	63 500	54 778
联合收割机	台	850	1 300	325	1 160	1 490	909
机动脱拉机	台	7 477	2 671	5 634	10 085	10 890	8 720
铁路客车	辆	437	606	910	965	811	825

10—15 各地区主要工业产品产量

(1992年)

地区	纱(吨)	布(万米)	机制纸及纸板(万吨)	合成洗涤剂(吨)	糖(吨)	化学纤维(吨)	电视机(台)	录音机(台)	饮料酒(吨)
全省	**55 774.60**	**18 782.64**	**61.21**	**16 934.50**	**104 871**	**33 723**	**188 836**	**54 653**	**67.73**
长春市	15 374.80	5 632.70	2.83	10			58 705	10 355	12.48
吉林市	8 490	1 390.30	23.96	275	43 819	18 901	77 200	38 375	13.93
四平市	7 465	789	2.37	16 343.90	37 085	9 073		1 190	11.91
辽源市	1 549	1 278.80	1.43	104.80		5 149			4.48
通化市	3 808	1 811	9.18	24		174	51 931		8.51
浑江市	5 563	1 743.40	3.27						1.34
松原市		100.80	1.20						2.74
白城地区	6 080	3 357.24	3.70		23 967				5.11
延边朝鲜族自治州	7 444.80	2 679.40	13.27	176.80		426	1 000	4 733	7.23

10—15 续表

(1992年)

地区	原煤(万吨)	钢(吨)	发电量(亿千瓦小时)	钢材(吨)	铁合金(吨)	焦炭(吨)	硫酸(吨)	纯碱(吨)	合成氨(吨)
全省	**2 503.51**	**1 040 284.40**	**204.04**	**866 890**	**251 834**	**1 117 363**	**113 948**	**4 952**	**491 071**
长春市	90.54	116 881.60	27.92	98 750	698	327 280	3 771		36 952
吉林市	625.76	142 264	79.11	38 156	233 473	231 730	80 720	1 952	310 012
四平市	44.23	29 960.10	0.25	52 867			18 885		
辽源市	509.11	4 654	2.93	4 781	3 981				
通化市	137.73	724 782	14.52	648 903	3 862	545 004			75 875
浑江市	679.99	4 997	26.40	2 070	6 187	13 349			
松原市			28.91				5 773	3 000	57 846
白城地区	33.08		1.81		750		4 799		
延边朝鲜族自治州	383.07	16 745.70	22.19	21 363	2 883				10 386

10—16 主要工业产品生产能力

项目	单位	1978年	1980年	1985年	1990年	1991年	1992年
化学纤维	万吨	0.97	1.19	1.95	3.63	4.13	4.47
粘胶纤维	万吨	0.80	1.00	1.00	1.60	2.00	2.00
合成纤维	万吨	0.17	0.19	0.95	2.03	2.13	2.47
机制纸及纸板	万吨	42.12	41.92	52.24	73.82	66.17	66.20
自行车	万辆	15	15	50	65	90	90
手表	万只		40	80	150	150	150
日用陶瓷制品	万件		5 577	4 434	5 134	4 829	4 892
灯炮	万只	2 882	3 154	3 687	5 196	5 870	6 260
合成洗涤剂	吨	19 500	19 500	35 000	40 500	40 900	40 400
糖	万吨	7.24	7.19	12.70	12.46	14.30	0.85
卷烟	万箱	39.10	37.30	40	63.94	83.34	87
啤酒	万吨			21	60.58	67.61	34.46
家用电冰箱	万台			0.01	30	30	30
家用洗衣机	万台		0.74	76.60	75	99	98.90
电视机	万台	0.8	6	70	104	109	109
#彩色电视机	万台			45	77	82	82
原煤	万吨	1 562	1 505	1 527	1 568	1 523	1 530
原油	万吨	187.50	165	180	337	348	365.19
发电装机容量	万千瓦	214.83	229.18	331.40	497.91	557.63	557.63
水电装机容量	万千瓦	81.53	82.91	182.70	220.42	259.24	259.24
火电装机容量	万千瓦	133.30	146.27	148.70	277.49	298.39	298.39
生铁	万吨	45.90	53.10	45.60	72.90	73.20	73.20
钢	万吨	41.24	41.56	53.05	93	102.66	114.43
钢材	万吨	49.32	53.10	83	124.38	146.36	166.30
铁合金（电炉）	万吨	23.13	22.81	25.98	43	43.64	46.74
焦炭（机焦）	万吨	113.40	114.10	113.20	142.50	142.50	102.50
水泥	万吨	167.80	189.50	318.60	488.60	652.40	732.90
平板玻璃	万重量箱	56.20	75.03	168.80	215	232.30	232.30
木材	万立方米	325.60	339.90	371.90	406	408	403
锯材	万立方米	93.10	92.30	122.19	128.70	128.70	123.70
胶合板	万立方米	3.15	3.15	6	6.10	6.10	6.10
纤维板	万立方米	3.13	3.13	3.90	4.20	4.50	4.50
刨花板	万立方米	0.23	0.23	0.23	8.20	13.20	16.20
合成氨	万吨	45.71	49.26	51.20	51.90	53.30	54.50
农用化肥	万吨	35.43	36.04	36.60	37.69	38.91	38.93
化学农药	万吨	0.95	1.08	0.89	0.38	0.39	0.52
油漆	万吨		3.06	3.73	5.35	8.03	7.81
染料	吨	10 200	8 130	8 380	10 590	10 650	10 650
电石	万吨			19.20	18.11	18.11	18.31
合成橡胶	万吨			8.04	8.18	8.18	8.28
塑料制品	万吨	5	6.21	12.81	16.90	17	17.50
化学原料药	吨			5 712.5	16 754	12 722.3	14 533
中成药	万吨			1.30	3.41	3.63	3.71
轮胎外胎	万条	41.30	58.10	98.50	169.10	168.50	168.50
轮胎内胎	万条	42.50	58.10	105.50	152.50	152.50	152.50
汽车	万辆	6.08	6.19	10.70	12.70	12	16.10
大中型拖拉机	万台	0.80	1.00	0.45	0.50	0.54	0.54
小型拖拉机	万台	1.25	0.50	1.00	6.45	6.30	6.30
联合收割机	台			600	2 000	2 000	2 000
铁路客车	辆	850	850	850	1 300	1 300	1 300

10—17 全部独立核算工业企业主要财务指标

单位:万元

年份	年底固定资产		全部流动资金余额	产品销售收入	产品销售税金	盈亏相抵后的利润总额	利税总额	工业总产值	
	原值	净值						不变价	现价
1986	2 723 360	1 844 443	799 686	2 399 956	192 456	171 329	363 785	3 842 832	2 561 137
1987	3 170 792	2 202 766	918 166	3 111 584	240 773	253 343	494 116	3 872 175	3 203 516
1988	3 589 265	2 497 836	1 827 145	3 800 780	298 366	338 071	636 437	4 474 141	3 984 278
1989	4 108 545	2 875 860	2 404 395	4 211 131	335 601	315 233	650 834	4 636 643	4 590 383
1990	4 690 447	3 304 411	3 267 412	4 241 304	339 568	133 751	473 325	4 799 408	4 782 367
1991	5 471 751	3 880 722	4 157 865	5 192 034	383 519	97 476	480 995	5 117 955	5 393 481
1992	6 245 499	3 936 939	5 100 115	6 381 705	405 616	177 434	583 051	5 836 698	6 629 294

10—18 全部独立核算工业企业主要经济效益指标

单位:元

年份	每百元固定资产原值实现产值		每百元固定资产原值实现的利税	每百元资金实现的利税	每百元工业总产值实现的利税		每百元销售收入实现的利税
	1990年不变价格	当年价格			1990年不变价格	当年价格	
1986	141.11	94.04	13.36	13.76	9.47	14.20	7.14
1987	122.12	101.03	15.58	15.83	12.76	15.42	8.14
1988	124.65	111.01	17.73	14.72	14.22	15.97	8.89
1989	112.85	111.73	15.84	12.33	14.04	14.18	7.49
1990	102.32	101.96	10.09	7.20	9.86	9.90	3.15
1991	93.53	98.57	8.79	5.98	9.40	8.92	1.88
1992	93.45	106.15	9.34	6.45	9.99	8.80	2.78

10—19 全部独立核算工业企业主要财务指标

(1992年)

单位:万元

项目	企业单位数(个)	#亏损企业	年底固定资产 原值	年底固定资产 净值	全部流动资金年平均余额	资金总额
总计	**11 951**	**2 086**	**6 245 499**	**4 462 085**	**5 100 115**	**9 037 054**
按轻重工业分						
轻工业	6 061	1 230	1 365 679	1 031 531	1 960 853	2 924 818
重工业	5 890	856	4 879 821	3 430 555	3 139 261	6 112 236
按工业行业分						
煤炭采选业	218	63	362 242	250 274	141 657	369 938
石油和天然气开采业	6	2	493 655	369 055	80 546	321 153
黑色金属矿采选业	8	1	3 147	2 426	1 866	4 134
有色金属矿采选业	59	12	55 620	36 911	17 470	52 608
建筑材料及其他非金属矿采选业	429	33	17 141	12 143	15 616	25 886
木材及竹材采运业	23	9	358 577	280 917	128 950	393 604
自来水生产和供应业	64	22	69 056	57 405	7 475	56 771
食品制造业	820	203	228 753	182 199	268 652	444 175
饮料制造业	618	133	135 057	106 185	167 909	268 760
烟草加工业	8	0	34 553	28 890	57 643	85 051
饲料工业	162	25	22 050	18 049	39 541	57 302
纺织业	324	116	166 854	126 678	311 941	431 166
木材加工及竹、藤、棕、草制品业	529	109	78 014	56 598	91 999	145 953
家具制造业	264	50	17 974	13 129	23 998	36 200
电力、蒸汽、热水生产和供应业	151	20	1 055 121	780 660	72 797	754 631
石油加工业	62	4	94 237	67 285	46 939	106 958
炼焦、煤气及煤制品业	19	6	48 798	43 454	16 859	57 910
化学工业	612	114	708 704	466 380	433 510	871 353
化学纤维工业	14	5	87 701	62 181	67 853	125 253
橡胶制品业	145	27	32 666	21 393	79 298	99 676
塑料制品业	415	77	52 476	39 525	77 729	114 041
建筑材料及其他非金属矿物制品业	1 517	187	312 004	213 835	307 895	507 168
黑色金属冶炼及压延加工业	89	21	235 953	174 876	269 001	420 310
有色金属冶炼及压延加工业	60	8	64 805	45 240	64 308	107 231
金属制品业	815	121	73 704	51 120	140 546	188 152
机械工业	1 189	163	336 695	214 825	504 012	702 386
交通运输设备制造业	495	65	541 913	339 741	749 882	1 004 371
电子机械及器材制造业	386	49	88 034	63 744	154 218	213 621
电子及通信设备制造业	80	24	58 499	43 909	100 218	138 219
仪器仪表及其他计量器具制造业	88	24	31 370	23 193	36 413	57 236

10—19 续表　　(1992年)　　单位:万元

项　　目	产品销售收入	产品销售税金	盈亏相抵后的利润总额	利税总额	企业留利	工业总产值(当年价格)
总　计	**6 381 705**	**405 616**	**177 434**	**583 051**	**110 173**	**6 629 294**
按轻重工业分						
轻　工　业	1 922 869	149 739	47 071	196 810	31 113	2 127 570
重　工　业	4 458 836	255 878	130 363	386 241	79 060	4 501 724
按工业行业分						
煤炭采选业	142 429	4 902	-59 551	-54 649	5 042	132 618
石油和天然气开采业	134 214	3 391	-4111	-720	93	153 627
黑色金属矿采选业	2 520	106	518	624	153	3 152
有色金属矿采选业	26 993	669	10	679	616	26 980
建筑材料及其他非金属矿采选业	17 323	1 067	1 291	2 358	579	22 669
木材及竹材采运业	197 893	10 500	-3 118	7 383	660	165 443
自来水生产和供应业	17 983	572	102	673	605	18 739
食品制造业	451 856	6 662	7 173	13 835	3 643	451 887
饮料制造业	142 489	22 322	6 074	28 396	4 345	161 655
烟草加工业	117 467	51 147	534	51 682	15	111 503
饲料工业	57 581	1 393	1 176	2 569	1 262	55 019
纺织业	174 008	9 811	-9 792	19	615	216 294
木材加工及竹、藤、棕、草制品业	78 763	4 018	-462	3 556	1 161	80 080
家具制造业	19 615	1 141	-427	714	230	21 107
电力、蒸汽、热水生产和供应业	326 502	16 979	-7 738	24 718	2 462	305 550
石油加工业	150 947	11 021	5 243	16 264	2 320	156 814
炼焦、煤气及煤制品业	19 142	1 015	-1 714	-699	288	18 768
化学工业	658 812	61 715	57 901	119 615	7 046	721 213
化学纤维工业	74 941	4 274	4 185	8 460	-159	81 397
橡胶制品业	71 970	8 775	-375	8 400	465	81 209
塑料制品业	87 532	5 130	2 117	7 247	1 122	98 018
建筑材料及其他非金属矿物制品业	321 751	22 728	17 778	40 506	8 025	341 815
黑色金属冶炼及压延加工业	393 588	37 370	8 135	45 505	7 190	353 399
有色金属冶炼及压延加工业	62 053	3 845	1 691	5 536	550	68 850
金属制品业	122 603	6 188	3 349	9 537	2 187	129 723
机械工业	375 743	16 232	7 804	24 036	7 865	413 394
交通运输设备制造业	1 382 672	48 288	87 711	135 999	33 648	1 358 921
电子机械及器材制造业	137 680	7 616	4 939	12 555	2 508	149 000
电子及通信设备制造业	44 873	1 458	-1 547	-89	437	59 612
仪器仪表及其他计量器具制造业	23 876	1 374	855	2 229	527	26 380

10—20 各市县全部独立核算工业企业主要财务指标

(1992年) 单位:万元

市、县	企业单位数(个)	#亏损企业	年底固定资产 原值	年底固定资产 净值	全部流动资金年平均余额	资金总额
全省	**11 951**	**2 086**	**6 245 499**	**4 462 085**	**5 100 115**	**9 037 054**
长春市	**2 849**	**345**	**1 310 152**	**920 178**	**1 531 059**	**2 289 349**
市区	1 763	254	1 183 726	821 812	1 394 454	2 063 444
九台市	239	22	23 332	17 162	31 858	47 910
榆树市	236	17	31 644	24 507	39 315	62 734
农安县	255	19	27 314	21 531	26 453	44 350
德惠县	191	25	29 463	23 595	28 689	49 517
双阳县	165	8	14 672	11 571	10 290	21 394
吉林市	**2 481**	**459**	**1 807 780**	**1 221 889**	**1 246 039**	**2 368 032**
市区	1 254	223	1 320 932	850 876	986 000	1 785 092
桦甸市	180	25	244 296	201 115	47 822	210 682
蛟河市	249	58	40 586	29 774	40 751	68 114
舒兰市	255	26	101 079	74 733	55 968	127 238
永吉县	300	81	28 821	19 479	33 212	53 275
磐石县	243	46	72 066	45 914	82 287	123 632
四平市	**1 347**	**268**	**344 259**	**257 295**	**428 212**	**660 136**
市区	440	105	201 827	150 641	249 577	381 190
公主岭市	308	59	60 961	43 611	80 218	121 499
梨树县	278	53	52 613	41 447	55 052	93 253
伊通县	158	27	10 774	7 769	14 764	22 403
双辽县	163	24	18 084	13 828	28 601	41 791
辽源市	**688**	**112**	**259 183**	**180 575**	**297 747**	**469 194**
市区	374	76	210 660	143 585	228 705	364 968
东丰县	183	17	35 048	27 132	49 566	75 740
东辽县	131	19	13 475	9 858	19 476	28 486
通化市	**1 333**	**227**	**441 168**	**305 173**	**425 055**	**713 287**
市区	437	104	239 926	164 087	211 235	360 842
梅河口市	249	34	46 376	36 481	53 071	87 304
集安市	130	23	52 305	33 235	31 689	64 810
通化县	145	25	31 119	22 139	43 012	64 662

10—20 续表1　　(1992年)　　单位:万元

市、县	企业单位数(个)	#亏损企业	年底固定资产 原值	年底固定资产 净值	全部流动资金年平均余额	资金总额
辉南县	213	20	44 652	31 358	51 119	81 788
柳河县	159	21	26 791	17 873	34 929	53 881
浑江市	**543**	**131**	**431 818**	**330 280**	**256 240**	**563 965**
市区	219	53	275 099	208 925	156 769	346 219
临江县	90	22	41 128	30 365	22 906	52 795
抚松县	105	31	88 953	69 563	53 120	120 585
靖宇县	89	14	13 185	11 613	10 440	21 900
长白县	40	11	13 454	9 815	13 006	22 466
松原市	**607**	**86**	**727 646**	**547 771**	**173 869**	**581 483**
扶余区	279	30	22 390	16 880	27 561	43 380
长岭县	130	11	19 770	16 846	13 897	30 533
前郭县	121	26	669 855	500 281	117 081	478 807
乾安县	77	19	15 631	13 764	15 330	28 763
白城地区	**868**	**131**	**195 245**	**148 351**	**248 501**	**386 025**
白城市	230	32	103 153	78 541	97 141	169 263
洮南市	199	32	40 072	28 995	71 185	99 713
大安市	176	24	23 616	18 773	27 044	42 610
镇赉县	152	27	16 774	12 682	30 619	43 203
通榆县	111	16	11 630	9 360	22 512	31 237
延边朝鲜族自治州	**1 235**	**327**	**728 249**	**550 574**	**493 393**	**1 005 584**
延吉市	241	46	106 636	81 671	115 086	193 729
图们市	133	44	76 572	53 477	66 862	117 223
敦化市	207	44	112 753	80 235	89 598	166 293
龙井市	140	47	95 518	67 830	78 661	138 661
珲春市	81	20	109 484	88 815	31 774	112 839
和龙县	132	33	64 480	49 793	31 549	76 053
汪清县	176	48	80 201	63 192	39 928	101 799
安图县	125	45	82 606	65 561	39 935	98 987

10—20 续表 2　　(1992 年)　　单位:万元

市、县	产品销售收入	产品销售税金	盈亏相抵后的利润总额	利税总额	企业留利	工业总产值	
						当年价格	不变价格
全省	**6 381 705**	**405 616**	**1 774 342**	**583 051**	**110 173**	**6 629 294**	**5 836 698**
长春市	**2 214 569**	**107 464**	**1 070 697**	**214 533**	**50 294**	**2 234 366**	**1 764 722**
市区	2 028 796	96 861	1 004 728	197 333	46 679	2 039 036	1 588 852
九台市	36 303	2 097	17 880	3 885	501	38 407	34 837
榆树市	43 746	2 782	13 146	4 096	779	52 683	47 945
农安县	43 702	2 552	18 595	4 411	1 468	46 194	40 446
德惠县	43 648	1 921	7 493	2 670	528	39 252	35 221
双阳县	18 374	1 252	8 855	2 138	340	18 794	17 421
吉林市	**1 593 222**	**112 370**	**822 103**	**194 581**	**28 159**	**1 681 203**	**1 572 787**
市区	1 317 404	95 948	865 455	182 493	20 530	1 385 684	1 289 390
桦甸市	76 082	5 957	66 475	12 604	732	81 599	81 880
蛟河市	34 789	1 650	4 308	2 081	470	40 466	38 039
舒兰市	51 633	2 129	-126 485	-10 519	4 428	58 006	54 867
永吉县	36 183	1 780	-1 196	1 661	632	36 538	36 542
磐石县	77 131	4 906	13 546	6 261	1 366	78 909	72 069
四平市	**474 219**	**32 422**	**106 128**	**43 035**	**6 896**	**512 803**	**484 592**
市区	273 865	22 938	76 993	30 637	5 989	300 574	275 012
公主岭市	93 799	4 207	3 996	4 606	-337	100 752	102 898
梨树县	65 144	2 880	7 369	3 617	708	64 943	57 835
伊通县	17 038	1 365	10 990	2 464	271	20 791	21 635
双辽县	24 373	1 033	6 780	1 711	266	25 743	27 214
辽源市	**229 715**	**12 773**	**-95 551**	**3 218**	**1 809**	**259 922**	**254 843**
市区	179 319	9 695	-97 648	-70	1 096	198 474	194 686
东丰县	34 944	2 282	-1 741	2 108	498	43 182	42 490
东辽县	15 452	796	3 838	1 180	215	18 266	17 666
通化市	**498 440**	**42 471**	**156 064**	**58 077**	**11 214**	**506 184**	**450 154**
市区	303 772	29 656	65 064	36 163	5 859	270 828	222 803
梅河口市	59 659	4 253	20 840	6 337	1 095	66 197	64 390
集安市	21 151	1 761	13 444	3 106	615	32 167	28 619
通化县	42 793	3 211	53 310	8 542	2 608	53 050	52 889

10—20 续表3　　(1992年)　　单位:万元

市、县	产品销售收入	产品销售税金	盈亏相抵后的利润总额	利税总额	企业留利	工业总产值 当年价格	工业总产值 不变价格
辉南县	37 692	1 757	-3 291	1 428	680	43 553	39 918
柳河县	33 374	1 833	6 697	2 502	357	40 390	41 535
浑江市	**286 502**	**18 097**	**-185 139**	**-417**	**2 746**	**277 934**	**264 410**
市区	186 013	11 321	-166 645	-5 344	1 873	185 115	171 893
临江县	30 214	2 024	-6 133	1 411	216	25 984	26 978
抚松县	52 050	3 001	-21 048	896	305	47 311	44 186
靖宇县	6 766	489	3 152	805	121	7 854	8 582
长白县	11 459	1 262	5 535	1 816	231	11 669	12 772
松原市	**340 699**	**14 393**	**-5 571**	**13 836**	**2 227**	**365 319**	**265 362**
扶余区	48 254	2 843	21 454	4 988	534	46 068	40 327
长岭县	18 111	516	7 874	1 303	416	18 972	17 488
前郭县	262 497	10 745	-35 166	7 229	1 098	288 154	195 444
乾安县	11 838	289	267	316	180	12 124	12 104
白城地区	**202 731**	**11 345**	**32 419**	**14 586**	**2 451**	**227 761**	**228 537**
白城市	95 318	5 322	43 159	9 638	1 169	96 285	94 798
洮南市	40 490	2 454	-19 570	497	464	52 513	53 214
大安市	29 187	1 654	4 524	2 107	490	36 027	35 690
镇赉县	22 282	1 265	1 071	1 372	225	26 827	29 121
通榆县	15 455	650	3 235	973	102	16 109	15 714
延边朝鲜族自治洲	**541 608**	**54 282**	**-126 808**	**41 601**	**4 376**	**563 803**	**551 291**
延吉市	143 096	33 642	13 182	34 960	1 424	158 674	163 038
图们市	71 242	3 317	4 812	3 798	516	75 572	67 222
敦化市	85 517	4 211	-8 340	3 377	799	81 019	80 735
龙井市	68 933	4 189	-10 960	3 093	-311	75 392	79 427
珲春市	36 100	1 691	-108 783	-9 187	611	35 800	28 762
和龙县	39 910	2 354	-11 160	1 238	509	41 426	39 395
汪清县	45 881	2 606	-4 813	2 125	-93	45 494	44 361
安图县	50 929	2 272	-746	2 198	922	50 427	48 352

10－21 全部独立核算工业企业全员劳动生产率

项目	工业总产值(万元)		全部职工年平均人数(人)		全员劳动生产率(元/人)	
	1991年	1992年	1991年	1992年	1991年	1992年
总计	**5 117 955**	**5 836 698**	**2 557 054**	**2 561 668**	**20 015**	**22 785**
一、按隶属关系分						
中央企业	1 016 682	1 350 815	379 698	393 667	26 776	34 314
地方企业	4 101 273	4 485 883	2 177 356	2 168 001	18 836	20 691
二、按轻重工业分						
轻工业	2 032 818	2 109 367	864 096	849 647	23 525	24 826
以农产品为原料	1 553 594	1 586 540	627 954	620 831	24 741	25 555
以非农产品为原料	479 224	522 827	236 142	228 816	20 294	22 849
重工业	3 085 137	3 727 331	1 692 958	1 712 021	18 223	21 772
采掘工业	416 631	430 275	497 632	493 536	8 372	8 718
原料工业	1 255 719	1 397 350	435 276	449 138	28 849	31 112
制造工业	1 412 787	1 899 706	760 050	769 347	18 588	24 692
三、按企业规模分						
大型企业	1 999 706	2 648 207	563 811	766 372	35 468	34 555
中型企业	899 710	1 380 382	457 106	532 320	19 683	25 931
小型企业	2 218 539	1 808 110	1 536 137	1 262 976	14 442	14 316
四、按工业行业分						
煤炭采选业	115 999	116 053	230 042	226 918	5 042	5 114
石油和天然气开采业	97 003	100 358	27 681	32 133	35 043	31 232
黑色金属矿采选业	2 293	3 182	1 943	2 217	11 801	14 352
有色金属矿采选业	23 365	26 667	23 833	24 726	9 804	10 785
建筑材料及其他非金属矿采选业	17 602	22 657	23 852	24 924	7 380	9 090
其他矿采选业	12	83	125	116	960	7 155
木材及竹材采运业	160 418	161 878	190 197	182 645	8 434	8 863
自来水生产和供应业	10 131	11 006	10 815	10 956	9 368	10 046
食品制造业	401 815	384 853	104 011	103 185	38 632	37 297
#粮食加工业	111 489	110 881	17 954	18 573	62 097	59 700
饮料制造业	148 074	162 801	67 013	66 585	22 096	24 450
烟草加工业	114 645	120 843	6 688	7 118	171 419	169 771
饲料工业	52 839	58 280	10 544	11 459	50 113	50 860
纺织业	227 220	218 696	140 689	139 646	16 151	15 661
#棉纺织业	129 154	122 369	68 497	67 085	18 855	18 241

10—21 续表

项目	工业总产值(万元)		全部职工年平均人数(人)		全员劳动生产率(元/人)	
	1991年	1992年	1991年	1992年	1991年	1992年
毛纺织业	38 360	37 047	22 663	22 542	16 926	16 435
丝绢纺织业	9 250	6 240	7 542	7 333	12 265	8 509
缝纫业	80 432	90 422	51 810	55 829	15 524	16 196
皮革、毛皮及其制品业	32 343	27 981	24 883	22 949	12 998	12 193
木材加工及竹、藤.棕、草制品业	83 292	90 701	124 434	119 926	6 694	7 563
家具制造业	20 817	22 855	22 888	19 688	9 095	11 609
造纸及纸制品业	189 993	189 105	81 145	75 426	23 414	25 072
印刷业	56 417	62 482	48 816	48 232	11 557	12 954
文教体育用品制造业	10 944	10 580	8 166	7 610	13 402	13 903
工艺美术品制造业	13 409	15 693	10 384	9 806	12 913	16 003
电力、蒸汽、热水生产和供应业	216 199	231 495	53 064	53 954	40 743	42 906
石油加工业	88 372	100 228	14 340	16 035	61 626	62 506
炼焦、煤气及煤制品业	17 893	19 936	5 645	5 985	31 697	33 310
化学工业	620 635	686 446	152 618	157 691	40 666	43 531
#基本化学原料	51 483	75 779	22 034	31 505	23 365	24 053
有机化学	499 611	533 649	96 248	95 280	51 909	56 009
日用化学	25 092	27 477	13 545	12 543	18 525	21 906
医药工业	240 423	250 684	65 436	64 225	36 742	39 032
化学纤维工业	84 061	90 289	16 050	16 625	52 374	54 309
橡胶制品业	88 962	100 791	27 851	27 249	31 942	36 989
塑料制品业	79 811	100 834	44 342	43 222	17 999	23 329
建筑材料及其他非金属矿物制品业	265 281	307 148	222 049	222 886	11 947	13 780
#水泥制造业	66 187	81 149	47 243	49 433	14 010	16 416
黑色金属冶炼及压延加工业	231 224	258 089	78 015	83 674	29 638	30 845
有色金属冶炼及压延加工业	52 265	65 148	19 014	19 649	27 488	33 156
金属制品业	111 024	124 192	88 182	86 594	12 590	14 342
#日用金属制品业	21 490	22 086	16 920	15 714	12 701	14 055
机械工业	343 844	397 407	243 797	246 323	14 104	16 134
#工业专用设备制造业	69 688	82 282	46 445	45 991	15 004	17 891
日用机械制造业	8 327	6 817	8 352	8 151	9 970	8 363
交通运输设备制造业	577 703	936 143	198 940	209 539	29 039	44 676
电气机械及器材制造业	130 292	151 624	59 633	61 435	21 849	24 680
#日用电器制造业	44 408	49 795	9 030	9 255	49 178	53 803
电子及通信设备制造业	78 987	80 122	28 197	25 263	28 013	31 715
#日用电子器具制造业	39 475	41 731	5 293	4 793	74 580	87 066
仪器仪表及其他计量器具制造业	22 885	28 314	21 513	21 510	10 638	13 163

10—22 各市县全部独立核算工业企业全员劳动生产率

市、县	工业总产值(90价.万元)		全部职工年平均人数(人)		全员劳动生产率(元/人)	
	1991年	1992年	1991年	1992年	1991年	1992年
全省	**5 117 955**	**5 836 698**	**2 557 054**	**2 561 668**	**20 015**	**22 785**
长春市	**1 388 453**	**1 764 722**	**590 330**	**603 056**	**23 520**	**29 263**
市区	1 230 550	1 588 852	487 055	498 877	25 265	31 849
九台市	31 243	34 837	21 980	23 605	14 214	14 758
榆树市	44 602	47 945	23 575	22 451	18 919	21 355
农安县	34 407	40 446	21 417	22 007	16 065	18 379
德惠县	32 280	35 221	24 441	23 759	13 207	14 824
双阳县	15 371	17 421	11 862	12 357	12 958	14 098
吉林市	**1 441 899**	**1 572 787**	**546 533**	**542 050**	**26 383**	**29 016**
市区	1 175 191	1 289 390	347 022	342 519	33 865	37 644
桦甸市	79 853	81 880	32 343	35 161	24 689	23 287
蛟河市	37 875	38 039	34 262	28 768	11 055	13 223
舒兰市	50 466	54 867	65 979	67 192	7 649	8 166
永吉县	35 243	36 542	28 291	27 176	12 457	13 447
磐石县	63 271	72 069	38 636	41 234	16 376	17 478
四平市	**422 939**	**484 592**	**211 480**	**209 466**	**19 999**	**23 135**
市区	242 071	275 012	96 965	95 815	24 965	28 702
公主岭市	85 544	102 898	50 330	49 087	16 997	20 962
梨树县	50 136	57 835	35 912	35 786	13 961	16 161
伊通县	19 773	21 635	9 939	11 306	19 894	19 135
双辽县	25 415	27 214	18 334	17 472	13 862	15 576
辽源市	**241 231**	**254 843**	**172 274**	**172 101**	**14 003**	**14 808**
市区	185 724	194 686	138 707	138 068	13 390	14 101
东丰县	39 693	42 490	21 446	21 991	18 508	19 322
东辽县	15 813	17 666	12 121	12 042	13 046	14 671
通化市	**406 773**	**450 154**	**227 446**	**233 980**	**17 884**	**19 239**
市区	188 282	222 803	97 383	110 233	19 334	20 212
梅河口市	56 008	64 390	33 192	33 872	16 874	19 010
集安市	25 452	28 619	15 296	15 623	16 640	18 319
通化县	43 862	52 889	19 555	20 049	22 430	26 380

10—22 续表

市、县	工业总产值(90价.万元)		全部职工年平均人数(人)		全员劳动生产率(元/人)	
	1991年	1992年	1991年	1992年	1991年	1992年
辉南县	54 313	39 918	43 425	36 351	12 507	10 981
柳河县	38 856	41 535	18 595	17 852	20 896	23 266
浑江市	**237 145**	**264 410**	**241 602**	**233 895**	**9 816**	**11 305**
市区	147 877	171 893	134 620	134 741	10 985	12 757
临江县	25 578	26 978	28 472	29 525	8 983	9 137
抚松县	45 654	44 186	66 449	57 280	6 870	7 714
靖宇县	6 892	8 582	5 327	5 405	12 938	15 878
长白县	11 144	12 772	6 734	6 944	16 549	18 392
松原市	**257 577**	**265 362**	**88 128**	**91 072**	**29 228**	**29 138**
扶余区	41 658	40 327	24 727	21 050	16 847	19 158
长岭县	17 882	17 488	8 547	10 076	20 921	17 356
前郭县	186 599	195 444	47 605	51 095	39 197	38 251
乾安县	11 438	12 104	7 249	8 851	15 779	13 675
白城地区	**214 887**	**228 537**	**120 351**	**121 651**	**17 855**	**18 786**
白城市	89 338	94 798	44 837	46 243	19 925	20 500
洮南市	49 390	53 214	31 839	32 656	15 512	16 295
大安市	32 346	35 690	19 796	20 025	16 340	17 823
镇赉县	27 054	29 121	13 535	13 570	19 988	21 460
通榆县	16 760	15 714	10 344	9 157	16 202	17 160
延边朝鲜族自治州	**507 050**	**551 291**	**358 910**	**354 397**	**14 128**	**15 556**
延吉市	144 384	163 038	50 177	46 450	28 775	35 100
图们市	64 074	67 222	26 800	26 280	23 908	25 579
敦化市	78 813	80 735	94 546	89 763	8 336	8 994
龙井市	70 607	79 427	32 817	34 568	21 515	22 977
珲春市	26 433	28 762	30 149	32 576	8 767	8 829
和龙县	38 258	39 395	44 342	43 898	8 628	8 974
汪清县	41 573	44 361	47 453	46 638	8 761	9 512
安图县	42 908	48 352	32 626	34 224	13 151	14 128

10—23 全部独立核算工业企业主要经济效益指标

(1992年)　　单位:元

项目	每百元固定资产原值实现的				每百元工业总产值占用定额流动资金	
	工业总产值		利润	利税		
	不变价格	当年价格			不变价格	当年价格
总计	**93.45**	**106.15**	**2.84**	**9.34**	**40.24**	**35.43**
按轻重工业分						
轻工业	154.46	155.79	3.45	14.41	46.95	46.55
重工业	76.38	92.25	2.67	7.92	36.45	30.18
按工业行业分						
煤炭采选业	32.04	36.61	-16.44	-15.09	41.94	36.70
石油和天然气开采业	20.33	31.12	-0.83	-0.15	26.86	17.54
黑色金属矿采选业	101.10	100.15	16.46	19.81	24.49	24.72
有色金属矿采选业	47.94	48.51	0.02	1.22	33.11	32.72
建筑材料及其他非金属矿采选业	132.18	132.25	7.53	13.76	33.89	33.88
木材及竹材采运业	45.14	46.14	-0.87	2.06	35.89	35.11
自来水生产和供应业	15.94	27.14	0.15	0.98	17.36	10.20
食品制造业	168.24	197.54	3.14	6.05	32.13	27.36
饮料制造业	120.54	119.69	4.50	21.03	54.87	55.26
烟草加工业	349.73	322.70	1.55	149.57	31.45	34.09
饲料工业	264.31	249.53	5.33	11.65	24.87	26.34
纺织业	131.07	129.63	-5.87	0.01	75.66	76.50
木材加工及竹、藤、棕、草制品业	116.26	102.65	-0.59	4.56	53.49	60.58
家具制造业	127.15	117.43	-2.37	3.97	66.48	71.99
电力、蒸汽、热水生产和供应业	21.94	28.96	0.73	2.34	7.22	5.47
石油加工业	106.36	166.40	5.56	17.26	17.06	10.90
炼焦、煤气及煤制品业	40.85	38.46	-3.51	-1.43	28.05	29.79
化学工业	96.86	101.77	8.17	16.88	28.94	27.55
化学纤维工业	102.95	92.81	4.77	9.65	30.09	33.38
橡胶制品业	308.55	248.60	-1.15	25.71	34.35	42.63
塑料制品业	192.15	186.79	4.03	13.81	44.45	45.72
建筑材料及其他非金属矿物制品业	98.44	109.55	5.70	12.98	43.71	39.28
黑色金属冶炼及压延加工业	109.38	149.78	3.45	19.29	45.81	33.45
有色金属冶炼及压延加工业	100.53	106.24	2.61	8.54	54.34	51.42
金属制品业	168.50	176.01	4.54	12.94	57.74	55.28
机械工业	118.03	122.78	2.32	7.17	65.85	63.30
交通运输设备制造业	172.75	250.76	16.19	25.10	29.35	20.22
电气机械及器材制造业	172.23	169.25	5.61	14.26	58.70	59.74
电子及通信设备制造业	136.96	101.90	-2.64	-0.15	68.27	91.75
仪器仪表及其他计量器具制造业	90.26	84.09	2.73	7.11	78.33	84.08

10—23 续表　　(1992年)　　单位:元

项　　目	利税率(%) 按总产值计算 不变价格	利税率(%) 按总产值计算 当年价格	利税率(%) 按销售收入计算	利税率(%) 按销售成本计算	利税率(%) 按全部资金计算	流动资金周转次数(次)
总　计	**9.99**	**8.80**	**9.14**	**10.69**	**6.45**	**1.25**
按轻重工业分						
轻工业	9.33	9.25	10.24	12.02	6.73	0.98
重工业	10.36	8.58	8.66	10.13	6.32	1.42
按工业行业分						
煤炭采选业	-47.09	-41.21	-38.37	-31.21	-14.77	1.01
石油和天然气开采业	-0.72	-0.47	-0.54	-0.65	-0.22	1.67
黑色金属矿采选业	19.60	19.78	24.74	33.94	15.09	1.35
有色金属矿采选业	2.55	2.52	2.52	2.73	1.29	1.55
建筑材料及其他非金属矿采选业	10.41	10.40	13.61	17.29	9.11	1.11
木材及竹材采运业	4.56	4.46	3.73	4.67	1.88	1.53
自来水生产和供应业	6.12	3.59	3.74	4.09	1.19	2.41
食品制造业	3.59	3.06	3.06	3.28	3.11	1.68
饮料制造业	17.44	17.57	19.93	25.91	10.57	0.85
烟草加工业	42.77	46.35	44	76.62	60.77	2.04
饲料工业	4.41	4.67	4.46	5.02	4.48	1.46
纺织业	0.01	0.01	0.01	0.01	0.00	0.56
木材加工及竹、藤、棕、草制品业	3.92	4.44	4.51	4.97	2.44	0.86
家具制造业	3.13	3.38	3.64	4.02	1.97	0.81
电力、蒸汽、热水生产和供应业	10.68	8.09	7.57	8.33	3.28	4.48
石油加工业	16.23	10.37	10.77	12.29	15.21	3.22
炼焦、煤气及煤制品业	-3.51	-3.73	-3.65	-3.64	-1.21	1.14
化学工业	17.43	16.59	18.16	22.62	13.73	1.52
化学纤维工业	9.37	10.39	11.29	13.43	6.75	1.10
橡胶制品业	8.33	10.34	11.67	13.92	8.43	0.91
塑料制品业	7.19	7.39	8.28	9.46	6.35	1.13
建筑材料及其他非金属矿物制品业	13.19	11.85	12.59	15.54	7.99	1.04
黑色金属冶炼及压延加工业	17.63	12.88	11.56	13.99	10.83	1.46
有色金属冶炼及压延加工业	8.50	8.04	8.92	10.38	5.16	0.96
金属制品业	7.68	7.35	7.78	8.89	5.07	0.87
机械工业	6.05	5.81	6.40	7.22	3.42	0.75
交通运输设备制造业	14.53	10.01	9.84	11.68	13.54	1.84
电气机械及器材制造业	8.28	8.43	9.12	10.76	5.88	0.89
电子及通信设备制造业	-0.11	-0.15	-0.20	-0.21	-0.06	0.45
仪器仪表及其他计量器具制造业	7.87	8.45	9.34	11.33	3.89	0.66

10—24 各市县全部独立核算工业企业主要经济效益指标

（1992年） 单位：元

市、县	每百元固定资产原值实现的				每百元工业总产值占用定额流动资金	
	工业总产值		利润	利税		
	不变价格	当年价格			不变价格	当年价格
全省	**93.45**	**106.15**	**2.84**	**9.34**	**40.24**	**35.43**
长春市	**134.70**	**170.54**	**8.17**	**16.37**	**38.79**	**30.63**
市区	134.22	172.26	8.49	16.67	38.64	30.11
九台市	149.31	164.61	7.66	16.65	52.23	47.38
榆树市	151.51	166.48	4.15	12.94	38.70	35.22
农安县	148.08	169.12	6.81	16.15	37.14	32.52
德惠县	119.55	133.23	2.54	9.06	40.78	36.59
双阳县	118.73	128.09	6.04	14.57	25.30	23.45
吉林市	**87**	**93**	**4.55**	**10.76**	**35.54**	**33.24**
市区	97.61	104.90	6.55	13.82	33.94	31.58
桦甸市	33.52	33.40	2.72	5.16	24.72	24.80
蛟河市	93.73	99.71	1.06	5.13	56.71	53.31
舒兰市	54.28	57.39	-12.51	-10.41	41.21	38.98
永吉县	126.79	126.77	-0.41	5.76	43.45	43.45
磐石县	100.0	109.50	1.88	8.69	56.82	51.89
四平市	**140.76**	**148.96**	**3.08**	**12.50**	**42.23**	**39.90**
市区	136.26	148.93	3.81	15.18	45.07	41.24
公主岭市	168.79	165.27	0.66	7.56	33.35	34.06
梨树县	109.92	123.44	1.40	6.87	43.06	38.35
伊通县	200.80	192.96	10.20	22.87	40.78	42.43
双辽县	150.49	142.35	3.75	9.46	46.39	49.04
辽源市	**98.33**	**100.29**	**-3.69**	**1.24**	**56.19**	**55.09**
市区	92.42	94.22	-4.64	-0.03	54.65	53.61
东丰县	121.23	123.21	-0.50	6.01	57.74	56.82
东辽县	131.11	135.56	2.85	8.76	69.43	67.15
通化市	**102.04**	**114.74**	**3.54**	**13.16**	**45.71**	**40.65**
市区	92.86	112.88	2.71	15.07	47.68	39.22
梅河口市	138.84	142.74	4.49	13.66	39.33	38.26
集安市	54.72	61.50	2.57	5.94	53.54	47.64
通化县	169.96	170.48	17.13	27.45	31.80	31.70

10—24 续表1　　(1992年)　　单位:元

市、县	每百元固定资产原值实现的				每百元工业总产值占用定额流动资金	
	工业总产值		利润	利税		
	不变价格	当年价格			不变价格	当年价格
辉南县	89.40	97.54	-0.74	3.20	60.69	55.63
柳河县	155.03	150.76	2.50	9.34	42.95	44.17
浑江市	**61.23**	**64.36**	**-4.29**	**-0.10**	**42.51**	**40.44**
市区	62.48	67.29	-6.06	-1.94	39.31	36.50
临江县	65.60	63.18	-1.49	3.43	44.94	46.66
抚松县	49.67	53.19	-2.37	1.01	49.75	46.46
靖宇县	65.09	59.57	2.39	6.10	62.26	68.04
长白县	94.93	86.73	4.11	13.50	42.20	46.18
松原市	**36.47**	**50.21**	**-0.08**	**1.90**	**26.76**	**19.44**
扶余区	180.11	205.75	9.58	22.28	34.80	30.46
长岭县	88.46	95.96	3.98	6.59	44.15	40.70
前郭县	29.18	43.02	-0.52	1.08	22.53	15.28
乾安县	77.43	77.57	0.17	2.02	43.18	43.11
白城地区	**117.05**	**116.65**	**1.66**	**7.47**	**55.20**	**55.39**
白城市	91.90	93.34	4.18	9.34	46.62	45.90
洮南市	132.80	131.05	-4.88	1.24	67.60	68.50
大安市	151.13	152.56	1.92	8.92	53.44	52.94
镇赉县	173.61	159.93	0.64	8.18	55.65	60.41
通榆县	135.11	138.51	2.78	8.37	68.15	66.48
延边朝鲜族自治州	**75.70**	**77.42**	**-1.74**	**5.71**	**43.95**	**42.98**
延吉市	152.89	148.80	1.24	32.78	39.15	40.23
图们市	87.79	98.69	0.63	4.96	41.03	36.50
敦化市	71.60	71.86	-0.74	3	59.84	59.63
龙井市	83.15	78.93	-1.15	3.24	41.02	43.22
珲春市	26.27	32.70	-9.94	-8.39	48.87	39.27
和龙县	61.10	64.25	-1.73	1.92	43.23	41.11
汪清县	55.31	56.72	-0.60	2.65	43.13	42.05
安图县	58.53	61.05	-0.09	2.66	40.88	39.20

10—24 续表 2 (1992年) 单位:元

市、县	利税率(%) 按总产值计算 不变价格	当年价格	按销售收入计算	按销售成本计算	按全部资金计算	流动资金周转次数(次)
全省	**9.99**	**8.80**	**9.14**	**10.69**	**6.45**	**1.25**
长春市	**12.16**	**9.60**	**9.69**	**11.38**	**9.37**	**1.45**
市区	12.42	9.68	9.73	11.44	9.56	1.45
九台市	11.15	10.11	10.70	12.70	8.11	1.14
榆树市	8.54	7.78	9.36	10.84	6.53	1.11
农安县	10.91	9.55	10.09	11.54	9.95	1.65
德惠县	7.58	6.80	6.12	7.09	5.39	1.52
双阳县	12.27	11.37	11.63	13.84	9.99	1.79
吉林市	**12.37**	**11.57**	**12.21**	**14.57**	**8.22**	**1.28**
市区	14.15	13.17	13.85	16.72	10.22	1.34
桦甸市	15.39	15.45	16.57	22.29	5.98	1.59
蛟河市	5.47	5.14	5.98	6.81	3.05	0.85
舒兰市	-19.17	-18.13	-20.37	-18.73	-8.27	0.92
永吉县	4.54	4.54	4.59	5.01	3.12	1.09
磐石县	8.69	7.93	8.12	9.24	5.06	0.94
四平市	**8.88**	**8.39**	**9.07**	**10.49**	**6.52**	**1.11**
市区	11.14	10.19	11.19	13.23	8.04	1.10
公主岭市	4.48	4.57	4.91	5.41	3.79	1.17
梨树县	6.25	5.57	5.55	6.20	3.88	1.18
伊通县	11.39	11.85	14.46	17.92	11	1.15
双辽县	6.29	6.65	7.02	7.91	4.09	0.85
辽源市	**1.26**	**1.24**	**1.40**	**1.51**	**0.69**	**0.77**
市区	-0.04	-0.04	-0.04	-0.04	-0.02	0.78
东丰县	4.96	4.88	6.03	6.76	2.78	0.70
东辽县	6.68	6.46	7.64	8.93	4.14	0.79
通化市	**12.90**	**11.47**	**11.65**	**14.18**	**8.14**	**1.17**
市区	16.23	13.35	11.90	14.68	10.02	1.44
梅河口市	9.84	9.57	10.62	12.47	7.26	1.12
集安市	10.85	9.65	14.68	16.80	4.79	0.67
通化县	16.15	16.10	19.96	26.66	13.21	0.99

10—24 续表 3　　　　(1992年)　　　　单位:元

市、县	利税率(%) 按总产值计算 不变价格	按总产值计算 当年价格	按销售收入计算	按销售成本计算	按全部资金计算	流动资金周转次数(次)
辉南县	3.58	3.28	3.79	4.15	1.75	0.74
柳河县	6.02	6.20	7.50	9.15	4.64	0.96
浑江市	**-0.16**	**-0.15**	**-0.15**	**-0.16**	**-0.07**	**1.12**
市区	-3.11	-2.89	-2.87	-3.02	-1.54	1.19
临江县	5.23	5.43	4.67	5.30	2.67	1.32
抚松县	2.03	1.89	1.72	2.08	0.74	0.98
靖宇县	9.37	10.24	11.89	15.02	3.67	0.65
长白县	14.22	15.56	15.85	21.63	8.08	0.88
松原市	**5.21**	**3.79**	**4.06**	**4.65**	**2.38**	**1.96**
扶余区	12.37	10.83	10.34	12	11.50	1.75
长岭县	7.45	6.87	7.19	7.93	4.27	1.30
前郭县	3.70	2.51	2.75	3.16	1.51	2.24
乾安县	2.61	2.61	2.67	2.88	1.10	0.77
白城地区	**6.38**	**6.40**	**7.19**	**8.16**	**3.78**	**0.82**
白城市	10.17	10.01	10.11	11.83	5.69	0.98
洮南市	0.93	0.95	1.23	1.33	0.50	0.57
大安市	5.90	5.85	7.22	8.21	4.94	1.08
镇赉县	4.71	5.12	6.16	6.79	3.18	0.73
通榆县	6.19	6.04	6.30	6.86	3.11	0.69
延边朝鲜族自治州	**7.55**	**7.38**	**7.68**	**9**	**4.14**	**1.10**
延吉市	21.44	22.03	24.43	33.45	18.05	1.24
图们市	5.65	5.03	5.33	5.77	3.24	1.07
敦化市	4.18	4.17	3.95	4.52	2.03	0.95
龙井市	3.89	4.10	4.49	5.05	2.23	0.88
珲春市	-31.94	-25.66	-25.45	-21.85	-8.14	1.14
和龙县	3.14	2.99	3.10	3.67	1.63	1.27
汪清县	4.79	4.67	4.63	5.81	2.09	1.15
安图县	4.55	4.36	4.32	5.04	2.22	1.28

10—25 历年全民独立核算工业企业主要财务指标和经济效益指标

单位:亿元

年份	企业单位数(个)	年底固定资产		定额流动资金全年平均余额	利税总额	工业总产值(按当年价格计算)	工业净产值(按当年价格计算)	资金利税率(%)	全员劳动生产率指数(以上年为100)
		原值	净值						
1952		9.21	6.87	1.13	1.07	3.61	3.02	13.4	
1953		10.51	7.79	1.83	1.74	10.46	3.66	18.1	102.9
1954		12.45	9.26	2.04	1.96	124	4.09	17.4	117.6
1955		14.42	10.86	2.00	1.92	11.64	4.06	14.9	111
1956		19.99	15.57	3.19	2.42	14.09	5.32	12.9	119
1957		24.26	19.12	3.60	3.71	17.68	6.45	16.3	100.8
1958		29.08	22.53	4.21	7.97	28.58	9.52	29.7	108.1
1959		33.43	25.91	7.40	10.02	37.50	12.64	30.1	83.2
1960		35.84	23.27	9.09	12.99	48.56	15.59	34.8	120.8
1961		39.64	30.70	12.02	3.66	27.55	8.19	8.6	54
1962		40.75	30.28	10.86	1.97	25.85	7.80	4.8	122.5
1963		42.22	34.17	7.04	6.80	31.07	10.60	17.9	133.6
1964		44.13	31.86	6.72	8.85	35.24	10.60	23	116.6
1965		40.93	29.75	5.76	8.02	41.61	13.10	22.6	124
1966		47.46	34.17	6.83	9.02	47.51	14.28	22	114.8
1967		49.74	36.11	8.46	8.20	34.21	11.35	18.4	65.5
1968		51.73	36.21	10.35	8.23	26.48	10.27	17.8	78.1
1969		55.12	38.03	13.75	9.37	44.99	41.51	18.1	155.1
1970		64.75	50.04	18.38	13.54	54.12	18.93	19.8	106.8
1971		67.86	46.78	19.25	14.21	63.11	19.97	21.5	97.2
1972		78.63	54.95	22.19	12.99	66.56	20.75	16.8	94.1
1973		86.11	59.51	23.67	15.77	70.37	22.78	19	104.9
1974		90.59	62.52	26.62	13.05	68.97	21.15	14.6	97.7
1975		96.54	65.45	27.22	16.43	77.82	25.19	17.7	109.1
1976		104.68	72.34	30.10	15.11	79.58	24.68	14.7	97
1977		112.57	75.16	31.60	13.99	78.25	22.30	13.1	85
1978		119.85	77.90	33.20	16.66	85.97	27.34	15	107.2
1979	1 890	128.40	84.57	35.28	18.28	96.33	30.35	15.3	107.7
1980	1 857	135.32	86.02	37.08	19.54	102.79	33.43	15.9	103.2
1981	1 839	146.46	92.57	38.03	17.14	103.20	33.19	13.1	97
1982	1 843	156.13	97.86	41.19	19.45	111.96	33.94	14	101.0
1983	1 858	167.73	105.98	39.80	24.25	126.04	37.22	16.6	114.2
1984	1 886	189.40	122.68	42.73	26.96	148.83	48.02	16.3	109.5
1985	2 172	220.14	148.22	50.68	33.81	184.10	58.23	17	104.9
1986	2 158	245.08	164.40	61.55	29.38	201.57	61.81	13	101.8
1987	2 196	285.02	196.61	69.78	40.38	252.65	30.55	15.2	115.1
1988	2 255	320.66	221.52	80.38	51.34	314.54	100.76	17	111.6
1989	2 332	365.06	253.30	104.43	51.91	361.34	102.63	14.5	99.1
1990	2 380	417.61	292.57	139.44	37.65	380.39	106.46	8.7	98.1
1991	2 412	489.48	346.27	162.40	36.05	431.13	113.97	7.1	102.9
1992	2 400	556.41	395.98	175.75	46.52	526.13	144.85	6.2	111.9

注:1992年资金利税率是按全部流动资金计算的。

10－26 全民所有制独立核算工业企业主要财务指标

(1992年)　　　　单位:万元

项　目	企业单位数(个)	#亏损企业	年底固定资产 原　值	年底固定资产 净　值	全部流动资金年平均余额	资金总额
总　计	**2 400**	**677**	**5 564 148**	**3 959 757**	**3 980 705**	**7 454 883**
按轻重工业分						
轻　工　业	1 270	417	1 059 549	801 955	1 435 116	2 185 334
重　工　业	1 130	260	4 504 599	3 157 803	2 545 589	5 269 549
按工业行业分						
煤炭采选业	50	29	347 757	240 184	123 380	341 918
石油和天然气开采业	4	1	493 611	369 040	80 461	321 054
黑色金属矿采选业	1	0	485	264	407	682
有色金属矿采选业	25	7	51 554	33 463	15 744	47 505
建筑材料及其他非金属矿采选业	29	9	11 654	7 882	9 756	16 096
木材及竹材采运业	22	9	358 576	280 916	128 949	393 602
自来水生产和供应业	51	22	68 724	57 199	7 370	56 481
食品制造业	378	130	194 304	154 212	211 768	360 915
饮料制造业	159	52	97 847	75 561	132 207	206 296
烟草加工业	5	0	34 521	28 860	57 574	84 957
饲料工业	59	16	14 585	12 108	30 260	42 067
纺 织 业	104	52	148 881	113 565	275 816	382 338
木材加工及竹、滕、棕、草制品业	48	18	29 120	21 786	30 682	52 257
家具制造业	19	10	8 361	6 834	9 763	15 954
电力、蒸汽、热水生产和供应业	96	16	1 044 461	772 334	65 851	739 632
石油加工业	15	1	91 114	64 984	41 909	100 145
炼焦、煤气及煤制品业	7	3	48 128	42 838	16 573	57 015
化学工业	112	34	646 427	417 820	347 069	739 200
化学纤维工业	8	3	86 435	60 967	66 050	122 624
橡胶制品业	19	8	23 608	14 862	63 791	75 992
塑料制品业	31	8	19 237	15 125	29 152	42 340
建筑材料及其他非金属矿物制品业	242	42	232 150	156 636	220 662	366 953
黑色金属冶炼及压延加工业	27	8	214 709	159 572	223 118	360 079
有色金属冶炼及压延加工业	13	3	61 460	42 606	53 480	93 811
金属制品业	50	15	30 741	23 152	49 489	71 904
机械工业	255	47	290 925	184 638	413 195	581 685
交通运输设备制造业	87	21	493 646	300 870	636 717	864 900
电气机械及器材制造业	70	14	70 028	50 966	114 590	162 729
电子及通信设备制造业	35	13	57 369	43 144	96 066	133 399
仪器仪表及其他计量器具制造业	27	8	28 250	21 162	28 755	47 592

10—26 续表　　(1992年)　　单位:万元

项　　目	产品销售收入	产品销售税金	盈亏相抵后的利润总额	利税总额	企业留利	工业总产值(当年价格)
总　　计	**5 155 589**	**330 866**	**134 336**	**465 202**	**84 473**	**5 261 348**
按轻重工业分						
轻　工　业	1 395 346	117 423	27 566	144 988	20 074	1 515 914
重　工　业	3 760 243	213 443	106 771	320 214	64 399	3 745 434
按工业行业分						
煤炭采选业	121 556	3 950	-59 623	-556 73	4 608	109 049
石油和天然气开采业	134 146	3 389	-4 111	4	93	153 540
黑色金属矿采选业	256	11	8	18	0	307
有色金属矿采选业	23 309	628	-355	273	399	22 899
建筑材料及其他非金属矿采选业	6 414	453	206	659	139	7 527
木材及竹材采运业	197 891	10 500	-3 118	7 383	660	165 440
自来水生产和供应业	17 797	567	76	642	595	18 534
食品制造业	380 857	4 817	5 943	10 760	2 961	368 423
饮料制造业	99 806	16 200	3 076	19 276	1 926	112 704
烟草加工业	117 422	51 144	531	51 675	14	111 466
饲料工业	31 505	515	-21	494	331	28 503
纺 织 业	148 220	8 225	-9 588	-1 364	391	185 135
木材加工及竹、藤、棕、草制品业	32 333	1 546	11	1 556	476	28 054
家具制造业	5 542	283	-317	-34	4	5 521
电力、蒸汽、热水生产和供应业	307 844	16 550	6 730	23 280	1 854	287 713
石油加工业	142 101	10 466	4 786	15 251	2 130	145 906
炼焦、煤气及煤制品业	18 832	999	-1 717	-718	284	18 395
化学工业	565 946	52 610	53 543	106 153	4 922	613 931
化学纤维工业	74 218	4 252	4 186	8 438	-164	80 380
橡胶制品业	56 300	7 466	-1 129	6 337	124	63 399
塑料制品业	30 315	805	684	1 489	498	34 059
建筑材料及其他非金属矿物制品业	212 596	15 487	11 958	27 445	5 334	225 361
黑色金属冶炼及压延加工业	337 885	33 487	6 149	39 635	6 018	298 539
有色金属冶炼及压延加工业	55 619	3 493	1 336	4 828	361	60 635
金属制品业	39 970	1 579	-360	1 219	518	40 555
机械工业	284 524	11 001	1 863	12 864	5 616	311 906
交通运输设备制造业	1 215 648	40 642	88 675	129 316	31 355	1 188 304
电气机械及器材制造业	105 082	5 513	3 972	9 485	1 963	113 061
电子及通信设备制造业	42 041	1 279	-1 594	-315	367	56 378
仪器仪表及其他计量器具制造业	17 601	1 030	493	1 523	313	19 497

注：资金总额为固定资产净值平均金额与全部流动资金年平均余额之和。

10—27 全民所有制独立核算工业企业主要经济效益指标

(1992年) 单位:元

项目	每百元固定资产原值实现的				每百元工业总产值占用定额流动资金	
	工业总产值		利润	利税		
	不变价格	当年价格			不变价格	当年价格
总计	**81.94**	**94.56**	**2.41**	**8.36**	**38.55**	**33.40**
按轻重工业分						
轻工业	140.73	143.07	2.60	13.68	46.82	46.06
重工业	68.11	83.15	2.37	7.11	34.52	28.28
按工业行业分						
煤炭采选业	27.05	31.36	-17.14	-16.01	43.23	37.29
石油和天然气开采业	20.32	31.11	-0.83	-0.15	26.83	17.53
黑色金属矿采选业	66.43	63.34	1.57	3.80	43.51	45.64
有色金属矿采选业	43.25	44.42	-0.69	0.53	35.84	34.89
建筑材料及其他非金属矿采选业	59.41	64.59	1.76	5.65	70.04	64.41
木材及竹材采运业	45.14	46.14	-0.87	2.06	35.89	35.11
自来水生产和供应业	15.78	26.97	0.11	0.93	17.35	10.15
食品制造业	160.61	189.61	3.06	5.54	30.95	26.22
饮料制造业	111.42	115.18	3.14	19.70	64.21	62.11
烟草加工业	349.90	322.90	1.54	149.69	31.46	34.10
饲料工业	234.92	195.42	-0.15	3.38	27.12	32.61
纺织业	125.68	124.35	-6.44	-0.92	75.88	76.69
木材加工及竹、藤、棕、草制品业	104.59	96.34	0.04	5.34	43.59	47.33
家具制造业	65.82	66.04	-3.79	-0.41	95.24	94.93
电力、蒸汽、热水生产和供应业	21.25	27.55	0.64	2.23	7.05	5.44
石油加工业	99.47	160.14	5.25	16.74	16.27	10.11
炼焦、煤气及煤制品业	40.70	38.22	-3.57	-1.49	27.93	29.74
化学工业	89.31	94.97	8.28	16.42	25.82	24.28
化学纤维工业	103.26	93	4.84	9.76	29.78	33.07
橡胶制品业	341.79	268.55	-4.78	26.84	31.62	40.24
塑料制品业	188.81	177.06	3.56	7.74	42.24	45.04
建筑材料及其他非金属矿物制品业	83.73	97.08	5.15	11.82	47.23	40.73
黑色金属冶炼及压延加工业	102.58	139.04	2.86	18.46	44.19	32.60
有色金属冶炼及压延加工业	91.83	98.66	2.17	7.86	56.34	52.45
金属制品业	117.71	131.93	-1.17	3.97	64.68	57.71
机械工业	102.24	107.21	0.64	4.42	69.80	66.56
交通运输设备制造业	168.10	239.71	17.96	26.20	27.82	19.51
电气机械及器材制造业	165.57	161.45	5.67	13.54	57.24	58.70
电子及通信设备制造业	133.72	98.27	-2.78	-0.55	68.09	92.64
仪器仪表及其他计量器具制造业	75.71	69.02	1.74	5.39	81.96	89.92

10－27 续表　　(1992年)　　单位:元

项　　目	利税率(%) 按总产值计算 不变价格	按总产值计算 当年价格	按销售收入计算	按销售成本计算	按全部资金计算	流动资金周转次数(次)
总　计	**10.20**	**8.84**	**9.02**	**10.56**	**6.24**	**1.29**
按轻重工业分						
轻工业	9.72	9.56	10.39	12.17	6.63	0.97
重工业	10.44	8.55	8.52	9.96	6.08	1.48
按工业行业分						
煤炭采选业	-59.19	-51.05	-45.80	-35.61	-16.28	0.99
石油和天然气开采业	-0.72	-0.47	-0.54	-0.65	-0.22	1.67
黑色金属矿采选业	5.71	5.99	7.18	7.35	2.70	0.63
有色金属矿采选业	1.23	1.19	1.17	1.26	0.58	1.48
建筑材料及其他非金属矿采选业	5.92	8.75	10.27	12.52	4.09	0.66
木材及竹材采运业	4.56	4.46	3.73	4.67	1.88	1.53
自来水生产和供应业	5.92	3.47	3.61	3.94	1.14	2.41
食品制造业	3.45	2.92	2.83	3.01	2.98	1.80
饮料制造业	17.68	17.10	19.31	24.65	9.34	0.75
烟草加工业	42.78	46.36	44.01	76.65	60.83	2.04
饲料工业	1.44	1.73	1.57	1.69	1.17	1.04
纺织业	-0.73	-0.74	-0.92	-0.95	-0.36	0.54
木材加工及竹、藤、棕、草制品业	5.11	5.55	4.81	5.34	2.98	1.05
家具制造业	-0.62	-0.61	-0.61	-0.65	-0.21	0.57
电力、蒸汽、热水生产和供应业	10.49	8.09	7.56	8.31	3.15	4.68
石油加工业	16.83	10.45	10.73	12.22	15.23	3.39
炼焦、煤气及煤制品业	-3.67	-3.90	-3.81	-3.79	-1.26	1.14
化学工业	18.39	17.29	18.76	23.35	14.36	1.63
化学纤维工业	9.45	10.50	11.37	13.54	6.88	1.12
橡胶制品业	7.85	10	11.26	13.36	8.34	0.88
塑料制品业	4.10	4.37	4.91	5.37	3.52	1.04
建筑材料及其他非金属矿物制品业	14.12	12.18	12.91	16.12	7.48	0.96
黑色金属冶炼及压延加工业	18	13.28	11.73	14.28	11.01	1.51
有色金属冶炼及压延加工业	8.55	7.96	8.68	10.07	5.15	1.04
金属制品业	3.37	3.01	3.05	3.28	1.70	0.81
机械工业	4.32	4.12	4.52	4.99	2.21	0.69
交通运输设备制造业	15.58	10.93	10.64	12.80	14.95	1.91
电气机械及器材制造业	8.18	8.39	9.03	10.66	5.83	0.92
电子及通信设备制造业	-0.41	-0.56	-0.75	-0.77	-0.24	0.44
仪器仪表及其他计量器具制造业	7.12	7.81	8.65	10.48	3.20	0.61

10—28 重点工业企业产品质量指标

项目	单位	1978年	1980年	1985年	1990年	1991年	1992年
一、煤炭工业（统配煤矿）							
商品煤灰分	%	33.49	30.80	27.80	28.39	28.59	29.12
商品煤含矸量	%	2.01	0.73	0.45	0.28	0.269	0.26
二、石油工业							
油田外运原油含水率	%	1.28	0.79	0.41	0.47	0.27	0.36
三、冶金工业							
电炉钢锭合格率	%	95.5	99.4	98.69	97.99	98.84	99.13
转炉钢锭合格率	%	95.7	97.2	97.11	98.51	98.93	99.04
炼铁合格率	%	95.7	99.7	99.42	99.75	99.76	99.82
成品钢材合格率	%	91.2	92.8	96.81	97.07	96.68	96.94
铁合金合格率	%	99.5	99.7	99.96	99.96	99.27	100
四、化学工业							
硫酸合格率	%	100	100	100	100	100	100
烧碱合格率	%	100	100	100	100	100	100
纯碱合格率	%			100	100	100	100
硝酸铵合格率	%	100	100	100	99.97	100	100
尿素合格率	%	85.8	96.4	100	100	100	100
电石平均发气量	升/公斤	271	282	268	277.95	283.10	283.85
聚氯乙烯合格率	%			99.15	99.45	99.48	99.79
轮胎外胎综合合格率 (9.00—20—8n)	%			98.80	99.63	99.54	99.62
五、机械工业							
铸铁件废品率	%				12.78	12.78	10.25
机械加工件综合废品率	%				1.28	1.14	1.18
六、建筑材料工业							
水泥熟料平均标号	号	592	517	509	580	569	581
出厂水泥合格率	%	100	100	98.50	100	100	100
七、森林工业							
锯材一等品率	%	76.5	66.1	85.2	84.8	81.5	53.5
锯材出材率	%	69.8	72.7	75.8	71.7	69.2	65.9
胶合板一二等品率	%	84.4	99.3	87.2	94.2	97	73.2
纤维板一二等品率	%	89	89.4	93.2	34.9	43	96.3
八、纺织工业							
粘胶纤维正品率	%	87.3	99.6	100	99.49	99.20	99.70
合成纤维正品率	%			97.76	97.00	98.10	95.70
棉纱一等一级以上品率	%	85.2	95.6	99.04	99.00	99.50	99.20
棉布入库一等品率	%	65.0	87.1	90.54	95.70	95.80	95.30
印染布入库一等品率	%	73.0	81.2	76.67	86.20	85.40	82.10
精纺毛织品入库一等品率	%			96.71	93.90	95.00	95.50
毛线入库一等品率	%	79.1	90.4	93.76	94.60	94.90	94.80
毛毯入库一等品率	%	86.9	86.5	91.42	92.20	90.60	93.71
丝织品入库一等率	%			68.51	69.80	77.80	77.80
九、轻工业							
机制纸及纸板成品率	%	96.2	98.8	92.77	91.80	93.50	95.91
新闻纸成品率	%			94.92	93.60	94.40	93.53
凸板纸成品率	%			91.17	91.70	90.00	90.00
手表质量分	分	91.1	94.3	90.40	92.59	92.23	91.77
普通灯泡综合合格率	%			87.88	88.40	88.40	88.40
卷烟合格率	%			94.60	98.90	89.10	90.40
甜菜产糖率	%	13.1	11.9	10.44	9.90	10.06	11.73
每只一号手电池平均间歇放电（光）时间	分钟			1027	647	634	636
重革合格率	%			99.5	99.7	100.00	100.00
轻革合格率	%			99.3	97.6	99.90	99.75
精铝锅一级品率	%			78.0	80.2	78.30	79.33

10—29 重点工业企业产品物耗指标

项　　目	单　位	1978年	1980年	1985年	1990年	1991年	1992年
一、煤炭工业（统配煤矿）							
企业耗坑木	立方米/万吨			147.63	90.24	80.12	71.72
原煤生产耗炸药	公斤/万吨	3 929	4 085	3 166	2 691	2 784	2 734
原煤综合耗电	千瓦小时/吨	25.53	34.63	35.64	43.58	43.86	44.55
洗精煤回收率	%			42.70	45.21	43.75	38.76
二、石油工业							
油田企业 原油自用率	%	6.88	7.96	7.63	6.38	6.92	7.46
油田原油耗率	%	2	2	2.36	4.57	3.66	3.06
原油（气）生产耗电	千瓦小时/吨	71.7	82.2	79.23	80.15	101.43	112.60
原油加工耗电	千瓦小时/吨	31.3	28.7	19.85	43.14	53.70	59.13
原油加工耗燃 料油	公斤/吨	67.7	42.4	11.64	14.29	14.87	15.35
原油加工损失 率	%	0.67	0.67	1	2.23	2.52	2.72
三、电力工业							
发电耗标准煤（6000千瓦以上电厂）	克/千瓦小时	391	385	379	379	372	369
供电耗标准煤	克/千瓦小时			408	416	409	405
发电厂用电率（6000千瓦以丰电厂	%	6.54	6.05	5.70	6.95	6.43	7.44
水　　电	%			0.34	0.53	0.40	0.76
火　　电	%			7.28	8.87	8.95	8.82
线路损失率（500千瓦以上电厂）	%	4.37	4.51	4.17	4.39	4.35	4.34
四、冶金工业							
生铁耗铁矿石	公斤/吨				1 779	1 841	1 900
生铁耗燃 料（综合焦比）	公斤/吨				633	630	626
生铁耗焦炭（入炉焦比）	公斤/吨			660	633	630	626
电炉钢耗钢铁料	公斤/吨			1 160	1 062	1 091	1 066
侧吹转炉钢耗钢铁料	公斤/吨				1 145	1 465	1 476
顶吹转炉钢耗钢铁料	公斤/吨			1 500	1 137	1 151	1 136
电炉钢冶炼耗电	千瓦小时/吨	797	784	729	742	755	565
75%硅铁耗电	千瓦小时/吨	8 642	8 846	8 616	8 013	9 558	8 612
硅锰合金耗电	千瓦小时/吨	4 866	4 991	4 189	4 154	3 943	4 110
铜选矿回收率	%				62	87.94	69.38
铅选矿回收率	%				82.20	84.70	80.50
锌选矿回收率	%				86.50	90.38	75.65
镍选矿回收率	%				85.80	66.10	28.08
五、化学工业							
合成氨耗焦白煤（人炉84%）	公斤/吨				1 161.0	1 168.7	1 170.3
合成氨耗电（中型）	千瓦小时/吨	1 668	1 580	1 399	1 386.2	1 384.0	1 389.3
合成氨 耗重油（中型）	公斤/吨	800	866	843	839	833	832.83
硝酸铵耗氨	公斤/吨	210	215	219	226	220	210.92
硝酸铵耗硝酸	公斤/吨	780	780	785	786.5	786.4	781.40
尿素耗氨	公斤/吨			613	606	606	606
尿表耗电	千瓦小时/吨			132	133	131	131
电石耗焦炭	公斤/吨	558	553	559	550.05	546.31	566.37
电石耗电	千瓦小时/吨	3 709	3 658	3 658	559.69	3 557.23	3 554.93
硫酸耗硫铁矿	公斤/吨	1 012	997	1 024	1 005.7	1 005.8	1 006.3
硫酸耗电	千瓦小时/吨	148	133	135	117.93	111.79	113.68
聚氯乙烯耗电石	公斤/吨	1 658	1 593	1 616	1 416.1	1 420.91	1 404.77

10—29 续表

项　　目	单　位	1978年	1980年	1985年	1990年	1991年	1992年
六、机械工业							
化铁炉金属料耗焦	公斤/吨				148	147.61	154.40
钢材利用率	%				65.68	65.45	64.78
七、建筑材料工业							
水泥熟料烧成耗标准煤	公斤/吨	178.6	182.7	201	180.50	184.20	176.90
水泥综合耗电	千瓦小时/吨	111.2	115.2	116	131.40	106.90	108.10
平板玻璃耗标准煤	公斤/重量箱	68.8	65.2	49.7	31.51	40.30	39.20
平板玻璃耗纯碱	公斤/重量箱	9.8	11	9.4	10.11	10.20	10.02
平板玻璃耗电	千瓦小时/重量箱	6.8	8.6	6.4	4.5	4.5	4.49
八、森林工业							
原条出材率	%			93.7	95.5	94.3	93.8
锯材出材率	%			75.8	71.7	69.2	65.9
九、纺织工业							
粘胶纤维耗硫酸	公斤/吨	1 120	1 176	1 072	1 056	1 035	1 027
粘胶纤维耗硫酸	公斤/吨	983	887	867	857	860	857
粘胶纤维耗标准煤	公斤/吨	206	176	177	183	177	172
粘胶纤维耗标准煤	公斤/吨	2 960	2 917	2 767	2 357	2 246	2 067
粘胶纤维耗电	千瓦小时/吨	2 534	2 380	2 382	2 220	2 233	2 153
粘胶纤维耗烧碱	公斤/吨	719	656	636	628	624	626
棉纱通扯净用棉	公斤/吨			1 070	1 072.3	1 039.0	1 075.6
棉纱耗电	千瓦小时/吨			1 896	2 189.3	1 931.3	1 857.6
棉布用纱	公斤/百米			16.20	14.60	15	15.50
棉布耗电	公斤/百米			25.38	25.10	25.59	26.30
印染布耗碱	公斤/百米	3.3	1.8	3.34	2.40	2.50	2.90
印染布耗标准煤	公斤/百米	47.9	51.7	75.15	49.70	56.80	80.80
毛线净用毛条量	公斤/百米	92.5	94.7	107.60	107.40	107.80	106.30
毛毯用洗净毛量	公斤/条	2.8	2.7	1.91	2.01	1.54	1.66
十、轻工业							
本色化学木浆耗木材	立方米/吨	5.5	5.3	4.89	4.77	4.70	4.59
本色化学木浆耗碱	公斤/吨	496	486	481	484	378	378
机械木浆耗木材	立方米/吨	2.8	2.8	2.84	2.86	2.85	2.86
机械木浆耗电	千瓦小时/吨	1 192	1 165	1 184	1 233	1 180	1 286
稻草浆耗碱	公斤/吨	348	342	321	389	381	444
新闻纸耗电	千瓦小时/吨			496	487	469	479
28载重自行车耗钢材	公斤/辆			29.6	32	33	31.24
15-40瓦普通灯炮耗钨丝	米/万只			1.29	1.31	1.29	1.48
日用陶瓷耗标准煤	吨/吨			3.71	2	1.93	2.36
洗衣粉耗 精烷 基苯	公斤/吨	204	181	112	77	11	112
甜菜耗标准煤	吨/百吨	8.8	8.1	9.22	7.83	8.50	7.96
卷烟耗用烟叶	公斤/箱			56.6	52.80	50.90	49.20
聚氯乙烯全塑鞋耗塑料	吨/吨	1.14	1.25	1.09	1.04	1.15	1.17
重革耗牛皮	吨/吨	0.86	0.81	0.82	0.79	1.03	0.85
重革耗猪皮	吨/吨			1.88	1.83	1.56	1.76
铝锅耗铝材	公斤/口	0.84	0.84	0.86	0.60	0.90	0.55

10—30 重点工业企业设备利用和其他指标

项目	单位	1978年	1980年	1985年	1990年	1991年	1992年
一、煤炭工业							
回采工作面平均月产量	吨/个			8 271	13 042	14 463	15 349
掘进工作面平均月进度	米/个			101.47	120.49	131.68	142.71
二、电力工业（500千瓦以上电厂）							
发电设备平均利用小时	小时			4125	3 676	3 991	3 399
水　电	小时			2 064	2 084	2 891	1 375
火　电	小时			6 573	5 038	4 871	5 270
三、冶金工业							
烧结机利用系数	吨/立方米·台时				1.29	1.39	1.52
烧结机日历作业率	%				85.13	83.17	89.39
高炉利用系数	吨/立方米·昼夜	1.11	1.38	1.73	1.85	1.92	2.00
电炉利用系数	吨/兆伏安·昼夜	9.15	19.52	16.65	14.52	15.13	17.77
电炉平均每炉冶炼时间	时:分	3:75	4:17	4:17	3:43	4:23	3:69
电炉日历作业率	%				74.06	79.22	82.46
侧吹转炉利用系数	吨/公称吨·昼夜	12.91	14.60	8.62	6.63	8.13	8.78
侧吹转炉炉衬寿命	炉			40	37	38	39
侧吹转炉日历作业率	%				18.10	24.13	23.57
顶吹转炉利用系数	吨/公称吨·昼夜				29	30.62	34.01
顶吹转炉炉衬寿命	炉				511	511	480
顶吹转炉平均每炉冶炼时间	分钟				39'	36'	33'
顶吹转炉日历作业率	%				61.97	64.86	60.24
四、化学工业							
硫　酸（100%）触媒容积利用系数	吨/立方米				3.09	3.16	3.08
合成氨触媒容积利用系数	吨/立方米				40.19	38.06	39.10
五、机械工业							
每吨锻锤能力产量	吨				128.37	171.60	169.53
金属切削机床利用率	%				46.08	48.32	48.41
六、建筑材料工业							
回转窑小时产量	吨	48.67	47.90	46.18	119.80	297.70	249.60
水泥磨小时产量	吨	80.10	81.58	82.59	230.70	220.80	183.40
回转窑运转率	%	77.52	81.45	76.17	60.60	67.20	72.90
平板玻璃熔窑熔化能力	公斤/平方米				1 016	1 108	1 016
七、森林工业							
平均每台拖拉机年集材量	立方米			4 607	3 476	3 029	2 785
平均每辆汽车年运材量	立方米			5 584	4 579	4 343	3 973
平均每台森铁机车年运材量	立方米			30 572	22 545	21 449	22 209
八、纺织工业							
每千锭时平均产纱量（混合数）	公斤			21.24	18.30	19.30	19.60
棉纺锭设备利用率	%	91.50	99.60	98.25	95.90	92.70	90.40
棉布织机每台时产量（混合数）	米	3.30	3.61	3.33	3.20	3.30	3.40
棉布织机设备利用率	%	85.30	99.73	87.48	92.60	90.70	87.70
棉布织机设备利用率	%			87.97	87.60	89	90.20
毛线精纺锭千锭时产量	公斤			48.60	35.10	39.10	33.30
精梳毛织机每台时产量	米			2.12	2.02	1.90	1.70
粗梳毛织机每台时产量（不包括素毛毯）	米			2.18	2.44	2.50	2.10
提花毛毯织机每台时产量	米			1.05	0.96	1.16	1.15
麻袋织机每台时产量（混合数）	米			24.50	25.60	25.90	25.20
丝织机每台时产量	米			2.78	2.80	2.80	3.40

10—31 大型工业企

(19

项目	固定资产投资(万元)	工业总产值(万元) 1990年不变价	工业总产值(万元) 当年价	工业净产值(万元)
煤炭采选业				
舒兰矿务局	4 783	17 052	18 425	288
辽源矿务局	6 100	28 530	33 612	6 321
通化矿务局	11 839	22 302	26 565	-604
石油和天然气开采业				
吉林省油田管理局	10 377	99 187	1 51 179	59 377
有色金属矿采选业				
吉林省夹皮沟黄金矿业公司	807	4 128	4 124	1 448
木材及竹材采运业				
吉林省白石山林业局	1 920	6 745	6 625	4 119
红石林业局	3 176	8 634	9 586	5 835
吉林省三岔子林业局	1 548	14 849	13 690	7 502
吉林省临江林业局	241	13 801	14 471	6 930
吉林省泉阳林业局	116	4 729	5 702	2 819
吉林省露水河林业局	237	11 094	12 167	4 330
吉林省松江河林业局	1 795	10 815	12 079	6 880
敦化林业局	1 102	11 511	10 464	5 881
大石头林业局	624	7 299	7 451	4 585
黄泥河林业局	1 029	6 905	6 916	2 585
吉林省和龙林业局	1 423	9 508	10 231	4 475
吉林省八家子林业局	1 379	6 932	7 678	3 969
吉林省汪清林业局	1 200	9 328	9 780	4 280
吉林省天桥岭林业局	743	6 864	6 196	3 317
吉林省白河林业局	5 240	12 616	12 247	4 806
自来水生产和供应业				
长春市自来水公司	1 151	4 558	6 855	846
吉林市自来水公司	1 188	2 283	3 872	2 056
食品制造业				
吉林市第一粮油加工厂	615	7 919	10 083	1 323
长春市中兴面粉厂	13	3 132	4 546	813
吉林市面粉厂	219	3 805	6 335	1 957
吉林市粮油加工厂	306	7 034	8 650	1 911
长春市油厂		7 548	8 699	1 495
长春市第一食品厂	93	6 674	6 515	1 184
吉林新中国糖厂	382	14 778	13 231	-171

业 主 要 指 标

92年)

主要产品名称	全部职工年末人数（人）	年末固定资产（万元）		产品销售收入（万元）	定额流动资金全年平均余额（万元）	全年利税总额（万元）
		原值	净值			
原煤	35 599	76 639	56 414	18 484	6 354	-12 816
原煤	41 984	70 270	42 083	34 280	10 870	-9 047
原煤	47 563	85 495	59 841	36 628	9 843	-18 088
天然原油	32 399	4 87 791	3 64 054	1 31 880	20 984	-1 670
黄金	3 505	7 372	4 534	3 959	708	7
木材	6 472	13 792	10 303	7 778	1 358	647
木材	7 738	25 206	22 102	12 014	2 335	1 036
木材 锯材 刨花板	12 603	25 619	18 668	18 018	3 928	1 151
木材	16 447	30 647	23 009	18 259	4 286	358
木材	7 938	14 192	10 410	6 873	1 958	-1 180
木材	10 022	30 753	26 377	13 277	3 053	767
木材	12 324	24 959	18 554	15 856	3 880	244
木材	15 157	23 170	16 469	14 319	3 966	956
木材	12 242	16 595	10 568	9 370	1 911	134
木材	11 474	15 636	10 629	8 317	1 751	-985
木材	7 132	20 199	17 393	11 249	3 228	1 124
木材	8 327	14 925	11 911	8 618	1 387	347
木材	12 281	22 521	16 964	11 066	2 284	759
木材 地板块	8 372	10 539	8 242	6 681	2 048	403
木材	9 941	34 703	29 730	14 914	2 391	1 570
自来水	2 629	33 227	28 696	6 671	453	-489
自来水	1 684	11 952	9 481	3 669	192	630
大米	521	7 661	6 651	9 753	442	1 060
玉米面	369	2 323	1 042	4 510	336	720
上白粉	713	3 605	2 961	5 376	1 121	526
面粉	442	4 463	3 154	9 216	380	1
大豆油	195	1 835	1 544	9 611	365	815
糖果	1 773	3 371	2 631	4 773	2 821	211
白砂糖	3 710	14 769	10 667	10 441	10 315	-2 527

10—31 续表 1 (19

项目	固定资产投资(万元)	工业总产值(万元)		工业净产值(万元)
		1990年不变价	当年价	
吉林省制糖厂	590	12 017	10 477	847
长春养殖加工总厂	1 235	10 124	9 574	4 384
饮料制造业				
吉林市啤酒厂	553	4 601	5 148	2 012
吉林松源食品工业公司	690	8 173	7 737	3 071
四平市铁西区红嘴啤酒厂		8 931	8 578	4 088
烟草加工业				
延吉卷烟厂	1 509	68 070	58 305	26 922
饲料工业				
吉林正大有限责任公司	279	13 538	16 249	2 463
纺织业				
长春市纺织厂	1 762	18 543	19 058	5 197
吉林市毛纺厂	1 123	8 490	8 461	3 273
洮南市毛纺织厂	190	6 681	6 390	1 287
长春市第一毛纺织厂	33	1 361	1 428	230
吉林市麻棉纺织总厂	654	7 758	7 290	970
吉林市裕华丝绸总厂	50	4 300	3 673	868
造纸及纸制品业				
吉林造纸厂	7 259	60 511	59 661	17 612
石岘造纸厂	3 038	30 203	28 688	5 828
印刷业				
长春市新华印刷厂 A肌健▓F]250	5 687	6 139	1 180	
电力、蒸汽、热水生产和供应业				
长春热电二厂	15 855	17 612	26 578	-3 344
吉林热电厂	1 363	44 410	57 648	-13 795
浑江发电厂	50 626	17 627	27 024	2 484
长山热电厂	42 971	23 037	34 141	-482
丰满发电厂	10 387	8 109	12 359	5 355
白山发电厂	33 926	12 026	18 038	8 639
集安市云峰发电厂	444	5 553	8 304	7 251
长春市电业局	9 103	9 569	8 122	3 982
吉林省电力工业局		3 560	4 451	3 315
吉林电业局	95	17 179	14 002	9 794
白城电业局	3 541	5 901	4 801	1 877
吉林市煤气供热公司	154	1 552	3 959	475

92年）

主要产品名称	全部职工年末人数（人）	年末固定资产（万元）		产品销售收入（万元）	定额流动资金全年平均余额（万元）	全年利税总额（万元）
		原值	净值			
绵白糖	2 557	8 958	6 094	8 809	7 989	-1 594
出口鲜冻分割牛肉	1 267	7 595	6 696	11 137	2 384	817
啤酒	1 724	5 255	2 034	5 181	2 126	1 256
维C	2 478	18 230	17 483	7 648	5 057	1 341
啤酒	813	4 604	3 357	7 841	2 207	3 133
长白参	3 336	15 036	12 723	58 447	22 203	26 824
全价配合料	972	4 552	3 511	16 068	5 203	1 193
棉纱	8 145	11 316	7 858	15 661	11 029	648
精纺尼戎	3 591	5 953	4 205	5 057	5 556	730
粗纺呢绒	3 428	4 722	3 596	4 732	8 562	-252
精纺尼绒	2 481	4 939	3 604	1 405	2 734	-1 838
黄洋麻袋	3 414	4 304	3 077	6 975	1 640	-302
人丝及其交织品	2 486	4 069	2 896	2 082	2 879	-403
新闻纸	8 110	50 277	31 682	68 543	7 715	12 205
新闻纸	6 478	37 470	23 038	27 253	7 861	2 538
印刷	1 476	4 145	2 551	2 654	1 297	400
火力发电	1 715	79 827	76 133	25 806	656	-4 865
发电量	3 640	1 03 511	56 073	73 837	2 019	1 523
火电	2 450	71 219	60 060	27 024	2 141	966
发电量	3 041	1 00 020	79 535	34 141	1 433	-308
电力	790	43 029	15 689	7 897	280	169
发电	1 243	1 81 157	1 51 721	14 509	680	4 365
发电量	896	32 468	17 340	1 049	202	60
售电量	2 612	57 301	42 867	8 122	361	3 000
售电量	406	6 725	5 268	4 451	19	2 761
售电量	2 532	46 071	29 122	14 002	323	7 916
电力供应	1 705	35 752	28 482	4 801	128	1 208
液化气	1 470	8 998	6 571	3 620	576	-76

10—31 续表 2 (19

项 目	固定资产投资（万元）	工业总产值（万元）		工业净产值（万元）
		1990 年不变价	当年价	
石油加工业				
中国石油化工总公司前郭炼油厂	3 192	48 206	75 585	18 056
炼焦、煤气及煤制品业				
长春市煤气公司	2 507	16 591	15 456	-1 408
化学工业				
四平市联合化工厂	555	19 193	19 018	4 506
吉林化学工业公司	63 668	3 89 377	4 35 154	1 30 474
吉林化学工业公司松江化工厂	778	9 659	8 810	3 362
吉林化学工业公司石井沟联合化工厂	191	11 364	11 505	2 795
吉林化学工业公司联合化工厂	1 547	15 315	15 560	5 076
四平市油脂化工总厂	163	8 543	8 820	1 933
医药工业				
长春制药厂	345	11 744	12 370	2 572
化学纤维工业				
吉林化学纤维厂	1 964	27 694	29 183	8 638
开山屯化学纤维浆厂	6 865	34 869	29 598	7 240
塑料制品业				
吉林市塑料厂	400	8 590	8 749	938
建筑材料及其他非金属矿物制品业				
吉林松江水泥厂	2 679	13 824	17 806	3 138
吉林市墙体材料总厂	238	2 426	3 305	1 735
双辽县玻璃厂	166	5 263	4 631	1 409
吉林炭素厂	3 343	34 951	38 984	14 563
长春市石棉制品厂	560	5 005	4 743	1 605
黑色金属冶炼及压延加工业				
通化钢铁公司	13 665	91 095	1 36 984	35 562
四平市石油钢管厂	186	3 279	4 485	499
吉林铁合金厂	2 398	72 806	79 280	16 395
有色金属冶炼及压延加工业				
吉林镍业公司	1 725	11 601	13 889	4 882
吉林铝业公司	208	11 338	12 788	3 017
浑江市铝厂	750	14 237	13 582	3 196
机械工业				
公主岭轴承厂	146	6 200	5 772	1 895
辽源煤矿机械厂	1 045	7 304	7 304	2 295

92年）

主要产品名称	全部职工年末人数（人）	年末固定资产（万元）		产品销售收入（万元）	定额流动资金全年平均余额（万元）	全年利税总额（万元）
		原值	净值			
原油加工量	3 619	50 891	35 671	69 243	5 423	7 253
煤气	4 812	43 485	38 852	15 564	3 150	-2 334
电石	5 205	18 018	9 772	18 222	9 288	2 008
合成氨	46 791	4 81 710	2 96 836	4 14 205	63 069	91 280
1-氨基蒽锟	4 462	6 465	5 449	7 743	5 937	1 195
增塑剂	2 193	5 969	3 370	8 591	5 805	1 523
醋酸丁酯	4 786	4 893	3 746	10 967	6 872	914
肥皂	2 424	10 933	10 203	7 519	7 815	346
安乃近	2 378	4 994	3 482	11 394	4 965	709
粘胶棉型短纤维	5 187	22 834	14 142	26 580	5 250	4 029
化纤浆	7 011	37 932	25 479	26 638	9 214	2 558
压延薄膜	912	3 654	2 851	7 974	3 261	120
水　　泥	4 431	21 931	15 748	18 370	4 570	1 533
粉煤灰烧结砖	2 391	4 170	3 103	2 972	1 061	439
平板玻璃	2 640	4 954	3 704	4 524	2 061	53
石墨电极	8 542	37 712	21 381	35 263	14 770	9 914
刹车片	1 634	3 898	1 915	4 419	2 283	518
铁矿石	26 511	1 11 857	83 361	1 78 326	27 674	26 245
螺旋钢管	1 522	5 100	4 135	4 811	1 030	231
碳素铬铁	7 669	45 882	32 383	67 320	27 630	7 976
氧化镍	6 206	24 538	12 608	14 230	7 104	2 726
铝锭	1 333	6 364	4 718	12 003	2 792	823
铝锭	2 667	13 005	10 929	13 842	6 533	826
轴承	2 350	4 854	3 832	5 555	1 744	734
采煤机	2 813	7 045	4 128	4 026	4 407	351

10—31 续表 3 (19

项目	固定资产投资(万元)	工业总产值(万元)		工业净产值(万元)
		1990年不变价	当年价	
吉林化学工业公司重型机器厂	60	3 470	4 029	613
长春拖拉机制造厂	1 334	40 721	45 753	5 470
四平联合收割机厂	378	9 735	13 094	2 492
长春市自行车总厂	17	777	821	-5
吉林手表工业公司	66	3 437	2 240	954
中国人民解放军三三零五工厂	48	3 826	4 132	1 495
长春发电设备总厂	628	6 125	6 579	1 746
首钢吉林柴油机厂(六三六厂)	885	14 954	16 000	4 342
吉林东光精密机械厂	1 173	3 144	3 180	719
吉林江北机械厂	2 826	12 712	12 378	3 037
首钢松南机器厂	3 677	3 657	3 657	2 016
国营第三二三厂	962	7 441	6 238	786
国营长白机械厂	332	4 847	5 455	531
交通运输设备制造业				
铁道部长春客车工厂	3 339	40 350	55 400	11 510
第一汽车集团公司	46 635	5 95 930	9 16 934	2 79 480
第一汽车制造厂吉林轻型车厂	4 802	58 656	63 923	17 831
吉林汽车制动器厂国营第五五一四厂	4 323	2 000	1 949	750
长春汽油机总厂	575	27 045	29 458	8 038
长春航空机载设备公司	429	7 802	7 180	2 736
铁道部长春机车工厂	956	7 719	9 827	3 182
中国人民解放军第5704工厂	844	7 356	7 204	2 808
电气机械及器材制造业				
吉林省永安电动工具厂	555	3 084	3 132	918
长春市君子兰工业集团	2 482	15 037	13 687	3 798
吉林市电冰箱总厂	2 461	28 719	27 056	5 094
长春市灯泡电线厂	79	5 955	6 353	2 220
电子及通信设备制造业				
国营七九三厂	436	5 788	4 759	1 506
国营第八二七二厂	270	15 141	3 154	700
长春市无线电一厂		13 624	12 255	2 323
仪器仪表及其他计量器具制造业				
吉林省光明仪器厂	1 319	4 025	3 878	762
长春试验机集团公司	155	3 050	3 062	1 104
吉林省四平仪表厂	1 247	5 924	4 630	1 711

92年）

主要产品名称	全部职工年末人数（人）	年末固定资产（万元）		产品销售收入（万元）	定额流动资金全年平均余额（万元）	全年利税总额（万元）
		原值	净值			
石油设备	2 753	6 765	3 692	3 443	4 423	-682
长春-40型拖拉机	9 127	18 450	11 028	40 136	21 269	448
联合收割机	4 324	7 640	4 507	10 705	11 906	454
自行车	1 947	3 963	2 995	1 004	1 395	-901
机械男女手表	2 431	4 561	2 283	2 124	2 310	173
人工降雨弹	2 232	5 784	2 975	2 204	3 834	198
堆取料机	1 770	6 048	3 450	6 592	3 401	375
12V150柴油机	6 812	17 371	8 879	14 792	9 140	1 756
汽车离合器	3 560	4 867	2 587	2 706	1 615	-646
单相电能表	10 286	21 471	11 244	10 435	7 675	-1 591
洗衣机离合器	2 809	6 607	4 695	2 324	1 775	593
自行车	3 869	9 506	7 064	4 131	5 865	1 038
	4 621	8 238	4 598	4 140	5 527	118
新造铁路客车	11 385	29 256	19 387	55 088	15 066	3 057
解放牌载重汽车	85 053	3 40 462	1 95 736	9 56 265	1 54 572	1 09 550
JL1010H微型货车	8 647	31 937	24 381	63 285	34 420	4 864
引信行业	3 190	9 289	8 578	1 678	1 409	90
AX100摩托车	1 353	4 898	3 187	29 824	2 116	5 470
液化石油气钢瓶	5 971	11 232	7 004	6 689	4 159	303
修理蒸汽机车	6 436	14 483	8 973	9 882	3 007	556
飞机	5 018	9 749	4 002	7 306	5 259	211
微电机	1 884	4 724	3 497	2 863	2 096	104
洗衣机	2 659	6 614	5 461	12 684	9 207	548
电冰箱	2 893	12 403	10 053	25 925	10 961	2 559
普灯	2 682	3 617	2 767	5 081	2 266	861
电容器	3 117	8 899	6 204	3 722	3 053	106
合金磁钢	919	5 961	5 608	2 992	1 681	175
电视机	1 711	6 018	3 528	5 661	20 757	-680
民用电表	3 595	6 389	6 318	2 758	3 579	41
拭验机	2 586	3 703	1 721	2 912	3 151	200
仪表板总成	1 567	5 025	4 068	4 506	1 962	930

10—32 中 型 工 业 企

（19

项 目	固定资产投资（万元）	工业总产值（万元） 1990 年不变价	当年价	工业净产值（万元）
煤炭采选业				
吉林市红阳煤矿	96	438	449	-107
吉林市缸窑煤矿	284	759	741	156
刘房子煤矿	81	1 967	2 060	1 126
吉林省杉松岗煤矿	56	887	1 206	-399
吉林省万宝煤矿	108	1 572	1 933	719
延吉市三道煤矿	581	697	656	170
吉林省和龙煤矿	344	965	1 010	296
吉林省延边煤矿	254	1 143	1 299	415
珲春矿务局	8 462	5 962	6 751	-3 315
有色金属矿采选业				
吉林省通化铜镍矿	298	2 697	3 521	903
天宝山铅锌矿	214	3 738	4 045	681
吉林省珲春金铜矿	547	2 094	2 060	597
吉林省珲春金矿	184	885	885	244
海沟金矿	272	2 251	2 267	1 055
吉林市钼矿	42	1 118	757	-10
建筑材料及其他非金属矿采选业				
集安市硼矿	16	426	466	306
磐石县石墨矿	302	891	975	274
非金属矿工业总公司梨树硅灰石矿	1 150	1 247	1 219	514
木材及竹材采运业				
吉林省上营森林经营局	131	3 576	3 550	2 560
辉南森林经营局	205	2 565	2 542	1 088
吉林省湾沟林业局	304	2 885	3 540	1 068
吉林省大兴沟林业局	613	3 153	2 480	1 264
自来水生产和供应业				
四平市自来水公司	104	332	842	279
延吉市自来水公司	787	371	829	345
食品制造业				
长春市粮油加工厂	253	3 344	4 301	381
吉林市江北粮油加工厂	423	3 633	4 567	356
永吉县粮油工业公司	126	5 465	7 084	1 362
辽源市粮食加工厂	59	1 092	1 225	99
梅河口市面粉厂	19	2 183	2 893	120
长春市第一面粉厂	19	4 608	7 068	1 249
长春市第二面粉厂	162	3 897	6 587	864
吉林市第二粮油加工厂		1 766	2 798	315
四平市第一面粉厂	67	3 738	4 944	1 343
四平市第二面粉厂		4 196	6 040	1 663
辽源市面粉厂	338	1 610	1 929	307
浑江市面粉厂	99	2 778	4 739	1 932
白城市面粉厂		3 460	4 858	1 178
延边面粉厂	43	5 324	7 873	3 699
长春市挂面厂	29	1 299	1 934	604

业 主 要 指 标

92年)

主要产品名称	全部职工年末人数（人）	年末固定资产（万元）		产品销售收入（万元）	定额流动资金全年平均余额（万元）	全年利税总额（万元）
		原值	净值			
褐煤	1 671	2 694	1 528	444	301	-307
褐煤	1 859	2 444	1 186	674	406	-346
煤炭	2 515	4 456	3 328	2 006	801	230
原煤	3 688	4 334	1 774	956	1 077	-1 122
原　煤	5 548	8 089	4 661	2 215	1 518	-1 078
原煤	1 540	2 438	1 437	677	106	-366
原煤	3 200	4 233	1 437	1 394	294	-728
原煤	3 660	3 607	2 197	1 361	457	-800
原煤	20 631	54 021	43 302	8 519	6 887	-11 105
铜精矿	2 690	7 421	4 804	3 888	1 434	586
铅含量	3 870	7 032	1 757	3 868	1 698	-760
金精矿	1 484	4 795	4 467	2 389	612	208
黄金	782	2 900	1 229	926	454	-7
矿山成品金	1 760	5 428	4 402	2 103	1 284	127
钼精矿	835	1 647	1 145	919	320	-264
硼矿石	786	821	545	452	210	97
石墨块	821	1 142	841	1 015	389	88
硅灰石	858	2 295	1 990	886	1 106	207
木材	5 502	4 061	3 888	3 026	2 205	400
木材	3 804	3 476	3 255	2 382	1 795	237
木材	5 539	12 721	9 579	4 392	1 907	-1 293
木材	3 911	7 927	6 415	3 273	1 436	-151
自来水	548	1 824	1 280	843	65	80
自来水	432	2 996	2 623	829	16	145
面粉	383	1 824	1 460	9 999	56	411
大米	198	1 789	1 452	2 072	271	329
大米	710	1 078	785	7 828	1 137	340
大米	165	445	346	1 487	51	39
大米	322	847	751	3 292	131	180
面粉	420	1 831	1 686	7 035	50	992
面粉	434	2 027	1 824	7 068	62	1 074
玉米粉	137	1 870	1 568	2 798	980	257
面粉	350	864	647	4 790	123	441
面粉	421	1 379	1 020	5 883	92	506
特制一等粉	195	1 085	951	1 903	80	242
面粉	762	1 105	952	3 473	89	430
面　粉	207	1 693	1 504	4 927	59	502
小麦粉	517	1 748	1 480	6 199	235	551
挂面	749	1 349	1 039	1 962	362	147

10—32 续表 1

(19

项目	固定资产投资（万元）	工业总产值（万元） 1990年不变价	当年价	工业净产值（万元）
榆树市植物油厂	60	2 946	4 412	415
国营德惠植物油厂	805	1 577	2 829	428
舒兰市植物油厂		1 993	2 854	288
蛟河市植物油厂	52	2 461	3 703	1 298
四平市粮谷加工厂	40	856	1 056	199
四平市植物油厂	53	2 823	4 761	3 104
公主岭市植物油厂	14	2 058	3 116	1 865
吉林省梨树县郭家店植物油厂	185	4 904	7 399	598
辽源市植物油厂	269	2 203	3 116	233
长岭县太平川植物油一厂	81	2 758	3 050	293
长岭县粮食局太平川植物油二厂	332	2 537	3 201	355
长岭县长岭植物油厂	8	2 258	2 537	430
白城市粮油加工厂	89	2 104	2 833	1 320
洮南市植物油厂		1 687	1 958	139
国营通榆粮油加工厂	142	3 360	3 999	265
通榆县植物油厂	61	2 008	2 399	516
长春市食品工业公司		1 378	1 383	474
吉林市食品厂	210	2 221	2 187	450
洮南市制糖厂	52	4 844	4 460	667
吉林省大安罐头厂		2 600	2 654	407
龙井长白山山珍食品厂	56	141	146	-118
吉林省前信食品有限公司	396	1 880	2 649	586
长春市味精厂	250	4 124	4 084	886
辽源市味精厂		3 062	2 846	479
长春市豆制品厂	134	2 753	2 464	465
地方国营榆树市淀粉厂	32	3 007	2 656	625
永吉县淀粉厂	38	2 006	1 632	579
地方国营梨树县淀粉厂	125	2 667	2 281	325
地方国营梨树县第二淀粉厂				
柳河县淀粉厂		1 292	1 181	217
大安市淀粉厂		1 928	1 728	242
四平市玉米综合加工厂	14	63	64	10
敦化市儿童保健食品厂				
饮料制造业				
长春市酿酒总厂	49	1 560	1 776	638
吉林省榆树市造酒厂	136	3 404	4 568	1 539
榆树市吉林茅酒厂		212	402	211
德惠县酿酒厂	38	2 032	2 686	1 163
吉林市酿酒总厂	323	4 477	4 479	1 458
四平市酿酒厂	54	1 235	2 102	846
辽源市龙泉酒厂	13	2 374	2 506	963
白城市酿酒总厂	291	3 647	4 233	2 503
吉林省龙井市朝阳川酿酒厂	36	1 508	1 569	562
吉林省和龙县制酒厂	30	806	807	419
长春市啤酒厂	56	2 561	2 267	1 006

92年)

主要产品名称	全部职工年末人数(人)	年末固定资产(万元)		产品销售收入(万元)	定额流动资金全年平均余额(万元)	全年利税总额(万元)
		原值	净值			
大豆油	384	1 290	986	4 408	133	274
大豆油	200	1 666	1 431	5 761	224	289
豆油	197	1 129	1 035	2 517	157	2
豆油	242	1 154	974	3 759	1 558	223
豆油	302	490	343	2 254	63	34
豆油	222	960	544	4 741	893	65
大豆油	462	1 080	780	3 571	50	147
大豆油 豆粕	702	1 947	1 591	7 176	501	222
豆油	181	1 038	526	3 455	2 542	89
葵花油	398	1 043	745	3 345	349	148
葵花油	340	1 657	1 495	3 314	678	115
葵花油	327	703	510	2 558	192	159
食用植物油	431	843	684	2 971	810	109
葵花油	135	290	153	1 949	40	80
葵花油	175	1 244	1 007	3 911	301	117
葵花油	138	1 000	1 000	1 966	23	113
糕点	1 626	1 697	1 580	2 590	1 051	245
糕点	1 069	1 347	790	2 084	913	-34
绵白糖	772	1 433	984	2 239	3 043	-185
肉类罐头	1 440	2 750	2 084	2 291	3 258	-564
罐头	368	1 232	1 159	1 424	251	-133
粉状大豆分离蛋白	434	2 085	1 527	2 865	1 495	103
味精	1 071	3 437	3 337	3 012	1 805	83
味精	550	1 495	1 057	1 955	2 113	99
豆制品	938	1 190	821	2 653	456	141
玉米淀粉	956	3 298	2 960	2 350	1 131	124
淀粉	373	1 182	973	1 217	850	-55
淀粉	1 259	2 535	1 637	2 163	1 129	-186
淀粉	810	956	777	635	1 271	-48
淀粉	304	1 103	1 035	644	670	106
淀粉	480	1 365	1 221	1 467	1 431	24
粗淀粉	210	1 862	1 801	60	11	-21
高蛋白营养粉	139	1 463	1 463	10	159	-57
白酒	1 071	1 458	841	1 660	1 681	142
榆树大曲酒	1 291	1 710	1 180	2 423	3 098	634
吉林茅酒	307	1 198	1 021	289	1 842	23
白酒	1 044	1 162	806	2 165	3 049	654
白酒	1 189	2 080	1 452	3 791	2 845	668
白酒	572	852	635	1 860	448	379
龙泉春酒	529	1 890	1 636	2 031	1 250	483
白酒	1 271	2 269	1 634	4 435	3 116	1 022
白酒	608	1 117	753	1 751	312	664
65度白酒	350	1 105	1 105	684	552	259
啤酒	761	1 405	1 153	2 298	1 252	641

10—32 续表 2 (19

项　　目	固定资产投资（万元）	工业总产值（万元）		工业净产值（万元）
		1990 年不变价	当年价	
农安县啤酒厂	182	1 879	1 713	918
双阳县啤酒厂	52	2 255	1 976	865
九台市啤酒厂	69	2 881	2 632	1 309
四平市啤酒厂	65	2 229	2 177	1 073
吉林省东丰县啤酒总厂	950	3 218	2 757	1 333
梅河口市啤酒厂	32	4 560	4 107	1 815
北京双合盛五星啤酒厂白城联合厂		1 813	1 827	535
延吉市啤酒厂	3 402	3 133	4 064	2 087
汪清县啤酒厂	135	1 067	1 322	637
吉林市长白山酿酒公司	2	890	1 417	312
通化葡萄酒公司	159	3 492	3 598	1 136
集安市葡萄酒总厂		602	555	43
长春市春城酿酒公司	56	2 228	2 227	824
吉林市长白山参茸酒厂	40	1 753	1 559	694
地方国营榆树市松江酿酒厂	67	3 055	2 120	101
梨树县酿酒总厂	238	3 822	2 801	663
伊通县大孤山酒精厂		4 440	3 493	978
长春市第二食品厂	10	1 885	1 595	485
烟草加工业				
长春卷烟厂	1 197	36 307	36 307	20 336
四平卷烟厂	2 408	15 111	14 829	7 914
纺织业				
延边朝鲜族自治州延边亚麻厂	446	372	376	100
长春市卫生材料厂	15	1 717	2 108	502
吉林市舒兰纺织厂	22	6 596	7 157	1 170
四平市纺织厂	11	7 742	8 321	479
通化市纺织厂	26	4 793	4 620	508
浑江市纺织厂	315	7 799	8 114	1 972
白城市纺织厂	739	11 516	10 451	2 850
延吉纺织厂	266	6 650	6 583	1 659
吉林省安图纺织厂	26	4 100	3 868	861
长春市绒织厂		1 432	1 355	203
长春市色织布总厂	563	919	1 120	-98
长春市棉织厂	1 266	1 480	1 780	301
吉林市棉织厂	27	1 308	1 326	32
东辽县坚固呢厂	554	1 218	1 327	302
吉林省通化市装饰绒织厂	45	2 397	2 321	733
长春市印染厂	94	5 853	5 359	407
四平市印染厂	2 904	5 148	3 936	365
通化市床单厂	17	588	675	155
通化市毛巾厂	24	1 142	1 300	283
四平市纺织制线厂	72	2 516	1 974	995
洮南市第五毛纺织厂		129	180	43
洮南市第四毛纺织厂	39	2 485	2 454	917
长春市毛纺织厂	2	1 069	1 258	271

92年）

主要产品名称	全部职工年末人数（人）	年末固定资产（万元）		产品销售收入（万元）	定额流动资金全年平均余额（万元）	全年利税总额（万元）
		原值	净值			
啤酒	539	1 710	1 414	1 479	875	429
啤酒	508	1 413	854	2 060	907	711
啤酒	810	2 323	1 837	2 567	1 682	827
啤酒	537	1 634	1 071	2 111	912	529
啤酒	550	2 083	1 679	2 288	1 621	845
啤酒	476	1 861	1 336	4 107	98	1 593
啤　酒	862	2 595	2 308	1 770	1 693	222
啤酒	979	2 779	1 837	4 227	713	1 419
啤酒	435	1 543	1 205	1 240	576	413
葡萄酒	509	1 046	647	431	447	77
葡萄酒	1 240	2 524	1 110	2 894	4 569	320
葡萄酒	408	1 550	1 431	445	2 539	38
人参系列滋补酒	900	1 313	765	2 204	630	309
人参系列酒	250	1 648	1 325	1 112	426	234
酒精	608	1 714	1 465	2 240	829	252
酒精	915	1 177	990	2 805	408	293
酒精	830	1 990	1 540	2 584	1 206	328
汽水	892	1 038	733	1 486	1 336	116
人参烟	2 760	11 089	8 464	38 443	7 131	18 117
卷烟	1 055	7 380	6 725	14 665	7 656	6 676
亚麻打线麻	505	1 213	934	247	1 182	-207
棉纱	1 446	1 158	761	1 446	3 044	22
棉纱	2 846	3 691	2 858	4 333	1 986	-76
纯棉纱	3 502	7 999	6 581	5 439	5 548	-442
棉纱	2 572	1 700	895	3 274	3 769	-196
棉纱	4 150	3 941	2 800	6 296	4 110	190
棉　布	3 484	5 365	4 164	10 359	2 952	643
纱	3 117	2 751	1 881	5 499	3 801	785
棉纱	2 255	2 101	1 176	2 587	1 753	7
灯芯绒	1 227	1 012	766	1 256	1 459	-236
纯棉线卡	1 430	1 182	856	1 103	3 043	-269
帆布	1 228	2 278	2 002	1 390	2 343	-191
布	1 115	737	313	1 209	1 327	-243
坚固呢	462	1 184	1 050	1 207	615	26
中长半线平布	906	1 290	1 008	1 760	1 869	255
印染布	1 453	3 426	2 625	4 561	4 831	-368
印染布	944	3 440	2 914	2 201	3 326	-387
床单	996	770	451	570	827	-114
毛巾	970	702	617	1 197	1 147	80
涤纶缝纫线	866	962	680	1 713	937	261
棉　毯	683	1 077	1 006	110	831	-330
毛　条	1 266	2 803	2 475	1 622	2 163	-303
毯	1 122	1 008	548	1 279	1 321	-19

10—32 续表 3 (19

项 目	固定资产投资（万元）	工业总产值（万元）1990年不变价	工业总产值（万元）当年价	工业净产值（万元）
吉林市毛线厂	26	3 716	3 392	623
辽源市毛纺织厂	55	1 068	675	60
洮南市第三毛纺织厂	33	952	1 367	321
洮南市第二毛纺织厂	27	3 918	4 328	1 610
延吉市毛纺织厂	85	3 507	3 038	692
龙井市亚麻纺织厂	81	2 408	2 211	641
白城市麻纺织厂	121	4 297	4 036	886
辽源市丝绸染织厂	17	480	441	230
延吉市朝鲜族丝绸厂		173	138	55
长春市第一针织厂		1 230	1 353	315
吉林市第二针织厂	688	1 925	2 168	627
通化市针织服装厂	121	1 471	1 481	197
通化市第二针织厂	62	448	496	177
延吉市针织一厂	157	959	1 132	374
吉林市羊毛衫厂	11	1 000	1 340	521
通化市人造毛皮联合公司	34	3 110	3 441	977
吉林市针织厂	345	2 542	2 809	1 130
吉林市袜子厂		627	420	-30
辽源市第二针织厂	944	2 282	2 484	810
图们市民族针织一厂	6	516	500	182
长春市软装饰材料厂		1 404	1 417	861
缝纫业				
中国人民解放军第3504厂	233	16 293	15 059	2 309
长春市服装三厂	36	2 636	2 875	936
白城市服装工业公司		3 100	1 892	828
皮革、毛皮及其制品业				
长春市制革厂		758	866	101
洮南市制革厂	32	2 733	3 140	577
延边皮革厂	14	569	672	226
木材加工及竹、藤、棕、草制品业				
铁道部镇赉木材防腐厂	32	4 204	4 408	748
图们制材厂	101	1 522	1 305	-121
吉林省长春胶合板厂	392	6 919	5 875	1 288
吉林省辽源胶合板厂	36	3 033	2 384	644
珲春市人造板总厂	548	801	558	242
敦化市马号乡第一纤维板厂	4	1 251	1 129	583
敦化市家俱刨花板厂	404	1 006	896	163
家具制造业				
吉林市木器厂	43	759	796	167
四平市木器总厂	2 130	1 358	1 352	436
集安市包装装潢装饰工业公司	9	1 047	1 012	578
浑江市家俱厂	18	779	773	96
造纸及纸制品业				
长春市造纸厂	68	2 487	2 193	378
榆树市造纸厂	60	978	849	118

92年)

主要产品名称	全部职工年末人数(人)	年末固定资产(万元)		产品销售收入(万元)	定额流动资金全年平均余额(万元)	全年利税总额(万元)
		原值	净值			
精纺毛线	1 395	1 919	1 363	2 839	2 888	177
晴纶针织绒线	816	829	632	693	1 612	89
纯毛毛毯	1 195	1 097	684	841	807	-92
全毛华达呢	2 453	3 263	2 813	2 944	3 101	432
毛针织品	1 237	1 679	1 230	1 911	1 304	130
亚麻纱	1 071	3 798	3 637	1 381	1 263	135
麻袋	2 040	2 101	1 373	4 325	698	205
丝织品	1 931	1 996	1 397	321	711	-17
丝织品	720	536	287	169	485	-46
卫生衫裤	1 322	1 824	1 234	1 338	2 207	-474
卫生衬裤	1 352	1 431	1 017	2 031	2 136	99
棉毛衫裤	1 060	1 564	1 177	1 370	1 648	35
经编面料	558	1 084	759	479	1 165	56
卫生衬裤	1 581	1 911	1 606	1 030	2 224	99
羊毛衫	1 061	1 106	956	1 403	1 221	116
人造毛皮	817	2 736	1 695	2 533	2 665	262
涤伦面料	1 296	2 106	1 637	2 348	2 421	413
各种袜子	763	1 054	803	585	1 198	19
弹力袜	1 515	1 722	1 327	1 381	1 632	93
弹力袜	839	1 047	880	573	634	40
帆布	731	1 191	1 069	943	1 193	-45
服装	2 014	3 214	1 878	13 336	2 938	1 001
服装	576	1 074	907	1 917	1 352	158
服装	1 165	1 343	1 009	1 577	462	115
轻革	356	1 062	749	611	647	-122
黄牛修面革	480	1 151	852	2 561	1 227	171
重革	610	1 041	578	445	885	-297
普通枕木	753	2 357	1 523	4 755	1 879	234
锯材	1 456	2 723	2 001	1 365	1 107	-380
胶合板	2 763	5 051	2 870	7 564	1 033	429
胶合板	1 234	2 228	1 644	3 072	426	225
胶合板	797	1 238	886	654	308	54
纤维板	584	947	581	642	942	-4
刨花板	576	2 410	1 991	1 042	787	-2
出口家具	1 154	2 003	1 346	762	1 357	-149
板式家具	572	2 440	2 321	1 346	1 079	21
木家俱	507	691	574	736	560	209
木家俱	492	1 723	1 578	929	844	74
机制纸及纸板	972	1 262	667	1 932	2 905	-195
扑克纸	273	1 285	1 043	1 774	1 353	128

10—32 续表 4 (19

项目	固定资产投资(万元)	工业总产值(万元) 1990年不变价	工业总产值(万元) 当年价	工业净产值(万元)
吉林市板纸厂		2 446	2 508	384
辽源市造纸厂	38	3 500	3 552	967
通化市造纸厂		976	1 225	186
梅河口市造纸厂	1	1 986	2 075	456
梅河口市油毡纸厂		3 245	3 081	747
浑江市造纸厂	600	2 463	2 468	575
浑江市临江造纸厂	58	2 721	2 275	451
吉林省白城市造纸厂	4 195	6 430	6 530	1 994
龙井造纸厂	96	4 900	4 801	570
吉林造纸厂工业公司	102	1 749	1 873	550
吉林省外贸包装厂	22	846	1 058	248
吉林市纸塑编织厂	8	1 685	1 584	239
印刷业				
长春市印刷厂	90	1 221	1 158	528
吉日胶版有限责任公司		480	783	61
吉林市印刷厂	108	1 122	944	166
延边新华印刷厂	293	2 227	2 561	474
文教体育用品制造业				
吉林市铅笔厂	30	1 442	1 286	429
电力、蒸汽、热水生产和供应业				
吉林电力实业公司桃园发电厂		2 258	4 617	331
吉林省珲春发电厂	398	9 358	14 392	2 529
榆树川发电厂	266	1 823	2 795	-431
四平市电业局	22 008	4 733	4 026	1 705
辽源电业局	14 080	2 292	1 952	42
通化电业局	1 029	5 392	4 867	1 203
浑江电业局	2 552	3 720	3 181	2 333
延边电业局	1 095	4 439	3 782	1 608
辽源市集中供热管理处	1 656	1 916	3 085	503
白城市热力公司	161	450	1 320	236
石油加工业				
吉林化学工业公司油脂厂	537	3 963	5 586	1 564
延边炼油厂•	559	10 179	21 079	1 981
化学工业				
延边化工总厂		2 800	3 103	968
长春市化工一厂	92	1 905	1 659	323
长春市化工六厂	80	1 289	1 326	395
通化县化肥厂	162	4 761	4 762	676
吉林省长山化肥厂	9 691	9 050	8 741	1 655
吉林化学工业公司农药厂	20	7 182	6 588	1 725
吉林化学工业公司长松化工厂	957	6 246	6 815	3 351
吉林化学工业公司锦江油化厂	14 210	3 496	4 682	780
通化市第三化工厂	205	3 629	3 424	909
通化林业化工厂	344	3 806	3 075	688
长春市油漆厂	610	8 227	7 788	1 983

92年）

主要产品名称	全部职工年末人数（人）	年末固定资产（万元）		产品销售收入（万元）	定额流动资金全年平均余额（万元）	全年利税总额（万元）
		原值	净值			
牛皮纸	1 027	1 660	1 057	1 980	1 787	-107
涂料装潢纸	1 028	3 537	2 682	3 440	2 068	296
机制纸	1 163	1 776	1 038	917	2 958	-195
黄板纸	1 731	2 141	1 048	1 852	1 845	349
油毡原纸	1 547	1 705	1 130	2 892	351	299
瓦楞纸	1 294	1 641	1 159	1 350	1 199	147
一号箱板纸	931	1 289	685	1 857	583	173
机 制 纸	1 871	4 195	2 772	5 039	4 342	453
双胶纸 卷烟盘纸	1 607	3 598	2 779	3 899	2 582	220
油印机纸	1 011	2 270	2 091	1 764	752	135
纸箱	297	1 107	833	1 131	570	47
纸袋	898	2 523	1 808	1 580	1 479	-35
印刷品	881	875	463	792	1 025	2
印刷品	105	975	516	867	108	6
书刊印刷	880	1 509	823	941	1 073	-83
书刊	849	1 696	1 217	1 531	448	190
铅笔	848	1 107	736	1 101	753	159
电	493	1 284	809	4 617	70	72
电	1 239	35 828	30 201	13 265	1 055	297
火电	1 357	9 701	5 179	3 146	362	-659
售电量	1 747	29 382	20 801	4 026	173	1 032
售电量	1 113	25 427	20 249	1 952	150	-244
供电	1 939	34 422	23 346	4 867	161	1 131
供电	724	7 741	5 058	3 181	110	1 894
电力	2 064	22 566	14 211	3 782	196	929
蒸汽供应	259	2 166	1 656	2 564	19	149
热水供应	267	3 563	2 736	1 546	72	354
白 油	1 054	2 490	1 658	5 086	1 749	811
汽油	1 337	14 480	11 409	22 259	2 538	1 084
烧碱	1 733	14 585	13 611	2 710	1 265	43
硼砂	680	1 920	1 473	1 733	506	116
硅酸钠	340	559	345	1 318	267	110
尿素	1 268	4 081	2 857	4 454	778	323
尿素	2 853	13 859	8 045	7 446	1 956	187
阿特拉津	1 291	2 481	1 675	5 196	2 542	410
聚丙烯	4 052	4 727	3 564	5 441	1 463	1 028
聚丙烯粉料，粒料	1 450	4 151	3 332	4 316	804	1 333
三聚氯氢	639	1 498	1 078	3 054	512	350
甲醛	832	2 099	1 405	2 808	342	321
天然树脂漆	945	4 033	3 215	8 401	3 795	1 150

10—32 续表 5 (19

项目	固定资产投资（万元）	工业总产值（万元） 1990年不变价	当年价	工业净产值（万元）
四平市油漆厂	581	6 309	6 979	2 658
吉林化学工业公司江城染料厂		6 543	5 893	2 466
公主岭市包装粘合剂厂	131	283	293	126
吉林化学工业公司助剂厂	113	13 554	12 515	4 780
长春市化工二厂	281	2 602	2 455	507
长春市化工三厂	163	1 090	1 111	229
吉林市日用化学工业公司		928	1 051	293
吉林市火柴厂	18	1 872	1 834	519
延边火柴厂	109	2 174	1 712	429
医药工业				
吉林市制药厂	1 400	12 006	10 849	2 197
吉林省舒兰合成药厂	160	4 099	3 657	742
中国中医研究院洮南制药厂	433	3 254	3 254	2 167
大安市药物包装厂	29	173	199	48
长春市北方制药厂		1 068	999	639
吉林省东方制药公司	195	3 935	3 934	1 978
公主岭市红光制药厂	112	2 646	2 719	1 638
通化白山制药厂	75	3 884	3 843	2 266
柳河县长青制药厂	215	4 098	3 840	1 504
柳河县制药厂		1 941	1 834	885
洮南市第二制药厂	456	1 921	1 921	949
吉林大学洮南联合制药厂	178	2 384	2 100	658
延吉市制药厂	211	2 275	2 278	1 026
长春市中药厂	97	3 300	3 393	1 814
长春东宝制药厂	79	1 183	954	357
长春市北华制药厂	535	1 311	1 104	382
长春市人民制药厂	35	3 507	3 436	1 525
四平市制药厂	23	2 944	2 978	1 482
吉林省东丰制药厂	32	2 147	2 198	944
通化市制药厂	170	3 600	3 597	1 984
通化白山制药三厂		4 081	3 698	1 625
通化白山制药五厂	383	10 046	9 376	5 316
集安市制药厂		4 426	3 963	1 666
浑江市制药厂	264	3 402	2 805	1 080
浑江市第二制药厂		3 403	2 962	1 007
吉林省抚松制药厂	3	4 763	4 622	2 198
吉林省靖宇天池制药厂		2 426	2 148	1 199
延吉市制药二厂		2 251	2 258	717
延边敖东制药厂	1 119	3 022	2 979	1 392
敦化市制药厂	240	3 306	3 543	1 851
吉林省安图制药厂	44	1 160	950	304
吉林省生物制品厂	138	1 826	1 396	859
长春市凯旋药厂	51	1 812	1 487	451
卫生部长春生物制品研究所	1 956	10 336	10 914	6 595
龙井市生物化学厂				

92年)

主要产品名称	全部职工年末人数（人）	年末固定资产（万元）		产品销售收入（万元）	定额流动资金全年平均余额（万元）	全年利税总额（万元）
		原值	净值			
油漆	1 276	2 735	1 959	6 137	3 799	827
直接黑L-3BG	1 188	4 132	3 343	4 168	2 842	1 165
粘合胶	304	2 076	2 074	113	126	13
香兰素	2 040	4 587	3 064	11 744	1 999	2 555
塑料	736	1 581	972	2 346	845	130
聚已烯泡沫	323	1 098	786	1 011	553	68
牙膏	523	856	578	915	1 038	-53
普通火柴	1 371	1 417	1 027	1 219	1 330	-256
火柴	1 168	1 279	935	1 563	867	48
退热冰	1 722	3 192	2 103	11 521	4 250	1 240
咖啡因	868	2 596	1 938	3 247	878	245
心脑舒通胶囊	706	869	646	2 322	687	729
药物胶囊	285	1 789	1 602	225	440	20
速效跌打膏	184	1 107	1 048	620	176	86
转移因子	338	1 594	1 508	1 562	1 863	464
粉针剂，脑血康	917	1 525	1 069	1 940	879	601
天仙丸	865	1 174	870	3 304	619	1 472
片剂	1 193	1 399	1 017	3 722	1 838	376
口服液	664	1 371	524	1 439	1 296	205
复方树舌片	303	895	781	1 552	341	477
肝必复	576	2 517	2 054	1 099	1 174	162
人用针剂	707	2 393	2 141	1 806	798	283
人参再造丸	606	2 085	1 614	2 240	1 429	259
灭澳灵	194	224	149	968	370	122
灭澳灵	160	822	702	921	1 558	232
中成药	468	1 406	927	2 700	2 879	334
牛黄解毒片	835	915	619	2 151	1 310	276
女宝	820	1 405	1 100	1 929	1 937	179
脑心舒	812	1 312	1 063	2 368	1 283	659
参茸王浆	822	1 239	901	2 016	1 662	111
镇脑宁	989	1 190	950	7 497	1 070	3 711
清开灵	776	2 388	1 914	2 284	3 229	542
感冒清胶囊	576	1 648	1 381	2 243	1 109	279
感冒清	778	1 552	1 218	2 269	852	671
人参蛤蚧精	1 161	3 012	2 341	3 730	3 171	697
肝必复	427	1 211	1 045	1 280	2 134	351
参芪王浆养血精	648	1 329	936	1 778	808	158
安神补脑液	477	2 823	2 598	2 308	855	512
肝炎春	736	1 134	896	2 880	1 507	523
人参蜂王浆	404	969	784	950	925	48
猪瘟冻干苗	440	1 177	670	975	352	300
胸腺肽	300	430	294	1 500	870	155
血液制品	1 563	9 706	7 073	10 341	3 508	5 307
酵母	502	1 496	1 496			

10—32 续表 6 (19

项目	固定资产投资(万元)	工业总产值(万元)		工业净产值(万元)
		1990 年不变价	当年价	
化学纤维工业				
四平市化纤厂	1 210	12 997	10 119	1 672
辽源市化纤厂	694	10 765	8 558	2 533
辽源市合成纤维厂	61	1 041	1 072	110
吉林省东丰化纤厂	5	847	847	323
橡胶制品业				
长春轮胎厂	6 967	17 047	12 300	3 272
吉林化学工业公司轮胎厂	1 076	30 755	22 934	7 485
吉林省公主岭轮胎厂	760	11 229	8 734	2 073
长春市橡胶制品厂	67	4 237	3 672	1 534
吉林化学工业公司橡胶厂	202	3 254	2 837	686
吉林省长春胶鞋总厂	33	3 634	3 082	-20
长春市橡胶厂		4 003	3 406	407
延边橡胶厂	134	2 060	1 827	474
塑料制品业				
长春市塑料一厂		4 137	3 837	640
辽源市塑料四厂	129	3 841	2 811	191
浑江市第一塑料厂	423	12 926	13 677	3 865
浑江市第四塑料厂	133	3 123	3 337	1 065
四平市第一塑料厂	20	1 442	1 261	364
辽源市塑料编织袋总厂		1 450	1 332	316
吉林省安图县塑料包装制品厂	107	1 411	814	221
辽源市人造革厂	92	5 003	5 414	782
吉林化学工业公司龙山化工厂	95	2 846	2 940	1 132
吉林市塑料三厂		1 151	1 296	245
图们市民族塑料总厂	196	1 739	1 594	468
建筑材料及其他非金属矿物制品业				
长春市跃进水泥厂	247	3 652	6 141	1 951
吉林市建筑材料总厂	424	2 160	3 052	720
吉林市松江建筑材料工业公司	287	1 771	2 049	871
吉林省永吉县石灰厂	96	901	1 220	471
四平市水泥厂	18	894	1 399	430
四平市联合化工厂天华实业总公司	200	2 853	2 813	929
吉林省石岭水泥厂	251	2 884	4 636	1 110
吉林省交通水泥厂	420	2 518	3 659	867
梨树县水泥厂	1 800	1 685	2 688	1 183
辽源市水泥厂		1 831	2 443	805
通化市水泥厂	59	1 274	1 478	439
通化市第二水泥厂	3 690	3 193	3 955	1 505
浑江市水泥厂		1 893	2 601	1 117
延边庙岭水泥厂	290	3 925	5 894	1 466
长春市大理石厂	12	816	1 031	378
通化市新型建筑材料总厂	64	792	1 318	801
长春市加气混凝土厂		771	1 312	351
长春市防水材料厂	64	2 928	3 232	749

92年）

主要产品名称	全部职工年末人数（人）	年末固定资产（万元）		产品销售收入（万元）	定额流动资金全年平均余额（万元）	全年利税总额（万元）
		原值	净值			
涤纶短纤维	1 308	10 291	8 183	9 968	1 652	671
涤纶长丝	1 127	6 729	5 331	8 644	2 590	1 164
剪花块毯	482	1 188	883	1 097	512	6
丙纶长丝	404	2 966	2 966	705	1 269	106
橡胶轮胎	1 811	2 425	1 555	11 243	2 547	1 979
汽车轮胎外胎	2 289	6 936	5 355	19 541	5 704	4 236
汽车轮胎	885	3 074	1 842	5 982	3 820	-77
平面胶板	1 140	1 569	842	3 421	2 267	665
传动带，三角带	1 129	1 533	792	2 375	1 571	-26
布面胶鞋	917	2 088	1 100	4 799	3 621	-784
胶面胶鞋	2 042	2 216	1 032	3 558	2 882	-287
布面胶鞋	1 410	1 220	693	1 370	2 191	10
塑料薄膜	779	2 007	1 312	3 441	1 615	106
聚乙烯农膜	432	1 514	1 243	2 789	1 549	216
聚氯乙烯薄膜	1 178	2 564	1 737	12 602	3 788	1 920
薄膜	696	1 219	903	2 793	1 230	491
聚氯乙烯管材	381	1 400	1 187	1 096	719	56
塑料编织袋	755	2 246	1 776	820	3 072	50
塑料编织袋	483	1 361	1 135	673	1 018	7
普通革	1 102	2 032	1 402	5 077	1 565	329
聚苯已烯	1 479	1 845	1 357	2 797	1 641	431
塑料包装容器	475	2 020	1 782	1 171	751	20
啤酒周转箱	668	1 984	1 696	1 295	1 212	76
水泥	1 090	5 110	2 446	6 104	1 992	519
水泥	1 269	3 107	2 006	2 918	307	232
水泥	1 397	1 372	973	3 087	653	488
水泥	898	1 244	660	1 118	456	94
水泥	562	1 320	1 012	1 431	814	144
水泥	1 857	1 917	1 584	3 388	1 150	371
水泥	1 070	6 451	4 949	4 409	1 189	430
水泥	1 101	6 163	5 171	3 948	737	499
水泥	960	3 073	2 730	2 735	785	575
水泥425#	1 300	2 326	1 637	2 327	1 203	209
水泥	682	1 252	708	1 562	945	196
水泥	1 813	11 662	2 600	4 492	1 564	853
水泥	1 109	3 014	2 462	2 501	263	774
水泥	1 734	9 028	7 772	6 603	1 784	143
花冈岩	522	1 606	785	983	761	73
粘土砖	643	1 119	694	1 034	256	214
加气混凝土	823	1 765	1 264	1 459	361	39
油毡	672	1 459	807	2 547	1 023	77

10—32 续表 7 (19

项 目	固定资产投资（万元）	工业总产值（万元）1990 年不变价	当年价	工业净产值（万元）
吉林省三峰建材厂	22	855	857	370
镇赉县玻璃总厂		4 558	3 774	945
长春市钢化玻璃厂	11	1 004	962	179
长春市玻璃仪器厂	309	1 136	1 102	383
长春市玻璃容器厂	395	672	692	23
吉林市第一玻璃厂	157	3 168	2 898	854
吉林市玻璃厂	56	2 412	2 389	635
延吉市玻璃厂	119	5 217	5 111	1 303
长春市保温瓶厂		2 252	2 351	832
集安市玻璃容器厂		490	418	82
龙井市哈富龙玻璃钢厂	11	557	404	132
辽源市建筑陶瓷厂	81	115	116	-95
长春市陶瓷厂		1 750	1 459	657
吉林市陶瓷厂	1	981	881	30
永吉县缸厂	186	1 156	1 436	690
吉林松江炭素厂	56	3 180	3 384	-596
吉林市磐石炭素厂	28	1 054	1 119	319
梅河口市炭素厂	42	908	1 047	305
柳河县石棉厂	94	3 458	2 672	730
梅河口市砂轮厂	419	6 561	6 371	1 715
浑江市金钢砂厂		3 620	3 002	645
黑色金属冶炼及压延加工业				
吉林市明城钢铁厂	65	3 998	4 994	344
辽源市和平铁矿	198	3 511	4 318	646
吉林市钢厂	5 621	7 467	14 637	3 707
长春市冷弯型钢厂	772	5 749	9 122	1 334
长春钢铁总厂	142	7 223	12 910	2 153
吉林吉原钢管有限公司	1 423	4 189	8 576	1 581
通化钢铁公司磐石无缝钢管厂	357	6 533	7 409	-142
四平市薄板厂	150	4 610	6 713	628
四平市轧钢厂	163	2 953	5 605	1 194
四平市红嘴机械总厂	455	7 907	15 039	1 979
辽源市钢管总厂	36	2 744	3 848	497
吉林省通钢企业公司	550	7 476	8 039	3 301
延边带钢厂		459	656	-11
吉林北方铁合金联营公司	776	3 454	3 938	1 666
吉林省东丰铁合金厂	2	1 320	1 219	60
有色金属冶炼及压延加工业				
延吉铝厂	1 059	3 919	4 936	906
吉林冶炼厂	227	2 021	1 995	-294
长春市有色金属加工厂	3 112	5 060	4 196	1 040
吉林省通化有色金属工业公司	262	3 654	4 198	710
金属制品业				
四平线路器材厂	308	3 038	3 692	1 364
四平市工具厂	16	1 337	1 374	360

92年)

主要产品名称	全部职工年末人数（人）	年末固定资产（万元）		产品销售收入（万元）	定额流动资金全年平均余额（万元）	全年利税总额（万元）
		原值	净值			
钢窗 安全门	601	1 212	988	686	250	30
平板玻璃	1 465	2 511	2 057	3 534	3 521	61
钢化玻璃	370	1 029	622	1 018	325	87
安瓶管	787	1 163	818	1 093	615	100
啤酒瓶	749	1 219	966	552	993	-80
各种玻璃	1 073	3 217	2 268	2 901	620	180
日用玻璃瓶子	1 239	1 205	849	2 147	2 377	46
输液瓶	1 350	1 971	1 555	4 212	1 152	600
五磅保温瓶	1 269	1 063	647	1 833	1 126	83
玻璃制品	766	27	22	111	1 025	9
浴盆	335	1 552	1 535	405	513	33
釉面砖	1 124	1 338	841	302	1 129	-90
细瓷碗	1 710	2 128	1 613	1 368	932	138
日用陶瓷	1 367	1 960	1 581	930	1 020	-370
民用缸	2 030	1 449	888	1 460	803	260
石末电极	4 461	6 649	5 338	6 288	3 606	-292
颗粒保护渣	685	1 558	1 193	965	1 068	27
石墨电极	705	1 545	1 367	917	1 983	61
刹车片	1 098	1 287	613	2 517	1 231	491
磨料	1 636	2 168	1 485	5 275	1 867	594
碳化硅	960	2 595	2 031	1 923	1 882	227
铸造生铁	1 290	2 496	1 639	5 273	1 846	140
生铁	1 357	2 804	1 828	3 985	2 259	232
钢锭	3 460	13 336	12 366	15 414	7 105	2 041
冷弯型钢材	1 002	4 331	3 310	8 376	2 927	846
生铁	2 660	4 868	3 351	14 016	2 806	629
焊接钢管	1 247	3 713	2 397	10 465	1 933	1 208
冷轧钢带	1 969	5 907	3 883	10 071	3 932	-462
薄钢板	2 464	4 589	2 616	7 957	2 975	570
角钢	1 283	2 273	1 785	6 077	1 699	710
钢材	1 055	1 718	1 325	10 187	457	1 550
焊接钢管	1 747	2 050	1 322	6 208	1 021	362
水泥	13 279	4 289	3 328	12 854	1 604	1 456
首冷带	307	2 107	2 019	995	258	-383
铁合金	3 266	4 089	2 709	3 103	3 839	-75
75%硅铁	620	1 017	919	1 402	774	25
铝锭	668	6 346	5 827	3 929	2 324	322
钼酸铵	1 235	1 756	824	1 446	2 356	-418
双金属材	630	3 676	3 534	3 211	1 545	470
铜材	2 847	3 800	2 598	3 268	5 259	1
电力金具	1 350	4 666	3 513	3 247	2 366	160
直柄麻花钻	765	2 870	2 550	1 179	2 652	-137

10—32 续表 8 (19

项　　目	固定资产投资(万元)	工业总产值(万元)		工业净产值(万元)
		1990年不变价	当年价	
长春市模具厂	121	738	738	309
敦化工具厂	18	617	693	294
辽源市复合材料制品厂	8	294	236	32
吉林省辉南五金厂	62	1 100	1 327	414
长春市搪瓷厂		1 819	1 923	310
长春市铝制品厂	3	2 122	2 135	713
延吉市铝制品厂		520	592	241
长春市嘉美制罐厂	19	2 841	2 545	794
吉林省延边焊丝厂	8	282	366	30
吉林江北机械厂建东工业公司	87	2 165	2 002	965
延吉市石油化工机械厂	120	2 649	2 574	375
机械工业				
长春市锅炉厂	125	2 464	2 395	809
吉林省动力机械厂	123	2 234	2 333	-251
长春市文教锅炉厂	82	1 115	1 215	348
长春第一机床厂	85	2 292	2 867	1 182
白城市机床厂	88	1 240	1 318	450
吉林省锻压设备厂	250	860	860	-102
四平市机床附件厂	27	850	934	431
吉林省利民油泵厂	3 245	1 500	1 478	350
长春市胜利零件厂	859	587	587	209
长春市起重设备制造厂	42	2 062	2 366	333
集安市通用机械制造厂	119	1 851	1 813	878
吉林市矿山机械厂	877	2 963	3 014	512
长春水泵厂	122	2 598	2 532	670
长春市东方机械厂	6	670	674	213
吉林市水泵厂		1 804	1 656	556
吉林市鼓风机厂	474	1 350	1 516	417
四平金丰股份有限公司	89	2 561	2 651	1 337
通化市风动工具厂	28	2 191	1 668	723
长春电动工具厂	115	3 301	3 596	1 473
吉林市第一机械厂	319	1 658	2 220	785
浑江市轴承厂	275	3 309	3 107	1 190
吉林省大安轴承厂	873	1 751	1 708	783
长春高中压伐门厂	41	1 450	1 416	541
四平液压件厂	384	1 784	1 638	608
大安液压件厂		1 667	1 258	380
吉林省标准件厂		90	109	-98
白城市齿轮厂	155	1 800	2 092	769
九台市汽车铸造厂	10	1 298	1 299	322
吉林省通用机械厂		1 109	1 136	146
吉林省九台市营城煤矿机械厂	352	3 773	3 868	1 110
吉林省冶金机械厂	558	5 181	5 874	1 279
蛟河煤矿机械厂	145	2 770	3 047	565
四平市工程机械厂	102	6 664	7 907	1 929

92年）

主要产品名称	全部职工年末人数（人）	年末固定资产（万元）		产品销售收入（万元）	定额流动资金全年平均余额（万元）	全年利税总额（万元）
		原值	净值			
模具	576	1 307	1 143	729	406	109
活扳手	621	885	650	506	559	36
复合缸	256	1 150	1 091	208	527	-71
木螺钉	910	775	525	1 028	679	112
面盆	1 295	1 936	1 164	1 884	1 769	-497
铝锅	890	1 109	645	2 242	1 032	16
铝箔材	764	1 034	737	420	1 078	-5
印铁制品	686	1 435	1 015	1 985	940	211
co2 气体保护焊丝	170	1 430	1 278	331	272	-130
管件系列产品	1 874	1 085	697	2 375	1 388	-13
拉制弯头	1 094	3 817	3 521	1 888	3 829	149
工业锅炉	910	1 944	1 300	2 221	1 860	327
S195 柴油机	2 385	3 221	1 967	2 434	2 319	-334
锅炉	303	1 027	728	1 360	732	359
磨床	2 175	2 584	914	3 465	2 594	490
机床	1 014	1 685	1 341	1 539	1 144	171
一，二类压力容器	806	3 144	2 455	748	1 081	-241
回转工作台	1 010	1 131	872	949	358	84
片管对流散热器	1 927	4 790	4 380	1 010	2 807	-198
导磁体	1 622	3 804	3 758	347	1 847	-98
起重机	1 008	1 489	941	2 504	1 500	-22
电动滚筒	758	1 050	761	1 513	601	366
工矿车辆	887	1 311	688	2 092	1 972	139
单级泵	1 042	1 993	1 375	2 669	958	271
单级泵	1 395	2 139	1 601	989	2 209	-118
深井潜水电泵	741	1 162	717	1 181	583	67
锅炉风机	709	1 071	653	1 264	979	103
风机	1 226	1 732	1 193	2 381	1 056	628
气镐	765	1 148	779	1 593	902	268
电锤	1 404	3 146	2 295	3 111	2 150	363
虑油机	997	1 840	866	2 054	1 810	167
工业用轴承	1 144	1 797	1 079	3 050	1 422	428
804705k1 轴承	924	1 006	670	1 954	745	405
高中压伐门	1 051	1 287	707	1 267	1 175	91
液压元件	1 065	1 718	1 059	1 584	1 138	200
管式抽油泵	681	1 021	812	1 046	1 154	168
紧固件	711	1 177	710	107	612	-197
齿轮	892	1 821	1 364	2 009	658	345
汽车铸铁件	699	1 147	860	1 389	523	37
公铁两用车	2 153	3 310	2 308	956	1 592	-347
矿车配件	1 518	2 977	2 140	2 984	2 171	221
工矿备件	2 319	4 264	2 455	7 874	3 410	277
刮板机	1 179	2 307	1 490	1 703	2 691	74
装载机	1 198	1 319	1 204	8 256	3 414	976

10—32 续表 9 (19

项目	固定资产投资(万元)	工业总产值(万元)		工业净产值(万元)
		1990年不变价	当年价	
辽源市重型机械厂	175	2 858	2 336	810
通化日通机械有限公司	131	1 344	1 351	458
梅河口市矿山机械厂	112	1 002	841	254
浑江市矿山机械厂	66	1 807	1 565	553
长春轻工机械厂	63	2 669	2 569	153
梨树县造纸机械厂	100	949	946	336
长春印刷机械厂	200	2 004	2 193	502
浑江市印刷机械厂	80	1 029	1 252	362
吉林石油机械厂	1 983	2 187	2 222	832
通化市石油工具厂	434	1 860	1 933	940
通化市石油化工机械厂	739	3 876	4 100	1 088
大安市石油机械厂	2 081	1 600	1 805	552
敦化林业机械厂	191	2 242	2 424	638
冶金工业部吉林冶金机电设备制造厂	9	2 603	2 752	780
吉林省公路机械厂		708	708	346
龙井手扶拖拉机制造厂	126	2 127	2 316	589
延边农业机械厂		2 007	1 996	417
延吉市插秧机厂	84	1 850	2 018	520
公主岭市播种机厂	55	2 126	2 252	623
吉林省和龙机器厂	341	1 208	1 197	399
吉林市工程机械厂	161	1 326	1 441	385
四平市建筑机械厂	103	801	821	351
长春市钟表总厂	22	1 212	1 284	357
长春消防器材厂	155	2 397	2 774	603
吉林市化学工业公司化工设备厂	92	2 593	2 868	1 142
吉林省龙井市朝阳川拖拉机修造厂	68	915	920	366
吉林省大华机器厂	334	900	923	176
能源部吉林水工机械厂	160	3 501	3 693	1 128
国营前锋机械厂	44	1 455	1 580	321
交通运输设备制造业				
一汽制造厂附属变型车厂	320	738	811	480
一汽大众汽车有限公司	84 926	28 693	97 470	37 025
四平市客车厂	68	5 231	5 648	218
四平专用汽车制造厂	224	15 195	17 677	3 033
公主岭市汽车改装厂	18	5 002	5 923	915
延边公路客车厂	114	5 757	6 906	1 045
一汽化油器厂附属厂	232	1 041	1 145	593
第一汽车制造厂车身厂附属厂	61	2 095	2 304	894
第一汽车制造厂空调压缩机厂附属零件		609	670	547
四平市汽车零部件总厂	280	2 209	2 220	686
公主岭市码钢厂	86	2 793	2 818	678
公主岭汽门芯厂	856	4 478	4 413	1 661
公主岭市汽车机油滤清器厂	43	2 824	2 776	577
公主岭市第一汽车配件厂	78	2 722	3 253	717
解放汽车工业联营公司辽源汽车电器厂		3 421	3 367	562

92年）

主要产品名称	全部职工年末人数（人）	年末固定资产（万元）		产品销售收入（万元）	定额流动资金全年平均余额（万元）	全年利税总额（万元）
		原值	净值			
矿山设备	1 641	1 999	784	2 020	2 153	71
轻合金液压支柱	600	1 019	727	1 299	521	153
鄂式破碎机	497	527	383	1 002	644	86
调度绞车	777	1 027	815	1 017	1 301	180
啤酒糖化设备	986	2 934	2 120	2 567	2 597	-392
1600 造纸机	615	678	414	1 276	832	90
切纸机系列	1 592	2 124	1 315	2 352	1 510	299
压平机	894	1 309	988	1 250	974	84
石油机械	1 468	3 607	2 810	2 175	1 616	198
石油修井打捞工具	781	928	618	1 814	467	349
修井机	1 499	2 913	1 616	3 759	3 523	240
抽油机	985	3 748	3 499	1 652	1 162	207
工林业专用锅炉	2 468	3 941	2 443	2 411	2 144	-122
纤维毡生产线	1 541	4 326	3 175	2 286	1 813	118
沥清砼拌和机	267	1 123	949	713	576	262
长白山 91 型，51 型	967	1 267	762	2 029	2 443	21
农用拖车	1 069	1 542	1 111	1 935	3 171	-81
机动插秧机	782	1 124	757	1 702	1 951	123
综合号播种机	1 502	1 311	617	2 305	1 487	153
支重轮总成	645	1 458	1 174	1 230	970	94
混凝土搅拌机	906	1 129	693	1 464	1 166	93
钢筋拉伸机	650	1 164	901	855	693	96
木钟	935	1 907	1 269	1 346	1 644	-150
消防车	683	1 352	797	2 832	1 138	178
压力容器	1 628	1 783	1 349	2 813	1 558	372
铸钢	652	739	393	964	498	81
玉米脱粒机	1 730	2 315	1 986	707	1 371	-350
DBQ300 型塔机	1 687	4 730	2 743	4 002	4 155	213
液压油缸	1 658	3 256	2 226	2 119	710	24
总装 ca141	979	770	719	854	76	106
轿车	1 182	15 453	15 217	90 211	32 941	-4 084
公共汽车	1 980	3 766	2 828	5 054	4 511	239
自卸汽车	2 009	2 855	2 110	10 484	4 433	870
柴油自卸车	1 240	563	353	5 926	1 825	168
公路客车	1 128	3 586	3 017	6 709	2 527	256
滤清器	1 024	1 074	828	1 145	145	225
CA15 驾驶室壳	1 735	1 721	1 085	2 351	1 196	524
汽车零件	1 606	1 465	775	670	93	80
移动式皮带输送机	888	719	649	1 352	849	163
汽车铸件	1 236	1 153	787	2 881	584	177
轮胎汽门芯	2 125	1 177	667	3 502	1 027	523
汽车刹车室	717	1 084	844	2 556	837	253
储气筒总成	892	1 145	933	2 901	650	139
汽车起动机	1 769	3 114	2 120	2 557	2 366	173

10—32 续表 10 (19

项 目	固定资产投资（万元）	工业总产值（万元） 1990年不变价	当年价	工业净产值（万元）
白城市牧业机械厂	475	2 101	2 117	634
白城市汽车电线总厂	390	2 000	2 000	731
中国人民解放军第5711工厂	178	2 726	2 652	822
电气机械及器材制造业				
长春市电机厂	21	2 703	2 445	718
辽源市电机厂		2 055	2 084	496
柳河县电机厂	12	2 003	1 849	476
公主岭市微型电机厂	58	1 978	1 820	648
长春变压器厂	64	4 626	4 429	943
吉林市变压器厂	13	1 229	1 291	332
通化市变压器厂		2 397	2 434	616
吉林省长春开关厂	65	2 265	2 287	34
长春市电线厂	236	2 834	2 704	449
吉林市电线厂		1 143	1 346	513
辽源市电缆厂		2 437	2 492	569
集安电线厂	39	1 501	1 843	468
白城电缆厂	1 970	5 353	5 395	1 587
吉林省安图县蓄电池厂	100	4 389	3 648	1 105
吉林省松源洗衣机厂（省奋进机械厂）	271	2 454	2 404	435
四平市钨钼材料厂	778	2 302	2 313	918
长春焊机制造厂	232	2 476	2 481	1 079
长春电炉厂	110	2 588	2 655	1 040
电子及通信设备制造业				
邮电部长春电话设备厂	669	4 844	4 606	1 631
长春宇光电子工厂		720	744	69
辽源市无线电一厂		1 004	1 000	469
长春市微电子工厂		189	161	-62
长春市半导体厂	1 004	888	704	194
吉林市半导体厂	6 746	1 674	1 246	29
吉林市无线电元件厂	782	1 024	1 614	239
国营第八二七零厂	45	200	179	48
四平市半导体厂		910	494	225
吉林市电视机厂	150	10 179	7 805	1 336
通化无线电厂	245	15 578	13 237	2 105
吉林市电子仪器厂	26	1 012	778	220
延吉赛格电子有限公司		991	946	102
长春市无线电二厂		296	246	47
仪器仪表及其他计量器具制造业				
长春市仪表总厂	30	1 289	968	302
长春第一光学仪器厂	607	1 250	1 262	701
国营第八二零零厂	71	461	387	3
长春气象仪器厂	81	1 109	1 081	362
长春市衡器工业公司	27	1 223	1 327	672
其他工业				
梅河口市电化铝厂	64	1 849	1 412	415

92年）

主要产品名称	全部职工年末人数（人）	年末固定资产（万元）		产品销售收入（万元）	定额流动资金全年平均余额（万元）	全年利税总额（万元）
		原值	净值			
汽车大箱	1 147	1 847	1 549	2 100	1 657	234
汽车电线总成	910	1 133	881	1 902	784	277
飞机修理	1 712	4 232	1 884	2 593	1 555	139
交流电动机	1 350	1 560	833	2 960	2 020	-93
交流电动机	1 030	1 232	891	1 642	1 447	115
交流电动机	694	1 017	760	2 240	937	210
洗衣机电机	1 315	2 084	1 651	2 419	791	86
变压器	954	3 062	2 277	3 755	5 521	243
电力变压器	649	1 021	640	1 308	1 553	61
防爆变压器	709	990	528	2 027	1 005	131
高低压开关板	855	2 304	1 142	2 440	1 770	-18
钢芯铝绞线	724	1 361	982	2 810	1 501	92
布电线	778	1 070	544	1 600	1 259	295
电缆	383	1 106	771	2 150	1 363	300
橡皮线	491	754	536	1 551	820	308
电力电缆	1 346	5 140	4 361	5 062	3 849	726
蓄电池	892	1 434	978	3 511	567	608
洗衣机	1 929	4 888	3 566	2 218	3 519	-398
钨丝	1 172	1 949	1 377	1 811	598	212
摩擦焊机	1 530	2 422	1 413	3 599	2 017	528
电弧炉	1 060	2 264	1 121	2 337	3 583	267
人工长途交换设备	2 115	3 775	1 890	4 670	2 858	654
雷达	1 355	2 772	1 617	731	952	-348
汽油发电机组	927	1 084	709	686	1 413	88
集成电路	737	1 427	1 268	200	1 530	-178
发光管	1 361	3 505	2 129	803	1 738	-256
3DD 系列	1 302	6 953	6 703	785	1 972	29
铝电解电容器	1 076	2 469	1 401	907	1 304	44
录像带	843	2 757	2 456	255	937	-243
片式电阻	334	2 163	2 059	222	521	26
黑白电视机	911	1 839	1 274	5 172	4 534	137
电视机	687	725	641	10 930	1 828	298
汽车收放机	711	881	678	1 419	1 579	-78
双卡录音机	580	2 532	2 237	398	257	-179
汽车爆震限制器	460	816	515	308	776	-131
流量计	810	1 063	895	1 000	433	77
光电编码器	712	1 610	1 174	1 104	863	250
HJ-73 控制盒	550	1 665	1 419	217	949	-134
各种气象仪器	852	1 304	503	1 023	815	34
各种衡器	995	2 565	1 718	1 390	1 092	172
电化铝	280	1 112	952	1 135	237	174

11—1 历年能源生产总量及构成

单位：万吨标准煤

年 份	能源生产总量	原 煤	原 油	天然气	水 电	占能源生产总量的(%)			
						原 煤	原 油	天然气	水 电
1952	313.9	269.3	0.9		43.7	85.79	0.29		13.92
1953	342.0	288.1	1.3		52.6	84.24	0.38		15.38
1954	372.9	293.0	2.9		77	78.6	0.72		20.68
1955	412.4	325.8	3.7		82.9	79	0.90		20.10
1956	442.8	370.6	4.9		67.3	83.69	1.11		15.20
1957	528.1	436.8	5.3		86	82.72	1		16.28
1958	714.1	643.8	6.2		64.1	90.16	0.87		8.97
1959	940.7	884.8	8		47.9	94.06	0.85		5.09
1960	815.5	696.6	8.7		110.2	85.42	1.07		13.51
1961	899.1	830.8	4.2		64.1	92.4	0.47		7.13
1962	749.7	676.4	4.4		68.9	90.22	0.59		9.19
1963	742.3	657.2	6.3		78.8	88.54	0.85		10.61
1964	749.5	636.6	6.7		106.2	84.94	0.89		14.17
1965	745.3	661.0	7.7		76.6	88.69	1.03		10.28
1966	849	733.7	15.7		99.6	86.42	1.85		11.73
1967	719.8	603.8	13.9		102.1	83.88	1.93		14.19
1968	717.3	639.8	15.7		61.8	89.20	2.19		8.61
1969	862.1	745.2	32.9		84	86.44	3.82		9.74
1970	1 073.4	906.6	115.1		51.7	84.46	10.72		4.82
1971	1 248.3	982.5	160.9		104.9	78.71	12.89		8.4
1972	1 297.9	992.2	180.8		124.9	76.45	13.93		9.62
1973	1 331.1	1 005.7	189.6		135.8	75.56	14.24		10.20
1974	1 308.3	1 032.7	171.2		104.4	78.93	13.09		7.98
1975	1 393.1	1 103.5	193.8		95.8	79.21	13.91		6.88
1976	1 449.6	1 153.5	232.4		63.7	79.57	16.04		4.39
1977	1 549.7	1 231.9	254.4		63.4	79.49	16.42		4.09
1978	1 635.6	1 324.6	264.7		46.3	80.99	16.18		2.83
1979	1 689.4	1 337.4	266.3	20.2	65.5	79.16	15.76	1.2	3.88
1980	1 530.3	1 162	252.3	30.5	85.5	75.93	16.49	1.99	5.59
1981	1 493.2	1 111.5	233.4	12.3	136	74.44	15.63	0.82	9.11
1982	1 538.5	1 217.3	243.1	11.2	66.9	79.12	15.80	0.73	4.35
1983	1 637.2	1 274.2	254.4	11.1	97.5	77.83	15.54	0.68	5.95
1984	1 787.6	1 373.9	273.7	9.5	130.5	76.86	15.31	0.53	7.3
1985	1 947.2	1 486.5	304.5	10.1	146.1	76.34	15.64	0.52	7.5
1986	2 142.2	1 521.1	338.7	12.4	270	71	15.81	0.58	12.61
1987	2 201.6	1 505.7	409.7	12.8	273.4	68.39	18.61	0.58	12.42
1988	2 292.4	1 591.4	450.1	12.9	238	69.43	19.63	0.56	10.38
1989	2 369.9	1 741.8	488.9	13.5	125.7	73.5	20.63	0.57	5.30
1990	2 572.3	1 864.5	509.6	13.1	185.1	72.48	19.81	0.51	7.20
1991	2 593.29	1 827.72	489.01	16.76	259.8	70.5	18.85	0.65	10
1992	2 259.4	1 609.51	491.52	22.34	136.03	71.24	21.75	0.99	6.02

11—2 历年能源消费总量及构成

单位：万吨标准煤

年份	能源消费总量	原煤	原油	天然气	水电	占能源消费总量的(%)			
						原煤	原油	天然气	水电
1952	301	254	1.5		45.5	84.38	0.50		15.12
1953	324.9	271.2	2.5		51.2	83.47	0.77		15.76
1954	354.5	275.7	3.5		75.3	77.77	0.99		21.24
1955	378.6	294.2	3.7		80.7	77.71	0.98		21.31
1956	413.6	343.9	4.2		65.5	83.15	1.02		15.83
1957	495.4	402.2	3.3		89.9	81.19	0.67		18.14
1958	747.8	678.3	7.1		62.4	90.71	0.95		8.34
1959	919.6	862.3	10.7		46.6	93.77	1.16		5.07
1960	1 187.4	1 066.6	13.5		107.3	89.83	1.14		9.03
1961	916.6	841.3	12.9		62.4	91.78	1.41		6.81
1962	792.2	713.7	11.4		67.1	90.09	1.44		8.47
1963	806.9	717.6	12.6		76.7	88.93	1.56		9.51
1964	846	728.5	14.2		103.3	86.11	1.68		12.21
1965	967.7	870.9	17.4		79.4	90	1.80		8.2
1966	856.2	740.8	18.4		97	86.52	2.15		11.33
1967	734.6	619.3	15.9		99.4	84.3	2.16		13.54
1968	630.7	553.8	16.8		60.1	87.81	2.66		9.53
1969	774.9	693	20.4		61.5	89.43	2.63		7.94
1970	907.3	826.5	26.4		54.4	91.09	2.91		6
1971	653	520.3	31.3		101.4	79.68	4.79		15.53
1972	998.2	844.5	33		120.7	84.6	3.31		12.09
1973	987.7	817.6	38.9		131.2	82.78	3.94		13.28
1974	1 001.6	857.4	44.6		99.6	85.6	4.45		9.95
1975	1 495.6	1 008	387.4		100.2	67.4	25.9		6.7
1976	1 521.4	1 033	421.5		66.9	67.9	27.7		4.4
1977	1 550.3	1 040.2	443.4		66.7	67.1	28.60		4.3
1978	1 661.4	1 169.6	443.6		48.2	70.4	26.7		2.9
1979	1 741.2	1 262.4	410.9		67.9	72.5	23.6		3.9
1980	1 930.2	1 416.8	401.5	36.7	75.2	73.4	20.8	1.90	3.9
1981	1 819.6	1 322.8	389.4	9.1	98.3	72.7	21.4	0.50	5.40
1982	2 117.3	1 613.4	427.7	12.7	63.5	76.2	20.2	0.60	3.00
1983	2 313	1 688.5	520.4	11.6	92.5	73	22.50	0.50	4.00
1984	2 495.5	1 846.6	514.1	10.0	124.8	74.00	20.60	0.40	5.00
1985	2 658.8	1 971.5	538.7	10.4	138.2	74.15	20.26	0.39	5.20
1986	2 772.1	1 982.1	529.7	10.5	249.8	71.50	19.11	0.38	9.01
1987	3 080.9	2 215.8	595.5	12.6	257.0	71.92	19.33	0.41	8.34
1988	3 283.8	2 430.3	619.2	12.9	221.4	74.01	18.86	0.39	6.74
1989	3 392.7	2 616.9	643.8	13.6	118.4	77.13	18.98	0.40	3.49
1990	3 523.4	2 654.9	671.7	13	183.8	75.35	19.06	0.37	5.22
1991	3 572.8	2 716.3	648.5	16.81	191.19	76.0	18.2	0.5	5.3
1992	3 753.8	2 939.9	700.7	22.34	90.86	78.32	18.67	0.6	2.41

11—3 综合能源平衡表

单位：万吨标准煤

项　　目	1985年	1986年	1990年	1991年	1992年
一、可供消费的能源总量	2 661.71	2 771.42	3 532.62	3 580.90	3 757.54
1. 一次能源产量	1940.21	2 020.63	2 376.88	2 389.33	2 259.40
2. 外省调入量	1038.61	1 108.03	1 626.57	1 551.81	1 854.85
3. 进　口　量	16.09	4.93	2.14	2.42	0.11
4. 本省调出量	251.06	273.00	275.67	364.62	397.14
5. 出　口　量					
年初年末库存差额	-82.14	-89.17	-197.3	1.96	40.32
二、能源消费总量	2 658.81	2 772.32	3 523.37	3 572.80	3 753.82
（一）物质生产部门	2108.67	2 175.31	2 735.69	2 776.92	3 002.22
1. 农、林、牧、渔、水利业	81.51	72.78	75.86	77.82	78.57
2. 工　　业	1704.64	1 788.83	2 281.71	2 357.65	2 540.94
轻　工　业	374.79	393.30	506.93	573.17	639.06
重　工　业	1 329.85	1 395.53	1 774.78	1 784.48	1 901.88
3. 建　筑　业	51.00	46.53	50.58	47.7	52.30
4. 交通运输邮电通讯业	213.13	211.29	247.38	209.64	248.96
5. 商业、饮食、物资供销和仓储业	58.39	55.88	80.16	84.11	81.45
（二）非物质生产部门	119.33	124.63	179.17	177.50	162.76
（三）生活消费	430.81	472.38	608.51	618.38	588.84
城　镇	387.45	424.84	525.92	531.48	498.61
乡　村	43.36	47.54	82.59	86.90	90.23
在消费总计中：					
（一）终端消费	2564.11	2 658.51	3 383.77	3 438.76	3 604.56
（二）加工换转损失量	44.57	53.56	70.15	59.72	81.29
（三）损失量	50.13	60.25	69.45	74.32	67.97
三、平衡差额	2.90	-0.90	9.25	8.1	3.72

11—4 分行业电力消费量

单位：万吨标准煤

行　　业	1987年	1988年	1989年	1991年	1992年
总　计	**595.45**	**618.15**	**644.36**	**702**	**732.18**
物质生产部门	536.37	550.73	569.23	603.51	623.53
一、农、林、牧、渔、水利业	21.6	21.01	22.53	18.99	18.99
二、工　业	478.53	490.79	510.97	541.78	560.50
轻工业	84.67	96.23	99.00	100.53	99.36
重工业	393.86	394.56	411.97	441.25	461.14
(一) 采掘业	73.45	73.62	85.11	90.96	93.61
1. 矿　业	62.12	64.56	74.45	79.50	81.71
(1) 煤炭采运业	40.44	41.15	45.98	48.45	47.80
(2) 石油和天然气开采业	9.82	11.12	12.00	14.73	16.34
(3) 黑色金属矿采运业	0.23	2.71	3.24	4.30	4.11
(4) 有色金属矿采选业	7.58	7.82	10.39	10.39	11.37
(5) 建筑业及其他非金属矿采选业	2.62	1.69	1.94	1.63	1.77
2. 木材及竹材采运业	5.08	3.31	4.61	4.56	4.85
3. 自来水生产和供应业	6.25	5.75	6.05	6.90	7.05
(二) 制造业	405.08	417.17	425.87	450.83	466.89
1. 食品、饮料和烟草制造业	27.48	27.73	28.89	28.31	27.78
2. 饲料工业	0.45	0.49	0.65	0.22	2.52
3. 纺织业	10.76	11.46	10.62	11.50	11.62
4. 缝纫业	0.64	0.71	0.61	0.89	1.10
5. 皮革、毛皮及其制品业	1.33	1.32	1.37	0.89	0.99
6. 木材加工及竹、藤、棕、草制品业	2.05	2.10	2.17	2.75	2.98
7. 家具制造业	0.89	0.94	0.99	0.67	0.89
8. 造纸及纸制品业	25.54	26.83	27.06	28.38	28.31
9. 印刷业	0.95	0.98	1.03	0.93	1.06

11—4 续表 单位：万吨标准煤

行业	1987年	1988年	1989年	1991年	1992年
10. 文教体育用品制造业	0.30	0.26	0.34	0.30	0.99
11. 工艺美术品制造业	0.23	0.23	0.15	0.33	0.32
12. 电力、蒸汽、热水生产和供应业	40.4	47.42	56.71	63.77	71.83
13. 石油加工业	5.34	5.82	5.90	11.13	10.59
14. 炼焦、煤气及煤制品业	0.53	1.09	1.37	2.11	1.81
15. 化学工业	96.49	94.24	98.24	100.02	94.04
16. 医药工业	2.73	3.23	3.65	3.93	3.44
17. 化学纤维工业	6.90	7.33	6.55	8.31	8.01
18. 橡胶制品业	2.73	2.67	2.82	2.34	3.22
19. 塑料制品业	2.43	3.46	3.54	2.93	4.29
20. 建筑材料及其他非金属矿物制品业	33.58	41.67	42.13	52.09	49.57
21. 黑色金属冶炼及压延加工业	64.43	57.15	61.70	55.72	58.61
22. 有色金属冶炼及压延加工业	18.76	22.02	16.56	20.48	21.54
23. 金属制品业	8.94	8.68	7.23	7.83	7.48
24. 机械、电气、电子设备制造业	40.63	41.64	41.75	41.29	49.29
(1) 机械工业	19.22	19.13	18.46	20.44	23.74
(2) 交通运输设备制造业	12.05	13.19	13.44	14.69	21.30
(3) 电气机械及器材制造业	3.07	5.07	5.06	4.04	4.25
25. 其他工业	10.57	7.7	3.84	3.71	4.61
三、建筑业	7.09	7.67	6.77	7.75	9.39
四、交通运输和邮电通讯业	21.87	22.73	21.73	23.04	23.17
五、商业、饮食、物资供销和仓储业	7.28	8.53	7.23	11.95	11.48
非物质生产部门	22.13	23.15	26.87	29.12	30.30
生活消费	36.95	44.27	48.26	69.37	78.35
城镇	17.05	18.83	20.32	27.82	32.32
乡村	19.90	25.44	27.94	41.55	46.03

11—5 分行业能源消费量

单位：万吨标准煤

行业	1987年	1988年	1989年	1991年	1992年
总计	**2 946.4**	**3 142.31**	**3 239.87**	**3 438.76**	**3 604.56**
物质生产部门	2 250.59	2 395.99	2 489.29	2 642.88	2 852.96
一、农、林、牧、渔、水利业	79.24	78.00	68.57	77.82	78.56
二、工业	1 836.56	1 970.86	2 048.06	2 223.74	2 391.69
轻工业	430.69	466.06	487.66	573.17	639.06
重工业	1 405.87	1 504.80	1 560.40	1 650.57	1 752.63
（一）采掘业	205.32	226.82	243.15	261.31	291.32
1、矿业	151.62	173.27	182.72	196.42	227.17
煤炭采运业	81.36	86.97	95.29	117.95	128.75
石油和天然气开采业	46.52	59.00	55.82	50.77	69.03
黑色金属矿采选业	0.36	2.90	3.31	4.94	4.80
有色金属矿采选业	16.98	17.28	18.81	16.31	17.36
建筑业及其他非金属矿采选业	6.40	7.05	6.86	6.45	6.87
2、木材及竹材采运业	45.88	46.02	52.67	55.77	54.68
3、自来水生产和供应业	7.82	7.53	7.76	9.12	9.47
（二）制造业	1 547.18	1 660.77	1 727.12	1 874.60	2 008.53
1、食品、饮料和烟草制造业	125.80	138.14	147.79	159.72	171.55
2、饲料工业	1.40	1.66	1.65	1.60	4.12
3、纺织业	54.75	58.94	62.26	60.21	72.35
4、缝纫业	3.13	3.54	3.57	4.04	4.28
5、皮革、毛皮及其制品业	6.55	7.84	7.87	6.99	7.44
6、木材加工及竹、藤、棕、草制品业	14.54	16.24	16.74	18.60	19.95
7、家具制造业	4.36	4.73	4.80	4.57	4.83
8、造纸及纸制品业	99.35	105.66	121.23	119.49	128.97
9、印刷业	5.46	6.92	7.08	7.99	9.00

11—5 续表　　单位：万吨标准煤

行　　业	1987年	1988年	1989年	1991年	1992年
10. 文教体育用品制造业	1.48	1.37	1.75	2.58	3.27
11. 工艺美术品制造业	1.14	1.37	1.83	2.61	2.94
12. 电力、蒸汽、热水生产和供应业	45.08	58.84	74.85	78.40	88.90
13. 石油加工业	18.31	18.34	21.75	19.48	20.50
14. 炼焦、煤气及煤制品业	12.27	13.07	15.43	14.52	16.23
15. 化学工业	340.71	338.13	349.83	395.98	414.48
16. 医药工业	29.61	36.05	35.76	41.73	38.66
17. 化学纤维工业	31.11	33.64	44.69	48.75	47.68
18. 橡胶制品业	15.61	19.75	22.10	20.41	22.67
19. 塑料制品业	6.93	8.13	8.73	8.45	10.50
20. 建筑材料及其他非金属矿物制品业	313.21	347.68	330.77	371.52	390.40
21. 黑色金属冶炼及压延加工业	156.32	165.81	166.69	168.67	178.86
22. 有色金属冶炼及压延加工业	21.51	26.08	29.65	30.78	36.46
23. 金属制品业	22.33	22.54	23.02	19.50	20.41
24. 机械、电气、电子设备制造业	201.27	215.94	216.81	247.97	278.55
#机械工业	108.97	111.22	122.66	109.01	124.89
交通运输设备制造业	60.93	71.22	69.07	92.84	113.80
电气机械及器材制造业	11.22	15.28	16.91	14.14	14.99
25. 其他工业	14.95	10.36	10.47	11.04	15.53
三、建 筑 业	45.93	43.84	45.70	47.70	52.30
四、交通运输和邮电通讯业	225.27	230.64	256.51	209.64	248.96
五、商业、饮食、物资供销和仓储业	63.59	72.65	70.45	83.98	81.45
非物质生产部门	151.03	164.62	172.78	177.50	162.76
生 活 消 费	544.78	581.70	577.80	618.38	588.84
城　　镇	491.89	521.04	512.20	531.48	498.61
乡　　村	52.89	60.66	65.60	86.90	90.23

11—6 主要物资消费量

项目	单位	1978年	1980年	1985年	1990年	1991年	1992年
钢材	吨	829 323	930 386	1 361 575	1 270 865	1 334 133	1 543 905
生产用	吨	645 010	736 720	1 067 849	967 703	1 055 031	1 147 535
基建用	吨	184 313	193 666	293 726	303 162	279 102	396 370
橡胶	吨	13 596	15 412	17 708	22 653	25 631	24 462
生铁	吨	387 429	384 282	496 189	752 765	843 267	929 909
水泥	吨	966 716	1 442 969	1 865 241	1 529 756	1 773 637	2 220 141
生产用	吨	315 660	510 163	679 287	559 064	642 151	708 250
基建用	吨	651 056	932 806	1 185 954	970 692	1 131 486	1 511 891
硫酸	吨	106 973	100 497	112 624	129 960	125 908	132 592
纯碱	吨	61 698	68 455	97 066	93 081	98 058	105 784
生产用	吨	61 439	68 225	97 009	93 004	97 969	105 494
基建用	吨	259	230	57	77	89	290
烧碱	吨	59 139	59 780	76 176	98 272	95 109	103 680
木材	立方米		3 159 740	3 532 004	3 248 393	3 323 724	3 215 730
生产用	立方米		2 722 986	3 042 469	2 954 686	3 016 572	2 862 504
基建用	立方米		436 754	489 535	293 707	307 152	353 226

11—7 国民经济各行业生产用钢材消费量

单位：吨

行　　业	1985年	1990年	1991年	1992年
总　　计	**1 069 849**	**967 703**	**1 055 031**	**1 147 535**
一、农、林、牧、渔、水利业	2 665	196	861	300
二、工　业	1 011 587	911 251	1 001 896	1 083 348
轻 工 业	122 819	106 438	96 865	98 901
重 工 业	888 768	804 813	905 031	984 447
（一）采掘业	63 520	76 139	87 541	82 468
1、矿业	54 158	64 635	75 756	71 793
（1）煤炭采运业	38 670	46 216	47 575	39 726
（2）石油和天燃气开采业	6 996	12 991	22 787	27 745
（3）黑色金属矿采选业	2 852	2		228
（4）有色金属矿采选业	4 836	4 990	5 049	3 431
（5）建筑业及其他非金属矿采选业	804	436	345	663
2、木材及竹材采运业	8 853	11 080	11 531	9 913
3、自来水生产和供应业	509	424	254	762
（二）制造业	948 067	835 112	914 355	1 000 880
1、食品、饮料和烟草制造业	10 777	10 078	10 177	7 628
2、饲料工业	171	64	55	45
3、纺织业	2 838	1 533	1 535	1 478
4、缝纫业	107	100	16	28
5、皮革、毛皮及其制品业	461	115	58	267
6、木材加工及竹、藤、棕、草制品业	1 564	2 143	2 323	1 908
7、家具制造业	7 781	3 503	2 945	2 371
8、造纸及纸制品业	6 919	3 921	5 182	7 623
9、印 刷 业	423	87	33	571
10、文教体育用品制造业	680	369	371	162
11、工艺美术品制造业	280	43	35	34
12、电力、蒸汽、热水生产和供应业	7 895	10 575	14 067	12 503
13、石油加工业	3 353	3 603	2 591	2 625

11—7 续表

单位：吨

行业	1985年	1990年	1991年	1992年
14、炼焦、煤气及煤制品业	665	1 452	1 905	1 377
15、化学工业	35 608	51 753	53 717	62 698
16、医药工业	1 257	1 395	910	777
17、化学纤维工业	1 029	1 824	3 037	2 507
18、橡胶制品业	1 351	1 163	1 044	722
19、塑料制品业	1 098	1 006	516	455
20、建筑材料及其他非金属矿物制品业	42 240	19 952	24 413	31 678
21、黑色金属冶炼及压延加工业	38 733	41 764	45 643	41 667
22、有色金属冶炼及压延加工业	2 082	5 345	4 730	5 120
23、金属制品业	129 031	128 649	113 226	110 890
24、机械、电气、电子设备制造业	647 775	544 155	625 397	705 641
（1）机械工业	270 248	194 494	219 356	204 061
#日用机械制造业	15 909	6 694	3 342	4 192
（2）交通运输设备制造业	336 356	304 969	358 985	449 744
（3）电气机械及器材制造业	29 278	33 869	36 952	41 274
#日用电器制造业	4 124	9 163	7 986	9 612
（4）电子及通讯设备制造业	4 286	3 166	3 017	3 552
#日用电子器具制造业	300	315	261	271
（5）仪器仪表及其他计量器具制造业	7 607	7 657	7 087	7 010
25、其他工业	3 949	520	429	105
三、交通运输和邮电通讯业	48 273	51 865	46 999	58 734
（一）交通运输业	47 971	51 518	16 498	54 421
（二）邮电通讯业	302	347	501	4 313
四、商业、公共饮食业、物资供销和仓储业	1 490	608	985	1 180
五、房地产管理、公用事业、居民服务和咨询业	1 941	797	1 190	1 076
六、卫生、体育和社会福利事业	85	25	104	22
七、教育、文化艺术和广播电视事业	2 134	1 258	1 484	1 680
八、科学研究和综合技术服务事业	1 374	1 510	1 305	954
九、其他行业	300	193	207	241

11—8 国民经济各行业生产用木材消费量

单位：立方米

行业	1985年	1990年	1991年	1992年
总计	3 042 469	2 954 685	3 016 570	2 862 504
一、农、林、牧、渔、水利业	9 823	758	1 424	3 975
二、工业	2 939 467	2 897 998	2 957 596	2 810 381
轻工业	1 688 243	1 894 225	1 961 487	1 816 569
重工业	1 251 224	1 003 773	996 109	993 812
(一) 采掘业	745 240	495 403	529 782	565 694
1. 矿业	377 706	284 076	267 952	239 755
(1) 煤炭采运业	344 356	260 135	247 791	217 186
(2) 石油和天然气开采业	6 512	3 726	4 250	6 051
(3) 黑色金属矿采选业	7 139	41	2	398
(4) 有色金属矿采选业	15 366	17 621	13 046	9 466
(5) 建筑业及其他非金属矿采选业	4 333	2 553	2 863	6 653
2. 木材及竹材采运业	366 943	210 704	261 344	325 836
3. 自来水生产和供应业	591	623	486	102
(二) 制造业	2194 227	2 402 595	2 427 814	2 244 687
1. 食品、饮料和烟草制造业	9 025	2 499	1 517	3 269
2. 饲料工业	257	53	11	
3. 纺织业	2 581	785	601	625
4. 缝纫业	1 396	737	482	62
5. 皮革、毛皮及其制品业	9 180	466	3 195	405
6. 木材加工及竹、藤、棕、草制品业	220 066	393 612	339 980	319 726
7. 家具制造业	139 672	126 722	90 413	79 056
8. 造纸及纸制品业	1077 218	1 308 087	1 367 117	1 301 545
9. 印刷业	627	61	17	54
10. 文教体育用品制造业	7 717	14 771	11 827	6 268
11. 工艺美术品制造业	1 865	1 577	2 625	1 109
12. 电力、蒸气、热水生产和供应业	4 488	4 758	5 519	4 913
13. 石油加工业	902	436	484	636

11—8 续表 单位：立方米

行业	1985年	1990年	1991年	1992年
14. 炼焦、煤气及煤制品业	221	111	221	218
15. 化学工业	33 169	35 819	36 275	41 924
16. 医药工业	8 312	6 167	4 284	829
17. 化学纤维工业	306 339	376 053	414 589	343 939
18. 橡胶制品业	1 172	850	344	90
19. 塑料制品业	475	954	39	58
20. 建筑材料及其他非金属矿物制品业	50 384	17 879	20 453	22 769
21. 黑色金属冶炼及压延加工业	10 805	8 784	9 141	9 327
22. 有色金属冶炼及压延加工业	898	2 444	3 574	3 583
23. 金属制品业	7 808	4 451	10 984	11 095
24. 机械、电气、电子设备制造业	285 112	94 515	104 097	93 086
（1）机械工业	70 806	31 776	34 486	27 382
#日用机械制造业	9 044	6 730	3 689	2 209
（2）交通运输设备制造业	194 541	56 673	64 029	59 080
（3）电气机械及器材制造业	12 457	4 367	4 508	3 526
#日用电器制造业	3 076	386	111	76
（4）电子及通信设备制造业	6 401	1 089	553	253
#日用电子器具制造业	60	57	37	25
（5）仪器仪表及其他计量器具制造业	907	610	521	2 844
25. 其他工业	14 238	4	20	101
三、交通运输和邮电通讯业	67 144	43 895	45 979	38 914
（一）交通运输业	65 300	42 273	44 132	36 715
（二）邮电通讯业	1 844	1 622	1 847	2 199
四、商业、公共饮食业、物资供销和仓储业	6 367	786	544	1 187
五、房地产管理、公用事业、居民服务和咨询业	9 027	6 526	7 113	5 514
六、卫生、体育和社会福利事业	528	96	155	107
七、教育、文化艺术和广播电视事业	4 586	2 700	2 007	1 345
八、科学研究和综合技术服务事业	3 339	1 465	1 281	710
九、其他行业	2 188	461	468	371

11—9 全省物资系统主要物资购进量与销售量

项目	单位	购进量			销售量		
		1985年	1991年	1992年	1985年	1991年	1992年
总金额	万元	193 627	425 239	573 017	235 423	470 815	632 777
煤炭	万吨	944	948	732	894	946	754
生铁	吨	66 232	35 159	23 884	65 594	28 784	29 420
钢材	吨	556 779	649 296	837 893	539 905	642 764	875 914
重轨	吨	244	1 257	2 558	234	1 235	2 597
轻轨	吨	2 965	3 266	2 056	2 660	3 254	2 138
普通大型型钢	吨	3 864	8 935	6 714	3 451	12 902	8 121
普通中型型钢	吨	54 708	45 746	55 168	53 862	50 549	59 867
普通小型型钢	吨	135 887	186 634	261 375	127 431	182 075	271 165
钢带	吨	2 016	1 213	589	1 990	1 128	667
线材	吨	60 049	73 944	118 785	52 473	69 528	122 079
特厚钢板	吨	10	88	123	10	88	73
中厚钢板	吨	67 824	86 689	129 625	69 240	84 756	134 308
薄钢板	吨	110 515	96 211	104 262	112 679	98 535	108 109
硅钢片	吨	6 671	2 517	3 916	7 632	2 557	4 329
优质型材	吨	40 748	34 752	32 174	39 436	35 582	37 848
无缝钢管	吨	37 153	37 545	36 558	32 610	36 267	35 901
焊接钢管	吨	29 830	69 147	71 210	32 006	63 029	77 829
其他钢材	吨	4 295	1 352	12 780	4 191	1 279	10 883
铜	吨	4 527	5 283	6 797	4 561	5 341	6 588
铝	吨	6 297	6 618	8 083	7 071	7 535	7 925
铅	吨	1 586	1 681	973	1 763	1 505	1 009
锌	吨	5 230	1 829	1 045	4 399	1 457	1 300
锡	吨	85	36	32	95	39	67
铜材	吨	399	247	256	398	197	278
铝材	吨	363	986	287	376	978	275
铅材	吨	31	203		31	201	
次品钢铁	吨	144 780	232 972	249 570	141 054	223 559	255 328
硫酸	吨	9 044	6 499	6 849	9 189	6 539	6 570
烧碱	吨	14 278	7 239	5 054	14 607	8 734	5 981
纯碱	吨	21 999	9 520	8 435	20 488	12 271	8 084
橡胶	吨	10 567	13 977	12 678	10 916	13 823	11 786
轮胎	吨	88 827	56 394	62 364	94 519	53 772	58 398
水泥	吨	554 764	745 405	753 513	544 530	721 764	749 439
平板玻璃	重量箱	1 191 576	700 861	787 492	1 090 303	700 963	787 325
木材	立方米	979 157	607 368	501 678	814 647	640 326	570 606

12—1 历年旅客、货物周转量和邮电业务总量

年份	旅客周转量（亿人公里）	#铁路	#公路	#水运	货物周转量（亿吨公里）	#铁路	#公路	#水运	邮电业务总量（万元）
1949			0.18				0.02	0.10	475
1950			0.28				0.13	0.34	558
1951			0.42				0.33	0.21	712
1952	2.35	1.66	0.69		4.34	3.56	0.70	0.08	770
1953			0.94				1.17	0.06	913
1954			1.09				1.25	0.11	966
1955			1.13	0.01			0.99	0.10	1 034
1956			1.31	0.01			1.10	1.17	1 089
1957	5.33	3.90	1.41	0.02	7.71	6.42	1.12	0.17	1 090
1958			1.69	0.02			1.79	0.09	1 361
1959			2.04	0.02			3.44	0.18	1 817
1960			2.02	0.05			3.62	0.29	2 376
1961			1.76	0.04			1.94	0.19	2 251
1962	15.50	13.18	2.27	0.05	26.54	24.66	1.69	0.19	1 965
1963			2.45	0.03			1.31	0.13	1 892
1964			2.75	0.02			1.57	0.12	1 991
1965	26.12	22.87	3.24	0.01	34.28	32.41	1.76	0.11	2 016
1966			4.09	0.02			2.05	0.20	2 306
1967			4.25	0.02			1.96	0.15	2 017
1968			4.37	0.02			2.04	0.14	1 909
1969			5.52	0.03			2.74	0.16	2 130
1970	45.92	39.85	6.04	0.03	111.19	108.11	2.91	0.17	2 501
1971			6.95	0.03			3.35	0.24	2 098
1972			8.02	0.04			3.89	0.31	2 275
1973			8.68	0.04			4.44	0.31	2 465
1974			10.74	0.02			4.62	0.29	2 620
1975	63.45	52.65	10.78	0.02	171.08	165.31	5.41	0.36	3 466
1976			11.04	0.01			5.33	0.36	3 490
1977			11.98	0.02			6.45	0.50	3 685
1978	78.02	65.14	12.86	0.02	257.82	250.42	6.87	0.53	3 853
1979	81.81	68.12	13.66	0.03					5 690
1980	84.29	69.46	14.80	0.03	245.58	239.67	5.62	0.29	4 055
1981	91.69	75.55	16.11	0.03	246.63	240.09	6.13	0.41	6 057
1982	99.47	80.85	18.59	0.03	280.38	272.12	7.78	0.48	6 293
1983	109.31	88.57	20.71	0.03	315.76	307.47	7.90	0.39	6 779
1984	123.02	98.17	25.72	0.03	318.82	307.26	10.95	0.61	7 517
1985	134.64	106.71	27.91	0.02	343.09	360.70	11.60	0.79	8 886
1986	151.13	112.09	39.01	0.03	381.30	335.56	44.91	0.83	9 503
1987	167.53	122.59	44.91	0.03	422.57	359.92	61.62	1.03	10 540
1988	187.73	139.76	47.94	0.03	433.73	368.65	63.70	1.38	13 539
1989	176.49	129.68	46.75	0.06	466.23	398.38	66.58	1.27	17 046
1990	147.87	104.30	43.50	0.07	434.71	378.58	54.80	1.33	21 381 (41 556)
1991	155.11	106.25	48.78	0.08	450.28	387.60	61.48	1.20	51 391
1992	172.21	117.21	54.92	0.08	467.76	405.99	60.87	0.90	70 063

注：1. 旅客周转量不包括市内交通。
2. 邮电业务总量中的1990年括号内数字和1991、1992年数是按1990年不变价格计算的。

12—2 交通运输里程

单位：公里

项目	1978年	1980年	1985年	1990年	1991年	1992年
一、铁路						
正线延展里程			3 778	3 770	3 799	3 799
营业里程	3 720	3 719	3 489	3 472	3 473	3 473
二、公路通车里程	23 836	23 545	24 271	26 468	27 110	27 193
等级路			19 972	23 042	24 837	25 031
一级				14	22	24
二级			375	1 009	1 047	1 143
三级			5 459	6 080	6 625	6 931
四级			14 138	15 939	17 143	16 934
等外路			4 299	3 426	2 273	2 161
三、内河通航里程	1 860	737	737	1 114	1 114	1 114
#水深一米以上			341	988	988	988

12—3 客运量

单位：万人

项目	1978年	1980年	1985年	1990年	1991年	1992年
全社会总计	**11 875**	**13 205**	**17 181**	**18 731**	**19 259**	**20 135**
铁路	7 790	8 380	9 432	7 810	7 408	7 630
公路	4 080	4 819	7 744	10 889	11 810	12 458
#非交通系统				2 934	3 031	3 114
水运	3	5	4	17	20	22
民航	2	1	1	15	21	25

12—4 旅客周转量

单位：万人公里

项目	1978年	1980年	1985年	1990年	1991年	1992年
全社会总计	**780 182**	**842 873**	**1 346 410**	**1 478 766**	**1 551 117**	**1 722 129**
铁路	651 400	694 600	1 067 100	1 042 978	1 062 500	1 172 083
公路	128 605	147 961	279 082	435 039	487 785	549 190
#非交通系统				97 682	106 111	122 405
水运	177	312	228	749	832	856

12—5 货运量

单位：万吨

项目	1978年	1980年	1985年	1990年	1991年	1992年
全社会总计	**10 666**	**9 249**	**11 680**	**23 148**	**23 591**	**24 055**
铁路	5 048	5 169	5 762	6 122	6 317	6 516
公路	5 602	4 071	5 902	17 005	17 253	17 519
#非交通系统				15 405	15 476	15 787
水运	16	9	19	21	21	20

12—6 货物周转量

单位：万吨公里

项目	1978年	1980年	1985年	1990年	1991年	1992年
全社会总计	**2 578 229**	**2 455 814**	**3 430 918**	**4 347 083**	**4 502 818**	**4 677 593**
铁路	2 504 200	2 396 700	3 307 000	3 785 819	3 876 000	4 059 900
公路	68 693	56 216	116 029	547 990	614 822	608 688
#非交通系统				496 296	558 916	556 106
水运	5 336	2 898	7 889	13 274	11 996	9 005

12—7 铁路、公路和水运主要经济技术指标

项目	单位	1985年	1986年	1989年	1990年	1991年	1992年
铁路							
货车周转时间	天			1.07	1.16	0.95	0.86
货车静载重	吨	49.7	48.1	54.0	54.0	54.3	54.6
货车旅行速度	公里/小时	28.0	28.2	26.6	26.4	27.3	28.2
货车机车平均日产量	万吨公里	59.3	60.5	62.1	60.1	59.4	61.2
公路							
载货汽车完好率	%	89.8	89.3	85.7	87.1	87.4	87.6
载货汽车车吨年产量	吨公里	30 943	27 303	18 628	17 977	13 479	15 769
载货汽车单车年产量	吨公里	157 971	149 612	153 443	114 130	110 276	105 258
载货汽车每吨公里耗汽油	升	8.7	8.6	8.1	8.3	8.4	8.4
载货汽车每百吨公里耗柴油	升	5.8	5.8	5.6	5.7	5.6	6.0
水运							
地方航运驳船营运率	%	99.6	90.0	99.4	100.0	100.0	100.0
地方航运驳船货运吨船年产量	吨公里	11 968	7 697	10 777	11 864	9 212	6 973

注：公路、水运为省交通厅系统内全民营运企业数字。

12—8 民用汽车拥有量

单位：辆

项目	1987年	1988年	1989年	1990年	1991年	1992年
民用汽车合计	**118 871**	**143 784**	**159 830**	**162 738**	**157 714**	**187 978**
1. 载客汽车	27 994	36 713	42 303	46 192	49 479	65 514
大型	7 623	8 482	9 432	10 075	9 327	10 897
小型	20 371	28 231	32 871	36 117	40 152	54 617
2. 普通载货汽车	82 051	100 228	109 147	108 517	99 435	111 687
大型	67 893	79 342	84 869	82 175	71 138	75 018
小型	14 158	20 886	24 278	26 342	28 297	36 669
3. 专用载货汽车	1 574	1 883	2 048	2 178	3 141	4 171
4. 其他专用汽车	1 416	1 474	1 567	1 598	2 236	3 824
5. 特种汽车	5 836	3 486	4 765	4 253	3 423	2 782
在合计中：						
私人汽车	13 106	20 486	25 998	26 336	25 839	34 285
1. 载客汽车	3 936	8 370	11 061	11 413	13 938	19 631
大型	526	789	891	940	663	787
小型	3 407	7 581	10 170	10 473	13 275	18 844
2. 普通载货汽车	9 140	12 087	14 876	14 877	11 845	14 110
大型	8 518	11 197	12 495	12 224	8 841	9 655
小型	622	890	2 381	2 653	3 004	4 455
3. 专用载货汽车	2	10	13	19	6	491
4. 其他专用汽车	1			2	12	44
5. 特种汽车	30	19	48	25	38	9
在合计中：						
交通部门汽车	8 091	7 383	7 729	7 718	7 982	7 632
1. 载客汽车	2 181	2 072	2 285	2 310	2 544	2 861
大型	2 034	2 054	2 160	2 268	2 442	2 636
小型	147	18	125	42	102	225
2. 普通载货汽车	5 449	4 879	5 007	5 104	5 127	4 730
大型	5 256	4 879	4 971	5 083	5 057	4 687
小型	193		36	21	70	43
3. 专用载货汽车	141	51	147	46	46	41
4. 其他专用汽车	275	254	289	258	265	
5. 特种汽车	45	127	1			

12—9 民用其他车辆拥有量

单位：辆

项目	1987年	1988年	1989年	1990年	1991年	1992年
民用其他车辆						
轮胎式拖拉机	166 862	193 121	213 825	216 277	220 319	227 308
# 手扶拖拉机	49 025	58 789	54 398	60 041	61 244	61 843
摩托车	42 027	62 056	77 418	90 667	80 682	86 244
# 两轮摩托车	32 906	45 737	60 741	66 763	63 490	64 715
# 轻便摩托车	5 748	8 257	11 650	14 230	12 944	11 494
其他机动车	1 825	840	987	952	682	380
载货挂车	7 301	9 680	9 455	9 656	8 152	7 931
在民用其他车辆中私人其他车辆						
轮胎式拖拉机	36 746	125 121	197 767	210 002	204 660	219 805
# 手扶拖拉机	23 997	52 614	53 563	59 154	59 021	60 759
摩托车	31 094	49 683	63 907	61 389	42 611	61 553
# 两轮摩托车	28 186	44 911	51 677	52 188	40 077	58 381
# 轻便摩托车	5 542	7 830	10 872	9 716	8 669	10 686
其他机动车	1 413	108	169		546	362
载货挂车	1 160	1 393	2 023	1 862	1 631	1 758

12—10 邮电通信网

项　　目	单　位	1978年	1980年	1985年	1990年	1991年	1992年
邮电局所	处	1 032	1 040	1 064	1 053	1 057	1 061
# 在农村的	处	714	914	905	871	871	870
邮路长度	公里	153 209	123 327	134 748	137 020	128 864	123 052
# 铁路邮路	公里	6 259	4 800	10 163	9 546	9 116	9 116
汽车邮路	公里	14 799	11 609	12 601	3 630	4 705	5 089
长途电话	路	651	767	1 549	4 259	5 986	8 016
电报电路	路	259	257	291	315	328	342

12—11 邮政主要设备和长途电信线路

项　　目	单　位	1978年	1980年	1985年	1990年	1991年	1992年
邮政设备							
火车邮箱	辆	9	13	19	15	20	20
邮运汽车	辆	173	168	189	261	271	320
摩托车	辆	680	350	255	111	116	113
自行车	辆	4 662	4 097	4 844	4 733	4 730	
长途电信线路							
杆路	公里	6 289	4 962	4 912	5 292	5 292	4 787
架空明线线条	对公里	18 946	16 071	17 642	17 871	17 871	18 561
电缆线路	公里	300	300	428	780	780	566

12—12 电信主要设备

项目	单位	1978年	1980年	1985年	1990年	1991年	1992年
微波站	个	8	10	10	37	63	79
载波电报机	部	80	87	118	148	144	157
交换机容量	门	110 065	127 786	185 556	391 408	465 565	564 261
市话	门	54 740	66 660	114 500	284 132	350 112	437 850
农话	门	55 325	61 126	71 056	107 276	115 453	126 411
电话机	部	130 195	149 505	216 794	421 494	491 839	603 308
市话	部	87 088	103 705	160 217	336 988	399 594	496 356
农话	部	43 107	45 800	56 577	84 506	92 245	106 952
累计待装话机用户	户			7 797	9 529	12 370	33 973

12—13 邮电业务量

项目	单位	1978年	1980年	1985年	1990年	1991年	1992年
邮电业务总量	万元	3 853	4 055	8 886	41 556	51 394	70 063
# 函件	万件	7 478	8 333	12 114	15 805	13 151	12 369
包件	万件	246	219	199	292	264	274
电报	万份	384	423	662	639	625	619
报纸期发数	万份	159	186	385	110	144	299
杂志期发数	万份	234	326	567	274	234	328
长途电话	万张	683	826	1 528	3 791	4 834	7 289
市内电话	户	49 488	50 458	81 087	203 172	250 396	330 210
# 住宅电话	户						178 711
农村电话	户	24 997	22 890	26 020	49 968	56 297	67 820
无线寻呼期未户数	户						35 677
移动电话期未户数	户						2 747

13—1 地方建筑施工企业主要指标

项 目	单 位	1987年	1988年	1989年	1990年	1991年	1992年
一、建筑施工企业数							
1. 全民所有制企业	个	195	203	218	225	261	282
# 建设部系统	个	86	92	115	114	122	140
2. 城镇集体所有制企业	个	296	312	308	266	267	261
3. 农村建筑队	个	26 101	30 943	33 997	32 241	30 393	36 096
二、施工企业年末人数							
1. 全民所有制企业	万人	15.0	15.4	15.32	20.74	16.59	17.97
# 建设部系统	万人	9.5	9.4	10.06	13.28	10.24	12.02
2. 城镇集体所有制企业	万人	9.2	10.3	8.90	9.96	7.97	9.08
3. 农村建筑队	万人	22.7	26.6	26.85	25.22	25.43	26.73
三、建筑业总产值							
1. 全民所有制企业	万元	165 783	212 610	227 441	223 180	281 034	408 082
# 建设部系统	万元	101 615	128 838	146 300	141 124	177 853	277 402
2. 城镇集体所有制企业	万元	69 046	104 869	96 117	81 507	108 982	160 964
3. 农村建筑队	万元	131 513	186 751	210 043	207 846	233 215	306 202
四、建筑业净产值（全民）	万元	43 602	58 005	66 551	66 822	83 103	109 728
五、全部职工平均人数（全民）	万人	16.83	18.17	17.74	17.11	19.13	21.92
六、房屋建筑施工面积（全民）	万平方米	582.7	653.4	618.8	581.1	712.5	886.0
房屋建筑竣工面积（全民）	万平方米	284.0	325.4	310.7	311.9	371.1	486.6
#住 宅	万平方米	123.5	149.8	154.2	143.5	199.8	236.5

13—2 地方建筑施工企业主要经济效益指标

项　　　　目	单　位	1987年	1988年	1989年	1990年	1991年	1992年
一、全员劳动生产率							
（一）按总产值计算							
1. 全民所有制企业	元/人	9 852	11 701	12 821	13 044	14 691	18 617
2. 城镇集体所有制企业	元/人	7 003	9 448	9 889	9 808	12 136	14 633
3. 农村建筑队	元/人	5 788	7 024	7 823	8 242	9 171	11 455
（二）按施工产值 计算							
1. 全民所有制企业	元/人	9 474	11 178	12 157	12 560	14 404	18 284
2. 城镇集体所有制企业	元/人	6 727	8 463	9 380	9 666	11 998	14 514
二、房屋建筑面积竣工率	%	48.7	49.8	50.2	53.7	52.1	54.9
工程质量优良品率	%	31.8	30.3	24.0	22.3	21.9	28.5
三、年末自有机械设备台数	台	28 627	30 197	33 001	35 449	37 471	39 966
年末自有机械设备原值	万元	43 329	50 765	58 889	59 340	71 222	75 938
年末自有机械设备净值	万元	30 208	35 520	37 853	38 606	47 010	50 648
技术装备率	元/人	2 010	2 304	2 471	2 540	2 834	2 818
动力装备率	千瓦/人	4.1	4.1	4.3	5.0	4.6	4.6
四、工程成本降低额	万元	6 559	6 376	4 870	3 299	4 572	3 950
工程成本降低率	%	4.4	3.5	2.5	1.7	1.9	1.1
利润总额	万元	7 612	10 708	10 098	7 053	10 089	12 712
产值利润率	%	4.6	5.0	4.4	3.2	3.6	3.1
五、定额流动资金平均占用额（全民）	万元	51 112	56 383	70 092	86 789	96 787	124 599
每百元产值占用定额流动资金（全民）	元	30.8	26.5	30.8	38.9	34.4	30.5
六、年末固定资产原值	万元	103 073	116 444	134 452	142 040	165 199	177 647
1. 全民所有制企业	万元	83 901	94 757	109 942	116 940	137 395	145 629
2. 城镇集体所有制企业	万元	19 172	21 687	24 510	25 100	27 804	32 018
七、年末固定资产净值	万元	79 669	90 832	98 189	100 265	118 175	125 147
1. 全民所有所制企业	万元	61 360	70 223	79 404	82 017	98 152	102 102
2. 城镇集体所有制企业	万元	18 309	20 609	18 785	18 248	20 023	23 045
八、资金利润率	%	6.8	8.5	6.8	4.2	5.2	5.6

13—3 全民所有制建筑业生产完成情况

(1992年)

项目	单位个数(个)	总产值(万元)	#施工产值	竣工产值(万元)	施工面积(万平方米)	竣工面积(万平方米)
总计	**315**	**547 884**	**539 867**	**396 594**	**1 002.9**	**538.7**
一、地方所属单位合计	282	408 082	400 776	313 165	886.0	486.6
1. 建安企业小计	206	350 263	343 248	265 518	830.6	441.9
建设部系统	140	277 402	271 895	212 019	729.8	382.8
冶金工业系统	3	8 048	7 876	6 655	13.4	6.5
煤炭工业系统	1	200	200		0.9	0.9
化学工业系统	2	18 035	17 257	16 622	12.5	5.9
水力电力系统	5	2 662	2 655	2 468	2.9	1.8
国防工业系统	1	318	318	318	0.9	0.9
林业系统	5	7 246	7 226	2 471	6.3	2.2
建材系统	3	2 789	2 789	3 012	10.9	7.5
轻纺工业系统	3	239	239	206		
交通系统	6	13 779	13 779	5 531	4.1	3.2
农牧渔业系统	8	5 131	5 131	5 874	11.1	10.3
商业系统	6	4 007	4 007	2 982	10.6	7.8
公安劳改系统	6	4 145	3 664	2 772	11.9	4.1
其他系统	17	6 262	6 212	4 588	15.3	8.0
2. 自营施工单位小计	76	57 819	57 528	47 647	55.3	44.7
建设部系统	11	5 004	5 004	4 747	5.4	4.9
冶金工业系统	4	7 442	7 383	4 591	8.3	2.7
有色工业系统	1	120	120	120	0.3	0.3
煤炭工业系统	9	1 183	1 181	1 081	3.4	2.9
化学工业系统	1	416	416	416	0.9	0.9
石油工业系统	1	19 960	19 960	19 283	7.4	7.2
水利电力系统	5	6 471	6 471	1 255		
机械工业系统						
林业系统	33	14 063	13 866	13 548	22.3	21.5
轻纺工业系统	4	976	976	916	2.2	1.8
公安系统	1	246	246	246	0.2	0.2
其他系统	5	1 790	1 757	1 336	4.9	2.3
国防工业系统						
建材系统						
交通系统	1	148	148	108		
二、中央在本地区单位合计	33	139 802	139 091	83 429	116.9	52.1
1. 建安企业小计	17	123 095	122 662	71 667	89.9	34.7
煤炭工业系统	1	4 523	4 498	4 098	9.0	6.4
水利电力系统	8	63 680	63 648	38 923	25.7	3.2
机械工业 系统						
铁道系统	5	52 044	51 668	26 251	54.7	24.9
邮电系统	2	2 608	2 608	2 245		
其他系统	1	240	240	150	0.5	0.2
2. 自营施工单位小计	16	16 707	16 429	11 762	27.0	17.4
冶金工业系统	2	432	432	424	0.3	0.3
有色工业系统	2	719	719	719	1.1	1.1
煤炭工业系统	9	8 934	8 877	7 986	13.9	10.4
铁道系统						
其他系统	2	1 143	1 143	927	2.7	2.2
机械工业系统	1	5 479	5 258	1 706	9.0	3.4

13—4 集体所有制建筑业生产完成情况

(1992年)

项目	单位个数（个）	总产值（万元）	#施工产值	竣工产值（万元）	施工面积（万平方米）	竣工面积（万平方米）
总计	**326**	**193 051**	**191 244**	**163 150**	**443.4**	**327.3**
一、地方所属单位合计	261	160 964	159 655	135 827	381.0	281.4
1. 建安企业小计	205	137 119	136 002	117 016	340.3	252.1
建设部系统	115	97 505	96 765	84 722	262.2	199.7
化学工业系统	4	11 874	11 634	9 304	12.0	5.4
水利电力系统	12	4 721	4 681	3 778	0.7	0.7
机械工业系统	5	2 250	2 231	1 884	9.4	5.3
林业系统	1	170	170	170	0.2	0.2
建材系统	1	200	200	190	0.4	0.4
轻纺工业系统	6	2 354	2 354	2 161	7.6	5.6
交通系统	2	735	735	30		
农牧渔业系统	4	1 391	1 391	1 477	5.9	4.9
商业系统	4	421	421	383	0.9	0.8
其他系统	50	14 998	14 920	12 417	39.9	28.0
石化系统	1	500	500	500	1.1	1.1
2. 自营施工单位小计	56	23 845	23 653	18 811	40.7	29.3
建设部系统	7	5 262	5 260	3 746	17.5	10.9
冶金工业系统	3	939	939	747	0.7	0.2
有色工业系统	1	158	158	158	0.7	0.7
煤炭工业系统	3	730	730	730	1.6	1.6
化学工业系统	7	3 833	3 828	3 818	3.9	1.0
石油工业系统	1	630	630	630	0.4	0.4
水利电力系统	4	4 378	4 378	2 261		
机械工业系统	2	69	69	60	0.3	0.2
林业系统	11	1 735	1 666	1 343	3.0	2.7
建材系统	1	777	725	408	1.4	0.9
轻纺工业系统	3	2 275	2 275	2 011	4.2	4.2
邮电系统	2	865	865	815	2.1	2.1
商业系统	4	778	778	778	1.4	1.4
其他系统	7	1 416	1 352	1 306	3.5	3.0
二、中央在本地区单位合计	65	32 087	31 589	27 323	62.4	45.9
1. 建安企业小计	40	20 608	20 440	18 300	43.5	28.4
煤炭工业系统	2	351	351	351	0.9	0.9
水利电力系统	8	6 269	6 260	7 022	6.5	6.1
机械工业系统	2	565	565	266	1.4	0.4
铁道系统	28	13 423	13 264	10 661	34.7	21.0
2. 自营施工单位小计	25	11 479	11 149	9 023	18.9	17.5
冶金工业系统	1	490	490	205	0.5	0.4
煤炭工业系统	3	971	881	881	2.8	2.8
水利电力系统	2	708	708	708	1.5	0.7
机械工业系统	2	2 035	2 035	480	0.3	0.3
国防工业系统						
铁道系统	14	6 214	6 164	5 883	12.3	11.7
其他系统	3	1 061	871	866	1.6	1.6
邮电系统						

13—5 全民所有制大中型建筑施工企业生产完成情况

(1992年)

项目	年末全部职工实有人数(人)	总产值(万元)		竣工产值	净产值	房屋施工面积	房屋竣工面积
		合计	#施工产值	(万元)	(万元)	(平方米)	(平方米)
一、中央所属单位							
长春第一汽车制造厂建维厂	2 209	5 479	5 258	1 706	1 588	90 027	33 586
吉林省送变电公司	2 291	6 008	6 008	14 195	1 731		
铁道部十三工程局	10 954	35 658	35 612	15 816	5 407	321 477	101 592
沈铁吉林工程处	5 729	12 922	12 632	8 208	2 979	160 914	101 982
吉林省火电 第一工程公司	2 134	6 776	6 776	9 543	2 056		
吉林省火电第二工程公司	4 275	12 174	12 174		3 573	29 297	
吉林省火电第三工程公司	2 331	11 283	11 283	6 526	3 005		
水电部工程一局	13 198	21 458	21 456	5 639	8 086	208 033	19 944
舒兰矿务局建安工程公司	2 507	4 523	4 498	4 098	1 349	90 404	63 655
二、地方所属单位							
吉林省建筑二公司	6 290	15 499	14 739	15 424	4 813	520 165	199 291
吉林省建筑一公司	7 789	22 161	21 525	15 436	5 377	807 766	247 762
长春市市政工程公司	2 989	7 078	7 078	4 884	2 750		
吉林省水电工程局	2 715	5 907	5 907	1 107	1 169		
吉林省公路工程局	3 606	9 071	9 071	1 031	3 185		
吉林省安装公司	3 015	6 655	6 135	5 877	2 055		
长春市一建公司	3 881	8 354	8 354	7 404	2 918	392 248	163 251
长春市二建公司	2 890	8 639	8 639	6 868	2 125	361 486	167 746
长春市三建公司	3 629	6 359	6 359	5 551	2 037	247 874	119 953
长春市住宅公司	4 092	7 619	7 333	5 086	2 036	202 348	120 649
吉林冶金建设公司	4 124	7 808	7 636	6 415	2 639	127 850	58 536
吉林市第二建筑公司	4 387	10 701	10 489	6 825	2 275	311 149	129 282
吉林市第四建筑公司	3 095	4 734	4 704	3 335	1 489	161 478	87 335
吉林市市政工程公司	2 595	7 144	6 657	3 246	2 380		
吉化建设公司	6 597	16 835	16 057	15 422	5 629	101 361	39 528
吉林市第一建筑公司	7 321	27 746	27 364	15 242	6 663	589 694	221 358
吉林市第三建筑公司	2 908	5 499	5 233	4 492	1 507	147 758	106 935
四平市第一建筑公司	3 457	8 155	7 877	6 660	2 478	167 213	92 317
通化市第一建筑公司	2 734	7 305	7 187	5 460	1 504	124 013	47 349
通钢建安公司	3 179	7 042	6 983	4 191	2 445	76 231	20 139
白城地建公司	3 677	6 540	6 367	7 071	2 426	144 762	93 721
吉林油田管理局建设公司	4 724	19 960	19 960	19 283	3 919	74 321	71 839
吉林省林业工程公司	2 987	6 718	6 698	2 008	1 646	54 588	13 632
延边建筑公司	4 170	10 687	10 590	9 421	2 114	252 863	114 362
九台建筑公司	2 580	3 450	3 450	3 450	737	103 479	103 479
九台市住宅建筑公司	1 856	2 879	2 879	2 870	1 015	76 552	76 552
吉林市昌邑区第二建筑公司	3 367	5 709	5 613	5 244	1 467	138 550	127 036
吉林市昌邑区第四建筑公司	2 856	3 130	3 130	2 558	844	72 630	56 823
吉化华强建筑公司	2 265	4 919	4 708	3 899	1 780	28 277	17 602
吉化江北建筑公司	3 154	6 633	6 604	5 083	1 546	91 490	36 500
吉林市安装公司	2 596	4 447	4 447	4 018	1 460	14 358	8 183
浑江市建筑工程总公司	2 283	4 480	4 396	2 517	1 244	117 552	69 183

14—1 社会商业、饮食业、服务业机构和人员

项　　目	1978年	1980年	1985年	1990年	1991年	1992年
一、机　构（个）	**23 325**	**51 717**	**249 801**	**260 870**	**279 971**	**304 936**
（一）商　业	19 763	34 202	185 872	195 877	212 764	236 292
1. 企业管理机构	1581	2 095	2 545	2 573	2 649	2 195
2. 企业经营机构	18 182	31 512	182 803	192 627	209 493	233 500
农副产品采购机构	1 518	1 940	2 981	2 761	2 775	3 151
工业品批发机构	758	729	1 286	1 533	2 152	2 004
零售机构	15 564	28 356	176 944	186 264	203 185	226 336
其他机构	342	487	1 592	2 069	1 381	2 009
3. 仓储运输机构		595	524	677	622	597
（二）饮食、服务业	3 562	17 515	63 929	64 993	67 207	68 644
1. 企业管理机构			111	170	144	155
2. 企业经营机构	3 562	17 515	63 818	64 823	67 063	68 489
饮食业	1 533	8 920	32 169	28 100	30 046	29 515
服务业	2 029	8 595	31 649	36 723	37 017	38 974
二、人　员（人）	**302 529**	**492 037**	**1 052 713**	**1 155 417**	**1 197 748**	**1 270 805**
（一）商　业	249 588	385 809	790 392	933 675	978 313	1 043 828
1. 企业管理机构	34 229	50 458	55 072	60 416	64 610	45 395
2. 企业经营机构	215 359	288 912	698 488	811 291	851 089	940 839
农副产品采购机构	24 809	33 277	68 777	93 424	98 365	111 763
工业品批发机构	28 805	30 022	39 196	47 825	55 055	61 150
零售机构	158 889	219 908	567 146	639 740	676 385	734 624
其他机构	2 856	5 705	23 369	30 302	21 284	33 302
3. 仓储运输机构		46 439	36 832	61 968	62 614	57 594
（二）饮食、服务业	52 941	106 228	262 321	221 742	219 435	226 977
1. 企业管理机构			2 516	2 502	2 386	2 370
2. 企业经营机构	52 941	106 228	259 805	219 240	217 049	224 607
饮食业	33 171	66 794	127 486	113 093	113 981	116 151
服务业	19 770	39 434	132 319	106 147	103 068	108 456

注：其他集体所有制商业中，企业经营机构与零售机构的差额均放入工业品批发机构。

14—2 按经济类型分社会零售商业、饮食业、服务业机构和人员

项目	1978年	1980年	1985年	1990年	1991年	1992年
一、机构（个）	**19 126**	**45 871**	**240 762**	**251 087**	**270 248**	**294 825**
1、零售商业	15 564	28 356	176 944	186 264	203 185	226 336
全民所有制	3 223	4 281	5 754	6 790	6 884	7 400
集体所有制	10 141	13 275	25 496	23 625	23 043	25 288
合营			47	2	2	6
个体	2 200	10 800	145 647	155 847	173 256	193 642
2、饮食业	1 533	8 920	32 169	28 100	30 046	29 515
全民所有制	602	541	1 072	782	770	843
集体所有制	927	2 502	4 399	3 564	3 267	3 396
合营		8		7	7	10
个体	4	5 869	26 698	23 747	26 002	25 266
3、服务业	2 029	8 595	31 649	36 723	37 017	38 974
全民所有制	603	623	1 057	1 061	1 008	1 113
集体所有制	1 328	2 568	5 404	4 289	4 363	4 748
合营		3		3	5	3
个体	98	5 401	25 188	31 370	31 641	33 110
二、人员（人）	**211 830**	**326 136**	**826 951**	**858 980**	**893 434**	**959 231**
1、零售商业	158 889	219 908	567 146	639 740	676 385	734 624
全民所有制	77 246	102 171	129 258	163 184	168 220	179 526
集体所有制	79 443	105 906	270 486	273 082	277 622	296 830
合营			290	54	2 054	2 973
个体	2 200	11 831	167 112	203 420	228 489	255 295
2、饮食业	33 171	66 794	127 486	113 093	113 981	116 151
全民所有制	20 369	24 536	23 107	18 011	17 817	19 688
集体所有制	12 785	34 292	49 144	34 151	30 000	28 730
合营		60		1 045	294	1 380
个体	17	7 906	55 235	59 886	65 870	66 353
3、服务业	19 770	39 434	132 319	106 147	103 068	108 456
全民所有制	11 889	15 863	25 691	25 136	23 687	25 407
集体所有制	7 747	17 599	73 866	41 782	38 645	40 679
合营		29		455	1 366	854
个体	134	5 943	32 762	38 774	39 370	41 516

14—3 按市县分的零售商业、饮食业、服务业机构和人员

项　　目	1980年	1985年	1990年	1991年	1992年
一、机　构（个）	**45 871**	**240 762**	**251 087**	**270 248**	**294 825**
1、零售商业	28 356	176 944	186 264	203 185	226 336
市	9 386	65 460	94 747	105 193	118 164
县	9 064	42 697	32 223	36 907	43 386
县以下	9 906	68 787	59 294	61 085	64 786
2、饮 食 业	8 920	32 169	28 100	30 046	29 515
市	4 235	14 002	17 306	19 325	18 126
县	3 169	9 221	5 654	5 581	6 268
县以下	1 516	8 946	5 140	5 140	5 121
3、服 务 业	8 595	31 649	36 723	37 017	38 974
市	4 770	13 051	20 515	21 649	22 574
县	2 029	9 012	7 777	7 476	8 820
县以下	1 796	9 586	8 431	7 892	7 580
二、人　员（人）	**326 136**	**826 951**	**858 980**	**893 434**	**959 231**
1、零售商业	219 908	567 146	639 740	676 385	734 624
市	85 515	274 242	367 866	387 255	420 622
县	81 399	147 437	111 903	122 279	140 980
县以下	52 994	145 467	159 971	166 851	173 022
2、饮食业	66 794	127 486	113 093	113 981	116 151
市	34 923	67 842	77 294	78 437	80 291
县	21 410	34 038	19 361	18 645	20 210
县以下	10 461	25 606	16 438	16 899	15 650
3、服务业	39 434	132 319	106 147	103 068	108 456
市	20 488	85 816	69 896	69 625	73 578
县	13 953	27 623	20 677	18 694	21 176
县以下	4 993	18 880	15 574	14 749	13 702

14—4 各市县按经济类型分的零售商业、饮食业、服务业机构数

（1992年末） 单位：个

市、县	全民所有制			集体所有制			其中：供销社		
	零售商业	饮食业	服务业	零售商业	饮食业	服务业	零售商业	饮食业	服务业
全省	**7 400**	**843**	**1 113**	**25 288**	**3 396**	**4 748**	**7 557**	**402**	**431**
长春市	**1 747**	**193**	**349**	**6 808**	**784**	**1 843**	**1 801**	**85**	**139**
市区	1 259	151	302	3 954	391	1 280	221	20	20
九台市	63	10	4	546	139	315	245	12	16
榆树市	114	4	15	935	87	81	600	15	70
农安县	129	3	7	615	82	118	284	21	6
德惠县	106	18	17	547	56	24	325	2	10
双阳县	76	7	4	211	29	25	126	15	17
吉林市	**1 001**	**116**	**113**	**3 415**	**405**	**509**	**1 244**	**72**	**66**
市区	468	45	49	1 485	223	212	195	3	6
桦甸市	91	8	8	292	35	50	121	3	4
蛟河市	155	11	25	497	54	70	137	6	9
舒兰市	118	20	24	339	17	38	222	10	9
永吉县	56	3	1	477	29	70	381	19	22
磐石县	113	29	6	325	47	69	188	31	16
四平市	**1 132**	**162**	**96**	**3 337**	**636**	**375**	**757**	**44**	**23**
市区	382	97	44	1 186	465	232	53	4	3
公主岭市	138	15	21	510	67	71	229	17	6
梨树县	429	32	17	1 121	65	63	230	14	9
伊通县	64	5	3	121	1	3	80		
双辽县	119	13	11	399	38	6	165	9	5
辽源市	**339**	**43**	**54**	**1 029**	**106**	**97**	**328**	**24**	**28**
市区	186	31	32	309	43	39	8	2	1
东丰县	114	12	22	371	32	37	182	1	18
东辽县	39			349	31	21	138	21	9
通化市	**732**	**83**	**100**	**1 979**	**301**	**361**	**677**	**49**	**36**
市区	182	20	24	424	79	121	61	2	2
梅河口市	156	24	25	356	28	34	132	11	1
集安市	75	7	9	308	36	43	195	12	11
通化县	111	24	20	339	47	66	144	17	14

14—4 续表 1 (1992年末) 单位：个

市、县	全民所有制			集体所有制			其中：供销社		
	零售商业	饮食业	服务业	零售商业	饮食业	服务业	零售商业	饮食业	服务业
辉南县	109	3	17	198	33	36	20		
柳河县	99	5	5	354	78	61	125	7	8
浑江市	**543**	**73**	**68**	**1 625**	**222**	**341**	**336**	**49**	**39**
市区	340	59	41	1 157	163	216	188	26	26
抚松县	106	7	17	181	13	87	62	2	
靖宇县	48	4	5	108	25	9	36	6	5
长白县	49	3	5	179	21	29	50	15	8
松原市	**385**	**31**	**43**	**1 934**	**182**	**273**	**882**	**23**	**22**
扶余区	139	5	9	630	56	115	220	3	1
长岭县	68	7	12	641	66	46	311	1	10
前郭县	121	15	15	476	52	95	196	14	5
乾安县	57	4	7	187	8	17	155	5	6
白城地区	**451**	**32**	**66**	**2 402**	**221**	**284**	**664**	**17**	**16**
白城市	143	8	16	739	104	82	53	5	4
洮南市	71	1	6	603	31	126	204		
大安市	103	4	12	537	53	46	201	7	5
镇赉县	53	9	5	196	4	2	20		
通榆县	81	10	27	327	29	28	186	5	7
延边朝鲜族自治州	**1 070**	**110**	**224**	**2 759**	**539**	**665**	**868**	**39**	**62**
延吉市	226	18	36	300	51	129	45	5	3
图们市	178	14	35	256	63	67	55	1	
敦化市	163	14	17	504	133	160	84	3	18
龙井市	98	18	27	297	35	33	171	9	8
珲春市	59	3	17	491	54	57	122	5	10
和龙县	93	25	33	281	65	48	132	3	3
汪清县	166	4	15	458	104	98	179	7	16
安图县	87	14	44	172	34	73	80	6	4

14—4 续表 2　　(1992年末)　　单位：个

市、县	合营			个体		
	零售商业	饮食业	服务业	零售商业	饮食业	服务业
全　省	**6**	**10**	**3**	**193 642**	**25 266**	**33 110**
长春市	**1**	**5**	**2**	**37 581**	**3 855**	**5 551**
市　区	1	5	2	17 744	2 045	2 461
九台市				4 403	341	783
榆树市				4 820	458	571
农安县				3 628	386	698
德惠县				3 861	379	570
双阳县				3 125	246	468
吉林市		**1**	**1**	**39 373**	**6 352**	**7 304**
市　区		1	1	17 259	3 733	3 277
桦甸市				4 895	471	577
蛟河市				3 840	543	527
舒兰市				3 717	366	751
永吉县				4 800	649	1 219
磐石县				4 862	590	953
四平市				**21 594**	**2 223**	**3 415**
市　区				6 943	670	1 555
公主岭市				4 863	390	678
梨树县				4 234	310	339
伊通县				3 052	378	281
双辽县				2 502	475	562
辽源市				**10 916**	**1 397**	**2 100**
市　区				5 227	850	899
东丰县				3 058	359	652
东辽县				2 631	188	549
通化市				**20 418**	**2 043**	**2 960**
市　区				3 988	641	869
梅河口市				4 980	524	693
集安市				2 466	175	276
通化县				1 596	185	192

14—4 续表 3 (1992年末) 单位：个

市、县	合营			个体		
	零售商业	饮食业	服务业	零售商业	饮食业	服务业
辉南县				4 204	323	704
柳河县				3 184	195	226
浑江市				**9 287**	**1 657**	**1 900**
市区				6 233	1 100	1 201
抚松县				1 224	300	435
靖宇县				972	145	171
长白县				858	112	93
松原市				**14 755**	**1 768**	**1 735**
扶余区				5 060	739	580
长岭县				2 922	260	200
前郭县				4 875	567	438
乾安县				1 898	202	517
白城地区	**4**			**16 665**	**1 957**	**2 833**
白城市	4			3 183	666	770
洮南市				4 453	493	492
大安市				4 339	400	664
镇赉县				2 030	207	527
通榆县				2 660	191	380
延边朝鲜族自治州	**1**	**4**		**23 053**	**4 014**	**5 312**
延吉市	1	3		5 073	1 070	1 145
图们市				2 002	400	546
敦化市				4 093	595	1 026
龙井市				2 577	318	739
珲春市		1		2 344	476	438
和龙县				2 461	415	663
汪清县				2 495	418	372
安图县				2 008	322	383

14—5 各市县按经济类型分的零售商业、饮食业、服务业人员数

(1992年末)　　单位：人

市、县	全民所有制			集体所有制			其中：供销社		
	零售商业	饮食业	服务业	零售商业	饮食业	服务业	零售商业	饮食业	服务业
全省	**179 526**	**19 688**	**25 407**	**296 830**	**28 730**	**40 679**	**67 892**	**2 025**	**1 621**
长春市	**48 499**	**6 623**	**8 048**	**87 253**	**8 501**	**13 944**	**15 489**	**994**	**572**
市区	35 695	5 812	6 398	48 019	4 700	11 215	3 395	612	141
九台市	2 147	227	228	7 333	2 055	1 024	2 277	78	20
榆树市	2 424	84	618	13 173	653	683	2 930	100	257
农安县	2 911	59	264	10 865	517	763	3 626	94	95
德惠县	3 201	356	389	4 508	320	146	2 112	12	22
双阳县	2 121	85	151	3 355	256	113	1 149	98	37
吉林市	**27 288**	**3 036**	**4 545**	**40 611**	**4 267**	**6 233**	**10 927**	**183**	**302**
市区	15 212	2 188	2 729	21 732	2 887	3 949	2 288	9	49
桦甸市	2 350	158	159	3 129	388	501	1 202	13	17
蛟河市	4 210	264	800	5 835	475	810	1 385	18	35
舒兰市	2 855	175	624	3 316	80	169	2 213	32	18
永吉县	838	32	8	3 538	174	439	2 437	76	157
磐石县	1 823	219	225	3 061	263	365	1 402	35	26
四平市	**28 631**	**3 607**	**2 107**	**38 817**	**4 003**	**4 657**	**9 692**	**151**	**106**
市区	10 439	2 760	1 217	12 568	2 993	3 044	1 056	9	25
公主岭市	3 701	310	285	6 415	181	930	2 787	58	29
梨树县	9 894	336	179	11 343	531	637	2 338	36	34
伊通县	1 508	68	39	3 750	5	21	1 792		
双辽县	3 089	133	387	4 741	293	25	1 719	48	18
辽源市	**5 560**	**627**	**1 179**	**13 264**	**850**	**786**	**2 783**	**44**	**61**
市区	4 234	504	914	5 379	549	402	326	7	16
东丰县	751	123	265	3 894	215	245	960	1	21
东辽县	575			3 991	86	139	1 497	36	24
通化市	**12 842**	**1 332**	**2 705**	**18 973**	**2 433**	**3 635**	**5 559**	**192**	**104**
市区	4 281	372	914	6 256	932	2 116	957	8	4
梅河口市	3 353	335	756	3 790	275	321	950	52	22
集安市	1 137	128	203	1 972	248	263	1 162	77	40
通化县	1 021	412	197	2 067	225	208	532	46	18

14—5 续表 1　　(1992年末)　　单位：人

市、县	全民所有制			集体所有制			其中：供销社		
	零售商业	饮食业	服务业	零售商业	饮食业	服务业	零售商业	饮食业	服务业
辉南县	1 655	15	466	2 714	177	181	909		
柳河县	1 395	70	169	2 174	576	546	1 049	9	20
浑江市	**13 717**	**1 533**	**1 034**	**17 712**	**1 479**	**3 002**	**4 379**	**180**	**81**
市区	7 650	1 279	534	11 396	1 171	1 914	2 113	94	46
抚松县	4 627	136	403	3 690	108	963	1 023	18	
靖宇县	660	71	87	1 216	130	57	799	12	5
长白县	780	47	10	1 410	70	68	444	56	30
松原市	**12 249**	**481**	**1 129**	**29 078**	**2 142**	**2 441**	**5 631**	**113**	**71**
扶余区	5 508	80	422	15 802	379	638	1 925	20	25
长岭县	1 796	158	278	5 585	1 410	615	1 605	15	10
前郭县	3 228	219	377	6 604	326	1 051	1 465	60	12
乾安县	1 717	24	52	1 087	27	137	636	18	24
白城地区	**12 929**	**598**	**1 030**	**27 877**	**2 236**	**2 105**	**6 754**	**51**	**103**
白城市	4 449	280	402	10 861	1 248	958	1 052	32	8
洮南市	1 922	57	77	6 095	101	538	2 063		
大安市	3 252	125	236	5 413	561	385	1 546	13	84
镇赉县	1 516	94	64	1 889	52	51	1 113		
通榆县	1 790	42	251	3 619	274	173	980	6	11
延边朝鲜族自治州	**17 811**	**1 851**	**3 630**	**23 245**	**2 819**	**3 876**	**6 678**	**117**	**221**
延吉市	4 384	693	1 640	2 983	288	583	352	14	9
图们市	2 592	173	287	2 983	128	606	570	1	
敦化市	3 664	298	317	4 594	470	392	888	10	65
龙井市	1 951	313	306	2 258	359	229	1 160	48	19
珲春市	821	50	94	3 325	504	490	736	6	28
和龙县	1 166	166	299	1 424	260	381	727	17	4
汪清县	2 014	72	280	4 153	667	561	1 392	8	92
安图县	1 219	86	407	1 525	143	634	853	13	4

14—5 续表 2　　(1992年末)　　单位：人

市、县	合营			个体		
	零售商业	饮食业	服务业	零售商业	饮食业	服务业
全　省	**2 973**	**1 380**	**854**	**255 295**	**66 353**	**41 516**
长春市	**2 094**	**1 136**	**596**	**54 744**	**11 927**	**7 081**
市　区	2 094	1 136	596	26 894	6 703	3 139
九台市				5 170	1 107	953
榆树市				5 784	1 374	644
农安县				4 853	1 102	964
德惠县				5 826	1 081	665
双阳县				6 217	560	716
吉林市		**58**	**258**	**48 029**	**14 937**	**9 151**
市　区		58	258	20 116	9 073	4 390
桦甸市				5 705	1 058	731
蛟河市				4 576	1 350	588
舒兰市				4 522	781	962
永吉县				5 331	1 318	1 333
磐石县				7 779	1 357	1 147
四平市				**25 618**	**5 559**	**4 195**
市　区				8 571	1 652	1 810
公主岭市				6 148	1 100	931
梨树县				4 534	705	397
伊通县				3 721	967	445
双辽县				2 644	1 135	612
辽源市				**12 444**	**3 111**	**2 397**
市　区				6 119	2 154	1 064
东丰县				3 282	574	692
东辽县				3 043	383	641
通化市				**28 767**	**5 074**	**3 621**
市　区				5 846	1 645	1 137
梅河口市				6 432	1 148	768
集安市				3 023	441	349
通化县				2 337	481	208

14—5 续表 3 (1992年末) 单位：人

市、县	合营			个体		
	零售商业	饮食业	服务业	零售商业	饮食业	服务业
辉南县				5 300	914	893
柳河县				5 829	445	266
浑江市				**11 598**	**4 010**	**2 367**
市区				7 030	2 665	1 372
抚松县				2 448	780	730
靖宇县				1 107	320	171
长白县				1 013	245	94
松原市				**21 050**	**5 120**	**2 543**
扶余区				6 488	2 884	1 004
长岭县				4 042	423	284
前郭县				7 062	1 270	512
乾安县				3 458	543	743
白城地区	**39**			**23 053**	**5 447**	**3 899**
白城市	39			4 819	1 808	876
洮南市				4 923	1 103	579
大安市				5 633	1 257	1 146
镇赉县				2 578	789	777
通榆县				5 100	490	521
延边朝鲜族自治州	**840**	**186**		**29 992**	**11 168**	**6 262**
延吉市	840	153		7 578	3 647	1 591
图们市				2 233	1 373	689
敦化市				5 479	1 473	1 116
龙井市				2 743	1 017	810
珲春市		33		4 377	1 133	466
和龙县				2 739	869	688
汪清县				2 755	878	433
安图县				2 088	778	469

14—6 各市县按城乡分的零售商业、饮食业、服务业机构数

(1992年末)

单位：个

市、县	城乡合计			城镇			乡村		
	零售商业	饮食业	服务业	零售商业	饮食业	服务业	零售商业	饮食业	服务业
全省	**226 336**	**29 515**	**38 974**	**161 550**	**24 394**	**31 394**	**64 786**	**5 121**	**7 580**
长春市	**46 137**	**4 837**	**7 745**	**33 041**	**3 973**	**6 716**	**13 096**	**864**	**1 029**
市区	22 958	2 592	4 045	22 958	2 592	4 045			
九台市	5 012	490	1 102	2 280	332	949	2 732	158	153
榆树市	5 869	549	667	3 304	355	461	2 565	194	206
农安县	4 372	471	823	1 942	271	534	2 430	200	289
德惠县	4 514	453	611	1 389	248	397	3 125	205	214
双阳县	3 412	282	497	1 168	175	330	2 244	107	167
吉林市	**43 789**	**6 874**	**7 927**	**33 496**	**5 983**	**6 315**	**10 293**	**891**	**1 612**
市区	19 212	4 002	3 539	19 212	4 002	3 539			
桦甸市	5 278	514	635	3 812	421	543	1 466	93	92
蛟河市	4 492	608	622	2 776	370	403	1 716	238	219
舒兰市	4 174	403	813	1 742	222	378	2 432	181	435
永吉县	5 333	681	1 290	2 544	482	747	2 789	199	543
磐石县	5 300	666	1 028	3 410	486	705	1 890	180	323
四平市	**26 063**	**3 021**	**3 886**	**17 810**	**2 411**	**3 217**	**8 253**	**610**	**669**
市区	8 511	1 232	1 831	8 511	1 232	1 831			
公主岭市	5 511	472	770	3 189	249	455	2 322	223	315
梨树县	5 784	407	419	2 796	267	296	2 988	140	123
伊通县	3 237	384	287	1 741	268	176	1 496	116	111
双辽县	3 020	526	579	1 573	395	459	1 447	131	120
辽源市	**12 284**	**1 546**	**2 251**	**7 865**	**1 239**	**1 454**	**4 419**	**307**	**797**
市区	5 722	924	970	5 722	924	970			
东丰县	3 543	403	711	1 768	253	396	1 775	150	315
东辽县	3 019	219	570	375	62	88	2 644	157	482
通化市	**23 129**	**2 427**	**3 421**	**14 609**	**1 828**	**2 527**	**8 520**	**599**	**894**
市区	4 594	740	1 014	4 594	740	1 014			
梅河口市	5 492	576	752	4 101	471	569	1 391	105	183
集安市	2 849	218	328	676	107	132	2 173	111	196
通化县	2 046	256	278	630	98	141	1 416	158	137

14—6 续表　　(1992年末)　　单位：个

市、县	城乡合计			城镇			乡村		
	零售商业	饮食业	服务业	零售商业	饮食业	服务业	零售商业	饮食业	服务业
辉南县	4 511	359	757	2 892	248	505	1 619	111	252
柳河县	3 637	278	292	1 716	164	166	1 921	114	126
浑江市	**11 455**	**1 952**	**2 309**	**10 229**	**1 761**	**2 076**	**1 226**	**191**	**233**
市区	7 730	1 322	1 458	7 730	1 322	1 458			
抚松县	1 511	320	539	1 094	259	391	417	61	148
靖宇县	1 128	174	185	692	110	126	436	64	59
长白县	1 086	136	127	713	70	101	373	66	26
松原市	**17 074**	**1 981**	**2 051**	**9 665**	**1 425**	**1 364**	**7 409**	**556**	**687**
扶余区	5 829	800	704	3 387	622	430	2 442	178	274
长岭县	3 631	333	258	1 530	216	171	2 101	117	87
前郭县	5 472	634	548	3 661	437	465	1 811	197	83
乾安县	2 142	214	541	1 087	150	298	1 055	64	243
白城地区	**19 522**	**2 210**	**3 183**	**14 114**	**1 823**	**2 560**	**5 408**	**387**	**623**
白城市	4 069	778	868	4 068	778	868	1		
洮南市	5 127	525	624	3 069	411	451	2 058	114	173
大安市	4 979	457	722	3 620	343	585	1 359	114	137
镇赉县	2 279	220	534	1 440	134	364	839	86	170
通榆县	3 068	230	435	1 917	157	292	1 151	73	143
延边朝鲜族自治州	**26 883**	**4 667**	**6 201**	**20 721**	**3 951**	**5 165**	**6 162**	**716**	**1 036**
延吉市	5 600	1 142	1 310	5 600	1 142	1 310			
图们市	2 436	477	648	2 436	477	648			
敦化市	4 760	742	1 203	3 152	582	890	1 608	160	313
龙井市	2 972	371	799	2 179	310	642	793	61	157
珲春市	2 894	534	512	1 781	344	381	1 113	190	131
和龙县	2 835	505	744	1 814	378	517	1 021	127	227
汪清县	3 119	526	485	2 328	456	417	791	70	68
安图县	2 267	370	500	1 431	262	360	836	108	140

14—7 各市县按城乡分的零售商业、饮食业、服务业人员数

(1992年末) 单位：人

市、县	城乡合计			城镇			乡村		
	零售商业	饮食业	服务业	零售商业	饮食业	服务业	零售商业	饮食业	服务业
全省	**734 624**	**116 151**	**108 456**	**561 602**	**100 501**	**94 754**	**173 022**	**15 650**	**13 702**
长春市	**192 590**	**28 187**	**29 669**	**160 075**	**25 446**	**27 903**	**32 515**	**2 741**	**1 766**
市区	112 702	18 351	21 348	112 702	18 351	21 348			
九台市	14 650	3 389	2 205	8 583	2 867	1 953	6 067	522	252
榆树市	21 381	2 111	1 945	13 133	1 451	1 528	8 248	660	417
农安县	18 629	1 678	1 991	11 616	978	1 461	7 013	700	530
德惠县	13 535	1 757	1 200	7 524	1 173	860	6 011	584	340
双阳县	11 693	901	980	6 517	626	753	5 176	275	227
吉林市	**115 928**	**22 298**	**20 187**	**94 441**	**20 213**	**17 697**	**21 487**	**2 085**	**2 490**
市区	57 060	14 206	11 326	57 060	14 206	11 326			
桦甸市	11 184	1 604	1 391	7 907	1 381	1 172	3 277	223	219
蛟河市	14 621	2 089	2 198	11 251	1 475	1 880	3 370	614	318
舒兰市	10 693	1 036	1 755	5 682	622	1 046	5 011	414	709
永吉县	9 707	1 524	1 780	4 340	1 112	1 013	5 367	412	767
磐石县	12 663	1 839	1 737	8 201	1 417	1 260	4 462	422	477
四平市	**93 066**	**13 169**	**10 959**	**62 914**	**11 078**	**9 424**	**30 152**	**2 091**	**1 535**
市区	31 578	7 405	6 071	31 578	7 405	6 071			
公主岭市	16 264	1 591	2 146	9 966	1 003	1 433	6 298	588	713
梨树县	25 771	1 572	1 213	10 173	814	696	15 598	758	517
伊通县	8 979	1 040	505	4 163	741	334	4 816	299	171
双辽县	10 474	1 561	1 024	7 034	1 115	890	3 440	446	134
辽源市	**31 268**	**4 588**	**4 362**	**21 961**	**4 075**	**3 448**	**9 307**	**513**	**914**
市区	15 732	3 207	2 380	15 732	3 207	2 380			
东丰县	7 927	912	1 202	5 209	699	845	2 718	213	357
东辽县	7 609	469	780	1 020	169	223	6 589	300	557
通化市	**60 582**	**8 839**	**9 961**	**41 448**	**6 546**	**8 232**	**19 134**	**2 293**	**1 729**
市区	16 383	2 949	4 167	16 383	2 949	4 167			
梅河口市	13 575	1 758	1 845	9 223	1 112	1 428	4 352	646	417
集安市	6 132	817	815	2 506	474	468	3 626	343	347
通化县	5 425	1 118	613	2 507	617	432	2 918	501	181

14—7 续表　　(1992年末)　　单位：人

市、县	城乡合计			城镇			乡村		
	零售商业	饮食业	服务业	零售商业	饮食业	服务业	零售商业	饮食业	服务业
辉南县	9 669	1 106	1 540	5 857	654	977	3 812	452	563
柳河县	9 398	1 091	981	4 972	740	760	4 426	351	221
浑江市	**43 027**	**7 022**	**6 403**	**36 222**	**6 531**	**5 609**	**6 805**	**491**	**794**
市区	26 076	5 115	3 820	26 076	5 115	3 820			
抚松县	10 765	1 024	2 096	6 050	813	1 393	4 715	211	703
靖宇县	2 983	521	315	2 035	354	256	948	167	59
长白县	3 203	362	172	2 061	249	140	1 142	113	32
松原市	**62 377**	**7 743**	**6 113**	**36 750**	**5 444**	**4 460**	**25 627**	**2 299**	**1 653**
扶余区	27 798	3 343	2 064	14 907	2 548	1 336	12 891	795	728
长岭县	11 423	1 991	1 177	5 385	1 134	740	6 038	857	437
前郭县	16 894	1 815	1 940	12 203	1 311	1 783	4 691	504	157
乾安县	6 262	594	932	4 255	451	601	2 007	143	331
白城地区	**63 898**	**8 281**	**7 034**	**51 624**	**7 109**	**6 044**	**12 274**	**1 172**	**990**
白城市	20 168	3 336	2 236	20 150	3 336	2 236	18		
洮南市	12 940	1 261	1 194	9 230	992	933	3 710	269	261
大安市	14 298	1 943	1 767	10 602	1 496	1 478	3 696	447	289
镇赉县	5 983	935	892	4 004	659	647	1 979	276	245
通榆县	10 509	806	945	7 638	626	750	2 871	180	195
延边朝鲜族自治州	**71 888**	**16 024**	**13 768**	**56 167**	**14 059**	**11 937**	**15 721**	**1 965**	**1 831**
延吉市	15 785	4 781	3 814	15 785	4 781	3 814			
图们市	7 808	1 674	1 582	7 808	1 674	1 582			
敦化市	13 737	2 241	1 825	10 189	1 897	1 272	3 548	344	553
龙井市	6 952	1 689	1 345	4 490	1 309	1 044	2 462	380	301
珲春市	8 523	1 720	1 050	5 189	1 262	909	3 334	458	141
和龙县	5 329	1 295	1 368	3 294	1 011	1 030	2 035	284	338
汪清县	8 922	1 617	1 274	6 226	1 421	1 098	2 696	196	176
安图县	4 832	1 007	1 510	3 186	704	1 188	1 646	303	322

14—8 社会零售商业分行业机构和人员数

项　　目	1980年	1985年	1990年	1991年	1992年
机　构（个）	**28 356**	**176 944**	**186 264**	**203 185**	**226 336**
粮油商店	1 187	1 992	2 850	2 885	3 263
副食品商店	1 227	4 066	3 147	2 924	2 767
其他食品商店	538	3 218	2 583	2 697	2 976
纺织品商店		55	320	309	255
百货商店	1 298	3 187	2 857	2 919	3 715
医药商店	194	429	654	717	862
书　　店	175	353	390	455	511
日用杂品商店	360	854	1 136	1 068	1 085
煤炭商店	361	372	437	439	507
石油商店		162	310	359	557
五金、交电、化工商店	109	1 284	2 126	2 252	2 852
农业生产资料商店	623	787	950	980	1 099
友谊商店	1	2			
其他专业商店	80	2 323	2 825	2 420	2 679
综合性商店	22 203	12 213	9 832	9 505	9 566
个体有证商店		145 647	155 847	173 256	193 642
人　员（人）	**219 908**	**567 146**	**639 740**	**676 385**	**734 624**
粮油商店	13 900	21 082	36 314	33 924	40 942
副食品商店	30 056	53 209	49 131	42 987	42 494
其他食品商店	13 317	33 109	27 359	28 483	27 180
纺织品商店		1 277	2 782	2 547	3 227
百货商店	40 407	67 179	78 612	89 676	98 050
医药商店	3 351	8 655	10 733	11 958	12 467
书　　店	1 421	4 033	3 368	3 566	4 005
日用杂品商店	5 222	13 312	14 340	13 379	14 711
煤炭商店	7 441	6 107	8 308	8 157	10 312
石油商店		4 188	6 708	7 364	9 654
五金、交电、化工商店	3 751	21 372	28 608	31 130	39 189
农业生产资料商店	7 237	8 170	11 765	12 485	15 870
友谊商店	6	33			
其他专业商店	1 749	32 031	40 693	36 286	38 899
综合性商店	92 050	126 277	117 599	125 954	122 329
个体有证商店		167 112	203 420	228 489	255 295

注：1980年个体有证商店划入专业商店中，没单列出。

14—9 社会服务业分行业机构和人员数

项　　目	1980年	1985年	1990年	1991年	1992年
一、机构（个）	**8 595**	**31 649**	**36 723**	**37 017**	**38 974**
旅 馆 业	891	2 895	4 351	4 051	4 322
理 发 业	1 718	4 517	10 221	10 493	10 907
浴 池 业	76	101	110	118	123
洗 染 业	30	78	205	234	218
摄 影 业	917	2 192	2 896	2 564	2 540
日用品修理业		13 899	12 780	13 456	14 933
其他服务业	4 963	7 967	6 160	6 101	5 931
二、人员（人）	**39 434**	**132 319**	**106 147**	**103 068**	**108 456**
旅 馆 业	11 215	32 306	40 699	37 306	39 235
理 发 业	6 905	10 291	15 493	16 431	16 437
浴 池 业	1 807	2 200	2 963	2 965	2 708
洗 染 业	457	1 074	938	1 029	897
摄 影 业	5 543	6 304	6 778	6 187	6 462
日用品修理业		33 583	21 349	19 981	22 958
其他服务业	13 507	46 561	17 927	19 169	19 759

14—10 社会商品购买力来源和分配

单位：万元

项　　　　目	1986年	1988年	1989年	1990年	1991年	1992年
一、货币收入总额	**1 777 283**	**2 746 460**	**2 999 409**	**3 336 117**	**3 727 361**	**4 360 796**
1. 全民所有制职工工资	407 134	584 498	662 084	733 882	816 535	945 410
2. 城镇集体所有制单位职工工资	179 937	255 493	265 176	266 156	243 947	264 870
3. 各种合营单位职工工资	182	385	855	1 516	2 828	10 270
4. 城镇个体劳动者净货币收入	65 835	125 213	178 897	186 883	198 323	320 616
5. 其他职业者收入	24 260	26 460	30 989	36 538	39 378	45 999
6. 农民从集体统一经营中得到的收入	26 351	45 613	36 942	34 519	41 044	41 826
7. 农民从经济联合体得到的收入	438	566	626	470	45	1 222
8. 农民出售农副产品的收入	491 497	803 061	876 753	1 098 890	1 117 633	1 187 815
9. 农民从事工业和手工业的净货币收入	7211	6 761	6 909	7 781	11 379	14 158
10. 农民劳务净收入	51 971	58 991	66 451	53 366	73 613	94 038
11. 居民从国家财政得到的收入	15 051	17 016	20 736	23 736	33 700	33 123
12. 银行和信用社农贷净增加额	27 921		9 489	6 803	31 022	
13. 居民其他货币收入	331 646	632 488	644 346	683 144	874 130	1 115 083
14. 外宾购买公用消费品的货币	695	802	675	941	1 172	1 501
15. 社会集团购买公用消费品的货币	146 194	189 113	195 099	196 985	237 864	278 992
16. 村（队）购买农业生产资料的货币	960		3 382	4 507	4 748	5 873
二、货币支出总额	**1 601 981**	**2 282 603**	**2 556 873**	**2 642 266**	**3 005 917**	**3 617 803**
1. 购买商品支出	1419 972	2 020 391	2 226 581	2 254 619	2 553 458	2 981 780
2. 居民文化生活服务支出	51 944	84 592	98 085	124 157	153 568	227 982
3. 居民向国家缴纳的各种税金	11 601	27 031	19 692	24 789	24 764	29 078
4. 银行和信用社农贷净减少额		4142				13 511
5. 居民其他货币支出	84 285	128 216	182 825	200 547	234 582	316 376
6. 汇（带）往外地货币差额	34 179	18 231	29 690	38 154	39 545	49 076
三、年末结余货币总额	**867 947**	**1 629 337**	**2 071 873**	**2 765 724**	**3 487 168**	**4 230 161**
1. 居民储蓄存款	585 000	1 118 956	1 472 871	1 982 540	2 566 444	3 154 161
2. 居民手存现金	282 947	510 381	599 002	783 184	920 724	1 076 000

14－11 历年社会商品零售总额

单位：万元

年份	社会商品零售总额	按用途对象分			按经济类型分				
		消费品	#售给社会集团	农业生产资料	全民所有制	集体所有制	合营	个体	农民对非农业居民
1949	20 724	20 092	2 798	632	3 503	4 518		8 703	4 000
1950	36 300	35 482	4 900	818	5 728	8 381	808	16 883	4 500
1951	53 150	51 770	7 172	1 380	10 914	13 521	1 139	23 576	4 000
1952	76 676	73 775	9 444	2 901	20 187	32 456	893	19 640	3 500
1953	102 200	97 564	10 521	4 636	25 702	47 661	2 466	23 769	2 602
1954	110 887	104 819	15 972	6 068	30 605	55 545	2 887	19 544	2 306
1955	103 375	98 602	13 287	4 773	40 525	41 636	4 270	13 874	3 070
1956	121 312	114 495	16 274	6 817	56 491	41 495	18 575	1 893	2 858
1957	124 342	119 450	15 491	4 892	61 200	35 570	22 685	1 589	3 298
1958	143 271	129 458	19 166	13 813	73 558	42 867	23 278	1 148	2 420
1959	184 995	171 987	22 133	13 008	94 484	57 491	28 495	1 500	3 025
1960	217 133	197 133	25 724	20 000	121 119	63 210	27 504	1 300	4 000
1961	203 031	188 480	18 501	14 551	121 820	68 011		1 200	12 000
1962	201 737	189 327	15 360	12 410	119 130	74 619		1 000	6 988
1963	194 884	183 655	14 729	11 229	111 922	76 023		915	6 024
1964	197 264	186 371	17 576	10 893	116 669	75 525		945	4 125
1965	200 438	186 846	17 978	13 592	124 618	71 340		1 011	3 469
1966	216 529	198 323	26 047	18 206	136 519	75 510		1 100	3 400
1967	227 135	207 020	27 131	20 115	139 822	82 713		1 000	3 600
1968	221 305	201 163	26 299	20 142	134 303	82 202		1 100	3 700
1969	246 680	223 045	29 357	23 635	153 187	88 593		900	4 000
1970	263 187	231 586	31 531	31 601	165 292	91 395		800	5 700
1971	286 833	246 238	33 274	40 595	174 120	106 813		800	5 100
1972	317 391	275 789	37 194	41 602	197 394	113 497		900	5 600
1973	334 968	288 869	36 440	46 099	211 580	116 788		700	5 900
1974	357 276	307 336	41 815	49 940	222 785	127 891		600	6 000
1975	390 779	338 102	46 140	52 677	238 887	145 192		500	6 200
1976	411 622	352 880	47 788	58 742	253 714	152 508		500	4 900
1977	430 722	371 183	50 205	59 539	264 714	160 508		400	5 100
1978	444 209	385 620	47 295	58 589	267 367	169 924		318	6 600
1979	519 344	453 079	53 209	66 265	310 899	192 666		789	14 990
1980	602 511	528 330	58 790	74 181	342 625	235 406	5	4 956	19 519
1981	675 484	592 590	63 265	82 894	352 961	279 366		17 370	25 787
1982	762 504	670 226	73 823	92 278	371 689	320 055		35 997	34 763
1983	859 150	755 406	84 840	103 744	388 167	350 716	128	74 053	46 086
1984	1 045 974	914 002	104 705	131 972	460 550	414 860		106 335	64 229
1985	1 240 891	1 119 958	128 343	120 933	510 450	466 333		174 382	89 726
1986	1 419 972	1 278 126	146 194	141 846	590 253	507 785	763	214 755	106 416
1987	1 628 442	1 454 974	177 509	173 468	672 407	585 503	1 832	237 244	131 456
1988	2 020 391	1 808 111	189 113	212 280	825 273	688 061	4 970	333 303	168 784
1989	2 226 581	1 982 953	195 099	243 628	895 341	697 668	8 133	431 126	194 313
1990	2 254 619	1 989 470	196 985	265 149	911 390	702 260	8 636	413 902	218 431
1991	2 553 458	2 236 919	237 864	316 539	1 062 803	709 565	16 350	504 457	260 283
1992	2 981 780	2 614 745	278 992	367 035	1 235 359	718 635	46 605	679 471	301 710

14—11 续表

单位：万元

年份	社会商品零售总额	按城乡分		按行业分				
		城镇	乡村	商业	饮食业	工业	其他行业	农民对非农业居民零售
1949	20 724			15 284	400	1 040		4 000
1950	36 300			26 747	979	4 074		4 500
1951	53 150			40 600	1 639	6 911		4 000
1952	76 676	48 243	28 433	64 353	2 359	6 464		3 500
1953	102 200	63 342	38 858	87 728	3 549	8 321		2 602
1954	110 887	71 980	38 907	97 082	4 030	7 469		2 306
1955	103 375	65 301	38 074	89 168	3 493	7 023	621	3 070
1956	121 312	74 146	47 166	108 218	4 124	5 800	312	2 858
1957	124 342	79 584	44 758	110 294	4 666	5 709	375	3 298
1958	143 271	83 337	59 934	128 777	4 760	6 818	495	2 420
1959	184 995	113 074	71 921	168 489	6 102	6 859	520	3 025
1960	217 133	131 219	85 914	197 908	6 400	8 036	789	4 000
1961	203 031	135 656	67 375	166 734	7 536	11 618	5 143	12 000
1962	201 737	128 869	72 868	172 451	8 888	10 380	3 030	6 988
1963	194 884	126 986	67 898	170 041	9 283	8 740	796	6 024
1964	197 264	133 532	63 732	176 174	9 114	7 137	714	4 125
1965	200 438			181 070	8 048	6 827	1 024	3 469
1966	216 529			195 645	7 674	6 669	3 141	3 400
1967	227 135			206 302	8 021	6 377	2 835	3 600
1968	221 305			200 921	7 977	5 628	3 079	3 700
1969	246 680			224 153	7 693	7 149	3 685	4 000
1970	263 187			234 626	8 123	7 794	6 944	5 700
1971	286 833			256 265	8 310	9 980	7 178	5 100
1972	317 391			286 079	10 393	10 623	4 696	5 600
1973	334 968			300 821	11 697	14 017	2 533	5 900
1974	357 276			321 238	12 920	15 161	1 957	6 000
1975	390 779	277 124	113 655	351 226	15 274	14 413	3 666	6 200
1976	411 622	279 787	131 835	369 350	15 286	17 092	4 994	4 900
1977	430 722	290 708	140 014	387 682	15 165	18 572	4 203	5 100
1978	444 209	291 514	152 695	399 062	15 854	17 652	5 041	6 600
1979	519 344	316 707	202 637	448 582	18 937	25 694	11 141	14 990
1980	602 511	377 198	225 313	505 478	24 509	41 766	11 239	19 519
1981	675 484	430 405	245 079	556 216	29 934	50 538	13 009	25 787
1982	762 504	490 219	272 285	614 590	38 307	58 123	16 721	34 763
1983	859 150	555 884	303 266	682 712	46 380	65 950	18 022	46 086
1984	1 045 974	662 759	383 215	830 143	52 394	77 115	22 093	64 229
1985	1 240 891	843 468	397 423	971 511	65 462	86 709	27 483	89 726
1986	1 419 972	979 384	440 588	1 100 626	71 948	109 356	31 626	106 416
1987	1 628 442	1 131 042	497 400	1 242 801	81 881	133 630	38 674	131 456
1988	2 020 391	1 441 649	578 742	1 535 813	104 819	157 715	53 260	168 784
1989	2 226 581	1 592 980	633 601	1 699 234	112 779	159 494	60 761	194 313
1990	2 254 619	1 607 039	647 580	1 717 162	108 295	151 215	59 516	218 431
1991	2 553 458	1 840 771	712 687	1 951 497	117 840	164 378	59 460	260 283
1992	2 981 780	2 199 504	782 276	2 254 726	143 653	204 836	76 855	301 710

注：1966—1977年的社会商品零售总额、消费品、全民所有制零售额做了调整。

14—12 各市县社会商品零售总额

(1992年)　　单位:万元

市、县	社会商品零售总额	按对象分			
		消费品	售给农民	售给社会集团	农业生产资料
全　　省	**2 981 780**	**2 614 745**	**2 335 753**	**278 992**	**367 035**
长　春　市	**763 030**	**647 593**	**556 419**	**91 174**	**115 437**
市　区	526 385	481 094	397 976	83 118	45 291
九台市	52 115	40 409	38 940	1 469	11 706
榆树市	67 568	49 615	46 375	3 240	17 953
农安县	50 101	30 773	29 760	1 013	19 328
德惠县	40 625	26 412	25 627	785	14 213
双阳县	26 236	19 290	17 741	1 549	6 946
吉　林　市	**644 976**	**604 034**	**519 649**	**84 385**	**40 942**
市　区	411 449	398 778	336 222	62 556	12 671
桦甸市	38 083	34 844	31 998	2 846	3 239
蛟河市	41 284	37 848	33 993	3 855	3 436
舒兰市	57 607	50 233	45 711	4 522	7 374
永吉县	55 553	46 261	39 029	7 232	9 292
磐石县	41 000	36 070	32 696	3 374	4 930
四　平　市	**324 765**	**266 590**	**245 608**	**20 982**	**58 175**
市　区	112 692	104 589	96 156	8 433	8 103
公主岭市	69 447	51 020	44 494	6 526	18 427
梨树县	68 492	52 098	49 036	3 062	16 394
伊通县	33 328	27 756	26 146	1 610	5 572
双辽县	40 806	31 127	29 776	1 351	9 679
辽　源　市	**108 119**	**93 809**	**87 928**	**5 881**	**14 310**
市　区	55 680	53 739	49 738	4 001	1 941
东丰县	33 612	26 861	25 690	1 171	6 751
东辽县	18 827	13 209	12 500	709	5 618
通　化　市	**229 208**	**205 875**	**189 705**	**16 170**	**23 333**
市　区	68 509	66 446	58 687	7 759	2 063
梅河口市	58 016	49 415	46 826	2 589	8 601
集安市	23 708	20 922	19 735	1 187	2 786
通化县	19 926	18 331	16 322	2 009	1 595

14—12 续表 1 (1992年) 单位：万元

市、县	社会商品零售总额	按对象分 消费品	售给农民	售给社会集团	农业生产资料
辉南县	29 491	25 641	24 539	1 102	3 850
柳河县	29 558	25 120	23 596	1 524	4 438
浑江市	**152 251**	**140 607**	**130 354**	**10 253**	**11 644**
市区	105 494	96 577	90 556	6 021	8 917
抚松县	28 408	27 714	25 646	2 068	694
靖宇县	9 673	8 353	7 739	614	1 320
长白县	8 676	7 963	6 413	1 550	713
松原市	**208 073**	**151 505**	**141 302**	**10 203**	**56 568**
扶余区	75 676	54 621	52 170	2 451	21 055
长岭县	37 526	25 296	24 347	949	12 230
前郭县	68 545	51 276	45 293	5 983	17 269
乾安县	26 326	20 312	19 492	820	6 014
白城地区	**213 673**	**183 418**	**165 207**	**18 211**	**30 255**
白城市	80 839	74 148	67 533	6 615	6 691
洮南市	39 822	34 424	30 600	3 824	5 398
大安市	36 391	29 690	25 822	3 868	6 701
镇赉县	26 356	21 342	18 751	2 591	5 014
通榆县	30 265	23 814	22 501	1 313	6 451
延边朝鲜族自治州	**337 685**	**321 314**	**299 581**	**21 733**	**16 371**
延吉市	110 359	107 712	99 842	7 870	2 647
图们市	32 810	32 052	30 112	1 940	758
敦化市	52 077	48 746	46 255	2 491	3 331
龙井市	31 471	28 680	25 961	2 719	2 791
珲春市	32 858	30 773	28 086	2 687	2 085
和龙县	27 514	25 758	24 012	1 746	1 756
汪清县	31 087	29 356	27 987	1 369	1 731
安图县	19 509	18 237	17 326	911	1 272

14—12 续表 2　　(1992年)　　单位：万元

市、县	按经济类型分					
	全民所有制	集体所有制	供销社	合营	个体	农民对非农业居民零售额
全省	**1 235 359**	**718 635**	**361 981**	**46 605**	**679 471**	**301 710**
长春市	**365 437**	**187 232**	**88 301**	**46 270**	**113 583**	**50 508**
市区	266 245	100 863	22 223	46 109	74 779	38 389
九台市	24 786	17 366	11 360		6 830	3 133
榆树市	24 789	28 948	21 414		12 032	1 799
农安县	20 715	18 232	15 096		7 591	3 563
德惠县	18 516	13 032	10 875	161	7 088	1 828
双阳县	10 386	8 791	7 333		5 263	1 796
吉林市	**227 995**	**144 008**	**56 438**	**108**	**189 366**	**83 499**
市区	145 785	74 731	9 961	108	147 275	43 550
桦甸市	12 141	10 006	7 015		8 196	7 740
蛟河市	17 411	9 436	6 151		10 664	3 773
舒兰市	22 215	18 856	12 605		8 626	7 910
永吉县	17 235	19 425	13 863		6 566	12 327
磐石县	13 208	11 554	6 843		8 039	8 199
四平市	**130 261**	**97 568**	**58 783**		**67 410**	**29 526**
市区	46 931	17 982	5 121		38 036	9 743
公主岭市	24 264	28 294	19 917		10 689	6 200
梨树县	26 929	28 433	16 866		7 009	6 121
伊通县	12 116	10 962	7 901		6 742	3 508
双辽县	20 021	11 897	8 978		4 934	3 954
辽源市	**43 702**	**25 774**	**17 891**		**27 046**	**11 597**
市区	27 549	7 716	2 809		13 103	7 312
东丰县	11 365	10 090	7 550		9 697	2 460
东辽县	4 788	7 968	7 532		4 246	1 825
通化市	**94 348**	**53 397**	**29 885**		**57 455**	**24 008**
市区	30 493	13 933	3 121		16 039	8 044
梅河口市	28 915	10 147	6 761		14 879	4 075
集安市	6 383	7 402	5 978		7 384	2 539
通化县	7 778	5 983	3 269		4 525	1 640

14—12 续表 3　　(1992年)　　单位：万元

市、县	按经济类型分 全民所有制	集体所有制	供销社	合营	个体	农民对非农业居民零售额
辉南县	10 259	8 341	5 257		6 901	3 990
柳河县	10 520	7 591	5 499		7 727	3 720
浑江市	**66 861**	**29 667**	**11 434**		**31 232**	**24 491**
市区	46 484	20 579	6 185		19 908	18 523
抚松县	13 405	4 229	2 349		5 895	4 879
靖宇县	3 755	2 258	1 450		2 836	824
长白县	3 217	2 601	1 450		2 593	265
松原市	**86 184**	**64 065**	**38 577**	**12**	**39 118**	**18 694**
扶余区	32 175	21 379	15 635		12 308	9 814
长岭县	15 216	15 520	8 670	12	3 966	2 812
前郭县	26 457	20 258	8 728		18 587	3 243
乾安县	12 336	6 908	5 544		4 257	2 825
白城地区	**89 760**	**53 285**	**25 925**		**44 736**	**25 892**
白城市	29 189	21 368	5 616		19 920	10 362
洮南市	16 017	8 199	5 364		11 230	4 376
大安市	19 298	8 516	3 846		4 316	4 261
镇赉县	12 764	6 004	4 749		2 884	4 704
通榆县	12 492	9 198	6 350		6 386	2 189
延边朝鲜族自治州	**130 811**	**63 639**	**34 747**	**215**	**109 525**	**33 495**
延吉市	47 680	11 606	6 041	140	41 362	9 571
图们市	8 863	5 513	2 716		15 470	2 964
敦化市	18 585	13 912	6 508		13 759	5 821
龙井市	15 519	7 242	4 965		5 737	2 973
珲春市	11 286	6 523	2 996	75	12 219	2 755
和龙县	11 823	5 209	3 200		8 026	2 456
汪清县	9 478	8 473	5 115		8 615	4 521
安图县	7 577	5 161	3 206		4 337	2 434

14—13 社会消费品零售额和构成

	社会消费品零售额	食品类	衣着类	日用品类	房屋和建材类	文化娱乐用品类	书报杂志类	药和医疗用品类	燃料类
绝对数（万元）									
1952	73 775	36 160	18 894	10 650		1 201	698	2 722	3 450
1957	119 450	58 011	25 305	19 308		2 842	1 430	4 887	7 667
1962	189 327	86 992	30 599	43 389		6 609	1 648	9 830	10 260
1965	186 846	88 500	36 431	31 318		6 238	2 278	10 912	11 169
1970	231 586	108 386	51 155	39 858		5 493	1 613	12 393	12 688
1975	338 102	156 883	76 009	54 600		9 686	3 279	20 420	17 225
1978	385 620	177 538	88 158	63 675		11 913	4 218	20 848	19 270
1980	528 330	246 564	114 894	97 741		19 020	6 667	22 311	21 133
1981	592 590	282 568	126 674	109 629		21 371	7 068	23 813	21 467
1982	670 226	313 068	147 013	128 275		24 504	7 862	27 048	22 456
1983	755 406	363 526	149 476	128 469	18 685	30 195	8 767	30 242	26 046
1984	914 002	434 476	167 041	167 479	26 392	40 761	13 378	32 029	32 446
1985	1 119 958	541 687	190 791	209 056	34 856	58 409	15 583	33 199	36 377
1986	1 278 126	622 958	217 658	236 985	43 167	63 954	16 947	36 601	39 856
1987	1 454 974	686 376	250 657	270 711	58 035	81 396	18 120	43 794	45 885
1988	1 808 111	839 292	315 551	336 571	76 563	108 525	20 955	60 297	50 357
1989	1 982 953	921 303	348 351	362 295	81 841	113 258	26 453	70 598	58 854
1990	1 989 470	917 390	355 427	353 183	71 883	120 575	29 602	78 372	63 038
1991	2 236 919	1 025 909	413 082	386 145	79 680	135 682	36 936	88 485	71 000
1992	2 614 745	1 176 483	485 019	466 372	112 086	157 932	42 754	104 833	69 266
构　成（%）									
1952	100	49.0	25.6	14.4		1.6	1.0	3.7	4.7
1957	100	48.5	21.2	16.2		2.4	1.2	4.1	6.4
1962	100	45.9	16.2	22.9		3.5	0.9	5.2	5.4
1965	100	47.4	19.5	16.8		3.3	1.2	5.8	6.0
1970	100	46.8	22.1	17.2		2.4	0.7	5.3	5.5
1975	100	46.4	22.5	16.1		2.9	1.0	6.0	5.1
1978	100	46.0	22.9	16.5		3.1	1.1	5.4	5.0
1980	100	46.7	21.7	18.5		3.6	1.3	4.2	4.0
1981	100	47.7	21.4	18.5		3.6	1.2	4.0	3.6
1982	100	46.7	21.9	19.1		3.7	1.2	4.0	3.4
1983	100	48.1	19.8	17.0	2.5	4.0	1.2	4.0	3.4
1984	100	47.5	18.3	18.3	2.9	4.5	1.5	3.5	3.5
1985	100	48.4	17.0	18.7	3.1	5.2	1.4	3.0	3.2
1986	100	48.7	17.0	18.6	3.4	5.0	1.3	2.9	3.1
1987	100	47.2	17.2	18.6	4.0	5.6	1.2	3.0	3.2
1988	100	46.4	17.5	18.6	4.2	6.0	1.2	3.3	2.8
1989	100	46.5	17.6	18.3	4.1	5.7	1.3	3.5	3.0
1990	100	46.1	17.9	17.8	3.6	6.0	1.5	3.9	3.2
1991	100	45.8	18.5	17.3	3.6	6.1	1.6	3.9	3.2
1992	100	45.0	18.6	17.8	4.3	6.0	1.6	4.0	2.7

14—14 各市县社会消费品零售额

(1992年)　　　　单位：万元

市、县	社会消费品零售总额	食品类	#粮食	衣着类	日用百货及杂品类	文化娱乐用品类
全省	**2 614 745**	**1 176 483**	**329 273**	**485 019**	**466 372**	**157 932**
长春市	**647 593**	**279 286**	**76 498**	**124 771**	**114 622**	**31 928**
市区	481 094	211 206	45 613	92 174	88 125	22 134
九台市	40 409	18 176	9 451	9 983	5 644	1 876
榆树市	49 615	18 513	8 416	8 928	8 057	4 313
农安县	30 773	12 893	4 620	5 782	5 112	2 289
德惠县	26 412	9 908	4 495	5 386	5 750	823
双阳县	19 290	8 590	3 903	2 518	1 934	493
吉林市	**604 034**	**241 563**	**60 226**	**92 264**	**185 821**	**24 707**
市区	398 778	134 016	34 804	67 336	146 538	18 090
桦甸市	34 844	18 746	3 091	5 054	6 758	867
蛟河市	37 848	19 330	5 360	5 462	7 220	1 238
舒兰市	50 233	28 559	8 661	6 989	7 926	1 558
永吉县	46 261	22 873	4 597	4 181	8 893	2 153
磐石县	36 070	18 039	3 713	3 242	8 486	801
四平市	**266 590**	**113 222**	**34 319**	**56 593**	**38 683**	**18 626**
市区	104 589	47 647	12 496	19 848	13 973	6 743
公主岭市	51 020	15 826	5 835	12 360	7 928	7 094
梨树县	52 098	23 495	9 870	9 753	8 302	3 247
伊通县	27 756	10 374	3 240	7 071	4 817	289
双辽县	31 127	15 880	2 878	7 561	3 663	1 253
辽源市	**93 809**	**46 667**	**15 743**	**13 706**	**12 960**	**5 260**
市区	53 739	27 863	9 281	7 648	6 937	3 245
东丰县	26 861	11 674	3 742	3 467	3 659	1 865
东辽县	13 209	7 130	2 720	2 591	2 364	150
通化市	**205 875**	**101 864**	**28 031**	**36 604**	**30 252**	**18 447**
市区	66 446	31 719	8 280	12 787	11 560	3 859
梅河口市	49 415	25 774	4 214	8 193	4 859	6 984
集安市	20 922	10 456	1 819	3 952	4 417	964
通化县	18 331	9 179	4 037	3 507	2 441	1 384

14—14 续表 1 (1992年) 单位：万元

市、县	社会消费品零售总额	食品类	#粮食	衣着类	日用百货及杂品类	文化娱乐用品类
辉南县	25 641	12 564	5 510	3 965	3 359	2 878
柳河县	25 120	12 172	4 171	4 200	3 616	2 378
浑江市	**140 607**	**80 079**	**14 297**	**25 484**	**13 283**	**6 257**
市区	96 577	55 635	7 269	16 544	8 901	4 917
抚松县	27 714	16 431	4 748	5 195	2 419	683
靖宇县	8 353	4 159	1 499	1 406	1 073	487
长白县	7 963	3 854	781	2 339	890	170
松原市	**151 505**	**67 823**	**31 748**	**27 815**	**15 844**	**16 289**
扶余区	54 621	22 116	9 579	8 192	4 165	8 020
长岭县	25 296	10 094	6 576	4 999	3 147	1 507
前郭县	51 276	25 267	10 112	12 363	5 263	4 589
乾安县	20 312	10 346	5 481	2 261	3 269	2 173
白城地区	**183 418**	**85 107**	**31 072**	**34 584**	**21 040**	**19 070**
白城市	74 148	39 961	15 422	8 188	6 773	8 988
洮南市	34 424	12 262	5 064	9 135	5 121	5 633
大安市	29 690	10 955	1 485	6 829	3 861	891
镇赉县	21 342	10 788	6 358	4 578	2 583	960
通榆县	23 814	11 141	2 743	5 854	2 702	2 598
延边朝鲜族自治州	**321 314**	**160 872**	**37 339**	**73 198**	**33 867**	**17 348**
延吉市	107 712	54 688	9 762	28 701	8 073	5 672
图们市	32 052	15 385	3 077	7 818	3 406	2 556
敦化市	48 746	23 896	6 588	11 099	5 568	2 168
龙井市	28 680	14 542	3 441	3 978	3 133	1 673
珲春市	30 773	15 462	2 875	6 398	3 383	1 225
和龙县	25 758	13 272	4 901	5 098	3 555	938
汪清县	29 356	14 401	3 988	6 712	3 798	2 209
安图县	18 237	9 226	2 707	3 394	2 951	907

14—14 续表 2 (1992年) 单位：万元

市、县	书报杂志类	医药和医疗用品类	房屋和建筑材料类	#建筑材料	燃料类
全省	**42 754**	**104 833**	**112 086**	**79 151**	**69 266**
长春市	**15 196**	**34 594**	**30 085**	**23 370**	**17 111**
市区	10 469	30 438	14 788	13 187	11 760
九台市	1 679	1 303	895	895	853
榆树市	798	1 055	6 349	3 849	1 602
农安县	1 097	479	2 515	1 285	606
德惠县	614	840	1 764	1 764	1 327
双阳县	539	479	3 774	2 390	963
吉林市	**7 143**	**24 954**	**16 361**	**12 758**	**11 221**
市区	4 042	18 234	4 302	4 202	6 220
桦甸市	478	930	1 401	1 289	610
蛟河市	458	765	2 391	1 991	984
舒兰市	1 109	1 099	1 636	818	1 357
永吉县	559	3 080	3 315	2 540	1 207
磐石县	497	846	3 316	1 918	843
四平市	**4 955**	**9 082**	**16 257**	**10 173**	**9 172**
市区	2 041	2 687	7 148	3 341	4 502
公主岭市	841	2 379	3 171	2 571	1 421
梨树县	1 039	1 793	2 815	2 038	1 654
伊通县	711	1 121	2 333	1 533	1 040
双辽县	323	1 102	790	690	555
辽源市	**2 732**	**4 049**	**4 346**	**3 136**	**4 089**
市区	870	1 712	2 765	1 571	2 699
东丰县	1 785	1 857	1 335	1 335	1 219
东辽县	77	480	246	230	171
通化市	**2 567**	**6 700**	**6 139**	**4 647**	**3 302**
市区	992	2 161	1 893	1 503	1 475
梅河口市	438	1 739	1 065	1 065	363
集安市	185	540	122	108	286
通化县	203	1 091	117	75	409

14—14 续表 3 (1992年) 单位：万元

市、县	书报杂志类	医药和医疗用品类	房屋和建筑材料类	#建筑材料	燃料类
辉南县	427	499	1 756	756	193
柳河县	322	670	1 186	1 140	576
浑江市	**1 779**	**3 706**	**6 321**	**4 330**	**3 698**
市区	954	2 374	4 640	3 297	2 612
临江县					
抚松县	544	816	1 145	687	481
靖宇县	147	311	370	214	400
长白县	134	205	166	132	205
松原市	**2 525**	**5 240**	**8 904**	**8 141**	**7 065**
扶余区	1 259	2 288	4 158	3 812	4 423
长岭县	462	1 141	2 609	2 343	1 337
前郭县	538	1 232	1 137	986	887
乾安县	266	579	1 000	1 000	418
白城地区	**1 743**	**6 193**	**10 847**	**6 881**	**4 834**
白城市	741	2 816	4 279	1 237	2 402
洮南市	353	1 060	113	113	747
大安市	149	921	5 521	4 959	563
镇赉县	278	704	683	321	768
通榆县	222	692	251	251	354
延边朝鲜族自治州	**4 114**	**10 315**	**12 826**	**5 715**	**8 774**
延吉市	1 296	2 967	3 403	2 203	2 912
图们市	306	784	1 270	540	527
敦化市	602	1 114	2 776	1 150	1 523
龙井市	506	1 924	1 650	407	1 274
珲春市	277	634	2 532	508	862
和龙县	369	1 324	388	247	814
汪清县	332	921	470	360	513
安图县	426	647	337	300	349

14—15 历年社会农副产品收购总额

单位：万元

年份	社会农副产品收购总额	商业部门收购	#外贸	工业和其他部门收购	非农业居民向农民购买
1952	41 768	33 046		5 222	3 500
1953	45 881	36 604		6 675	2 602
1954	46 520	36 695		7 519	2 306
1955	46 211	36 209		6 932	3 070
1956	41 602	31 602		7 142	2 858
1957	42 534	32 487		6 749	3 298
1958	65 959	55 622	215	7 917	2 420
1959	75 266	68 567	187	3 674	3 025
1960	65 684	60 980	53	704	4 000
1961	70 447	50 008	61	8 439	12 000
1962	58 054	44 873	137	6 193	6 988
1963	55 553	46 483	193	3 046	6 024
1964	61 786	55 661	435	2 000	4 125
1965	64 882	58 098	584	3 315	3 469
1966	75 200	67 712		4 088	3 400
1967	81 600	73 429		4 571	3 600
1968	63 900	57 512		2 688	3 700
1969	62 000	55 803		2 197	4 000
1970	93 100	83 750		3 650	5 700
1971	87 500	78 750		3 650	5 100
1972	69 700	62 760		1 340	5 600
1973	106 400	95 738		4 762	5 900
1974	107 300	96 566		4 734	6 000
1975	122 000	109 835		5 965	6 200
1976	98 800	88 934		4 966	4 900
1977	105 800	95 219		5 481	5 100
1978	123 415	108 550	49	8 265	6 600
1979	146 709	122 666	225	9 053	14 990
1980	175 167	140 106	761	15 542	19 519
1981	251 119	207 078	2 296	18 254	25 787
1982	257 924	212 078	561	11 083	34 763
1983	361 011	301 375	3 507	13 550	46 086
1984	454 286	371 159	2 614	18 898	64 229
1985	428 222	308 440	4 687	33 153	86 629
1986	544 069	403 970	13 382	33 683	106 416
1987	731 401	527 163	11 453	72 782	131 456
1988	912 285	658 905	15 275	84 596	168 784
1989	1 021 309	737 731	54 360	89 265	194 313
1990	1 351 146	1 027 543	37 215	105 172	218 431
1991	1 278 489	883 427	70 346	134 779	260 283
1992	1 334 296	896 507	44 070	136 079	301 710

14—16 社会农副产品收购总额和收购量

(1992年)

项目	单位	全社会合计	#商业部门收购	#国合商业	#工业和其他部门收购	#非农业居民向农民购买
社会农副产品收购总额	**万元**	**1 334 296**	**896 507**	**759 531**	**136 079**	**301 710**
粮食	万吨	1 253.21	1 185.35	1 165.88	51.21	16.65
食用植物油	万吨	19.04	17.09	16.12	0.32	1.63
肥猪	万头	234.49	114.15	15.03	10.00	110.34
菜牛	万头	39.17	7.85	1.57	4.78	26.54
菜羊	万头	57.71	27.90	16.74	5.41	24.40
鲜蛋	吨	59 229	17 080	1 279	13 747	28 402
水产品	吨	79 179	34 502	3 344	3 500	41 177
茶叶	吨	1 396	1 312	1 294	84	
甜菜	万吨	84.70			84.70	
大麻	吨	59	59	56		
烤烟	吨	42 770	31 254	31 254	10 414	1 102
晒烟	吨	11 362	6 486	6 486	303	4 573
柞蚕茧	吨	371			371	
羊毛	吨	4 853	2 491	2 491	2 358	4
牛皮	万张	17	14	14	3	
绵羊皮	万张	18	6	6	12	
山羊皮	万张	9	7	4	2	
猪鬃	箱	302	302	155		
苇席	万领	3	3	3		

14－17 各市县社会农副产品收购总额

(1992 年)　　　　单位：万元

市、县	合　计	商业部门	#国合商业	工业和其他部门收购	非农业居民向农民购买
全　省	**1 334 296**	**896 507**	**759 531**	**136 079**	**301 710**
长春市	**324 661**	**254 944**	**197 258**	**19 209**	**50 508**
市区	151 233	104 520	61 988	8 324	38 389
九台市	34 457	29 484	26 351	1 840	3 133
榆树市	44 790	40 887	35 371	2 104	1 799
农安县	37 042	32 274	28 649	1 205	3 563
德惠县	40 663	34 485	33 413	4 350	1 828
双阳县	16 476	13 294	11 486	1 386	1 796
吉林市	**238 945**	**130 107**	**107 830**	**25 339**	**83 499**
市区	95 826	37 337	28 709	14 939	43 550
桦甸市	20 996	12 986	10 459	270	7 740
蛟河市	15 306	11 346	10 927	187	3 773
舒兰市	37 663	28 884	24 321	869	7 910
永吉县	47 174	27 464	26 815	7 383	12 327
磐石县	21 980	12 090	6 599	1 691	8 199
四平市	**188 677**	**147 480**	**135 045**	**11 671**	**29 526**
市区	27 883	17 897	11 676	243	9 743
公主岭市	61 845	47 346	44 490	8 299	6 200
梨树县	49 862	43 172	40 463	569	6 121
伊通县	20 897	16 196	15 646	1 193	3 508
双辽县	28 190	22 869	22 770	1 367	3 954
辽源市	**53 781**	**36 724**	**31 149**	**5 460**	**11 597**
市区	15 849	7 621	3 558	916	7 312
东丰县	23 879	16 885	15 385	4 534	2 460
东辽县	14 053	12 218	12 206	10	1 825
通化市	**101 048**	**50 758**	**44 477**	**26 282**	**24 008**
市区	15 899	5 238	3 789	2 617	8 044
梅河口市	24 299	13 784	13 100	6 440	4 075
集安市	14 835	10 410	9 646	1 886	2 539
通化县	8 994	4 746	3 976	2 608	1 640

14—17 续表　　(1992年)　　单位：万元

市、县	合　计	商业部门	#国合商业	工业和其他部门收购	非农业居民向农民购买
辉南县	21 532	9 347	8 063	8 195	3 990
柳河县	15 489	7 233	5 903	4 536	3 720
浑江市	**50 770**	**23 850**	**16 233**	**2 429**	**24 491**
市区	32 132	13 248	11 591	361	18 523
抚松县	14 058	9 002	3 825	177	4 879
靖宇县	3 259	804	505	1 631	824
长白县	1 321	796	312	260	265
松原市	**152 190**	**126 537**	**114 257**	**6 959**	**18 694**
扶余区	48 525	38 502	32 147	209	9 814
长岭县	47 498	44 511	41 351	175	2 812
前郭县	32 465	25 626	24 330	3 596	3 243
乾安县	23 702	17 898	16 429	2 979	2 825
白城地区	**114 142**	**67 071**	**56 509**	**21 179**	**25 892**
白城市	30 873	15 999	10 299	4 512	10 362
洮南市	24 175	15 995	14 206	3 804	4 376
大安市	19 252	11 450	9 906	3 541	4 261
镇赉县	13 503	7 599	7 531	1 200	4 704
通榆县	26 339	16 028	14 567	8 122	2 189
延边朝鲜族自治州	**111 243**	**60 197**	**55 968**	**17 551**	**33 495**
延吉市	22 451	7 357	7 244	5 523	9 571
图们市	8 197	2 928	2 843	2 305	2 964
敦化市	17 835	9 120	7 977	2 894	5 821
龙井市	11 320	5 046	4 615	3 301	2 973
珲春市	23 197	19 914	19 759	528	2 755
和龙县	7 197	4 331	3 342	410	2 456
汪清县	14 935	9 244	8 973	1 170	4 521
安图县	7 847	3 993	2 950	1 420	2 434

注：本表全省和各地区数字是分别计算的，故各地区相加不等于全省数。

14—18 历年社会农副产品收购量

年　份	粮　食（万吨）	棉　花（万吨）	食用植物油（万吨）	烤　烟（万吨）	肥　猪（万头）	绵羊毛（万吨）	水产品（万吨）
1952	271.06	0.01	1.14	0.87	42.86	0.03	0.90
1953	280.68	0.01	0.62	0.94	40.91	0.03	1.28
1954	248.45		0.70	0.76	48.36	0.03	1.34
1955	243.92		0.76	0.81	49.38	0.05	1.35
1956	165.96		0.39	0.75	54.42	0.05	1.33
1957	141.46		0.45	0.79	49.41	0.05	1.47
1958	319.80		0.90	1.10	76.95	0.06	0.99
1959	287.85		0.83	0.94	38.41	0.08	1.25
1960	239.50		0.36	0.56	56.77	0.10	1.67
1961	188.75		0.12	0.45	20.93	0.06	1.29
1962	190.07		0.06	0.52	42.78	0.07	1.22
1963	176.59		0.14	0.89	49.60	0.15	0.78
1964	198.81		0.30	1.23	82.45	0.16	0.80
1965	164.37		0.26	1.51	116.42	0.16	0.67
1966	202.70		0.27	0.23	106.38	0.16	2.55
1967	227.25		0.21	1.33	81.26	0.16	0.74
1968	208.55		0.27	1.44	96.79	0.15	0.23
1969	136.80	0.07	0.28	1.45	90.13	0.17	0.30
1970	264.40	0.03	0.22	1.68	78.63	0.26	0.37
1971	238.75		0.39	1.21	91.85	0.31	0.44
1972	145.98		0.69	1.69	114.35	0.29	0.38
1973	267.09		1.11	1.93	114.33	0.36	0.22
1974	265.05		1.43	1.37	110.95	0.40	0.37
1975	293.59		1.48	1.93	132.42	0.43	0.47
1976	199.28		1.71	1.58	138.87	0.33	0.36
1977	222.08		1.90	1.46	125.89	0.37	0.32
1978	271.58		1.97	1.87	140.52	0.36	0.17
1979	263.14		2.22	1.35	144.48	0.39	0.20
1980	231.29		4.70	1.27	187.72	0.48	0.10
1981	437.47		8.73	1.20	189.63	0.49	0.71
1982	432.46	0.02	7.86	2.05	199.71	0.50	1.10
1983	686.35	0.01	10.59	0.94	180.01	0.50	1.16
1984	840.44	0.01	15.18	1.65	179.23	0.51	2.15
1985	542.78	0.02	12.15	1.49	155.78	0.54	2.78
1986	683.39	0.03	12.11	1.00	206.77	0.44	3.65
1987	994.50	5.56	12.83	2.03	227.38	0.77	4.34
1988	1 060.10	5.15	14.89	4.01	196.49	0.77	5.21
1989	834.24	4.63	15.92	3.57	211.50	0.45	5.91
1990	1 459.43	1.98	19.49	3.32	212.45	0.96	5.91
1991	1 154.99	4.53	21.41	4.87	233.13	0.83	7.58
1992	1 253.21	3.27	19.04	4.28	234.49	0.49	7.92

注：本表按日历年度计算。

14—19 社会商业主要工业品收购量

项目	单位	1987年	1988年	1989年	1990年	1991年	1992年
盐	吨	202 931	178 962	342 904	189 678	217 922	206 583
食糖	吨	75 697	26 412	57 664	38 218	76 403	36 459
卷烟	箱	517 503	597 030	656 163	670 500	752 640	684 166
酒	吨	201 379	212 799	197 822	188 742	225 936	227 569
棉布	百米	859 611	819 262	665 787	531 391	407 485	323 810
棉花化纤混纺布	百米	199 851	216 149	140 946	132 537	129 676	99 888
化纤布	百米	62 690	79 718	68 969	60 613	66 844	51 344
呢绒	百米	62 319	66 878	56 009	53 726	65 646	51 044
绸缎	百米	142 223	139 949	97 778	74 311	80 453	55 647
针织内衣裤	百件	183 610	244 081	203 739	183 174	175 184	129 422
各种服装	百件	160 918	171 462	140 336	115 858	138 233	131 343
肥皂	百箱	8 294	10 943	8 323	9 656	7 188	6 200
洗衣粉	吨	9 544	12 169	12 541	12 150	10 482	14 214
缝纫机	架	77 501	78 341	99 137	62 994	68 276	44 402
手表	百只	4 752	10 033	11 703	13 863	13 030	7 726
自行车	辆	415 455	348 340	407 937	380 668	431 579	557 301
半导体收音机	部	80 118	92 349	165 034	206 955	234 411	181 501
电视机	台	309 880	233 756	323 750	302 331	372 194	351 982
录音机	台	270 441	291 367	239 177	200 809	205 620	155 251
录像机	台					9 712	24 313
照相机	架					16 604	17 851
电风扇	台	49 325	121 176	169 528	98 626	105 043	90 821
洗衣机	台	319 166	234 407	171 400	136 209	189 207	149 076
电冰箱	台	14 136	36 316	38 520	40 435	67 121	108 612
煤炭	吨	6 214 693	6 873 510	7 152 413	7 075 981	7 976 487	7 025 436

14—20 粮食收购量占产量的比重

项目	单位	1978年	1980年	1985年	1990年	1991年	1992年
粮食产量	万吨	914.7	859.6	1 225.26	2 046.52	1 898.87	1 840.30
粮食收购量	万吨	288.0	291.2	459.60	1 369.71	968.85	864.78
#净收购	万吨	218.0	238.1	395.38	1 331.01	934.99	841.88
收购量占产量比重	%	31.5	33.9	37.5	66.9	51.0	47.0
#净收购	%	23.8	27.7	32.3	65.0	49.2	45.7

注：粮食收购量为粮食部门粮食年度的原粮数。

14—21 农民对非农业居民的零售数量

项目	单位	1980年	1985年	1990年	1991年	1992年
粮食	吨	28 720	144 500	100 047	136 787	166 511
食用植物油	吨	660	5 242	9 558	12 095	16 285
肥猪	百头	1 680	7 305	7 925	9 745	11 034
菜牛	百头	133	832	1 721	2 091	2 654
菜羊	百头	610	1 891	1 772	2 336	2 440
家禽	百只	5 751	30 745	35 652	36 277	36 652
鲜蛋	吨	4 165	15 806	21 615	25 209	28 402
水产品	吨	1 999	18 340	29 897	37 958	41 177
蜂蜜	吨	6	98	95	161	216
烤烟	吨	86	218	244	214	1 102
晒烟	吨	4 932	6 319	3 719	3 569	4 573

14—22 社会商业商品购、销、存总额

单位：万元

项目	1987年	1988年	1989年	1990年	1991年	1992年
一、国内纯购进总额	**1 367 518**	**1 677 014**	**1 895 076**	**2 262 479**	**2 291 019**	**2 476 180**
全民所有制商业	971 877	1 135 125	1 263 604	1 693 914	1 662 856	1 726 066
集体所有制商业	307 408	424 736	465 286	407 255	443 110	486 132
其中：供销社	246 496	316 379	350 481	296 654	294 275	295 256
合营商业	39	320	36	123	3 754	16 526
个体商业	88 194	116 833	166 150	161 187	181 299	247 456
其中：农副产品购进	527 163	658 905	737 731	1 027 543	883 427	896 507
全民所有制商业	371 674	449 981	512 799	824 557	658 832	646 690
集体所有制商业	120 243	151 553	167 050	130 414	136 183	145 068
其中：供销社	113 900	141 669	152 967	114 823	115 869	112 841
个体商业	35 246	57 371	57 882	72 572	88 412	104 749
二、国内纯销售总额	**1 717 278**	**1 838 588**	**2 076 527**	**2 045 565**	**2 331 555**	**2 635 910**
全民所有制商业	893 944	792 959	942 672	932 062	1 166 281	1 290 245
集体所有制商业	632 350	798 169	799 931	784 173	749 276	757 388
其中：供销社	380 152	463 731	488 919	490 398	471 837	455 593
合营商业	134	377	46	186	4 279	25 657
个体商业	190 850	247 083	333 878	329 144	411 719	562 620
三、期末库存总额	**870 484**	**1 014 602**	**1 015 065**	**1 709 672**	**1 492 612**	**1 438 112**
全民所有制商业	626 166	730 703	689 721	1 382 535	1 123 240	1 051 008
集体所有制商业	230 853	267 978	311 034	315 310	345 720	350 547
其中：供销社	164 955	197 082	254 130	246 178	269 986	258 585
合营商业	4	17	4	78	1 866	2 683
个体商业	13 461	15 904	14 306	11 749	21 786	33 874

14—23 各市县社会商业国内纯购进总额

（1992年） 单位：万元

市、县	国内纯购进总额	全民商业	#外贸	集体商业	#供销社	合营商业	个体商业
全省	**2 476 180**	**1 726 066**	**298 944**	**486 132**	**295 256**	**16 526**	**247 456**
长春市	**710 291**	**507 901**	**71 569**	**122 731**	**71 952**	**16 513**	**63 146**
市区	498 464	353 318	69 750	86 094	40 644	16 513	42 539
九台市	41 093	23 587		11 898	10 524		5 608
榆树市	57 682	39 842	1 819	11 525	8 837		6 315
农安县	45 143	35 772		4 411	4 052		4 960
德惠县	48 354	40 443		6 644	6 060		1 267
双阳县	19 555	14 939		2 159	1 835		2 457
吉林市	**457 736**	**281 509**	**17 922**	**109 000**	**55 158**		**67 227**
市区	300 724	184 180	16 133	67 656	23 570		48 888
桦甸市	24 383	13 446	336	7 839	5 817		3 098
蛟河市	24 597	16 135	1 176	5 735	4 213		2 727
舒兰市	44 045	27 370	138	12 594	8 983		4 081
永吉县	41 037	28 153	113	10 327	9 562		2 557
磐石县	22 950	12 225	26	4 849	3 013		5 876
四平市	**268 873**	**192 995**	**2 851**	**50 899**	**31 342**		**24 979**
市区	79 477	50 704	2 851	15 049	6 533		13 724
公主岭市	69 600	54 050		10 441	6 522		5 109
梨树县	60 063	45 182		11 847	7 195		3 034
伊通县	24 387	18 529		3 729	1 658		2 129
双辽县	35 346	24 530		9 833	9 434		983
辽源市	**87 542**	**56 885**	**8 282**	**16 160**	**12 244**		**14 497**
市区	42 451	26 324	8 282	6 382	2 961		9 745
东丰县	26 106	15 808		5 558	5 063		4 740
东辽县	18 985	14 753		4 220	4 220		12
通化市	**152 412**	**93 425**	**6 509**	**48 318**	**33 545**		**10 669**
市区	40 555	25 370	6 509	13 987	4 576		1 198
梅河口市	51 497	37 616		11 425	10 367		2 456
集安市	16 310	6 071		9 317	8 681		922
通化县	12 986	6 916		4 712	2 105		1 358
辉南县	17 351	9 509		4 963	4 155		2 879

注：1. 本表全省和各地区是分别计算的，故各地区数相加不等于全省数。
2. 本表延边州和其各市县是分别计算的，故各市县数相加不等于延边州数。

14—23 续表　　(1992年)　　单位：万元

市、县	国内纯购进总额	全民商业	#外贸	集体商业	#供销社	合营商业	个体商业
柳河县	13 713	7 943		3 914	3 661		1 856
浑江市	**70 696**	**41 423**	**13 598**	**18 839**	**13 254**		**10 434**
市区	48 813	32 156	13 598	12 369	8 803		4 288
临江县	2 107	184		938			985
抚松县	12 654	6 207		3 511	3 075		2 936
靖宇县	3 413	1 613		969	709		831
长白县	3 709	1 263		1 052	667		1 394
松原市	**220 510**	**163 185**		**42 723**	**24 926**	**13**	**14 589**
扶余区	63 898	41 539		14 284	7 436		8 075
长岭县	58 344	41 459		15 391	9 641	13	1 481
前郭县	75 307	61 681		10 375	5 336		3 251
乾安县	22 961	18 506		2 673	2 513		1 782
白城地区	**159 568**	**96 236**	**8 697**	**45 267**	**27 392**		**18 065**
白城市	66 185	41 411	8 697	16 425	5 317		8 349
洮南市	28 378	17 029		6 370	4 837		4 979
大安市	24 223	13 742		7 782	5 038		2 699
镇赉县	14 730	11 883		2 840	2 652		7
通榆县	26 052	12 171		11 850	9 548		2 031
延边朝鲜族自治州	**221 071**	**161 296**	**47 635**	**35 925**	**29 173**		**23 850**
延吉市	73 935	50 568	5 102	10 675	7 998		12 692
图们市	17 459	11 439	1 749	3 034	2 463		2 986
敦化市	26 993	16 611		6 922	5 919		3 460
龙井市	18 532	14 099	1 197	3 647	2 829		786
珲春市	47 884	44 696	35 994	2 523	1 780		665
和龙县	11 486	7 085	498	3 262	3 170		1 139
汪清县	17 573	13 060	2 986	3 616	2 878		897
安图县	9 638	6 167	109	2 246	2 135		1 225

14—24 各市县社会商业国内纯销售总额

（1992年） 单位：万元

市、县	国内纯购进总额	全民商业	#外贸	集体商业	#供销社	合营商业	个体商业
全省	**2 635 910**	**1 290 245**	**4 772**	**757 388**	**455 593**	**25 657**	**562 620**
长春市	**682 137**	**367 657**	**4 032**	**189 891**	**109 484**	**25 645**	**98 944**
市区	470 446	275 034	4 032	104 551	38 592	25 645	65 216
九台市	46 182	22 809		17 482	13 722		5 891
榆树市	59 556	21 200		27 543	22 034		10 813
农安县	46 067	21 533		18 770	16 061		5 764
德惠县	37 294	17 827		13 187	11 567		6 280
双阳县	22 592	9 254		8 358	7 508		4 980
吉林市	**569 627**	**253 452**	**569**	**153 716**	**78 457**		**162 459**
市区	391 063	172 728	349	87 795	24 657		130 540
桦甸市	28 639	13 806	3	10 237	7 957		4 596
蛟河市	36 672	18 230	177	9 390	7 371		9 052
舒兰市	44 630	21 537		16 608	13 877		6 485
永吉县	37 590	13 933	2	18 774	16 539		4 883
磐石县	31 033	13 218	38	10 912	8 056		6 903
四平市	**288 502**	**127 882**		**105 792**	**72 375**		**54 828**
市区	100 635	47 197		21 547	9 488		31 891
公主岭市	61 278	24 430		27 684	21 298		9 164
梨树县	67 726	29 065		33 476	23 211		5 185
伊通县	25 927	9 803		11 298	8 855		4 826
双辽县	32 936	17 387		11 787	9 523		3 762
辽源市	**94 653**	**43 508**	**466**	**26 993**	**20 443**		**24 152**
市区	49 819	27 910	466	9 553	4 525		12 356
东丰县	27 986	9 954		9 521	8 175		8 511
东辽县	16 848	5 644		7 919	7 743		3 285
通化市	**213 944**	**105 181**		**59 670**	**37 447**		**49 093**
市区	64 442	35 537		16 451	5 252		12 454
梅河口市	58 348	32 742		12 723	9 712		12 883
集安市	21 930	7 651		7 752	6 835		6 527
通化县	19 680	8 951		6 612	3 446		4 117
辉南县	25 067	10 682		8 310	5 866		6 075

注：1. 本表全省和各地区是分别计算的，故各地区数相加不等于全省数。
　　2. 本表延边州和其各市县是分别计算的，故各市县数相加不等于延边州数。

14—24 续表　　(1992年)　　单位：万元

市、县	国内纯购进总额	全民商业	#外贸	集体商业	#供销社	合营商业	个体商业
柳河县	24 477	9 618		7 822	6 336		7 037
浑江市	**112 428**	**61 821**		**27 713**	**16 126**		**22 894**
市区	65 996	40 938		15 879	10 147		9 179
临江县	9 094	1 136		3 568			4 390
抚松县	21 772	12 911		3 844	2 642		5 017
靖宇县	8 162	3 708		2 343	1 770		2 111
长白县	7 404	3 128		2 079	1 567		2 197
松原市	**183 713**	**88 539**		**64 939**	**44 672**	**12**	**30 223**
扶余区	65 644	33 225		22 632	17 521		9 787
长岭县	34 236	16 385		15 995	10 819	12	1 844
前郭县	59 998	25 124		19 429	10 469		15 445
乾安县	23 835	13 805		6 883	5 863		3 147
白城地区	**177 057**	**86 957**		**56 088**	**33 219**		**34 012**
白城市	64 823	29 293		21 436	8 081		14 094
洮南市	33 636	15 290		8 929	6 289		9 417
大安市	28 525	17 038		8 554	5 513		2 933
镇赉县	21 745	13 422		6 181	5 036		2 142
通榆县	28 328	11 914		10 988	8 300		5 426
延边朝鲜族自治州	**312 994**	**156 750**	**16 020**	**70 229**	**41 551**		**86 015**
延吉市	99 955	52 289	420	15 665	7 832		32 001
图们市	28 970	9 503	262	6 607	4 337		12 860
敦化市	44 013	18 675		14 002	7 150		11 336
龙井市	30 020	17 703	10	7 872	5 870		4 445
珲春市	42 159	25 857	15 297	7 333	3 503		8 969
和龙县	25 388	13 884		5 658	3 997		5 846
汪清县	26 362	11 294		8 008	5 314		7 060
安图县	17 994	9 409	31	5 087	3 551		3 498

14—25 分地区社会消费品零售量

(1992年)

地区	粮食(吨)	食用植物油(吨)	猪和猪肉(百头)	牛和牛肉(百头)	羊和羊肉(百头)	鲜蛋(吨)	水产品(吨)	食糖(吨)
全省	**4 499 766**	**183 854**	**25 405**	**4 530**	**6 855**	**54 723**	**110 021**	**26 313**
长春市	1 017 554	31 758	5 404	1 513	1 317	15 012	23 762	8 144
吉林市	914 916	25 652	5 332	1 241	729	15 985	29 718	4 679
四平市	506 285	14 914	3 062	581	573	2 568	7 033	3 720
辽源市	227 483	1 986	1 715	313	232	851	2 507	742
通化市	462 160	11 385	2 950	448	585	4 692	9 069	2 180
浑江市	321 284	7 180	1 957	140	85	2 226	4 403	1 486
松原市	942 096	23 401	1 215	233	695	884	4 976	1 355
白城地区	625 470	23 893	1 839	166	1 402	3 096	16 382	1 008
延边朝鲜族自治州	420 484	14 416	1 905	562	1 130	8 302	13 098	3 305

14—25 续表 1

(1992年)

地区	卷烟(箱)	酒(吨)	茶叶(吨)	棉布(百米)	棉花化纤混纺布(百米)	化纤布(百米)	呢绒(百米)	绸缎(百米)	针织内衣裤(百件)
全省	**290 117**	**244 771**	**1 549**	**412 187**	**144 987**	**73 193**	**47 941**	**75 912**	**165 73**
长春市	69 997	91 757	349	105 308	44 200	21 195	13 769	22 344	33 498
吉林市	66 275	41 932	154	66 043	17 587	6 874	6 963	18 589	31 419
四平市	19 444	36 645	240	51 813	19 474	10 434	4 957	7 976	17 162
辽源市	5 102	3 205	16	18 447	3 604	4 087	581	2 483	5 814
通化市	25 944	20 269	43	24 455	7 791	4 944	1 679	3 455	14 559
浑江市	15 321	7 157	29	13 770	12 285	9 855	2 712	3 285	9 232
松原市	19 830	12 038	261	34 730	10 096	5 941	1 898	2 982	8 413
白城地区	23 284	14 775	420	28 473	9 604	4 752	7 128	6 231	12 070
延边朝鲜族自治州	57 428	47 605	45	46 297	16 656	4 366	5 664	8 455	31 053

14—25 续表 2 (1992 年)

地区	各种服装（百件）	毛线（百公斤）	皮鞋（百双）	胶鞋（百双）	火柴（百件）	肥皂（百箱）	洗衣粉（吨）	保温瓶（百个）	缝纫机（台）
全省	**174 749**	**19 302**	**62 763**	**96 673**	**3 323**	**7 892**	**15 631**	**13 250**	**52 659**
长春市	43 125	5 077	15 226	15 165	427	792	3 837	2 401	13 696
吉林市	24 157	2 877	13 239	20 178	1 187	2 898	1 345	2 360	7 182
四平市	15 905	2 986	7 846	7 111	243	2 302	10 233	2 075	4 814
辽源市	14 214	840	1 892	3 458	75	213	173	565	962
通化市	16 556	1 591	6 298	10 331	715	1 837	729	916	2 017
浑江市	8 433	1 312	4 285	11 618	191	523	523	1 000	4 071
松原市	11 247	626	3 745	4 167	144	578	570	1 330	6 563
白城地区	20 312	1 627	4 124	5 054	282	409	949	1 438	4 613
延边朝鲜族自治州	21 526	2 799	6 424	18 099	264	700	863	1 330	7 032

14—25 续表 3 (1992 年)

地区	手表（百只）	自行车（辆）	半导体收音机（台）	电视机（台）	录音机（台）	电风扇（台）	洗衣机（台）	电冰箱（台）	煤炭（吨）
全省	**7 272**	**565 885**	**178 999**	**316 271**	**181 384**	**98 680**	**153 127**	**100 89**	**7 342**
长春市	1 748	147 813	64 777	65 338	47 032	28 441	36 022	30 426	1 741
吉林市	2 657	102 513	31 087	66 920	29 105	14 864	32 193	32 779	812 29
四平市	1 561	67 550	22 421	35 333	17 254	10 002	17 067	6 811	392 70
辽源市	297	26 214	6 605	18 367	7 218	4 478	5 817	2 934	452 57
通化市	1 256	49 500	6 366	34 977	12 976	9 408	14 282	8 148	373 32
浑江市	470	23 098	6 076	10 412	10 866	2 376	6 994	3 059	784 20
松原市	273	38 357	7 623	26 035	12 550	8 132	15 599	4 957	313 73
白城地区	441	25 250	3 740	18 547	6 966	6 268	6 683	2 153	506 67
延边朝鲜族自治州	834	73 246	21 963	31 378	32 247	13 584	16 350	9 831	934 21

注：本表全省和各地区数字是分别计算的，故各地区相加不等于全省数，下页同。

14—26 社会商业主要商品销售量

项　　目	单位	1987年	1988年	1989年	1990年	1991年	1992年
粮　　食	吨	3 817 082	5 046 697	5 121 464	4 242 542	5 960 475	5 584 576
食用植物油	吨	134 151	180 560	141 463	139 971	155 222	173 310
猪和猪肉	百头	17 812	15 095	14 691	12 969	14 760	13 218
鲜　　蛋	吨	8 835	10 855	12 178	13 362	15 684	19 285
水 产 品	吨	63 579	59 808	65 386	62 810	67 559	66 128
盐	吨	255 164	209 413	242 161	212 197	198 902	193 660
食　　糖	吨	111 954	80 723	72 143	72 700	51 926	40 272
卷　　烟	箱	453 277	361 323	461 906	467 466	316 876	286 850
酒	吨	214 931	238 942	236 674	186 133	186 973	198 047
棉　　布	百米	1 076 698	1 062 936	809 747	654 961	508 084	400 061
棉花化纤混纺布	百米	306 927	240 093	223 645	176 701	161 128	130 848
# 涤棉混纺布	百米	259 792	173 193	164 937	128 410	115 121	99 691
化 纤 布	百米	139 632	156 529	102 675	79 647	84 784	71 179
呢　　绒	百米	77 129	69 414	52 166	46 136	46 698	43 062
绸　　缎	百米	142 715	160 429	132 784	97 648	87 318	69 781
针织内衣裤	百件	296 039	310 933	268 506	223 244	191 965	159 634
各种服装	百件	213 455	219 774	183 854	160 331	166 667	155 969
肥　　皂	百箱	14 091	19 606	12 309	12 649	7 994	7 828
洗 衣 粉	吨	16 160	22 629	18 749	20 132	12 026	15 321
缝 纫 机	架	135 777	152 706	112 286	94 415	79 440	53 191
手　　表	百只	13 279	12 708	9 261	8 987	7 345	6 479
自 行 车	辆	639 187	643 204	583 260	611 515	584 345	563 264
半导体收音机	台	141 854	159 173	161 933	195 851	222 972	178 899
电 视 机	台	441 998	407 650	304 577	340 004	349 597	311 456
# 彩　电	台	66 230	92 662	85 467	148 309	160 843	175 865
录 音 机	台	310 512	377 236	290 304	249 752	223 964	180 843
电 风 扇	台	87 310	149 784	178 530	111 872	80 689	98 867
洗 衣 机	台	254 089	284 371	180 400	149 948	146 843	138 915
电 冰 箱	台	32 632	57 940	54 731	60 975	61 025	82 420
煤　　炭	吨	6 262 353	6 848 252	6 701 879	6 480 192	7 914 350	6 914 006

14—27 城乡集市贸易情况

项　　目	单位	1978年	1980年	1985年	1990年	1991年	1992年
一、集市数	个	**303**	**473**	**1 269**	**1 429**	**1 404**	**1 529**
城　　市	个		98	370	474	434	484
乡　　村	个	303	375	899	955	970	1 045
二、集市贸易成交额	万元	**16 512**	**28 999**	**136 475**	**497 149**	**621 944**	**760 994**
城　　市	万元		6 070	64 550	317 882	420 385	542 283
乡　　村	万元	16 512	22 929	71 925	179 267	201 559	218 711
在成交额中：							
粮食油脂油料类	万元	1 415	3 839	9 036	22 047	26 927	31 724
肉禽蛋类	万元	2 206	5 642	23 446	102 512	122 202	150 032
水产品类	万元	220	856	6 139	31 690	41 656	47 746
蔬菜类	万元	3 838	5 994	17 695	69 613	82 947	90 156
干鲜果类	万元	663	1 294	8 730	49 633	56 543	68 191
饲料农具种苗类	万元	513	511	1 661	1 832	1 772	1 730
大牲畜类	万元	2 863	2 028	6 162	10 934	8 889	7 722
其他类	万元	4 794	8 835	63 606	208 888	281 008	363 693
三、集市贸易成交量							
粮　　食	吨		41 919	113 706	98 109	125 407	148 527
食用植物油及料折油	吨		794	3 522	7 929	14 272	18 881
猪　　肉	吨		13 654	64 948	97 891	122 056	141 107
牛　　肉	吨		1 451	4 589	22 249	29 153	37 053
羊　　肉	吨		799	1 646	3 154	4 489	4 793
鲜　　蛋	吨		6 148	15 084	28 454	33 138	39 384
家　　禽	吨		1 519	4 099	6 226	7 192	8 568
蔬　　菜	吨		97 392	332 483	703 910	668 097	694 596
水 产 品	吨		3 884	20 732	56 832	73 821	83 308
干 鲜 果	吨		13 568	146 735	281 131	280 083	337 006

14—27 续表 (1992年)

项目	单位	合计	城市	农村
一、集贸市场总数	个	1 529	484	1 045
1. 综合集贸市场	个	870	212	658
2. 工业品专业市场	个	112	55	57
#批发市场	个	13	8	5
3. 农副产品专业市场	个	264	132	132
#批发市场	个	43	25	18
4. 废旧品专业市场	个	18	11	7
5. 其他专业市场	个	265	74	191
二、集贸市场成交总额	万元	760 994	542 283	218 711
1. 综合集贸市场成交额	万元	497 155	299 873	197 282
2. 工业品专业市场成交额	万元	143 980	127 210	16 770
#批发市场成交额	万元	14 033	13 313	720
3. 农副产品专业市场成交额	万元	22 911	21 106	1 805
#批发市场成交额	万元	12 430	11 835	595
4. 废旧品专业市场成交额	万元	83 355	83 081	274
5. 其他专业市场成交额	万元	13 593	11 013	2 580

14—28 全民所有制商业和供销社商业企业主要经济效益指标

(1992年)

项目	单位	合计	#商业厅	#供销社	#粮食厅
商品总销售额	万元	3 757 416	814 741	881 294	1 209 587
商品销售毛利	万元	386 198	109 670	100 411	71 394
毛利率	%	10.28	13.46	11.39	5.90
商品流通费	万元	533 191	89 023	92 316	268 417
费用率	%	14.19	10.93	10.48	22.19
销售税金	万元	39 585	16 030	8 186	4 299
商品经营利润	万元	-184 053	3 471	-3 110	-194 385
利润率	%	-4.90	0.40	-0.40	-16.07
全部企业利润总额(补贴前)	万元	-180 373	-1 844	-7 082	-175 339
商业企业利润净额	万元	-197 411	-2 159	-6 651	-191 914
全部企业流动资金平均占用额	万元	2 473 984	519 636	632 034	954 381
商业企业	万元	2 349 942	517 983	614 998	890 279
全部企业固定资产原值	万元	704 451	157 479	95 512	376 944
商业企业	万元	535 696	103 095	88 565	270 877
已交所得税、调节税、利润	万元	25 659	5 525	1 815	9 179
全部企业缴纳税金总额	万元	47 249	17 238	10 001	7 792
商业企业亏损面	%	40.29	34.67	35.21	63.22
商业企业流动资金周转次数	次	1.52	1.57	1.39	1.27
商业企业每一职工销售额	元	82 387	62 486	71 724	79 217

14—29 重点百货商店主要经济指标

(1992年)

商店名称	商品纯销售额(万元)	平均每一职工销售额(元)	全部流动资金周转一次所需天数(天)	销售百元商品实现的毛利(元)	销售百元商品开支的费用(元)	销售百元商品实现的利润(元)
长春市百货大楼股份有限公司	28 012	169 359	34	16.17	5.11	7.77
长春市长白山百货股份有限公司	7 289	60 689	88	17.91	10.47	3.98
长春市秋林集团公司	6 860	63 404	141	14.36	10.76	1.05
长春市汽车城百货股份有限公司	6 812	96 208	64	15.38	8.10	3.84
长春市东北商场股份有限公司	3 825	67 800	78	13.75	9.73	1.09
吉林市百货大楼	8 276	103 583	37	15.23	6.99	5.44
吉林市东方商厦股份有限公司	8 233	102 910	60	14.90	8.36	3.18
吉林市站前百货大楼	2 765	81 315	43	14.18	7.49	3.67
蛟河市百货大楼	1 204	55 491	24	14.72	7.42	3.81
四平市百货大楼	4 001	58 580	103	18.97	10.91	4.72
四平市百货一商店	533	36 039	89	14.11	11.08	-0.01
公主岭市商业大楼	1 099	53 658	82	19.21	8.53	6.90
辽源市第一百货商店	2 325	75 008	22	16.35	7.67	5.04
通化市百货大楼	3 005	62 870	48	16.99	10.05	3.31
梅河口市百货大楼	2 379	66 453	35	17.11	8.84	5.04
浑江市百货大楼	3 991	72 821	57	16.67	12.29	1.31
浑江市朝鲜族商店	462	31 642	72	18.63	11.22	4.20
白城市百货大楼	2 042	46 614	110	18.18	10.82	3.94
洮南市百货一商店	494	34 803	78	18.84	11.34	4.26
延吉市百货大楼	14 259	142 024	53	17.99	8.70	5.03

14—30 重点副食商店主要经济指标

(1992年)

商店名称	商品纯销售额(万元)	平均每一职工销售额(元)	全部流动资金周转一次所需天数(天)	销售百元商品实现的毛利(元)	销售百元商品开支的费用(元)	销售百元商品实现的利润(元)
长春市长江路副食大楼	2 203	38 790	309	11.98	6.56	2.69
长春市重庆路副食品商场	1 334	45 700	43	13.81	8.35	2.49
长春市永春副食商场	1 225	38 275	71	12.19	9.35	2.87
长春市新华副食商场	1 281	62 431	42	11.34	6.52	2.06
吉林市铁东副食商场	1 275	52 259	34	14.68	8.89	2.69
吉林市龙华副食商场	1 682	100 719	26	14.13	6.88	4.35
四平市人民副食品商店	1 123	48 190	63	11.38	8.34	0.89
辽源市第一副食品商店	278	24 590	47	15.22	9.94	2.01
通化市新华副食品商场	438	42 520	62	13.28	11.35	-0.48
浑江市副食品商场	1 226	72 095	60	15.10	6.56	5.54
白城市东北商场	539	36 446	66	15.33	9.74	2.79

14—31 零售商业、饮食业、服务业的服务情况

项目	1978年	1980年	1985年	1990年	1991年	1992年
一、平均每一机构服务的人数(人)						
零售商业	1381	780	131	131	121	109
饮食业	14 020	2 478	718	868	819	838
服务业	10 593	2 572	730	664	664	635
二、平均每一机构的零售额(万元)						
零售商业	25.6	17.8	5.5	9.2	9.6	10.0
饮食业	10.3	2.7	2.0	3.9	3.9	4.9
三、平均每一人员服务的人数(人)						
零售商业	135	101	41	38	36	34
饮食业	648	331	181	216	216	213
服务业	1 087	561	175	230	239	228
四、平均每一人员的零售额(万元)						
零售商业	2.5	2.3	1.7	2.7	2.9	3.1
饮食业	0.5	0.4	0.5	1.0	1.0	1.2

15－1 历年进出口贸易总额和出口商品国内收购总值

年份	进出口总额（万美元）	出口总额	进口总额	进出口总额（万元）	出口总额	进口总额	出口商口国内收购总额（万元）
1954	1 512	1 512		3 930	3 930		9 974
1955	770	770		2 006	2 006		12 564
1956	874	874		2 276	2 276		13 367
1957	1 106	1 106		2 881	2 881		15 074
1958	1 185	1 185		3 089	3 069	20	21 384
1959	1 619	1 589	30	4 215	4 137	78	24 025
1960	2 094	2 002	92	5 455	5 214	241	25 744
1961	1 376	1 356	20	3 387	3 338	49	12 006
1962	849	829	20	2 091	2 042	49	8 846
1963	1 169	1 159	10	2 878	2 853	25	9 973
1964	1 416	1 393	23	3 486	3 429	57	12 813
1965	3 021	2 888	133	7 436	7 109	327	17 282
1966	1 820	1 639	181	4 312	3 866	446	17 882
1967	930	738	192	2 346	1 873	473	13 442
1968	487	361	126	1 198	888	310	16 622
1969	802	414	388	1 967	1 012	955	13 334
1970	495	93	402	1 218	228	990	12 693
1971	5 653	5 415	238	8 197	7 611	586	22 352
1972	3 862	3 346	516	8 652	7 496	1 156	25 684
1973	7 290	6 837	453	14 644	13 734	910	34 425
1974	5 653	4 903	750	11 354	9 849	1 505	37 882
1975	2 623	1 886	737	5 164	3 713	1 451	34 844
1976	3 062	1 857	1 205	6 022	3 653	2 369	26 043
1977	2 798	1 803	995	5 151	3 319	1 832	24 259
1978	3 704	2 357	1 347	6 372	4 055	2 317	23 621
1979	6 067	4 413	1 654	9 683	6 840	2 843	31 465
1980	11 108	6 625	4 483	16 024	9 344	6 680	47 306
1981	17 196	12 896	4 300	30 093	22 568	7 525	51 921
1982	17 753	13 207	4 546	34 172	25 422	8 750	48 911
1983	21 884	16 661	5 223	42 833	32 610	10 223	51 466
1984	34 046	24 972	9 074	75 048	55 046	20 002	54 142
1985	55 072	42 712	12 360	176 295	136 731	39 564	89 567
1986	71 716	52 515	19 201	266 855	195 408	71 447	197 564
1987	63 946	46 766	17 180	237 981	174 044	63 937	195 012
1988	70 766	53 214	17 552	263 363	198 041	65 322	211 672
1989	94 459	68 447	26 012	351 538	254 732	96 806	282 981
1990	95 272	75 172	20 100	449 821	354 920	94 901	323 577
1991	134 933	102 707	32 226	716 204	545 154	171 050	386 193
1992	192 278	130 678	61 600	1 095 985	744 865	351 120	587 112

注：本表为外贸部门统计数，进出口总额中未包括口岸代理进口数。

15—2 外贸部门主要商品出口数量

项　　目	单　位	1978年	1980年	1985年	1990年	1991年	1992年
大　　豆	吨		11 698	101 649	21 768	42 158	4 616
玉　　米	万吨			205.81	186.02	344.11	387.49
活　　牛	头	4 562	4 436	5 969	5 282	7 007	6 795
冻 家 禽	吨	317	364	334	1 680	1 017	3 787
罐　　头	吨	413	488	4 938	10 326	27 021	90 263
葡 萄 酒	吨	0.3	14	43	17	13	459
人 参 烟	小箱	1 690	9 673	9 429	680	530	80
园　　参	吨	70	170	162	1 133	880	810
鹿　　茸	公斤	9 101	4 749	2 287	4 778	4 909	5 433
棉　　纱	件				12 660	12 115	11 384
服　　装	万美元				2 470	2 862	6 633
原　　木	立方米				3 406	9 743	17 813
人参露酒	箱	7 440	12 295	10 849	19 958	24 701	18 043
纸　　张	吨	11 553	15 253	15 904	13 572	7 289	16 509
牙　　膏	打	2 988	6 249	13 368	208 040	30 513	5 412
汽　　车	辆	100	2 298	494	2 194	1 913	1 812
豆　　粕	吨			113 000	396 125	334 203	122 033

15—3 外贸部门直接购自生产者总额和主要商品购进数量

项目	单位	1985年	1986年	1989年	1990年	1991年	1992年
一、直接从生产者购进总值	万元	47 108	65 409	136 336	153 109	228 630	241 379
农副产品购进	万元	4 687	13 382	54 360	37 215	70 346	44 070
工业品购进	万元	42 421	52 027	81 976	115 894	158 284	197 309
二、省（市、区）外调入总额	万元		431	2 125	3 082	1 473	24 242
三、国内纯销售总额	万元	555	5 941	4 712	3 442	3 855	4 772
#对居民和社会集团的消费品零售额	万元	105	1 996	914	1 504	1 255	2 314
对居民的消费品零售额	万元	21	633	783	1 257	302	60
对社会集团的消费品零售额	万元	84	1 363	131	247	953	2 254
四、调出省外总额	万元		5 684	1 360			4 769
五、期末库存总额	万元	17 134	42 460	72 249	115 738	123 949	82 852
六、主要商品数量							
粮食	吨	36 670	27 307	32 120	132 990	177 370	228 714
服装	百件			8 691	1 967	9 701	25 011
棉布	百米	391	80 717	117 953	110 556	4 300	18 871
洗衣机	台			1 190	3 272	11 881	5 080
电冰箱	台				150	392	3 737

15—4 外贸部门进出口贸易总额

单位：万美元

项　　目	1978年	1980年	1985年	1990年	1991年	1992年
进出口总额	3 704	11 108	55 072	95 272	134 933	192 278
出口额	2 357	6 625	42 712	75 172	102 707	130 678
进口额	1 347	4 483	12 360	20 100	32 226	61 600
在出口额中：						
农产品	1 276	2 188	34 677	41 062	56 997	71 442
轻工产品	824	2 206	5 295	19 461	27 647	37 570
重工产品	257	2 231	2 740	14 649	18 063	21 666
比重(%)						
农产品	54.1	33.0	81.2	54.6	55.5	54.7
轻工产品	35.0	33.3	12.4	25.9	26.9	28.7
重工产品	10.9	33.7	6.4	19.5	17.6	16.6

15—5 利用外资情况

单位：万美元

年份	签订合同数(个)	签定利用外资协议(合同)额				实际利用外资额			
		合计	对外借款	外商直接投资	外商其他投资	合计	对外借款	外商直接投资	外商其他投资
1985	27	2 454.2	794.9	1 423.5	235.8	487.5		251.7	235.8
1986	38	4 317.7	554.2	819.7	2 943.8	2 576.4	154.0	56.8	2 365.6
1989	80	8 099.0	3 901.0	2 262.0	1 936	3 366	2 303	335	728
1990	70	6 559	3 491	2 165	903	6 069.4	4 100	1 694	275.4
1991	121	7 887.4	2 114	3 926.4	1 847	16 155	12 991	1 802	1 362
1992	632	47 454	5 402	39 988	2 064	18 776	11 242	6 597	937

15—6 实际利用外资金额

单位：万美元

项目	1985年	1986年	1989年	1990年	1991年	1992年
合计	488	2 577	3 366	6 069	16 155	18 776
一、对外借款		154	2 303	4 100	12 991	11 242
外国政府贷款		154	1 322	1 825	1 208	703
国际金融组织贷款			828	1 255	1 055	1 809
外国银行商业贷款			126	127	7 238	6 681
出口信贷			27	893	3 490	2 049
二、外商直接投资	252	57	335	1 694	1 802	6 597
合资经营企业	252	57	143	1 634	1 723	4 971
合作经营企业			192	57	73	412
独资经营企业				3	6	1 214
三、外商其他投资	236	2 366	728	275	1 362	937
国际租赁		1 819	70			263
补偿贸易	204	464	658	271	1 345	674
加工装配	32	83		4	17	

15—7 对外承包和劳务出口情况

年份	对外承包工程			对外劳务合作		
	签定合同（个）	合同额（万美元）	完成营业额（万美元）	签定合同（个）	合同额（万美元）	完成营业额（万美元）
1985	10	823.30	896.10	3	141.00	30.70
1986	1	398.2	1 259.97	3	36.60	87.70
1989	8	638.21	1 255.90	41	1 317.0	142.40
1990	7	449.75	1 586.88	65	3 840.71	859.45
1991	18	3 096.84	467.74	84	8 217.34	3 436.48
1992	8	866.00	1 850.18	57	13 430.78	5 341.87

15—8 旅游部门接待能力

项目	单位	1985年	1986年	1989年	1990年	1991年	1992年
旅游管理机构	个	6	8	9	10	15	25
在编人员	人	837	1 094	1 340	5 899	7 513	8 801
涉外旅游宾馆	个	14	14	27	35	36	39
#评定星级	个				27	33	35
旅行社	个			14	22	22	23
客房	间	865	1 346	2 435	3 290	3 798	4 132
床位	个	2 206	3 676	5 555	8 082	9 309	8 934
旅游汽车	辆	94	95	99	120	159	301

注：旅行社1987年以前的数字包括在涉外旅游宾馆中。

15—9 旅游外汇收入情况

单位：外汇券万元

项目	1985年	1986年	1989年	1990年	1991年	1992年
总计	**461.34**	**869.77**	**1 230.10**	**2 867.20**	**4 465.46**	**5 995**
一、商品性外汇收入	160.68	424.67	674.64	940.59	1 171.52	1 501
商品销售收入	87.58	298.41	596.04	707.23	881.45	1 165
饮食业销售收入	73.1	126.26	78.60	233.36	290.07	336
二、劳务性外汇收入	300.66	445.10	564.46	1 926.61	3 293.94	4 494
长途交通费	61.48	126.43	191.80	923.05	1 302.95	1 368
民航	6.84	88.67	144.29	714.36	1 018.08	1 146
铁路	54.64	37.76	38.63	116.95	163.84	216
公路			8.88	91.74	121.03	6
旅游社旅游业务费收入	60.82	73.78	135.11	249.56	757.22	1 248
宿费	166.36	207.59	196.01	548.46	815.44	1 327

15—10 旅游事业发展情况

项目	单位	1985年	1986年	1989年	1990年	1991年	1992年
一、接待旅游总人数	人	23 764	31 370	25 260	46 070	61 945	83 572
外国人	人	10 332	15 907	12 121	29 644	36 265	53 190
华侨	人	481	3 005	475	506	288	1 005
港澳台湾同胞	人	12 951	12 458	12 664	15 920	25 392	29 377
二、外国人团体旅游者中							
日本	人	7 077	11 264	4 555	7 193	10 197	13 284
美国	人	985	1 316	730	878	798	2 133
英国	人	290	420	504	295	277	501
加拿大	人	198	288	194	183	230	428
新加坡	人	343	321	480	498	1 074	1 008
德国（原西德）	人	123	295	449	394	748	1 125
菲律宾	人	125	71	33	46	90	160
法国	人	93	136	72	60	51	193
意大利	人	48	187	63	60	95	190
苏联	人	23	35	600	941	1 238	3 100
澳大利亚	人	20	50	39	48	76	221
印度尼西亚	人		14	7	171	177	89
新西兰	人	4	4	221	7	15	1
其他	人	1 003	1 506	4 174	18 870	21 199	30 757
三、接待的旅游人天数	人天	49 208	88 399	76 256	111 590	145 148	202 261
外国人	人天	24 275	54 603	48 541	78 911	92 427	145 084
华侨	人天	863	5 574	2 354	2 633	2 699	2 861
港澳台同胞	人天	24 070	28 222	25 361	30 046	50 022	54 316
四、全年旅游营业收入	万元	1 061	1 203	3 293	4 353	16 537	25 492
五、税金	万元	35.2	40.5	112.6	125.2	827.15	1 117.78
六、纯利润	万元	159.6	164.4	431.7	369.2	1 315.59	1 339.45

注：1990年以前经济效益指标是吉长两市之和。

16—1 银行保险系统机构和人员数

（1992年）

项目	合计	人民银行	工商银行	农业银行	中国银行	建设银行	交通银行	保险公司
一、机构总数（个）	**3 977**	**57**	**1 148**	**1 827**	**190**	**599**	**44**	**112**
省级分行	7	1	1	1	1	1	1	1
市（地、州）分行	58	9	9	9	9	9	4	9
县支行及办事处	343	42	82	63	19	71	7	59
办事处	250		117	92	2	13		26
分理处	139		56	45	15	16	4	3
储蓄所	2 711	5	883	1 162	144	489	28	
营业所	469			455				14
二、职工人数（人）	**56 876**	**3 464**	**19 194**	**20 032**	**2 692**	**7 217**	**1 092**	**3 185**
省级分行	1 816	255	190	183	356	345	220	267
市（地、州）分行	6 842	1 292	1 500	1 071	783	1 161	468	567
县支行及办事处	23 568	1 907	9 740	5 724	405	3 428	170	2 194
办事处	4 418		2 770	1 384	16	172		76
分理处	1 953		936	648	113	144	55	57
储蓄所	12 933	10	4 058	5 700	1 019	1 967	179	
营业所（部）	5 346			5 322				24

16—2 农村信用社机构和人员数

项目	1985年	1986年	1989年	1990年	1991年	1992年
一、机构数（个）						
独立核算机构	925	925	937	942	948	958
乡镇信用社	925	925	915	917	917	918
联社营业部			22	25	31	40
非独立核算机构	3 361	3 260	2 753	2 664	3 123	3 035
信用分社	141	135	104	89	92	85
储蓄所	394	509	989	981	985	1 002
信用社	2 826	2 616	1 660	1 594	2 046	1 948
二、信用社脱产职工人数（人）	**8 220**	**9 270**	**12 060**	**15 780**	**16 751**	**16 135**
固定职工	7 028	7 044	6 915	7 095	7 078	7 118
合同职工	1 192	2 226	5 145	8 685	9 673	9 017
三、不脱产信用站业务人员数（人）	**3 301**	**3 312**	**1 803**	**1 699**	**2 046**	**2 151**

16—3 银行存款余额

单位:万元

项　　目	1978年	1980年	1985年	1990年	1991年	1992年
各项存款合计	**249 418**	**308 666**	**864 176**	**2 521 526**	**3 151 341**	**4 088 685**
企业存款	59 527	102 759	324 533	537 898	673 665	983 532
财政存款	60 681	33 695	40 602	44 600	32 944	39 056
机关团体存款	15 926	29 782	57 950	103 161	118 299	123 030
城镇储蓄存款	42 742	80 413	322 015	1 565 460	2 014 232	2 515 780
农村存款	41 522	41 620	75 983	158 453	186 160	211 679
其他存款	29 020	20 397	43 093	111 954	126 041	215 608

16—4 银行贷款余额

单位:万元

项　　目	1978年	1980年	1985年	1990年	1991年	1992年
各项贷款合计	**611 548**	**756 977**	**1 597 915**	**5 070 069**	**6 290 076**	**7 620 010**
工业贷款	202 156	271 504	517 241	1 584 787	1 895 989	2 273 852
商业贷款	377 340	415 335	682 040	2 361 818	2 907 325	3 416 313
建筑企业贷款			21 139	82 475	94 643	110 774
个体工商业贷款			1 482	1 744	2 031	3 443
乡镇企业贷款			31 096	95 058	108 054	138 958
农业贷款	32 052	57 467	118 253	293 254	357 464	418 508
固定资产贷款		12 671	207 736	548 385	763 647	999 788
其他贷款			18 928	102 548	160 923	258 374

16—5 银 行 现 金 收 入

单位:万元

项　　　目	1978年	1980年	1985年	1990年	1991年	1992年
收入总计	**420 059**	**614 828**	**1 756 317**	**5 696 640**	**6 970 950**	**10 072 222**
商品销售收入	294 389	399 451	821 468	1 441 580	1 607 854	1 819 939
服务事业收入	37 720	46 835	95 365	252 568	307 950	404 031
税款收入	755	190	4 889	25 983	32 993	37 097
农村信用社收入	13 620	28 781	125 423	270 217	295 148	273 807
乡镇企事业收入			11 470	30 193	32 653	35 539
城乡个体经营收入			12 097	28 592	27 167	26 710
储蓄存款收入	48 913	100 270	475 100	2 267 945	2 976 922	4 621 167
其他金融机构收入				123 594	149 291	286 444
汇兑收入	6 899	8 666	19 760	65 014	83 737	110 888
其他收入	17 763	30 635	190 745	1 168 800	1 431 482	2 404 065
债券收入				22 154	25 753	52 535

16—6 银 行 现 金 支 出

单位:万元

项　　　目	1978年	1980年	1985年	1990年	1991年	1992年
支出总计	**431 705**	**649 040**	**1 876 829**	**6 343 231**	**7 622 644**	**10 907 181**
工资及对个人其他支出	224 229	302 164	576 098	1 238 947	1 417 229	1 750 315
农副产品采购支出	20 250	47 122	195 269	903 389	854 096	816 616
工矿产品收购支出	2 253	3 673	8 444	27 616	31 617	47 961
行政企业管理费支出	33 403	51 002	139 097	367 429	449 280	626 742
农村信用社支出	86 730	129 502	314 300	366 142	429 072	436 573
乡镇企事业支出			23 095	49 529	58 495	66 300
城乡个体经营支出			22 220	34 101	36 089	41 659
储蓄存款支出	42 505	75 503	398 104	1 885 756	2 533 584	4 182 439
其他金融机构支出				221 935	281 254	482 398
汇兑支出	4 003	4 498	10 593	38 972	49 180	67 226
其他支出	18 332	35 576	189 609	1 188 274	1 464 554	2 346 393
债券支出				21 141	18 194	42 559

16—7 农村信用社各项存款和贷款余额

单位：万元

年份	存款合计	#集体农业存款	#乡镇企事业存款	#农户储蓄存款	贷款合计	#合作农业贷款	#乡镇企事业贷款	#农户贷款
1978	42 645	20 790	2 217	15 895	5 780	2 747	158	2 875
1980	52 505	19 032	2 948	26 016	16 566	11 705	1 485	3 376
1985	147 045	7 995	9 451	117 618	80 363	6 014	15 586	55 462
1990	337 087	5 254	11 794	306 120	199 349	16 340	63 425	97 498
1991	425 497	7 196	16 001	384 054	259 624	23 612	97 015	113 020
1992	480 366	5 401	16 682	442 444	334 371	26 737	121 087	151 642

16—8 保险事业发展情况

项目	单位	1985年	1986年	1989年	1990年	1991年	1992年
国内险开办险种	种	45	48	79	108	129	164
保险金额	亿元	343.1	393.5	767.0	878.0	1 070.8	1 701.4
业务收入	万元	11 283	14 935	35 157	41 570	54 831	79 125
业务支出	万元	8 829	14 205	24 922	22 528	30 799	43 903
财产险及短期人身险赔付率	%	78.3	95.1	77.9	42.2	50.6	49.7
国外险开办险种	种	12	12	21	22	25	29
保险金额	万美元	22 394	31 724	61 643	77 425	105 314	359 286
保险费收入	万美元	150	197	361	324	396	662
赔款支出	万美元	29	23	81	92	527	171
赔付率	%	19.3	11.7	22.4	28.4	133.1	25.8

16—9 国内保险主要险种业务开展情况

项目	单位	1985年	1986年	1989年	1990年	1991年	1992年
财产保险							
保险金额	亿元	306.0	351.4	609.9	717.0	811.2	1 158.0
业务收入	万元	7 626	10 321	19 627	23 625	29 640	40 050
# 保费收入	万元	7 626	10 321	19 627	23 625	29 541	37 197
业务支出	万元	6 499	10 906	15 979	9 925	15 414	18 430
# 赔款	万元	6 499	10 906	15 979	9 255	15 307	18 398
赔付率	%	85.2	105.7	81.4	42.0	51.8	49.5
人身保险							
保险金额	亿元	26.0	31.5	129.0	130.0	169.9	229.0
业务收入	万元	2 553	4 030	14 596	16 741	22 151	34 176
# 储金收入	万元				13 845	18 555	28 503
业务支出	万元	212	685	8 404	11 488	14 021	22 320
# 给付	万元	212	685	8 404	10 069	11 634	18 559
给付率	%	8.3	17.0	57.6	72.7	62.7	65.1
农业保险							
保险金额	亿元	11.3	10.6	28.1	31.0	89.6	112.0
业务收入	万元	1 105	584	934	1 144	3 041	4 899
# 保费收入	万元	1 105	584	934	1 144	3 041	4 899
业务支出	万元	2 119	2 614	539	395	1 364	3 154
# 赔款	万元	2 119	2 614	539	395	1 364	3 154
赔付率	%	191.8	447.6	57.7	34.5	44.9	64.4

16—10 国外保险主要险种业务开展情况

项目	单位	1985年	1986年	1989年	1990年	1991年	1992年
财产保险							
保险费收入	万元	150	733	603	1 584	2 141	3 808
赔款	万元	29	86	88	482	2 865	986
赔付率	%	19.3	11.8	14.6	30.4	133.8	25.9

16—11 保险业务经济技术指标

项目	单位	1985年	1986年	1989年	1990年	1991年	1992年
一、国内业务							
(一)承保额	万元	2 230 471	2 724 922	4 723 419	5 229 786	6 146 271	9 008 220
1. 企业财产	万元	1 617 881	1 983 884	3 440 008	3 783 034	4 513 578	5 621 543
2. 运输工具	万元	232 967	353 735	548 264	564 550	676 560	1 253 544
3. 家庭财产	万元	379 623	387 303	735 147	882 202	956 133	2 133 133
(二)业务收入	万元	11 285	14 935	35 157	41 570	54 831	82 933
1. 企业财产险	万元	3 256	3 982	7 220	7 940	9 277	12 056
2. 运输工具及责任险	万元	3 103	4 371	7 067	8 820	12 402	17 074
3. 家庭财产险	万元	635	818	1 723	2 155	2 541	5 898
4. 养老金险	万元	1 003	1 148	8 914	10 645	14 588	22 976
5. 人身意外伤害险	万元	672	1 034	2 767	2 891	3 593	5 518
6. 储金性人身险	万元	879	1 847	2 293	2 258	2 082	5 682
7. 农业险	万元	1 105	585	934	1 144	3 041	4 899
8. 货物运输险	万元	632	1 150	3 617	4 710	5 147	4 179
9. 其他险	万元			622	1 007	2 160	4 651
(三)赔案件数	件	109 013	173 485	129 281	183 809	376 917	374 949
1. 已决	件	109 013	169 537	120 215	179 280	358 344	340 148
2. 未决	件		3 948	9 066	4 529	18 573	34 801
(四)业务支出	万元	8 829	14 205	24 922	22 527	30 799	43 903
1. 企业财产险	万元	2 711	4 494	6 407	2 487	4 744	4 782
2. 家庭财产险	万元	638	2 693	2 135	1 352	2 803	1 971
3. 运输工具及责任险	万元	3 099	3 604	6 942	5 565	7 062	10 434
4. 货务运输险	万元	51	116	492	521	793	370
5. 人身意外伤害险	万元	187	379	1 457	1 418	1 644	2 175
6. 简易人身险	万元	24	74	266	1 955	1 069	1 148
7. 养老金险	万元		231	6 658	8 790	11 136	18 361
8. 农业险	万元	2 119	2 614	539	395	1 364	3 154
9. 其他险	万元			26	44	184	1 508
二、国外业务							
(一)承保额	亿美元	1.6	2.0	2.5	3.0	3.1	5.3
1. 进口货物运输	亿美元	0.6	0.9	1.1	1.5	1.5	3.5
2. 出口远洋货运	亿美元	0.5	0.7	0.9	1.2	1.1	1.4
3. 出口港澳货运	亿美元	0.5	0.4	0.5	0.3	0.5	0.4
(二)保费	万美元	151	197	361	324	395	662
1. 进口运输货物险	万美元	24	37	72	72	79	105
2. 出口远洋运输货物险	万美元	39	56	87	74	75	85
3. 出口港澳货物险	万美元	18	21	36	25	29	34
4. 船舶险	万美元	1		4	3	2	25
5 其他险	万美元	69	83	162	150	210	413
(三)赔案件数	件		214	399	400	533	594
1. 已决	件		204	380	356	529	580
2. 未决	件		10	19	44	4	14
(四)已决赔款	万美元	29	23	81	92	527	171
1. 进口货物运输险	万美元	3	4	13	16	385	6
2. 出口远洋货物运输险	万美元	23	16	39	32	58	33
3. 出口港澳货物运输险	万美元	1	1	2	5	3	12
4. 船舶险	万美元			3	1		
5. 其他险	万美元	2	2	24	38	81	120

17—1 城市公用事业全民所有制单位职工人数

（系统内）　　单位：人

项　　目	1988年	1989年	1990年	1991年	1992年
合　计	**46 287**	**45 237**	**47 514**	**49 010**	**52 795**
市内公共交通业	15 514	13 216	13 565	13 668	14 828
园林绿化业	5 839	5 539	5 601	5 476	6 515
清洁卫生业	12 583	13 423	14 632	15 353	16 334
市政工程业	12 351	13 059	13 716	14 513	15 118

17—2 城市规模和建设用地

项　　目	单　位	1987年	1988年	1989年	1990年	1991年	1992年
市区人口	万人	956.1	1 142.6	1 207.7	1 229.5	1 063.2	774.7
#非农业人口	万人	545.6	631.5	663.2	685.7	671.2	624.0
建成区面积	平方公里	485.4	559.0	589.6	605.3	639.1	569.5
#城市建设用地面积	平方公里	408.9	477.2	506.8	542.1	570.3	534.5
工业用地	平方公里	94.9	107.6	113.4	120.8	119.8	121.2
仓库用地	平方公里	27.8	33.7	35.0	31.5	33.2	33.0
对外交通用地	平方公里	21.7	30.6	31.8	33.3	29.9	29.4
生活居住用地	平方公里	197.2	233.5	247.7	260.8	231.6	200.0
其他用地	平方公里	67.3	71.8	78.9	95.7	155.8	150.9
国家建设征用土地	平方公里	5.2	7.1	3.1	1.7	2.1	5.3
市区人口密度	人/平方公里	236	169	164	167	273	846

17—3 城市公用事业基本情况

（全社会）

项目	单位	1987年	1988年	1989年	1990年	1991年	1992年
自来水全年供水总量	万吨	38 217	46 142	51 605	77 914	170 408	147 546
# 生活用水量	万吨	14 928	16 760	19 896	21 343	22 979	24 570
平均每人生活用水	吨	35.6	36.4	40.8	39.8	41.3	47.8
用水普及率	%	70.9	73.0	73.4	74.7	79.4	82.4
公共车辆（汽车、电车）总数	辆	1 259	1 645	1 746	1 746	1 665	2 865
平均每万人拥有	辆	2.2	2.3	2.6	2.9	3.3	4.6
铺装道路长度	公里	1 864	3 391	3 545	3 616	3 162	2 402
平均每万人拥有	公里	3.4	5.4	5.3	5.3	4.7	3.8
铺装道路面积	万平方米	1 709	2 826	2 933	3 013	2 786	2 433
平均每万人拥有	万平方米	3.1	4.5	4.4	4.4	4.2	3.9
下水道长度	公里	1 504	1 731	1 814	1 863	1 916	1 908
平均每万人拥有	公里	2.8	2.7	2.7	2.7	2.9	3.1
公用煤气、液化气							
人工煤气全年供气量	万立方米	17 642	19 863	23 254	23 954	32 994	16 835
# 家庭用量	万立方米	10 040	9 800	10 702	11 641	21 173	13 174
煤气管道长度	公里	833	882	958	1 007	1 072	1 151
液化气家庭用量	万吨	2.6	4.1	4.0	4.4	7.6	7.9
用气普及率	%	30.1	33.3	32.1	33.3	40.1	48.4
城市绿化							
绿地面积	公顷	21 396	22 647	23 247	24 227	11 705	11 862
平均每万人绿地面积	公顷	39.2	35.8	35.1	35.3	17.4	19.0
公园、动物园个数	个	32	37	40	41	45	43
公园、动物园面积	公顷	1 087	1 109	1 089	1 106	1 126	1 128
清洁卫生							
清运垃圾	万吨	204.4	357.7	427.0	443.4	508	483
清运粪便	万吨	78.2	96.4	108.2	101.7	119	118
每万人拥有公共厕所	座	17.9	17.7	17.2	16.0	16.6	14.3

注：人均拥有指标按城市人口中的非农业人口计算。

17—4 城市房屋建筑及住房情况

项　　目	单位	1987年	1988年	1989年	1990年	1991年	1992年
年末实有房屋建筑面积	万平方米	9 600	11 209	12 064	12 612	13 344	13 475
# 私人自管房	万平方米	1 354	1 929	2 116	2 221	2 459	2 401
年末实有住宅建筑面积	万平方米	4 987	5 908	6 453	6 773	7 288	7 426
# 私人自管房	万平方米	1 317	1 829	2 052	2 181	2 348	2 316
年内新建房屋竣工面积	万平方米	682.9	627.1	610.2	522.1	661.3	816
# 住宅面积	万平方米	432.9	441.2	431.2	343.2	487.6	581.1
年内房屋减少面积	万平方米	120.3	152.9	115.2	88.8	166.7	262.9
# 住宅面积	万平方米	92.4	102.8	87.0	62.2	114.1	184.0
年末住房居住面积	万平方米	2 537.1	3 008.0	3 285.3	3 438.0	3 746.4	3 802.8
# 人均居住面积	万平方米	5.2	5.3	5.5	5.6	5.7	5.95
解决缺房户	户	53 898	50 890	47 165	39 014	43 800	49 844

17—5 城市自来水情况

（系统内）

项　　目	单位	1987年	1988年	1989年	1990年	1991年	1992年
水厂个数	个	30	41	42	45	47	42
年末自来水生产能力	万吨/日	80.6	109.3	113.4	117.4	130.1	146.8
年末自来水管道长度	公里	2 176	3 280	3 440	3 522	3 323	3 854
全年供水总量	万吨	27 139	30 772	33 357	36 414	38 213	40 834
# 生活用水	万吨	13 007	13 694	16 721	18 334	19 631	21 078
生产用水	万吨	9 542	11 654	12 820	13 053	9 697	14 535
用水人口	万人	400.5	401.9	417.8	440.2	466.4	443.5
非农业用水人口	万人	333.0	384.4	401.1	423.5	449.4	430.4
人均生活日用水量	升	102.2	94.5	106.3	114.1	119.5	134.2

17—6 城市煤气、液化石油气情况

（系统内）

项　　目	单　　位	1987年	1988年	1989年	1990年	1991年	1992年
人工煤气生产能力	万立方米	30.3	39.0	61.0	61.0	65.8	56.8
人工煤气管道长度	公里	833	882	958	1 007	1 072	1 151
全年供气量							
人工煤气	万立方米	8 048	7 763	9 524	10 032	18 435	10 779
#生活用量	万立方米	5 167	5 734	6 518	7 331	16 224	8 246
液化石油气	吨	16 714	17 124	19 576	23 806	27 066	30 281
#生活用量	吨	16 690	17 124	19 508	23 616	27 056	30 262
用气人口							
人工煤气	万人	40.3	47.3	51.0	62.1	64.4	71.6
液化石油气	万人	80.9	87.3	89.1	90.5	103.7	107.7

17—7 城市集中供热情况

（系统内）

项　　目	单　　位	1987年	1988年	1989年	1990年	1991年	1992年
供热能力							
蒸气	吨/小时	69	69	69	86	82	132
热水	百万千卡/小时	202	227	362	400	534	903
供热总量							
蒸气	吨/年	429 222	420 529	419 744	458 744	486 011	526 393
热水	百万千卡/年	574 788	590 976	766 838	1 283 25	1 117 6	8 6 976
管道长度							
蒸气	公里	22	8	8	9	8	10
热水	公里	94	142	167	207	194	305
供热面积	万平方米	337	418	577	662	769	1 208

17—8 城市市政情况

（系统内）

项目	单位	1987年	1988年	1989年	1990年	1991年	1992年
年末实有铺装道路长度	公里	1 727	2 162	2 313	2 386	2 378	2 288
年末实有铺装道路面积	万平方米	1 591	1 992	2 133	2 248	2 307	2 338
人行道面积	万平方米	204	348	365	407	486	629
城市桥梁数	座	180	258	270	278	269	244
城市下水道总长度	公里	1 421	1 563	1 629	1 675	1 733	1 798
城市污水量	万吨/日	363.2	388.6	391.5	397.2	346.6	100.6
城市路灯	千盏	37.3	43.0	48.0	49.8	54.0	60.2

17—9 城市公共汽（电）车和出租汽车情况

（系统内）

项目	单位	1987年	1988年	1989年	1990年	1991年	1992年
年末实有公共汽车（电）车辆	辆	1253	1 326	1 357	1 406	1 438	2 020
公共汽车	辆	960	1 041	1 061	1 128	1 175	1 775
无轨电车	辆	218	210	221	211	196	206
有轨电车	辆	75	75	75	67	67	39
营运线路长度	公里	1 382	1 559	1 649	1 749	1 837	1 979
公共汽车	公里	1 309	1 485	1 575	1 675	1 763	1 910
无轨电车	公里	55	56	56	56	56	56
有轨电车	公里	18	18	18	18	18	13
运客总数	万人次	60 380	67 993	68 773	72 837	66 420	63 597
公共汽车	万人次	47 941	45 344	46 265	51 289	45 225	51 230
无轨电车	万人次	12 439	16 779	16 626	16 082	15 887	9 461
有轨电车	万人次		5 870	5 882	5 466	5 308	2 906
出租汽车	辆	180	187	267	257	441	284

17—10 城市园林绿化情况

（系统内）

项　　目	单位	1987年	1988年	1989年	1990年	1991年	1992年
城市园林绿地面积	公顷	19 545	9 651	10 378	11 245	9 876	10 320
#公共绿地	公顷	2 143	2 319	2 537	2 659	2 752	2 840
公园个数	个	29	33	35	36	40	40
动物园个数	个	1	1	1	1	1	1
年游人量	万人次	1 430	1 423	1 265	1 276	1 009	1 132
全年植树	万株	1 021.8	1 127.1	791.8	485.7	669	607
苗圃面积	公顷	792.9	909.1	931.3	932.1	913	963

17—11 城市环境卫生情况

项　　目	单位	1987年	1988年	1989年	1990年	1991年	1992年
实际清扫面积	万平方米	3 170	3 385	3 773	4 032	4 103	4 982
生活垃圾清扫量	万吨	294.4	357.7	427.0	443.4	508	483
粪便清运量	万吨	78.2	96.4	108.2	101.7	119	118
环卫机械							
总　数	辆	924	1 150	1 223	1 273	1 384	1 451
总功率	千瓦	55 580	68 215	88 644	97 826	95 827	113 537
公共厕所	座	9 778	11 180	11 387	10 977	11 163	8 927

17—12 城市设施水平

项目	单位	1987年	1988年	1989年	1990年	1991年	1992年
人均居住面积	平方米	5.2	5.3	5.5	5.6	5.7	6.0
城市人口用水普及率	%	70.9	73.0	73.4	74.7	79.4	82.4
城市煤气普及率	%	30.1	33.3	32.1	33.3	40.1	48.4
每万人拥有公共汽（电）车	标台	2.2	2.3	3.0	2.9	3.3	4.9
人均拥有铺装道路面积	平方米	3.1	4.5	4.4	4.4	4.2	3.9
人均公共绿地面积	平方米	4.1	3.8	4.0	4.1	4.4	4.7
每万人拥有公共厕所	座	17.9	17.7	17.2	16.0	16.6	14.3

17—13 城市建设固定资产投资完成情况

单位:万元

项目	1987年	1988年	1989年	1990年	1991年	1992年
本年完成投资额	**25 496**	**52 196**	**53 327**	**43 259**	**32 198**	**58 926**
按资金来源分:						
国家预算内投资	3 355	4 583	4 593	4 178	10 762	4 632
国内贷款	2 430	3 384	679	2 468	7 669	10 574
利用外资		5 350	3 764	80		
煤代油投资		300				
自筹投资	9 337	22 389	26 062	29 150	11 279	32 669
其　他	10 374	16 190	18 229	7 383	2 488	11 051
按投资行业分:						
公用事业	13 152	22 080	13 735	6 377	17 494	22 370
市政工程	10 793	18 171	19 359	21 821	10 816	14 970
园林绿化	1 076	1 003	1 439	814	617	2 082
清洁卫生	325	1 051	1 302	659	875	841
其　他	150	9 891	17 492	13 588	2 396	18 663
按资金用途分:						
生产性	10 633	20 798	12 922	14 041	19 556	24 322
非生产性	14 863	31 398	40 405	29 218	12 642	34 604
#住　宅	316	5 857	8 182	5 138	55	13 293

17—14 城市建设新增生产能力（或效益）

项　　目	单　　位	1987年	1988年	1989年	1990年	1991年	1992年
城市自来水供水能力	万吨/日	3.4	21.3	3.4	6.4	8.2	16.1
城市公共交通车辆	辆	57	66	74	97	139	137
城市道路长度和面积	公里/万平	57.2/89.3	57.8/104.5	50.3/81.5	49.2/64.1	77.7/103.0	52.2/85.6
城市永久性桥梁	座	8	8	3	8	3	6
城市防洪堤长度	公里	8.7	3.2	3.1	47.0	6.4	4.6

17—15 环保系统人员基本情况

单位：人

项　　目	1987年	1988年	1989年	1990年	1991年	1992年
合　　计	**1 635**	**1 752**	**1 900**	**2 196**	**2 603**	**2 885**
科学技术业务人员	1 007	1 147	1 210	1 391	1 394	1 716
#工程技术人员	735	855	924	1 074	1 310	1 571
#监测人员	474	542	620	676	690	813
行政干部	312	286	337	404	645	536
工　　人	316	319	353	401	564	633

17—16 企业和事业单位废水处理设施和处理情况

项　　目	单位	1987年	1988年	1989年	1990年	1991年	1992年
汇总的企事业单位数	个	586	382	416	396	706	556
废水处理设施数量	套	570	658	726	743	750	779
总 投 资	万元	27 511	40 277	43 821	49 433	59 623	35 367
实际处理废水量	万吨	662	24 447	26 547	26 834	35 450	37 811
废水排放总量	万吨	87 791	92 019	89 435	76 121	88 097	78 408
#工业废水	万吨	60 814	65 317	61 868	57 645	55 335	45 422
工业废水处理量	万吨	27 874	18 846	19 202	17 073	30 549	37 625
工业废水达标量	万吨	23 439	32 944	22 421	31 467	30 211	25 493
工业废水处理达标量	万吨	13 442	13 781	13 662	13 182	11 688	12 419

17—17 废气排放和处理情况

项　　目	单位	1987年	1988年	1989年	1990年	1991年	1992年
废气排放总量	亿立方米	2 791.66	2 932.80	2 778.04	2 896.36	2 926.03	3 360.14
燃料燃烧过程中废气排放量	亿立方米	2 004.97	2 342.64	2 273.51	2 198.83	2 277.12	2 576.76
# 经过消烟除尘的	亿立方米	1 397.03	1 498.59	1 647.68	1 760.41	2 094.69	1 710.88
生产工艺过程中废气排放量	亿立方米	786.69	590.16	504.53	697.53	648.91	776.83
# 经过净化处理的	亿立方米	344.55	203.32	210.61	248.19	243.85	318.05
二氧化硫	万吨	21.57	23.82	27.82	25.50	16.75	23.45
烟　　尘	万吨	13.40	79.92	90.03	85.65	33.81	60.73
工业粉尘排放量	万吨	26.67	19.00	20.00	14.00	10.70	12.69
工业粉尘回收量	万吨	38.69	38.00	37.00	47.00	52.24	60.18

17—18 工业固体废物排放和处理利用情况

项　　目	单位	1987年	1988年	1989年	1990年	1991年	1992年
工业固体废物产生量	万吨	1 161.96	1 448.00	1 608.00	1 716.00	1 601.18	1 522.37
工业固体废物排放量	万吨	109.52	68.00	72.00	52.00	27.64	15.78
占废物产生量的比重	%	9.43	4.70	4.47	3.03	1.73	1.04
历年工业固体废物堆存总量	万吨	12 162.72	13 104.00	13 250.00	13 471.00	15 034.30	15 690.03
工业固体废物占地面积	万平方米	3 458.44	1 076.00	1 076.00	1 199.00	1 589.59	1 124.51
#占农田面积	万平方米	65.15	63.00	63.00	7.00	13.81	8.00
工业固体废物处置量	万吨	210.58	189.00	181.00	143.00	116.70	113.33
工业固体废物贮存量	万吨	645.40	611.00	745.00	878.00	742.14	757.68
“三废”综合利用产品产值	万元	27 757.03	18 948.00	26 329.00	28 973.00	42 736.60	38 686.4
“三废”综合利用利润	万元	5 405.04	7 020.00	10 165.00	10 097.00	13 052.70	9 544.7

17—19 排污收费和污染赔（罚）款情况

项　　目	单位	1987年	1988年	1989年	1990年	1991年	1992年
排　污　费							
交纳单位	个	6 929	9 236	10 682	11 503	10 115	11 209
征收额	万元	4 755	5 049	5 020	5 664	5 520	8 436
支出额	万元	3 405	3 826	4 391	4 246	2 960	5 126
污染事故	次	260	127	76	45	30	24
污染赔款总额	万元	98	141	221	198	159	32.1
污染罚款总额	万元	11	15	126	27	24	3.9

注：1992年为污染事故赔（罚）款。

17—20 企事业单位污染治理情况

项　　目	单位	1987年	1988年	1989年	1990年	1991年	1992年
治理污染资金总额	万元	10 893	10 884	17 295	12 371	16 154	15 290
按资金来源分							
基建资金	万元	4 741	1 834	2 060	2 493	930	669
更改资金	万元	2 869	4 530	10 946	5 168	7 065	3 842
综合利用利润留成	万元	31	183	118	91	368	1 162
环保补助资金（包括贷款）	万元	2 568	2 902	2 928	3 192	2 018	3 399
其　　他	万元	684	1 435	1 243	1 427	5 773	6 218
按资金使用分：							
治理废水	万元	2 858	4 180	6 232	6 451	8 362	5 137
治理废气	万元	3 745	4 154	8 574	4 191	3 956	5 047
治理固体废物	万元	3 910	1 998	2 136	1 455	3 572	1 980
治理噪声	万元	148	230	195	135	87	81
其　　他	万元	232	322	158	139	177	3 045
当年安排治理项目	个	893	917	865	807	822	854
当年竣工项目	个	776	786	794	768	748	796
当年竣工项目中当年安排的	个	738	706	743	726	748	796
治理废水	个	149	137	137	135	182	135
治理废气	个	445	436	484	458	389	524
治理固体废物	个	38	38	28	27	50	35
治理噪声	个	73	62	59	80	65	75
其　　他	个	33	33	35	26	62	27

注：1991、1992年当年安排的项目包括以前年度安排的在本年竣工的项目。

17—21 长春、吉林、四平市基本情况

（1992 年）

项 目	单 位	长春市		吉林市		四平市	
		全市	市区	全市	市区	全市	市区
一、综 合							
年末总人口	万 人	645.74	215.60	416.78	133.80	301.35	41.45
#非农业人口	万 人	239.60	172.63	189.67	107.99	95.86	33.63
年末社会劳动者人数	万 人	323.31	134.37	220.12	82.64	142.02	23.40
城镇个体劳动者年末人数	人	84 418	53 763	78 873	41 707	35 195	15 075
城镇待业人员年末数	人	18 855	13 504	15 915	7 504	6 395	3 788
土地面积	平方公里	18 881	1 116	27 120	1 748	14 080	407
#建成区土地面积	平方公里		114		100		31
国民收入（当年价）	万 元	1 321 413	789 524	896 071	559 919	458 821	121 207
国内生产总值（当年价）	万 元	1 552 750	1 039 937	1 082 981	710 103	521 549	149 200
第一产业	万 元	342 899	41 847	146 248	21 637	206 932	5 825
第二产业	万 元	820 425	724 089	613 267	467 463	178 537	91 803
第三产业	万 元	389 426	274 001	323 466	221 003	136 080	51 572
二、农 业							
农业总产值（当年价）	万 元	522 324	70 165	223 898	33 622	319 469	8 182
种植业	万 元	367 399	34 505	147 380	16 317	234 118	5 747
林业	万 元	3 016	112	4 961	420	2 551	48
牧业	万 元	145 964	34 959	55 834	16 093	77 666	2 217
副业	万 元	1 261	37	10 637	551	3 315	137
渔业	万 元	4 684	552	5 086	241	1 819	33
年末实有耕地面积	千公顷	1 105	68	386	30	605	13
粮食产量〔包括大豆〕	万 吨	599.83	26.22	170.82	10.38	435.56	7.12
油料产量	吨	30 603	778	2 338	29	7 937	
水果产量	吨	9 156	2 935	25 575	2 297	14 012	2 561
猪肉产量	吨	120 202	12 326	42 442	6 609	69 881	1 616
牛羊肉产量	吨	8 858	902	10 524	1 098	13 367	231
牛羊奶产量	吨	49 283	39 359	26 603	21 662	12 728	1 686
禽蛋产量	吨	103 824	36 300	36 156	14 311	45 095	2 100
禽肉产量	吨	56 653	18 599	11 989	6 680	20 627	502
水产品产量	吨	13 778	1 623	14 002	2 208	4 660	82
三、工 业							
企业单位数（乡及乡以上）	个	3 060	1 921	2 801	1 315	1 395	464
全部工业总产值（当年价）	万 元	2 701 779	2 280 025	1 845 501	1 445 803	617 802	326 016
乡及乡以上工业总产值	万 元	2 416 066	2 137 891	1 700 959	1 395 676	519 299	301 608
按轻重工业分：							
(1) 轻 工 业	万 元	659 676	474 818	462 578	374 809	242 052	135 002
(2) 重 工 业	万 元	1 756 390	1 663 073	1 238 381	1 020 867	277 247	166 606
按经济类型分：							
(1) 全民所有制工业	万 元	1 835 067	1 730 740	1 422 641	1 184 832	364 428	227 253
(2) 集体所有制工业	万 元	383 998	280 802	257 892	192 548	145 346	69 479
(3) 其他经济类型工业	万 元	197 001	126 349	20 426	18 296	9 525	4 876

注：1. 长春市、吉林市职工人数、工资总额和社会劳动者人数中包括了铁路职工人数及工资。
2. 各市工业数字中包括了电力工业数字。3. 各市全民基建投资和新增固定资产中包括了跨地区项目投资。

17—21 续表 1 (1992年)

项 目	单 位	长春市		吉林市		四平市	
		全市	市区	全市	市区	全市	市区
工业销售产值（90年不变价）	万 元	1 854 228	1 624 361	1 522 344	1 248 727	468 117	266 389
按轻重工业分：(1) 轻工业	万 元	578 284	427 457	428 064	354 479	227 358	128 250
(2) 重工业	万 元	1 275 944	1 196 904	1 094 280	894 248	240 759	138 139
工业销售产值（现行价格）	万 元	2 350 802	2 096 982	1 622 512	1 338 564	491 417	287 429
其中：出口交货产值	万 元	52 613	46 451	81 880	71 532	21 593	12 571
按轻重工业分：(1) 轻工业	万 元	604 342	439 687	428 328	349 458	226 614	127 697
(2) 重工业	万 元	1 746 460	1 657 295	1 194 184	989 106	264 803	159 732
全民独立核算工业企业财务指标							
产品销售收入	万 元	1 811 778	1 707 537	1 348 989	1 123 700	360 242	228 389
#产品销售税金	万 元	84 886	78 755	96 339	82 999	25 334	18 276
盈利企业利润总额	万 元	116 033	111 613	101 677	90 590	11 703	6 626
亏损企业亏损总额	万 元	25 158	23 080	28 560	11 319	7 730	3 263
固定资产原值年末数	万 元	1 155 225	1 070 778	1 662 072	1 210 749	276 107	171 270
固定资产净值年平均余额	万 元	661 534	601 464	1 018 679	719 728	188 132	112 490
定额流动资金占用年末数	万 元	561 692	520 233	436 570	344 973	171 167	107 007
可比产品总成本	万 元	618 878	543 746	849 826	685 166	211 508	123 341
工业总产值（当年价）	万 元	1800 373	1 699 046	1 409 800	1 176 901	363 248	226 532
工业净产值（当年价）	万 元	501 594	477 064	365 792	297 546	98 479	62 241
集体独立核算工业企业财务指标							
产品销售收入	万 元	341 501	266 227	225 318	177 665	128 794	60 293
#产品销售税金	万 元	20 127	16 041	15 626	12 828	7 635	4 393
盈利企业利润总额	万 元	25 250	20 799	12 831	9 531	7 729	4 613
亏损企业亏损总额	万 元	3 111	2 594	4 148	3 097	1 533	721
固定资产原值年末数	万 元	156 167	117 514	138 576	102 307	64 972	27 388
固定资产净值年平均余额	万 元	101 621	75 219	98 153	73 427	41 667	16 998
定额流动资金占用年末数	万 元	167 777	132 913	127 026	100 041	54 721	21 793
工业总产值（当年价）	万 元	365 901	277 564	250 977	190 405	144 679	69 166
工业净产值（当年价）	万 元	122 306	96 843	82 170	60 545	41 186	19 882
四、交通、邮电、电力							
铁路客运量（发送量）	万 人	1 878	1 878	1 398	588	724	278
铁路货运量（发送量）	万 吨	637	637	1 778	639	510	87
公路客运量	万 人	2 544	594	2 023	524	1 428	328
公路货运量	万 吨	4 504	3 704	2 142	1 202	1 440	502
年末邮电局（所）数	处	199	60	149	34	118	9
计费邮电业务总量（90年不变价）	万 元	26 036	22 694	10 300	8 233	5 102	2 313
年末电话机数	部	178 592	147 801	95 925	75 034	43 563	18 619
全年用电量	万千瓦时	410 391	305 783	712 133	431 635	166 320	72 543

17—21 续表 2　　　　(1992 年)

项目	单位	长春市		吉林市		四平市	
		全市	市区	全市	市区	全市	市区
五、固定资产投资							
全民所有制单位基本建设投资	万元	218 042	176 444	122 290	93 205	56 460	22 112
#非生产性建设	万元	67 137	52 101	45 331	37 149	10 247	6 311
#住宅建设	万元	30 979	23 957	23 194	19 527	4 956	2 563
全民所有制单位更新改造措施投资	万元	92 600	82 267	92 274	82 726	21 987	15 038
#非生产性建设	万元	6 890	5 770	1 937	1 675	120	120
#住宅建设	万元	2 387	1 860	962	849		
全民所有制单位其他固定资产投资	万元	5 743	5 743	3 731	3 100	2 251	173
#非生产性建设	万元			3 100	3 100		
#住宅建设	万元						
城镇集体所有制单位固定资产投资	万元	13 013	11 364	13 078	10 487	1 820	1 042
#非生产性建设	万元	2 661	2 368	2 180	1 270	190	
#住宅建设	万元	2 255	2 056	1 141	1 141	190	
城镇个人固定资产投资	万元						
#非生产性建设	万元						
#住宅建设	万元						
施工住宅建筑面积（包括商品房）	万平方米	254.77	226.17	146.72	128.82	38.51	26.81
竣工住宅建筑面积（包括商品房）	万平方米	134.48	108.46	100.93	86.66	23.00	17.20
六、市政公用事业							
年末实有住宅居住面积	万平方米		1 048.50		669.90		190.00
城市居住人口	万人		167.80		112.40		30.60
平均每人居住面积	平米/人		6.25		5.96		6.20
年末供水管道总长度	公里		826		876		174
全年供水总量	万吨		21 661		90 585		3 051
#生活用水量	万吨		11 286		3 700		730
生活用水人口	万人		165.40		102.00		27.00
#非农业用水人口	万人		165.40		100.00		27.00
年末实有公共汽（电）车营运车辆	辆		994		544		129
全年公共汽（电）车客运总数	万人次		44 382		19 752		2 631
年末实有出租汽车数	辆		2 409		2 011		742
煤气（人工、天然气）供气总量	万立方米		11 867		3 790		
#家庭用量	万立方米		9 334		2 906		
家庭用煤气人口	人		778 000		130 600		
液化石油气供气总量	吨		18 761		38 436		4 131
#家庭用量	吨		18 752		38 436		4 131
家庭用液化气人口	人		526 000		682 500		126 000
年末实有铺装道路面积	万平方米		823		376		155
城市下水道总长度	公里		885		285		95
园林绿地面积	公顷		4 007		2 563		582
建成区绿化覆盖面积	公顷		4 184		2 626		608
工业废水排放量	万吨		3 397		18 706		815
工业废水处理量	万吨		1 211		14 886		252
废气排放量	万标立米		3 888 276		11 137 57		811 00
二氧化硫排放量	吨		19 471		27 088		10 656
工业废气处理量	万标立米		214 480		8 060 584		36 248
城市清洁卫生工作人员数	人		5 486		4 789		1 145

17—21 续表 3　　　　(1992 年)

项　　　目	单位	长春市		吉林市		四平市	
		全市	市区	全市	市区	全市	市区
七、商业、外贸与外经、旅游							
社会商品零售总额	万元	763 030	526 385	644 976	411 449	324 765	112 692
1. 对居民和社会集团的消费品零售额	万元	647 593	481 094	604 034	398 778	266 590	104 589
(1) 对居民的消费品零售额	万元	556 419	397 976	519 649	336 222	245 608	96 156
(2) 对社会集团的消费品零售额	万元	91 174	83 118	84 385	62 556	20 982	8 433
2. 对农民的农业生产资料零售额	万元	115 437	45 291	40 942	12 671	58 175	8 103
城乡集市贸易成交额	万元	245 464	204 581	176 074	113 260	69 972	35 346
零售商业、饮食业、服务业机构	个	58 719	29 595	58 590	26 753	32 970	11 574
#个体	个	46 987	22 250	53 029	24 269	27 232	9 168
零售商业、饮食业、服务业人员	人	250 446	152 401	158 413	82 592	117 194	45 054
#个体	人	73 752	36 736	72 117	33 579	35 372	12 033
外贸收购总额（按实际价格计算）	万元	104 222	64 739	100 000	68 000	61 873	5 399
实际利用外资金额	万美元	2 581	2 581	1 690	1 690	109	76
旅游者人数	人	38 710		18 544		339	
旅游外汇收入	外券万元	3 443		842		1	
八、财政、金融、保险							
地方财政预算内收入	万元	172 069	144 876	142 968	113 879	43 942	24 073
地方财政预算内支出	万元	125 729	85 326	79 832	48 052	45 436	19 444
城乡居民储蓄年末余额	万元	917 615	679 266	584 595	358 894	285 338	107 610
年末银行各项贷款余额	万元	2 099 574	1 363 607	1 171 331	735 874	893 121	284 691
银行现金收入	万元	3 494 444	2 776 105	1 812 426	1 188 503	1 206 65	353 29
银行现金支出	万元	3 531 227	2 672 408	1 975 902	1 243 186	1 365 64	371 93
承保额	万元	4 919 283	3 579 161	3 992 441	2 438 303	1 299 53	539 41
已决赔款	万元	13 407	10 840	11 295	7 680	3 487	1 247
九、劳动工资、人民生活							
全民单位全部职工							
年末人数	万人	95.26	72.38	71.91	44.18	34.82	12.72
工资总额	万元	251 520	205 785	200 297	133 618	70 364	28 679
城镇集体所有制单位全部职工							
年末人数	万人	44.68	35.69	34.83	22.34	12.95	4.72
工资总额	万元	85 460	71 366	67 449	49 809	18 628	7 861
城市居民人均生活费收入	元		1 613		1 791		1 414
城市居民人均生活费支出	元		1 479		1 715		1 266
每百户拥有黑白电视机	台		48		35		51
每百户拥有彩色电视机	台		71		85		55
每百户拥有电冰箱	台		46		53		11
职工生活费用价格指数	%		109.00		107.00		110.00
消费品零售物价指数	%		109.00		107.00		108.00
#食品价格指数	%		111.00		108.00		106.00

17—21 续表 4 (1992 年)

项目	单位	长春市 全市	长春市 市区	吉林市 全市	吉林市 市区	四平市 全市	四平市 市区
十、教育、科技、文化、卫生							
学校数							
高等学校	所	26	26	8	8	2	2
中等专业学校	所	51	43	24	23	10	6
普通中学	所	449	141	307	83	208	22
农、职业中学、技工学校	所	126	70	94	44	44	19
小学	所	1 930	344	1 754	228	1 291	67
专任教师数							
高等学校	人	10 407	10 407	1 922	1 922	490	490
中等专业学校	人	3 306	2 844	1 592	1 507	660	346
普通中学	人	22 788	8 764	14 999	5 434	9 286	1 459
农、职业中学、技工学校	人	3 362	2 125	2 720	1 633	1 266	466
小学	人	34 629	9 737	25 761	6 295	18 432	1 797
在校学生数							
高等学校	人	52 917	52 917	12 022	12 022	2 735	2 735
中等专业学校	人	26 536	21 355	16 348	14 926	7 444	3 675
普通中学	万人	34.14	11.02	21.19	6.83	14.12	1.98
农、职业中学、技工学校	人	55 449	24 790	34 016	15 985	15 898	3 819
小学	万人	65.24	19.52	42.67	11.95	30.82	3.52
成人高等教育学校在校学生数	人	17 652	17 148	7 031	6 502	1 837	1 702
自然科学方面的人员	人	146 784	114 811	92 123	63 944	30 721	13 847
电影放映单位数	个	1 083	131	499	60	457	15
公共图书馆个数	个	10	4	9	4	5	1
公共图书馆藏书	千册	4 214	3 982	1 712	1 420	479	295
图书出版印数	万册	12 087	12 087				
杂志出版印数	万册	4 126	4 126	1 084	1 084		
报纸出版印数	万张	32 574	32 574	3 560	3 468	1 096	931
卫生机构数	个	833	594	711	410	391	134
卫生机构床位数	张	23 988	17 956	19 123	12 197	10 338	3 874
社会福利院床位数	张	965	600	645	600	460	460
卫生技术人员	人	35 715	26 112	23 701	14 280	12 778	4 592
#医生	人	14 541	10 900	9 402	5 662	4 952	1 750
十一、社会治安							
火灾起数	起		658		138		48
火灾死伤人数	人		28		10		1
火灾损失折款	万元		164		220		64
交通事故件数	件		589		214		66
交通事故死伤人数	人		534		194		62
刑事案件发案数	件		6 294		5 083		2 027
犯罪人数	人		2 013		2 940		345

17－22 辽源、通化、浑江市基本情况

(1992年)

项目	单位	辽源市		通化市		浑江市	
		全市	市区	全市	市区	全市	市区
一、综合							
年末总人口	万人	120.38	42.72	218.36	40.60	125.15	73.11
#非农业人口	万人	52.51	36.57	89.66	33.25	75.85	49.53
年末社会劳动者人数	万人	62.97	25.66	106.02	21.55	56.79	33.70
城镇个体劳动者年末人数	人	24 841	16 499	31 529	9 817	16 844	10 311
城镇待业人员年末数	人	8 008	6 241	8 117	3 762	8 973	1 237
土地面积	平方公里	5 123	206	15 195	761	17 840	5 730
#建成区土地面积	平方公里		28		22		56
国民收入	万元	181 681	88 212	406 900	115 423	209 701	130 419
国内生产总值	万元	243 235	121 989	447 847	137 517	263 098	165 684
第一产业	万元	60 006	3 945	106 319	4 943	56 725	26 473
第二产业	万元	91 553	68 463	224 541	89 181	132 787	91 337
第三产业	万元	91 676	49 581	116 987	43 393	73 586	47 874
二、农业							
农业总产值	万元	87 932	5 997	169 393	8 431	83 915	38 903
种植业	万元	57 129	3 713	105 774	3 067	36 179	14 455
林业	万元	782	13	6 475	313	7 199	2 444
牧业	万元	27 254	2 239	43 531	4 890	18 212	11 663
副业	万元	2 158	13	10 987	147	21 639	9 974
渔业	万元	609	19	2 626	14	686	367
年末实有耕地面积	千公顷	15	1	200	5	60	25
粮食产量〔包括大豆〕	万吨	85.89	0.72	94.11	0.56	14.54	5.76
油料产量	吨	508	134	2 603	183	1 801	926
水果产量	吨	7 675	281	15 425	335	4 313	3 051
猪肉产量	吨	25 809	1 503	39 428	3 640	15 202	9 829
牛羊肉产量	吨	6 900	62	4 615	80	1 901	1 131
牛羊奶产量	吨	2 727	1 241	1 056	424	115	94
禽蛋产量	吨	13 108	1 472	23 447	5 263	13 477	10 141
禽肉产量	吨	4 955	810	14 762	1 309	2 887	1 981
水产品产量	吨	1 541	50	6 606	35	1 800	958
三、工业							
企业单位数（乡及乡以上）	个	756	407	1 507	462	717	417
全部工业总产值	万元	320 092	217 234	599 931	292 734	322 892	242 086
乡及乡以上工业总产值	万元	275 489	209 049	533 950	279 969	290 556	215 398
按轻重工业分：							
(1) 轻工业	万元	116 684	86 992	217 927	70 394	76 317	51 699
(2) 重工业	万元	158 805	122 057	316 023	209 575	214 239	163 699
按经济类型分：							
(1) 全民所有制工业	万元	198 958	163 958	416 651	241 072	216 067	158 115
(2) 集体所有制工业	万元	76 006	44 566	113 910	36 706	74 458	57 252
(3) 其他经济类型工业	万元	525	525	3 389	2 191	31	31

17—22 续表 1 (1992年)

项目	单位	辽源市		通化市		浑江市	
		全市	市区	全市	市区	全市	市区
工业销售产值（90年不变价）	万元	243 517	182 608	438 699	219 534	254 569	186 501
按轻重工业分：（1）轻工业	万元	92 680	68 125	187 582	60 934	66 585	45 140
（2）重工业	万元	150 837	114 483	251 117	158 600	187 984	141 361
工业销售产值（现行价格）	万元	249 754	184 334	495 652	270 141	272 047	199 918
其中：出口交货产值	万元	11 229	9 337	17 176	13 490	9 806	6 901
按轻重工业分：（1）轻工业	万元	89 760	64 453	187 867	59 657	66 465	46 105
（2）重工业	万元	159 994	119 881	307 785	210 484	205 582	153 813
全民独立核算工业企业财务指标							
产品销售收入	万元	183 009	155 982	403 551	272 354	224 591	167 737
#产品销售税金	万元	10 068	8 706	35 633	27 601	12 425	8 654
盈利企业利润总额	万元	4 049	3 311	13 704	6 630	5 956	4 559
亏损企业亏损总额	万元	15 626	14 078	5 403	1 739	25 468	22 941
固定资产原值年末数	万元	222 280	190 811	385 131	225 145	389 131	287 176
固定资产净值年平均余额	万元	146 669	122 733	248 134	139 016	276 550	197 908
定额流动资金占用年末数	万元	110 425	87 281	175 951	91 760	79 086	56 676
可比产品总成本	万元	145 788	124 359	254 518	168 891	177 875	144 025
工业总产值	万元	194 863	163 214	399 126	240 229	208 470	156 397
工业净产值	万元	45 109	37 842	111 620	61 134	63 351	39 733
集体独立核算工业企业财务指标							
产品销售收入	万元	55 287	31 919	102 500	39 448	61 880	48 460
#产品销售税金	万元	3 420	1 693	7 255	2 480	5 731	4 701
盈利企业利润总额	万元	2 576	1 231	7 683	1 117	3 228	2 360
亏损企业亏损总额	万元	929	614	1 528	621	2 228	1 256
固定资产原值年末数	万元	36 124	19 071	51 991	18 537	42 655	29 018
固定资产净值年平均余额	万元	24 207	12 960	34 419	12 597	31 142	21 400
定额流动资金占用年末数	万元	38 684	22 238	48 212	21 369	36 356	26 007
工业总产值	万元	64 534	34 735	111 078	35 816	69 438	54 671
工业净产值	万元	20 382	11 212	37 265	11 710	24 509	18 774
四、交通、邮电、电力							
铁路客运量（发送量）	万人	246	166	979	494	800	719
铁路货运量（发送量）	万吨	306	207	920	365	1 219	1 120
公路客运量	万人	634	155	1 273	226	740	460
公路货运量	万吨	549	200	1 893	794	1 507	1 243
年末邮电局（所）数	处	53	25	128	13	79	34
计费邮电业务总量（90年不变价）	万元	2440	1 859	5 059	2 089	3 291	1 824
年末电话机数	部	21 700	17 363	53 047	19 544	37 320	22 189
全年用电量	万千瓦时	77 316	52 125	182 776	80 826	168 275	141 710

17—22 续表 2 (1992年)

项目	单位	辽源市		通化市		浑江市	
		全市	市区	全市	市区	全市	市区
五、固定资产投资							
全民所有制单位基本建设投资	万元	8 197	7 797	26 401	7 073	40 987	31 335
#非生产性建设	万元	3 310	2 959	12 505	5 978	15 244	10 875
#住宅建设	万元	1 830	1 539	5 138	2 415	6 830	4 120
全民所有制单位更新改造措施投资	万元	19 396	15 700	28 866	23 270	13 697	13 180
#非生产性建设	万元	245	200	1 399	1 371	2 241	2 159
#住宅建设	万元	137	137	642	634	211	211
全民所有制单位其他固定资产投资	万元	1 529	1 414	2 218	2 158	1 916	1 192
#非生产性建设	万元					72	
#住宅建设	万元					8	
城镇集体所有制单位固定资产投资	万元	1 921	1 921	3 636	989	2 572	1 591
#非生产性建设	万元			1 457	802	722	567
#住宅建设	万元			944	537	226	226
城镇个人固定资产投资	万元						
#非生产性建设	万元						
#住宅建设	万元						
施工住宅建筑面积（包括商品房）	万平方米	18.02	16.42	29.04	18.16	26.19	19.21
竣工住宅建筑面积（包括商品房）	万平方米	14.41	12.92	19.88	12.28	24.38	17.82
六、市政公用事业							
年末实有住宅居住面积	万平方米		227.20		187.00		263.22
城市居住人口	万人		36.60		29.60		44.20
平均每人居住面积	平米/人		6.21		6.32		5.96
年末供水管道总长度	公里		84		203		117
全年供水总量	万吨		2 336		12 311		2 410
#生活用水量	万吨		180		1 018		1 292
生活用水人口	万人		33.60		21.60		27.47
#非农业用水人口	万人		33.30		21.50		25.47
年末实有公共汽（电）车营运车辆	辆		55		108		95
全年公共汽（电）车客运总数	万人次		1 467		3 400		2 355
年末实有出租汽车数	辆		200		537		103
煤气（人工、天然气）供气总量	万立方米				10 500		
#家庭用量	万立方米				986		
家庭用煤气人口	人				65 000		
液化石油气供气总量	吨		1 181		1 920		1 421
#家庭用量	吨		1 161		1 920		1 421
家庭用液化气人口	人		62 000		57 400		55 000
年末实有铺装道路面积	万平方米		89		114		86
城市下水道总长度	公里		85		61		59
园林绿地面积	公顷		339		614		154
建成区绿化覆盖面积	公顷		432		614		447
工业废水排放量	万吨		832		2 696		1 677
工业废水处理量	万吨		122		1 847		3 542
废气排放量	万标立米		1 244 608		1 891 243		2 347 035
二氧化硫排放量	吨		1 403		18 393		32 266
工业废气处理量	万标立米		586 130		636 773		133 279
城市清洁卫生工作人员数	人		1 665		355		652

17—22 续表 3 (1992 年)

项目	单位	辽源市		通化市		浑江市	
		全市	市区	全市	市区	全市	市区
七、商业、外贸与外经、旅游							
社会商品零售总额	万元	108 119	55 680	229 208	68 509	152 251	105 494
1. 对居民和社会集团的消费品零售额	万元	93 809	53 739	205 875	66 446	140 607	96 577
(1) 对居民的消费品零售额	万元	87 928	49 738	189 705	58 687	130 354	90 556
(2) 对社会集团的消费品零售额	万元	5 881	4 001	16 170	7 759	10 253	6 021
2. 对农民的农业生产资料零售额	万元	14 310	1 941	23 333	2 063	11 644	8 917
城乡集市贸易成交额	万元	34 345	24 538	43 440	15 396	28 912	20 931
零售商业、饮食业、服务业机构	个	16 081	7 616	28 977	6 348	15 716	10 510
#个体	个	14 413	6 976	25 421	5 498	12 844	8 534
零售商业、饮食业、服务业人员	人	40 218	21 319	79 382	23 499	56 452	35 011
#个体	人	17 952	9 337	37 462	8 628	17 975	11 067
外贸收购总额（按实际价格计算）	万元	21 190	12 660	18 147	4 847	13 598	13 598
实际利用外资金额	万美元	145	145	212	61	51	
旅游者人数	人	196		1 649		35	
旅游外汇收入	外券万元	1		44		6	
八、财政、金融、保险							
地方财政预算内收入	万元	14 010	7 439	47 274	18 695	23 063	13 827
地方财政预算内支出	万元	20 084	10 934	43 497	14 764	23 617	12 050
城乡居民储蓄年末余额	万元	137 006	85 886	222 632	88 648	209 258	126 453
年末银行各项贷款余额	万元	324 301	180 012	595 752	208 670	293 626	188 010
银行现金收入	万元	361 612	216 006	726 466	242 758	451 506	256 920
银行现金支出	万元	417 782	245 742	813 431	268 879	524 393	299 718
承保额	万元	512 742	184 979	1 680 000	390 000	623 255	343 341
已决赔款	万元	1 582	708	4 606	1 403	1 325	830
九、劳动工资、人民生活							
全民单位全部职工							
年末人数	万人	19.37	14.21	30.04	11.73	26.43	18.62
工资总额	万元	44 142	33 799	68 922	31 082	67 038	44 602
城镇集体所有制单位全部职工							
年末人数	万人	8.58	6.50	11.80	5.27	11.08	7.02
工资总额	万元	11 889	9 208	19 255	9 682	17 055	12 357
城市居民人均生活费收入	元		1 350		1 612		1 510
城市居民人均生活费支出	元		1 370		1 543		1 422
每百户拥有黑白电视机	台		43		44		41
每百户拥有彩色电视机	台		64		68		71
每百户拥有电冰箱	台		24		26		23
职工生活费用价格指数	%		107.00		107.00		107.00
消费品零售物价指数	%		107.00		106.00		106.00
#食品价格指数	%		107.00		108.00		109.00

17—22 续表 4 (1992年)

项目	单位	辽源市		通化市		浑江市	
		全市	市区	全市	市区	全市	市区
十、教育、科技、文化、卫生							
学校数							
高等学校	所			1	1		
中等专业学校	所	6	6	7	6	2	2
普通中学	所	99	25	195	26	124	62
农、职业中学、技工学校	所	22	15	43	12	31	22
小　学	所	582	66	1 120	70	683	292
专任教师数							
高等学校	人			261	261		
中等专业学校	人	369	369	474	406	140	140
普通中学	人	4 418	1 540	8 312	1 696	4 887	2 799
农、职业中学、技工学校	人	481	368	1 343	476	1 006	734
小　学	人	6 654	1 667	12 391	1 628	7 143	4 023
在校学生数							
高等学校	人			1 284	1 284		
中等专业学校	人	4 511	4 511	4 988	3 703	1 401	1 401
普通中学	万人	6.56	2.28	14.12	2.50	6.91	3.82
农、职业中学、技工学校	人	8 629	5 515	18 820	5 463	10 342	7 494
小　学	万人	11.66	3.82	24.67	3.45	12.54	6.75
成人高等教育学校在校学生数	人	1 241	1 241	1 660	427	838	550
自然科学方面的人员	人	18 004	12 548	17 593	6 177	18 867	12 733
电影放映单位数	个	131	16	484	14	266	66
公共图书馆个数	个	3	1	6	1	4	1
公共图书馆藏书	千册	294	223	561	277	228	97
图书出版印数	万册						
杂志出版印数	万册						
报纸出版印数	万张	12	12	259	251		
卫生机构数	个	151	71	420	153	383	183
卫生机构床位数	张	4 424	2 391	8 419	3 272	6 635	3 539
社会福利院床位数	张	250	120	250			
卫生技术人员	人	5 073	2 894	10 818	3 686	8 062	4 874
#医　生	人	1 997	1 137	4 421	1 524	3 412	2 037
十一、社会治安							
火灾起数	起		67		125		27
火灾死伤人数	人		11		1		2
火灾损失折款	万元		53		73		31
交通事故件数	件		98		183		266
交通事故死伤人数	人		90		128		229
刑事案件发案数	件		835		2 127		1 547
犯罪人数	人		767		595		730

17—23 松原、九台、榆树、蛟河、桦甸市基本情况

(1992年)

项目	单位	松原市 全市	松原市 市区	九台市	榆树市	蛟河市	桦甸市
一、综合							
年末总人口	万人	245.00	111.20	81.05	117.97	46.49	44.17
#非农业人口	万人	52.87	30.30	18.39	13.77	16.50	18.07
年末社会劳动者人数	万人	114.62	46.79	34.87	55.00	21.00	20.15
城镇个体劳动者年末人数	人	24 973	10 313	6 278	4 741	7 591	7 763
城镇待业人员年末数	人	8 237	2 397	3 485	641	1 782	349
土地面积	平方公里	22 034	5 643	3 100	4 261	6 050	6 250
#建成区土地面积	平方公里	28	28	14	12	12	10
国民收入(当年价)	万元	365 414	135 075	77 197	166 175	52 414	83 250
国内生产总值(当年价)	万元	394 948	151 692	97 264	192 458	65 942	104 328
第一产业	万元	199 769	67 291	42 398	93 989	22 283	18 977
第二产业	万元	136 095	54 604	29 321	45 426	19 160	62 025
第三产业	万元	59 084	29 797	25 545	53 043	24 499	23 326
二、农业							
农业总产值(当年价)	万元	300 631	104 100	60 914	130 782	31 452	28 681
种植业	万元	228 314	82 272	44 665	101 582	18 748	18 885
林业	万元	6 292	1 253	598	664	1 281	552
牧业	万元	55 014	17 643	14 629	27 726	7 530	6 526
副业	万元	5 846	780	60	487	3 403	2 255
渔业	万元	5 165	2 152	962	323	490	463
年末实有耕地面积	千公顷	678	267	160	291	48	44
粮食产量〔包括大豆〕	万吨	356.41	142.32	71.51	165.04	17.64	17.87
油料产量	吨	200 020	24 469	1 874	9 310	380	139
水果产量	吨	6 924	1 739	1 625	1 148	3 628	2 763
猪肉产量	吨	52 070	21 486	13 739	32 952	5 775	4 686
牛羊肉产量	吨	8 004	2 059	765	2 043	2 033	1 690
牛羊奶产量	吨	10 829	4 421	1 622	2 448	1 860	105
禽蛋产量	吨	35 145	16 268	10 569	19 260	3 356	4 068
禽肉产量	吨	7 126	2 621	2 842	5 248	830	763
水产品产量	吨	13 079	5 519	2 830	950	1 225	1 158
三、工业							
企业单位数(乡及乡以上)	个	720	326	249	238	286	279
全部工业总产值(当年价)	万元	415 537	70 072	63 136	83 258	58 261	96 718
乡及乡以上工业总产值	万元	379 155	52 982	38 644	53 462	42 437	85 345
按轻重工业分:							
(1)轻工业	万元	70 042	28 803	19 307	41 059	15 594	12 030
(2)重工业	万元	309 113	24 179	19 337	12 403	26 843	73 315
按经济类型分:							
(1)全民所有制工业	万元	339 766	31 509	15 732	24 034	30 615	69 877
(2)集体所有制工业	万元	39 389	21 473	19 339	27 308	11 694	15 071
(3)其他经济类型工业	万元			3573	2 120	128	397

17—23 续表 1 (1992 年)

项 目	单 位	松原市 全市	松原市 市区	九台市	榆树市	蛟河市	桦甸市
工业销售产值（90 年不变价）	万 元	271 480	44 498	30 944	45 713	32 635	79 582
按轻重工业分：(1) 轻工业	万 元	58 860	25 220	14 537	34 540	10 708	9 275
(2) 重工业	万 元	212 620	19 278	16 407	11 173	21 927	70 307
工业销售产值（现行价格）	万 元	372 192	50 942	35 055	47 451	35 649	81 246
其中：出口交货产值	万 元	1 527	410	2 655	1 131	2 306	431
按轻重工业分：(1) 轻工业	万 元	64 005	27 851	17 562	35 291	13 014	10 323
(2) 重工业	万 元	308 187	23 091	17 493	12 160	22 635	70 923
全民独立核算工业企业财务指标							
产品销售收入	万 元	316 685	34 561	14 392	20 448	27 608	64 968
#产品销售税金	万 元	12 803	1 759	1 250	1 593	1 252	5 414
盈利企业利润总额	万 元	6 216	1 507	518	437	1 055	5 881
亏损企业亏损总额	万 元	8 211	152	72	221	232	57
固定资产原值年末数	万 元	710 587	15 260	13 827	19 450	33 698	235 839
固定资产净值年平均余额	万 元	395 608	11 247	9 336	14 638	22 509	157 356
定额流动资金占用年末数	万 元	65 609	10 494	8 310	10 520	15 156	16 574
可比产品总成本	万 元	265 549	18 827		15 470	15 339	43 693
工业总产值（当年价）	万 元	337 621	30 486	15 564	23 680	29 420	69 057
工业净产值（当年价）	万 元	94 837	8 009	4 783	5 503	10 037	27 610
集体独立核算工业企业财务指标							
产品销售收入	万 元	24 015	13 692	17 913	21 058	7 007	10 791
#产品销售税金	万 元	1 651	1 145	934	1 040	414	540
盈利企业利润总额	万 元	1 799	868	1 173	1 182	399	922
亏损企业亏损总额	万 元	361	77	116	118	751	99
固定资产原值年末数	万 元	17 059	7 130	8 223	10 480	6 710	8 307
固定资产净值年平均余额	万 元	12 006	4 573	5 652	7 349	4 685	5 503
定额流动资金占用年末数	万 元	10 698	5 161	9 726	10 110	5 355	3 748
工业总产值（当年价）	万 元	27 697	15 582	19 269	26 882	10 804	12 145
工业净产值（当年价）	万 元	9 180	4 907	5 851	6 538	2 897	4 721
四、交通、邮电、电力							
铁路客运量（发送量）	万 人					256	33
铁路货运量（发送量）	万 吨					158	61
公路客运量	万 人	842	369	405	663	365	310
公路货运量	万 吨	804	449	365	304	245	131
年末邮电局（所）数	处	105	36	26	37	22	17
计费邮电业务总量（90 年不变价）	万 元	2 267	869	717	749	665	600
年末电话机数	部	20 106	9 469	8 947	6 764	7 802	6 242
全年用电量	万千瓦时	64 588	36 807	24 857	27 511	21 585	20 101

17—23 续表 2　　　　(1992年)

项　　　目	单　位	松原市 全市	松原市 市区	九台市	榆树市	蛟河市	桦甸市
五、固定资产投资							
全民所有制单位基本建设投资	万　元	43 297	4 593	12 463	3 341	1 950	19 914
#非生产性建设	万　元	18 388	3 641	7 103	2 657	1 309	1 832
#住宅建设	万　元	9 707	2 490	5 060	1 346	425	1 140
全民所有制单位更新改造措施投资	万　元	13 525	2 049	721	2 364	975	1 974
#非生产性建设	万　元	970		362			247
#住宅建设	万　元	507					113
全民所有制单位其他固定资产投资	万　元	85 295	965			141	316
#非生产性建设	万　元	6 592	770				
#住宅建设	万　元						
城镇集体所有制单位固定资产投资	万　元	630		696	716	761	249
#非生产性建设	万　元	75		288	5	5	
#住宅建设	万　元	50		199			
城镇个人固定资产投资	万　元						
#非生产性建设	万　元						
#住宅建设	万　元						
施工住宅建筑面积（包括商品房）	万平方米	22.97	7.85	16.87	11.79	5.82	4.51
竣工住宅建筑面积（包括商品房）	万平方米	19.55	5.82	16.02	9.87	3.77	4.01
六、市政公用事业							
年末实有住宅居住面积	万平方米		84.00	68.30	87.00	56.60	71.90
城市居住人口	万　人		13.10	17.30	13.00	11.70	11.60
平均每人居住面积	平米/人		6.41	3.95	6.69	4.84	6.20
年末供水管道总长度	公　里		227	90	40	60	85
全年供水总量	万　吨		545	120	1 471	1 018	500
#生活用水量	万　吨		55	64	150	110	80
生活用水人口	万　人		13.00	15.30	12.20	10.50	6.70
#非农业用水人口	万　人		11.40	13.50	9.60	9.30	6.20
年末实有公共汽（电）车营运车辆	辆				24	15	
全年公共汽（电）车客运总数	万人次				70	120	
年末实有出租汽车数	辆		230			55	
煤气（人工、天然气）供气总量	万立方米						
#家庭用量	万立方米						
家庭用煤气人口	人						
液化石油气供气总量	吨		5 400			700	800
#家庭用量	吨		5 400			700	800
家庭用液化气人口	人		69 697			47 000	55 000
年末实有铺装道路面积	万平方米		54	21	45	47	31
城市下水道总长度	公　里		33	14	34	22	14
园林绿地面积	公　顷		275	61	176	111	225
建成区绿化覆盖面积	公　顷		312	169	176	146	233
工业废水排放量	万　吨		76	169	589	465	290
工业废水处理量	万　吨		34		525	187	180
废气排放量	万标立米		269 305	59 88	328 09	1 061 6	2 772 5
二氧化硫排放量	吨		1 026	423	1 678	2 701	4 068
工业废气处理量	万标立米		205 076	25 05	128 11	259 78	362 04
城市清洁卫生工作人员数	人		228	184	330	105	246

17—23 续表 3 (1992年)

项目	单位	松原市 全市	松原市 市区	九台市	榆树市	蛟河市	桦甸市
七、商业、外贸与外经、旅游							
社会商品零售总额	万元	208 073	75 676	52 115	67 568	41 284	38 083
1. 对居民和社会集团的消费品零售额	万元	151 505	54 621	40 409	49 615	37 848	34 844
(1) 对居民的消费品零售额	万元	141 302	52 170	38 940	46 375	33 993	31 998
(2) 对社会集团的消费品零售额	万元	10 203	2 451	1 469	3 240	3 855	2 846
2. 对农民的农业生产资料零售额	万元	56 568	21 055	11 706	17 953	3 436	3 239
城乡集市贸易成交额	万元	36 702	15 009	7 075	11 032	8 145	10 234
零售商业、饮食业、服务业机构	个	21 106	7 333	6 604	7 085	5 722	6 427
#个体	个	18 258	6 379	5 527	5 849	4 910	5 943
零售商业、饮食业、服务业人员	人	76 233	33 205	20 244	25 437	18 908	14 179
#个体	人	28 713	10 376	7 230	7 802	6 514	7 494
外贸收购总额（按实际价格计算）	万元	31 058	1 557	5 540	5 226	1 176	336
实际利用外资金额	万美元						
旅游者人数	人						
旅游外汇收入	外券万元						
八、财政、金融、保险							
地方财政预算内收入	万元	22 151	7 716	5 188	5 837	5 522	6 852
地方财政预算内支出	万元	30 676	10 021	7 592	9 829	5 657	6 561
城乡居民储蓄年末余额	万元	146 061	57 151	44 160	45 397	41 199	49 119
年末银行各项贷款余额	万元	636 346	209 519	118 553	218 251	78 607	84 264
银行现金收入	万元	522 481	200 695	148 310	161 132	139 059	139 831
银行现金支出	万元	652 407	242 453	178 165	194 274	156 988	160 629
承保额	万元	539 417	125 249	440 150	278 636	169 256	350 181
已决赔款	万元	1 726	607	399	587	850	695
九、劳动工资、人民生活							
全民单位全部职工							
年末人数	万人	22.74	5.67	5.20	5.55	3.97	6.23
工资总额	万元	54 691	11 922	10 285	11 213	9 069	16 124
城镇集体所有制单位全部职工							
年末人数	万人	5.75	2.00	1.94	2.10	2.29	2.62
工资总额	万元	7 258	3 019	3 230	3 385	3 358	3 730
城市居民人均生活费收入	元		1 489			1 213	
城市居民人均生活费支出	元		1 298			1 142	
每百户拥有黑白电视机	台		28			46	
每百户拥有彩色电视机	台		76			66	
每百户拥有电冰箱	台		24			18	
职工生活费用价格指数	%		108.00			106.00	
消费品零售物价指数	%		108.00			106.00	
#食品价格指数	%		111.00			109.00	

17—23 续表 4 (1992年)

项目	单位	松原市		九台市	榆树市	蛟河市	桦甸市
		全市	市区				
十、教育、科技、文化、卫生							
学校数							
高等学校	所						
中等专业学校	所	1		3	2		
普通中学	所	167	45	48	73	35	37
农、职业中学、技工学校	所	28	11	11	11	6	6
小　学	所	1 218	475	323	399	257	213
专任教师数							
高等学校	人						
中等专业学校	人	107		149	159		
普通中学	人	7 807	2 833	2 706	3 683	1 476	1 536
农、职业中学、技工学校	人	1 191	582	228	256	169	151
小　学	人	17 164	6 033	4 903	7 229	3 445	3 239
在校学生数							
高等学校	人						
中等专业学校	人	325		1 588	1 612		
普通中学	万人	12.52	4.17	4.40	6.08	2.30	2.12
农、职业中学、技工学校	人	22 467	10 608	5 791	5 914	2 147	2 950
小　学	万人	27.46	10.03	7.78	12.42	5.63	5.18
成人高等教育学校在校学生数	人	1 825	117	89	415	123	148
自然科学方面的人员	人	25 541	4 461	8 374	10 053	3 577	3 569
电影放映单位数	个	8	3	133	78	103	33
公共图书馆个数	个	4	1	1	1	1	1
公共图书馆藏书	千册	247	77	59	65	54	63
图书出版印数	万册						
杂志出版印数	万册						
报纸出版印数	万张						92
卫生机构数	个	203	62	64	56	62	69
卫生机构床位数	张	5 295	1 668	1 420	1 477	1 075	1 545
社会福利院床位数	张	74	74	175			45
卫生技术人员	人	8 105	2 228	2 270	2 009	1 619	2 147
#医　生	人	3 158	911	808	791	651	825
十一、社会治安							
火灾起数	起		81	55	142	9	7
火灾死伤人数	人		5	1	1	3	1
火灾损失折款	万元		67	11	28	18	12
交通事故件数	件		132	1 238	32	39	36
交通事故死伤人数	人		161	217	45	40	41
刑事案件发案数	件		699	243	426	904	648
犯罪人数	人		564	316	348	744	447

17—24 舒兰、公主岭、梅河口、集安、白城、洮南市基本情况

(1992年)

项目	单位	舒兰市	公主岭市	梅河口市	集安市	白城市	洮南市
一、综合							
年末总人口	万人	64.79	98.53	58.39	22.42	33.68	51.99
#非农业人口	万人	18.89	24.45	22.05	6.78	22.30	15.46
年末社会劳动者人数	万人	33.06	41.98	24.20	11.61	15.69	23.50
城镇个体劳动者年末人数	人	4 929	7 146	8 118	1 989	10 016	7 240
城镇待业人员年末数	人	2 244	743	2 294	358	796	444
土地面积	平方公里	4 558	4 058	2 174	3 217	900	5 834
#建成区土地面积	平方公里	10	27	15	13	22	16
国民收入(当年价)	万元	66 460	127 099	85 746	43 188	68 919	64 922
国内生产总值(当年价)	万元	79 515	141 948	101 831	50 541	86 122	67 083
第一产业	万元	31 063	76 916	30 598	13 776	10 143	34 684
第二产业	万元	24 288	32 590	41 527	22 126	38 229	19 488
第三产业	万元	24 164	32 442	29 706	14 639	37 750	12 911
二、农业							
农业总产值(当年价)	万元	42 945	119 242	48 228	22 492	16 498	53 879
种植业	万元	31 107	87 534	33 012	15 901	10 673	36 296
林业	万元	708	416	685	1 125	176	1 877
牧业	万元	8 435	29 934	11 123	3 512	5 195	12 961
副业	万元	1 332	714	2 094	1 672	446	1 741
渔业	万元	1 363	644	1 314	282	8	1 004
年末实有耕地面积	千公顷	83	220	65	15	38	149
粮食产量〔包括大豆〕	万吨	42.10	170.56	35.78	7.00	9.11	53.90
油料产量	吨	1 087	196	723	389	4 040	24 533
水果产量	吨	725	2 968	2 553	9 320	654	143
猪肉产量	吨	8 241	24 526	8 412	4 704	4 540	13 506
牛羊肉产量	吨	1 496	3 482	1 060	150	544	1 846
牛羊奶产量	吨	194	2 940	443	9	1 243	1 150
禽蛋产量	吨	5 333	19 247	4 681	1 966	3 656	4 600
禽肉产量	吨	980	11 032	6 738	321	1 016	2 218
水产品产量	吨	3 206	1 650	3 285	704	21	2 510
三、工业							
企业单位数(乡及乡以上)	个	293	313	303	134	243	209
全部工业总产值(当年价)	万元	74 456	134 907	81 511	48 404	107 249	61 764
乡及乡以上工业总产值	万元	59 699	106 035	69 958	42 038	97 519	52 931
按轻重工业分:							
(1)轻工业	万元	25 634	45 976	42 057	22 669	59 592	45 660
(2)重工业	万元	34 065	60 059	27 901	19 369	37 927	7 271
按经济类型分:							
(1)全民所有制工业	万元	48 963	70 655	42 081	35 766	76 354	43 676
(2)集体所有制工业	万元	10 736	30 731	27 130	6 272	21 043	9 255
(3)其他经济类型工业	万元		4 649	747		122	

17—24 续表 1　　　　(1992 年)

项　　目	单　位	舒兰市	公主岭市	梅河口市	集安市	白城市	洮南市
工业销售产值（90 年不变价）	万　元	51 984	96 164	60 304	33 617	91 445	47 850
按轻重工业分：(1) 轻工业	万　元	22 840	36 884	36 105	19 058	55 620	41 198
(2) 重工业	万　元	29 144	59 280	24 199	14 559	35 825	6 652
工业销售产值（现行价格）	万　元	52 395	93 489	62 747	34 628	93 157	47 220
其中：出口交货产值	万　元	3 992	2 223	308	598	6 921	2 959
按轻重工业分：(1) 轻工业	万　元	23 519	35 908	38 588	16 973	55 519	40 292
(2) 重工业	万　元	28 876	57 581	24 159	17 655	37 638	6 928
全民独立核算工业企业财务指标							
产品销售收入	万　元	42 825	64 264	35 666	15 865	73 694	32 843
#产品销售税金	万　元	1 601	3 572	1 982	1 392	4 372	2 034
盈利企业利润总额	万　元	857	2 224	1 618	995	5 443	1 106
亏损企业亏损总额	万　元	13 877	2 466	383	142	542	3 022
固定资产原值年末数	万　元	96 364	44 076	26 326	48 211	90 674	34 745
固定资产净值年平均余额	万　元	68 165	31 072	19 266	30 233	69 668	25 336
定额流动资金占用年末数	万　元	16 492	29 646	17 600	14 028	38 438	29 727
可比产品总成本	万　元	40 225	40 862	27 883	9 019	50 476	25 788
工业总产值（当年价）	万　元	47 419	70 283	39 183	25 895	75 172	43 327
工业净产值（当年价）	万　元	8 896	18 712	8 728	13 603	23 150	12 967
产品销售收入	万　元	8 738	29 523	23 810	5 286	19 494	7 647
#产品销售税金	万　元	529	1 225	2 270	370	948	423
盈利企业利润总额	万　元	406	1 099	1 366	551	739	268
亏损企业亏损总额	万　元	35	458	517	59	245	307
固定资产原值年末数	万　元	3 044	16 886	12 594	4 094	12 280	5 237
固定资产净值年平均余额	万　元	3 105	10 209	7 582	2 887	8 445	3 834
定额流动资金占用年末数	万　元	5 252	13 877	9 245	3 486	11 324	5 803
工业总产值（当年价）	万　元	10 570	622	26 267	6 272	20 991	9 186
工业净产值（当年价）	万　元	3 877	253	7 371	2 487	6 808	2 753
四、交通、邮电、电力							
铁路客运量（发送量）	万　人	214	236	306	14	199	
铁路货运量（发送量）	万　吨	404	160	331	18	89	
公路客运量	万　人	252	395	331	141	65	119
公路货运量	万　吨	138	335	414	56	141	118
年末邮电局（所）数	处	25	31	29	18	12	29
计费邮电业务总量（90 年不变价）	万　元	712	1 181	1 019	606	1 521	567
年末电话机数	部	4 598	6 983	9 413	7 725	15 656	5 373
全年用电量	万千瓦时	28 000	30 922	39 258	6 956	22 680	16 835

17—24 续表 2 (1992 年)

项 目	单 位	舒兰市	公主岭市	梅河口市	集安市	白城市	洮南市
五、固定资产投资							
全民所有制单位基本建设投资	万 元	3 591	3 266	14 233	678	9 423	6 937
#非生产性建设	万 元	2 234	441	5 107	466	7 445	2 714
#住宅建设	万 元	718	272	2 221	82	3 960	1 933
全民所有制单位更新改造措施投资	万 元	606	2 778	1 713	550	7 235	1 720
#非生产性建设	万 元						
#住宅建设	万 元						
全民所有制单位其他固定资产投资	万 元	70	1 162			416	513
#非生产性建设	万 元						
#住宅建设	万 元						
城镇集体所有制单位固定资产投资	万 元	420	463	1 349	27	1 259	631
#非生产性建设	万 元	420		365	20	15	336
#住宅建设	万 元			245		15	268
城镇个人固定资产投资	万 元						
#非生产性建设	万 元						
#住宅建设	万 元						
施工住宅建筑面积（包括商品房）	万平方米	2.34	1.13	5.05	1.44	43.57	16.80
竣工住宅建筑面积（包括商品房）	万平方米	1.97	1.13	2.38	1.44	24.84	7.01
六、市政公用事业							
年末实有住宅居住面积	万平方米	41.00	72.40	63.20	31.00	125.00	77.00
城市居住人口	万 人	6.30	15.20	12.00	5.55	20.70	12.80
平均每人居住面积	平米/人	6.51	4.76	5.27	5.59	6.04	6.02
年末供水管道总长度	公 里	34	124	45	60	175	182
全年供水总量	万 吨	280	1 374	1 120	290	2 633	935
#生活用水量	万 吨	70	266	60	52	434	112
生活用水人口	万 人	4.00	21.80	10.00	4.20	13.10	4.10
#非农业用水人口	万 人	3.96	20.40	9.50	3.80	13.10	4.00
年末实有公共汽（电）车营运车辆	辆		5			21	
全年公共汽（电）车客运总数	万人次		17			697	
年末实有出租汽车数	辆		80	164		54	
煤气（人工、天然气）供气总量	万立方米						
#家庭用量	万立方米						
家庭用煤气人口	人						
液化石油气供气总量	吨	650	857		800	1 872	
#家庭用量	吨	580	857		790	1 872	
家庭用液化气人口	人	69 182	24 000		32 000	76 000	
年末实有铺装道路面积	万平方米	18	101	44	22	67	58
城市下水道总长度	公 里	7	49	21	7	98	10
园林绿地面积	公 顷	38	389	142	338	484	228
建成区绿化覆盖面积	公 顷	59	385	142	338	575	153
工业废水排放量	万 吨	301	226	789	131	1 039	959
工业废水处理量	万 吨	301	159	95	62	147	147
废气排放量	万标立米	159 461	208 101	364 700	138 702	655 478	224 000
二氧化硫排放量	吨	956	5 384	4 864	1 440	4 640	4 147
工业废气处理量	万标立米		193	112 690	39 102	228 626	120 783
城市清洁卫生工作人员数	人	520	508	240	78	728	226

17—24 续表 3 (1992年)

项 目	单 位	舒兰市	公主岭市	梅河口市	集安市	白城市	洮南市
七、商业、外贸与外经、旅游							
社会商品零售总额	万 元	57 607	69 447	58 016	23 708	80 839	39 822
1. 对居民和社会集团的消费品零售额	万 元	50 233	51 020	49 415	20 922	74 148	34 424
(1) 对居民的消费品零售额	万 元	45 711	44 494	46 826	19 735	67 533	30 600
(2) 对社会集团的消费品零售额	万 元	4522	6 526	2 589	1 187	6 615	3 824
2. 对农民的农业生产资料零售额	万 元	7374	18 427	8 601	2 786	6 691	5 398
城乡集市贸易成交额	万 元	14 669	12 413	11 501	11 376	10 362	6 775
零售商业、饮食业、服务业机构	个	5 390	6 753	6 820	3 395	5 715	6 276
#个 体	个	4 834	5 931	6 197	2 917	4 619	5 438
零售商业、饮食业、服务业人员	人	13 484	20 001	17 178	7 764	25 740	15 395
#个 体	人	6 265	8 179	8 348	3 813	7 503	6 605
外贸收购总额(按实际价格计算)	万 元		22 339	5 308	1 509	7 041	8 772
实际利用外资金额	万美元			586			
旅游者人数	人						
旅游外汇收入	外券万元						
八、财政、金融、保险							
地方财政预算内收入	万 元	5 720	7 397	8 162	5 024	8 774	3 633
地方财政预算内支出	万 元	6 613	9 806	7 784	5 430	7 548	5 995
城乡居民储蓄年末余额	万 元	44 122	79 044	63 915	30 851	54 046	26 565
年末银行各项贷款余额	万 元	107 313	186 760	109 707	84 620	97 129	114 533
银行现金收入	万 元	120 137	263 121	179 392	59 539	166 402	95 120
银行现金支出	万 元	147 771	295 996	199 590	66 362	182 515	112 616
承保额	万 元	630 477	296 157	130 491	100 860	196 480	136 089
已决赔款	万 元	494	502	538	386	759	694
九、劳动工资、人民生活							
全民单位全部职工							
年末人数	万 人	8.15	8.13	5.31	2.89	7.65	5.07
工资总额	万 元	19 405	16 344	10 701	6 198	16 508	9 700
城镇集体所有制单位全部职工							
年末人数	万 人	2.64	3.44	2.15	0.96	2.51	1.86
工资总额	万 元	3 116	5 083	3 023	1 636	3 539	2 140
城市居民人均生活费收入	元					1 400	
城市居民人均生活费支出	元					1 351	
每百户拥有黑白电视机	台					31	
每百户拥有彩色电视机	台					77	
每百户拥有电冰箱	台					28	
职工生活费用价格指数	%					108.00	
消费品零售物价指数	%					108.00	
#食品价格指数	%					112.00	

17—24 续表 4　　(1992 年)

项目	单位	舒兰市	公主岭市	梅河口市	集安市	白城市	洮南市
十、教育、科技、文化、卫生							
学校数							
高等学校	所					1	
中等专业学校	所		3	1		6	
普通中学	所	50	59	48	22	23	43
农、职业中学、技工学校	所	7	13	9	6	10	9
小　学	所	333	422	286	144	89	318
专任教师数							
高等学校	人					252	
中等专业学校	人		219	68		583	
普通中学	人	2 129	2 761	2 416	849	1 165	1 343
农、职业中学、技工学校	人	278	263	287	176	282	277
小　学	人	5 129	5 916	3 259	1 410	1 420	2 637
在校学生数							
高等学校	人					1 230	
中等专业学校	人		2 335	1 285		4 259	
普通中学	万人	3.31	3.90	4.49	1.17	1.52	2.37
农、职业中学、技工学校	人	4 299	4 331	5 692	2 046	3 491	3 742
小　学	万人	6.40	10.40	7.22	2.00	3.32	5.81
成人高等教育学校在校学生数	人		75	510	604	2 305	365
自然科学方面的人员	人	6 803	8 930	3 810	3 339	4 912	5 912
电影放映单位数	个	34	102	63	102	9	222
公共图书馆个数	个	1	1	1	1	2	1
公共图书馆藏书	千册	25	78	54	55	142	25
图书出版印数	万册						
杂志出版印数	万册						
报纸出版印数	万张		165	8		696	10
卫生机构数	个	48	88	64	39	107	79
卫生机构床位数	张	1 508	2 347	1 604	784	2 013	1 608
社会福利院床位数	张			250			300
卫生技术人员	人	2 121	2 869	2 672	818	3 150	1 844
#医　生	人	802	1 300	1 073	363	1 412	773
十一、社会治安							
火灾起数	起	9	18	139	25	69	14
火灾死伤人数	人		1	2	1	9	2
火灾损失折款	万元	10	48	36	31	7	36
交通事故件数	件	35	104	62	52	53	13
交通事故死伤人数	人	31	112	65	22	58	17
刑事案件发案数	件	1 075	488	292	741	603	492
犯罪人数	人	995	419	318	406	291	212

17—25 大安、延吉、图们、敦化、龙井、珲春市基本情况

(1992 年)

项　　目	单位	大安市	延吉市	图们市	敦化市	龙井市	珲春市
一、综　　合							
年末总人口	万人	40.77	31.47	13.95	46.93	27.64	18.70
#非农业人口	万人	13.84	25.66	9.98	23.79	13.94	10.32
年末社会劳动者人数	万人	17.45	17.03	6.72	25.07	13.99	11.08
城镇个体劳动者年末人数	人	8 579	16 711	5 704	8 257	4 774	4 024
城镇待业人员年末数	人	821	2 533	1 925	1 640	1 781	1 366
土地面积	平方公里	4 879	1 336	1 142	11 545	2 591	5 142
#建成区土地面积	平方公里	9	24	10	17	10	16
国民收入(当年价)	万元	60 341	105 689	35 731	80 179	48 157	35 095
国内生产总值(当年价)	万元	65 601	126 950	41 871	97 312	59 189	47 489
第一产业	万元	25 058	5 475	3 808	22 301	15 467	9 464
第二产业	万元	25 459	70 696	22 465	46 719	27 324	20 874
第三产业	万元	15 084	50 779	15 598	28 292	16 398	17 151
二、农　　业							
农业总产值(当年价)	万元	46 565	8 005	5 582	38 625	21 435	14 070
种　植　业	万元	27 792	4 576	3 680	22 360	15 884	8 996
林　　业	万元	1 127	282	444	2 984	655	841
牧　　业	万元	11 650	2 924	1 270	9 850	4 346	2 732
副　　业	万元	1 486	200	176	2 791	466	1 320
渔　　业	万元	4 510	23	12	640	84	181
年末实有耕地面积	千公顷	89	8	9	63	34	24
粮食产量〔包括大豆〕	万吨	35.06	2.06	2.50	14.82	11.77	9.20
油料产量	吨	25 177	277	15	1 613	289	15
水果产量	吨	50	8 265	2 881	2 927	34 265	2 975
猪肉产量	吨	9 070	1 218	977	6 174	3 621	2 410
牛羊肉产量	吨	2 316	387	355	3 683	1 412	782
牛羊奶产量	吨	748	228	310	228	65	239
禽蛋产量	吨	4 841	2 329	904	4 896	2 280	1 051
禽肉产量	吨	3 317	1 272	127	1 513	278	216
水产品产量	吨	11 275	55	30	1 550	212	470
三、工　　业							
企业单位数(乡及乡以上)	个	236	381	141	222	193	140
全部工业总产值(当年价)	万元	46 025	172 447	82 899	104 568	88 199	45 820
乡及乡以上工业总产值	万元	37 583	161 939	76 112	85 679	79 114	40 760
按轻重工业分:							
(1)轻　工　业	万元	21 327	120 107	42 678	29 469	56 687	7 642
(2)重　工　业	万元	16 256	41 832	33 434	56 210	22 427	33 118
按经济类型分:							
(1)全民所有制工业	万元	20 578	131 675	62 165	60 644	64 661	33 267
(2)集体所有制工业	万元	17 005	25 749	12 845	25 035	14 453	7 460
(3)其他经济类型工业	万元		4515	1 102			33

17—25 续表 1 (1992年)

项目	单位	大安市	延吉市	图们市	敦化市	龙井市	珲春市
工业销售产值（90年不变价）	万元	32 307	161 326	63 754	77 688	75 813	30 951
按轻重工业分：(1) 轻工业	万元	18 636	125 586	42 730	24 735	56 237	5 769
(2) 重工业	万元	13 671	35 740	21 024	52 953	19 576	25 182
工业销售产值（现行价格）	万元	33 472	157 470	72 431	80 094	72 796	39 125
其中：出口交货产值	万元	2 641	3 411	1 480	4 726	4 597	860
按轻重工业分：(1) 轻工业	万元	18 324	117 440	40 292	28 866	52 042	6 787
(2) 重工业	万元	15 148	40 030	32 139	51 228	20 754	32 338
全民独立核算工业企业财务指标							
产品销售收入	万元	20 301	137 107	60 937	64 385	57 741	32 477
#产品销售税金	万元	914	32 075	2 780	3 017	3 662	1 346
盈利企业利润总额	万元	965	2 286	1 560	1 997	1 337	686
亏损企业亏损总额	万元	676	7 284	868	2 727	2 414	11 636
固定资产原值年末数	万元	18 599	89 955	68 425	90 261	86 593	103 233
固定资产净值年平均余额	万元	12 408	66 059	44 017	59 568	53 251	77 378
定额流动资金占用年末数	万元	13 953	54 670	21 196	29 999	28 617	12 184
可比产品总成本	万元	16 662	81 371	53 622	38 038	44 524	38 934
工业总产值（当年价）	万元	20 436	130 631	61 890	56 151	62 648	31 747
工业净产值（当年价）	万元	5 092	48 587	12 488	23 521	15 134	3 053
产品销售收入	万元	8 983	19 882	9 502	21 119	11 192	3 550
#产品销售税金	万元	741	1 442	538	1 197	527	344
盈利企业利润总额	万元	370	908	441	854	361	152
亏损企业亏损总额	万元	210	460	651	958	380	78
固定资产原值年末数	万元	5 017	14 299	7 879	23 496	7 429	6 170
固定资产净值年平均余额	万元	3 112	10 616	6 136	17 120	5 253	3 620
定额流动资金占用年末数	万元	6 023	11 025	7 586	19 119	6 318	3 370
工业总产值（当年价）	万元	15 591	23 581	12 580	24 868	12 744	3 999
工业净产值（当年价）	万元	5 157	7 591	3 593	7 983	3 305	1 469
四、交通、邮电、电力							
铁路客运量（发送量）	万人	88	178	207	208	115	
铁路货运量（发送量）	万吨	30	36	173	176	37	
公路客运量	万人	95	677	248	282	591	212
公路货运量	万吨	121	224	127	189	96	131
年末邮电局（所）数	处	23	11	6	24	19	14
计费邮电业务总量（90年不变价）	万元	570	5 567	693	1 114	1 104	767
年末电话机数	部	6 692	25 758	5 581	12 848	11 789	6 601
全年用电量	万千瓦时	13 533	31 795	31 245	19 900	31 509	14 163

17—25 续表 2　　　　(1992 年)

项　　目	单　位	大安市	延吉市	图们市	敦化市	龙井市	珲春市
五、固定资产投资							
全民所有制单位基本建设投资	万　元	2 128	29 237	572	2 434	7 083	24 802
#非生产性建设	万　元	509	14 772	291	523	3 702	13 802
#住宅建设	万　元		6 528			1 935	6 077
全民所有制单位更新改造措施投资	万　元	3 051	10 687	3 615	1 828	3 880	71
#非生产性建设	万　元		707	44	6	434	
#住宅建设	万　元		646	24		293	
全民所有制单位其他固定资产投资	万　元		693	71	659	240	2 566
#非生产性建设	万　元			64			1 030
#住宅建设	万　元						174
城镇集体所有制单位固定资产投资	万　元	494	1 216	455	272	385	1 524
#非生产性建设	万　元		120		243	261	1 106
#住宅建设	万　元		120			261	200
城镇个人固定资产投资	万　元						
#非生产性建设	万　元						
#住宅建设	万　元						
施工住宅建筑面积（包括商品房）	万平方米		38.48	3.71	3.44	6.03	19.30
竣工住宅建筑面积（包括商品房）	万平方米		29.22	3.47	2.64	5.68	12.90
六、市政公用事业							
年末实有住宅居住面积	万平方米	57.70	174.00	37.00	119.70	72.00	42.30
城市居住人口	万　人	9.50	26.90	6.90	19.70	18.50	10.30
平均每人居住面积	平米/人	6.07	6.47	5.36	6.08	3.89	4.11
年末供水管道总长度	公　里	148	127	47	73	64	38
全年供水总量	万　吨	166	2 178	662	786	2 562	1 165
#生活用水量	万　吨	114	1 184	233	220	382	64
生活用水人口	万　人	8.70	21.50	5.40	12.50	15.80	7.00
#非农业用水人口	万　人	7.60	20.80	5.20	11.70	12.90	6.30
年末实有公共汽（电）车营运车辆	辆	6	82	11	115	121	
全年公共汽（电）车客运总数	万人次	17	4 888	5	195	1 080	
年末实有出租汽车数	辆		1 386	104	93	104	192
煤气（人工、天然气）供气总量	万立方米		2				
#家庭用量	万立方米		2				
家庭用煤气人口	人		3 000				
液化石油气供气总量	吨	750	1 946		1 628	900	500
#家庭用量	吨	750	1 946		1 626	900	500
家庭用液化气人口	人	24 000	103 000		73 000	64 000	32 000
年末实有铺装道路面积	万平方米	37	84	38	77	60	63
城市下水道总长度	公　里	10	88	23	47	29	27
园林绿地面积	公　顷	31	503	94	193	203	35
建成区绿化覆盖面积	公　顷	37	407	98	207	91	98
工业废水排放量	万　吨	110	212	2 955	143	3 827	1 523
工业废水处理量	万　吨	42	47	1 103	80	2 380	945
废气排放量	万标立米	140 000	493 890	297 953	179 520	548 359	1 071 30
二氧化硫排放量	吨	1 200	5 542	2 702	4 096	6 560	6 453
工业废气处理量	万标立米	36 536	107 184		83 230	329 371	877 373
城市清洁卫生工作人员数	人	153	899	164	322	290	187

17—25 续表 3　　　　(1992年)

项　　目	单　位	大安市	延吉市	图们市	敦化市	龙井市	珲春市
七、商业、外贸与外经、旅游							
社会商品零售总额	万　元	36 391	110 359	32 810	52 077	31 471	32 858
1. 对居民和社会集团的消费品零售额	万　元	29 690	107 712	32 052	48 746	28 680	30 773
（1）对居民的消费品零售额	万　元	25 822	99 842	30 112	46 255	25 961	28 086
（2）对社会集团的消费品零售额	万　元	3868	7 870	1 940	2 491	2 719	2 687
2. 对农民的农业生产资料零售额	万　元	6701	2 647	758	3 331	2 791	2 085
城乡集市贸易成交额	万　元	5 933	43 037	8 224	12 637	6 386	7 022
零售商业、饮食业、服务业机构	个	6 158	8 052	3 561	6 705	4 142	3 940
#个　　体	个	5 403	7 288	2 948	5 714	3 634	3 258
零售商业、饮食业、服务业人员	人	18 008	24 380	11 064	17 803	9 986	11 293
#个　　体	人	8 036	12 816	4 295	8 068	4 570	5 976
外贸收购总额（按实际价格计算）	万　元	4 232	26 154	5 526	5 154	253	60 867
实际利用外资金额	万美元		599			26	
旅游者人数	人						
旅游外汇收入	外券万元						
八、财政、金融、保险							
地方财政预算内收入	万　元	3 351	23 357	5 081	7 536	6 293	4 876
地方财政预算内支出	万　元	5 383	12 470	4 293	6 038	5 930	6 835
城乡居民储蓄年末余额	万　元	27 255	107 578	25 581	75 712	39 082	34 720
年末银行各项贷款余额	万　元	82 911	162 063	76 896	102 227	114 302	74 143
银行现金收入	万　元	113 335	389 263	90 870	178 063	163 805	93 480
银行现金支出	万　元	133 197	383 893	100 138	207 176	180 448	115 608
承保额	万　元	200 000	283 860	198 962	386 434	170 695	140 781
已决赔款	万　元	571	553	296	1 202	389	331
九、劳动工资、人民生活							
全民单位全部职工							
年末人数	万　人	3.60	9.77	3.12	8.69	5.24	4.45
工资总额	万　元	7 046	24 470	7 406	18 097	11 575	12 756
城镇集体所有制单位全部职工							
年末人数	万　人	1.88	2.63	0.92	4.33	1.65	1.57
工资总额	万　元	2 294	4 821	1 692	4 530	2 742	2 240
城市居民人均生活费收入	元		1 583				
城市居民人均生活费支出	元		1 393				
每百户拥有黑白电视机	台		46				
每百户拥有彩色电视机	台		59				
每百户拥有电冰箱	台		44				
职工生活费用价格指数	%		109.00				
消费品零售物价指数	%		108.00				
#食品价格指数	%		111.00				

17—25 续表 4 (1992 年)

项目	单位	大安市	延吉市	图们市	敦化市	龙井市	珲春市
十、教育、科技、文化、卫生							
学校数							
高等学校	所		3			1	
中等专业学校	所	1	8		1	1	
普通中学	所	31	18	18	40	26	19
农、职业中学、技工学校	所	9	12	1	4	4	3
小学	所	236	50	40	359	105	94
专任教师数							
高等学校	人		1 060			314	
中等专业学校	人	81	483		58	20	
普通中学	人	1 221	1 378	703	1 881	1 163	777
农、职业中学、技工学校	人	320	404	59	160	134	92
小学	人	3 282	1 480	700	3 684	1 196	858
在校学生数							
高等学校	人		4 623			875	
中等专业学校	人	902	4 770		922	281	
普通中学	万人	2.03	1.74	0.68	2.21	1.48	0.94
农、职业中学、技工学校	人	7 057	3 907	630	2 112	1 220	1 087
小学	万人	5.26	3.07	1.45	5.00	2.75	1.96
成人高等教育学校在校学生数	人	891	2 844	1 023	42	3 497	1 090
自然科学方面的人员	人	3 925	16 530	3 545	10 538	7 095	6 095
电影放映单位数	个	67	25	16	54	13	17
公共图书馆个数	个	1	2	1	1	1	1
公共图书馆藏书	千册	27	379	130	66	79	98
图书出版印数	万册		1 213				
杂志出版印数	万册		198				
报纸出版印数	万张		2 144				10
卫生机构数	个	49	176	46	174	85	24
卫生机构床位数	张	1 426	2 741	727	1 503	1 136	605
社会福利院床位数	张		300				
卫生技术人员	人	1 622	3 718	1 191	2 537	1 533	857
#医生	人	633	1 483	507	1 139	602	375
十一、社会治安							
火灾起数	起	9	30	18	24	10	15
火灾死伤人数	人	6				1	
火灾损失折款	万元	64	26	27	39	35	5
交通事故件数	件	19	158	33	71	60	41
交通事故死伤人数	人	29	169	44	66	65	59
刑事案件发案数	件	429	208	330	2 038	902	749
犯罪人数	人	124	273	98	2 010	140	303

18—1 各级各类学校数

单位:所

项　　目	1978年	1980年	1985年	1990年	1991年	1992年
普通高等学校	24	25	44	42	42	42
中等学校	2 044	2 222	2 509	2 421	2 399	2 366
中等专业学校	107	105	100	119	117	117
中等技术学校	63	62	80	97	94	94
中等师范学校	44	43	20	22	23	23
普通中学	1 937	1 974	2 018	1 955	1 947	1 911
高　中	1 602	1 111	432	348	333	315
初　中	335	863	1 586	1 607	1 614	1 596
农业、职业中学		143	391	347	335	338
小　学	16 088	11 440	11 027	10 746	10 708	10 635
盲、聋、哑学校	23	23	22	23	24	25
幼　儿　园	9 685	4 385	2 156	2 657	2 536	2 059

18—2 各级各类学校教职工数

单位:人

项　　目	1978年	1980年	1985年	1990年	1991年	1992年
普通高等学校	19 750	23 116	33 499	38 810	38 277	38 582
中等学校	133 949	145 463	141 372	151 209	152 328	152 139
中等专业学校	11 834	14 182	13 456	16 652	16 596	17 248
中等技术学校	9 468	10 127	11 054	13 726	13 682	14 292
中等师范学校	2 366	4 055	2 402	2 926	2 914	2 956
普通中学	122 115	129 862	115 245	119 419	120 457	119 896
农业、职业中学		1 419	12 671	15 138	15 275	14 995
小　学	143 507	160 689	166 785	178 695	179 756	177 937
盲、聋、哑学校	663	730	965	1 310	1 344	1 414
幼　儿　园	17 266	19 006	22 950	31 474	32 679	33 193

18—3 各级各类学校教师数

单位：人

项　　目	1978年	1980年	1985年	1990年	1991年	1992年
普通高等学校	7 221	8 468	12 443	14 791	14 664	14 706
中等学校	101 705	103 427	96 294	101 692	104 064	104 489
中等专业学校	4 973	6 240	5 746	7 731	7 880	7 885
中等技术学校	3 774	4 158	4 727	6 360	6 447	6 409
中等师范学校	1 199	2 082	1 019	1 371	1 433	1 476
普通中学	96 732	96 189	82 201	84 492	86 460	86 962
高　中	28 792	23 055	15 608	16 141	15 951	15 552
初　中	67 940	73 134	66 593	68 351	70 509	71 410
农业、职业中学		998	8 347	9 469	9 724	9 642
小　学	124 978	133 402	134 515	145 952	147 729	146 337
盲、聋、哑学校	437	470	601	858	918	899
幼 儿 园	11 780	11 913	15 664	20 506	20 163	20 533

18—4 各级各类学校在校学生数

单位：人

项　　目	1978年	1980年	1985年	1990年	1991年	1992年
普通高等学校	29 901	38 006	59 481	72 806	72 536	75 686
中等学校	2 091 013	1 892 875	1 584 744	1 404 072	1 453 204	1 523 639
中等专业学校	31 517	42 421	55 888	65 179	68 662	74 115
中等技术学校	22 111	27 626	39 455	46 944	49 139	53 307
中等师范学校	9 406	14 795	16 433	18 235	19 523	20 808
普通中学	2 059 496	1 831 406	1 387 015	1 195 740	1 240 197	1 297 953
高　中	648 968	431 630	218 101	180 702	177 885	173 848
初　中	1 410 528	1 399 776	1 168 914	1 015 038	1 062 312	1 124 105
农业、职业中学		19 048	141 841	143 153	144 345	151 571
小　学	3 429 713	3 552 903	2 998 100	2 761 232	2 672 351	2 599 504
盲、聋、哑学校	2 717	3 087	3 634	4 121	3 883	3 972
幼 儿 园	252 133	258 770	343 270	428 565	453 474	474 837

18—5 各级各类学校招生数

单位：人

项目	1978年	1980年	1985年	1990年	1991年	1992年
普通高等学校	13 152	10 515	21 487	21 077	21 584	24 912
中等学校	886 407	744 433	536 094	501 620	537 327	565 052
中等专业学校	15 883	14 235	21 981	20 751	23 459	26 237
中等技术学校	11 085	8 734	15 835	14 740	16 975	19 167
中等师范学校	4 798	5 501	6 146	6 011	6 484	7 070
普通中学	870 524	714 281	435 954	424 396	450 101	469 201
高　中	327 944	232 144	79 470	61 949	60 613	59 747
初　中	542 580	482 137	356 484	362 447	389 488	409 454
农业、职业中学		15 917	78 159	56 473	63 767	69 614
小　学	858 629	726 687	482 125	408 537	400 720	422 799
盲、聋、哑学校	598	461	590	396	500	661
幼儿园	123 204	170 600	211 866	256 177	285 963	313 292

18—6 各级各类学校毕业生数

单位：人

项目	1978年	1980年	1985年	1990年	1991年	1992年
普通高等学校	6 291	7 962	12 900	21 130	21 338	21 597
中等学校	674 715	609 122	426 451	418 769	418 941	427 113
中等专业学校	12 866	14 506	14 617	19 597	20 166	20 890
中等技术学校	9 044	9 737	10 853	14 457	14 908	15 135
中等师范学校	3 822	4 769	3 764	5 140	5 258	5 755
普通中学	661 849	593 760	374 891	342 614	342 984	354 446
高　中	214 289	213 111	45 933	65 958	56 753	57 632
初　中	447 560	380 649	328 958	276 656	286 231	296 814
农业、职业中学		856	36 943	56 558	55 791	51 777
小　学	549 461	530 063	404 488	431 187	443 960	466 410
盲、聋、哑学校	238	242	271	417	327	413
幼儿园	117 169	136 214	179 862	261 862	255 972	300 507

18—7 高等学校研究生情况

单位：人

项目	1985年	1986年	1989年	1990年	1991年	1992年
研究生						
毕业生数	590	661	1 569	1 390	1 385	1 181
招生数	1 853	1 707	1 229	1 204	1 214	1 285
在学研究生数	3 306	4 350	4 025	3 835	3 638	3 717
预计毕业生数	503	1 034	1 414	1 410	1 229	1 229
指导教师人数	1 124	1 591	1 708	1 758	1 604	1 687
攻读博士学位研究生						
毕业生数	12	14	57	81	110	109
招生数	57	64	86	107	113	134
在学研究生数	122	193	360	387	379	402
预计毕业生数	9	51	106	127	160	155
指导教师人数	35	52	79	80		
攻读硕士学位研究生						
毕业生数	578	571	1 437	1 222	1 207	1 072
招生数	1 530	1 463	1 072	1 097	1 101	1 151
在学研究生数	2 842	3 714	3 508	3 379	3 259	3 315
预计毕业生数	467	722	1 222	1 214	1 069	1 074
指导教师人数	1 086	1 536	1 629	1 678		
研究生班研究生						
毕业生数		76	75	87	68	
招生数	266	180	71			
在学研究生数	342	443	157	69		
预计毕业生数	27	261	86	69		
指导教师人数	3	3				

18—8 高等学校分科在学研究生数

单位:人

项目	1985年	1986年	1989年	1990年	1991年	1992年
总计	**3 306**	**4 350**	**4 025**	**3 835**	**3 638**	**3 717**
#女	752	1 155	1 124	1 092	1 117	1 242
哲学	88	122	130	93	81	71
经济学	169	188	227	219	208	234
法学	234	283	299	313	252	280
教育学	98	134	128	132	111	102
文学	225	332	321	289	258	269
历史学	162	239	224	203	193	189
理学	1 071	1 411	1 078	1 036	1 066	1 068
工学	841	1 107	958	947	876	971
农学	67	102	114	99	95	89
医学	351	432	546	504	498	444

18—9 高等学校分科毕业研究生数

单位:人

项目	1985年	1986年	1989年	1990年	1991年	1992年
总计	**590**	**661**	**1 569**	**1 390**	**1 385**	**1 181**
#女	88	120	473	371	375	338
哲学	23	14	52	37	37	31
经济学	28	12	69	63	89	79
法学	45	70	115	99	127	78
教育学	8	10	45	33	71	42
文学	35	57	140	116	123	81
历史学	49	35	113	86	69	67
理学	222	201	418	386	377	346
工学	151	141	390	322	280	296
农学	17	10	40	46	40	21
医学	12	111	187	202	172	140

18—10 各高等学校培养研究生情况

(1992年) 单位:人

项目	在校研究生	博士学位	硕士学位	毕业生数	博士学位	硕士学位
总计	**3 717**	**402**	**3 315**	**1 181**	**109**	**1 072**
一、中央部委所属院校	3 397	396	3 001	1 090	109	981
1. 国家教委所属院校	2 003	224	1 779	661	72	589
东北师范大学	667	54	613	215	14	201
吉林大学	1 336	170	1 166	446	58	388
2. 其他部委所属院校	1 394	172	1 222	429	37	392
白求恩医科大学	374	44	330	124	11	113
吉林工业大学	545	87	458	164	17	147
东北电力学院	89		89	29		29
长春光学精密机械学院	107		107	29		29
长春地质学院	275	41	234	83	9	74
长春税务学院	4		4			
二、地方所属院校	320	6	314	91		91
1. 教育部门所属院校	82	4	78	22		22
四平师范学校				1		1
延边大学	82	4	78	21		21
2. 其他部门所属院校	238	2	236	69		69
延边医学院	68		68	21		21
延边农学院	16		16	1		1
吉林农业大学	84	2	82	25		25
吉林工学院	14		14			
吉林医学院	6		6	4		4
长春中医学院	50		50	18		18

18—11 高等学校分科在校学生数

单位:人

项目	1979年	1980年	1985年	1990年	1991年	1992年
合计	**35 671**	**38 006**	**59 481**	**72 806**	**72 536**	**75 686**
工科	10 281	11 693	18 556	26 925	27 617	29 945
农科	2 109	2 663	4 082	3 663	3 367	3 109
林科	294	473	1 049	1 354	1 377	1 461
医科	4 721	4 672	5 558	7 599	7 518	7 507
师范	10 907	10 646	12 612	17 713	17 364	17 740
文科	2 378	2 074	5 771	3 131	3 073	3 187
理科	3 423	3 455	4 030	3 853	3 940	3 706
财经	882	1 562	5 667	6 267	6 065	6 832
政法	291	361	1 207	1 195	1 141	1 102
体育	227	224	530	624	600	608
艺术	158	183	419	482	474	489

18—12 高等学校分科招生数

单位:人

项目	1979年	1980年	1985年	1990年	1991年	1992年
合计	**9 478**	**10 515**	**21 487**	**21 077**	**21 584**	**24 912**
工科	2 668	3 357	6 797	7 854	8 192	9 581
农科	715	539	1 201	836	862	912
林科	175	180	392	389	370	430
医科	991	945	1 422	1 817	1 849	1 883
师范	3 183	3 517	4 450	5 891	5 957	6 696
文科	502	436	2 750	803	806	1 120
理科	781	756	1 153	1 000	1 136	1 120
财经	322	550	2 478	1 843	1 795	2 414
政法	83	112	495	332	309	336
体育		97	156	175	172	185
艺术	58	26	193	137	136	235

18—13 高等学校分科毕业生数

单位：人

项目	1979年	1980年	1985年	1990年	1991年	1992年
合计	**2 681**	**7 962**	**12 900**	**21 130**	**21 338**	**21 597**
工科		1 912	3 266	7 231	7 309	7 496
农科			927	1 138	1 115	881
林科			208	334	314	374
医科	170	973	983	1 497	1 771	1 863
师范	2 386	3 682	3 857	6 048	6 185	6 275
文科	78	497	1 504	1 054	834	916
理科	47	691	899	1 089	1 166	1 137
财经		97	896	1 951	1 969	1 863
政法		50	149	386	370	388
体育		60	120	161	171	179
艺术			91	241	134	225

18—14 高等学校分科专任教师数

(1992年)

单位：人

项目	合计	教授	副教授	讲师	助教	教员
合计	**14 706**	**601**	**3 211**	**5 558**	**4 635**	**701**
工科	3 986	155	883	1 641	1 116	191
农科	681	31	155	248	225	22
林科	116	2	33	29	51	
医科	1 345	200	443	306	372	24
教育	294	4	61	86	122	21
文科	3 250	73	607	1 229	1 155	186
理科	2 856	103	668	1 196	778	111
财经	693	10	99	244	299	41
政法	202	6	37	78	77	4
体育	775	9	147	335	244	40
艺术	509	8	78	166	196	61

18—15 各高等学校基本情况

(1992年)　　单位:人

项　目	在校研究生数	本专科毕业生数	本专科招生数	本专科在校学生数	教职工人数	#专任教师	#教授、副教授	#讲师
大学、专门学院、专科学校								
总　计	**3 717**	**20 925**	**24 657**	**75 239**	**38 040**	**14 440**	**3 784**	**5 455**
#女	1 247	8 268	9 605	28 713	14 000	4 629	650	1 838
综合大学	1 418	3 019	3 354	10 372	5 866	2 014	572	793
吉林大学	1 336	1 630	1 717	5 532	3 804	1 119	407	484
延边大学	82	666	700	2 384	1 187	555	118	194
长春大学		723	937	2 456	875	340	47	115
理工院校	1 030	7 687	9 609	29 991	14 163	5 119	1 229	2 123
吉林工业大学	545	1 290	1 524	5 137	3 514	1 178	343	535
长春光学精密机械学院	107	720	860	2 828	1 331	438	94	195
长春地质学院	275	960	1 304	3 330	2 084	671	178	269
东北电力学院	89	649	769	2 723	1 216	395	111	207
长春邮电学院		269	470	1 502	926	241	61	101
吉林工学院	14	890	1 199	4 143	1 097	458	132	167
吉林建筑工程学院		430	508	1 636	682	280	61	105
吉林化工学院		331	462	1 641	684	264	57	85
吉林粮油食品专科学校		240	320	930	338	182	26	62
长春冶金地质专科学校		408	500	1 368	411	181	26	72
长春汽车工业高等专科		185	121	334	364	176	33	97
长春建筑专科学校		513	530	1 695	530	230	36	70
吉林电气化专科学校		500	580	1 572	387	193	25	65
东北水利水电专科学校		302	462	1 152	599	232	46	93
农业院校	100	1 092	1 108	3 693	3 347	1 069	274	353
吉林农业大学	84	665	676	2 348	2 257	619	191	235
延边农学院	16	348	262	875	725	314	69	97
吉林农垦特产专科学校		79	170	470	365	136	14	21

注：不包括短期职业大学和高校分校、大专班数字。

18—15 续表 (1992年) 单位:人

项 目	在校研究生数	本专科毕业生数	本专科招生数	本专科在校学生数	教职工人数	#专任教师	#教授、副教授	#讲师
林业院校		374	430	1 461	824	234	59	73
吉林林学院		374	430	1 461	824	234	59	73
医药院校	498	1 444	1 897	7 596	4 333	1 762	731	441
白求恩医科大学	374	624	710	2 858	2 338	978	504	196
吉林医学院	6	318	481	1 847	680	274	83	97
延边医学院	68	255	379	1 504	632	253	83	80
长春中医学院	50	247	327	1 387	683	257	61	68
师范院校	667	5 731	6 275	16 672	7 039	3 056	696	1 247
东北师范大学	667	1 677	1 734	5 458	2 862	1 071	373	526
吉林师范学院		661	752	2 046	781	330	54	131
通化师范学院		465	540	1 284	489	261	36	106
四平师范学院		876	925	2 670	1 003	430	83	171
吉林职业师范学院		400	384	1 174	527	257	42	89
长春师范学院		750	990	2 195	591	313	59	98
白城师范专科学校		600	630	1 230	450	252	33	80
延边师范专科学校		302	320	615	336	142	16	46
财经院校	4	1 155	1 495	4 130	1 645	770	133	285
长春税务学院	4	451	435	1 615	731	369	63	125
吉林财税专科学校		311	360	960	337	136	16	49
吉林商业专科学校		145	350	880	309	143	32	53
长春金融专科学校		248	350	675	268	122	22	58
政法院校		149	150	450	252	104	14	35
吉林公安专科学校		149	150	450	252	104	14	35
体育院校		133	140	480	192	88	28	28
吉林体育学院		133	140	480	192	88	28	28
艺术院校		141	199	394	379	224	48	77
吉林艺术学院		141	199	394	379	224	48	77

注：不包括短期职业大学和高校分校、大专班数字。

18—16 中等专业分类别学校数

单位:所

项目	1978年	1980年	1985年	1990年	1991年	1992年
合计	**107**	**105**	**100**	**119**	**117**	**117**
工业	24	25	22	28	24	24
农林	12	11	11	12	12	12
医药	8	8	9	11	13	13
师范	44	43	20	22	23	23
财经	12	12	11	15	15	15
其他	7	6	27	31	30	30

18—17 中等专业学校分科在校学生数

单位:人

项目	1978年	1980年	1985年	1990年	1991年	1992年
合计	**31 517**	**42 421**	**55 888**	**65 179**	**68 662**	**74 115**
工科	10 438	12 483	14 046	16 786	18 039	19 624
农林科	3 923	4 857	3 479	4 435	4 994	6 009
医药	2 628	5 396	5 254	8 178	6 943	6 160
师范	9 406	14 795	16 433	18 235	19 523	22 738
财经	3 607	3 322	11 569	12 156	13 033	14 955
其他	1 515	1 568	5 107	5 389	6 130	4 629

18—18 中等专业学校分科招生数

单位:人

项目	1978年	1980年	1985年	1990年	1991年	1992年
合计	**15 883**	**14 235**	**21 981**	**20 751**	**23 459**	**26 237**
工科	5 046	3 890	6 608	5 015	6 206	6 654
农林科	2 124	1 346	2 033	1 385	1 750	2 053
医药	1 500	1 492	1 657	1 916	2 279	2 114
师范	4 798	5 501	6 146	6 011	6 484	7 777
财经	1 767	1 500	2 263	4 441	4 667	6 127
其他	648	506	3 274	1 983	2 073	1 512

18—19 中等专业学校分科毕业生数

单位:人

项目	1978年	1980年	1985年	1990年	1991年	1992年
合计	**12 866**	**14 506**	**14 617**	**19 597**	**20 166**	**20 890**
工科	4 229	4 194	5 239	5 028	4 724	5 102
农林科	1 542	2 268	992	1 272	1 192	1 314
医药	1 296	1 053	1 221	2 434	3 484	2 867
师范	3 822	4 769	3 764	5 140	5 258	6 605
财经	1 687	1 814	2 028	4 254	4 189	3 861
其他	290	408	1 373	1 469	1 319	1 141

18—20 中等专业学校分类别教职工数

单位：人

项目	1978年	1980年	1985年	1990年	1991年	1992年
合计	**11 834**	**14 182**	**13 456**	**16 652**	**16 596**	**17 248**
工业	4 362	5 113	4 347	4 702	4 783	4 885
农林	2 215	1 826	2 108	2 446	2 464	2 534
医药	1 160	1 149	1 435	2 184	2 134	2 554
师范	2 366	4 055	2 402	2 926	2 914	2 601
财经	1 128	1 254	1 443	1 823	1 743	1 718
其他	603	785	1 721	2 571	2 558	2 956

18—21 中等专业学校分类别专任教师数

单位：人

项目	1978年	1980年	1985年	1990年	1991年	1992年
合计	**4 973**	**6 240**	**5 746**	**7 731**	**7 880**	**7 885**
工业	1 642	1 988	1 746	2 192	2 174	2 118
农林	721	677	774	1 057	1 086	1 118
医药	606	590	729	899	944	903
师范	1 199	2 082	1 019	1 371	1 433	1 447
财经	489	503	543	845	821	823
其他	316	400	935	1 367	1 422	1 476

18—22 技工学校基本情况

项　　目	单位	1978年	1980年	1985年	1990年	1991年	1992年
学 校 数	所	30	87	115	141	148	150
#地　方	所	22	76	95	111	117	117
招 生 数	人	4 299	10 521	13 760	17 677	18 786	20 700
#地　方	人	2 925	8 740	11 336	13 810	14 682	16 283
在校学生数	人	6 208	22 280	31 396	48 263	51 909	56 372
#地　方	人	3 751	18 798	26 349	36 304	39 742	43 266
毕业生数	人	1 207	4 044	9 254	14 972	14 413	16 296
#地　方	人	415	2 058	7 818	11 305	10 581	12 082
教职工数	人	2 171	3 657	6 727	10 072	10 381	10 664
#地　方	人	1 542	2 830	5 162	7 002	7 274	7 631

18—23 技工学校按行业分类学生情况

(1992年)　　　　单位:人

行　　业	招生数	#中央	在校生数	#中央	毕业生数	#中央
总　计	**20 700**	**4 417**	**56 372**	**13 106**	**16 296**	**4 214**
农、林、牧、渔、水利业	1 894		4 599		1 062	
机械制造、加工业	5 216	1 465	14 506	4 505	4 364	1 497
地质矿产业	173	42	685	218	164	29
冶金工业	396		959		472	91
煤炭工业	614	480	1 882	1 508	664	526
电力工业	879	775	2 435	2 071	711	636
石油工业	548	40	1 420	215	420	75
化学工业	1 093	361	3 088	985	769	200
有色金属工业	130		270		190	
轻工业（食品、烟草、造纸、皮毛、印刷等）	968		2 235	83	566	37
纺织工业	485		1 546		489	
电子、仪器、仪表工业	562	90	1 305	313	466	95
电工、电气	993	152	2 940	421	532	181
医药、医疗	272		910		424	
建材、建工、城建	994	76	2 574	326	816	65
交通、运输	483	243	1 369	805	503	229
邮电、通讯	121	121	311	309	78	78
商业、饮食、旅游、服务业	1 449	31	3 657	107	791	26
其　　他	3 430	541	9 681	1 240	2 815	449

18—24 各级各类成人教育在校学生数

单位:人

项　　目	1987年	1988年	1989年	1990年	1991年	1992年
一、成人高等学校	**70 228**	**62 005**	**62 547**	**62 089**	**58 674**	**52 804**
广播电视大学	16 589	12 832	10 481	11 597	12 543	7 450
职工大学	12 387	11 155	10 428	10 517	10 168	10 719
农民大学	725	697	648	353	247	263
函授大学、夜大学	33 405	31 874	35 427	34 874	31 743	30 632
管理干部学院	1 732	2 049	1 816	1 470	1 530	1 907
教育学院	4 503	3 398	3 747	3 278	2 443	1 833
独立函授学院	887					
二、成人中等学校	**473 505**	**472 735**	**557 030**	**772 261**	**1 194 715**	**1 976 760**
职工中等专业学校	15 978	45 138	20 035	20 339	20 384	16 299
干部中等专业学校	636	625	546	491	515	598
农民中等专业学校	1 261	617	23 006	9 285	9 251	12 245
教师进修学校	71 696	67 067	37 890	21 330	5 622	678
成人中学	108 156	83 425	81 323	78 198	14 463	8 274
广播电视和函授中等专业学校	5 544	2 312	2 760	3 304	3 478	12 124
成人技术培训学校	270 234	273 551	391 470	639 314	1 141 002	1 926 542
三、成人初等学校	**435 011**	**599 197**	**583 973**	**631 571**	**153 076**	**119 330**
#技 术 班	297 208	421 298	394 593	481 141		
小 学 班	114 668	112 859	92 579	96 264	77 676	48 722
扫 盲 班	18 887	24 792	71 419	39 606	67 020	61 921

18—25 平均每万人口在校学生数和大中小学学生构成

项目	单位	1978年	1980年	1985年	1990年	1991年	1992年
各级学校在校学生数占全省人口的比重	%	25.8	24.8	20.2	17.3	17.1	17.0
平均每万人口中							
大学生	人	13.9	17.2	25.9	29.8	29.5	30.6
中学生	人	973	861	690	575	591	616
小学生	人	1 596	1 607	1 305	1 132	1 086	1 051
大中小学学生占学生总数比重							
大学生	%	0.5	0.7	1.3	1.7	1.7	1.8
中学生	%	37.7	34.6	34.1	33.9	34.6	36.3
小学生	%	61.8	64.7	64.6	64.4	63.7	61.9

18—26 各级学校教师负担学生数

单位：人

项目	1978年	1980年	1985年	1990年	1991年	1992年
高等学校						
教师数	7 221	8 648	12 443	14 791	14 664	14 706
平均每个教师负担学生数	4.1	4.4	4.8	4.9	4.9	5.1
中等学校						
教师数	101 649	104 259	96 294	101 692	104 064	104 489
平均每个教师负担学生数	20.6	18.3	16.5	13.8	14.0	14.6
小学						
教师数	124 978	133 402	134 515	145 952	147 729	146 337
平均每个教师负担学生数	27.4	26.6	22.3	18.9	18.1	17.8

18—27 初中毕业和小学毕业生升学率

项目	单位	1978年	1980年	1985年	1990年	1991年	1992年
初中毕业生数	万人	44.76	38.06	32.90	27.67	28.62	29.68
高级中等学校招生数	万人	32.79	25.42	15.73	12.43	12.72	12.92
升学率	%	73.3	66.8	47.8	44.9	44.4	43.5
小学毕业生数	万人	54.95	53.01	40.45	43.12	43.40	46.64
初级中等学校招生数	万人	54.26	48.21	36.25	37.09	39.98	42.60
升学率	%	98.7	91.0	89.6	86.0	90.1	91.3

18—28 小学学龄儿童入学率和巩固率

项目	单位	1985年	1986年	1989年	1990年	1991年	1992年
全省学龄儿童数	万人	216.0	218.6	219.1	213.0	249.1	242.1
已入学儿童数	万人	211.0	214.2	216.0	210.6	246.1	238.4
学龄儿童入学率	%	97.7	98.0	98.6	98.9	98.8	98.5
城市	%	98.6	99.7	99.3	99.9	99.7	99.2
县镇	%	98.7	98.3	99.6	99.3	100.1	98.5
农村	%	97.1	97.5	98.0	98.4	98.0	98.1
# 女儿童入学率	%	96.6	97.3	98.1	98.6	98.6	98.5
小学巩固率	%	97.1	97.1	98.2	98.3	98.3	98.7

注：1991年以后学龄儿童数为7—12周岁儿童数。

18—29 幼儿园基本情况

项目	单位	1978年	1980年	1985年	1990年	1991年	1992年
园数	所	9 685	4 385	2 156	2 657	2 536	2 059
在园幼儿数	万人	25.21	25.88	34.33	42.86	45.35	47.48
教职工数	人	17 266	19 006	22 950	31 474	32 679	33 193
#教师	人	11 780	11 913	15 664	20 506	20 163	20 533

18—30 盲、聋、哑学校基本情况

项目	单位	1978年	1980年	1985年	1990年	1991年	1992年
学校数	所	23	23	22	23	24	25
招生数	人	598	461	590	396	500	661
在校学生数	人	2 717	3 087	3 634	4 121	3 883	3 972
毕业生数	人	238	242	271	417	327	418
教职工数	人	663	730	965	1 310	1 344	1 414
#专任教师数	人	437	470	601	858	918	899

18—31 各市县各类学校数

(1992年)　　单位:所

市、县	普通中学	农、职业中学	小　学	幼儿园	盲、聋、哑学校
全　省	**1 911**	**338**	**10 635**	**2 059**	**25**
长春市	**450**	**88**	**1 930**	**392**	**6**
市　区	142	36	344	267	1
九台市	48	10	321	14	1
榆树市	73	10	399	40	1
农安县	87	19	393	32	1
德惠县	59	5	308	23	1
双阳县	41	8	165	16	1
吉林市	**307**	**56**	**1 754**	**357**	**7**
市　区	83	16	228	230	1
桦甸市	37	5	213	18	1
蛟河市	35	5	257	39	1
舒兰市	50	7	333	9	2
永吉县	58	14	427	46	1
磐石县	44	9	296	15	1
四平市	**208**	**27**	**1 291**	**110**	**3**
市　区	22	7	67	63	2
公主岭市	59	10	423	9	1
梨树县	57	4	365	21	
伊通县	29	3	236	12	
双辽县	41	3	200	5	
辽源市	**99**	**12**	**582**	**14**	**1**
市　区	25	5	66	9	1
东丰县	45	2	236	4	
东辽县	29	5	280	1	
通化市	**195**	**38**	**1 120**	**170**	**2**
市　区	26	9	70	65	1
梅河口市	48	8	286	18	1
集安市	22	5	144	26	
通化县	26	4	166	20	

注：由于教育统计年报的时点数为学年初，故临江县的数字均包括在浑江市市区中，以下分市县各表同。

18－31 续表　　(1992年)　　单位:所

市、县	普通中学	农、职业中学	小学	幼儿园	盲、聋、哑学校
辉南县	34	9	179	8	
柳河县	39	3	275	33	
浑江市	**124**	**25**	**683**	**66**	**2**
市区	62	16	292	28	2
抚松县	28	5	183	14	
靖宇县	17	2	124	5	
长白县	17	2	84	19	
松原市	**167**	**28**	**1 218**	**16**	**1**
扶余区	45	10	475	7	1
长岭县	39	1	269	2	
前郭县	57	11	282	5	
乾安县	26	6	192	2	
白城地区	**153**	**41**	**1 000**	**152**	**1**
白城市	23	7	89	126	1
洮南市	43	9	318	2	
大安市	31	8	236	3	
镇赉县	28	6	169	17	
通榆县	28	11	188	4	
延边朝鲜族自治州	**208**	**23**	**1 057**	**782**	**2**
延吉市	18	7	50	69	1
图们市	18	1	40	54	
敦化市	40	4	359	111	1
龙井市	26	4	105	182	
珲春市	19	2	94	99	
和龙县	32	1	118	146	
汪清县	29	3	175	100	
安图县	26	1	116	21	

18—32 各市县各类学校招生数

（1992年）　　　　单位：人

市、县	普通中学	农、职业中学	小学	幼儿园	盲、聋、哑学校
全省	**469 201**	**69 614**	**422 799**	**313 292**	**661**
长春市	**124 921**	**17 998**	**109 659**	**78 556**	**153**
市区	40 989	5 646	31 281	19 507	36
九台市	16 170	1 967	12 694	8 257	25
榆树市	21 860	3 322	19 621	14 762	46
农安县	21 273	3 644	22 766	19 860	18
德惠县	16 276	2 666	16 912	11 234	12
双阳县	8 353	753	6 385	4 936	16
吉林市	**76 131**	**8 352**	**67 040**	**55 929**	**224**
市区	24 582	2 301	19 483	21 918	24
桦甸市	7 622	1 021	8 425	8 694	15
蛟河市	8 354	715	8 267	7 331	7
舒兰市	11 773	1 372	9 235	8 444	140
永吉县	14 403	1 669	11 663	6 811	15
磐石县	9 397	1 274	9 967	2 731	23
四平市	**51 649**	**4 838**	**53 910**	**39 669**	**106**
市区	7 697	505	6 061	6 168	84
公主岭市	15 023	1 373	22 326	14 746	22
梨树县	14 464	886	15 207	11 028	
伊通县	7 355	1 006	5 050	4 357	
双辽县	7 110	1 068	5 266	3 370	
辽源市	**23 422**	**2 983**	**17 122**	**9 499**	**25**
市区	7 979	840	5 978	2 537	25
东丰县	8 400	1 753	6 099	5 174	
东辽县	7 043	390	5 045	1 788	
通化市	**50 388**	**6 788**	**38 312**	**29 455**	**28**
市区	9 522	1 157	5 349	2 205	
梅河口市	15 626	2 508	11 704	8 984	28
集安市	4 567	646	2 843	2 825	
通化县	4 627	512	4 126	5 566	

18—32 续表 (1992年) 单位:人

市、县	普通中学	农、职业中学	小　　学	幼 儿 园	盲、聋、哑学校
辉南县	7 846	712	6 262	3 027	
柳河县	8 200	1 253	8 028	6 848	
浑江市	**24 100**	**3 134**	**20 982**	**10 171**	**18**
市　区	13 216	1 932	11 417	6 658	18
临江县					
抚松县	6 046	857	5 247	1 455	
靖宇县	2 684	81	3 127	1 397	
长白县	2 154	264	1 191	661	
松原市	**44 754**	**10 333**	**46 947**	**34 325**	**30**
扶余区	15 446	4 056	16 294	12 259	30
长岭县	9 893	2 443	11 790	7 637	
前郭县	14 497	2 277	12 524	8 755	
乾安县	4 918	1 557	6 339	5 674	
白城地区	**33 314**	**10 890**	**32 194**	**19 583**	**25**
白城市	5 785	556	4 835	5 427	25
洮南市	8 556	1 546	9 312	5 170	
大安市	7 869	2 810	8 056	5 390	
镇赉县	6 590	1 284	5 266	1 835	
通榆县	4 514	4 694	4 725	1 761	
延边朝鲜族自治州	**40 522**	**4 298**	**36 633**	**36 105**	**52**
延吉市	6 463	1 071	5 353	4 546	26
图们市	2 480	210	2 411	2 463	
敦化市	8 388	853	7 338	10 628	26
龙井市	5 287	554	4 444	5 151	
珲春市	3 355	501	3 712	2 356	
和龙县	5 008	403	4 472	3 878	
汪清县	5 215	376	4 153	5 320	
安图县	4 326	330	4 750	1 763	

18—33 各市县各类学校在校学生数

(1992年)　　单位:人

市、县	普通中学	农、职业中学	小　学	幼儿园	盲、聋、哑学校
全　省	**1 297 953**	**151 571**	**2 599 504**	**474 837**	**3 972**
长春市	**341 400**	**40 785**	**652 383**	**114 948**	**1 124**
市　区	110 208	14 038	195 201	48 646	304
九台市	44 017	4 762	77 607	9 268	198
榆树市	60 804	5 263	124 218	17 051	219
农安县	58 447	9 543	124 618	21 845	114
德惠县	46 524	5 174	93 151	12 226	211
双阳县	21 400	2 005	37 588	5 912	78
吉林市	**211 945**	**19 430**	**426 735**	**95 201**	**874**
市　区	68 302	6 462	119 546	48 665	252
桦甸市	21 239	2 160	51 846	11 237	52
蛟河市	22 964	1 452	56 276	11 764	99
舒兰市	33 091	3 048	63 977	9 687	268
永吉县	39 498	3 402	72 043	9 542	90
磐石县	26 851	2 906	63 047	4 306	113
四平市	**141 222**	**10 739**	**308 205**	**48 126**	**463**
市　区	19 841	1 060	35 212	9 715	404
公主岭市	41 176	3 461	111 031	15 005	59
梨树县	39 993	1 687	80 670	12 320	
伊通县	20 244	2 528	43 761	4 814	
双辽县	19 968	2 003	37 531	6 272	
辽源市	**65 618**	**5 069**	**116 553**	**12 035**	**191**
市　区	22 778	1 955	38 191	4 031	191
东丰县	24 223	2 274	41 757	6 165	
东辽县	18 617	840	36 605	1 839	
通化市	**141 167**	**15 696**	**246 654**	**44 333**	**303**
市　区	25 045	3 188	34 532	8 071	149
梅河口市	44 926	5 291	72 213	9 957	154
集安市	11 699	1 679	20 044	6 125	
通化县	13 235	932	30 215	7 049	

18—33 续表　　(1992年)　　单位:人

市、县	普通中学	农、职业中学	小　　学	幼 儿 园	盲、聋、哑学校
辉南县	22 694	1 302	40 682	3 913	
柳河县	23 568	3 304	48 968	9 218	
浑　江　市	**69 145**	**7 680**	**125 382**	**18 134**	**195**
市　区	38 157	4 832	67 473	10 714	195
抚松县	17 996	2 122	31 633	3 202	
靖宇县	7 225	187	17 590	1 797	
长白县	5 767	539	8 686	2 421	
松　原　市	**125 122**	**21 960**	**274 594**	**40 260**	**217**
扶余区	41 751	10 148	100 271	14 824	217
长岭县	30 136	4 274	67 793	9 531	
前郭县	40 073	5 204	74 271	9 624	
乾安县	13 162	2 334	32 259	6 281	
白城地区	**91 067**	**20 877**	**224 755**	**30 584**	**166**
白城市	15 181	1 482	33 207	11 149	166
洮南市	23 696	3 742	58 075	6 298	
大安市	20 265	6 296	52 585	5 747	
镇赉县	18 804	1 561	33 930	5 204	
通榆县	13 121	7 796	46 958	2 186	
延边朝鲜族自治州	**111 267**	**9 335**	**224 243**	**71 216**	**439**
延吉市	17 400	2 624	30 674	10 488	208
图们市	6 812	630	14 506	5 363	
敦化市	22 109	1 641	50 049	14 101	231
龙井市	14 847	1 220	27 497	12 301	
珲春市	9 428	801	19 630	5 621	
和龙县	14 432	927	25 622	10 044	
汪清县	14 783	932	29 757	9 256	
安图县	11 426	560	26 508	4 042	

18—34 各市县各类学校教师数

(1992年)　　　　单位:人

市、县	普通中学	农、职业中学	小　学	幼儿园	盲、聋、哑学校
全　省	**86 962**	**9 642**	**146 337**	**20 533**	**899**
长春市	**22 788**	**2 088**	**34 629**	**5 265**	**225**
市　区	8 764	1 028	9 737	2 681	84
九台市	2 706	167	4 867	344	28
榆树市	3 683	166	7 229	882	39
农安县	3 576	486	6 451	698	28
德惠县	2 766	195	4 127	412	25
双阳县	1 293	46	2 218	248	21
吉林市	**14 999**	**1 601**	**25 761**	**3 471**	**187**
市　区	5 434	754	6 295	2 115	60
桦甸市	1 536	112	3 239	115	16
蛟河市	1 476	139	3 445	528	24
舒兰市	2 191	205	5 129	234	40
永吉县	2 386	187	3 585	251	20
磐石县	1 976	204	4 068	228	27
四平市	**9 286**	**819**	**18 432**	**1 694**	**156**
市　区	1 459	198	1 797	436	138
公主岭市	2 801	214	6 032	271	18
梨树县	2 547	136	5 314	463	
伊通县	1 151	163	3 007	270	
双辽县	1 328	108	2 282	254	
辽源市	**4 148**	**208**	**6 654**	**606**	**42**
市　区	1 540	95	1 667	203	42
东丰县	1 596	73	2 429	299	
东辽县	1 012	40	2 558	104	
通化市	**8 312**	**1 110**	**12 391**	**1 974**	**81**
市　区	1 696	285	1 628	440	38
梅河口市	2 416	269	3 259	340	43
集安市	849	148	1 410	301	
通化县	777	64	1 746	300	

18—34 续表　　(1992年)　　单位:人

市、县	普通中学	农、职业中学	小　学	幼 儿 园	盲、聋、哑学校
辉南县	1 268	143	1 987	164	
柳河县	1 306	201	2 361	429	
浑江市	**4 887**	**748**	**7 143**	**1 020**	**32**
市区	2 799	476	4 023	496	32
抚松县	1 241	205	1 720	286	
靖宇县	408	23	825	88	
长白县	439	44	575	150	
松原市	**7 807**	**1 058**	**17 164**	**1 459**	**47**
扶余区	2 833	555	6 033	696	47
长岭县	1 378	119	3 457	339	
前郭县	2 699	290	5 496	105	
乾安县	897	94	2 178	319	
白城地区	**5 922**	**1 140**	**12 562**	**1 587**	**45**
白城市	1 165	201	1 562	773	45
洮南市	1 343	277	2 637	304	
大安市	1 333	301	3 447	60	
镇赉县	1 246	51	2 577	284	
通榆县	835	310	2 339	166	
延边朝鲜族自治州	**8 813**	**870**	**11 601**	**3 457**	**84**
延吉市	1 378	274	1 480	705	36
图们市	703	59	705	284	
敦化市	1 881	129	3 684	393	48
龙井市	1 163	134	1 196	574	
珲春市	777	61	858	284	
和龙县	1 123	53	1 365	561	
汪清县	1 092	119	1 368	363	
安图县	696	41	945	293	

18—35 县级和县级以上独立研究与开发机构数

单位:个

项　目	1985年	1986年	1989年	1990年	1991年	1992年
机构总数	**172**	**221**	**202**	**207**	**216**	**209**
1、县级及县级以上政府部门属	172	184	183	188	195	189
自然科学研究机构						
国务院各部门	22	22	19	20	19	18
省　级	50	53	55	55	60	60
市　级	74	74	78	78	80	77
县　级	26	35	31	35	36	34
2、社会、人文研究机构		37	19	19	21	20

18—36 各地区县级和县级以上独立研究与开发机构数

(1992年)

单位:个

地　区	机构总数	县级以上政府部门属		县级自然科学研究机构	情报机构
		自然科学研究机构	社会、人文研究机构		
全　省	**209**	**143**	**20**	**34**	**12**
长春市	108	81	17	4	6
吉林市	25	22	2		1
四平市	9	5		3	1
辽源市	10	8		1	1
通化市	13	7		5	1
浑江市	11	4		6	1
松原市					
白城地区	11	7		4	
延边朝鲜族自治州	22	9	1	11	1

18—37 县级和县级以上政府部门属研究与开发机构数

（自然科学技术领域）　　　　单位：个

项　　目	1985年	1986年	1989年	1990年	1991年	1992年
总　　计	**172**	**184**	**169**	**175**	**182**	**177**
一、按隶属关系分						
中　　央	22	22	19	20	19	18
地　　方	150	162	150	155	163	159
省　级	50	53	51	51	56	56
市　级	74	74	68	69	71	69
县　级	26	35	31	35	36	34
二、按地区分						
长春市	81	81	73	77	86	85
吉林市	26	27	24	24	24	22
四平市	15	15	13	13	12	8
辽源市	7	7	6	6	6	9
通化市	8	8	11	12	12	12
浑江市	12	12	11	11	11	10
白城地区	8	12	10	11	11	11
延边朝鲜族自治州	15	22	21	21	20	20
三、按行业分						
农、林、牧、渔、水利业	41	45	47	48	49	48
工　　业	78	75	81	86	81	78
地质普查的勘探业	2	3	3	3	4	4
建筑业	3	2	2	2	3	3
交通运输、邮电通讯业	3	4	4	4	4	3
其他行业	45	55	32	32	41	41

注：本表不包括情报机构。

18—38 县级和县级以上政府部门属研究与开发机构人员

(自然科学技术领域)　　单位:人

项　　目	1985年	1986年	1989年	1990年	1991年	1992年
一、职工总数	29 924	29 043	30 279	30 299	30 938	29 933
中　央	13 276	12 395	13 666	13 688	13 147	11 864
地　方	16 648	16 648	16 613	16 611	17 791	18 069
省　级	9 618	9 077	9 030	8 947	9 618	9 599
市　级	6 332	6 778	6 900	6 969	7 455	7 788
县　级	698	793	683	695	718	682
二、从事科技活动人员	21 475	21 817	21 367	21 721	20 653	18 264
中　央	9 832	9 619	8 783	9 054	7 946	7 312
地　方	11 643	12 198	12 584	12 667	12 707	10 952
省　级	6 635	6 753	6 523	6 699	7 095	6 792
市　级	4 565	4 810	5 515	5 412	5 119	3 713
县　级	443	635	546	556	493	447
在从事科技活动人员中科学家、工程师	8 665	7 992	9 664	9 901	10 092	9 772
中　央	4 455	3 947	4 490	4 744	4 738	4 481
地　方	4 210	4 045	5 174	5 157	5 354	5 291
省　级	2 898	2 625	3 230	3 298	3 526	3 584
市　级	1 187	1 267	1 769	1 665	1 631	1 520
县　级	125	153	175	194	197	187
其他科技人员	4 406	5 458	5 158	5 109	5 403	4 502
中　央	1 644	2 074	1 910	1 669	1 729	1 172
地　方	2 762	3 384	3 248	3 440	3 674	3 330
省　级	1 688	1 970	1 643	1 698	1 995	1 854
市　级	957	1 220	1 458	1 561	1 462	1 274
县　级	117	194	147	181	217	202

18—39 全民所有制单位自然科学技术人员

项　　目	单位	1985年	1986年	1989年	1990年	1991年	1992年
一、科技人员总计	人	254 075	268 251	326 720	339 775	389 760	394 357
工程技术人员	人	116 205	121 786	155 992	163 799	188 469	189 017
农业技术人员	人	14 154	14 799	16 850	17 067	19 355	19 230
卫生技术人员	人	69 131	70 916	78 058	80 131	96 389	97 344
科学研究人员	人	7 917	8 054	8 607	8 902	9 014	9 112
教学人员	人	46 668	52 696	67 213	69 876	76 533	79 654
二、各类技术人员占总计比重	%	100	100	100	100	100	100
工程技术人员	%	45.7	45.4	47.7	48.2	48.4	47.9
农业技术人员	%	5.6	5.5	5.2	5.0	5.0	4.9
卫生技术人员	%	27.2	26.4	23.9	23.6	24.7	24.7
科学技术人员	%	3.1	3.0	2.6	2.6	2.3	2.3
教学人员	%	18.4	19.7	20.6	20.6	19.6	20.2
三、平均每万人口中科技人员	人	110.6	115.9	136.4	139.2	158.5	159.4
工程技术人员	人	50.6	52.6	65.1	67.2	76.6	76.4
农业技术人员	人	6.2	6.4	7.0	7.0	7.9	7.8
卫生技术人员	人	30.1	30.6	32.6	32.8	39.2	39.3
科学技术人员	人	3.4	3.5	3.6	3.6	3.7	3.7
教学人员	人	20.3	22.8	28.1	28.6	31.1	32.3
四、平均每万职工中科技人员	人	834.7	836.3	926.2	938.7	1 048.3	1 039.8
工程技术人员	人	381.8	379.7	442.2	452.5	506.9	498.4
农业技术人员	人	46.5	46.1	47.8	47.1	52.1	50.7
卫生技术人员	人	227.1	221.1	221.3	221.4	259.2	256.7
科学研究人员	人	5 670	25.1	24.4	24.6	24.2	24.0
教学人员	人	15 324.0	164.3	190.5	193.1	205.8	210.0

18—40 科学技术成果项目数

单位：项

项　　目	1985年	1986年	1989年	1990年	1991年	1992年
全　省	**374**	**288**	**481**	**521**	**574**	**651**
#获国家发明奖的	4	1	2	5		6
已推广应用的	271	208	320	376	380	461
在总计中：						
农业方面	87	61	112	77	119	128
工业方面	178	134	267	365	300	369

18—41 三种专利申请受理量和批准量

项目	单位	1985年	1986年	1989年	1990年	1991年	1992年
一、绝对值							
受理量	项	325	395	884	1 017	1 304	1 539
发明	项	138	97	160	191	208	266
实用新型	项	185	284	683	786	1 034	1 198
外观设计	项	2	14	41	40	62	75
批准量	项		82	468	621	546	761
发明	项		2	48	34	34	35
实用新型	项		80	407	539	474	696
外观设计	项			13	48	38	30
二、构成							
受理量	%	100	100	100	100	100	100
发明	%	42.5	24.6	18.1	18.8	15.9	17.3
实用新型	%	56.9	71.9	77.3	77.3	79.3	77.8
外观设计	%	0.6	3.5	4.6	3.9	4.8	4.9
批准量	%		100	100	100	100	100
发明	%		2.4	10.2	5.5	6.2	4.6
实用新型	%		97.6	87.0	86.8	86.8	91.5
外观设计	%			2.8	7.7	7.0	3.9

18—42 已受理的三种专利申请分布状况

项目	单位	1985年	1986年	1989年	1990年	1991年	1992年
一、绝对值							
受理的三种专利申请合计	项	325	395	884	1 017	1 304	1 539
个人	项	166	247	653	726	973	1 160
大专院校	项	41	48	64	44	53	61
科研单位	项	87	36	55	90	84	95
工矿企业	项	17	55	75	111	108	105
机关团体	项	14	9	37	46	86	118
二、构成							
受理的三种专利申请合计	%	100	100	100	100	100	100
个人	%	51.1	62.5	73.9	71.4	74.6	75.4
大专院校	%	12.6	12.2	7.2	4.3	4.1	4.0
科研单位	%	26.8	9.1	6.2	8.9	6.4	6.2
工矿企业	%	5.2	13.9	8.5	10.9	8.3	6.8
机关团体	%	4.3	2.3	4.2	4.5	6.6	7.6

18—43 已批准的三种专利分布状况

项目	单位	1986年	1987年	1989年	1990年	1991年	1992年
一、绝对值							
批准的三种专利合计	项	82	219	468	621	546	761
个人	项	55	143	298	418	381	532
大专院校	项	6	20	52	54	33	33
科研单位	项	12	23	57	49	43	66
工矿企业	项	6	29	44	82	64	86
机关团体	项	3	4	17	18	25	44
二、构成							
批准的三种专利合计	%	100	100	100	100	100	100
个人	%	67.1	65.3	63.7	67.3	69.8	69.9
大专院校	%	7.3	9.1	11.1	8.7	6.0	4.3
科研单位	%	14.6	10.5	12.2	7.9	7.9	8.7
工矿企业	%	7.3	13.3	9.4	13.2	11.7	11.3
机关团体	%	3.7	1.8	3.6	2.9	4.6	5.8

18—44 大中型工业企业技术开发机构

单位:个

项　　目	1987年	1988年	1989年	1990年	1991年	1992年
总　计	**165**	**186**	**224**	**220**	**234**	**357**
按规模分:						
大型企业	56	69	90	90	89	96
中型企业	109	117	134	130	145	261
按隶属关系分:						
中央企业	33	37	42	40	43	46
地方企业	132	149	182	180	191	311
按轻重类别分:						
轻工企业	56	63	82	80	85	150
重工企业	109	123	142	140	149	207
按经济类型分:						
全民企业	163	183	220	214	228	324
集体企业	2	3	4	6	6	29
中外合资						3
其　他						1
按地区分:						
长春市	73	73	85	82	91	99
吉林市	63	63	70	72	72	95
四平市	6	9	12	13	17	37
辽源市			7	8	12	20
通化市	9	19	16	16	16	36
浑江市	4	4	9	10	9	21
松原市	2	2	3	2	2	3
白城地区	6	5	8	7	4	16
延边朝鲜族自治州	2	11	14	10	11	30

18－45 大中型工业企业技术开发人员

单位：人

项目	1987年	1988年	1989年	1990年	1991年	1992年
总计	**21 065**	**19 351**	**20 134**	**18 713**	**19 033**	**22 965**
按规模分：						
大型企业	13 599	11 976	13 668	13 191	13 198	14 239
中型企业	7 466	7 375	6 466	5 522	5 835	8 726
按隶属关系分：						
中央企业	9 925	8 269	7 501	5 924	6 039	7 049
地方企业	11 140	11 082	12 633	12 789	12 994	15 916
按轻重类别分：						
轻工企业	2 359	2 356	2 763	2 704	2 823	4 135
重工企业	18 706	16 995	17 371	16 009	16 210	18 830
按经济类型分：						
全民企业	20 913	19 161	19 951	18 496	18 807	22 087
集体企业	126	137	180	195	226	775
中外合资企业	26	53	3	22		64
其他						39
按地区分：						
长春市	8 546	7 073	8 577	7 445	7 246	7 989
吉林市	7 748	7 645	5 968	5 316	5 446	6 024
四平市	1 078	912	1 056	1 082	1 353	1 486
辽源市	782	343	488	627	460	997
通化市	452	746	638	659	883	1 171
浑江市	503	570	381	531	460	827
松原市	1 015	1 057	1 261	1 340	1 418	1 604
白城地区	127	82	151	119	59	543
延边朝鲜族自治州	814	923	1 614	1 594	1 708	2 264

注：本表只包括从事技术开发工作量在六个月以上的人员。

18—46 大中型工业企业技术开发完成项目

单位:项

项目	1987年	1988年	1989年	1990年	1991年	1992年
总计	**354**	**336**	**405**	**410**	**514**	**780**
按规模分:						
大型企业	161	149	197	193	226	316
中型企业	193	187	208	217	288	464
按隶属关系分:						
中央企业	89	85	105	110	123	216
地方企业	265	251	300	300	391	564
按轻重类别分:						
轻工企业	71	83	107	101	107	236
重工企业	283	253	298	309	407	544
按经济类型分:						
全民企业	348	332	405	404	511	718
集体企业	6	4		3	3	53
中外合资企业				3		7
其他						2
按地区分:						
长春市	152	140	160	122	227	274
吉林市	84	73	85	85	75	145
四平市	46	19	46	51	49	74
辽源市	8	24	15	28	41	61
通化市	5	26	40	29	37	78
浑江市	26	23	6	13	31	40
松原市	9	6	8	24	11	24
白城地区	8	7	6	13	4	20
延边朝鲜族自治州	16	18	39	45	39	64

注:本表只包括累计投资在万元以上的技术开发项目。

18—47 大中型工业企业技术开发经费筹集额

单位:万元

项目	1987年	1988年	1989年	1990年	1991年	1992年
总计	**25 080**	**30 962**	**27 476**	**29 111**	**38 887**	**57 121**
按规模分:						
大型企业	10 818	17 962	17 033	19 656	25 102	32 367
中型企业	14 262	13 000	10 443	9 455	13 785	24 754
按隶属关系分:						
中央企业	5 919	10 044	6 944	8 477	12 233	19 734
地方企业	19 161	20 918	20 532	20 634	26 654	37 387
按轻重类别分:						
轻工企业	7 346	12 849	5 760	4 955	7 869	13 743
重工企业	17 734	18 113	21 716	24 156	31 018	43 378
按经济类型分:						
全民企业	25 029	30 395	26 716	29 002	38 728	53 884
集体企业	27	559	760	102	159	3 064
中外合资企业	24	8		7		159
其他						14
按地区分:						
长春市	7 819	9 322	7 547	9 425	15 558	17 928
吉林市	10 304	6 882	8 179	8 723	9 910	12 256
四平市	1 476	5 132	2 679	2 245	3 422	4 924
辽源市	1 020	236	276	1 622	1 213	7 954
通化市	1 422	635	2 025	1 977	4 106	2 701
浑江市	512	341	2 376	803	518	914
松原市	269	1 081	1 432	2 108	2 276	1 428
白城地区	213	247	951	674	44	812
延边朝鲜族自治州	2 045	7 086	2 011	1 534	1 840	5 204

18—48 大中型工业企业技术开发经费支出额

单位:万元

项目	1987年	1988年	1989年	1990年	1991年	1992年
总计	**25 146**	**27 906**	**28 923**	**26 632**	**34 357**	**51 560**
按规模分:						
大型企业	12 419	14 995	18 587	17 763	21 740	30 146
中型企业	12 727	12 911	10 336	8 869	12 617	21 414
按隶属关系分:						
中央企业	7 118	7 688	8 002	7 647	11 246	19 709
地方企业	18 028	20 218	20 921	18 985	23 111	31 851
按轻重类别分:						
轻工企业	7 046	11 161	5 845	4 247	5 706	11 179
重工企业	18 100	16 745	23 078	22 385	28 651	40 381
按经济类型分:						
全民企业	24 381	27 465	28 160	26 530	34 257	48 580
集体企业	741	433	763	95	100	2 809
中外合资企业	24	8		7		156
其他						15
按地区分:						
长春市	9 849	8 065	8 716	8 510	13 497	16 661
吉林市	10 104	6 214	8 575	7 809	8 315	10 771
四平市	1 090	4 934	2 662	1 980	2 858	3 880
辽源市	1 021	291	275	1 527	1 195	7 975
通化市	657	1 149	1 971	1 969	4 073	2 294
浑江市	468	288	2 361	750	535	907
松原市	199	1 116	1 512	2 116	2 264	4 313
白城地区	199	220	924	662	44	724
延边朝鲜族自治州	1 559	5 629	1 927	1 309	1 576	4 035

18—49 文化艺术、文物事业单位数

单位:个

项目	1978年	1980年	1985年	1990年	1991年	1992年
文化馆、艺术馆	67	69	46	55	55	57
公共图书馆	49	48	39	47	49	49
博物馆	6	11	14	16	16	16
电影院	91	84	265	210	211	203
电影队	2 544	2 977	5 181	3 992	3 556	3 273
艺术表演团体	86	107	99	74	73	72
艺术表演场所	41	50	60	64	64	62

18—50 文化事业机构和人员数

(1992年)

单位:机构:个
人员:人

项目	合计		文化部门				其他部门	
			全民所有制		集体所有制		集体所有制及个体	
	机构数	人数	机构数	人数	机构数	人数	机构数	人数
总计	**1 496**	**16 202**	**845**	**15 276**	**9**	**195**	**642**	**731**
艺术事业	208	8 060	199	7 865	9	195		
图书馆事业	49	1 530	49	1 530				
群众文化事业	1 100	3 517	458	2 786			642	731
教育事业	4	1 021	4	1 021				
文物事业	58	1 090	58	1 090				
其他文化事业	77	984	77	984				

18—51 艺术事业机构和人员数

单位:机构:个
人员:人

(1992年)

项目	合计 机构数	合计 人数	全民所有制 机构数	全民所有制 人数	集体所有制 机构数	集体所有制 人数
总计	**208**	**8 047**	**199**	**7 852**	**9**	**195**
一、艺术表演团体	72	5 111	64	4 940	8	171
话剧、儿童剧、滑稽剧团	5	414	5	414		
歌剧、舞剧、歌舞剧团	6	847	6	847		
乐团、合唱团	1	84	1	84		
文工团、文宣队、乌兰牧骑	15	1 101	9	969	6	132
戏曲剧团	43	2 474	41	2 435	2	39
曲、杂、木、皮团	2	191	2	191		
二、艺术表演场所	62	2 290	61	2 266	1	24
#剧场、影剧院	62	2 290	61	2 266	1	24
三、艺术创作机构	47	301	47	301		
四、艺术研究机构	9	145	9	145		
五、演出公司	7	36	7	36		
六、其他	11	164	11	164		

18—52 艺术表演团体演出情况

(1992年)

项目	演出场数(万场)	#到农村演出	观众人数(万人次)	#农村观众	本年本团新创作并演出剧目(个)
总计	**1.20**	**0.70**	**1 219.0**	**435**	**117**
国营剧团	1.0	0.50	1 068.0	311	106
集体经营剧团	0.20	0.20	151.0	124	11
按剧种分:					
话剧、儿童剧、滑稽剧团	0.13	0.03	108	18.9	13
歌舞剧团	0.06	0.02	154	12.4	5
文工团、宣传队、乌兰牧骑	0.20	0.09	183	54.8	12
乐团、合唱团	0.02		4		
戏曲剧团	0.71	0.56	757	348.9	87
#京剧	0.06		2		
曲、杂、木、皮团	0.02		13		

18—53 艺术表演团体收支情况

(1992年)

项目	补贴团数(个)	国家经费补贴(万元)	业务及其他收入(万元)	#演出收入	总支出(万元)	第三产业增加值(万元)
总计	**68**	**1 939.1**	**957.7**	**526.4**	**2 746.4**	**1 628.3**
国营剧团	64	1 927.2	917.4	499.6	2 703.8	1 601.4
集体经营剧团	4	11.9	40.3	26.8	42.6	26.9
按剧种分:						
话剧、儿童剧、滑稽剧团	5	192.7	197.9	151.6	370.7	158.8
歌舞剧团	6	339.0	160.0	52.0	497.8	333.6
文工团、宣传队、乌兰牧骑	12	383.1	159.4	122.6	554.6	303.0
乐团、合唱团	1	30.5	7.6	6.2	37.5	25.4
戏曲剧团	42	896.1	338.3	157.5	1 181.8	731.5
曲、杂、木、皮团	2	97.7	94.5	36.5	104.0	76.0

18—54 电影事业机构和人员数

项目	1980年	1985年	1986年	1990年	1991年	1992年
机构数合计(个)	3651	6 386	6 060	4 887	4 413	4 092
文化及广播电视部门	335	213	215	321	201	199
工矿及其他部门	1 086	949	876	614	585	576
集体或个体经营	2 230	5 224	4 969	3 952	3 627	3 317
人员数合计(人)	12 098	15 835	15 747	12 428	12 156	11 977
文化及广播电视部门	3 872	3 962	4 163	4 148	4 239	4 261
工矿及其他部门	4 211	4 526	4 652	3 826	3 679	3 589
集体或个体经营	4 015	7 347	6 932	4 454	4 238	4 127

18—55 图书出版数量

项目	单位	1978年	1980年	1985年	1990年	1991年	1992年
种数	种	421	650	1 325	2 711	3 009	3 091
#新出版	种	349	510	1 106	1 978	2 167	2 498
印数	亿册	1.00	1.09	2.01	1.39	1.38	1.40
印张数	亿印张	3.98	5.39	8.10	5.81	6.07	6.10

18—56 杂志出版数量

项目	单位	1978年	1980年	1985年	1990年	1991年	1992年
种数	种	23	82	145	150	155	170
总印数	亿册	0.10	0.29	0.73	0.44	0.48	0.55
总印张数	亿印张	0.39	0.89	2.22	1.31	1.33	1.54

18—57 报纸出版数量

项目	单位	1978年	1980年	1985年	1990年	1991年	1992年
种数	种	2	7	41	35	39	48
总印数	亿份	2.90	1.30	4.50	3.01	3.13	4.30
总印张数	亿印张	1.09	1.11	3.05	2.42	2.36	3.23

18—58 广播、电视事业发展情况

项目	单位	1978年	1980年	1985年	1990年	1991年	1992年
广播电台	座	7	7	9	21	21	22
广播中短波发射台	座	23	22	21	34	33	36
电视台	座	3	3	8	29	32	34
电视发射转播台（一千瓦以上）	座	11	12	28	31	27	60
县市有线广播站	个	47	46	42	43	43	43
广播喇叭	万只	192	155	209	225	223	212
广播专用线杆	公里	7 825	8 252	7 155	78 892	74 561	67 945
广播人口覆盖率	%		60.0	75.1	83.9	84.3	85.0
电视人口覆盖率	%		30.0	65.5	77.2	79.9	81.0

18—59 广播、电视宣传基本情况

（1992年）

项目	节目套数（套）	平均每日(周)播出时间（小时）	自办节目时间（小时）	新闻节目	教育节目	文艺节目
无线广播合计	26	228.39	173.11	17.35	7.20	98.46
省台	2	26.48	22.33	1.25	1.30	15.31
地区台	11	109.11	93.37	8.08	4.50	55.20
县市台	13	92.40	57.01	8.02	1.00	27.55
电视播映合计	35	1 469.25	324.28	41.28	9.10	195.18
省台	2	59.30	56.00	2.33	1.35	45.02
地区台	8	321.09	213.29	15.35	7.35	150.16
县市台	25	1 088.46	54.59	23.20		

19—1 体委系统职工人数

单位：人

项目	1978年	1980年	1985年	1990年	1991年	1992年
合计	**2 558**	**2 690**	**3 166**	**3 748**	**3 702**	**3 921**
专职教练员	779	720	636	706	723	827
运动员	499	554	671	629	573	570
管理干部	817	850	971	1 169	1 181	1 127
专职教师			123	117	144	165
科技人员		24	23	54	51	74
医务人员			34	46	45	44
工人	463	540	707	1 017	982	1 102
其他		2	1	10	3	12

19—2 等级教练员、裁判员、运动员发展人数

单位：人

项目	1978年	1980年	1985年	1990年	1991年	1992年
等级教练员合计			670	448	619	1 184
高级教练员			4	34	77	136
教练员				208	296	544
助理教练员				206	246	504
等级裁判员合计	1 129	1 825	1 941	1 997	1 367	1 730
国际级裁判	1					
国家级裁判	6					
一级裁判员	200	107	177	101	147	89
二级裁判员	563	305	675	921	503	452
三级裁判员	359	1 413	1 089	975	717	1 189
等级运动员合计		1 378	1 220	920	641	662
国家级运动健将						
运动健将			1			
一级运动		33	111	15	9	
二级运动		20	76	255	94	91
三级运动		581	444	406	272	313
少年级运动员		744	588	244	266	258

19—3 举办运动会情况及“达标”人数

项目	1978年	1980年	1985年	1990年	1991年	1992年
举办运动会（体委系统）						
次数（次）	741	783	704	773	615	558
参加人数（人）		287 347	398 629	275 613	239 556	219 162
训练体育干部人数（人）		11 582	10 866	11 916	10 629	11 480
按《国家体育锻炼标准》发展人数（人）	49 709	308 587	1 834 143	2 481 128	2 482 615	2 407 502

19—4 优秀运动队在队运动员、专职教练员分项人数

单位：人

项目	在队运动员				在队教练员			
	1989年	1990年	1991年	1992年	1989年	1990年	1991年	1992年
总计	**497**	**503**	**496**	**455**	**158**	**155**	**170**	**172**
1. 田径	42	63	48	49	15	15	16	17
2. 举重	15	16	25	20	4	4	4	4
3. 体操	12	16	25	18	11	12	13	14
4. 射击	17	14	28	15	13	9	11	10
5. 射箭	5	5	8	12	1	1	1	
6. 摔跤	13	18	42	36	9	8	9	7
7. 柔道	6	13	24	17	3	4	4	5
8. 自行车	14	12	25	18	4	5	5	5
9. 滑雪	58	55	41	37	11	14	14	15
10. 冰球	38	44	16	16	8	9	7	9
11. 速滑	99	96	70	67	28	27	31	32
12. 花滑	31	32	23	19	12	12	12	12
13. 篮球	31	34	36	27	7	8	9	9
14. 排球							2	
15. 足球	73	34	27	41	11	10	9	9
16. 乒乓球	6	8	9	7	3	3	4	6
17. 曲棍球	8	8	8	17	3	3	3	3
18. 航空模型	8	8	13	12	6	4	5	3
19. 拳击	1	1	6	7	1	1	2	3
20. 现代冬季两项	6	5	7	3	2	2	3	2
21. 技巧	2				1			
22. 中国象棋	1							
23. 武术	5	8	8	8	2	2	2	2
24. 无线电测向	6	5	7	9	2	1	3	4
25. 轮滑球					1			
26. 其他		8				1	1	1

19—5 卫 生 机 构 数

单位：个

项目	1978年	1980年	1985年	1990年	1991年	1992年
总计	**3 889**	**4 274**	**4 568**	**4 407**	**4 369**	**4 189**
一、医院合计	1 225	1 259	1 319	1 354	1 352	1 344
1. 县级以上医院小计	297	316	365	428	426	440
综合医院	230	240	266	310	308	312
中医医院	19	27	46	54	54	55
医学院校附属医院	7	7	7	7	7	13
传染病院	5	5	6	7	7	7
精神病院	11	10	10	9	9	9
结核病院	10	9	7	7	7	7
妇幼保健院	4	4	10	13	15	16
儿童医院	2	2	2	2	2	2
麻疯病院	2	2	1	1	1	1
职业病院	4	4	1	1	1	1
肿瘤医院				2	2	2
其他医院	3	6	9	15	13	15
2. 区乡（镇）卫生院	923	933	904	871	869	850
3. 其它医院	5	10	50	55	57	54
二、疗养院、所	26	30	33	31	31	31
三、门诊部、所	2 374	2 647	2 812	2 616	2 571	2 387
四、专科防治所、站	22	60	58	59	61	63
五、卫生防疫站	81	81	89	91	92	97
六、妇幼保健所、站	82	71	83	77	81	76
七、药品检验所、室	39	52	51	53	53	54
八、医学科学研究机构	1	1	5	5	5	5
九、其他卫生机构	28	62	106	106	108	118
十、高等医药院、校	4	4	4	4	4	4
十一、中等医药学校	7	7	8	11	11	10

19—6 卫生技术人员数

单位:人

项目	1978年	1980年	1985年	1990年	1991年	1992年
总计	**73 624**	**85 747**	**105 404**	**120 029**	**124 309**	**127 686**
一、医院合计	54 781	63 073	76 683	88 404	92 380	96 064
1. 县级以上医院小计	37 721	43 656	56 038	67 816	71 001	74 550
综合医院	29 118	32 992	40 243	47 641	50 051	51 715
中医医院	1 694	2 411	4 891	6 658	6 834	7 337
医学院校附属医院	2 803	3 370	4 394	5 312	5 333	5 797
传染病院	474	555	816	844	860	895
精神病院	984	1 271	1 567	1 638	1 678	1 712
结核病院	1 016	982	942	960	1 037	1 037
妇幼保健院	691	793	1 710	2 092	2 296	2 511
儿童医院	373	444	564	672	761	949
麻疯病院	73	64	35	37	48	55
职业病院	290	378	27	75	87	81
肿瘤医院				354	416	601
其他医院	205	396	849	1 533	1 600	1 860
2. 区乡(镇)卫生院	16 839	19 098	18 577	18 539	19 295	19 532
3. 其它医院	221	319	2 068	2 049	2 084	1 982
二、疗养院、所	616	977	1 323	1 491	1 418	1 523
三、门诊部、所	11 981	13 667	13 069	12 712	13 161	12 484
四、专科防治所、站	565	840	1 028	1 131	1 114	1 118
五、卫生防疫站	2 375	3 053	4 631	6 068	6 201	6 128
六、妇幼保健所、站	954	1 063	1 659	1 954	1 974	2 058
七、药品检验所、室	246	369	551	633	668	690
八、医学科学研究机构	132	156	369	490	471	573
九、其它卫生机构	436	1 010	1 661	2 363	2 426	2 596
十、高等医药院、校	1 019	987	1 120	1 373	1 183	1 075
十一、中等医药学校	519	528	537	617	568	532
十二、个体开业		24	2 764	2 793	2 745	2 845
平均每万人口中有卫生技术人员	34.3	38.8	45.9	49.2	50.5	51.6

19—7 卫生机构人员分类情况

(1992年) 单位：人

项目	人员合计	卫生技术人员	#医生				#护师、护士	管理人员	工勤人员
				中医	西医师	西医士			
总计	**167 846**	**127 686**	**51 505**	**8 791**	**30 130**	**12 209**	**37 768**	**15 692**	**21 541**
一、医院合计	123 926	96 064	35 798	6 014	21 564	7 967	31 885	11 040	16 182
1. 县级以上医院小计	97 704	74 550	27 192	3 933	18 655	4 400	27 369	8 407	14 113
综合医院	67 300	51 715	18 764	1 482	13 867	3 331	19 531	5 505	9 689
中医医院	9 254	7 337	2 847	1 737	666	415	1 993	766	1 121
医学院校附属医院	7 559	5 797	2 251	376	1 805	13	2 207	573	1 031
传染病院	1 359	895	259	24	187	46	398	174	286
精神病院	2 498	1 712	462	38	295	125	783	300	474
结核病院	1 698	1 037	317	21	258	30	440	196	464
妇幼保健院	3 803	2 511	993	52	670	268	845	315	466
儿童医院	1 240	949	310	22	283	4	387	156	128
麻疯病院	99	55	27	3	15	9	15	10	34
职业病院	181	81	38	5	19	14	21	29	21
肿瘤医院	815	601	254	5	240	9	244	93	116
其他医院	1 898	1 860	670	168	350	136	505	290	283
2. 区乡（镇）卫生院	23 777	19 532	7 813	1 858	2 521	3 403	3 975	2 412	1 833
3. 其它医院	2445	1 982	793	223	388	164	541	221	236
二、疗养院、所	2 774	1 523	463	64	294	95	590	441	751
三、门诊部、所	13 990	12 484	5 460	734	3 068	1 616	3 842	813	658
四、专科防治所、站	1 603	1 118	595	33	418	140	182	234	225
五、卫生防疫站	7 694	6 128	3 820	96	2 138	1 576	193	710	757
六、妇幼保健所、站	2 566	2 058	1 240	45	800	391	303	287	207
七、药品检验所、室	923	690	53	14	28	11	8	161	68
八、医学科学研究机构	810	573	233	129	94	3	109	93	93
九、其他卫生机构	5 274	2 596	1 105	117	731	236	439	871	1 465
十、高等医药院、校	3 797	1 075	766	630	128	2	14	721	776
十一、中等医药学校	1 644	532	339	47	275	15	34	321	359
十二、个体开业	2 845	2 845	1 633	868	592	157	169		

19—8 卫生机构床位数

单位:张

项 目	1978年	1980年	1985年	1990年	1991年	1992年
总 计	**62 714**	**67 121**	**78 802**	**92 133**	**92 741**	**94 856**
一、医院合计	58 051	60 682	70 750	83 241	83 826	85 570
1. 县级以上医院小计	40 022	41 815	51 317	64 253	65 910	68 520
综合医院	28 500	30 272	35 915	44 878	46 085	47 069
中医医院	1 167	1 667	3 744	4 714	4 734	4 988
医学院校附属医院	2 874	2 871	3 150	3 966	3 974	4 991
传染病院	650	740	986	1 182	1 200	1 160
精神病院	2 046	2 310	2 920	2 911	2 968	3 075
结核病院	2 227	1 862	1 582	1 812	1 882	1 852
妇幼保健院	637	637	1 514	1 933	1 991	2 011
儿童医院	320	325	384	707	614	797
麻疯病院	420	350	300	300	300	93
职业病院	531	499	120	150	200	200
肿瘤医院				312	470	647
其他医院	650	282	702	1 388	1 492	1 637
2. 区乡(镇)卫生院	17 913	18 729	18 366	16 406	15 522	15 407
3. 其它医院	116	138	1 067	2 582	2 394	1 643
二、疗养院、所	3 498	4 514	6 018	5 636	5 439	5 899
三、门诊部、所	655	1 356	995	1 163	1 393	1 311
四、专科防治所、站	10		108	130	175	150
五、卫生防疫站				100	100	
六、妇幼保健所、站	244	346	629	474	468	406
七、药品检验所、室						
八、医学科学研究机构	80	80	130	230	180	484
九、其他卫生机构	20	110	172	1 159	1 160	1 036
十、高等医药院、校						
十一、中等医药学校	156	63				
十二、个体开业						
平均每万人口中有医疗床位数	29.2	30.4	34.3	37.8	37.7	38.3

19—9 各市县卫生机构、床位和人员数

(1992年)

市、县	机构合计(个)	#医院	床位合计(张)	#医院	人员合计(人)	#医院
全省	**4189**	**1 344**	**94 856**	**85 570**	**167 846**	**123 926**
长春市	**833**	**256**	**23 988**	**22 576**	**48 162**	**34 392**
市区	594	124	17 956	16 706	35 781	24 847
九台市	64	10	1 420	1 270	3 407	2 139
榆树市	56	42	1 477	1 477	2 421	2 050
农安县	49	35	1 708	1 708	2 996	2 564
德惠县	40	25	782	782	2 232	1 692
双阳县	30	20	645	633	1 325	1 100
吉林市	**711**	**210**	**19 123**	**16 982**	**31 945**	**24 228**
市区	410	66	12 197	10 440	19 869	14 402
桦甸市	69	26	1 545	1 501	2 633	2 101
蛟河市	62	21	1 075	1 051	2 230	1 781
舒兰市	48	31	1 508	1 508	2 619	2 176
永吉县	66	32	1 649	1 333	1 997	1 534
磐石县	56	34	1 149	1 149	2 597	2 234
四平市	**391**	**144**	**10 338**	**8 567**	**16 331**	**12 146**
市区	134	25	3 874	3 502	6 089	4 667
公主岭市	88	39	2 597	1 827	3 927	2 663
梨树县	90	33	2 015	1 418	2 951	2 048
伊通县	41	24	913	901	1 601	1 269
双辽县	38	23	939	919	1 763	1 499
辽源市	**151**	**67**	**4 424**	**4 424**	**6 511**	**5 249**
市区	71	18	2 391	2 391	3 816	2 968
东丰县	52	28	1 215	1 215	1 453	1 207
东辽县	28	21	818	818	1 242	1 074
通化市	**420**	**165**	**8 419**	**8 050**	**13 767**	**11 124**
市区	153	28	3 272	3 179	4 712	3 759
梅河口市	64	35	1 604	1 604	3 552	2 987
集安市	39	22	784	537	1 067	758
通化县	39	24	496	491	1 048	848

19—9 续表 (1992年)

市、县	机构合计(个)	#医院	床位合计(张)	#医院	人员合计(人)	#医院
辉南县	64	28	1 398	1 386	1 769	1 473
柳河县	61	28	865	853	1 619	1 299
浑江市	**383**	**100**	**6 635**	**5 258**	**10 551**	**7 577**
市区	183	56	3 539	3 515	6 355	5 097
临江县						
抚松县	131	18	2 358	1 051	2 832	1 492
靖宇县	33	14	308	298	793	601
长白县	36	12	430	394	571	387
松原市	**203**	**119**	**5 295**	**4 930**	**10 321**	**7 925**
扶余区	62	39	1 668	1 608	2 820	2 068
长岭县	42	34	1 245	1 125	2 186	1 805
前郭县	66	37	1 705	1 660	3 897	3 233
乾安县	33	9	677	537	1 418	819
白城地区	**312**	**121**	**6 985**	**6 156**	**11 754**	**8 321**
白城市	107	20	2 013	1 917	4 184	2 807
洮南市	79	28	1 608	1 146	2 342	1 487
大安市	49	31	1 426	1 426	2 078	1 730
镇赉县	37	19	1 013	803	1 509	1 025
通榆县	40	23	925	864	1 641	1 272
延边朝鲜族自治州	**785**	**162**	**9 649**	**8 627**	**18 504**	**12 964**
延吉市	176	16	2 741	2 071	5 483	3 279
图们市	46	11	727	715	1 484	1 095
敦化市	174	30	1 503	1 483	3 031	2 155
龙井市	85	21	1 136	976	1 836	1 241
珲春市	24	16	605	605	1 070	878
和龙县	47	23	1 380	1 280	2 075	1 716
汪清县	147	25	867	807	2 004	1 437
安图县	86	20	690	690	1 521	1 163

19—10 省、市级医院主要指标

（1992 年）

项目	床位数（张）	人员数（人）								
		合计	#卫生技术人员							
			合计	中、西医师	中、西医士	护师、护士	护理员	助产士	药剂人员	检验人员	其他卫生技术人员
省医院	1000	1 489	1 134	477	3	451	28		67	67	41
长春市中心医院	700	1 356	1 061	371	26	449	66	13	74	35	27
长春市二院	315	497	396	111	7	132	25		25	19	77
九台市医院	401	552	311	56	21	150	12	2	42	25	3
吉林市中心医院	804	1 474	1 150	411	37	524		8	80	45	45
吉林市第二医院	411	636	480	147	21	222	9	9	36	19	17
吉林市人民医院	525	768	599	202	15	259		2	47	28	46
蛟河市人民医院	420	555	410	74	52	146	24	5	49	20	40
桦甸市人民医院	365	531	412	102	34	156	25	1	43	18	33
四平市中心人民医院	520	843	677	252	8	261	37	2	50	20	47
四平市第一医院	500	758	580	191	28	223	50		50	19	19
公主岭市医院	500	741	582	132	92	208	1	10	47	24	68
公主岭市二医院	250	353	270	47	57	64	3	1	31	10	57
辽源市中心医院	506	498	359	72	8	177		4	36	18	44
辽源市第二人民医院	250	247	190	52	13	71	10	3	23	6	12
通化市中心医院	602	625	481	151	21	245			31	19	14
通化市医院	411	480	370	112	21	146	20		31	22	18
集安市医院	212	295	232	68	24	101			21	9	9
梅河口市医院	410	634	461	128	58	183	5		42	25	20
梅河口市第二医院	150	256	183	20	33	54			29	8	39
梅河口市第三医院	110	210	157	34	20	36		4	11	8	44

19—10 续表　　(1992 年)

项　　目	床位数（张）	人员数（人）									
		合 计	#卫生技术人员								
			合 计	中、西医　师	中、西医　士	护师、护　士	护理员	助产士	药剂人员	检验人员	其他卫生技术人员
浑江市中心医院	500	679	534	181	37	238	9	3	42	19	5
浑江市第二医院	150	255	181	38	10	63	6		26	8	30
白城地区医院	510	742	567	182	24	255	27	5	39	18	17
白城市医院	445	616	486	152	46	201			43	21	23
扶余市第一医院	351	483	379	122	34	156	5		36	19	7
扶余市二院	303	408	309	51	44	102	20	3	33	12	44
洮南市第一医院	301	360	272	72	25	77	16		39	1	42
大安市第一人民医院	306	369	303	74	35	92	4	1	26	12	59
大安市二医院	310	315	246	17	41	55	12	3	35	19	64
图们市医院	164	278	222	75	10	88	2	4	26	11	6
敦化市医院	313	456	374	130	36	133	3	5	35	14	18
龙井市医院	306	402	325	103	7	134	6		44	16	15
珲春市医院	305	407	338	107	16	124	25	6	35	16	9
长春市南关区医院	260	436	359	128	16	103		3	35	15	59
长春市朝阳区医院	140	251	202	71	6	93			18	8	6
长春市宽城区医院	305	406	325	116	6	114	17	1	35	14	22
长春市宽城区铁北医院	217	248	204	73	10	88	2	3	17	7	4
长春市二道河子区医院	300	443	341	124	21	129		4	40	16	7
长春市二道河子区二医院	68	175	143	26	21	50			13	3	30
长春市春城医院	152	228	187	78	6	71			17	7	8
吉林市龙潭区医院	150	149	115	38	4	40			13	4	16
四平市铁东医院	100	94	67	6	8	15	8		7	2	21
辽源市龙山区医院	100	149	118	39	13	34	9		14	5	4
辽源市西安区医院	100	92	82	20	15	34	3		9	1	

19—11 民政事业费支出情况

单位:万元

项目	1978年	1980年	1985年	1990年	1991年	1992年
总支出	**3 869**	**4 482**	**8 391**	**14 155**	**14 619**	**16 553**
抚恤事业费	835	1 213	1 651	3 903	4 091	4 375
离、退休费	678	880	1 021	1 624	1 747	1 842
社会救济事业费	1 495	1 692	2 315	3 959	3 984	4 598
自然灾害救济费	861	697	3 000	3 523	3 744	4 252
其他			404	1 146	1 053	1 486

19—12 社会福利事业单位情况

项目	单位	1980年	1985年	1986年	1990年	1991年	1992年
单位	个	15	17	17	18	19	19
床位数	张	3 772	4 495	4 455	4 788	4 989	4 913
职工人数	人	1 263	1 525	1 526	1 566	1 615	1 598
#医护人员	人		734	850	624	584	629
年末收养人员	人	2 902	3 783	4 061	4 323	4 493	4 430
#三无对象	人		2 679	2 606	3 005	3 281	2 917

19—13 敬老院情况

项目	单位	1980年	1985年	1986年	1990年	1991年	1992年
院数	个	721	895	893	900	900	900
职工人数	人	2 838	4 621	4 929	5 161	5 180	5 280
收养人员	人	15 614	23 097	25 450	25 766	26 336	26 712
#老人	人	14 098	20 639	22 846	23 352	23 590	24 067
集体供给金额	万元	332	997	1 300	1 733	1 790	1 850
人均供给金额	元	213	432	511	673	680	693

19—14 分散“五保户”情况

项目	单位	1980年	1985年	1986年	1990年	1991年	1992年
符合五保的户数	户	31 161	45 437	45 869	42 303	42 612	42 874
符合五保的人数	人	44 936	60 940	60 017	57 050	57 134	59 440
集体供养的人数	人	43 496	46 677	45 371	45 338	45 574	46 939
#老人	人	38 299	39 960	39 852	40 530	39 202	40 230
集体供养的金额	万元	413	1 110	1 252	2 088	2 004	2 815
人均供养金额	元	95	238	276	461	438	600

19—15 社会福利企业单位情况

项目	单位	1985年	1986年	1989年	1990年	1991年	1992年
企业单位数	个	656	828	1 101	1 120	1 197	1 427
职工人数	人	29 739	36 170	46 699	41 751	47 698	53 372
#残疾职工	人	10 940	12 730	15 908	17 550	21 569	22 120
产值	万元	15 473	21 749	48 032	46 172	60 252	77 316
利润	万元	1 549	2 308	5 019	3 112	4 214	4 260
产值利润率	%	10	11	10	7	7	5.5
劳动生产率	元/人	5 203	6 013	10 285	11 059	12 632	14 486

19—16 殡葬事业单位情况

项目	单位	1985年	1986年	1989年	1990年	1991年	1992年
火葬厂数	个	38	38	39	40	41	41
职工人数	人	571	569	661	698	751	771
固定资产原值	万元	898	998	1 635	1 892	2 423	2 410
火化炉数	台	76	75	79	81	86	84
运尸车数	辆	55	61	75	75	81	95
全年火化遗体数	具	37 612	50 713	96 326	104 339	109 513	111 698
死亡人数	人	110 144	111 954	120 096	136 538	117 883	123 341
火化率	%	34.1	45.3	80.2	76.4	92.9	90.6
利润	万元	-22	36	181	251	308	477
年末流动资金占用额	万元	88	104	99	149	196	319

19—17 婚姻登记情况

项目	单位	1980年	1985年	1986年	1990年	1991年	1992年
准予登记结婚	对	160 315	234 152	241 315	230 467	234 696	220 496
初婚	人				435 254	440 917	415 116
再婚	人				25 680	28 475	25 876
离婚	对	6 725	8 972	11 246	17 581	16 795	18 702

19—18 律师、公证、调解工作基本情况

项目	单位	1980年	1985年	1986年	1990年	1991年	1992年
一、律师工作							
律师事务所	个	46	82	82	93	94	99
律师工作者	人	138	831	1 223	1 503	1 670	1 620
#律师	人		595	788	950	1 566	1 485
二、公证工作							
公证处	个	46	51	60	71	71	75
公证人员	人	60	214	382	461	460	461
公证员	人		106	120	220	269	387
助理公证员	人		32	45	105	111	112
办理公证文书	件	994	85 577	104 791	148 820	223 481	164 709
三、人民调解工作							
专职司法助理员	人		860	858	1 101	1 170	1 018
人民调解委员会	个	14 730	18 327	20 220	19 893	21 478	17 544
调解人员	人	139 630	92 242	122 656	124 849	210 739	173 352
调解民事纠纷	件	142 678	129 451	157 778	150 725	140 252	118 959

19—19 历年社会治安情况

年份	刑事案件发案数（件/万人）	青少年犯罪占犯罪人数比重（%）	交通事故死亡人数（人/万辆）	万人治安案件发生数（件/万人）
1952			90	
1957	3.6		50	
1962	7.2		61	
1965	5.4		40	
1970	5.4		160	
1975	10.6		54	
1978	12.9		37	
1979	13.2		40	
1980	12.2	65.2	30	19.7
1981	13.1	68.4	34	18.0
1982	10.2	70.6	29	15.1
1983	9.8	69.4	23	99.3
1984	6.8	63.6	27	72.5
1985	6.3	71.5	33	8.7
1986	6.9	73.4	29	13.2
1987	7.2	72.4	29	14.2
1988	11.7	72.4	27	14.4
1989	18.6	67.8	32	20.7
1990	22.9	61.2	24	23.5
1991	22.1	58.9	28	26.0
1992	19.4	55.6	31	25.2

19—20 火灾情况

项目	单位	1978年	1980年	1985年	1990年	1991年	1992年
火灾数	起	1 269	1 010	681	3 722	2 397	2 061
城市	起		209	255	2 034	1 395	1 456
农村	起		801	426	1 688	1 002	605
死亡人数	人	62	34	33	56	66	58
城市	人		12	13	24	39	34
农村	人		22	20	32	27	24
受伤人数	人	88	86	49	121	130	69
城市	人		39	17	70	60	50
农村	人		47	32	51	70	19
损失金额	万元	725	620	572	1 388	1 724	1 817
城市	万元		282	170	509	804	1 365
农村	万元		338	402	879	920	452

19—21 交通事故情况

项目	单位	1987年	1988年	1989年	1990年	1991年	1992年
交通事故数	起	3 936	5 741	4 197	3 988	3 899	3 607
城市	起	1 804	1 794	1 496	1 559	1 830	1 440
农村	起	2 132	3 947	2 701	2 429	2 069	2 167
死亡人数	人	981	1 489	1 287	1 275	1 272	1 597
城市	人	372	433	376	411	517	492
农村	人	609	1 056	911	864	755	1 105
受伤人数	人	2 251	2 832	2 405	2 362	2 208	2 012
城市	人	1 011	1 010	878	899	1 068	819
农村	人	1 240	1 822	1 527	1 463	1 140	1 193
损失金额	万元	366	630	579	580	604	1 068
城市	万元	109	143	138	153	186	248
农村	万元	257	487	441	427	418	820

19—21 续表

单位:起

项目	1987年	1988年	1989年	1990年	1991年	1992年
机动车	3 683	5 392	3 946	3 758	3 683	3 396
汽车	3 256	4 725	3 546	3 357	3 301	3 021
摩托车	236	299	211	244	205	203
拖拉机	186	342	182	132	136	144
其他	5	26	7	25	41	28
非机动车	215	251	214	175	152	154
自行车	172	189	190	153	129	126
行人、乘车人	38	98	37	55	64	57

企事业之窗

【中国银行吉林省分行】 是吉林省的外汇外贸专业银行，在全省有23个分支行，48个办事处，236个机构网点和3000多名员工，改革开放以来，该分行充分发挥资金雄厚，信誉卓著，海外行联系面广，拥有一批经营外汇业务专业人才的整体优势，积极筹措外汇和人民币资金，支持企业出口产品的生产和收购，支持企业技术改造和出口产品结构的调整，为吉林省外向型经济发展做出了突出贡献。

截止1992年末，该分行人民币储蓄存款已达17亿元，个人外币存款突破1亿美元。1992年共实现人民币贷款余额48.3亿元，实现外汇贷款余额5.4亿美元。在控制贷款总量的同时，该分行积极调整信贷结构，优化贷款投向，对出口计划大的外贸企业优先支持，对换汇成本低，适销对路的出口产品，大宗拳头商品等收购予以优先支持，为全省出口创汇实现13亿美元提供了资金保证。曾被国家经贸部和中国银行总行评为"银贸协作，为国创汇"先进单位。该分行还采取各种方式积极扩大资金来源，拓展融资渠道，通过担保、融资、租赁、介绍合资等手段积极筹集外汇资金，发放外汇贷款，大力支持国家重点建设项目和国有大中型企业技术改造，先后为轻工、纺织、机械、电子、化工、冶金、建材、农林牧渔等11个行业办理外汇贷款655个，发放外汇贷款8.7亿美元，还通过中国银行总行直接贷款、转贷国外政府贷款等方式，为吉林省引进外汇资金3.5亿美元，并代中国银行总行向吉林油田发放外汇贷款3.68亿美元，支持了新老油田的续建和开发。对长春一汽换型改造、轿车生产，吉化环氯乙烷项目和吉林六城市程控电话等项目给予了支持，特别是积极促成中国银行总行和中银集团来吉林省考察使一汽大众和吉化30万吨乙烯工程所需13亿美元资金得到承诺，1992年为一汽大众捷达轿车解决了4.2亿美元的融资谈判，支持了企业发展。

新形势下，该分行将积极转变思想，进一步树立大外贸观念，更好地为外贸企业，有进出口权的出口商品生产企业及三资企业提供多功能、全方位的金融服务，以卓有成效的工作为吉林省经济的振兴做出更大的贡献。

行　长：邹鹤龄

地　址：长春市新民大街副10号

电　话：645430

电　传：83006　CCBOC CN

邮　编：130021

【吉林省国际信托投资公司证券交易部】 是于1990年6月经中国人民银行吉林省分行批准成立的非银行系统的金融机构，随着业务的不断拓展，现已成为全省证券业的骨干单位。1993年初我公司被省体改委指定为承办内部股权证(股票)发生和转让的试点单位和法人股内部流通的管理中心，同时也是全国联办法人股在吉林省的唯一代理单位，最近又加入了全国证券协会，成为团体会员。我公司还是上海证券交易所、深圳证券交易所的异地会员，可开办全国范围内的法人股、个人股买卖转让发行等业务，并可接受全省企业单位可支配的自有资金，个人可支配资金委托我公司办理股东卡，建立资金专户和证券专户进行股票买卖交易。

我公司业务范围是：代理发行各种有价证券，自营和代理证券买卖，代理支付和代收证券的本息、红利，证券的鉴证、登记过户、证券代保管、证券咨询等。

我们将本着公平、公正、公开的原则，热忱地为广大证券投资者提供优良的服务。

经　理：孟倩

地　址：长春市同志街27号(鸡王大厦二楼)

【交通银行长春分行国外业务部】 交通银行是我国首家股份制社会主义商业银行，是在改革开放中重新组建起来的大型综合性银行。交通银行长春分行国外业务部自1990年7月正式对外营业以来，通过交通银行总行与国外350家银行的682个分支机构建立了代理关系，为国内三资企业，外贸企业提供了优质快速的银行服务，在国内外的声誉日益提高。该部提供的涉外服务项目主要有：1. 出口企业人民币贷款。2. 外汇贷款、担保和投资。3. 进出口贸易结算和非贸易结算。4. 汇出汇入款。5. 外币存款。6. 外币和外币票据兑换。7. 外币票据贴现。8. 国际信托、租赁、保险和代理业务。9. 征信调查、咨询服务。10. 外汇(现汇)调剂业务。

经　理：董耀光

副经理：刘德柱

地　址：长春市重庆路44号(北国之春大酒店3楼)

电　话：812905　812907

电　传：83112　BOCCC CN

传　真：862458

电　挂：1872

邮　编：130042

【伊通县工商银行信用社】 该信用社是伊通县工商银行所属的一个自负盈亏股份制集体金融组织。拥有营业室1个，下设6个储蓄所，职工近百人，主要业务是吸收存款和发放贷款，为全县经济发展做出了突出贡献，1992年末，各种存款余额910万元，贷款余额800万元，代办储蓄900万元，上缴税款17万元。欢迎广大城乡居民、企事业单位到我信用社参加储蓄我们将以最佳服务迎接您的到来。

主　任：贺连明

地　址：伊通县伊通大街伊通百货商场北侧

电　话：2226

邮　编：130700

【吉林省国际贸易保税公司】

是经国家海关总署和吉林省人民政府批准成立的吉林省第一家集国际贸易,仓储,保税,技术引进,运输等业务为一体的具有对外贸易进出口权的综合性企业。

公司业务范围广泛,主要有:为外商寄售,寄存保税货物和转口货物的转关运输业务。为外资企业代购进口免税车辆和其他机电产品。为外商寄售、寄存进口产品。为省内企业引进技术设备,存放出口货物,代理转运出口,代理开展对俄罗斯、东欧等26个国家的转口贸易,代办国际联运车皮,代办口岸仓储联运等方面的业务和服务。同时接受委托为客户代理报关、异地转关、纳税、放行货物的手续,以及其他物资的仓储,货场的出租业务,同时公司还兼营批发零售金属材料、木材、水泥、建材、水暖器材、装璜材料、化工产品、副食品和粮油等业务。

公司占地面积6万平方米,设有综合性全封闭的保税仓库,内有铁路专用线780米,站台7500平方米,可同时监管存放几百台小轿车,有露天货场和集装箱货场,仓库内供电,通信,运输等办公设备齐全,是一所理想的货物集散地。

公司一贯坚持"客户第一""信誉第一""服务第一"的宗旨,愿作金色的桥梁,为海内外客商提供便利、优质的服务,以信誉为纽带,"广交天下客,诚迎四海朋",欢迎洽谈,合作。

总 经 理:苏本荣

地　　址:长春市同志街34—4号

吉林省吉信公共保税仓库地址:长春市青丘路10号

电　　话:648040　715820

电　　传:83011　JITIC　CN

传　　真:0086—0431—644234

【吉林达卡实业有限公司】 为中日合资跨行业、跨地区集团性公司。内设行政财务部、综合业务部、边贸部。公司地处长白山脉、资源丰富、交通方便。为了有效地利用和开发长白山野生资源,变资源优势为经济优势,公司在吉林省靖宇县内设参茸基地分公司,在桦甸市郊设食品工业分公司。同时为方便业务联系,扩大对外往来,公司在大连、长春等地设有办事处。

公司生产经营范围主要有:土特产品、食品(年生产白桦树汁基料2500吨,易拉罐饮料1500吨)、矿产品及矿山机械。

该公司技术力量、经济力量雄厚,引用国外先进管理方法,在经营中守信誉,保质量。欢迎国内外各界朋友惠顾,洽谈生意。

总 经 理:陈挂林

厂　　址:桦甸市桦甸大街54号

电　　话:(04423)　2002

传　　真:(0411)　3630472

电　　挂:2398

邮　　编:132400

【长春市永春实业总公司】 下设六个分公司:制砖一分公司、制砖二分公司、塑料制品分公司、速食餐制品分公司、畜牧业分公司和建材分公司。现有职工832名,厂房面积10400平方米,1992年总产值515万元,实现利税136万元。1983年以来,公司生产产品一直保持省、市优质产品的称号。1986年以来,公司先后被评为市一级企业,省预备级企业,市信得过企业,区利税大户企业。

总 经 理:赵洪森

地　　址:长春市永春乡廿里卜

【吉林省丰力实业公司简介】 吉林省丰力实业公司是隶属于省政府办公厅的全民所有制企业,创建于1988年5月,是集工、商、贸于一体的综合性集团公司。自成立以来,先后设立了丰力金店、丰力药厂、丰力酒家等二十几个分支机构,现有固定资产3000多万元,职工500余人。其中丰力制药厂是主要经济实体,能够生产5种剂型100多个品种的中西成药,主要生产品种有"东方魔液"、"金水宝"、"脾胃舒"、"月见草油"、"熊胆丸"等纯中药制剂,这些药品深受港、澳、台、东南亚等地区的欢迎,其中"金水宝"获1992年吉林省优质产品奖,"东方魔液"获1993年国际"商林杯"旅游快速见效"金杯奖"。1993年又重点开发了"中华大力神",并与南韩签定了几百万美元的销售合同。为发展外向型经济,丰力药厂与美国盛大国际开发公司合资兴办了吉林盛丰药业有限公司,丰力汽车配件公司与香港威利贸易发展公司共同兴办了吉林威丰汽车维修有限公司。丰办公司正以"大型、合营"为目标加快经济建设步伐。

企业法人:张发玉

地　　址:长春市斯大林大街副47—1号

电　　话:(0431)　804390　239599

传　　真:86—431—825244

邮　　编:130051

【吉林省汽车工业贸易集团公司】 是在原吉林省汽车配件公司的基础上,于1991年9月5日正式成立的。现有固定资产4320万元,自有资金850万元,职工1070人。集团公司主要经营各种国产进口汽车、摩托车及其配件,以及与汽车工业相关的横向产品。经营品种达15000余种。年实现销售额3亿多元,利润600余万元。

集团公司是国家核定的小轿车专营单位。集团公司下设13个专业性和综合性公司。此外,还在海南、深圳、珲春、威海等沿海沿边省市设立了外向型经济贸易公司。

集团公司以"用户第一、质量第一、信誉第一、服务第一"作为宗旨,立足省内辐射全国,走向世界,开展全方位经营,不断开拓国内外市场。现已形成"整车经营、配件销售、维修服务、信息反馈"四位一体的销售服务体系。

吉林省汽车工业贸易集团公司竭诚欢迎广大同仁和社会各界朋友光临惠顾。

董事长总经理:魏宪延
地　　址:长春市西长春大街101号
电　　话:845756
传　　真:(0431)864614
邮　　编:130041

【吉林德大有限公司】 是吉林省松辽禽业联营公司和泰国正大集团合资兴办的肉鸡"一条龙"大型企业。中泰双方各投资50%,合资期为50年。一期工程总投资1.65亿元,1991年9月全部竣工投产,总占地面积147公顷。建筑面积16.8万平方米,年产值4.5亿元,年可实现利税5800万元,创汇1800万美元。

公司产品除"一条龙"自用外,每年可向国内外市场提供父母代种鸡雏36万套,商品肉鸡雏1000万只,各种配合饲料30万吨,各种鸡肉产品3.3万吨。

公司的生产,质检、化验设备均从美国、泰国、日本、德国、荷兰、丹麦、瑞士等九个国家引进,设备精良、技术先进、生产过程由电脑控制,自动化水平高,产品质量好。引进饲养的国际优良品种艾维茵鸡、配方独特德大生产的饲料,深受用户欢迎,已销往全国各地,其商标被评为吉林省著名商标,1991年4月,公司被确认为省先进技术企业。

为确保肉鸡"一条龙"企业的配套生产,优化产品质量,提高经济效益,吉林德大有限公司二期工程已于1992年下半年开始,增加投资1.6亿元,兴建加工大豆1000吨,年产豆粕19万吨的豆柏厂和年产精炼油3.8万吨的精炼油厂。公司现有职工2077人,其中外方专家10人,初级以上技术职称的79人,中专文凭以上的222人。管理人员和技术骨干一律向社会公开招聘,干部实行聘任制,工人采用合同制。

公司全体员工奉行"顾客至上,信誉第一"的宗旨,弘扬开拓进取的精神,争创一流产品,一流信誉、一流效益、一流服务,向世界一流企业目标迈进,竭诚欢迎国内外宾客光临。

董 事 长:王秀林
地　　址:德惠县德惠镇西五道街
电　　话:04412—2995
传　　真:04412—2983

【长春市粮油供应公司】 现有职工5900多人,下设15个粮油食品经销公司,一个粮油食品管理所,280家粮 油食品店。还有215个前店后厂搞加工,近30个议价粮油经营部。营业面积在4.6万平方米以上,担负着长春市近200万居民,驻长部队,团体行业的粮油供应任务,同时还经营食品、百货食杂、汽车配件、饭店、灯具服装、兽药、饲养等项目。

随着改革的逐步深入,企业也正在经历着由以往的单一经营向多种经营方向的转变,几年来企业在发展多种经营及跨行业经营上有了较大发展,1992年企业又对全市粮店进行了规划和改造,其中有40个粮店全部腾出办起了各类商店及中型商场,有187个粮店在现有营业面积中划出一块办小吃部,小食杂店及早晚服务窗口。经营机制的转换使企业增添了生机和活力,取得了比较好的经济效益。1992年实现综合利润877.9万元,占市局下达利润计划125%,比上年同期增加29.2万元,增长3.4%。其中食品,多种经营议价利润487万元,占利润总额的55.4%,比上年同期增加80.5万元。创造了历史上的最好水平。

经　　理:张希发
地　　址:长春市胜利大街11号
电　　话:36108
邮　　编:130051

【吉林省植物油集团公司】 是一家科、工、贸一体化的集团企业,所属郭家店和扶余2家植物油厂,公司本部还拥有大连、广洲、秦皇岛、深圳4个办事处,珠海1家宾馆,公司现有职工670人,经营范围包括粮食、饲料的加工、贸易、畜禽饲养屠宰加工以及技术开发等。

自改革开放以来,公司在经营机制,管理机制,分配方式等方面进行了一系列的改革,取得了良好的经济效益,1992年实现利润289万元,其中公司本部实现利润99万元。

公司在抓好物质文明建设的同时,搞好精神文明的建设,多次受到吉林省粮食厅的表彰。在新的一年里,公司的全体职工决心再接再励,使公司的物质文明建设和精神文明建设再上一个新台阶。

董 事 长:赵守顺
总 经 理:王有山
地　　址:长春市大马路37号
电　　话:254666　254857
传　　真:255371
邮　　编:130042

【双辽县农机集团公司】 国有企业,省级先进企业,连续四年获国家物资部优质服务嘉奖,双辽县纳利税模范单位。现有职工215人,专业人员46人。公司下设46个部门,经营农机、机电、五金、化工、家电、音像、摩托车及配件、汽车配件、建材、油料、民用百货等上万个品种,批零一体化。品种最全,价格最廉,质量最优,服务最周。近年来,该公司积极转换经营机制,健全完善管理制度,强化优质服务措施,加强与各地几百家厂家、公司的联营、联销业务联系,增添了企业的活力,取得了显著的经济效益,1992年实现销售额2308万元,实现利润50.4万元,上缴利税28万元,占全县预算内39家企业上缴利润的1/5,成为全县上缴利润大户。

【东煤建筑基建工程公司】 隶属于东北及内蒙古煤炭工业总公司,是在吉林省煤田地质勘探公司实行转产后的基础上发展起来的专业性公司,可承包各类矿产地质勘探、水文地质、工程地质钻探、水井、地热井钻井、坑探及隧道工程、桩基础工程、地下连续墙工程,软弱地基基础处理工程、特种钻凿工程、验桩工程等12

项地矿建设施工项目。

该公司现有职工1000人，年施工产值4000万元，下设四平、延吉、通化、海龙4个分公司及7个工程处，施工队伍遍布全省区。该公司施工设备齐全，拥有各类施工设备单值1200多万元，人均技术装备率1.5万元。施工工艺先进。先后承揽施工的长春市地下商场、解放立交桥、长江影都、工贸大厦、一汽大众轿车厂冲压车间等工程的基础桩护桩、基坑护底桩、锚杆及降水工程等都达到设计要求，而且工期短、质量好，声誉日起。该公司每年完成施工近200个，完成基础桩5万余根，混凝土灌注量5万余立方米，现已成为吉林省地矿建设的骨干施工企业。

总 经 理：杨少时

厂　　址：长春市建设街

电　　话：823621　828097

邮　　编：130051

【吉林省国际房地产开发有限公司物资经销处】 是吉林省国际房地产开发有限公司下属单位，主要经营钢材、木材、水泥、装饰装修材料、卫生陶瓷等各种建筑用材料，同时兼营汽车配件、五金、化工、日杂等。该经销处以力量雄厚、声誉卓著的省国际房地产开发有限公司为依托，以满足其公司所承担的各种房地产开发项目所需的各种建筑材料为己任。因而具有良好的发展前景。该经销处现已形成了稳定的购销渠道，所经销产品质量可靠，价格合理，讲求信誉，并可对外批发、零售、调剂等。欢迎社会各界用户积极与该经销处联系、洽谈购销事宜，竭诚服务，保证满意。

经　　理：宫新生

地　　址：长春市青云街5号

电　　话：848627

邮　　编：130062

【吉林省地产总公司】 是经省政府批准成立的全民所有制企业，以地产经营和服务为主，实行自主经营独立核算，自负盈亏，具有法人资格的经济实体，独立承担民事责任，并受法律保护。

公司注册资金为贰仟万圆人民币；隶属于省政府，挂靠土地管理局。公司经营范围：主营地产，房产开发；兼营粮油，百货、家电、建材、汽车配件，农副产品，五金化工产品、煤炭，副食品等批发零售，代购及代销。另外还提供饮食及住宿服务。

总公司内设总经理办公室，计划财务部，开发经营部，咨询服务部。在珠海、秦皇岛、双阳、抚松、通榆、白城等地成立了分公司。

公司与澳大利亚在长春高新技术产业开发区内兴建了“南南花园别墅”。总投资四亿元人民币，占地总面积25万平方米，为高新技术产业提供服务。“南南花园别墅”是具居住、商业、娱乐等综合性能为一体的花园式中高级别墅。全部由澳大利亚建筑专家构思规划，具有当今一流设计水平，汇集了世界各地建筑设计风格。园内设国际购物中心，游泳池、网球场、商务中心、游乐场、健身房、专线小巴样样俱全。还设有专供召开各种会议使用的会议中心，宾馆和供专家学者们居住的高级公寓楼。园内各种别墅、公寓的造型、内部结构、装潢等也可以根据客户的要求进行设计建造，以保证客户称心如意。

总 经 理：裴德恩

付总经理：杨青松

地　　址：长春市斯大林大街52号鹿鸣宾馆

电　　话：（0431）810168　827071—210

电　　传：825709

邮　　编：130051

【辽源五一企业（集团）公司】 始建于1988年，由原辽源市自控给水设备厂与辽源市常压锅炉厂合并组建而成。现有固定资产300万元，1992年销售产值720万元，实现利税120万元。1991年被授予全国气压给水工业协会理事单位。1992年被辽源市龙山区命名为星火示范企业。主要产品为自动给水设备和常压锅炉，有1.ZYG—4全自动气压供水设备。2.SN—3型全自动气压给水设备。3.WYN—3型热水采暖膨胀自动稳压给水设备。4.SSK—G型水位控制仪。5.ZBDX系列微机控制恒压消防设备，此产品荣获1992印尼科技成果和新技术展鉴会上金奖。6.GZX系列高压自动消防供水设备，通过了省级鉴定。7.WGK—S自动微机控制恒压供水设备，省科委“八五”星火计划项目。8.DZW0.5—0.7—1.4—2.8，0/95/70AⅡ常压锅炉。以上产品设计合理，使用方便，价格低廉，质量可靠，销售遍及东北三省及内蒙古自治区。

总 经 理：王喜山

地　　址：辽源市福镇大路143号

电　　话：224793

【长春吉利再生有色金属有限公司】 是由吉林省冶金研究所与香港恒利置业有限公司合资经营的中外合资企业，主要经营各种金属无机盐、氧化物、金属粉末及综合回收产品的生产及新产品、新技术的开发。该公司经营方式灵活，来料加工、委托加工、提供技术、提供原料或半成品等形式均可。主要产品包括氧化钴（一氧化钴）、钴粉、氧化镍（氧化亚镍）、镍粉。产品质量可靠，均可批量供货，欢迎惠顾，竭诚服务。

总 经 理：孙士俊

地　　址：长春市南湖大路56号

电　　话：659871

传　　真：659872

邮　　编：130012

【长春三友机电制品有限公司】

系中日合资企业，该公司生产的L型热风式收缩包装机，引进日本先进技术，关键零部件均系日本进口，产品属国内首创，独家生产，并返销日本，达到八十年代末国际水平。

该产品具有操作简便，包装成本低的特点，可使用PVC、PE、PP膜，用于食品、工艺品、医药品、烟酒、糖、茶、五金、电器、陶瓷、玩具、针织品、鞋类等各种物品的单体，集合体外包装，起到使被包装物具有防尘、防潮、防伪、防盗、降低破损率及产品成本等诸多作用。尤其对异型物品的外包装，更能起到使产品上档次和解决包装、运输等难题的作用。

该热风式收缩机可自动控温，热风循环使用，可节约大量能源，机器传送带为钢筋及耐热硅胶管组成，具有承重性能高的特点。封口机为脉冲式封口，切割一次完成。时间、温度自动控制，操作简单，适应范围广，实用性强，该产品在1992年全国科技大会上获银奖，并被列为1993年长春市重点新产品试制计划项目。

总 经 理：张耀华

地　　址：长春市二道河子区民丰二条17号

电　　话：447632

【白城机床工贸公司】 是集科研、加工、贸易于一体的多元化经营的国有中型企业，现有职工1600人，工程技术人员208人，固定资产2200多万元。公司下设两个生产性工厂，一个内联式生产厂，多个服务性公司。主要产品有："36"基型系列的C360B—BCC6136、BCC6140型普通车床；BCC6236、BCC6240型马鞍车床；CJK360型、CK360型数控车床；40基型系列的BCC6141、BCC6146、BCC6151型高速普通车床；BCC6241、BCC6246、BCC6251型高速马鞍车床；CJK400型、CK400型数控车床以及CZ200型金属纤维车床及各种金属纤维、滑台等20几个品种，近百个规格。部分车床已远销到美国、德国、意大利、韩国、新加坡等20多个国家和地区，并与沈阳第二机床厂联合生产HPL—253型高速精密普通车床以及刚性镗铰刀、抢铰刀等深孔加工工具（可替代进口刀具），其中SB—400型高速普通车床获省科技成果二等奖，"36"系列产品获省科技进步二等奖，优秀机电一体化产品奖，CZ200型金属纤维车床是填补国内空白的专利产品。

目前，该公司投资1000余万元的技改工程正在加紧进行中，1994年完工后将成为以生产机床、刀具为主，发展多种经营的外向型企业并成为机床、刀具的出口基地。

总 经 理：杜书钦

地　　址：白城市西青龙路20号

电　　话：237914

邮　　编：137000

【公主岭中大股份有限公司】（公主岭汽门芯厂），始建于1951年7月，是全国最早、最大的生产轮胎气门芯的国有中型企业，1992年底实行股份制管理。

公司主要生产轮胎气门芯、气门嘴、各种气、电动刮水器总成，和挂车刹车阀等7个系列42个品种规格的汽配产品。其中短型轮胎气门芯1980年首创国家一机部"质量信得过"产品，长短型轮胎气门芯轮胎气门嘴系列和刮水器总成先后被评为部优和省优产品。产品畅销全国31个省、市、自治区（包括台湾省），远销欧美和东南亚，蜚声海外，在全国同行业厂家中处于领先地位。年气门芯出口量达1000万支，占全国出口总量的95%以上。先后被省机械工业厅评为"实现利税先进企业"、"思想政治工作优秀企业"和省级先进企业等荣誉称号，1992年，被中华全国总工会授于全国先进集体，并荣获了企业的最高荣誉——全国"五一"劳动奖状。目前，企业正积极实施引进国外先进技术装备，届时，中大股份有限公司将以世界先进的加工水平，成为全国规模最大，水平最高，大批量，专业化的轮胎气门芯、气门嘴工业生产基地。

董事长兼总经理：王林

厂　　址：公主岭市工业大街38号

电　　话：(04441)213249

电　　挂：1800

邮　　编：136101

【蛟河东北林产工业公司】 是木材综合加工企业，现有职工425名，其中技术人员55名，固定资产600余万元。自1983年起连续五年被评为吉林市林业系统企业管理先进单位，蛟河市经济效益先进单位，1987年被省命名为预备级企业，连续多年被吉林市政府、蛟河市政府命名为"重合同守信用"单位。

该公司年产各类人造板3000立方米，木质层压板1000吨。年总产值达1000万元。

除上述主要产品外还生产经营各类木材、板方材、民用家俱、建筑材料、纺织配件、各种规格的胶合板、多层板及细木工板、木质层压板、混凝土模板、护墙板、聚脂饰面胶合板等产品。

该公司生产的木质层压板、混凝土模板、聚脂饰面胶合板填补了省内空白。混凝土模板应用于建筑行业，替代钢模和木模，使用周转次数高，大幅度降低建筑成本。是理想的建筑材料。落叶松烤胶属国内首创，国际领先产品。该公司设备先进，技术力量雄厚，所生产的上述产品质量好，价格合理，产品销往全国。

企业法人：王喜军

地　　址：蛟河市河南街朝阳路11号

电　　话：23407

邮　　编：132500

【长春沪东建筑装潢有限公司】 长春沪东建筑装饰涂料厂是与香港和俄罗斯合资的企业，主要生产各种涂料和从事装饰装潢业务，其中，目前生产的多彩涂料是省内独家生产。该公司由一个单缸洗衣机起家，经过十年的努力，年年有发展，由开始的产值几千元到今天的几百万元，利润从几十元到今天的几十万元，固定资产从零到今天的250万元，从租用人家的房子生产单一的涂料，到今天有了自己的厂房，有了自己的现代化设备，形成了涂料生产系列化，装潢材料配套化，装潢工程越干越大，经营项目从几种扩展到5大类上百个品种。在与香港合资的同时，1993年又与俄罗斯的期塔尔特公司合资组建了《中俄合资俄罗斯新潮有限公司》共同建设多彩涂料厂，以扩大易货贸易的规模。

目前，该公司南联香港德旺达，北联俄罗斯斯塔尔特，开展工贸联营，努力成为一个有实体，有实力，技术力量雄厚的跨国装潢贸易集团公司。

负 责 人：薛玉娥

厂　　址：长春市解放立交桥桥头

电　　话：826115

邮　　编：130061

【长春客车工厂铸造工业公司】 是生产灰铸铁、球墨铸铁、有色合金、压铸及精密铸件的专业化公司。现有8000平方米的标准厂房，各种主要设备近百台，固定资产260万元。

经过30多年的生产实践，公司形成了生产、技术、经营方面一整套科学管理体系，培养了一批科技人才及经验丰富的中、高级技术工人，为生产铁路客车提供了大量优质铸件，为国内外用户生产了大批大中型复杂铸件。先进的铸造工艺、现代化的检测手段、良好的售后服务赢得了广大用户的信赖和赞誉。

今后，公司仍将一如既往，竭诚为国内外客户提供优质服务，同时企盼社会各界来本公司投资、合资、洽谈业务，开展铸造技术咨询，进行工艺设计、模型制造、铸件生产的加工与合作。

总 经 理：遇永刚

厂　　址：长春市宽城区西安桥外青荫路5号

电　　话：713981转3536

邮　　编：130062

【四平九圆企业(集团)总公司】 是一个以热交换设备和高档原汁饮料为主要产品的跨地区、跨行业的国有集团企业，四平市利税大户，下设5个分公司。公司总占地面积为8万多平方米，建筑面积2.4万平方米，固定资产4000万元，现有职工800人。

该公司拥有先进的工艺装备和完善的检测手段，还有一支力量雄厚的科技人才队伍，共有高级工程师9人、工程师36人。公司的主导产品板式换热器BB系列1.6MPa、BR系列1.6MPa，产品水平居国内领先地位。1989年开发的BR系列1.6MPa级板式换热器获国家"七五"星火计划博览会银奖并参加了1991年1月在马尼拉举办的"国际建筑机械博览会"受到外商好评。1991年新开发了BB型不等截面板式换热器于1992年3月通过国家鉴定，填补了国内空白并获国家专利。该产品投放市场后即赢得广大用户的青睐，当年创利税600多万元。1993年4月即将投产的管式换热器项目系列采用由清华大学热能工程系从美国引进的"丝状绕花内插元件强化管内换热"新技术，具有当代世界先进水平。四平九圆热交换设备制造公司已成为我国换热设备行业的骨干企业。1990年被吉林省人民政府命名为"省级先进企业"。

该公司所属四平九圆艾伦堡饮品有限公司，是吉林省饮品行业首家合资企业。引进法国先进技术配方生产系列果汁、果茶饮料产品，畅销北方各省市，深受广大消费者喜爱，1992年被国家旅游局定为星级宾馆、饭店专用饮品。碳酸系列饮料将于1993年3月投放市场。

全公司以团结、奋进、开拓、求实的九圆精神，将继续开发高科技产品，争创利税2800万元的目标。

总 经 理：赵忠武

厂　　址：四平市平东东路3号

电　　话：(0434)385973

电　　挂：5114

【东北电力建设工程承包公司】 国有企业，是经国家批准的以设计为主体进行工程建设总承包的试点单位。

公司以能源部东北电力设计院为依托，充分利用其在人才、技术、装备上的优势，发挥设计在基本建设中的主导作用，通过优化设计和科学的管理，以达到控制工程投资、缩短工程工期、保证工程质量的目的。公司主要经营范围是承担电力建设项目的可行性研究，勘测设计，设备询价与采购，材料订货，工程施工管理和运行调试，直至竣工投产，对电力建设工程实行全过程的总承包或部分总承包以及电力建设工程监理兼营工业与民用建筑设计，岩土工程的勘察设计及工程总承包，工程经济分析，电子计算机应用软件的开发，火电厂输煤机械，非标准设备和压力容器的制造设计以及技术转让，咨询服务，项目评估，环境测试评价等。

公司目前已承包了吉林梅河口2×12MW热电厂工程，山东胜利油田200KV送变电胜盐工程，辽宁绥中发电厂海水取排水港池工程，山东胜利油田110KV大王庄送变电工程，吉林双辽电厂水源工程等。承包总投资额近3亿元左右，具有丰富工程总承包经验。

公司真诚希望同各行业有关单位和部门在各个领域中加强合作，并竭诚地为广大用户服务。对所承担的项目，信守合同，保证质量，讲究效益，欢迎各界同仁惠顾。

法人代表：赵力东

地　　址：长春市斯大林大街96号

电　　话：825892

电　　挂：1180

电　　传：8306 NEPDIN CN

邮　　编：130021

【辽源市电子技术研究所】 隶属于辽源市电子局，主要从事气体敏感器件和电化学一氧化碳传感器，气体监(检)测仪器的研究和生产。现有职工130人，其中专业工程技术及管理人员51人，所区面积6326平方米，建筑面积2293平方米，固定资产77.1万元。

研究生产的产品主要有：气敏元件，载体催化可燃气体传感器，电化学一氧化碳传感器，JL—901型可燃气体报警器，JL—902型可燃气体监测仪，JL—909一氧化碳自动监测仪，工业闭路电视监视系统等十几个产品，其中通过部级鉴定六项，省级鉴定12项，填补省以上空白9项，获省级以上科研成果奖励5项，获市级科研成果奖10项。1992年又开发出扩散式一氧化碳传感器和一氧化碳自动监测系统新产品并通过省级鉴定，产品达到国际80年代末水平填补国内空白。1990年被省政府命名为省级先进企业，1991年被省科委命名为科研先导型科研单位。为了增强企业后劲，适应市场的需要，近几年来，该所在研制开发适用性强、附加值高的新产品方面下了很大力气，并取得较明显的成效。比如国家级火炬计划项目《敏感器件》的研制，乙醇、甲烷、一氧化碳和常温敏感元件，铁路用钢铁夹芯钉轨绝缘器件和PTC材料等新产品的研制都取得很大进展。

为了进一步开发新产品，该所希望同国内各大专院校科研单位和国外有实之士合作联合开发，并将提供必要的条件和优厚的服务。

所　长：李英武

地　址：辽源市友谊大路15号

电　话：226393、224769

邮　编：136200

【四平市机电研究所】 是一个以开发新产品、新技术、新工艺为主要专业方向，集科研，生产为一体的新型科研机构。全所职工92名，工程技术人员占全所职工41%。设有机械研究室、电器研究室、情报研究室、技术开发服务部、电脑开发中心、综合办公室、试验车间等部门，拥有固定资产117万元，自有流动资金180万元。

该研究所成立十多年来共开发新产品，开展科研课题研究近七十项。其中“工业煤气造气技术”达到国际先进水平；“人参成型液压机”获省新技术开发奖；“真空红外理疗机”、“低中频经外治疗仪”获省优秀新产品奖；“畜禽废弃物真空干燥机”获国家级新产品证书，还有的荣获了市科技成果奖。产值、利税连年递增，1992年年产值突破540万元，利税突破110万元。

根据用户要求，该所集中所内技术力量，研制成功“肉鸡屠宰生产线”系列设备，这些设备是吸收国外各公司设备的优点，结合我国实际情况研制的，性能、质量达到或优于国外同类产品标准，填补了国内空白，价格低于进口设备。现已 被国内多家肉食加工厂采用

负 责 人：李桂珍（高级工程师）

地　址：四平市铁东区北一马路126号

电　话：387031　388454

电　挂：5031

邮　编：136001

【吉林省医药工业研究所】 隶属于吉林省医药管理局，是以科研为先导，科、工、贸一体发展的医药科研单位。现有职工160人，科技人员100多名。全所设有药物合成、药理、分析、制剂、情报和食品保健等11个研究室，并设有中试车间，联办吉林省利华制药厂、吉林省临江制药厂和长白制药一厂。在长春市高新技术开发区内设有“吉林省科技药品公司”。吉林省医药商品质量监督检测站、国家中医药管理局人参及人参制品检测站也设在所内。

研究所曾先后被省政府命名为支援中小企业先进科研单位、科技先导型企业。该所1985年以来承担了国家和省科委的科研项目23项，其中有“七五”、“八五”国家重点科技攻关项目和多个一、二类药物研究项目。

近年已获科研成果9顶，新药证书3个。该所所属药厂生产50多个品种，其中开发生产的前列腺素E_1原料药及其针剂，是八十年代前后上市的治疗心脑血管疾病的新药，是调节循环系统功能的内源性物质，被当今医药界誉为新一代药物。“注射用抗乙肝免疫核糖核酸”，具有提高肌体细胞免疫力功能及诱导干扰素的作用。对乙肝抗原三阳者，特别是对e抗原转阴效果最佳。“脑心舒”对顽固性神经衰弱有特效作用。

所　长：王德政

地　址：长春市朝阳区普阳街51号

电　话：774189

邮　编：130062

【长春市热电二厂】 系东北电力企业集团吉林电力公司下属的热电联产企业，国家“七五”电力建设重点工程之一，占地四十五公顷，一期工程安装两台20万千瓦供热机组。

投产两年来，共发电31.5亿千瓦时，比计划多发电16亿千瓦时，大大缓解了长春地区严重缺电的被动局面。一期工程设计供热720万平方米，1992年11月起，自市内斯大林大街以东区域集中供热，受益面积达250万平方米，消除了该区域几百座采暖自备锅炉囱“冒黑烟”现象，不但为国家节省了大量原煤，而且有效地减轻了环境污染。

该厂现有职工1743名，固定资产8.42亿元，各类技术人员占职工总数1/4以上，企业技术力量雄厚，生产自动化程度较高，微机已应用于生产过程管理和企业经营管理。目前该厂正按照企业中长期发展规划，抓紧二期工程安装两台30万千瓦供热机组的筹建，使之成为省电力系统三大百万装机容量大型电厂之一。届时，该厂年发电量可望达到50—55亿千瓦时，每年向市区供热面积扩展到1400M^2，将成为吉林电力公司的窗口电厂，东北电网一流发电企业。必将为吉林省国民经济的腾飞和北国春城的环境净化，作出更加积

极的贡献。

厂　　长:鲁德信

厂　　址:长春市二道河子区东中环路

电　　话:447583—6

邮　　编:130031

【长春钢铁总厂简介】 长春钢铁总厂是1958年建厂的地方中型冶金企业,地处长春市东侧风光秀丽的伊通河西岸,占地面积21万平方米,注册资金9750万元,现有职工3565人,其中专业技术人员320人。有炼铁、转炉、电炉、中型、小型5个大型专业生产车间,制氧、机修、原料等27个辅助车间及管理处室。

长春钢铁总厂现有28立方米高炉一座、1.5吨互频感应炉一座、5吨交流电弧炉一座、10吨直流电弧炉二座、3吨侧吹转炉三座、Φ650毫米×1/Φ550毫米×3轧机一列、Φ500毫米×2/Φ450毫米×2轧机一列、Φ400毫米×2/Φ280毫米×5轧机一列及相应的剪断机、矫直机、摇摆复合冷床等辅助设备。年产生铁2.5万吨,钢锭10万吨,各种圆钢、螺纹钢、角钢、方钢、扁钢等热轧小型钢材5万吨,各种汽车轮辋钢、角钢、槽钢、工字钢等热轧中型钢材8万吨。其中,热轧普通碳素小型圆钢和螺纹钢系吉林省优质产品,汽车轮辋钢达到国内先进水平,管道插口钢填补了国内异型钢材的空白。具有比较先进的冶炼、加工设备,较强的技术力量,完善的检测手段,一贯坚持"质量第一,信誉第一"的方针,产品畅销全国各地。我们竭诚为国内外用户服务,欢迎惠顾。

厂　　长:李宏成

电　　挂:1965

电　　话:254110　　39881

传　　真:(0431)　　255864

【长春冷弯型钢厂】 是全民所有制企业,1965年3月建厂,现有职工一千余人,其中工程技术人员80余名。属地方国营中型企业,是冶金部定点生产冷弯钢的三大骨干企业之一。

全厂实行标准化管理,总厂下设5个分厂,7个处室,各部门协调统一。现有两套大型纵剪机组,六套冷弯型钢机组,年生产能力7万吨,品种规格500余种。其中12NO—11型冷弯机组是1987年由日本引进的具有国际八十年代初先进水平的焊管机组;1700大型纵剪机组是由美国引进的卷板剪切机组,可以剪0.45—9.5×45—1650mm的纵剪带钢,将为诸多规格的冷弯钢生产提供有效的保证。冷弯型钢产品包括闭口、开口冷弯型钢,主要应用于车辆骨架、建筑、汽车排气管、铁路货车、农机等行业。产品行销全国25个省市自治区、直辖市并出口新加坡、日本、香港等国家和地区。该厂生产的汽车骨架用冷弯型钢主要供给沈阳、哈尔滨、丹东等客车制造厂家;汽车消音器用电焊钢管,主要供应一汽集团公司,用于解放CA141系列汽车消音器部位;拖拉机前桥用冷弯型钢,主要用于长春拖拉机制造厂生产的长春—15型小四轮农用拖拉机前桥部位;铁道车辆上侧梁冷弯型钢主要用于齐齐哈尔车辆工厂生产的新4D轴运煤敞车(C62)的上侧梁部位;另外其它规格的电焊钢管、钢窗料广泛应用于水、煤气水流体输送及建筑等行业。由于采用了完善的工艺设施,先进的工艺装备,科学的管理方法从而保证了产品质量,并连续多年获得省优、部优产品称号,赢得了广大用户的信赖,享有较高信誉。冷弯型钢年产量可达35000吨,创产值5700万元,利税1200万元,出口创汇70万美元。

企业负责人:陆卫平

电　　话:254678

电　　挂:1510

电　　传:0431—254574

【吉林吉原钢管有限公司】 是由吉林市钢管总厂和国家原材料投资公司合资组建的有限责任公司,属全民所有制企业改制的股份制公司。现有职工1250人,占地面积35万平方米,拥有固定资产1.3亿元,年总产值3亿元。

公司下属有:焊管厂、炼钢厂、冷轧厂及与港商合资的吉林市吉佳钢管有限公司,与印尼客商合资的东亚钢管有限公司等五个生产厂。公司经营范围以生产和销售钢管、钢锭、钢材为主,兼营矿业、房地产和交通运输的开发经营,原材料工业投资及黑色金属、有色金属、石油化工、五金建材的销售和外贸出口。

焊管系列产品有:低压流体输送用焊接钢管、石油输送、机械结构用高强度焊接钢管、变压器用焊接钢管以及其他用途的薄壁焊管、冷拔焊管、异型焊管和钢窗料等。

钢锭、钢材系列有:普碳钢锭,易切削钢、齿轮钢、轻轨钢等各种特殊用途的合金钢锭,各种规格的圆钢、槽钢、线材、冷弯型钢、冷轧带钢等。

各类产品质量优秀,其中高强度焊接钢管执行美国API质量标准,普通焊接钢管和薄壁焊接钢管为吉林省优质产品,变压器用焊接钢管为冶金部优质产品。

为了加速企业技术进步和技术改造步伐,公司从意大利引进具有国际先进水平的Φ426mm、Φ219mm、Φ165mm高频焊管机组,目前正在进行土建施工和设备安装,并将形成年产各类钢管40万吨,钢锭7万吨的生产能力。

公司愿竭诚与海内外各界朋友合作,共同求得繁荣昌盛。

总 经 理:原建生

地　　址:吉林市四川路63号

电　　话:455001

电　　挂:0363

邮　　编:132001

【长春市四通建筑材料厂】 国有企业。始建于1970年,建厂到现在已22个年头,经过三次设备更新改造,现已形成35000吨水泥的生产能力,年创利润过百万。厂内设11个科室,4个车间,生料车间,烧成车间,制成车间，机修车间，汽车队和变电室。现有固定职工130人，临时工140人。有初级职称5人，中级职称1人，厂区总面积4万平米，现有固定资产300万元，流动资金200万元。

1993年该厂又同双阳水泥厂以股份制的形式进行联合，投资1700万元，分二期工程建立长春市双阳水泥一分厂，在该厂建起一条粉磨工艺线。年产30万吨硅酸盐525＃425＃水泥的工艺流程采用国内比较先进的设备，环保达到国家标准。整个工程完工后年产值可达3600万元，利润可达600万元。长春市双阳水泥一分厂将成为长春市的税利大户。

厂　　长：程永财

厂　　址：长春市二道河子区四通路

电　　话：444276　444667

邮　　编：130031

【辽源新型建筑材料厂】 该企业是市十五户重点企业之一，现有职工53人，其中技术人员3人，固定资产50万元，厂房950平方米，年产值170万元，利税28万元。该厂1987年，由丹东引进三元丁防水卷材，几年来生产30万平方米，创产值320万元，利润28万元，税金21.3万元。三元丁防水卷材，是近几年研制成功的新型建筑防水材料，属国内外首创产品，国家专利局已授予发明专利权，专利号为86105882，几年来，三元丁防水卷材以其独特的风格赢得了广大用户的好评。1987年首次参加全国第三届发明展览会，获二等奖，以后又连续获省优秀新产品，优质新产品，1985年全国星火计划会获三等奖，1990年国际第二届新技术新产品展销会获金牌奖，三元丁投产以后，深受广大用户好评。云南兰箭汽车厂几年连续施工后防水6万多米，并获优质工程奖。三元丁防水卷材主要特点是：高分子合成橡胶制品，它的性能稳定，具有重量轻，弹性大，拉力强，耐高温，耐化学腐蚀，绝缘性能好，冷热一次成活，无污染，工程造价低，减轻屋面负荷，抗老化30年以上等，适用于各种建筑屋面，地下防水等各类防水工程。我厂生产的三元丁防水卷材执行的是部颁标准。

负 责 人：郜本贤

地　　址：仙城大街西路28号

电　　话：228713

电　　挂：3970

【双辽玻璃厂】 始建于1948年，现已发展成为吉林省最大的玻璃生产基地，国家建材行业大型二级企业。厂内设有四条地方铁路专用线，厂区占地面积22.7万平方米，固定资产原值4700万元，净值3486万元，共有职工3000多人，其中各类专业技术人员211人。

目前，该厂已形成三大系列产品：一是平板玻璃及玻璃深加工。主要生产各种规格的平板玻璃、茶色玻璃、钢化玻璃、中空玻璃、磨砂玻璃、。平板玻璃年生产能力140万重量箱，钢化玻璃年生产能力10万平方米，中空玻璃年生产能力5万平方米。辽河牌普通平板玻璃自1988年以来，连续被评为省优质产品，1992年被四平市审定为质量免检产品。

二是墙体建筑装饰材料。主要生产各种规格、色彩的玻璃玛赛克、玻瓷玛赛克、玻璃花岗石，玻璃玛赛克年生产能力35万平方米，玻瓷玛赛克年生产能力5万平方米。

三是玻璃纤维制品。主要生产无碱玻璃纤维，年生产能力800吨。中美合资项目双辽双原玻璃纤维有限公司将于1993年6月份投产。

法人代表：陈　凯

厂　　址：双辽县郑家屯镇北兴路119号。

电　　话：3370，3770，3554

电　　挂：3788

电　　传：2831

邮　　编：136400

【双辽县新型建材厂】 即双辽县砖瓦厂。现有职工160人，固定资产140万元，厂区面积30万平方米。主要产品有：精制水磨石系列产品、镜面装饰板、轻骨料空心砌块。1991年以来，该厂不断调整产品结构，积极开发新型建材产品，企业形势发生了巨大变化。连续几年产值、销售、利润都大幅度增长。人均利润率在全县工业系统名列前茅。

1991年该厂从北京引进精制水磨石生产项目，当年投产，当年见效。产品经四平市质量检验所检测，各项技术指标均符合《EBQ21001—85建筑水磨石制品》部颁标准。产品一投放市场，立即成为抢手货，一直供不应求。该产品现已成为企业的主导产品。镜面装饰板也是该厂从北京科研单位引进的研制推出的最新一代仿理石产品。其装饰效果可与天然理石板比媲，该产品品种齐全，颜色多样。能满足各种档次的室内外装饰需要。价格是天然理石板的五分之一。

轻骨料空心砌块是替代红砖的新型墙体材料，各种性能均优于红砖。最大特点是轻体、保温、施工方便。

该厂欢迎各方有识之士来厂投资，联营开发新项目或兴办各种事业。

厂　　长：高占杰

地　　址：双辽县辽河经济开发区东1公里

电　　话：2115

邮　　编：136400

【长春市石棉瓦厂】 是一个具有生产石棉瓦30多年历史的专业厂家之一。现有职工400余人，拥有3条生产线，年生产能力200万标张，利润几年来连续超百万，被评为市富翁企业。

该厂先进，检测手段完善，具有健全的质量管理保证体系，生产的石棉水泥小波瓦现执行国家标准GB9772—88。工艺先进，配料科学，质量稳定。产品规格：1800×720×6(MM)；每张重量15KG；单位面积1.3平方米。抗折力横向(2400N/M)

纵向抗折力(300N),吸水及抗冻性能均达到国家标准。产品畅销全国各地并出口俄罗斯,先后荣获国家、省、市级《1987年全国行业检查合格证》;《1989年全国行业检查产品质量与质量管理表扬奖》;《1988年长春市优产品》;《吉林省予备级企业》;《效益最佳企业》;《最佳先进企业》;《重合同守信用单位》;《文明单位》等荣誉称号。

坚持重合同,守信用,以质量第一,信誉第一,努力为各界提供优质的石棉水泥小波瓦,是该厂的宗旨。

厂　　长:江效军

厂　　址:长春市南关区南岭小街2号

电　　话:683002　684556

电　　挂:6908

邮　　编:130022

【长春欧吉达建筑陶瓷总厂】(原名吉林省加气混凝土厂)是我省主要轻体建筑材料生产基地之一,主要生产经营加气混凝土厂制品—加气屋面板,加气砌块,加气保温块。1992年,该厂从意大利引进具有世界先进水平的生产技术及设备,生产高级石化墙地砖,年设计能力150万平方米,颜色多样,品种规格齐全,有豪华型抛光砖、防滑砖、楼梯砖、釉面砖等。具有永不褪色,永不磨损,永不爆裂的特点。备受国内外用户的青睐,产品质量采用欧洲共同体标准检验,产品质量可靠,对用户实行三包,欢迎广大用户惠顾。该厂的宗旨是:用一流的设备,一流的人才,一流的产品,给您带来美的享受。并竭诚为您服务。

厂　　长:赵喜元

厂　　址:长春市凯旋北路4号

电　　话:230992　239550

电　　挂:2236

邮　　编:130052

【长春市春城水泥厂】 国有企业,拥有职工360人,专业技术人员60人,厂区占地面积5.5公顷。有定型2.2×8.5M机立窑一台,2.2×6.5M闭路磨二台。年生产425#、525#水泥能力为6万吨,注册商标为环城牌矿渣硅酸盐水泥。

几年来,该厂视质量为生命,依靠科学技术,不断对生产工艺线进行技术改造,并加强科学管理,产品质量不断提高,出厂水泥合格率已达100%,熟料平均标号稳定在550#以上,因而产品深受用户的欢迎。1993年该厂又同长春市双阳水泥厂实现了合资经营,投资2000万元进行技术改造和粉么站建设,形成40万吨的年生产能力,这必将对该厂在今后日趋激烈的市场竞争中处于更加有利的地位,产生积极的影响。

厂　　长:李洪芳

厂　　址:长春市二道河子区四通路东

电　　话:443802

邮　　编:130031

【白城市水泥厂】 为省属预算内国有企业,隶属于白城市基本建设局。白城地区最大的水泥生产厂家。始建于1985年,占地面积15万平方米,建筑面积3.2万平方米。现有职工1062人,工程技术人员36人,其中高级工程师2人,工程师7人,经济师1人,会计师2人。厂内有两条铁路专用线1830延长米,年吞吐量可达25万吨。该厂的主要产品是:325#、425#矿渣硅酸盐水泥和火山灰质硅酸盐水泥。根据用户需要,也可组织生产普通硅酸盐水泥和各种高标号水泥,产品质量全部达到国家标准,深得用户好评,除满足白城地区城乡建设需要外,还远销黑龙江,内蒙古等地。

由于该厂回转窑产量低,能耗高,对经济效益影响很大,因此,经有关部门批准,投资1020万元,采用五级旋风预热器新技术,对回转窑进行改造,已于1992年8月份开始施工,预计1993年第3季度可正式投产。技术改造后,回转窑热耗降低一半,工厂生产能力由现有的10万吨,可提高到15万吨,可实现产值1700万元,年利税500万元。

该厂注重发挥"市场潜力大,产品质量好,设备先进,运输方便"的优势,依靠科技进步,愿与各界人士,共同携手发展!

厂　　长:董龙飞

厂　　址:白城市中兴东大路106号

电　　话:225314、237791—4

邮　　编:137000

【蛟河市水泥厂】 是蛟河市建材工业的骨干企业之一,厂区占地面积12000平方米,年产水泥8.8万吨,该厂技术力量雄厚,拥有先进的生产设备和检测手段,生产采用微机控制,使水泥各项质量全部符合国家标准,企业连续三年获省行检行评优胜企业,出厂水泥合格率,富裕强度合格率连续7年保持百分之百。

主导产品虎岗牌425#矿渣硅酸盐水泥和425#普通硅酸盐水泥,经国家工商管理局核准注册,经国家建材局审定,取得全国工业产品许可证和二级计量合格证,425#矿渣硅酸盐水泥获吉林市优质产品称号。

该厂采用武汉工业大学的特殊的高铁复合矿化剂配料方案,使水泥具有早强快硬的特点,适用于各种结构工程,水工工程及道路工程等,产品畅销东北三省各地。

"虎岗牌"水泥自1971年投产发来,一贯"坚持质量第一,用户至上,严守信用,服务大众"的办厂宗旨,竭诚为用户服务。

厂　　长:张奎权

厂　　址:蛟河市天岗镇

电　　话:69091、69092、69093

邮　　编:132501

【长春市永春一砖厂】 1977年建厂,1992年产红砖4600万块,年产值432万元,实现利税100万元,十几年来,该厂逐步强化质量意识,优化服务手段,以产品质量求生存,在竞争中求发展,促进了企业不断发展壮大,产品出现了供不应求的可喜局面。企业多次被评为省、市先进单位，红砖质量优胜单位，被农牧渔业部评为“产品优良企业”。1992年该厂获得了农业部颁发的全面质量管理达标证书。

法人代表：张存芳

电　　话：688118

邮　　编：130115

【双辽县七棵树矽砂矿】 是地方国有企业，始建于1952年，占地面积600万平方米，地处平齐，大郑铁路枢纽的郑家屯西部，长通公路路北，年设计开采能力20万吨，现有固定资产130余万元，主要产品有《水洗玻璃砂》、《铸造用型砂》，其中水洗玻璃砂于1987年被评为市优质产品，1988年以后连续被评为省优质产品，产品性能优良，粒度均匀，透气性好，耐火度达1430C°，经化验证明二氧化硅占91%以上，三氧化二铁占0.35%，是玻璃，铸造，陶瓷、加气混凝土等工业生产的最佳原料，深受用户欢迎。

该矿于1981年经省地质勘探部门勘测，地处科尔沁草原郑家屯地段属第四纪河湖相沉积砂矿床，工业储量达1480万吨，层位稳定，分布面广具有永久性开采价值，素有与前苏联留别列斯克，基契根斯克和加拿大的渥太华世界名砂媲美之称，目前该矿已成为东北地区重点硅质原料基地，也是全县工业生产的支柱企业，1990年又被国家列入全国三大重点硅质原料基地建设之一。为有效地提高产品质量，经国务院经贸办批准立项，并投资1700万元，进行项目改造，采取“无氟无酸”采选新工艺，新产品二氧化硅可提高到98%以上，年可创产值1543万元，实现利税470万元，将为我国玻璃工业生产高档玻璃奉献佳品。

【长春市亨达采石厂】 隶属长春市郊区工业局，现有职工500人，固定资产800万元，装载机10台，运输车15台，采石场12座，小铁路15公里。交通十分便利，年产各种建筑石材30万立方米，主要产品有寸石、四六寸、五八分、青块均为市优质产品。是长春市最大采石厂。

该厂还可开采各种不同规格大块石，并能加工大理石等各种高档石材。

欢迎各界朋友合作

厂长：赵俊阁

厂址：九台市放牛沟乡

【长春市郊区肉类加工厂】

是隶属于郊区工业局的国有企业，是长春市内三大熟食加工厂家之一。

该厂主要加工项目有①肉良鸡系列产品：白条鸡、分割的各部位鸡。②香肠系列产品：以“春燕”牌为主共有30个品种，其中有6个产品获省市优秀新产品、8个品种在“92中国长春电影节”上获指定产品称号。③水产品系列产品：刀鱼等20多个品种。④速冻鲜菜：速冻豆角等。该厂产品在市内各大小副食商场均有销售并设有专柜，现已打入到吉林市、延吉市等地市场，4种香肠成为民航客机上的主要配餐。

该厂现有职工160名，厂区占地面积17000平方米，拥有固定资产500万元，年产量上千吨。产值上千万元。该厂连续6年被市委市政府评为“重合同守信用精神文明”单位。并晋升为市一级企业。

法人代表：丛洪海

电　　话：73502

【长春市植物油厂】 主要从事油脂加工，生产、销售原油和豆粕。现有职工125人，固定资产500万元，流动资金1200万元，厂区占地面积15000平方米。1991年被长春市政府命名为“长春市一级企业”，也是长春市郊区五个利税大户之一。企业年加工大豆15000吨，大豆、生产豆油2200吨、豆粕12500吨，年创利税200万元。产品符合国家质量、卫生、计量检验标准。

该厂1989年建成投产后始终把提高经济放在头等重要的位置。狠抓企业内部管理，完善劳动分配制度，大力培养技术和管理人才，大胆改革创新，进行技术改造，努力适应市场需求，仅用四年的时间，经济效益就翻了四番。现在职工年平均收入3500元左右。

企业始终坚持把方便广大客户，提供优秀服务做为宗旨，奉顾客为上帝，靠信誉增效益，在市场经济的大潮中巩固、发展、提高。

厂　　长：齐　麟

地　　址：长春市郊区新立城镇政府南2公里

电　　话：442787

邮　　编：130119

【蛟河市植物油厂】 是始建于1955年的国有企业，它是我国第一家自行设计、自行制造和安装、各项技术指标达到先进水平的植物油生产厂家。该厂采用大转式大豆浸出生产流水线和利用溶剂油萃取豆油技术，年加工大豆能力3万吨，生产大豆油4500吨、豆粕2.5万吨、磷脂80吨，并能加工葵花籽、油菜籽等多种油料作物。蛟河市植物油厂是集加工与储存于一体的综合油脂加工企业，厂内有5万平方米的储粮区，有500延长米的铁路专用线，为货物储运提供了优越的条件。

该厂年创产值1500多万元。实现利税在百万元以上，是蛟河市连续6年利税超百万的企业。其产品豆油、豆粕、磷脂等质量达到国家标准，产品畅销国内外，早在1981年豆粕即打入东南亚市场，并成为客户信得过的产品。1989年，该厂的豆油产品荣获吉林省优质产品。1990年该企业管理工作晋升为省级企业。

全厂300多名职工以“爱厂务实，协同向上”的精神不断向新的高峰攀登，迎接新老客户的惠顾。

厂　　长：毕刚

厂　　址：蛟河市工农路93号

电　　话：(04424)　22098　23559

邮　　编：132500

【长春市味精厂】 是长春地区独家生产味精的中型国有企业，是东北第二大味精厂。该厂拥有固定资产原值5000万元、职工千余人,年产味精5000吨,占地30万平方米,两条铁路专用线。

该厂生产的"参花"牌味精洁白光亮、不易吸潮、颗粒匀整、鲜味浓郁。自1989年12月投放市场以来,分别获得了"长春市优秀新产品"奖、"长春市金鹰杯"奖、"中国工业成就十年展示会优秀产品"奖、"吉林省优质产品"奖、1992年中国长春电影节指定产品、"全国第三届轻工博览会优秀产品"、中国首家味精质量责任保险单位。

"参花"牌味精以特优的质量、低廉的价格、良好的信誉和周到的售后服务赢得了广大消费者的信赖和好评。

厂　长:张占财
厂　址:吉林省德惠县西五道街
电　话:3790
邮　编:130300

【长春市腐乳厂】 是吉林省生产青红方的专业厂家,占地面积4925平方米,建筑面积6200平方米,现有职工325人,固定资产价值200万元,年产值200万元以上。

该厂以青红方为主要产品,产品以东北特产的优质大豆为主要原料,以大米、面粉为辅助材料,经多道工序加工酿制而成,产品柔软细腻,味道鲜美独特,营养丰富含有多种氨基酸和蛋白质,尤其是经研制生产出的小包装产品,品种多,营养价值很高,有香辣腐乳,特制青方等,加入了许多名贵调料和中药材,如桂皮,回香,真正地达到了色香味俱佳,具有强身健体,增强食欲、防治消化不良的功能,是深受广大群众喜爱的调味佳品。该厂生产的产品全部获长春市优质产品证书,特制青方获省商业厅颁发的金鹰杯奖。

面对现实展望未来,该厂将继续遵循以质量求生存,以信誉求发展的宗旨,积极开发新产品,竭诚为省内外的广大用户提供合格优质的产品,提供热情优良的服务。以报答广大消费者给予我们的厚爱。

厂　长:郭允杰
厂　址:长春市宽城区珠江路东七条13号
电　话:259007
邮　编:130051

【长春市酿造厂】 是国有企业,省先进级企业,工厂占地面积18463平方米,房屋建筑面积12946平方米,生产面积6162平方米,现有职工344人。生产的产品有酱油、酱、醋三大类五十多个品种,年生产能力:酱油10000吨,酱6000吨,醋1500吨。该厂技术力量雄厚。生产全部实现了机械化,半机械化,制定了严格的生产操作规程和产品检验制度,备有先进的检测仪器和设备,采用科学的检测方法,批批产品都进行理化指标,感官指标、卫生指标检验,并定期由长春市技术监督局检查,所有指标均符合国家标准。从1981年以来,该厂生产的"长春牌"双母酱油、特母酱油、宝宝酱油、老醋、麦香酱油、芝麻辣酱、高度米醋等七种产品分别荣获92香港国际食品博览会金、银奖;国家商业部、吉林省、长春市优质产品奖称号。现在工厂生产的产品已销往北京、大连、黑龙江等十几个省市,并出口韩国、俄罗斯等国家。

厂　长:杨德敏
地　址:长春市铁北四路4号
电　话:239895
邮　编:130052

【长春市第二酿造厂】 国有商业企业,1974年建厂,现有职工330人,固定资产460万元。主要生产日常生活调味品,有酱、酱油、醋三大类,共30多个品种,其中美味酱油获省优质产品奖,麦饭石酱油获省优秀新产品奖。产品行销省内外,深受用户信赖。该厂曾先后被评为市模范后勤全优单位,全面质量管理工作合格企业,省先进级企业。

厂　长:杜淑萍
地　址:长春市泰来街10号
电　话:52304
邮　编:130011

【吉林市长白山酿酒公司】 (原名吉林市长白山葡萄酒厂)是国有中型工业企业,始建于1936年8月25日,是吉林省葡萄酒酿造行业最早的生产厂家。该公司座落在吉林省长白山脉老爷岭脚下,以盛产山葡萄酒驰名中外。拥有固定资产1800万元,工艺设备先进,生产啤酒、果露酒、滋补酒、洋酒以及饮料等多种规格系列产品1万吨。

该公司生产的"特制长白山葡萄酒"早在1960年就被评为吉林省名酒。"特制长白山葡萄酒"和"长白山牌五味子酒"自1963年、1979年以来,始终保持国家优质酒、国家银质(银牌)奖、中国文化名酒等荣誉称号。尤其是"特制长白山葡萄酒"在1987年美国华盛顿州斯波坎市国际葡萄酒节上喜获特制荣誉奖。"中国人参酒"、"白兰地""威士忌""白葡萄酒"等产品近年来也分别被评为省优、部优产品,畅销全国各地,并进入欧、亚、美州等十多个国家和地区。尤其是"威士忌"等洋酒系列,在中缅、中俄边贸中十分畅销。

总 经 理:张效东
地　址:蛟河市新站镇
电　话:(04424)23535
24771—2593
电　挂:5515
邮　编:132506

【四平市酿酒厂】 省内较大的白酒厂家之一,生产工艺先进,技术力量雄厚,检测手段齐全,质量可靠,服务周到,产品价格合理,畅销省内外。

该厂生产的60度大高粱酒被评为1987年四平市名优产品;48度精制大高粱酒被评为1989年吉林省优质产品;38度精制大高粱酒被评为1991年吉林省优质产品;陈酿酒被评为1991年吉林省优质新产品。

该厂的宗旨是:质量至上,信誉

至上，用户至上，我们将不断调整产品结构，积极开发新产品，争创一流服务，以满足各界人士的需求。

厂　　长：刘　玉

厂　　址：四平市铁东区民主路12号

电　　话：(0434)　385747　385032

邮　　编：136001

【德惠县酿酒厂】　始建于1917年，占地面积12万平方米，固定资产1162万元，现有职工1058人。企业产品已形成"德惠大曲"、"德惠白酒"两大系列19个品种，年产量达到7000吨。企业连续三年实现利税超千万，并跨入了国家二级企业的行列。是吉林省重点骨干企业之一。

企业的主导产品——德惠大曲酒，集浓香型大曲酒传统工艺之特点，取现代酿酒科学技术之精华，博采众家之长。精选东北特产上等红高粮，引松花江水、采用混蒸混烧、双轮发酵、量质接酒、分级储存、科学勾而面成。它以酒液清澈透明、绵甜醇香、低而不淡、各味协调、香气纯正、回味幽长的特点，赢得了广大消费者的赞誉。早在60年代初，德惠大曲就已成为佳宾美酒，名扬省内外。1963年就被评为"吉林名酒"，并蝉联了历届"吉林省优质产品"称号。1988年，在第五届全国名优白酒评比中，被评为国家优质酒、荣获国家银质奖。特别是在1992年巴黎国际名优酒展评会上，德惠牌德惠大曲荣获了最高奖——国际特别金奖。

38度德惠大曲酒已经连续10年作为中南海和人民大会堂的专用酒，受到国家领导人和中外宾客的好评。王任重同志为德惠大曲题词："香飘大地"。于秋里同志称赞德惠大曲为："酒中佳品"。康世恩同志还题词勉励："德惠大曲，争创一流"。

目前，该厂已成为产品全优(省优以上)企业。不仅销售到国内21个省、市，并远销到法国、韩国和俄罗斯，已经开始形成批量出口新格局。

厂　　长：曲汉东

厂　　址：德惠县胜利街

电　　话：3491　　2982

电　　挂：6840

邮　　编：130300

【长春市啤酒厂】　市属预算内国有中型企业，是吉林省啤酒行业骨干厂家。创建于1952年，是我国建国后第一个建立的啤酒厂。现有职工790人，固定资产5000万元，1991年创产值2000万元，利税502万元。1992年利税近700万元。1987年以来，连年被评为长春市一轻系统先进企业；1988年，获吉林省轻工系统"科技开发先进单位"称号；1989年，吉林省轻工业厅命名为"吉林省轻工系统行业排头兵企业"，并确定为"吉林省唯一的定点出口厂"。

该厂技术力量雄厚，管理经验丰富，有从事啤酒专业的工程师，工人技师及高通讯工程师等45名，技术人员72名，有省级评酒委员3名，国家级评酒委员2名。检测手段完备、先进，有一整套严格的质量监控系统，是省内一流的啤酒质量检测中心。

近年来，该厂进行了大规模技术改造和设备更新，目前有二条啤酒生产线和一条扎啤生产线，主要生产设备系从德国、日本、罗马尼亚等国引进，其设备自动化程度高，达到同行业先进水平，年产啤酒能力近5万吨。品种有长春啤酒、葆力啤酒、雪山啤酒和公爵扎啤四大系列十几个优新产品，质量一流，系省优、部优产品，进入国家A级产品行列。

该厂生产的葆力啤酒利用长白山名贵特产资源，采用德国酵母菌种和工艺酿制而成，具有与众不同的风格，其酒液清澈透明，杀口力强，酒香浓郁，风味独特，金奖桂冠。

自开发以来，该厂十分重视其生存与发展，产品质量稳步巩固，逐步改进，不断提高。努力寻求既保持原单一滋补型又适合大众口味的发展方向。经过工艺、技术、管理等方面的不断改进，葆力啤酒终以采德国风味之长，集滋补保健之优之特点，得到消费者的认可，由开发伊始的辅助品种，发展为主导拳头产品，产量占年总产量90%以上，深受广大消费者喜爱和青睐。由于酿制工艺先进、独特，选料精良，其色香味俱佳，在吉林省连年独占鳌头，曾多次荣获国家、轻工部、省市和国际的荣誉称号，已大量出口俄罗斯加盟共和国。中外合资经营的公爵扎啤纯天然啤酒，品味清凉爽口，已成为省内各大高星级宾馆、饭店争相求购的佳宴佐餐饮品。

该厂坚持奉行"深化改革，强化管理，科技为本，以质取胜"方针，其经营宗旨是：质量第一，信誉第一，顾客至上，竭诚服务。

法人代表：张维轩

地　　址：长春市铁北一路59号

电　　话：238456　　238191

邮　　编：130052

【四平市啤酒厂】　国有中型企业。吉林省最早定点生产啤酒的专业厂之一。厂区占地面积18000平方米。拥用固定资产原值1600万元，净值1120万元。年生产啤酒能力为30000吨。现有职工536人，具有中、高级职称技术人员12人。

该厂主导产品北极11BX、10BX啤酒深受省内外广大消费者的欢迎。1992年在长春"电影节"期间，北极啤酒被全省人民投票评为"吉林人民最喜爱的酒类产品"，荣获"精英杯"。近年来，北极、京平啤酒在国家产品价调中合格率均为100%，达到国家A级产品标准，是吉林省优质产品。产品覆盖吉林、辽宁省市场，产品供不应求。

几年来，企业在很抓经营管理工作的同时，十分重视技术进步工作，购置化验设备，增加化验项目，采用硅藻土及精过滤设备提高啤酒质量、新上年发酵能力1万吨的锥形发酵罐采用微机控制，实现了啤酒生产的机械化自动化。1992年实现利税总额超过500万元,成为四平市重点利税大户,在经济上新台阶工作中迈出了可喜的一步。

四平市啤酒厂的全体职工愿在今后的工作中同各界朋友、广大消费者携手共进共创美好的未来。

厂　长:王晶

厂　址:四平市铁东区南三路八委

电　话:388815

邮　编:136001

【四平卷烟厂】　是中国烟草总公司所属的中型工业企业,省级先进企业、省级重点骨干企业和四平市的利税大户。始建于1948年,现有职工1100人,其中中高级职称的29人,工程技术人员120人,占职工总人数的12.7%。

"七五"期间,该厂共计投资8000多万元,从意大利、西德、英国、美国引进制丝、卷接、包装设备70多台套,其中从意大利克马斯公司引进的制丝线具有国际八十年代末期的先进水平,该制丝线整个生产流程均由小型计算机控制,电脑显示,质量检测实行自动化。BI包装机、6000型包装机都非常先进。

该厂年产卷烟10万箱,目前主要销往国内和俄罗斯、朝鲜以及东南亚等国家,卷烟品种有烤烟型、淡味混合型两类十多个牌号,代表品种有"哥伦布"、"三连冠"、"五连冠"、"齐飞"、"古鹿"、"迷乐"、"紫玫"等。烤烟型卷烟"三连冠"是该厂与云南省上等烟叶和优质香精精工配制而成,具有云南烤烟风味,享有"小云烟"之美称,1989被评为吉林省优质产品。淡味混合型卷烟"哥伦布"、"齐飞"是该厂与珠海天元保健添加剂有限公司合作的结晶,该种产品在配方中加入一种纯天然植物提取的添加剂,可以裂解烟气中的焦油与尼古丁,对人体有保健作用。"古鹿"牌卷烟吸味醇正,口感舒适、在俄罗斯有一定市场。

厂　长:杨贵生

【白城市服装工业公司】　始建于1956年,是吉林省服装行业规模较大的现代化中型生产企业,省级先进企业。现有职工1200名,其中专业技术职称人员78名,中高级以上专业技术职称人员12名。厂区面积1.8万平方米,固定资产原值1350.9万元,设备1001台套、其中从日本、德国(原西德)进口的电子拉布机、多头电脑万能绣花机、高速电脑平缝机等先进专用设备364台套。年生产能力100万件、年创利税200万元。

多年来,公司坚持科学管理、质量第一、信誉第一、用户第一的办企业方针,产品在国内外市场享有较高声誉。主要产品有男女呢大衣、男女西服、夹克衫、衬衣、童装、时装等10大类230多个花色品种。其中"丹顶鹤"牌男呢大衣是部优产品。"鹤源"牌呢夹克衫、"吉花"牌女呢大衣、"佳鹤"牌男西服均是省优产品。目前年出口量达50万件、主要销住日本、美国、原苏联、德国、加拿大、新加坡、香港等十几个国家和地区。

出口产品由于质量好、曾获国家对外经贸部颁发的出口优秀产品荣誉证书。与国内外厂商广泛开展经济技术协作与交流。欢迎惠顾。

总经理:荀军

厂　址:白城市海明东路25号

电　话:225885　224889

邮　编:137000

【通化市装饰绒织厂】　是中型国有企业,1950年建厂,有职工934人,其中工程技术人员89人,生产工人平均技术等级5.5级,主要生产设备232台。具有从德国(原西德)引进的双剑杆机和75"多梭多臂织机两条生产线。生产的主要产品是提花剪绒装饰布(高级华饰绒)系列产品及各种化纤混纺布。

该厂设备精良,工艺先进,技术力量雄厚,检测仪器齐全,具有设计开发纯棉、绢纺、化纤三大类纺织产品和提花剪绒装饰系列产品的综合能力,产品质量居国内先进水平。其中提花剪绒装饰布1987年被评为吉林省优秀新产品,并获金鹤奖,产品被列为纺织工业部"七五"期间国家级重大新产品,开发的方格绒系列产品获1991年吉林省优秀新产品二等奖,阻燃提花装饰布获1990年纺织工业部优秀阻燃纺织产品开发奖。吉林省优秀新产品奖。提花剪绒装饰布系列产品是国内新兴的中高档装饰面料,产品新颖,适用性强,已被铁道部部长春客车厂选用为25A型高级空调客车的座席和软卧的装饰面料。产品还销往全国各大中城市,并出口到独联体、韩国、朝鲜等国家,1992年开发的高级压花装饰绒已打入美国市场,受到了国内外客户的赞誉。

负 责 人:关殿文

地　址:通化市新华大街250号

电　话:212470　212538

电　挂:1580

邮　编:134001

【长春市三环服装厂】　是以生产各类服装及劳动保护用品为主的厂家。主要承揽加工高中档呢绒、棉布、丝绸,各种新式服装、大众款式的劳动保护服装等。

该厂有力量较强的裁剪、服装设计人员,可根据用户的要求款式、规格进行加工,在服装设计上力求款式新颖美观大方。近年来,该厂又添置了新设备、注意提高职工素质。不断改进经营管理水平,建立了严格的产品检验制度,确保产品质量和合同工期,该厂宗旨顾客至上、质量第一、竭诚为用户服务。

厂　长:庄严

电　话:237158

邮　编:130000

【东源化工总厂】　隶属于东辽县粮食局,现有职工2107人,下设三个分厂。现有固定资产136万元,厂房面积2000平方米,一套设备优良的罐组生产线,年产量25万吨,产值200万元,利税30万元。

该厂主要生产YQ—122型长寿命合成、半合成型切削液、TDW—1金属清洗液、高效能消泡剂、防锈乳化油、极压乳化油、BF—90防锈油、、润滑两用防锈油、硬膜防锈油、杀菌防霉剂、金属水膜脱净油等十多个产品。大多数产品已达到国内和同际先进水平，取得了较好的经济效益和社会效益。

YQ—122型长寿命润滑切削液，是该厂和一汽研究所高级工程师共同研制的高科技产品。此产品经上级有关部门鉴定已达到了国内先进水平和国际先进水平。此产品已申报国家专利，申请专利号911051635，并被评为1991年吉林省优秀新产品二等奖。

开发研制的高性能消泡剂是参考日本高性能消泡技术研制的。具有独特的消泡和抑泡性能，此产品在长春一汽和哈尔滨轴承厂等许多厂家使用一致受到肯定和好评。

目前该厂正进行新产品防冻油研制，今年还要开发两个新产品，准备打入国内和国际市场，实现产值300万元的奋斗目标，为化工行业的振兴做出贡献。

厂长：李穹

厂址：吉林省辽源市东辽县白泉镇

电话：78503　　78081

邮编：136600

【长春市化工三厂】 是具有30多年生产历史的、被化工部指定生产氨基模塑料(电玉粉)的国有企业之一。主要产品有氨基模塑料(电玉粉)、聚乙烯泡沫塑料和聚苯乙烯泡沫塑料。

氨基模塑料产品有110磁白粉料、110磁白颗粒料和外观颜色由用户指定的各色粉料。主要应用于模制低压电器件及日用塑料制品。

该厂经过技术改造，电玉粉产品的生产规模现已达到年产5000吨，产品质量达到国内一流水平。产品销往国内外各地、深受用户欢迎。

聚乙烯泡沫塑料，是采用日本技术与设备生产的具有80年代水平的产品。该产品主要应用于各种车辆船舶、冰箱、建筑、输油管道等多方面做保温、隔音、防结露材料。亦可做为漂浮材、包装材、减震缓冲材、装饰材、衣服鞋帽内衬材等。

聚苯乙烯泡沫塑料，分为普通型(PT)，自熄型(ZX)两种板材，还可根据用户需要生产各种异型材。该产品为保温、隔热、隔音、绝缘、包装等良好材料，也可做为漂浮材、装饰材、减震缓冲材。目前在建筑、车辆、库房保温中大量应用。在先进的实型铸造新技术中，聚苯乙烯泡沫塑料是最佳的模型材料。经过中国铸造协会实型铸造委员会的专家对该厂产品的鉴定，产品质量完全符合实型铸造要求并确定该厂为实型铸造用泡沫塑料东北地区定点生产厂。

厂　　长：新忠

地　　址：长春市宽城区青林路1号

电　　话：237392

邮　　编：130052

【公主岭市催化剂厂】 始建于1962年，是化工部定点生产厂，吉林省石油化工系统骨干全民企业之一，系生产化肥催化剂的专业厂家，省级先进企业。厂区占地面积3.8万平方米，拥有固定资产650万元，现有职工904人，专业技术人员126人。

我厂的产品主要是为石油，化肥生产配套；有一氧化碳中变催化剂系列8个型号产品，一氧化碳低变催化剂系列2个型号产品，石油助燃剂系列2个型号产品，以及分子筛系列产品，聚氯乙稀增剂系列产品等。年生产能力为2000吨，产值达2500万元，利税达300万元，近年来该厂非常重视技术开发，不断推出新产品，其中变催化剂B109、B112型被评为化工部优质产品，B106、JB113、JB117被评为省优质产品，低温变换催化剂JB302、JB3O3均获省优秀新产品奖。产品行销全国各地，经济效益和社会效益十分显著，企业连续多年完成或超额完成上级下达的生产经营任务和各项经济指标。各项指标均过到国家二级企业标准。

厂　　长：姜志

地　　址：公主岭市铁北街169号

电　　话：214814　　214815　　214816

电　　报：0275

邮　　编：136100

【长春市油漆厂】 是国内涂料生产的专业工厂，1980年被化工部确定为全国25个军工重点油漆生产厂家之一，产品注册商标《万里牌》。拥有厂区面积11.5万平方米，固定资产4030万元，现有主要生产设备500台，其中引进国外设备48台，年综合油漆生产能力20000多吨，以生产高档漆为主，是地方中型一类化工企业，全厂有固定职工近千人，其中各类专业技术人员占职工总数的20%。工艺装备先进，检测仪器齐全，产品性能可靠，热诚售后服务，14大类油漆400多个花色品种，广泛应用在国内行走车辆、石油化工、军工机械、铁路桥梁、轻工纺织、机电仪表、日用五金、民用建材等各行各业，深受广大用户的欢迎。1988年被市政府批准命名为首批特厂，1988年—1990年连续三年被评为市级最佳企业，1991年荣获市“七五”期间企业技术进步奖。1992年被化工部授予“七五”期间科技先进单位称号，还被化工部授予对外开放先进单位称号，同年又被吉林省授予“AAA”信得过单位。

近年来，该厂新开发的CKY系列油漆，各色丙烯酸聚氨酯面漆、轿车面漆、金属光泽漆、新型环氧底漆连同汽车面漆等三十多种产品均在国内行走工业中受到越来越多用户的欢迎。目前该厂正在积极进行新项目的引进工作，不失时机地开发新品种，力争与我国“八五”期间汽车工业生产重心转移同步以利于在激烈的市场竞争中处于领先地位。

厂　　长：于忠仁

厂　　址：长春市二道河子区民丰大街南区

电　　话：443012　　443013

邮　　编：130031

【中国人民解放军第 9871 工厂】

原是中国人民解放军 81021 部队直属企业。其前身是长春兴达石油化工厂，创建于 1987 年 5 月。该厂现有固定资产 160 万元，流动资金 215 万元，占地面积 3000 平方米，建筑面积 1200 平方米，润滑油年生产能力 3000 吨，产值 1000 万元，利税 300 万元。

主要产品分为三大类：润滑油、防冻液、PVC 车底途料。润滑油分为四个系列产品：内燃机油、齿轮油、液压油、机械油，共 60 多个型号，在 1989 年获得国家质检部门的产品质量合格证书。

产品销往辽宁、吉林、黑龙江、内蒙古、广东、福建等地。有些用户常年使用我厂产品。部分中、高档油品，可以替代进口油品使用。

该厂地处长春市南一南高科技开发区内，与科研单位，大专院校建立了密切的合作，得到省、市有关部门的大力支持和帮助。厂内技术力量较雄厚，有技术职称人员 20 多名，在总工程师指导下开展工作，产品检测手段齐全。确保了出厂产品合格率 100%，因此，我们诚肯欢迎各界朋友谒力合作，为促进经济建设发展做出更大的贡献。

厂　　长：邱庆江

厂　　址：长春市南岭子街 12 号

电　　话：684878

电　　挂：6009

邮　　编：130022

【蛟河化肥厂】　建于 1965 年，省内第一家小氮化肥厂，几经扩建改造，年产合成氨已在 2 万吨以上，拥有固定资产 1944 万元，具有中高级职称的有 31 人。企业在“团结、务实、创新、服务”精神指引下，连续三年获得市盈利大户企业的光荣称号。

主要产品为：农用碳酸氢铵、合成氨、天然氧化铁红。

产品性能及用途：1. 农用碳酸氢铵：白色晶体，含氮在 16.8%以上，含水在 5.0%以下。碳酸氢铵施入土壤不残留有害物和酸根，所含四种元素都是可被植物利用的有效成份。只要使用得当，增产效果基本与尿素、硝铵相同，且较硫酸铵、尿素的促进作物早发作用，碳酸氢铵深施比浅施效果要好。碳酸氢铵对各种土壤都适应，无不良作用。

2. 合成氨：本厂生产的合成氨纯度在 99.98%，是化工生产的主要原料，是食品、饮食等行业的制冷剂，目前本企业每年有四、五百吨出售。

3. 天然氧化铁红粉：本产品为综红色，比重为 5.2—5.3g/cm3，磷含量适中，二氧化硅含量 18—20%。锰含量接近于 0。天然氧化铁红粉是防锈防腐底漆的主要原料，用于船舶、汽车、机器制造业的防腐锈或着色剂，在电子工业上可做铁红素，化工行业做触煤等。该产品经几家大专业油漆厂使用和检验，在耐盐水、抗氧化、悬浮性遮盖力和着色力、耐光、热性能稳定、保色性等方面都优于人工合成铁红。

企业法人：孙洪林

地　　址：蛟河市工农路 95 号

电　　话：24434

邮　　编：132506

【吉林省中医中药研究院药厂】

1982 年正式建厂。隶属吉林省中医中药研究院。注册商标“飞瀑”牌。厂区占地面积 18800 平方米，建筑面积 5500 平方米；固定资产 520 万元；现有职工 164 人，其中有高级职称 2 人，中级职称 7 人，初级职称 25 人，有中等专业文凭的 45 人。主要产品有复肝宁、妇炎康、胃康灵、治痫灵、复方树舌片、人参蜂王浆、活力宝、三七活血丸（片）、骨炎灵、痰喘净、速感宁、万寿灵、活力宝等 16 个品种。其中复肝宁荣获国家医药管理局优质产品，胃康灵和妇炎康获省优产品，治痫灵获市优质产品，骨炎灵获新产品奖。10 多年来，中研药厂在中研院强大后盾的支持下，不断狠抓质量，拓宽产品销路，扩大了省内外知名度，经济效益逐年提高，产值突破千万元，现已拥有自有资产 135 万元，连续多年利润超百万，人均利税 10723 元。多次被省市评为最佳企业、一级企业和优秀集体企业。是省内外享有很高名望的制药企业。

厂　　长：赵全成（法人）

地　　址：长春市南湖大路—48 号

电　　话：54108

电　　挂：5601

邮　　编：130012

【四平市化学制药厂】　是生产化学原料药和各种片剂的国有企业，省医药生产骨干企业及化学原料药主要生产基地。该厂设备先进，工艺合理，技术力量雄厚，检测手段完备，按照 GMP 的要求去管理和组织生产及经营等各项工作保证了产品质量的优良品率。年生产氨苯磺胺 1500 吨，磺胺脒 300 吨，扑热息痛 300 吨，磺胺二甲基嘧啶 100 吨，硝酸胍 900 吨，制剂 2 亿片。上述产品质量均完全符合《中国药典》及有关标准的要求，并畅销国内及远销部分国家和地区。

厂　　长：王长莹

地　　址：四平市铁东区北二马路 104 号

电　　话：385036

邮　　编：136001

【空军长春卫星制药厂】　隶属于中国人民解放军空军长春飞行学院。厂区占地面积 5674 平方米，房屋建筑面积 2260 平方米，拥有固定资产 306 万元，设有大输液、片剂两个制药车间，现有主要生产设备 112 台（件），二条机械自动化流水线控制生产，日产输液 2 万瓶以上。主要产品为 5%、10%葡萄糖注射液，20%甘露醇，复方氯化纳注射液以及白霉素片，维脑路通片，复方对乙酰氨基酚片等各类解热镇痛、抗菌素、维生素片剂30余个品种。

该厂严格按国标内控标准生产销售产品，严把质量关，10%葡萄糖注射液荣获1992年空军医药行业优质产品奖杯。产品畅销省内外300余家，在用户中享有较高的声誉。

1993年新建厂房300平方米，增设一条生产流水线和部分固定资产，可根据社会需要生产100—250ME输液各类产品。按照GMP管理要求对原有的设备和生产工艺进行了更新改造，聘请技术人材，提高了生产水平。为提高社会效益和经济效益，为发展医药事业作出了贡献。

厂　长：宋剑

厂　址：长春市斯大林大街121号

电　话：683139

邮　编：130022

【吉林省利华制药厂】　创建于1985年，主要从事中、西药制剂的开发、研制、生产和销售。该厂以吉林省医药工业研究所的科学技术为依托，有较强的科研力量和生产经营能力。

现有符合GMP标准的现代化厂房2000平方米，拥有片剂、胶囊剂、口服液、中药提取四个车间。工艺技术先进，设备配套精良，主要生产设备94台件，价值180万元。现有固定资产400万元，流动资金400万元，年产片剂类药品2亿片(单班计算)，口服液类药品150万盒(单班计算)，胶囊剂类药品500万粒(单班计算)，中药提取液8600吨。现已生产的产品有6个剂型46个品种。年产值1000万元，年均利税100万元。主要产品有脑心舒口服液、安神补脑液、龙珠乳泉液、人参蜂王浆、去痛片、复方新诺明、宁心宝胶囊、男宝等品种，产品质量可靠、疗效确切，其中脑心舒口服液和宁心宝胶囊在1991年全国首届中外老年用品博览会上，分别荣获金、银奖。1992年又荣获全国常用药疗效患者满意奖，同年脑心舒口服液还荣获"92"印尼中国科技成果及实用技术展览会银奖。

该厂在国内和国际市场上有很高的信誉，产品不仅在国内市场畅销，人参系列口服液产品还销往法国、新加坡和独联体等国家，深受国内外用户的信赖和赞誉。

多次被评为长春市先进企业和吉林省优秀企业，并获得"重合同、守信用"单位的光荣称号。

厂　长：徐正伟

厂　址：长春市普阳街51号

电　话：70787　72390

邮　编：130062

【长春东宝制药厂】　即中国人民解放军第9011工厂，1986年1月成立。建厂以来，产值利税逐年提高，收到了较好的经济效益和社会效益。药厂按GMP标准建起的新厂房9000平方米，实现了微机管理，中心控制室对5条生产线实行闭路监控，生产设备也基本上是国内近年来设备。药厂设有药理实验室和药检室。先进的药品检测设备，如SCI—6A高压液相色普仪、GC—14A气相色普仪、8452A可见紫外分光光度仪表仪器。能够进行系统的药物分析和检验，不但保证了药品的质量，而且为研制开发新品种创造了有利条件。

东宝制药厂属于科研、生产、临床三结合的军办企业。主办单位解放军第208医院是国家指定的吉林省临床试验基地，中药基础试验基地。第四军医大学、白求恩医科大学临床教学医院、第二军医大学医学及药学实习基地，全军矫形外科中心。有军内省内知名的医药专家教授几十人，作为药厂科研开发的技术力量，近年来为企业提供了一部分科研成果，如："来澳灵"、"利咽灵"、"健身不老酒"、"花粉多维片"等研究成果。

"灭澳灵片"对治疗急慢性乙肝有显著疗效。1987年1月获长春市首届发明与革新展览会"金鹰杯"奖；同年获解放军医学科技大会二等奖和全军科技进步二等奖；1988年获第16届南斯拉夫萨格勒布国际博览会荣誉奖；1990年获首届中国中医药文化博览会"神农杯"铜奖；1991年被评为全军优质产品。

"利咽灵片"是东宝制药厂独家产品，治疗咽喉炎效果甚佳，深受教师、文艺工作者、播音员的欢迎。1988年11月获长春市"金鹰杯"奖；1991年分别被长春市和沈阳军区评为优质产品。

"健身不老酒"、"美容花粉糕"、"花粉多维片"是抗衰老理想的保健品，曾获得中国抗衰老学会和中国药理学会的表彰奖励。

厂　长：张宪民

厂　址：长春市西安大路151号

电　话：76622

传　真：76311

邮　编：130062

【长春市宽城制药厂】　始建于1976年，占地面积4.7万平方米，现有职工500余人，专业技术人员87人，固定资产1000万元，年产值5000万元，实现利税1000多万元，是长春市的利税大户。该厂技术先进，设备精良，有投资514万元建成的符合GMP标准的"颈痛灵"全自动生产线，以及从意大利引进的铝塑包装机等先进设备。主要以生产西药制剂为主，中药制剂为辅，除原料药外，还生产片剂、软胶囊剂、硬胶囊剂、合剂、口服液、乳膏剂等10余种剂型的100多个品种。近年来该厂十分注重新产品的开发研制，陆续推出一些开发成功的新产品投放市场，深受患者的欢迎，并收到明显的经济效益，其中颈椎病克星"颈痛灵"荣获国家首届"双新"金奖，省优秀新产品奖，产品行销全国及东南亚一些国家。"泻痢停"作为治疗胃及肠道疾病的首选药物，"灯盏花素片"对偏瘫及心、脑血管疾病均具有显著疗效。由于实行三级质量管理网等科学的管理方法，产品质量有可靠的保证，目前该厂产品一次抽检合格率为100%，优级品率达79%。

厂　长：冯振文

厂　址：长春市凯旋路22号

电　话：230721

邮　编：130052

【吉林省利祥新材料有限公司】

系中日合资企业，主要生产各种规格的人造金刚石，金刚石制品、无毒重液及科技开发。年生产人造金刚石350万克拉，金刚石制品近2000件及可满足国内所需的无毒重液。人造金刚石是最硬的人造材料，主要用于硬脆性金属及非金属材料的加工。人造金刚石锯片是目前国内石材行业中主要的切割工具，该公司可生产∅0.3—∅1.8米的各种圆锯及L2.0—L3.95米的各种框架锯，其中∅600圆锯获省星火科技成果二等奖。无毒重液是该公司的专利产品，荣获国家发明三等奖，并被评为国家级优秀新产品，该产品比重范围为2.0—3.62个/升。该公司生产的上述产品性能稳定，质量可靠，价格合理，欢迎各界朋友光临。

总经理：蔡礼志

地　址：长春市南湖大路56号

电　话：58723　659124

邮　编：130012

【长春市白山人参制品有限公司】　是长春市效区所属合资企业，始建于1986年，占地面积8162平方米，建筑面积2800平方米，固定资产166万元，年生产能力800吨，职工130人，其中技术管理人员29人。该厂主要以生产几种人参深加工制品及30多种人参滋补酒系列产品为主，是吉林省滋补酒产销联合集团骨干企业之一。1989年被长春市政府命名为“市一级先进企业”和“消费者信得过企业”称号。该公司的“月龙人参酒”和“竹青人参酒”在1991年、1992年分别获得国家质量金杯奖、省优秀新产品奖、国家老龄委推荐产品及边贸产品评比一等奖。

总经理：钱峰

厂　址：长春市南关区永春堡

电　话：689603

电　挂：5047

邮　编：130115

【吉林吉贺人参制品有限公司】

中外合资企业，是与台湾贺伯企业有限公司合资经营人参、鹿茸及其制品的专业公司，具有法人资格。公司下设五个部和参茸制品、药品两个生产厂。该公司技术力量雄厚、生产工艺科学、设备仪器先进、产品质量精良，鲜人参蜜片被评为省优质产品，荣获中国优质保健产品金奖。保鲜人参已通过省级鉴定，达国际先进水平。该公司是自主经营、直接对外贸易的经济实体，具有较大规模的生产能力和出口潜力，产品有百余种。主要产品已大量销往台湾、东南亚等国家和地区，深受客户的信赖。该公司在生产经营中始终坚持“质量第一、信誉至上”的宗旨。全体职员以“友谊、进取、拼搏、奉献”的企业精神，热忱欢迎国内外朋友和各界同仁惠顾。

总经理：丁国富

地　址：长春市朝阳区同心路9号

电　话：58811

邮　编：130062

【长春三友模具有限公司】　是以原长春市模具厂全部资产和人员与泰国三友机器制造集团公司共同兴办的合资企业。公司采用具有世界先进水平的国外技术和国内外的先进设备，以科学的管理方法，主要制造以汽车复盖件、内饰为主的汽车模具、压铸模具、塑料模具、中小冷冲模具以及模具制件、模架。

公司建筑面积6000多平方米，固定资产达3200余万元，拥有各种设备360多台。有仿型铣、研配压床、龙门刨铣床、龙门镗等国内外大型设备20余台，拥有工作站、数控仿型铣、电脑放电中心应力消除机、深孔钻等国外先进设备和加工中心、三座标测量机、真空热处理炉等模具加工和检测设备，年生产能力将逐步达到100万小时/年。

公司现有职工600人，工程技术人员占14%，中高级技术工人占35%，技术力量雄厚，特别是由泰国专家具体进行技术和质量监督，采用国际先进的技术标准，应用CAD/CAM新技术，进行模具设计和制造，将使公司的模具制作达到国际先进水准。

公司设有锻压、轧辊、制件三个分厂和复盖件模具、塑料、压铸模具、模型、热处理四个生产车间。

公司从1993年开始，将投产制造大中型汽车复盖件模具，年产C级以上大中型汽车复盖件模具150套左右，总产量可达到40000标准套，总产值可达2000万元左右。公司将以“质量第一，信守合同”为宗旨，竭诚为汽车、轻工、机电、冶金等行业的广大用户提供一流的产品和一流的服务。

总经理：程作平

地　址：长春市二道河子区东祥胡同3号

电　话：447385—8

传　真：442181

邮　编：130031

【长春市汽车冲压件总厂】　是生产中小型冲压件和模具的专业厂。一汽集团的配套生产厂家。产品主要是为一汽配套生产中型卡车、变型车、轻型车、轿车的冲压、焊装零部件，以及车前板制零件总成产品和配件。

该厂生产的产品质量优良，自为一汽生产配套以来，多次受到一汽好评。1988年一汽协作处授予该厂为“扩散产品供应与管理优胜单位”，1990年获市机械工业局新产品开发技术进步先进企业。车前板制零件总成被评为长春市优秀新产品，并在同年新产品展销评比会中荣获为三届金鹰杯奖。1991年车前板制总成被市经委技协评为最佳项目。在

CA141 整车创国优工作中,为一汽生产配套优良产品成绩卓著,荣获创优立功奖。1991 年被省政府命名为省先进企业。

企业法人:张学才
厂　　址:长春市春郊路七号
电　　话:774433　　773855
电　　挂:9049
邮　　编:130062

【白城牧业机械厂】 国有中型企业,是国家定点生产牧草收获机械企业之一,吉林省农机系统重点企业。现有职工 1500 人,固定资产 1850 万元。生产的产品有 12 马力和 15 马力四轮拖拉机、农用挂车、大型自走式牧草收割机、方捆及园捆拣拾压捆机、化纤机械。1990 年成为一汽产品配套厂家之一。主要为一汽配套生产 CA141L2 车箱总成、轻型车车箱总成、各种车型板簧支架,CA141 前翻板总成、CA141 驾驶室总成。产品销至全国 25 个省市区,年产值 4000 万元,利税 500 万元。设备先进拥有 20 吨—800 吨系列机械及液压冲压设备,拥有程序控制全自动辊压生产线和阳报电泳涂漆生产线。具有万能光显、金相、材料拉伸等金属、非金属理化分析先进的检测手段。产品质量管理采用国际奥迪特质量评审法,产品质量全部达到一汽标准。企业工种齐全、工艺先进,具有研制、开发、生产各种机械产品的综合能力。当前企业正在与五五研究所共同开发并试制具有国际先进水平的旋压机,"八五"后期可批量生产。

厂　　长:谷祥(高级工程师)
厂　　址:白城市青年南大街 25 号
电　　话:223191—94
电　　挂:2814
邮　　编:137000

【辽源市北方电工机械总厂】 是一个以生产电线电缆设备为主要产品的国有企业。现有职工 858 人。其中,中高级工程技术人员 83 人。该厂设有两个分厂、十一个职能科室。厂区占地面积 3.5 万平方米。1989 年以来,企业年年产值超千万、利税过百万,被辽源市命名为名星企业,1992 年被吉林省政府列为全省转换机制、放开经营 30 户试点企业之一。

1985 年以来,该厂开发的 150 多个电线电缆设备产品,畅销全国 28 个省市,其中 1989 年研制开发的化工新产品 CT—I 型柴油添加剂和汽油添加剂以及硫化橡胶促进剂等成为该厂的拳头产品。汽柴油添加剂新产品自投放市场以来,深受广大用户的欢迎,该产品是一项高效节能产品,既可节油又可戒烟,其节油率均为 10%—26%,平均节油率为 15%;减烟率为 60%。目前,该产品已畅销东北三省 30 多个市县。1991 年该产品被评为吉林省优质产品和优秀新产品,同时也被省政府列为全省强制推广产品,沈阳、丹东、朝阳、绵州、绵西、鞍山等市及黑龙江省农垦局、大庆油田和内蒙古等地均已下发了推广该产品的文件。该厂欢迎各界朋友前来洽谈业务。

厂　　长:黄义德
厂　　址:辽源市福镇大街 27 号
电　　话:223917　　223918
电　　挂:6080
邮　　编:136200

【长春市商业机械厂】 是具有近 40 年历史的食品机械及成套设备的制造厂家。技术力量雄厚,具备开发、创新能力。

主要生产制造饼干、糖果及其它食品机械,各类饼干模具、大豆深加工成套设备。其主导产品是:饼干成套设备,其中包括:远红外烤炉、冷却、喷油和主机 GBQ——360 型辊印辊切两用饼干机。该设备生产韧性饼干产量为 180kg/小时;生产酥性饼干产量为 150kg/小时。该饼干机,填补了国内空白,获吉林省优秀新产品奖。

DM—LP500 型磨浆机,用于豆制品、酿造、淀粉加工企业,还应用于方便食品的营养添料—疏菜泥的加工制作。该产品荣获吉林省优秀新产品金鹤杯奖。

豆制品成套设备,包括甩浆机、煮浆、揭包机、拔片机、打脑和 DM—L500 型大豆磨浆机。该成套设备已用于中外合资项目并已经出口到日本市场。

该厂把产品质量视为企业的生命,把为用户服务作为创办一流企业的宗旨。真诚地欢迎立志于食品工业领域驰骋拼搏的有识之士,与该厂结成亲密的伙伴,共同创造美好明天!

厂　　长:马林
地　　址:长春市宽城区铁北二路 93 号
电　　话:238084
邮　　编:130052

【长春市气动元件总厂】 是国内生产气动元件最早的专业厂,机电部定点生产气动元件的骨干企业,省先进企业。拥有固定资产原值 514.8 万元,职工 350 人,其中工程技术员 41 人,企业建筑面积 6534 平方米。1992 年实现工业总产值 751 万元,比上年增长 32%,实现利税总额 177.4 万元,比上年增长 20%,其主要经济指标均居气动行业前列。

近年来为提高产品在市场上的竞争能力,企业加快了调整产品结构的步伐和新产品的开发;现已能生产调压阀、分水器、单向节流阀、油雾器、二位五通换向阀、冷冻式空气干燥器气动三联促等 31 个品种,146 个规格的气动系列产品。年生产能力为 20 万件,产品畅销 30 个省市自治区的冶金、机械、汽车、化工、轻纺、电子、食品加工等大中型企业,并有部分出口。其中二位五通换向阀 1988 年被评为省优质产品。在 1989 年全国同行业评比中被评为前三名,并被评为一等品。冷冻式空气干燥器主要性能指标达到国际八十年代水平,填补国内空白,1986 年被评为国家科技进步三等奖，1988年被评省优秀新产品，1989年被命名为机电部名优产品。

厂　　长：杜泰勤

地　　址：长春市东岭街24号

电　　话：685361

电　　传：693535

电　　挂：6777

邮　　编：130022

【长春市新立城拖拉机配件厂】

属于乡镇中型企业，现有工人110人，设备比较先进。主要产品有拖拉机用的"连接法兰、前轮毂、皮带轮、分离轴承架，分离轴承座，轴承盖、座，半轴壳等配件，独家生产、质量可靠，产品主要供应长春拖拉机厂，曾获部优产品的称号。另有耐火材料：澎润土、白沾土、焦炭粉、钢砖面、煤粉、铅粉等耐火材料。欢迎惠顾。

厂　　长：桑秀华

地　　址：长春市郊区新立城镇

电　　话：807029

邮　　编：130119

【长春市耐热锅炉附件厂】 是东北地区独家专业生产耐热铸铁锅炉配件的厂家。历史悠久，设备齐全，技术力量雄厚，检测手段严密。专为北京、上海、杭州、西安、济南、无锡、哈尔滨、长春等全国各地厂家生产4—35T/H链条锅炉、油炉、粉炉、往返推动炉、手烧炉等各种炉膛燃烧传动部分的全部配件。该厂产品在正常情况使用下，耐热性比普通铸铁高达3—4倍。鉴定单位为吉林省机械厅。使用单位遍布东北、西北、华北及湖北等30多个城市和地区的300多个大中型国有企业。

目前，该厂设计制造出的GB型链刮板除渣机、输送机托输，填补了省内一大空白。经省市有关部门鉴定证明，可配备4—35T/H5台以下锅炉除渣输煤使用。可根据使用单位提出的需要设计安装，达到良好使用目的。并为用户准备了易损备件，价格低于全国各地。该厂每年发出一次产品质量使用情况跟踪调查意见返回书，希望全国用户能够密切配合，通力合作，共同为提高产品质量，为工厂的改革创新做出贡献。为此，该厂竭诚欢迎全国各地用户来人来函洽谈业务，保证使您满意而归。

厂　　长：冯景强

厂　　址：长春市宋家街7委榆树街62号

电　　话：238227（驻沈阳代办处：皇姑区华山路299号，电话：661904；驻哈代办处：香坊区安埠街215号，电话：54531）

邮　　编130052。

【长春市环保器材厂】 是集体企业，是环保局指定的以生产环保设备、器材为主的生产厂家。主要产品有：各种锅炉消烟除尘器，各种上煤机、除渣机，各种工业用布袋除尘器、往复炉排，各种防腐设备制造，以及根据用户要求承包各类铆焊工程、加工改制各种器件。该厂近些年由于设备更新及技术力量的增强，不断改进产品质量，在同行业的产品中技术先进、质量可靠、赢得用户信赖。

该企业办厂的宗旨是用户至上，实行一流服务，产品实行三包、价格合理，欢迎各企事业单位来厂洽谈。

厂　　长：程文榜

地　　址：长春市铁北一路33—5号

电　　话：239689　　239687

【公主岭轴承厂】 是国家大型二级企业，全国轴承行业重点企业，吉林省最大的综合性轴承制造厂。该厂建于1958年，经过三十多年的建设，现已拥有职工近3000人，固定资产总值为6000万元。全厂占地面积为21.5万平方米，其中建筑面积为6.9万平米，拥有主要设备约为699台。

该厂可生产0、2、4、7、8、9六类系列近350多个轴承品种，年生产能力450万套，产品主要为各种汽车配套，同时还广泛用于拖拉机，矿山机械、石油机械、冶金、农机、机床等行业。主要用户为一汽、二汽、柳汽、云汽、济汽等全国各大汽车厂，销售网点遍布全国。产品还远销美国、德国、巴西、泰国、香港等十多个国家及地区，年出口额200万美元。

该厂以科技为先导，质量为主线，强化基础管理，实行产品优化设计，认真贯彻IS09000质量管理和质量保证标准。主导产品129908、97210等轴承经国家检测中心鉴定，已达到国际八十年代初水平及国家同类产品先进水平，并获部优质产品称号。14个品种获省优质产品称号。注有该厂商标2C2的汽车轴承及其它滚动轴承和出口英制轴承誉满国内外市场。

该厂恪守质量第一，信誉至上的原则，竭诚为用户服务。

厂　　长：李梦俊

地　　址：吉林省公主岭市工业大路线23号

电　　话：215006

邮　　编：136101

【白城齿轮总厂】 是隶属于白城市机械电子工业局的国有中型企业，吉林省内唯一的齿轮专业生产厂，省预备级企业。厂区占地面积96000平方米，现有建筑面积19000平方米，固定资产原值2000万元。总厂下设8个生产厂、4个实体公司、18个职能科室、一个国家二级计量检测中心。现有职工1058名，其中工程技术人员48名，高级工程师5名，工程师18名；主要生产设备487台套。经过连续三期的技术改造，现已形成年产100万件齿轮的生产能力。主导产品包括CA141汽车变速箱齿轮、轻型车变速箱齿轮、AX100摩托车齿轮共三个系列33个品种。可靠的质量、优良的服务使该厂赢得了信誉、赢得了用户。中型车齿轮已随整车驰骋全国、走向了世界；轻型车齿轮已和解放、金杯、星光、江淮、蓝箭、征天等汽车走遍了大江南北；摩托车齿轮为长春铃木摩托车的走俏做出了贡献。1992年，该厂共完成工业总产值1800万元，实现利润200万元，利税总额达到了360万元，是省机电系统的利税大户，已成为白城市机电系统的支柱企业。经过投资2158万元的第四期技术改造后，到1992年，该厂工业总产值将达到6000万元，利税总额将突破1700万元。届时，白城齿轮总厂将成为白城市工业经济的中坚力量和第一汽车集团的骨干成员。

法人代表：杨秀增

地　　址：白城市青年北大街42号

电　　话：237022　　237023

电　　挂：0059

邮　　编：137000

【长春市线材厂】 始建于1952年，隶属长春市冶金工业局管辖，现有职工近千人，其中包括各类专业技术人员109人；固定资产692万元，占地总面积3.3万平方米。主要产品有：一般用途热镀锌低碳钢丝（镀锌铁线）、钢芯铝绞线用镀锌钢丝（镀锌钢线）、建筑用双焊钢筋、电缆用镀锌铁丝等。年综合生产能力为25000吨。

建厂四十年来，我们主要依靠自有资金和技术力量，不断改进工艺装备，努力开发新产品，扩散老产品，企业的规模逐渐发展到国内同行业中上水平，成为冶金部定点生产各类碳素钢丝的专业厂家。近几年在改革、开放的浪潮中，不断深化企业内部改革，积极推行技术进步，实行标准化管理，两种主要产品均被评为省优和部优行销全国各地。每年还有部分产品供应外贸部门出口，远销到新加坡、马来西亚、印度尼西亚、美国和日本等地，此外还为国内部分大中型电缆厂家出口配套，产品销售率达100%。

1989年，企业受国家计量技术管理局委托承担了“长春市金属线材制品监督检验站”的职责。目前，企业正在实施“八五”发展计划，不断深化改革，挖掘潜力，使企业在市场激烈竞争中处于不败地位，并且每年可为国家创工业总产值5000元，创利税总额300万元。

厂　　长：朱绍清

厂　　址：长春市南关区西头道街7号

电　　挂：1624

电　　话：865616

邮　　编：130041

【长春市变压器附件厂】 是机械部变压器组件定点生产厂家。地处交通便利的长大、长哈铁路交汇处，始建于1966年，现有职工355人，厂区占地面积1.7万平方米，厂房建筑面积4千平方米，固定资产214万元。

该厂技术力量雄厚，各类专业技术人员占职工总数的15%，具有开发、设计、生产变压器组件的综合能力，备有完善的检测设备和手段，属三级计量合格单位。1990年首批通过了全国变压器组件行业质量验收。

该厂主导产品YS型水冷和YFZL型风冷器是专供油浸式变压器及大型电力变压器用的热交换冷却装置。产品结构合理，性能可靠，使用安全，噪声低，可立式、悬挂式安装使用是保证变压器在满负荷或超负荷状态下安全运行的理想配件。其中“泾渭”牌YSI型水冷却器1985年被评为省优质产品，1989年获国家劳动部优质产品奖。产品年销售量占全国的69%，覆盖率达42%，并出口到马来西亚、印尼、朝鲜等国。

厂　　长：刘永财

厂　　址：长春市铁北鞍山路东利国街1号

电　　话：237296

邮　　编：130052

【白城市电机电器总厂】 是以生产单体式飞轮式磁电机为主导产品的专业厂，占地面积10万平方米，生产用面积3万平方米，固定资产原值284万元，现有职工473人，工程技术人员20名，其中高级工程师3人，高级经济师、会计师各1名，工人技术等级5.5级。年产值千万元，利税百万元，被誉为小型巨人企业，白城地区一级企业。本企业除生产单体式C210、C210B、C422、C442N、C422TH、C440TH和飞轮式CV—100磁电机外，还生产微型电机及农机产品微型水泵，一九九二年引进了汽车防盗防劫报警器（QFB—204型）并通过省级鉴定。

上述产品中单体式磁电机、微型水泵均为省优产品，销售量分别为3万台和1万台。销售网点遍布祖国东西南北。

现有产品工艺安装完备，检测手段齐全，生产设备精良，其中压铸机，真空浸漆，电动绕线数控车床、线切割均具备80年代水平。产品已由过去的配件型转变为配套型，配套产品占全部产品产量的70%以上。

法人代表：袁国章

厂　　址：白城市西青龙路71号

电　　话：0436—237152　0436—225832

电　　挂：6593

邮　　编：137000

【白城市汽车电器厂】 建于1969年，是技术力量较强，专业工艺配套、检测手段齐全的汽车电器专业生产厂，是目前我国生产汽车电器产品的主要厂家之一。1989年跨入省级先进企业行列。

该厂占地面积21000平方米，建筑面积11000平方米。现有职工815人，固定资产原值460万元。全厂设有机加、冲压、模具、电镀、精加工总装等8个主要生产车间，并拥有座标镗，电火花线切割等各种精密设备320台（套）。1987年又从日本、意大利引进汽车继电器专用设备，现在已形成年产30万辆份的生产能力。

该厂经过多年的努力，已经开发定型的主要产品有汽车开关类、继电器类、保险四类、警报四类等5个系列52个品种，适用于CA141、EQ140、EQF140、国产120、130系列、红旗轿车、北京吉普、吉林微型及各种客车和改装车。产品除了向第一汽车制造厂、第二汽车制造厂、北京吉普有限公司、沈阳汽车制造厂等几家大型汽车制造厂家提供配套外，还为全国150多家汽车配件公司提供各种专门用途的汽车电器产品。特别是1985年以来，他们积极开发新产品，为"解放"汽车的换型改造，提供了具有80年代的汽车电器产品。现在该厂产品优质品率达55.2%、一等品率达100%。其中，有5种产品相继获"省优"称号。产品物美价廉，在用户中享有较高声誉。

负责人：杨钦修

厂　址：白城市海明东路82号

电　话：223543　225943

邮　编：137000

【白城市汽车电线总厂】　是目前国内最大的汽车电线束及汽车用原线生产基地。是国内唯一既生产原线，又生产电线束总成的专业化工厂。是中国汽车零部件工业联营公司，中国"解放"和"东风"汽车集团成员。从事汽车电线束及原线的研究、设计和制造已有三十年历史。该厂占地面积28990平方米，生产建设面积16984平方米，固定资产原值1083万元，现有职工1200名，其中工程技术人员102名，具有中级以上职称的20名，拥有设备320台(套)，其中引进国外先进设备17台(套)。

该厂生产的产品以"黄花"牌为注册商标，分六大系列57个品种。产品主要为第一汽车制造厂、第二汽车制造厂、一汽奥迪轿车、广州标致汽车、北京BJ213、吉林微型等28个主机厂配套，同时为全国28个省、市、自治区的184个汽车配件公司及网点供货。电抗性高压阻尼点火线，低压电线、奥迪线束、广标高压线、广标蓄电池线5种产品等效采用了国际标准和国外先进标准。自行研制的电抗性高压阻尼点火线填补了国内空白，经二汽技术中心鉴定、各种技术性能指标均超过英国卢卡斯标准。1989年经法国标致汽车本部复验，产品各种性能均达到CDCB256510标准。CA141电线束总成、EQ140电线束总成、双色PVC绝缘电线、电抗性高压阻尼点火线连续5年保省优质产品称号。主要产品汽车电线束总成经中国汽车监督检测中心检测达到一等品水平。

企业于1991年被国务院批准为国家二级企业，被省机械厅授予厅质量管理奖企业。

负责人：张惠修

厂　址：白城市长庆北街79号

电　话：224924

电　挂：6508

电　传：0436—224925

邮　编：137000

【长春车灯厂】　是国家汽车、拖拉机等行走机械的定点配套厂，全国车灯行业的骨干厂家，省级先进企业。也是一汽集团联营公司成员之一，产品为一汽中、轻、轿车的生产配套。

该厂经过多次改造，不断强化生产手段，采用先进技术、工艺、装备，积累了设计、制造各种车灯的丰富经验，使之具有国内设计、制造车灯的一流水平。能够生产中卡汽车系列；轻型、面包车系列；轿车系列以及中小型拖拉机系列等50多个品种的车灯，产品符合国际标准(ECE)，并获得省优质产品证书。

目前，该厂正在进行的技术改造项目已纳入了国家"八五"计划之中，并已同德国HELLA公司建立了长期合作关系。这必将对该厂之产品质量早日达到国际先进水平起到积极的促进作用。

厂　长：刘文忠

地　址：长春市朝阳区正阳街5号

电　话：72746

邮　编：130062

【辽源市无线电二厂】　于1972年建厂，系电子工业部定点生产各种插接件的专业厂，为预算内企业，占地面积16125平方米，其中生产用面积3943平方米，现有职工290人，拥有固定资产250万元。

该厂目前的产品主要有：彩色显像管插座、军用控制电缆、汽车插接器等产品，其中汽车插接器是该厂新研制开发的产品，目前已形成批量生产能力。

该厂生产的各种产品，品种齐全，质量良好，各项指标均达到或超过国家标准，其中：彩管插座、军用控制电缆分别获省优质产品称号。彩管插座可为国内外生产的各种规格型号的彩色显像配套，汽车插接器，可为国产的各类载重汽车、小型货车、轿车配套。

除上述产品外，该厂也正在积极地开发新产品，对各类产品在技术及质量上的要求是：达到国家标准，赶超世界先进水平，并满足用户的特殊要求。

本企业治厂方针是：深化改革，科技先行，质量第一，科学管理，依法治厂，量材用人，团结奋进，求实创新。

法人代表：严振国

厂　址：辽源市向阳大街连阳路37号

电　挂：7289

邮　编：136200

【长春市灯泡电线厂】　是市一轻局所属的国有大型企业。现有企业职工2700人，工程技术人员120人，固定资产原值3616万元。产品有电光源和汽车电线束两大门类十三大系列，其中主要有普通白炽灯泡、低压灯炮、彩色异型灯泡、荧光灯、高压汞灯、卤钨灯、固体激光器用泵、氦氖激光器及为"一汽"和CA141汽车、奥迪轿车、捷达和高尔夫轿车配套生产的各种车型电线束。

该厂具有一整套先进的管理经验和强大的技术力量，近几年来先后被命名为吉林省先进企业，国家节能一级企业，国家计量管理二级企业，吉林省优秀设备管理企业，吉林省技术改造优秀企业，吉林省轻工业厅质量管理优秀单位等称号。该厂生产的主要产品均获得"省优质产品"称号，一项产品获得省级发明奖并填补了国内空白。1989年企业荣获轻工业部科技进步先进单位。1990年度，高压汞灯在全国评比中获得第一名，荣获轻工部优秀产品称号，普灯连续五年获省优质产品称号。

该厂同中国科学院共同研制生产的"科工"牌高效长寿命荧光灯于1988年11月通过省级投产技术鉴定，技术指标符合国际电工委员会(IEC)标准，灯管寿命指标达到国际先进水平，于1989被轻工部评为全国轻工业优秀新产品，1990年又获轻工部优质产品，其制灯技术获轻工业部科学进步三等奖。

目前，该企业正努力向外向型企业转变过渡，并于1992年10月同韩国韩日电装工业株式会社签定了合作经营协议，成立了长春春原汽车电线有限公司，产品现已投入了批量生产。

厂　　长：孙玉德

厂　　址：长春市朝阳区开运街40号

电　　话：52987

电　　挂：5848

传　　真：651467

邮　　编：130012

【德惠县汽车铰链厂】 国有企业，始建于1962年，是从事机械加工行业，1991年又与一汽大众公司鉴定配套协议，成为其配套厂家。主要生产"德威牌"载重车、轻型车、微型车、奥迪、高尔夫、捷达轿车的车门铰链、车门锁等两大系列16种产品总成零部件。

该厂厂区占地面积5万平方米，建筑面积1.3万平方米，现有职工733人，专业技术人员84人，人均技术等级5.8级。拥有设备206台，其中金属切削机床105台，锻件设备30台，高精尖设备6台，固定资产2003万元，流动资金500万元。

该厂出厂产品合格率为100%，产品销售到吉林、黑龙江、石家庄、兰州等地。受到用户的信赖和好评，主导产品CA1091汽车门铰链，1989年获市优产品，被一汽评为"产品质量改进奖。"轻型车锁产品达到日本原件水平，企业被一汽评为"整车创国优立功单位"、"保持创国优先进单位。"

该厂管理水平先进，加工手段齐全。主体车间有锻造(滚锻、2吨模锻、自由锻)、冲压(250吨—25吨冲床)、机加(组合机床)模具(线切割)。装配采用大规模流水作业，工艺专业化程度较高，达八十年代先进水平，热加工能够加工5公斤以下锻件，冷加工能够批量加工多种零部件及模夹具设计制造任务。

厂　　长：吕树文

地　　址：吉林省德惠县站前街

电　　话：2236

邮　　编：130300

【延吉市朝鲜日用铸造厂】 建于1958年，是生产少数民族用品专业铸造厂，厂区面积3.1万平方米，建筑面积1.3万平方米，固定资产236万元，自有流动资金107万元，现有职工388名，中级以上科技人员16名，主要产品有朝鲜族铁锅、多用锅、铸铁电炒锅系列产品、铸铁不粘锅、铸铁不粘电煎锅、电饭锅、精制铸铁炒勺、玻璃模具、卫星电视铸铁接收天线、铸铁烤肉盘、灯具等5大系列23个品种87个规格，朝鲜族铁锅1979年以来保持部优、省优质产品，电炒锅为省优质产品，多用锅、玻璃模具为省优秀新产品，该厂自1984年以来先后荣获国家轻工部、民委先进企业，省、州、市先进企业，文明单位，吉林省先进级企业的称号。

厂　　址：延吉市解放路388号

电　　话：512564

【长春东武防盗装置有限公司】 是由长春市兴新房地产开发公司与香港东冠贸易公司共同经营的中外合资企业，主要生产、销售防盗金属门及防盗门锁，年生产防盗门4万扇，产品60%销售国际市场。该厂产品以生产金属通用型防盗产品为主，该产品生产工艺是引进意大利三联控防盗自动门锁生产技术与引进部分关键性生产设备而成，其产品以新型防盗门门面配上意大利先进门锁的巧妙结合，改变了传统的防盗弊端，突出了设计新颖、结构独特、美观大方、经济实用等特点，是一种出口创汇的新产品，该产品填补了省内空白，达到了国内同行业先进水平。

经　　理：任大伟

地　　址：长春市西郊路11号

电　　话：712447

邮　　编：130041

【长春市煤气报警器厂】 是吉林省煤气公司所属专门生产煤气报警器的厂家。煤气报警器，是使用煤气、液化器的单位和家庭，出现气体泄漏最可靠的报警装置，防止煤气中毒，避免造成人员伤亡。该产品自生产以来经过千万用户实际使用被誉为信得过产品。该产品选用国内外优质零件和传感器件，经过多次改过，性能好、灵敏度高。当空气中的有害气体达到0.4%—0.5%时，就可自鸣报警。特别是对新安装以及陈旧设备的用户更是有备无患。

厂　　长：刘嘉政

电　　话：238497

邮　　编：130052

【长春市锅炉仪表厂】 是机械工业部生产双色水位计的专业定点厂是中国双色水位计的发祥地。

双色水位计系列是该厂的主导产品，其中低、中、高、超高、亚临界压力档次配套齐全。该厂还生产单板式、管式水位计和非标准单、双色水(液)位计，以及声光报警器、温度报警器等。

该厂技术力量雄厚、设备配套，检测手段齐全。同时坚持与科研单位、大专院校合作，及时将科研成果转化为新产品。近年新推出的云母双色水位计、光电远传双色水位计，就是科研成果的体现，都是电厂多年渴望的最先进的水位计。

该厂产品质量上乘，安全可靠，曾荣获部、省、市优质产品奖、金鹰奖、二、三等科技术成果奖。产品在行业中占据品种齐全、质量、水平、售后服务四个第一。

该厂产品遍布全国29个省市自治区的100多家大、中、小型电厂和其它部门，并随主机出口印尼、巴基斯坦等九个国家和地区。

欢迎各界朋友往来、合作。

厂　　长：刘吉静

厂　　址：长春市铁道北西天光路59号

电　　话：237788　231251　231696

电　　挂：3048

传　　真：231253

邮　　编：130052

【长春市福利注油工具厂】 小型加工制造企业，厂内设生产技术、质量检查、供销、财务、办公室等科室。产品主要为一汽生产配套，部分自销，有100克、300克压把式黄油枪和捷达、高尔夫轿车靠背棕垫等配套产品。其产品严格按国家电子工业部GB1664—02—10标准组织生产，质量优良，深受用户信赖。

厂　　长：邹常佑

地　　址：长春市二道河子区岭东路86号

电　　话：448832

邮　　编：130031

【长春市重庆钣金厂】 集体所有制企业，原本是只有几个人的街道小厂，由于经营有方，企业生产不断发展壮大，现已成为小型巨人型企业，创利税大户，企业社会声誉越来越高。现有职工58人，1992年产值500万元，利税108万元，人均利润超万元。注册商标"白山牌"，产品为各种规格的铁卷柜、更衣箱等。以其独特的魅力受到消费到者的青睐，其产品不仅销往省内各地，还销往辽宁、黑龙江、海南等省。

厂　　长：陈华

地　　址：长春市西安大路70号

电　　话：826472

邮　　编：130061

【长春市保温瓶厂】 成立于1950年，是东北地区一家重点生产保温瓶的工厂，现有固定资产1050万元，年生产各种保温瓶500万只，年实现工业总产值2500万元，工厂占地2400平方米，工厂现有职工一千六百名，其中工程技术人员及专业人员100名，生产的主要产品有：0.2L、0.32L、1L、2L、3.2L铁壳瓶、塑壳瓶、气压瓶、咖啡壶等各种系列、品种达30多个，许多产品曾荣获吉林省、轻工业部、东北地区优质产品奖。

该厂生产的产品，销往国内各地，与200多个商业网点建立关系，许多产品还畅销国际市场，如欧洲、东南亚等地区和国家，尤其近四、五年开展了对独联体各个国家的边境贸易，通过外贸部门以及直接与五十几个独立体的客商建立了合作关系，广泛开展了易货贸易，年出口交货值500万元左右。

该厂实力雄厚，设备先进，技术力量强。目前拥有保温瓶行业最先进的自动吹泡机，自动拉底机，自动封口机和各种不同型号规格的冲压设备及专业设备近二百多台，生产美观大方、图案新颖、质量上乘、深受广大消费者喜爱和欢迎的铁壳、仿银保温瓶、保温饭合、气压瓶、咖啡壶等。

竭诚为各界服务，这里将是您的最佳选择。

厂　　长：王善伟

厂　　址：长春市朝阳区西中华路16号

电　　话：828858

邮　　编：130061

【延吉松兴密胺餐具厂】 是生产餐具的专业厂家，现有厂房面积680平方米，固定资产350万元，年产值达300万元，该厂除主要生产密胺餐具外，还有高档绣花被和亮光粉等。

该厂生产的茶盘、碗、菜盘等100多种色彩各异、造型新颖、坚固耐用的密胺制品是当今家庭理想的厨房用具。它具有耐腐蚀、耐[illegible]等特点，即具备了陶瓷的各种优良[illegible]能，又克服了普通塑料和陶瓷易碎的缺点，而且无毒、无味、光洁度好，美观大方，实用性强。其产品全部采用从韩国引进的先进技术和设备生产加工而成，产品质量有很好的保证。欢迎各界与我厂广为合作和联系。

厂　　长：韩奇东

厂　　址：延吉市建工街民河胡同3号

电　　话：528858

邮　　编：133000

【四平市第一塑厂】 国有中型二级塑料加工企业，始建于1960年，至今已有三十多年生产PVC、PE管材、管件及各种注射制品的历史，是吉林省塑料行业的重点企业，水利部协作单位，省级先进企业，技术开发先进单位，塑料喷满注设备于1978年获全国科技大会奖。PVC管材和塑料啤酒周转箱从1982年以来连续被评为省优质产品。

该厂是最早使用引进塑料生产设备的厂家，近年来又先后引进具有世界先进水平的日本产大型注射机和奥地利辛辛那提公司的锥烽杆挤出生产线、管材、管件模具、自动泵口机和各种注射模具。配上完备的生产工艺、严细的检测手段，使我厂产品远销海外，内贯全国。我厂生产20—400毫米各种规格的PVC、PE管材，建筑给排水管材及管件，固定式塑料喷注设备，农用节水式低压输水灌溉管材，并为洗衣机、电冰箱、汽车行业配套生产各种塑料配件。

我厂以质量第一、信誉至上为宗旨，信守合同，热情为广大用户提高技术咨询和安装服务，欢迎广大用户使用我厂产品。

厂　　长:徐伟

厂　　址:吉林省四平市六孔桥57号;

电　　话:223793

电　　挂:0001

邮　　编:136000

【辽源市塑料一厂】 是国家轻工业部定点生产软质聚氨酯泡沫塑料的小型国有企业,现有职工255人,全厂占地面积7000平方米,建筑面积4500平方米,固定资产原值418.7万元。年生产能力2000吨聚氨酯泡沫材料系列产品。1990年跨入国家二级企业行列,1991年被省委、省政府命名为全省学吉化先进单位,先后荣获全省二轻系统效益最佳企业。全市创税先进企业的称号。

该厂生产的晶雪牌泡沫及泡沫复合材料多年获全省优质产品奖,泡沫复合材料获省优秀新产品奖。晶雪牌泡沫是八十年代初我国开始生产的新型泡沫塑料,产品洁白、细腻、质轻、柔软,具有良好的保温、隔音、隔热、防震的特点,富有弹性,透气性好,主要用于各种汽车、拖拉机、客车和轮船的垫俱,也可用于贵重物品精密仪器的包装,并可用做过滤材料。产品规格:2000mm×1500mm×(3—800)mm,旋切片材800—1800mm,厚2—20mm。

该厂的服务宗旨为"用户至上,质量第一",该厂将以优良的产品质量,全优服务态度,竭诚地为社会各界服务。

厂　　长:谭尚华

地　　址:辽源市向阳大街52号

电　　话:223489　　224143

邮　　编:136200

【蛟河造纸厂】 始建于1960年,是有三十多年历史的国有企业。

该厂生产的铠甲牌一号箱板纸,是以木材为原料,碱法生产底浆,采用进口木浆挂面的纸板,幅宽1600mm,定量280g/平方米、挂面浆40g/平方米、年产量500t,单价:2200元/t,卷筒包装,此产品广泛适用于包装工业,特别适用于高档纸箱面料,产品具有光泽性强、强度高、质量稳定等特点,产品质量超过部颁标准。1987年被评为市优质产品,1988年被评为吉林省优质产品,产品畅销全国各地,深受用户的欢迎。我厂供货及时,可代办托运。

负 责 人:李培臣

厂　　址:蛟河市工农路97号

电　　话:22375

邮　　编:132500

【长春市人民印刷厂】 国有企业,现有职工260人,固定资产总值约110余万元,年产值200余万元。

该厂自1990年进行大规模技术改造之后,大大提高了印刷质量和印刷能力,现具有激光照排、照像制版、活字铅排、胶印铅印、胶印复印、报刊印刷、精装平装、假精装等的能力。另外,该厂于1990年独家设计、生产了《周历日志》系列产品,几年来,在社会各界朋友和大力支持下,销量不断递增,质量稳步提高,花样年年翻新。在融合了当今国内外最流行的款式和内容后,使之更具有珍藏价值和实用性,并可根据用户的要求,对其内容和形式进行增删和变化,以达到用户的需求。

该厂的服务宗旨是"用户第一,质量第一,工期第一。"近年来由于加强了企业管理和技术培训,企业信誉不断提高,赢得了广大用户,结识了许多朋友。我们恳地希望社会各界朋友来厂考察、合作,我们将竭诚为您服务。

法人代表:丛军

厂　　址:长春市南关区东大街53号

电　　话:(0431)—864059

【东北师大附小印刷厂】 系校办企业,1958年建厂,具有三十多年的生产经营历史。近年来,为提高企业生产竞争能力,该厂陆续购置了日本进口激光照排机、胶印机及各种铅印设备等,企业生产经营的深度和广度大大拓展,现已具备承印各种书刊及报表的能力,曾先后为省内六家出版社承印过书籍。该厂计价合理,保证质量,信守合同,竭诚欢迎社会各界用户光临惠顾,并将提供优良的服务。

联 系 人:曲兴环

地　　址:长春市自由大路10号

电　　话:683960

【长春市东方印刷厂】 是1979年建厂的集体企业。该厂自建厂以来,注重产品质量,深得用户信赖,企业经济效益不断提高,企业积累不断增加,促进了技术进步。1991年该厂进行了大规模技术改造,购置新一代的胶印机,激光照排等成套先进设备,具备了承印铅印、胶印的各类书刊和资料的能力。

在改革大潮中,该厂正积极致力于由过去的计划经营型向市场经营型转变,注重职工素质的提高,致力于产品质量,培养了一大批善管理、懂经营、专业技术熟练的职工队伍。

该厂愿与全国各地企、事业单位竭诚合作,向一切愿意承印各种印刷制品的单位提供最佳印刷制品。本厂欢迎各用户单位及个人在产品技术、质量、经营等各方面提出宝贵意见,促进企业为印刷事业的发展做出贡献。

厂　　长:高淑英

地　　址:长春市宽城区凯旋路23号

电　　话:238026

邮　　编:130052

【白城市纸箱厂】 是白城地区首家生产各种出口、内销纸箱、纸盒的专业厂家,是中国包装技术协会会员厂家之一。该厂设备先进,技术力量雄厚。

自1968年建厂以来,承蒙各界的大力支持,企业不断发展壮大。产品遍布吉林、黑龙江、内蒙古等地区,并部分销往国外,一直受到各新、老用户的好评,在吉林省历届行检中,多次被评为优秀产品。并获“出口商品包装质量许可证。”是吉林省出口纸箱定点生产厂家之一。

吉林省的希望在西部，西部在白城，欢迎您到白城来，欢迎您到白城市纸箱厂来！

厂　　长：扈国君

厂　　址：白城市沙坑北路181—1号

电　　话：(0436)236043

【吉林省食品包装技术开发公司】 省食品工业局直属企业，地处长春市高新科技产业开发区内。该公司开发成功的液体感光树脂版生产技术具有良好的应用价值，为铅印企业带来了福音，作为国家重点推广项目，该公司开发的省内首条液体感光树脂版生产线1992年8月在长春正式投入生产，近一年的生产实践证明，该项生产技术工艺成熟，设备先进配套，可面向众多的铅印企业，提供制版服务、技术服务和技术咨询。

联 系 人：倪达

地　　址：长春市斯大林大街134号

电　　话：680332

邮　　编：130022

【长春欧吉达包装分厂】 系长春市欧吉达建筑陶瓷总厂包装分厂，具有九十年代先进瓦楞纸板生产线，设备先进，技术力量雄厚，专门生产各种出口包装瓦楞纸箱、纸盒。承揽加工各种出口及内销瓦楞纸箱、纸盒生产。该厂生产的瓦楞纸箱已远销美国、意大利、韩国、香港等地，深受外商好评。

我们的宗旨是：价格合理，用户至上，信守合同，保证质量。

厂　　长：韩国清

厂　　址：长春市凯旋北路4号

电　　话：230992　　230993

电　　传：237743

邮　　编：130052

【长春市轻工包装装潢厂】 是1980年建厂的市属集体企业后起之秀，经过十几年的发展，现已有固定资产原值91.5万元，年产值300万元。

自1988年以来，该厂先后进行了两次大的技术改造，新建厂房1076平方米，新增设备11台(套)，形成了具有纸包装与包装印刷于一体的现代化装璜技术的企业。

随着改革开放的深入发展，该厂由计划管理型向市场经营型转化，实行企业开拓型管理，并培养了一批高、精、新的专业管理人员和业务骨干，企业效益不断增加，1992年创税20多万元，人均利税千余元。已成为市集体企业的大户。

厂　　长：柳秋荫

地　　址：长春市朝阳区开运街40号

电　　话：52197

邮　　编：130012

【长春市第二汽车车箱厂】 为长春第一汽车厂配套生产汽车车箱及汽车配件厂家。生产工艺及质量均按一汽标准执行，达到国家标准。1992年产值近400万元，人均利税2000元。

其主要产品有解放CA141系列驾驶室、车箱、加长车箱、前翻；CA15系列汽车驾驶室、车箱附盖件、叶子板等配件产品，产品经销全国各地。

随着商品市场的发展，为满足广大用户对产品性能的更高要求，进一步扩大产品销售市场，提高经济效益。该厂十分重视产品的更新换代工作，本着生产一代、试制一代、开发一代的宗旨、经过努力，试制了鸡雏保温车，保温性能可调为正负32度，预计不久，该产品便可投放市场。

该厂自为一汽配套生产以来，在管理上实行同行业管理，产、供、销，人、财、物等实行一汽管理形式。伴随着改革开放的深入发展，该厂将以全新的面貌，为汽车工业做出贡献。

厂　　长：任玉忠

地　　址：长春市兴街87号

电　　话：238493

邮　　编：130052

【长春市公路客运总公司】 为国有中型专业客运企业。是省内公路交通系统唯一的国家二级企业和吉化式企业。现有职工1754人，各种进口、国产客车320台。企业固定资产原值为6000万元，客运幅射面达五省(区)，二十个地、区，五十一个市县，105条营运线路，日总营运里程56000公里。年客运量700万人次，客运周转量3亿人公里。

现总公司下属六个专业营运性公司(即：第一客运公司、旅游公司、第三客运公司、轿车出租公司、长双联营公司、汽车发送公司)，七个经营实体公司(即：汽车修理中心、建材公司、广告公司、珠海市春海工贸发展公司和珲春吉联经贸公司、物资经销公司、服务公司)以及三个客运站(即：客运中心站、客运南站、客运北站)，1991被交通部评为最佳经济效益企业，被市政府评为“文明单位标兵”企业。总公司党委被省委评为“先进基层党组织”，总公司工会被市总工会命名为“模范职工之家”。最近两年里，总公司被省政府和市政府列为超前试点单位。

总 经 理：李献延

地　　址：长春市解放大路42号

电　　话：862684　　865589

【伊通县民政糊精厂】 该厂是集体企业，大部分职工是残疾人。建厂以来，受到社会各界的关心和帮助，企业有了很大发展，主要生产药用糊精和工业用糊精，产品质量可靠，畅销全国，信誉度很高，为振兴本县经济，解决残疾人就业问题做出了重大贡献。目前，厂房面积已扩大到1500平方米，年产糊精3500吨，产值900万元。欢迎省内外各界朋友与我厂联系、合作。

厂　　长：刘锡福

地　　址：伊通县三商店路北

电　　话：2595

电　　挂：3046

邮　　编：130700

【四平市客运公司】 中型国有公路专业客运企业。下设车队(4个)、客运站、分流站、保养厂、劳动服务公司等八个基层单位,九个职能科室,现有职工903人,营运车辆91台,固定资产1118万元,营运线路50条,日发102班次,向吉林、辽宁、河北、天津、北京、黑龙江、内蒙等七省区二十四个市县辐射,是我省南大门的交通枢纽。

1992年实现利润56.1万元,创历史最好水平。在提高企业经济效益同时,公司还注重企业后劲的积累,提高车辆档次。1993年更新车辆19台,其中,中高级客车14台。

在客运市场竞争日趋激烈的形势下,该公司充分发挥自身的优势着力发展跨省区长途,超长途客运班线,开辟了四平至北京、大连、哈尔滨、白城等10条线路。其中四平至北京线路是我省第一条直通北京公路客运班线,公司投资42万元购入两台高级公路卧铺客车投入运营,并实行了吃、住、行一条龙服务,缓解了四平火车卧铺购票、乘车难的矛盾。

公司本着"企业为主,全面发展"的原则进一步拓宽经营渠道和经营领域,开办了以厂办企业为主的旅店、综合商店、铝合金结构公司、饲料加工厂、旅游公司等企业,1992年年收入85万元,实现利润15万元。

公司先后被市委、市政府评为先进党委、文明单位、先进团委,客运站连续三年被交通部命名为"全国公路水路旅客运输先进客运站",公司1992年被省政府命名为"双文明单位"。

经　　理:张庆国

地　　址:四平市铁西区中央西路158号

电　　话:222459

邮　　编:136000

【公主岭市客运公司】 国有运输企业,公司占地面积1.7万平方米,拥有固定资产950万元,流动资金11万元,职工610人,各种车辆113辆,其中进口车辆37辆,各种修理机具10多台件。经营项目有客货车运输、修理、配件、销售等,客运业务主要经营公主岭市到本市各乡镇及通往长春、四平、伊通、沈阳、西柳等55条线路上的旅客运输,还办理结婚、丧事、旅游、会议、参观等包车业务。

该公司现有3个客车队,1个货车队,1个保养厂,1个配件门市部,6个客运站和1个交通服务大楼等5个基本生产单位和8个销售服务部门。1987—1989年连续三年被交通部评为"部级优秀运输先进集体",1992年实现营业收入853万元,创利税172万元,部分经济指标居省内同行业之首。

地　　址:公主岭市铁北东四长路50号

【长春光复路庆丰大厦】 是由中外合资企业吉林华兴房地产开发建设有限公司建造的,是光复路商业城五大建筑之首,东与"伪满洲国皇宫"毗邻。庆丰大厦为五层框架结构,建筑面积32000平方米,白色瓷砖饰面,铝合金门窗,气势宏伟壮观。米凤君市长亲自题写了"长春光复路庆丰大厦"匾额。配以八部楼梯,三部电动扶梯,四部货梯,一部客梯,以及电动防火防盗装置的营业大厅,宽敞明亮,是一部现代化的大型综合商场和旅游网点。

庆丰大厦是省内外最大的以经营农贸、小食品、小商品、服装百货为主要品种的批发、零售市场。辐射整个东北三省,其中吉林省四十八个市县,有得天独厚的优越条件。大厦一至四层为营业大厅,其中一楼商场经营种农副产品、水产品、鸡、鸭、牛、羊肉、各种饮料、调料、水果、蔬菜、粮油等;二楼经营小食品,方便食品、烟酒糖茶等三百余种;三楼经营服装、鞋帽、羊毛衫、床上用品、箱包及省内外的新产品;四楼是精品商场,将从香港、韩国进口各种高档、名、优、特商品;五楼是娱乐场所,设有歌舞厅,卡拉OK,餐厅。庆丰大厦是一个集购物、餐饮、娱乐为一体的综合性服务性的商场。大厦以优越的购物环境,充足的商品货源,优秀的服务质量,严格的管理机制,竭诚为广大客户服务。

昔日光复路,天时地利与人和占尽!

今日之庆丰,希望发展与成功所在!

我们竭诚欢迎国内外工商界同仁、生产厂家个体经营者前来惠顾洽谈投资合作,也可来信来函联系。

总 经 理:李文喜

地　　址:长春市光复路21号

电　　话:255626　255287　255623

传　　真:255642

邮　　编:130042

【白城市商业大厦】 经营面积8200平方米,拥有职工500名,固定资产600万元,是全区规模较大的国营商业零售兼批发企业之一。大厦内设有8个商场,即:针纺商场,服装商场,鞋帽商场,文体商场,百货商场,家电商场,招商商场,共经营15类,近二万种商品。与全国300多个厂商建立了稳固的供货关系,购销两旺,年利税逾百万元。

几年来,通过职工上下努力。获得了省"消费者满意商店";全省"大百货商店物价管理先进单位";市"文明单位""文明优质服务先进单位";市"物价信得过先进单位";市"计量信得过先进单位";市"重合同守信誉先进单位"等称号。

大厦本着开拓经营,勇于探索,务实求新,争创一流的经营宗旨,脚踏实地地实现着一流的环境,一流的商品;一流的服务,一流的管理的目标。企业已走上了规范化、制度化、科学化的管理轨道。本大厦竭诚欢迎全省各界朋友来大厦洽谈业务。

总 经 理:张万成

地　　址:白城市海明东路123号

电　　话:222107
电　　挂:2585
邮　　编:137000

【白城市八女百货大楼】 国有商业企业,营业面积2300平方米,以经营日用工业品为主,经营品种包括纺织、针织、工艺文化、日用百货、五交化、副食品等13000多品种,年销售额1600万元,利税110万元。经营场所为四层营业大楼,内部装饰华丽美观,经营设施完善,购货环境幽雅,商品花色品种齐全,汇集了全国各地名、优、新、特商品和适销对路商品,可满足不同消费层次的消费者购物需要。在经营工作中,该百货大楼恪守商业职业道德,奉顾客为上帝,提供优服务,赢得了顾客赞誉,提高了企业信誉,同时也带来了可观的经济效益。先后获得商业部授予的《全国百货零售企业管理先进单位》,省消费者协会授予的《消费者满意商店》等称号。总经理王玉兰被评为全省商业系统优秀经理,营业员杜秀萍被评为全国劳模,"五一"奖章获得者,1992年被选为十四大代表,光荣地出席了党的十四次代表大会。

总 经 理:王玉兰
地　　址:白城市海明东路61号
电　　话:224178
邮　　编:137000

【吉林省白城百货采购供应站】 是国有日用工业品二级百货批发企业,现有职工384人。固定资产原值600万元,自有流动资金143万元,内设九个业务经营部,主要经营针纺、百货、文化、服装鞋帽四大类商品,一个储运部,一条铁路专用线。在商品销售上开展了服务到家,送货上门服务业务。在开展批发业务的基础上,还开展了零售业务。拥有三个专业零售商店,营业办公楼面积5000平方米,仓储面积49700平方米。在多年的商品经营中,该单位坚持重合同、守信誉,受到了各供货单位和广大客户的好评,并取得了较好的经济效益。近几年销售额都在7500万元左右,利税200万元左右。在批发企业经营大幅度滑坡的情况下,该单位坚持企业内部转换经营机制,加强企业经营管理,1991年被全国商业协会评为经济效益优胜单位,1992年盈利77万元。热烈欢迎各有关生产厂家、广大客户,同我单位开展业务联系。

经　　理:张春峰
地　　址:白城市海明东路63号
电　　话:223528
电　　挂:9794

【白城市百货大楼】 始建于1950年,是吉林省20多家大型百货零售商业企业之一。营业面积6100平方米,固定资产164万元,职工430人,下设六个营业部,一个出租商场,一个批发部。经营范围包括日用百货、针纺织品、文化用品、体育器材、五金交电、金银饰品、钢木家俱、食品日杂等十二大类19000余个花色品种。1991年实现销售额2089万元,利税140万元。

该百货大楼坚持"名、优、新、特、廉、全、精、便"的八字经营方针,严格执行各项经营政策,经济效益和社会效益稳步提高。连续多年被评为省、地、市先进企业,重合同守信用单位;信用一级企业,物价、计量信得过单位;消费者满意商店等,扩大了企业的社会影响,提高了企业的知名度。

在改革开放的大潮中,面对竞争激烈的市场形势。该百货大楼正在加大改革力度。积极转换企业内部机制,强化管理以适应市场经济发展的需要。同时为增强企业发展后劲、该百货大楼正在实施改、扩建工程,全部工程完成后将成为白城市第一家营业面积达一万平方米的综合型、多功能、具有多项配套设施的商业大楼。新大楼的建成将为白城人民提供一个现代化的购物环境和理想舒适的消费场所。

【蛟河市百货大楼】 国有商业企业,拥有固定资产109万元,自有资金57万元,设六个科室,八个营业部。现有职工226名,营业面积1947平方米,经营针织纺织、服装鞋帽、百货文化、五金交电、水暖化工、日用杂品、装璜材料、食品等万余种商品。年销售额1200万元,上缴利税70余万元。连续多年被评为省级消费者满意商店、市级明星企业、物价计量信得过企业、重合同守信用企业、吉林市商业系统先进企业、蛟河市商业系统先进企业、各项工作一直名列前茅。

在改革开放形势下,企业将充分发挥建店时间长、自有资金厚、企业信誉高、职工素质好的优势,加大改革力度,积极参于市场竞争,勇于开拓进取,使企业在改革大潮中经受洗礼,经济效益不断迈上新台阶。

法人代表:杨军
地　　址:蛟河市新华大街26号
电　　话:22654
邮　　编:132500

【蛟河市商业大厦】 创建于1992年,是蛟河市最大的商业零售企业,大厦面积达5000余平方米,下设一个专业批发部,三个零售商店,职工人数360人,固定资产587万元,经营品种达2万余种,大厦建筑新颖独特,装璜华丽,设施一流,是理想的购物中心。

大厦深化企业内部机制改革,在管理上推行现代化管理,企业技术力量雄厚,专业技术职称人员占职工总数的百分之二十,大厦同全国各地上千家厂、站有直接的业务往来,大厦所经营的商品名、优、新、特占80%以上,以质量好、规格全、价格低占领市场,大厦的服务宗旨是:质量第一、顾客第一、服务第一。

总 经 理:刘福林
地　　址:蛟河市新华大街9号
电　　话:24823
邮　　编:132500
电报挂号:8102

【蛟河市供销大厦】 总建筑面积为6200平方米，现有职工325人，内设七个商场和一个批发展厅。是一个集副食、百货、五金交电、家用电器、服装、鞋帽、针纺织品为一体的大型综合性商厦。年销售额达2000万元，实现利税130万元。

大厦经营品种齐全，商品名优新特、精品服装、鞋帽独领风彩，大众商品齐全价廉，以满意各层次销售者的需要，是广大顾客理想的购物中心。

总 经 理：潘莹

地　　址：蛟河市蛟河大街48号

电　　话：04424—24828
04424—23922

电　　挂：0633

邮　　编：132500

【双辽县医药药材公司】 国有医药商业企业，有职工367人，固定资产200万元，年销售额1200万元，利税60万元。下设医药公司、药材公司、江源贸易商行、地产中药材贸易公司、物资供应公司五个二级专业公司；河北安国经营处，山东烟台经营处两个派外机构，以及分布全县城乡的23个医药批零商店。经营医药材包括中西成药、中药材(饮片)、医疗器械、医疗保健品六大类1680个品种，负责全县40万人口的医药供应。近年来，公司本着两个效益同步发展的原则，努力发挥国营医药商业主渠道作用，以市场为导向，以质量求信誉，不断拓宽营销覆盖面，新老客户不断增加，提高了企业知名度，公司连续五年被县政府命名为重合同、守信誉单位；物价、计量、质量信得过单位，以及省级医药行业四好仓库先进单位，省医药行业标兵单位。

【吉林省邮电器材总公司】 是吉林省经营邮电通信器材的最大企业。本公司基础坚实、资金雄厚、历史悠久。多年来，总公司坚持在严格地执行国家法律、法规的基础上，热诚向全省提供可靠的邮电通信器材和优质服务，深受全省各企业等单位的青睐，是产品质量和服务质量信得过的企业。

本公司位于长春市解放大路96号(吉林省邮电管理局楼内)，现有职工111人，公司下设业务一部、业务二部、经营一部、经营二部、电缆部、原材料部、话机部、(均设在省局楼内)、机电公司(设在长春市朝阳区同志街义和路胡同29—1号)、珲春实业公司(总部设在珲春)、储运部(设在长春市朝阳区泰来街12号)等机构。主要经营邮电通信器材，兼营金属、建材、机电、五金文化等商品。

总 经 理：孟宪良

副总经理：孟庆福

电　　话：826770

邮　　编：130021

电　　传：825998

电　　挂：08920

【长春市建筑材料公司新型材料供应站】 建筑材料专营单位。经营品种有水泥、玻璃、沥青，油毡纸、石棉瓦、卫生陶瓷、室内装饰材料、钢材、木材等。该供应站的经营宗旨是“信誉至上”。该供应站经营的品种全、质量好、价格低，欢迎各界用户光临惠顾。

经　　理：蔺宗才

地　　址：长春市团结路49—1号

电　　话：827911

邮　　编：130051

【天津狗不理包子饮食集团长春分店】 是吉林省唯一以经营独特风味的天津狗不理包子而著称的饭店。该店总营业面积近500平方米，可以承办300人左右的各种高中低档宴会。室内装修豪华典雅，既有高级餐厅，又有普通客座。

分店经营正宗狗不理包子，狗不理包子风味独特，无论从面、馅到制作流程都有独到之处，吸引着众多消费者。

分店菜点风格各异，各有千秋，尤以经营关东菜肴为主。分店聘请的全是国家二级以上的名厨，并由国家特一级厨师孟凡祥亲自主灶。

分店以顾客至上为服务宗旨，制定了各岗位人员的行为规范和标准化、程序化、规范化服务细则，优良的服务赢得了顾客和社会的信任和赞誉，1992年初，分店还成立了“质量监督委员会”，聘请了省工商、税务、卫生等行业的社会名流作分店的质量监督委员，有权对分店的服务态度、饭菜质量作监督检查。

鉴于分店开业三年来所取得的成绩，天津狗不理总店向长春分店颁发了荣誉证书：“你店生产的天津狗不理包子已达到优质产品标准，特发此证”。

谒诚欢迎各界朋友光临。

总 经 理：杨凤歧

地　　址：长春市宽城区建设街甲1号

电　　话：847409
840114—3225

【吉林省中国国际旅行社】 (原中国旅行社长春分社)成立于1958年，是专门从事国际旅游业务的第一类旅行社。

30多年来，该社始终奉行“宾客至上，信誉第一”的宗旨，为海内外宾额提供优质服务赢得各界广泛的厚爱，使得CITS的形象愈放光彩。该社主要业务范围是：招徕、组办和接待外国人、华侨、港澳台同胞来华旅游及代办订国内处饭店、机票、车票；承办国际性会议，提供英、日、德、法、俄、朝鲜等语种的商务性翻译服务；组织中国公民赴海外旅游以及导旅游相关的其他业务。

地　　址：中国长春新民大街副10号

电　　话：(TEL)0431—647052

电　　传：(TLX)83085CITSC CN

传　　真：(FAX)0431—645069

电　　挂：(CABLE)1119 CHANG CHUN

邮　　编：(P·C)130021

【吉林大世界有限公司】 是吉

林省国际房地产有限公司与日本和工业株式会社合资兴建的中外合资企业。它是集文化娱乐、饮食服务、商业贸易于一体的综合性旅游服务场所，位于环境幽雅、交通便利的长春市同志街，门前设有停车场。

大世界福禄寿餐厅集中华美食之精华，设有各种风格的宴会厅，还有能容纳300人的大餐厅。卡拉OK配有大屏幕镭射录像设备，新进各种镭射唱碟可供各界人士一展身手。夜总会隆重推出不夜城演唱会，国际先进的音响，乐队一流的演奏，歌星强大的阵容倍受国内外各界人士的推崇和青睐。

大世界设备先进，装修精美，开业一年多来以其强大的演员阵容，独特的演唱风格、舒适的娱乐环境，可口的美味佳肴，高雅的社交格调，一浪的接待服务蜚声省内外，吸引着众多国内外人士的光临。

负 责 人：祝国君

地　　址：长春市朝阳区同志街34—5号

电　　话：648884　648280

电　　传：645727

邮　　编：130021

【通化市三合电脑开发公司】 原名通化市银鹰电脑开发部，是中国工商银行通化银行学校投资注册的校办企业，公司设备先进，技术力量雄厚，服务设施完备，是致力微机软、硬件及配套设备开发研制和相关产品生产、销售的高新技术企业公司，下设六个部门及二个分公司和一个研究所。企业现有固定资产200万元，职工人数165人，其中具有本科生以上学历者为38人，具有技校、中专学历的45人。

经营范围：主营微机软、硬件及其微机配套设备开发、制造及其相关产品的销售；兼营微机技术服务、咨询。

主要产品有：TDJ系列电脑加油机，现有三个型号六种规格的产品，通过中国石化销售总公司的部级鉴定，并获得国家专利（专利号8820496）。

脉冲式高速充电器为国家机电类专利产品，专利号86109673本产品的技术先进程度达到了九十年代国际先进水平，镉镍电池在15分钟内充满。

【中国出国人员服务部公司长春分公司】 是经吉林省政府及经贸部中国出国人员服务总公司批准成立，隶属吉林省国际经济贸易开发公司领导，专门负责供应出国人员免税外汇商品的综合服务性国营企业。公司的经营宗旨是：信誉第一，顾客至上，质优价廉、竭诚服务。凡经国家批准的所有经援、军援、承包、劳务、留学、讲学及医疗队等长期出国人员；政府机关、群众团体工商企（事）业等部门常驻国外人员；因公临时出国人员，都属于我公司的供应对象。经海关核准的其他人员亦可在我公司购买外汇商品。公司经营销售的主要商品有：进口免税原装彩色电视机、电冰箱、组合音响、录相机、洗衣机、摩托本、摄像机、空调、手表、微波炉、电子琴、打字机、编织机、游戏机、吸尘器、电烤箱、热水器、收录放三机、磁带、录相带、胶卷、金银首饰及国产免税精品等大、小件商品三百余种。

公司自1989年3月建立营业以来，全面贯彻服务宗旨，积极开拓进取，为吉林省广大出国人员提供了一流商品和优质服务，取得了较好的经济效益和社会效益。几年来，公司坚持以本业为主，发展多种经营，团结全体职工，努力拼搏，使公司有了长足的发展。1992年在我省吉林、延边、辽源三个地区分别设立了出国人员购买免税外汇商品代办处，创建了吉林省宇华出租汽车公司、中国出国人员服务总公司长春分公司家用电器维修中心等实体，使为出国人员提供免税外汇商品供应服务体系日臻完善配套成龙。公司形成了一个多方位开发、多方面经营、多层次销售网络、多功能服务的综合性服务企业。

经　　理：干洪骞

付 经 理：蒋　林

电　　话：684361

电　　挂：9120长春，国际CSCWACB

传　　真：682045

地　　址：长春市南关区南岭大街18号

邮　　编：130022

【吉林省财税信息中心计算机技术服务部】 隶属省财政厅，是一家具有法人资格的国有企业。现有财政业务人员5人，工程技术人员10人，有一百平方米的营业大厅。

该服务部主营计算机、打印机、复印机、传真机VPS电源的批发零售等。兼营计算机附属设备，易耗材料、打字、复印、激光照排轻印刷等。品种齐全、质优价廉。开发部自行开发的《吉林省预算内工业企业财务数据管理系统》和《吉林省财政收支数据管理系统》两个AS/400中型机应用软件，通过部级鉴定，被评这全国财政系统优秀软件二等奖。该服务部财政财务咨询服务范围主要包括：财政法规，财政状况，企业财务，事业财务，财政监督检查等专业信息。

我们还将不断改善服务条件，提高服务质量，竭诚为广大用户服务。

经　　理：李　成

地　　址：长春市斯大林大街29号

电　　话：274691　641691

邮　　编：130051

【吉林省银河计算机技术发展公司】 是中国人民建设银行吉林省分行所属国有企业，是一个集科研、生产、经营为一体的综合性实体。公司于1992年9月被正式认定加入长春高新技术产业开发区，成为高新技术企业。

该公司以其雄厚的经济实力和丰富的经营、管理、开发服务经验。充分发挥自己的优势，面向社会开发移植财务电算化、办公自动化应用软件;承担计算机网络工程,计算机技术培训;经营计算机及外部设备、复印、打字机;承担计算机及办公自动化设备维修;计算机各种消耗材料的批发零售。

“银河”浩瀚是由无数星球的“团结”才得永存。银河公司热切盼望得到且已得到了社会各界的广泛合作,愿我们与各界朋友的友谊象银河一样永恒。

总 经 理:陶玉唐
地　　址:长春市大马路 101 号
电　　话:811429
邮　　编:130042

吉林省大事记

1月

1日　据《吉林日报》报道，吉林省“1992年中国友好观光年”拉开了序幕。省暨长春市政府在长白山宾馆举行开幕式。

3日　吉林省人民政府发布《吉林省鼓励台湾同胞投资的若干规定》。

7日　吉林省人民政府作出决定：命名吉林省油田管理局等34个企业为吉化式企业。

9日　中共吉林省委发出《关于贯彻落实〈中共中央关于进一步加强农业和农村工作的决定〉的意见》。指出，要贯彻落实好《决定》，深化农村改革，推进农业现代化建设，开创农业和农村的新局面，加快实现小康的步伐。

9日　吉林省人民政府召开1992年第一次全体会议。会议提出，今年政府工作的总的指导思想是：全面贯彻党的基本路线，进一步推进改革开放，把经济工作的重点切实转移到调整结构和提高效益的轨道上来，继续加强农业，实现工业经济状况的进一步好转，促进国民经济良性循环和适度增长，保持经济与社会的协调发展，推动两个文明建设。

13日　吉林省人民政府发布《吉林省审定行政事业性收费的若干规定》、《吉林省行政事业性收费票据管理办法》和《吉林省收费许可证管理办法》，已经1991年12月19日省政府第十二次常务会议通过。本《规定》和《办法》均自发布之日起施行。

14日　吉林省人民政府发出《关于开展农村经济工作“科技效益年”活动的通知》。指出，“科技效益年”活动要紧紧围绕省委确定的“以效益为中心，在不放松粮食生产的同时，农、林、牧、副、渔和三大产业全面发展，产、加、销综合经营”的农村经济发展方针。

18日　省和吉林市共同举办的1992年中国吉林雾凇冰雪节开幕。正在我省考察工作的中共中央政治局常委李瑞环出席了开幕式。

19日　全省财政工作会议在长春结束。会议指出，今年全省要把调整结构、提高效益摆到突出位置上。以技术进步为动力，以提高经济效益为中心，推进产业结构、产品结构和企业组织结构的调整，进一步搞活国营大中型企业，为解决财政困难、促进财政状况的逐步好转提供有利条件。

24日　吉林省经济体制改革工作会议在长春召开。会议确定，吉林省今年的改革任务重点是：以实现企业经营机制转换为目标，有步骤地把企业推向市场；继续推进产业结构和企业组织结构调整，大力发展企业集团；加快市场体系建设，发挥国营和集体商业、国营物资企业的主渠道作用，继续深化粮食经营管理体制改革；进一步转变政府职能，积极推进宏观调控、价格体制、社会分配、住房制度、社会保险等方面的改革；下气力搞好县、镇、城区综合改革和各项改革试点；继续深化农村改革，探索发展农村商品经济的新途径。

26日　全省企业技术进步工作会议确定，1992年和“八五”期间，吉林省将全面推进企业技术进步，实施“双百双十”技术进步规划：即重点开发、改造100种具有国内或国际先进水平的新产品，重点改造100户国营工业企业；重点推广10项应用新技术，重点组织10个重大科技攻关项目。

2月

10日　省政府和省总工会共同召开电视动员大会，号召全省工交战线广大职工积极投身到学吉化、练内功、抓管理、增效益的社会主义立功竞赛活动中来，为建设家乡、振兴吉林做出新的贡献。

15日　据《吉林日报》报道，第八届全国冬运会将于1996年在吉林省举办。

22日　全省宣传部长会议在长春召开。会议确定，吉林省1992年的宣传工作，要紧紧围绕党的中心任务开展各项宣传活动，继续坚持团结、稳定、鼓励的方针，以正面宣传为主，全面准确地贯彻党的基本路线，为党的十四大的召开创造良好的舆论环境。

同日　据新华社报道，吉林实现集体企业职工养老保险。目前，吉林省已有44个市县开办了集体统筹保险，占市县总数的94%，参加统筹的企业达8067户，参加统筹的职工达80万人，全省城市区属以上企业基本实现统筹化。现已有12万名集体职工从保险公司领取退职金，占集体退休职工总数的85%。

26日　副省长张岳琦和省教委主任陈谟开分别同8个市、地、州及前扶开发区的政府、教育部门的负责同志签订了1992年全省教育工作双线目标管理责任书，明确了各级政府和教育行政部门对今年教育工作应承担的法律责任和行政责任。

27日　在全省计划生育工作会议上，副省长张岳琦与8个市、地、州及前扶开发区政府，省计生委与各地计划生育部门负责同志签订了1992年计划生育目标管理责任书。为此，省政府批准今年为“计划生育服务年”。

28日　据《吉林日报》报道，吉林市电冰箱总厂第一批出口1200台“吉诺尔”电冰箱运往大连港。

同日　吉林省人民政府发布《吉林省外商投资企业审批管理办法》。本《办法》共5章17条，自发布之日起施行。

3月

1日　据新华社报道,中国吉林省出口商品展销会在泰国曼谷闭幕。

3日　经国务院批准,从3月3日起,吉林市郊区更名为丰满区;将永吉县旺起镇划入丰满区。对原郊区部分乡镇及城区部分街道的区划做适当调整,船营、昌邑、龙潭、丰满四区皆为城区。调整后行政区划,吉林市市区的总幅员面积由126平方公里增加到1755平方公里。

7日　政协吉林省第六届委员会第五次会议在长春召开。会议通过本次会议决议,号召全省各级政协和政协委员,要坚定不移地贯彻执行党的"一个中心、两个基本点"的基本路线,发扬务实、求实、落实的优良传统,进一步增强人民政协的凝聚力,团结一切可以团结的力量,调动一切积极因素,努力做到知实情,想实招,求实效,解放思想,开拓进取,把工作做得更好。

同日　吉林省人民政府发布《吉林省城市节约用水管理办法》。本《办法》共34条,自发布之日起施行。

11日　据新华社报道,国务院决定开放珲春市等4个边境城市,加强对周边国家经济技术交流与合作,加快边境地区经济发展。

12日　吉林省第七届人民代表大会第五次会议在长春召开。会议通过了接受方建宇辞去省七届人大常委会秘书长职务的请求;接受王忠禹因工作变动辞去吉林省省长职务的请求;补选任俊杰为省七届人大常委会副主任兼秘书长;补选高严为吉林省省长。

13日　《吉林日报》发布了吉林省统计局关于1991年国民经济和社会发展的统计公报。

25日至27日　中共吉林省委五届九次全体会议在长春召开。会议强调,解放思想仍是当务之急;经济发展再快一些;积极推进改革;全方位扩大开放;坚持两手抓;根本问题在于落实。

26日　全省清理三角债工作会议在长春结束。会议明确了今年全省的工作目标:清理三角债100亿元;压缩产成品资金2亿元,三项资金占用比年初下降8亿元;降低企业亏损面8个百分点,降低亏损额30%。

4月

3日至5日　以刘希林副省长为首,有省计经委、经贸委、外事办、财政厅、人民银行、边防局、土地局等十几个委办厅局负责人参加的省政府工作组,到珲春实地考察,现场办公。本着"特事特办、新事新办、急事急办"的原则,当场拍板,在省辖范围内,将管理边境和经济合作方面的一些重大权限直接授予珲春市。

13日　中共吉林省委、吉林省人民政府发出《关于进一步减轻农民负担的通知》。强调,各级党委和政府要依据国务院颁布的《条例》和吉发[1989]14号文件规定,从现在起,用3个月时间,从直属机关、直属单位做起,自上而下地开展"五清三整顿"(即清文件、清项目、清超编人员、清非生产性建设、清承包合同,整顿统筹提留管理、整顿以资代劳、整顿收费罚款的使用管理)为主要内容,全面部署减轻农民负担工作。

同日　省委常委举行会议,重点研究了加快我省的开放开发问题。指出,国务院批准珲春市为边境开放城市,使吉林省对外开放进入了一个新的阶段。我们一定要抓住这一历史机遇,解放思想,乘势而上,真抓实干,加快改革开放和经济发展步伐,把吉林省经济搞上去。

14日至20日　省长高严在长春、吉林、延边调查研究指出,贯彻落实省委五届九次会议精神,要结合吉林省实际情况,既考虑宏观规划和长远战略,又要抓住近期工作的关键和重点,加快改革开放步伐,加速经济发展。

17日　据《长春日报》报道,双阳县天然气工程竣工,并得到省、市有关专家和验收小组一致肯定。由此,双阳镇成为全国第一个用上天然气干气的城镇。

27日　吉林省珲春市开放开发优惠政策发布会在北京人民大会堂举行。会上宣布:欢迎中外各界人士来珲春和吉林省投资办企业、洽谈经贸合作和游览观光,愿意提供一切方便。

5月

5日　据《吉林日报》报道,长春税务学院正式成立(它的前身是吉林财贸学院)。该学院是中国第一所税务高等学院,归国家税务总局领导。

7日　省委副书记、省长高严在长春高新技术产业开发区调查研究、检查工作时强调,要用好政策,办出特色,立足高新技术,努力加快长春高新技术产业开发区的建设步伐,使之成为吉林省对外开放的窗口,带动全省经济向前发展。

9日　吉林省人民政府作出《关于加快集贸市场建设的决定》。

10日　省七届人大常委会第二十八次会议在长春召开。会议通过了《吉林省农业集体经济组织承包合同条例》、《吉林省通信管理条例》、《吉林省城市房屋拆迁安置管理条例》等6项地方性法规和《关于将长春高新技术产业开发区内和珲春市征(拨)用土地的省级审批权限分别下放给长春市政府、珲春市政府的决定》等3项决定。

11日　吉林省人民政府制定的《吉林省森林病虫鼠害防治实施办法》、《吉林省盐业管理办法》已经1992年5月6日省政府第五次常务会议通过。本《办法》均自发布之日起施行。

11日至13日　省政府召开了全省工业工作会议，会上，刘希林副省长就如何解决工业经济运行中出现的企业亏损严重、资金紧张、技术进步和产品质量等问题，提出具体意见。他指出，当前组织工业生产，关键要狠抓扭亏增盈，提高经济效益。

15日　吉林省人民政府发出《关于深入开展打击毒品违法犯罪活动的通告》。《通告》提出坚决打击走私、贩卖、运输、制造鸦片、海洛因、吗啡、大麻、可卡因等麻醉药品和精神药物方面的违法犯罪活动。

20日至22日　文化部第二届全国新剧目文华奖评奖揭晓。吉林省京剧团的《高高的炼塔》获文华新剧目大奖，梨树县地方戏曲剧团的《写情书》、延边朝鲜族自治州话剧团的《没毛的狗》获文华新剧目奖，获奖总数在全国名列前茅。

23日　据《吉林日报》报道，长春—深圳航线正式通航，首航机是美国麦道飞机制造公司和上海飞机制造公司联合生产的MD——82型客机，共147个座位。

27日至30日　据《吉林日报》报道，吉林松源食品工业公司啤酒厂生产的华丹牌啤酒，在日本东京太阳城举办的第四届国际酒类博览会上荣获金奖。

6月

3日　据《吉林日报》报道，在第六届世界女子举重锦标赛上，代表中国参赛的吉林省运动员张晓丽、李亚娟，分别在82.5公斤级和82.5公斤以上级的比赛中夺得抓举、挺举和总成绩的金牌。张晓丽在比赛中两破抓举、两破挺举、三破总成绩的世界纪录，李亚娟一破抓举、两破挺举、两破总成绩的世界纪录。

6日　中共吉林省委、吉林省人民政府作出《关于尊重人才充分发挥人才作用的决定》。《决定》要求，牢固树立适应商品经济发展的人才观，让人才在流动中充分施展才能，逐步完善压力与引力并存的激励机制等12条主要内容。

11日　据《吉林日报》报道，具有世界先进水平的我国第一条大型锻造自动线，在长春第一汽车制造厂锻造分厂正式建成投产。一汽KD12500锻造自动线，是引进国外先进技术，由我国自行工艺设计、模具设计、设备制造和安装调试的。

13日　省委、省政府在省文化活动中心大剧场召开省直机关负责干部大会。听取吉林省经济学习考察团关于赴山东等五省市学习考察情况的报告。

18日　据《吉林日报》报道，丰满水电站10号水轮发电机组经过24小时试运转，今天11时20分正式并网发电。至此，丰满水电站二期扩建工程的机电安装部分提前3个月竣工。经国家启动验收委员会鉴定，10号机组设备运转情况良好，28项质量考核指标优良品率达100%，工程质量全国第一。李鹏总理为新机组投产题词："松花江上的一串明珠"。

22日　中共吉林省委、吉林省人民政府发出《关于选用、支持、保护大胆改革、勇于实践、成绩突出的干部的意见》。指出，正确理解和全面贯彻干部"四化"方针和德才兼备的干部标准。在现阶段，要把能否坚定自觉并创造性地贯彻执行党的"一个中心、两个基本点"的基本路线，作为衡量干部德才的主要依据。

22日至25日　省委工作会议在长春召开。会议深入学习贯彻中央指示和邓小平的重要谈话精神以及江泽民最近在中央党校的重要讲话精神，结合吉林省实际，研究如何抓住历史机遇，深化改革，扩大开放，加快发展，使吉林省经济更快更好地上一个新台阶。

23日　据《吉林日报》报道，国家重点工程白山水电站最后一台30万千瓦机组，于6月23日胜利投产发电，比国家考核工期提前半年。至此，总装机150万千瓦、东北地区最大的水电站建设工程宣告基本竣工。

26日　省委、省政府召开全省计划生育工作座谈会。高严省长在会上讲话指出，当前应突出抓好3项工作：进一步加强领导；落实责任制，搞好综合治理；要切实抓好基层计划生育队伍和服务网络建设。何竹康指出，做好计划生育工作关键是党政一把手亲自抓，负总责。

29日　省委常委会议指出，长春市对于全省的改革开放和经济发展，具有举足轻重的地位与作用，实现拼搏三年使吉林省经济上一个新台阶的任务，长春要发挥带头和带动作用。全省要大力支援长春。

30日　中共吉林省委、吉林省人民政府作出《关于加快改革开放使全省经济更快更好地上一个新台阶的决定》。今天，省委、省政府召开吉林省经济上新台阶动员大会，向全省共产党员、各级干部和各族人民发出动员令：拼搏三年，背水一战，使吉林省经济更快更好地跃上一个新台阶。

7月

1日　经国务院批准，吉林省又一个地级市—— 松原市正式建立。松原市实行市领导县体制，辖扶余区和前郭尔罗斯蒙古族自治县、长岭县、乾安县。

8日　据新华社报道，吉林长白山国有林区的木材生产，在产品经济轨道运行42年之后，于今年初转入商品经济轨道。这项重大改革的具体内容是实行林价制度。

13日　省七届人大常委会第二十九次会议在长春召开。会议通过了《关于动员全省人民拼搏三年实现吉林经济跃上新台阶的决议》。通过了吉林省人大常委会《关于加强政法机关执法工作决议》;批准通过了《伊通满族自治县自治条例》等事项。

14日　《吉林省人民政府关于进一步搞活技术市场的若干规定》,经1992年7月4日省政府第六次常务会议通过。本《规定》共23条,自发布之日起施行。

27日　应省政府的邀请,以俄罗斯滨海边疆区行政长官库兹涅佐夫为团长的行政公署代表团对吉林省进行工作访问。省长高严、副省长刘希林同代表团进行了会谈。双方就加快从中方长岭子至俄方克拉斯基诺公路建设,珲春至克拉斯基诺铁路建设和口岸建设问题,达成一致意见并签订了协议和会谈纪要。双方还就省区间发展友好关系问题签署了会议纪要和协议书。还确定成立省区间混合委员会。

8月

6日　据《吉林日报》报道,由长春市电焊条厂研制的尿素级(AOSTN)不锈钢焊条今天通过鉴定。AOSTN焊条的研制成功,可以取代进口,不仅添补了国内空白,各项指标也均达到国际先进水平。

18日　吉林省最后一个无电村屯——通榆县十花道乡曙光村龙山屯通电,至此,全省农村所有村屯全部通电,实现了全省城乡一片光明。吉林省在全国继京、津、沪3个市区,成为第一个农村村屯全部通电的省份。为此,国家能源部发来贺电。

同日　中共吉林省委、吉林省人民政府发出《关于成立吉林省招商局的通知》和《关于成立吉林省社会保险公司的通知》。

21日　经国务院有关部门批准,长春航空口岸正式对外开放。从此,长春机场可起落国际航班,吉林省人民同世界各地的交往将会更加紧密,全省经济跃上新台阶也会增添一份"助推力"。

23日　在省文化活动中心东方大剧院,中共中央政治局委员、国务委员李铁映郑重宣布,"92中国长春电影节"开幕。

同日　"92中国长春电影节"对外经济贸易洽谈会在银贸大厦开幕。

25日　吉林省人民政府作出《关于加快个体、私营经济发展的若干规定(试行)》。

30日　以省委副书记、省长高严为团长,省顾委副主任肖纯,省委常委、省纪委书记李德明,省人大副主任崔林,省政协副主席金明汉,省政协副主席、省委统战部部长张铁男,省军区政委施兆平为副团长,参加庆祝延边朝鲜族自治州成立40周年纪念活动。

9月

3日　据《吉林日报》报道,延边朝鲜族自治州成立40周年庆祝大会在延吉市人民体育场隆重举行。会上,宣读了全国人大常委会和国务院发来的贺电及吉林省党政代表团献的"增强民族团结,振兴延边经济"的贺幛。

8日　经国务院批准,撤销临江区,设立临江县。临江设县后,仍隶属于浑江市领导,原行政区域和政府驻地不变,不增加机构和人员编制。

13日　吉林省人民政府发出《关于建立延吉等七个经济开发区的通知》。省政府批准建立延吉、敦化、安图、图们、公主岭、大安、德惠经济开发区。上述经济开发区为全省政策优惠区,享受部分省级经济管理权。

14日　省政府发布秋季森林防火10项命令。命令要求各级政府要加强对森林防火工作的领导,实行行政领导负责制。各级森林防火指挥部要在森林防火和灭火中负责统一组织、调动、部署和指挥军警民等各种森林防火力量,各部门、各单位必须听从命令、服从指挥。

17日　吉林省人民政府发出《批转〈省计经委关于吉林省产业结构调整意见〉的通知》。指出,各地区、各部门要根据这个意见,制定本地区、本部门具体实施意见和办法,以便更好、更有效地启动全省产业结构的调整,进一步缓解经济发展的深层次矛盾,确保国民经济持续、协调发展。

同日　中共吉林省委、吉林省人民政府发出《贯彻落实〈中共中央国务院关于加快发展第三产业的决定〉的意见》。

22日　据《吉林日报》报道,长春市召开了建设中国长春汽车城动员大会。会上提出了中国长春汽车城的总体构想和宏伟目标:"全力支持一汽的第三次创业,重点扶持为一汽配套的协作企业,划定特定区域,赋予特殊政策,发展汽车零部件工业,培育'小型巨人'企业。到本世纪末在长春将建成全国最大的汽车整车生产基地、汽车配套生产基地和多功能的汽车贸易城。"

25日　据《吉林日报》报道,大安港口岸开通国轮外运首航仪式正式举行。今天,吉林省首航外运船队将由大安港口岸驶向俄罗斯布拉戈维申斯克港。

28日　据《吉林日报》报道,长春至汉城包机首航仪式在长春机场举行。以副省长刘希林为团长的吉林省经济代表团一行129人,赴韩国进行为期12天的考察访问。

29日　建国以来吉林省最大的投资项目——吉化公司乙烯总体工程中的30万吨乙烯装置引进合同,今天在北京人民大会堂签字。

30日　省政府召开1992年第五次全体会议。会议在总结前一段经济上新台阶进展情况和实事求是地分析当前经济运行形势的基础上,部署了今后三个月的工作,并提出了明年工作的总体思路。

10月

5日　《吉林省行政复议若干规定》经吉林省第七届人民代表大会常务委员会第三十次会议于1992年9月14日通过。本《规定》共38条,自公布之日起施行。

6日至18日　在北京中国农业展览馆举行的首届中国农业博览会上,吉林省17项产品获奖,其中大豆通农9号、皇封参、抚宝牌长白山白参3项获金奖。

7日至16日　由国家科委、全国总工会、中国专利局、中国发明协会联合主办的'92北京国际发明展览会在北京举行。吉林省共组织了62个发明成果参加了展评。经过大会评审,吉林省共有41项发明成果获奖,其中金奖1项、银奖11项、铜奖29项。

18日　据《吉林日报》报道,长春市热电二厂热网工程今天开始陆续供热。该项工程从4月份开始正式施工,6个月共安装主、支干线管网18公里,建成中继泵站和小区换热站30个。投产后,长春市的200多万平方米建筑将实行集中供热,120多个单位和2万户居民在冬季将享受到恒温取暖。

22日　省委常委会议指出,各级党委要认真抓好十四大精神的传达、学习和贯彻落实,使之变为干部群众的自觉行动,成为推动改革开放和现代化建设的强大动力。

27日　高严省长在发展社会主义市场经济座谈会上强调,我们必须紧紧抓住三个重点,即"三放"(思想解放、对外开放和价格开放)、"三转"(转换脑筋、转变政府职能和转换企业经营机制)和实施配套政策,加快发展社会主义市场经济步伐。

29日至30日　全省铁路运输会议在长春召开。会议指出,今年以来,铁路运输仍然十分紧张,运能与运量的矛盾更加突出。会议要求,各级政府一定要加强领导,统筹安排,把运输工作纳入领导议事日程,帮助铁路部门切实解决一些实际问题。

11月

1日　全省外向型经济工作会议结束。会议的中心议题是贯彻十四大精神,进一步解放思想,把吉林省外向型经济提高到一个新水平。对今后进一步深化外贸体制改革,加速发展外向型经济的各项工作做了具体的部署。

7日　省七届人大常委会第三十一次会议结束。会议通过了《吉林省河道管理条例》、《吉林省性病防治管理条例》;通过了《关于批准〈吉林市城市节约用水管理条例〉的决定》、《关于召开吉林省第八届人民代表大会第一次会议的决定》、《关于松原市第一届人民代表会议代表名额的决定》和人事任免事项。

12日　经国务院批准,撤销舒兰县,设立舒兰市(县级),由省直辖,以原舒兰县的行政区域为舒兰市的行政区域。舒兰市设立后,暂由吉林市代管;舒兰市直接领导乡镇和街道办事处;撤销舒兰镇和吉舒镇,建立舒兰、吉舒、东富、天合、河南五个街道办事处分管城区工作。

17日　据《吉林日报》报道,省工商局召开的打击制售假冒伪劣商品活动新闻会上发布,到目前为止,全省各级工商行政管理部门共检查国营、集体企业和个体工商户240000多户次,立案查处假冒伪劣案件544件,挖掉制造假冒伪劣商品的黑窝点210个,移送司法机关处理30人,收缴罚款70.42万元,为企业挽回经济损失1.26亿元。

同日　据《吉林日报》报道,长春至香港定期包机首航式今天举行。

26日至30日　中共吉林省委五届十次全体会议在长春召开。会议讨论并原则同意《中共吉林省委、吉林省人民政府关于加快建立社会主义市场经济体制若干问题的意见》,一致通过《中国共产党吉林省第五届委员会第十次全体会议决议》。

本月　据《吉林经济报》报道,吉林省选择50户企业进行放转试点,在计划、经营、物价、资金、工资、管理和劳动人事制度等8个方面扩大了企业自主权,深化了企业改革。经过一年的实践,试点企业转换经营机制取得了明显成效。据统计,50户企业1至11月份,实现销售收入62.56亿元,比上年同期增长9.1%;实现利税9.26亿元,比上年同期增长36.6%;实现利润1.5亿元,比上年同期增长48.9%。

12月

3日　全省工业经济效益分析会指出,全省独立核算工业企业经济运行实现重大转折——工业产值、销售收入、实现利税同步增长。截止10月末,全省13187户独立核算工业企业完成产值496.22亿元,实现销售收入495.1亿元,创利税45.46亿元,这3项指标分别比去年同期增长12.4%、26.6%和26.7%。

8日　吉林农业大学农业现代化研究所研制并大规

模生产的赤眼蜂,已发展到年繁蜂450亿只,今年推广应用防治玉米螟面积300万亩,成为全国最大的现代化繁蜂工厂。

23日　全省精神文明建设工作会议在长春召开。会议指出,积极投身改革,奋发进取,文明向上,已成为全省各族人民群众社会生活的主流。各级党委、政府要从战略的高度,充分认识在发展市场经济的新形势下,加强精神文明建设的重要性、紧迫性,切实把精神文明建设抓出成效。

26日　据《吉林日报》报道,截至1992年12月26日零点,全省钢产量突破100万吨大关,达到100.1万吨。至此,吉林省结束了钢铁工业小省的历史,跨入了全国钢铁工业大省的行列。

31日　据《吉林日报》报道,在全国较大客站竞赛评比授奖表彰大会上,长春站再次荣登榜首,实现了连续5次获此殊荣的好成绩,被铁道部命名为"文明车站"。又讯,全国铁路进京进沪旅客快车竞赛评比结果日前在北京揭晓,长春至北京59/60次特快列车再次荣获全国红旗列车的光荣称号,夺得了"六连冠"的殊荣。

(吉林省档案馆　赵城)